Bodo Herzog · Günter Schomaekers

Ritter der Tiefe – Graue Wölfe

Bodo Herzog · Günter Schomaekers

Ritter der Tiefe
Graue Wölfe

Die erfolgreichsten U-Boot-Kommandanten der Welt

Verlag Welsermühl München–Wels

Schutzumschlag und Einband: Atelier Lorenz, München
Umschlagentwurf: Bodo Herzog, Oberhausen

2., erweiterte, ergänzte und berichtigte Auflage

Gesamtherstellung: Druck- und Verlagsanstalt Welsermühl, Wels, Austria
ISBN 3-85339-136-2

Gewidmet in Wahrung aufrichtiger »Marine-Tradition«

Admiral Wilhelm Canaris 1887–1945 (Crew 05)
Korvettenkapitän Alfred Kranzfelder 1908–1944 (Crew 27)
Marine-Oberstabsrichter Dr. jur. Berthold Schenk
Graf von Stauffenberg 1905–1944 (ab 1939 Referent in der Operationsabteilung der Seekriegsleitung, SKl.)

»Luckners abenteuerlicher Beutezug mit seinem schneeweißen Segler war sicher etwas Neuartiges in diesem Kriege. Und wie Pol zu Pol standen gegen seine Fahrten die schreckensvollen Reisen seiner Kameraden unter der See, der Ritter der Tiefe, der Unterseebootkommandanten. Es waren die beiden äußersten Extreme des Seekrieges. Das eine mit seinen schneeweißen Segelflächen war die Romantik, das andere mit seinem verschlagenen Torpedo das Grauen. Trotzdem bestrickend und die ganze Welt in seinen Bann schlagend. Das allerletzte Wunder der wunderspeienden modernen Technik, plötzlich ausholend zu einem gewaltigen, unerwarteten Schlage, der nahe daran war, den Lebenskampf der Völker zu entscheiden. Die Phantasie der ganzen Menschheit war gepackt von seinem eisernen Griff.«

Lowell Thomas

Inhaltsverzeichnis

Einleitung 9

Der U-Boot-Krieg 1939–1945 15

Die zehn erfolgreichsten U-Boot-Kommandanten der Welt 30

Der erfolgreichste U-Boot-Kommandant der Welt
Kapitänleutnant Lothar von Arnauld de la Perière 33

Der Zweite der Weltrangliste
Kapitän zur See a. D. Dr. Walter Forstmann 53

U-Boot-Kommandant auf fünf Meeren
Kapitänleutnant Max Valentiner 75

Flottillenadmiral a. D. Otto Kretschmer
Wolf im Atlantik 93

U-Boot-Kommandant in Flandern
Kapitänleutnant Otto Steinbrinck 113

Erfolge im Indischen Ozean
Korvettenkapitän Wolfgang Lüth 137

S. M. U-53 in Amerika
Kapitänleutnant Hans Rose 157

Der Mann, der die LUSITANIA versenkte
Kapitänleutnant Walther Schwieger 171

Der älteste Kommandant
Korvettenkapitän Viktor Schütze 201

Das Boot der »Roten Teufel«
Konteradmiral a. D. Erich Topp 231

Biographien der zehn erfolgreichsten
U-Boot-Kommandanten der Welt 259

Allgemeine Quellen 313

Einleitung

Das Unterseeboot hat sich im Laufe von zwei Weltkriegen vom Tauchboot zu einer immer selbständiger werdenden, in der Tiefe des Meeres und aus der Meerestiefe heraus operierenden Waffe entwickelt. Nach beiden Weltkriegen wurde das U-Boot als militärische Waffe mehrfach totgesagt. Die Entwicklung des nuklearen Antriebes hat ihm jedoch wesentlich erweiterte operative Aufgabenbereiche zugewiesen – nunmehr als ausgesprochenes Unterwasserschiff. Trotz dieses gewaltigen technischen Fortschritts sind aber die U-Boot-Besatzungen noch immer den gleichen physischen Belastungen ausgesetzt.

Erst aus der Synthese zwischen Technik und Mensch resultiert die Leistung einer Waffe. In fast allen Flotten versehen vielfach hochqualifizierte Freiwillige ihren Dienst an Bord von Untersee-Booten bzw. -Schiffen. Der deutsche Historiker Jürgen Rohwer sagt in seiner Reihe »Lebenslauf berühmter U-Boote« (In: »Leinen los!«, Nr. 6/1956, S. 303.):

»Der Bau von U-Booten ist weit stärker als der Bau großer Einheiten dem Gesetz der Serie unterworfen! Aber ihre Schicksale sind es keineswegs, ja die U-Boote haben . . . auf sehr verschiedene und nachhaltige Weise in das Kampfgeschehen eingegriffen.«

Nach über 15jähriger Arbeit veröffentlichen die Verfasser in einer zweiten Auflage ein Werk, das bisher in der gesamten Marineliteratur fehlte:

»Die Geschichte der zehn erfolgreichsten U-Boot-Kommandanten der Welt: von Arnauld de la Perière – Forstmann – Valentiner – Kretschmer – Steinbrinck – Lüth – Rose – Schwieger – Schütze – Topp.«

Die statistischen Unterlagen der 1. Auflage – hier nicht erneut verwertet – behalten zum Teil ihre Gültigkeit; der Anhang wurde mit neuen Erkenntnissen und Forschungsergebnissen aktualisiert. Das Quellenverzeichnis der 2. Auflage schließt bzw. ergänzt forschungsmäßig den Zeitraum von 1965–1975.

In diesem Buche kommen vielfach amtliche Materialien und die direkt Beteiligten zu Wort. Die verstreut lagernden Dokumente konnten oft nur unter großen Schwierigkeiten beschafft werden. Die Autoren verzichteten darauf, Lücken durch novellistische Einblendungen – die vom Standpunkt des Historikers als völlig wertlos angesehen werden – zu schließen.

Da amtliche Unterlagen aus dem Zweiten Weltkrieg nicht in jedem Falle greifbar waren – das wichtigste Material lagert nach wie vor unzugänglich bei unseren NATO-

Partnern England und USA –, möchten wir den nachfolgend genannten Personen für die zahlreichen wertvollen Hinweise und Ergänzungen unseren Dank aussprechen:

Frau Martha von Arnauld de la Perière, Schönberg/Taunus;
Mrs. Theda Bassett (The Submarine Library), US Naval Submarine Base, New London, Groton/Connecticut/USA;
Frau Irma Bünte-Weddigen, Bad Homburg;
Mrs. George R. Halpern †, Stamford/Connecticut/USA;
Frau Anne Schütze, Flensburg-Mürwik;
Frau Lola Steinbrinck, Essen;
Frau Margarita Valentiner, Wiesbaden;
Frank J. Anderson, Salina, Kansas/USA;
Generalleutnant (Lw) a. D. F. von Arnauld de la Perière †, Friedrichshafen;
Lt. Cdr. Eberle, US Navy (Ret.), Director; The Submarine Library-General Electric Corporation/Electric Boat Division, Groton/Connecticut/USA;
Kapitän zur See a. D. Prof. h. c. Dr. rer. pol. Dr. h. c. W. Forstmann †, Essen-Bredeney;
Admiral a. D. W. Fuchs, Kitzeberg/Post Heikendorf bei Kiel;
Mr. J. F. Golding, Imperial War Museum, London/England;
Kapitänleutnant Hardam, Flaggleutnant, Kommando der Flotte, Glücksburg-Mürwik;
Fregattenkapitän a. D. G. Hessler †, Bochum;
Captain F. Kent Loomis, USN (Ret.), früher Assistant Director of Naval History, Department of the Navy, Washington/USA;
Flottillenadmiral a. D. O. Kretschmer, Emden
Kapitän zur See a. D. K. von Kutzleben, Krefeld (M. O. H. e. V.);
Kapitän zur See A. Loewe, Hamburg;
Mr. C. F. List, Bonneville-Oregon/USA;
Herr Jürg Meister, Zürich/Schweiz;
Fregattenkapitän a. D. H. J. von Mellenthin †, Tolu/Kolumbien–Kiel-Kitzeberg;
Herr L. L. von Münching, Department van Defensie Marine, Den Haag/Holland;
Prof. Dr. J. Rohwer, Bibliothek für Zeitgeschichte-Weltkriegsbücherei, Stuttgart;
Kapitän zur See a. D. H. Rose †, Winterberg (Westfalen);
Captain S. W. Roskill, RN, British Admiralty, London/England;
Kommendörkapten Christer Şahlin, Sigtuna/Schweden;
Archivrat Dr. Gert Sandhofer, Bundesarchiv-Militärarchiv, Freiburg i. Br.;
Dr. Willy Sondergaard, Primarius, Frederiksborg amts sygehus, Frederiksborg/Dänemark;
Kapitänleutnant a. D. W. Spahr, Verband deutscher U-Boot-Fahrer, Hamburg;
Konteradmiral a. D., Dipl.-Ing. E. Topp, Oberwinter bei Bonn;
Archivdirektor Dr. Thomas Trumpp, Bundesarchiv, Koblenz;
Prof. Dr. Henry Ashby Turner Jr., Yale University, New Haven/USA;
Kapitän zur See (Ing.) a. D. E. Wählisch †, Kiel.

Ganz besonders danken wir für die Hilfe, die uns in einmaliger und vorbildlicher Weise von ausländischer Seite zuteil wurde!
Vgl. auch hierzu Widmung für Viceadmiral US Navy (Rtd.) Charles A. Lockwood † in B. Herzog: »Kapitänleutnant Otto Steinbrinck« (1963) und G. Schomaekers in Einführung zu C. A. Lockwood »Sie jagten Nippons Flotte« (1964) S. 6.

Günter Schomaekers
Gütersloh

Bodo Herzog
Oberhausen/Rheinland

Am 14. Dezember 1906 stellte Kapitänleutnant von Boehm-Betzing (Crew 92) in Kiel S. M. U-1 als erstes Unterseeboot für die Kaiserliche Marine in Dienst.
Siebzehn Jahre nach Beendigung des Ersten Weltkrieges übernahm am 29. Juni 1935 die Kriegsmarine in Kiel ihr erstes Unterseeboot U-1.
Siebzehn Jahre nach Beendigung des Zweiten Weltkrieges – am 20. März 1962 – und sechsundfünfzig Jahre nach der Indienststellung des ersten deutschen Unterseebootes – übernahm die Bundesmarine in Kiel ihr erstes neugebautes Unterseeboot U-1 unter dem Kommando von Korvettenkapitän Baumann (Crew 41).
Von Dezember 1906 bis November 1918 stellte die Kaiserliche Marine 142 Flotten- (einschließlich U-A/US-4), 136 UB-Boote und 95 UC-Boote (zusammen 374 U-Boote) in Dienst. 273 Boote vernichteten in den 52 Monaten des Ersten Weltkrieges in über 3300 Operationen 6394 Handelsschiffe mit 11 948 702 BRT sowie 100 Kriegsschiffe. Auf 178 U-Booten fielen während dieser Zeit 4744 Seeleute.
Von Juni 1935 bis Mai 1945 stellte die Kriegsmarine 1171 U-Boote in Dienst. Von diesen Booten kamen während des Zweiten Weltkrieges über 900 zum Fronteinsatz. In 69 Monaten vernichteten deutsche U-Boote in mehr als 3000 Operationen 2840 Handelsschiffe mit 14 333 082 BRT sowie 5 Flugzeugträger, 2 Schlachtschiffe, 6 Kreuzer, 34 Zerstörer, 18 Geleitzerstörer, 2 Fregatten, 26 Korvetten, 13 Sloops, 10 Hochsee-Minensucher, 9 U-Boote, 3 U-Jäger, 3 Schnell- bzw. Räumboote, 13 Landungsfahrzeuge, 2 Depotschiffe, 1 Tender und 1 Kanonenboot.
Kaum eine andere Waffengattung dürfte in beiden Kriegen einen derartig hohen Blutzoll entrichtet haben wie auf allen Weltmeeren die »Ritter der Tiefe«, und die »Grauen Wölfe«.
Den deutschen Seeleuten, die nach der Kapitulation im Mai 1945 ihre Boote, teilweise in unwürdiger Form unter der schwarzen Piratenflagge, den Siegern übergeben mußten, sei ein Wort des amerikanischen Fünf-Sterne-Generals Douglas McArthur gesagt, das im Jahre 1951 vor einer Kommission des US-Senats fiel: »Die deutschen U-Boot-Leute waren erstklassig – es hat nie eine bessere U-Boot-Waffe gegeben als die deutsche.«
Die Taten der U-Boot-Kommandanten und ihrer Mannschaften sind in der Kriegsgeschichte ohne Beispiel. Im Jahre 1965 schlugen beide Verfasser – nachweisbar als

erste! – in der 1. Auflage (a. a. O. S. 13/Anm. 1) die Aufstellung eines noch vorhandenen VII-C-U-Bootes als Denkmal vor: Mit Genugtuung können wir nunmehr feststellen, daß die seinerzeit von uns initiierte Idee mit der Übernahme und Aufstellung von U-995 am 13. März 1972 ihre Verwirklichung gefunden hat!
Als erster U-Boot-Offizier erkannte in Deutschland im Jahre 1911/12 Kapitänleutnant Walter Forstmann die offensiven Einsatzmöglichkeiten, auch im Rahmen eines blockierenden Handelskrieges gegen England. Bereits drei Jahre zuvor hatte jedoch Vizeadmiral Freiherr von Schleinitz vorgeschlagen, große Tauchboote, »welche einen Aktionsradius von mindestens 5000 bis 6000 Seemeilen besitzen«, zu konstruieren, um damit Handelsschiffe zu zerstören. Bemerkenswert ist der Satz: »Gelingt es den Kreuzern und Tauchschiffen, die nicht in geschlossenen Verbänden, sondern nur einzeln zu operieren haben, eine größere Anzahl nach England bestimmter Handelsschiffe zu zerstören, so wird das auf den Gegner empfindlicher wirken als eine verlorene Seeschlacht, zumal Tauchschiffe mit dem verlangten großen Aktionsradius, von der Elbe oder Jade auslaufend, ganz Großbritannien zu umkreisen und in die englischen Kanäle und Binnengewässer einzudringen vermögen, um dort ihrem Zerstörungswerk obzuliegen ...«
Als nun der Erste Weltkrieg entbrannte, überdeckten zunächst einmal die überragenden Erfolge der U-Boote gegen Kriegsschiffe alle anderen Einsatzmöglichkeiten: Am 5. September 1914 vernichtete Kapitänleutnant Hersing mit S. M. U-21 als erstes Kriegsschiff den englischen Kleinen Kreuzer Pathfinder (Captain Leake). Acht Tage später ging der deutsche Kreuzer Hela (Fregattenkapitän P. Wolfram) auf 54° 03′ N–07° 55′ O durch das englische U-Boot E-9 unter Führung des später berühmt gewordenen Ostseekommandanten Lt. Cmdr. Max Horton verloren.
Anschließend vernichtete S. M. U-9 (Weddigen) am 22. September 1914 vor der holländischen Küste drei englische Panzerkreuzer (Aboukir, Cressy und Hogue); in der Ostsee versenkte Kapitänleutnant Freiherr von Berckheim mit S. M. U-26 den russischen Panzerkreuzer Pallada; östlich der Shetlands S. M. U-9 (Weddigen) den englischen Kreuzer Hawke und ferner S. M. U-27 (Wegener) vor der Ems das englische U-Boot E-3 sowie vor Calais wenig später das Flugzeugmutterschiff Hermes und schließlich S. M. U-12 (Forstmann) vor der englischen Stadt Deal das Kanonenboot Niger.
Dann nahte am 20. Oktober 1914 südwestlich von Skudness an der norwegischen Küste vor dem Stavangerfjord die Stunde, die vor einem halben Jahrhundert eine neue Ära der Seekriegsgeschichte einleiten sollte: Das deutsche Unterseeboot S. M. U-17 (Petroleumboot) unter Führung von Oberleutnant zur See Feldkirchner (* 6. 11. 1884 in Klingenmünster/Rheinpfalz – † 10. 7. 1950 in Hamburg, Crew 03) hielt 7 Seemeilen von der Küste entfernt durch Flaggensignal den 866 BRT großen englischen Dampfer Glitra (Captain Johnston) der Chr. Salvesen & Co.-Reederei aus Leith an und forderte die Besatzung auf, in die Rettungsboote zu gehen. Der Engländer befand sich auf einer Fahrt von Grangemouth nach Stavanger. Wachoffizier und Maschinist von U-17 gingen bei ruhiger See im Faltboot des deutschen Unterseebootes an Bord des Dampfers (Signalcode VLQW; 527 NT; erbaut bei C. S. Swan & Hunter in Newcastle; Ge-

schwindigkeit 8 Knoten), die Schiffspapiere wurden geborgen, anschließend die Seeventile geöffnet und die Rettungsboote in die Nähe von Lotsenfahrzeugen geschleppt. Die Anwesenheit des deutschen U-Bootes wurde von norwegischen Torpedobooten lebhaft begrüßt.

Diese erste Versenkung eines Handelsschiffes durch ein U-Boot war auf eigene Initiative des Kommandanten erfolgt, nachdem er eine Woche lang in der nördlichen Nordsee seinem Auftrag gemäß vergeblich nach feindlichen Seestreitkräften gesucht hatte. Eine englische Zeitung schrieb über diesen Vorfall: »Das U-Boot befahl dem Dampfer zu stoppen, die englische Flagge niederzuholen, und der Mannschaft, die Boote zu besteigen. Der Kapitän durfte die Schiffspapiere mitnehmen. Die Rettungsboote wurden von dem U-Boot in Schlepp genommen und in die Nähe der Küste gebracht ...«

Diese Versenkung eines Handelsschiffes wurde wenig beachtet und in der Folge sprach man kaum davon. Nichtsdestoweniger hatte sie einen nachhaltigen Eindruck vornehmlich auf die Neutralen gemacht. So schrieb der norwegische Admiral Boeressen in dem in Christiania erscheinenden »Morgenbladet«:

»Es scheint, als ob sich starke Wandlungen vollziehen, und zwar nicht langsam, sondern in raschen Sprüngen. Nahe der norwegischen Küste spielte sich ein Ereignis von weittragender Bedeutung ab. Es war auf dem Gebiet der Untersee-Tätigkeit. Der Held war ein Kaperer, der aus den Tiefen des Meeres heraufstieg, plötzlich und unerwartet. Alte Vorstellungen kommen ins Wanken. Welche Perspektiven eröffnet die Tat von U-17! Kann ein Kreuzer irgendeinem Handelsschiff Schutz verleihen gegen einen solchen ›Jack in the box‹? Die Kreuzer tun besser, die Flucht vor den U-Booten zu ergreifen. Das deutsche U-Boot war kaum größer als 600 Tonnen. Es wird keine Schwierigkeiten bereiten, weit größere Boote herzustellen, die einen größeren Aktionsradius besitzen. Die ›Times‹ meint, die englische Kriegsflotte sei imstande, die Handelsschiffe gegen die deutsche ›U-Boot-Pest‹ zu schützen. Aber die englische Flotte bleibt untätig, sie zieht es vor, aus Angst vor den deutschen U-Booten in den Häfen vor Anker liegenzubleiben. Die bisherigen Mitspieler in den größten Kämpfen auf den Meeren haben sich von dem früheren Schauplatz ihrer Taten zurückgezogen. Sie überließen dem neu entdeckten Genius das gesamte Kriegstheater, dem neuen Genius, der eine vielseitige Rolle spielt, als Kaperer, Vernichter, Rettungsmann. Dieser große Akteur auf dem zukünftigen Kriegstheater wird mancher Nation unangenehme Überraschungen bereiten und alte Begriffe ausmerzen ...«

Zur GLITRA-Versenkung vgl. (incl. Pressehinweise): »Leith Steamer sunk off Norway/The Fleets at Sea – Submarine Activity« (in »The Times« Nr. 40 673/22. 10. 1914/S. 4); »Die Unterseeboote« (in »Frankfurter Zeitung« Nr. 294/23. 10. 1914; 2. Morgenausgabe, S. 2), »Der neue Seekrieg« (das. Abendausgabe, S. 2); »Vom Seekrieg« (in: »Kölnische Zeitung« Nr. 1162/23. 10. 1914/S. 2), »Die Unterseeboots-Premiere an der norwegischen Küste« (das. Nr. 1164/23. 10. 1914/S. 2), »Die Unterseeboots-Angst in England« (das. Nr. 1168/24. 10. 1914/S. 1); Lothar Persius: »Unser U-Boot-Krieg von Mitte Februar bis Anfang März« (in: »Das U-Boot« Nr. 4/1917/S. 193–194); Arno Spindler: »Der Handelskrieg mit U-Booten – Band I« (Berlin 1932, S. 30); Otto Groos: »Der Krieg in der Nordsee – Band II« (Berlin 1922,

S. 176–178, 181, 188–189); Bodo Herzog: »Deutsche Unterseeboote erzielten die ersten Erfolge während des Ersten Weltkrieges« (in: »Schaltung-Küste« Nr. 14/1964/ S. 73–78, insbes. S. 74–75), ders.: »Vor 50 Jahren: Unterseeboote im ersten Einsatz – Durchbruch einer neuen Waffe« (in: »Soldat und Technik« Nr. 1/1965/S. 36–40, insbes. S. 39–40), ders.: »Unterseeboote – Berühmte Kommandanten und Leistungen in zwei Weltkriegen« (das. Nr. 7/1961/S. 366–369, insbes. S. 366–367), ders. »Die deutschen U-Boote...« a. a. O. S. 11, ders. »60 Jahre deutsche U-Boote...« a .a. O. S. 101, ders. »Kapitänleutnant Otto Steinbrinck ...« a. a. O. S. 22–23, ders. »U-Boote im Einsatz – U-Boats in Action – 1939–1945 – Eine Bilddokumentation« (Dorheim 1970, S. 59–60 mit Feldkirchner- und GLITRA-Foto); Bodo Herzog/Günter Schomaekers a. a. O. (1. Auflage) S. 14–15; Bodo Herzog/Allison W. Saville: »Top Submarines in Two World Wars« (in: »United States Naval Institute Proceedings« Nr. 9/1961/ S. 90–99, insbes. S. 98).

Der U-Boot-Krieg 1939–1945

Mit Einführung der auch von der Reichsmarine begrüßten sogenannten Wehrhoheit nahm man 1935 den bis dahin durch den Versailler-Vertrag verbotenen Bau von Unterseebooten offiziell zögernd wieder auf, nachdem zuvor die konstruktiven Erfahrungen des Ersten Weltkrieges in getarnten Auslandsbüros bewahrt werden konnten. Bis zum Ausbruch des Zweiten Weltkrieges deutete die vertraglich gebundene deutsche U-Boot-Tonnage keineswegs darauf hin, daß die U-Boot-Waffe in irgendeiner Form als Instrument einer geplanten Aggression eingesetzt werden sollte.

Insgesamt kamen in fast zehn Jahren (1935–1945) über 1100 U-Boote zur Flotte, davon ab September 1939 rd. 920 zum Fronteinsatz; 630 gingen hierbei auf Operationen verloren, und nur knapp 150 Einheiten überlebten das Kriegsende. 481 Boote erzielten Totalerfolge: 2800 Handelsschiffe mit über 14 Millionen Brutto-Register-Tonnen (BRT) konnten von ihnen versenkt werden. 27 491 Tote hatte diese Waffengattung der Kriegsmarine schließlich zu beklagen.

Die in mehreren Phasen ablaufende Schlacht im Atlantik stellte höchste Anforderungen an die Besatzungen sowie technisches Einfühlungsvermögen an Konstrukteure und Werftindustrie, die sich den jeweiligen alliierten Abwehrmaßnahmen anpassen mußten. Der Ausbildungsstand – verbunden schließlich mit einer später nicht mehr ganz einfach zu lösenden Personalfrage – war zeitweilig sehr hoch. Die Tatsache, daß rd. 300 Front-U-Boote vernichtet werden konnten, ohne zum Schuß gekommen zu sein, geht fast ausschließlich auf die Konzeption des sich wandelnden U-Boot-Krieges (Zufuhrkrieg) zurück.

Der Krieg begann – völkerrechtlich zunächst noch sehr eng an vertragliche Abmachungen gebunden – im ersten Kriegsjahr praktisch mit einer viel zu geringen Anzahl von Booten in den alten Jagdrevieren des Ersten Weltkrieges um England. Bei zunehmender Expansion kamen rasch Stützpunkte in Frankreich, Norwegen (später auch im Mittelmeer, im Schwarzen Meer sowie in Ostasien) hinzu. Die An- und Abmarschwege der U-Boote konnten somit verkürzt, der Einsatzradius wesentlich erweitert werden.

Für den Befehlshaber der U-Boote (BdU) Dönitz kamen die Neubauten niemals rasch genug zur Front, das heißt er war ständig mit einer zu geringen Bootszahl konfrontiert; dazu kam eine Zersplitterung der vorhandenen Einheiten (Abstellung für Sonderaufgaben, Detachierungen ins Eis- und Mittelmeer).

Die alliierte Abwehr – zunächst noch eng mit den Erfahrungen und Maßnahmen des

Ersten Weltkrieges verhaftet – konnte zunächst nicht recht zum Zuge kommen. Aber auch mit den wenigen vorhandenen Booten, die »gebündelt« (»Rudel-Taktik«) gegen die konzentriert fahrenden Handelsschiffe (Geleitzüge/Konvois) eingesetzt wurden, konnten nur in wenigen Fällen überzeugende Resultate erzielt werden. Als die Zuwachsrate an neuen Booten anstieg und die sogenannte »Rudel-Taktik« (Überlegungen hierzu lassen sich bis zum Ersten Weltkrieg zurückverfolgen) durchschlagendere Erfolge hätten zeigen müssen, setzten verschiedene alliierte Abwehrfaktoren (Flugzeuge, Radar, verbesserte Wasserbomben, kombinierte See- und Luftabwehr) derartige Grenzen, daß sich bereits ab 1942 die Wende in der Schlacht im Atlantik abzeichnete.

Propagandistisch machten die Erfolge der U-Boote zeitweilig auf den ersten Seiten der damaligen Tageszeitungen – verbunden mit den Fanfaren unzähliger Sondermeldungen – große Schlagzeilen. Verfolgt man systematisch die seinerzeitigen Presse- und Wochenschauberichte und stellt sie den Erinnerungen ehemaliger Marineangehöriger gegenüber, ergeben sich in Verbindung mit dem Stellenwert englischer und amerikanischer Marinehistoriker interessante Aspekte: teilweise werden je nach passender Lage gegenseitige »Schutzbehauptungen« zur Rechtfertigung eigener Maßnahmen abschließend herangezogen (Jost Dülffer: »Dönitz ... zieht sich aber, wenn möglich, hinter Zitate aus Akten und Urteile meist englischer oder amerikanischer Historiker zurück, die seiner Auffassung entsprechen« in »MGM« Nr.1/1971/S. 269 und G[ert] S[andhofer] über Dönitz in »Truppenpraxis« Nr.1/1964/S.78: »seine Argumente erwecken manchmal den Eindruck, als seien sie nachträglich konstruiert ...«).

Die eigentlichen Fakten – auch auf dem Höhepunkt der Schlacht im Atlantik (August 1942 bis Mai 1943) – als 350 bis 400 U-Boote zur Verfügung standen – sahen indessen anders aus. Ganz ähnlich wie im Ersten Weltkrieg wurden seinerzeit gewisse Hoffnungen geweckt, die auf einen entscheidenden Faktor, die der U-Boot-Krieg im Rahmen großer Gesamtoperationen kriegsentscheidend einnehmen sollte, hinwiesen.

Die deutsche Wehrmacht konnte bis Mai 1940 Polen, die Niederlande, Belgien, Frankreich, Dänemark und Norwegen niederwerfen und besetzen. Mit dem Sieg über Frankreich und dem Rückzug des Britischen Expeditionskorps vom Kontinent stand kein britischer Soldat mehr im Westen Europas.

Für Großbritannien begann erst jetzt der eigentliche Seekrieg gegen das Dritte Reich: Die stärkste Seemacht der Welt nahm den unerbittlichen Kampf gegen die stärkste militärische Macht in Europa auf.

Anfänglich befand sich Großbritannien noch in der Defensive. Mit allmählicher Stärkung würde Großbritannien jedoch in der Lage sein, seine Seestreitkräfte so einzusetzen, daß man den Feind da angreifen konnte, wo man es für richtig hielt. Außerdem war Großbritannien nach den Niederlagen zu Lande mit dem Problem konfrontiert, neue Verbündete zu suchen und die alten (zunächst moralisch) zu stärken. Eines Tages würde man dann auf den Kontinent zurückkehren können.

In der Zwischenzeit mußte Großbritannien aber dafür Sorge tragen, daß die Handelsschiffe, die nicht nur die lebensnotwendigen Versorgungsgüter nach England brachten, sondern auch Rohstoffe zur Herstellung von Kriegsmaterial aller Art sicher ihre jeweiligen Bestimmungshäfen erreichten.

Gefahren drohten den Frachtern von deutschen Überwasserstreitkräften, der Luftwaffe (in Küstennähe) und schließlich von U-Booten. Entscheidend oder am gefährlichsten konnten im Kampf gegen den Nachschub über See nur die U-Boote sein, aber auch diese nie allein, sondern nur im Zusammenwirken mit allen anderen Waffengattungen.

In Großbritannien glaubte man anfänglich, daß das U-Boot keine große Rolle mehr spielen würde. Im Ersten Weltkrieg hatte Deutschland trotz aller Anstrengungen nicht verhindern können, daß der Einsatz von U-Booten gegen Konvois zusammengebrochen war. Hinzu kam das große Vertrauen, daß die Royal Navy auf das Asdic (Allied Submarine Detection Investigation Committee) setzte, und man schien sicher zu sein, jedes getauchte U-Boot mit diesem Ortungsmittel aufzuspüren. Außerdem besaß man eine weiter entwickelte Wasserbombe. So hoffte man, mit Asdic und der neuen, hochexplosiven Wasserbombe das U-Boot in einem künftigen Krieg ausschalten zu können.

Ferner nahm die Royal Navy an, daß U-Boote den Handelskrieg nach Prisenordnung führen würden. In Großbritannien war man nicht davon überzeugt, daß das U-Boot noch einmal die Rolle wie in den Jahren 1917/18 spielen würde. Dementsprechend waren die britischen Sicherungsstreitkräfte unzureichend für einen zukünftigen Krieg – mit Ausnahme von Asdic und Wasserbombe – ausgerüstet. Es standen zum Schutz der Handelsschiffahrt ungefähr 150 Zerstörer und 24 Sloops zur Verfügung; weitere Vorkehrungen für den Bau besonderer Geleitfahrzeuge traf man in Großbritannien erst ziemlich spät. Wie groß die Aufgabe der Royal Navy war, geht daraus hervor, daß im Jahre 1939 die britische Handelsmarine aus ungefähr 3000 Frachtern und Tankern bestand sowie aus ca. 1000 Küstenmotorschiffen mit einer Gesamttonnage von ca. 21 Millionen BRT.

Als ein überheblicher Hitler im Jahre 1939 das deutsch-britische Flottenabkommen kündigte, begann die Royal Navy im Juli und August des gleichen Jahres mit dem Bau von 56 Korvetten der später berühmt gewordenen Flower-Klasse. Während des Krieges mußten die Korvetten jedoch verbessert werden, denn ursprünglich sollten sie lediglich in Küstengewässern und nicht im Atlantik zum Einsatz kommen. Ferner stellte sich heraus, daß ihre Geschwindigkeit gegenüber den über Wasser laufenden und angreifenden U-Booten zu gering war. Ab Frühjahr 1942 stießen dann die Fregatten der River-Klasse zu den Sicherungsstreitkräften der Royal Navy, und zusammen mit den Support Groups wurde die U-Boot-Gefahr ein Jahr darauf gemeistert.

Auch die britische Luftwaffe (Royal Air Force = RAF) kämpfte zunächst mit beträchtlichen Schwierigkeiten, ehe sie neue Wege zur Bekämpfung der U-Boote gefunden hatte.

Das Coastal Command der RAF verfügte über kein spezielles Flugzeug zur U-Boot-Bekämpfung, die Besatzungen waren darüber hinaus nicht entsprechend ausgebildet. Man lernte rasch aus den Erfahrungen während des Krieges, ehe man schließlich eine neue Konzeption fand. Auf englischer Seite war man – wie bereits erwähnt – davon überzeugt, daß durch das Asdic die U-Boot-Gefahr keine großen Wirkungen haben würde: Die Übungen in Friedenszeiten ließen jedenfalls diesen Schluß zu. Allerdings war man doch zu optimistisch.

Das U-Boot hatte sich zwar in seinen technischen Eigenschaften gegenüber 1906/18 nicht wesentlich verändert, lediglich der Fahrbereich bzw. Aktionsradius konnte erweitert werden. Moderne U-Boote waren jetzt in der Lage, weit draußen im Atlantik zu operieren, was wiederum bedeutete, daß die englischen Geleitzüge über den gesamten Atlantik gesichert werden mußten.

Die Royal Navy vergaß in Betracht zu ziehen, welche Situation eintreten könnte, wenn U-Boote nicht getaucht am Tage, sondern des Nachts über Wasser angreifen würden. Dieser neuen Taktik hatten dann auch die deutschen U-Boote ihre Erfolge bis zum Zusammenbruch im Frühjahr 1943 zu verdanken. Dann aber machten Geleitfahrzeuge und Flugzeuge mit Asdic, Radar, HF/DF und neue Wasserbomben dem U-Boot-Krieg ein Ende.

Als am 3. September 1939 der Zweite Weltkrieg ausbrach, war bereits vierundzwanzig Stunden zuvor der erste britische Konvoi von Gibraltar nach Kapstadt ausgelaufen, denn vom ersten Tage des Krieges war es der Royal Navy klar, daß nur Geleitzüge genügend Schutz gegen U-Boot-Angriffe boten. Die Sicherung derselben blieb in den ersten Kriegsmonaten äußerst schwach. Die Zerstörer mußten in erster Linie die großen Überwassereinheiten sichern sowie vor allem den bedeutenden Handelsschiffverkehr vor der Ostküste Englands.

Das Coastal Command verfügte über nur wenige Staffeln der zweimotorigen Anson, die jedoch hauptsächlich Aufklärung über der Nordsee flogen. Daneben gab es noch zwei Staffeln Sunderland-Flugboote, deren Reichweite 810 sm gegenüber 510 sm der Anson betrug.

Die Bewacher sicherten die aus England kommenden Konvois nur ungefähr bis 100 sm westlich von Irland. Zwei Tage lang dampfte dann der betreffende Konvoi ohne Sicherung, ehe er sich auflöste und die Schiffe einzeln ihre Bestimmungshäfen ansteuerten. In der Zwischenzeit hatten die Sicherungsstreitkräfte den einlaufenden Konvoi aufgenommen, der bis zu diesem Zeitpunkt meistens von einem Hilfskreuzer begleitet wurde.

So ungenügend auch die Verteidigungsmaßnahmen der Royal Navy waren, so reichten diese indessen anfänglich gegen die wenigen deutschen U-Boote mehr oder weniger aus.

Die Kriegsmarine stellte vom Juni 1935 bis Ende August 1939 (Kriegsausbruch September 1939) merkwürdigerweise – trotz illegaler Bauvorbereitungen! – nur 57 Unterseeboote in Dienst:

2 Typ-I-Boote
30 Typ-II-Boote
18 Typ-VII-Boote
7 Typ-IX-Boote

Nach Jahren aufgeschlüsselt waren es

1935	14 Typ-II-Boote		
1936	21 U-Boote	2	Typ-I-Boote
		10	Typ-II-Boote
		9	Typ-VII-Boote
1937	1 Typ-VII-Boot!		
1938	9 U-Boote	2	Typ-II-Boote
		4	Typ-VII-Boote
		3	Typ-IX-Boote
1939	12 U-Boote	4	Typ-II-Boote
		4	Typ-VII-Boote
		4	Typ-IX-Boote

Diese Zahlen beweisen eindeutig, daß weder die Industrie noch die Kriegsmarine ein besonderes Interesse daran hatte, die vertragsmäßig zugebilligte U-Boot-Tonnage voll auszuschöpfen!
Sie besaß am 1. September 1939 insgesamt 57 U-Boote, aber nur 18 Einheiten waren für Konvoi-Schlachten im Atlantik geeignet. Im Durchschnitt standen in See jeweils nur 1/3 aller Boote (An- und Abmarschierer / Boote am Gegner / Boote in der Werft).
Bis zum Frühling 1940 operierten die U-Boote hauptsächlich einzeln im östlichen Teil des Nordatlantiks, vor allem aber westlich des Kanals und der Biskaya. Ansätze von mehreren U-Booten (»Rudel-Taktik«) gegen britische Geleitzüge ließen sich jetzt noch nicht verwirklichen, denn es standen einfach nicht genügend Boote zur Verfügung. Noch war die französische Atlantikküste nicht in deutschen Händen. Die U-Boote mußten also um England herum in den Atlantik marschieren, so daß sich höchstens bis zu acht U-Boote in diesen Gewässern aufhielten.
Bis Ende 1939 schossen die U-Boote daher aus Konvois verhältnismäßig wenig Schiffe heraus. Meistens wurden Einzelfahrer versenkt, denn das britische Konvoi-System war noch nicht durchgreifend organisiert. So liefen z. B. Schiffe mit mehr als 15 kn und mit weniger als 9 kn Geschwindigkeit als Einzelfahrer.
Beide Seiten mußten noch lernen. Die Royal Navy stellte rasch fest, daß die »search and patrol«-Taktik gegen U-Boote nicht wirksam genug war. Die Jagdgruppen vernichteten zwar im September und Oktober je ein U-Boot, aber die U-Boot-Kommandanten vermieden anschließend diese Such- oder Jagdgruppen, deren Asdic sich als ziemlich gefährlich herausstellte. Diese Gruppen wurden nun jeweils durch einen Flugzeugträger verstärkt.
Am 14. September 1939 wurde die Ark Royal durch U-39 (Kapitänleutnant Glattes) ergebnislos angegriffen: U-39 ging hierbei verloren. Drei Tage später versenkte indessen U-29 (Kapitänleutnant Schuhart) den 22 500 ts großen Träger Courageous. Daraufhin zog die Royal Navy sofort ihre wertvollen Träger aus der U-Boot-Jagd zurück.
Die eigentliche Schlacht im Atlantik hatte bis jetzt noch nicht stattgefunden. Es war vielmehr nur ein Geplänkel. Sowohl die Royal Navy als auch die Kriegsmarine waren

in ihren Mitteln zu begrenzt. Die U-Boot-Kommandanten vermieden Angriffe auf die mit Asdic ausgerüsteten britischen Kriegsschiffe, während die Royal Navy die Unzulänglichkeiten der Asdic-Ortung in gewissen Situationen erkannte, jedoch war man noch immer von der Wirksamkeit des »search and patrol«-Systems überzeugt. Zu viele Sicherungsstreitkräfte wurden von den Konvois abgezogen,um den Ozean zeitraubend und vergeblich – ohne Flugzeugunterstützung – nach U-Booten abzusuchen.
Die erste Phase dieses U-Boot-Krieges endete im April/Mai 1940, als alle verfügbaren deutschen U-Boote während der Besetzung von Norwegen in den dortigen Gewässern eingesetzt wurden. Ihre Erfolge waren allerdings so unbedeutend, daß man von einem totalen Fehleinsatz sprechen muß. Die katastrophalen Torpedoversager vereitelten jeden Erfolg; darüber hinaus waren alliierte Bewacher in diesen engen Gewässern im Vorteil.
Erst im Juni und Juli 1940 kehrten die deutschen U-Boote in ihre Operationsgebiete westlich des Kanals sowie in die Biskaya zurück. Großbritannien stand nach der Kapitulation von Frankreich dem Dritten Reich allein gegenüber. Die Royal Navy war durch die Evakuierungen von Norwegen und Frankreich so beansprucht worden, daß die Konvois nur sehr wenige Sicherungsfahrzeuge hatten. Infolgedessen erzielten die wenigen U-Boote – geführt von einigen ausgezeichneten Kommandanten – im Sommer 1940 beachtliche Erfolge.
Durch die Besetzung der französischen Atlantikhäfen verbesserten sich für die deutschen U-Boote die Einsatzbedingungen erheblich. Jetzt brauchten sie nicht mehr um England herum in ihre deutschen Stützpunkte zu laufen, sondern sie kehrten direkt nach Frankreich zurück. Ihre Route wurde dadurch um ca. 450 sm verkürzt. Somit stieg auch die Zahl der verfügbaren U-Boote, obwohl bis Mai 1940 insgesamt 25 Boote verlorengingen, so daß man nur über einen Bestand von 51 Einheiten verfügte. Erst ab 1941 rechnete die Kriegsmarine mit steigenden U-Boot-Zahlen, denn zunächst mußten die neuen Besatzungen in der Ostsee ausgebildet werden.
Trotzdem erzielten die ca. 20 eingesetzten U-Boote große Versenkungsergebnisse, denn außer dem kürzeren Anmarschweg und einer schnelleren Reparatur im Stützpunkt trug hierzu auch die Verlegung der britischen Schiffahrt nach dem Nordkanal bei. In diesem Seeraum fanden sich so zahlreiche Ziele, daß die Boote schon nach kurzer Operationsdauer wegen Torpedomangel wieder in ihre Stützpunkte zurückkehren mußten.
Die britischen Konvois waren in dieser Zeit so schwach gesichert, daß sie durch Angriffe der deutschen U-Boote erhebliche Verluste erlitten. Selbst große und bedeutende Geleitzüge wurden nur von einem Zerstörer oder einer Sloop gesichert. Die drohende Invasion durch die deutsche Wehrmacht hielt die Sicherungsstreitkräfte in Inselnähe fest. Auch die Maschinen des Coastal Command standen nicht zur Verfügung, denn sie flogen Aufklärung über der Nordsee, um die Invasionsflotte rechtzeitig melden zu können. Neue, viermotorige Bomber wurden dem Coastal Command nicht in ausreichender Zahl zugeteilt, da sich in der RAF die Auffassung hielt, daß die Bombardierung von Zielen in Deutschland Vorrang habe.

Am 17. August 1940 wurde schließlich vom Oberkommando der Wehrmacht (OKW) etwas voreilig die totale Blockade um Großbritannien verhängt. Damit waren die letzten Beschränkungen aufgehoben; neutrale Schiffe durften jetzt ohne vorherige Warnung versenkt werden.

Die Erfolge der deutschen U-Boote hätten in Verbindung mit einer entsprechenden Luftaufklärung in diesem Zeitraum und auch später noch größer sein können. Es wäre den U-Booten dann möglich gewesen, über einen wesentlich längeren Zeitraum die Geleitzüge zu bekämpfen. Zwar flogen seit August 1940 die viermotorigen Focke-Wulf Condor (FW-200) Aufklärung und Angriffe gegen Konvois: das waren jedoch nur Nadelstiche. Diese ehemaligen Zivilmaschinen waren nicht als Bomber oder Aufklärer konstruiert; ihre Besatzungen nicht für eine Bekämpfung von Schiffszielen aus der Luft ausgebildet. Ab Januar 1941 wurde dann die I./K.G.-40 der U-Boot-Führung taktisch unterstellt, aber die Zahl der Flugzeuge war viel zu gering.

Im Spätsommer 1940 schien die Lage für die britischen Atlantikgeleitzüge nicht sehr günstig zu sein. Die nach England laufenden Konvois mit einer Durchschnittsgeschwindigkeit von weniger als 15 kn wurden in schnelle (9–15 kn) und langsame (7,5–9 kn) eingeteilt. Die schnellen Konvois sammelten sich bei Halifax (Nova Scotia/Kanada) und erhielten die Bezeichnung HX; die langsamen begannen ihre Überfahrt von Sydney (Cape Breton/ebenfalls Kanada) und bekamen das Kennzeichen SC. Die nach den USA/Kanada steuernden Geleitzüge nannten sich zuerst nach ihren Ursprungshäfen, die von der Ostküste dann OA und die übrigen OB.

Nach dem Passieren des 15. Längengrades lösten sich die Konvois auf, und die Sicherungsfahrzeuge übernahmen dann den Schutz der nach England laufenden Einheiten. Diese wurden bis zu diesem Zeitpunkt hauptsächlich von einem Hilfskreuzer oder einer Sloop gesichert. Westlich des 15. Längengrades gab es also keinen Schutz für die Schiffe. Die U-Boote verlegten jedoch ihr Operationsgebiet aufgrund der sich weiter ausdehnenden britischen Luftüberwachung und der zunehmenden Zahl der Bewacher nach Westen, so daß die Royal Navy gezwungen wurde, die Auflösung der Konvois erst ab 17. Längengrad vorzunehmen. Zu dieser Zeit fanden die Konvoi-Schlachten um den SC-7 statt (vgl. Kapitel Korvettenkapitän Otto Kretschmer) sowie um den HX-79. Die Verlustrate für den Konvoi SC-7 betrug 58,8 % und 24,5 % für HX-79. Die Sicherungsfahrzeuge der Geleitzüge SC-7 und HX-79 konnten diese Verluste nicht vermeiden, so daß die Royal Navy Überlegungen anstellte, unter allen Umständen eine weitere Katastrophe zu verhindern. Der deutschen U-Boot-Taktik, des Nachts über Wasser anzugreifen, schien man für den Augenblick nichts entgegensetzen zu können. Man mußte feststellen, daß trotz der starken Sicherung des Geleitzuges HX-79 die Methoden oder auch die Mittel zum Schutz der Frachter falsch waren.

Das Konvoi-System blieb natürlich bestehen. Jetzt war die Zeit gekommen, viele Zerstörer wieder den Konvois zuzuteilen, die bisher wegen der Invasionsgefahr an der Süd- und Ostküste Englands festgehalten wurden. Die langsamen und noch teilweise unerfahrenen Korvetten und Sloops erhielten daher jetzt Verstärkung durch schnelle Zerstörer mit in der U-Boot-Jagd ausgebildeten Besatzungen. Die Zerstörer waren in

der Lage, die Gewässer um die Geleitzüge in einem größeren Radius zu sichern und den U-Booten ein Eindringen in die Dampferkolonnen zu erschweren.
Die neue Taktik bewährte sich sogleich. Im Oktober 1940 gingen U-32 und im November 1940 U-31 und U-104 durch britische Geleitfahrzeuge verloren.
Am 2. September 1940 schlossen Großbritannien und die USA einen Tauschvertrag: England erhielt für die Überlassung von Stützpunkten in der westlichen Hemisphäre 50 alte US-Zerstörer aus dem Ersten Weltkrieg. Diese wurden sofort für den U-Boot-Krieg umgerüstet, ehe sie in den Kampf eingreifen konnten. Auf dem Höhepunkt der Schlacht im Atlantik brauchte die Royal Navy jedes nur schwimmende Fahrzeug. Die alten US-Zerstörer bestanden ihre Bewährungsprobe.
Nicht nur Schiffe allein jagten und vernichteten deutsche U-Boote, sondern auch neue technische Entwicklungen waren hierzu erforderlich. Die britische Rüstungsindustrie hatte nun mit Vorrang Radar für Schiffe und Flugzeuge zu entwerfen. An zweiter Stelle wurde beschleunigt an der Entwicklung des HF/DF (High-frequency direction-finder) – ein Gerät zur Kurzwellen-Peilung – gearbeitet, um die Funksprüche der deutschen U-Boote einzupeilen, die ihre Meldungen an die U-Boot-Führung absetzen mußten. Letztere Erfindung wurde den U-Booten besonders zum Verhängnis, denn die Kommandanten konnten es einfach nicht lassen, ständig zu funken. Ihre FT-Sprüche wurden von den Alliierten sofort eingepeilt –, und die sichere Vernichtung des U-Bootes war in vielen Fällen die Folge: Dies war der große Nachteil der Führung von U-Booten von Land aus!
Weiterhin wurde die Ausrüstung mit Sprechfunk vorangetrieben, damit die Geleitfahrzeuge besser zusammenarbeiten konnten. Schließlich wurden die Sicherungsfahrzeuge zu Gruppen zusammengefaßt, die im Teamwork U-Boot-Jagd durchführten. Natürlich nahmen alle diese vorbereitenden Maßnahmen viel Zeit in Anspruch, ehe sie frontreif und Kriegsschiffe damit ausgerüstet wurden. Bis dahin würden die U-Boote noch im Vorteil sein, aber das Ende ihrer Tätigkeit war vorauszusehen: die deutsche U-Boot-Führung besaß keine Gegenwaffe, langfristig auch nicht in der Zukunft. Die verbesserten U-Boot-Typen und das Walter-U-Boot kamen zu spät; sie hätten das Blatt auch nicht mehr entscheidend wenden können. Bereits jetzt hätte das viermotorige Flugzeug, das bereits in ausreichender Zahl zur Verfügung stand, das U-Boot vom Atlantik vertreiben können. Aber noch immer gab man in England merkwürdigerweise der strategischen Bomberoffensive über Deutschland und gegen die gutgeschützten U-Boot-Basen in Frankreich den Vorrang. Die Zahl der im Atlantik stehenden U-Boote war noch zu gering, um die Nachtangriffe gegen die britischen Konvois bis zum Äußersten durchführen zu können. Im November und Dezember 1940 standen z. B. nur jeweils sechs U-Boote im Atlantik. Schlechtes Wetter und geringe Sicht brachten im Winter 1940/41 keine großen Erfolge, mit Ausnahme gegen den Konvoi HX-90 (vgl. Kapitel Korvettenkapitän Otto Kretschmer).
Im Januar 1941 fielen den deutschen und italienischen U-Booten nur insgesamt 24 Schiffe zum Opfer, im Februar 1941 stieg diese Zahl auf 45 und im März 1941 auf 46. Diese Ergebnisse waren gegenüber Oktober–Dezember 1940 nicht überwältigend. Dagegen gingen im Januar und Februar 1941 keine deutschen U-Boote verloren: In

den Augen der Royal Navy ein böses Zeichen. Im März 1941 besserte sich die Lage für die Engländer wieder zusehends. Britische Zerstörer der Western Approaches erhielten ihre ersten noch primitiven Radargeräte. Immerhin war es nun möglich, daß die sichernden Kriegsschiffe ihre Position um den Konvoi besser einhalten konnten, ohne stets auf die Frachter achten zu müssen. Auch stand mehr Zeit für die Suche nach aufgetauchten deutschen U-Booten zur Verfügung.
Die Chance, ein U-Boot mit dem primitiven Radargerät zu entdecken, war jedoch verhältnismäßig gering. Noch mußte man sich auf das Auge verlassen. Leuchtgranaten hatten sich nicht bewährt, so daß ab Mai 1941 auch Handelsschiffe mit Raketen versehen wurden, die »Schneeflocken« in den Himmel schossen, um die Nacht zum Tage zu machen.
An die Front kam zu dieser Zeit auch Sprechfunk, um nicht nur mit den sichernden Fahrzeugen Verbindung aufzunehmen, sondern auch mit den Flugzeugen. Diese Neuerungen waren indessen noch unzureichend, aber auf den britischen Sicherungsfahrzeugen hatte man bereits das Gefühl, daß ein Erfolg sich in nächster Zukunft einstellen müßte. Escort-Gruppen wurden aufgestellt, die gewöhnlich aus zwei Zerstörern und bis zu sechs Korvetten bestanden. Bisher hatte der jeweilige Escort Commander nicht genügend Zeit, die Taktik seiner Schiffe aufeinander abzustimmen; aber immer mehr Geleitfahrzeuge verließen die britischen (später die amerikanischen und kanadischen) Werften, so daß die Ruhepausen zwischen den einzelnen Konvoi-Operationen größer wurden, die zur Ausbildung tatkräftig genutzt werden konnten.
Im Januar und Februar 1941 fanden keine größeren Geleitzugschlachten statt, da die Royal Navy die Konvoirouten weit nach Norden verlegt hatte, um die Vorpostenstreifen der deutschen U-Boote zu umgehen.
Im März 1941 zeigten sich bereits Verbesserungen auf britischer Seite: Die drei bekanntesten U-Boot-Asse Prien (U-47), Kretschmer (U-99) und Schepke (U-100) fielen den Geleitfahrzeugen zum Opfer (sowie U-70, Matz).
Der Befehlshaber der U-Boote (BdU), Admiral Dönitz, erfaßte die neue Lage, daß Operationen vor dem Nordkanal nicht mehr angebracht waren und verlegte die U-Boot-Aufstellungen weiter nach Westen. Die sogenannte zweite Phase der Schlacht im Atlantik war somit zu Ende.
Bekanntlich brach dann der deutsche U-Boot-Krieg im Frühjahr 1943 endgültig zusammen. Auf deutscher Seite wird als Schutzbehauptung in diesem Zusammenhang gerne das offizielle, mehrbändige Seekriegswerk von Stephen Wentworth Roskill »The War At Sea« herangezogen, um zu beweisen, daß die deutschen U-Boote nahe daran waren, die Seeverbindungen zwischen der alten und der neuen Welt zu unterbinden und daß es Überlegungen gegeben habe, das Konvoisystem aufzugeben. Dies entspricht keinesfalls den Tatsachen. Die Royal Navy wußte genau, daß es gar keine andere Alternative gab und daß die Sicherungsstreitkräfte in Verbindung mit Flugzeugen – beide mit den modernsten technischen Hilfsmitteln ausgerüstet – den Kampf gewinnen würden. Die deutschen Gegenmaßnahmen fielen überhaupt nicht ins Gewicht. So katastrophal auch die Verluste des jeweilig angegriffenen britischen Geleit-

zuges auch schienen, so erreichten unzählige Konvois Großbritannien, ohne gefunden oder angegriffen zu werden, andere erreichten ohne wesentliche Verluste ihre Bestimmungshäfen. Nicht mehr als 2,5 % aller von deutschen U-Booten versenkten Schiffe wurden aus Konvois herausgeschossen. Die Verluste der angegriffenen Geleitzüge selber betrugen im Durchschnitt nur 11 %, dagegen waren es 80 % der angegriffenen Einzelfahrer, die auf den Meeresgrund sanken!

Im Mai 1943 mußte Großadmiral Dönitz die U-Boote aus dem Nordatlantik nach den erfolglosen Konvoischlachten des Frühjahres, in denen die U-Boote große Verluste erlitten, zurückziehen. Diese standen in keinem Verhältnis mehr zu den erzielten Versenkungsergebnissen. Die Schlacht im Atlantik war unwiderruflich verloren! Die Initiative im atlantischen Zufuhrkrieg blieb bis Kriegsende auf seiten der alliierten See- und Luftstreitkräfte.

Es gab keine Konvoischlachten mehr, keine Sondermeldungen dröhnten mehr aus den Lautsprechern. Der U-Boot-Krieg, der England auf die Knie zwingen sollte, wurde von gelegentlichen propagandistischen Überheblichkeiten und Dummheiten aus den Siegesmeldungen gestrichen.

Wie konnte es zu dieser einmaligen Niederlage kommen? Was war geschehen? Die Fehler liegen eindeutig auf seiten der U-Boot-Führung unter Großadmiral Dönitz, die die drohenden Anzeichen des totalen Zusammenbruchs einfach nicht wahrhaben wollte oder bagatellisierte. Erst als es zu spät war und keine Chance mehr bestand, jemals den U-Boot-Krieg wieder aufleben zu lassen, ergriff Dönitz Gegenmaßnahmen. Aber gegenüber den technologischen Fortschritten und Erfolgen der Alliierten in der U-Boot-Bekämpfung ist es geradezu erschreckend festzustellen, mit welchen primitiven Mitteln man auf deutscher Seite dieser entscheidenden Niederlage zu begegnen versuchte. Einmal konzentrierte man sich darauf, ein Gerät zu entwickeln, das die Radarstrahlen auffangen sollte, so daß die U-Boote rechtzeitig gewarnt wurden. Doch auch dieses Gerät blieb angesichts der Unkenntnis auf dem Gebiet der elektronischen Kriegführung seitens der Alliierten in seinem Nutzen wirkungslos, es war zu primitiv, zumal später die U-Boot-Führung angesichts ihrer Ratlosigkeit die Befürchtung hegte, daß die Strahlen des sogenannten Metox-Gerätes vom Gegner aufgefangen und die Anwesenheit des deutschen U-Bootes verraten würden. Dann wollte man die U-Boote mit einer Schutzschicht versehen, um die Radarstrahlen zu absorbieren. Natürlich waren diese und noch andere geradezu lächerlich anmutenden Maßnahmen sinnlos, denn wie sollte oder konnte man sich gegen Radar schützen, wenn man nicht einmal wußte, um was für Ortungsstrahlen es sich eigentlich handelte! Auf die Idee, ebenfalls Radar zu entwickeln und einzusetzen, ist man vermutlich in der wenig kreativen U-Boot-Führung nie gekommen.

Im Zusammenhang mit dem enormen technischen Vorsprung der Alliierten haben wir heute neuere Erkenntnisse darüber, wie hoffnungslos unsere gesamte elektronische Ausstattung stets hinter dem Forschungsstand unserer Gegner zurücklag. Hier machte sich erschreckend nicht nur die Flucht jüdischer Wissenschaftler bemerkbar. Durch die breitangelegte Untersuchung von Karl Heinz Ludwig »Technik und Ingenieure im Dritten Reich« wissen wir ziemlich exakt, wie stark Forschungsergebnisse auf allen Gebieten – rückläufige Patenterteilungen und Ingenieurausbildung etc. – ab 1933 zwangsweise nachließen. Über die Einstellung vieler Seeoffiziere der Technik gegenüber sind wir ebenfalls seit einiger Zeit aufgeklärter. Man unterschätzte mehr als leichtfertig die Anwendungsmöglichkeiten des alliierten automatischen Kurzwellenpeilnetzes HF/DF; für den Befehlshaber der Unterseeboote (BdU) noch im Mai 1943 eine unbekannte Größe, obwohl sich der U-94-Kommandant Otto Ites bereits im Juni 1942 über seine HF/DF-Erfahrungen am ONS-102-Konvoi äußerte! – Am Rande sollte zusätzlich die etwas schwerfällige Logistik Erwähnung finden: Sie führte vielfach zu technisch vermeidbaren Verzögerungen. Stets lagen – im Vergleich zu den in See stehenden Einheiten – mehr U-Boote in den Häfen nutzlos herum. Auch gelang es dem BdU verhältnismäßig spät – oder eigentlich nie –, daß seine Boote in eine allgemeine deutsche Seestrategie organisch mit einbezogen wurden. Indessen setzte rasch nach Kriegsende eine wohlgezielte Propagierung der »sagenhaften« Typ-XXI- und XXIII-U-Boote ein. Ihr Einsatz hätte zunächst einmal – stets im Hinblick auf den ständigen (von uns stets unterschätzten) technischen Vorsprung der Gegenseite – funktechnisch ungelöste Probleme aufgeworfen: Keine FT-Möglichkeit während der Operation – Berichterstattung erst nach dem Einlaufen – fehlende aktuelle Lagebeurteilung.

Angesichts des Forschungsstandes auf dem Gebiet der Elektronik im Dritten Reich nimmt es daher auch kein Wunder, daß trotz eines aus einem am 3. Februar 1943 bei Rotterdam abgeschossenen britischen Bombers intakt geborgenen Radargerätes das Geheimnis bzw. die Funktion desselben nie ergründet wurde! Schon die Bezeichnung »Rotterdam-Gerät« spricht in diesem Zusammenhang für sich.

Radar alleine verursachte aber nicht den totalen Zusammenbruch des U-Boot-Krieges im Frühjahr 1943. Eine außerordentlich bedeutende Rolle spielte das High-Frequency/Direction Finding-(HF/DF-)Verfahren, die Funksignale der deutschen U-Boote einzupeilen und dann Schiffe und Flugzeuge auf diese anzusetzen. Der Escort Commander der jeweiligen Sicherungsstreitkräfte am Geleitzug wurde dadurch in die Lage versetzt, entweder eine Ausweichbewegung des Konvois zu befehlen, um den Fühlungshalter abzuschütteln oder mit seinen Schiffen das U-Boot unter Wasser zu drükken und in einem koordinierten Such- und Angriffsverfahren mit Wasserbomben, die jetzt den hochbrisanten Sprengstoff Torpex enthielten, zu vernichten. Besondere Support Groups oder Hunter-Killer Groups, die zur Verstärkung der Sicherung herankamen oder nur aufgrund von Peilungen U-Boote aufspürten und jagten, ließen diese gar nicht mehr an den Geleitzug heranschließen. Es ist einfach unverständlich, daß man in der U-Boot-Führung nicht wußte, daß die alliierten Geleitfahrzeuge und Stationen an Land den Standort eines U-Bootes so genau einpeilen konnten. Auch hier liegt ein weiteres Versagen vor, daß nicht an der Entwicklung eines Kurzsignals gearbeitet wurde, das der Gegner nicht mehr einpeilen konnte. Außerdem ging aus den auf deutscher Seite aufgefangenen alliierten Funksprüchen hervor, daß man den Funkverkehr der U-Boote erfaßt hatte, aber man wußte mit dem Wort »Radio« nichts anzufangen!

Die Führung der U-Boote von Land aus, zunächst als große taktische Neuerung für den Einsatz der U-Boot-Rudel gefeiert, erwies sich infolge fehlender Weiterentwicklung durch den BdU Dönitz und in kaum zu glaubender Unkenntnis der alliierten Möglichkeiten schließlich doch als Fehlschlag. Die U-Boote »schwätzten« daher bis zum Ende des Krieges ungestört, so daß die Alliierten sie in aller Ruhe einpeilen und vernichten konnten.

Nachdem nun Dönitz ohnmächtig dieser Entwicklung gegenüberstand, setzte er daraufhin seine Hoffnungen auf die bereits erwähnten neuen Elektro-U-Boote vom Typ XXI und XXIII. Zunächst baute man jedoch den Schnorchel auf den älteren U-Booten ein, so daß diese getaucht Luft ansaugen und mit Dieselmotoren unter Wasser laufen konnten. Auch diese Neuerung revolutionierte den U-Boot-Krieg nicht, denn das U-Boot blieb zu langsam unter Wasser und somit weiterhin wehrlos und blind.

Dann sollten die schnellen Elektro-Boote die Wende bringen. Aber über das »wie« machte man sich keine großen Gedanken. Man glaubte, schnell an einen Geleitzug heranzukommen und wieder schnell ablaufen zu können. Sicherlich wäre anfänglich ein Überraschungserfolg erzielt worden. Dönitz vergaß aber bei seinen Überlegungen, daß die alliierten Sicherungsstreitkräfte nicht nur so zahlreich waren, daß es für sie kein Problem gewesen wäre, auch diesen verbesserten U-Boot-Typ mit Erfolg zu bekämpfen, sondern sie waren auch an Erfahrungen den deutschen U-Boot-Besatzungen weit überlegen. Die Alliierten, insbesondere die britische Marine, hatte ab Mai 1943 Gelegenheit gehabt, jedes Wrack, jede Untiefe usw. auf den Seekarten einzuzeichnen, so daß man sofort wußte, ob es sich bei dem Asdic-Kontakt um ein U-Boot handelte oder nicht. Außerdem legte man überall Sonar-Bojen aus, um die U-Boote abzuschrecken und sie im Glauben zu lassen, daß sie geortet wären. Die Nerven der U-Boot-Fahrer wurden dadurch auf das Äußerste angespannt.

Die wichtigste Frage blieb weiterhin ungelöst, wie man die Geleitzüge finden wollte. Die Luftwaffenaufklärung ließ nicht nur in den ersten Kriegsjahren zu wünschen übrig, sie war erst recht nach 1943 utopisch. Wollte man die U-Boote wieder von Land aus führen? Damit wäre die Katastrophe der vorhergehenden Jahre doch wiederholt worden! Die einzige Lösung wäre Radar gewesen, aber davon konnte aus den bekannten Gründen keine Rede sein.

Im Mai 1943, als über 40 U-Boote nicht in ihre Stützpunkte zurückkehrten und die Wende in der Schlacht im Atlantik auch in Zahlen sichtbar wurde, äußerte sich Dönitz weiterhin optimistisch über die Versenkungserfolge, daß sie »einen Vorsprung vor der Abwehr- und Neubauanstrengung des Gegners« darstellen, »der schlechterdings nicht mehr eingeholt werden kann.« (»Völkischer Beobachter« Nr. 154/3. 6. 1943/S. 2). Selbst in der erfolgreichsten Phase sehen in einer retrospektiven Betrachtung die kausalen Zusammenhänge wesentlich nüchterner aus: In den entscheidenden zehn Monaten – von August 1942 bis Mai 1943 – wurden auf dem Atlantik in über 500 Geleitzügen über 10 000 Handelsschiffe (zuzüglich über 1000 Einzelfahrer) geleitet. Aus 96 Konvois konnten lediglich 345 Handelsschiffe mit zusammen 2 040 710 BRT versenkt werden.

325 bis 335 U-Boote operierten in dieser Zeit im Nordatlantik, wobei 130 Boote

nachweisbar Totalerfolge erzielten (120 Boote gingen im Nordatlantik verloren, davon 27 nach knapp einer einmonatigen Frontzeit!).
Die »Rudel-Taktik« zeigte letztlich nicht die Resultate, die man nicht nur propagandistisch erwartete: Die besten Ergebnisse erzielte man weitgehend gegen Einzelfahrer (U-Boot-Krieg an der USA-Ostküste, im Mittel- und Südatlantik sowie im Indischen Ozean!) und nicht an Geleitzügen! Nur in drei (!) Fällen konnten während des gesamten Krieges aus Geleitzügen mehr als 100 000 BRT versenkt werden! Die Erfolgsmeldungen – durch die Propaganda zusätzlich angeheizt und aufgewertet – zeigten eine unverantwortlich hohe Fehleinschätzung.
Das Bild des Befehlshaber der U-Boote, Großadmiral Dönitz, »er verdankt seine Karriere ganz und gar dem Nationalsozialismus« (»Kölnischer Kurier« Nr. 6/5. 5. 1945/S. 1), ist umstritten: »Stort var Dönitz' inflytande på Hitler under Krigets sista månader« (Jürg Meister in: »Tidskrift i Sjöväsendet« Nr. 1/1963/S. 49: »Am schlimmsten war der Einfluß von Dönitz auf Hitler in den letzten Monaten des Krieges«). Selbst vor Hitler-Jungen (»Hitler-Junge Dönitz«) tönte der BdU voller Optimismus »daß die deutschen Soldaten, diese deutschen Menschen keine Macht der Welt überwindet, daß wir, weil wir die bessere Qualität, die bessere innere Haltung besitzen, den Gegner schlagen werden« (»VB« vom 2. 8. 1943, S. 1). Vom sogenannten »Selbstmordbefehl« – vgl. die Auseinandersetzung um die Erinnerungen des ehemaligen U-Boot-Kommandanten Herbert A. Werner um die »Eisernen Särge« (u. a. in »Frankfurter Rundschau« Nr. 214/16. 9. 1970/S. 20) –, bis zur absoluten Selbsterniedrigung war im NS-Vokabular des BdU alles vertreten: »Die ungeheure Kraft, die der Führer ausstrahlt . . . hat es in diesen Tagen sehr deutlich gemacht, daß wir alle miteinander sehr arme Würstchen sind im Vergleich zum Führer . . .« (Dönitz im August 1943), »Der Führer zeigt uns Weg und Ziel. Wir folgen ihm mit Leib und Leben in eine große deutsche Zukunft« (Dönitz am 1. Januar 1944) und »Das deutsche Volk verdankt unserem Führer schlechterdings alles, alles! . . .« (Dönitz am 25. Januar 1944 nach Alexander Rost in »Die Zeit« Nr. 14/4. 4. 1969/Lit. 18). Über den brutalen, autoritären Dönitz-Stil wissen wir nunmehr dankenswerterweise durch die vorbildliche wissenschaftliche dreibändige Michael Salewski-Darstellung »Die deutsche Seekriegsleitung 1935–1945« (abgeschlossen 1975) wesentlich mehr. Merkwürdigerweise wurden hierbei teilweise Fakten und Insider-Informationen erst 30 Jahre nach Beendigung des Krieges bekannt, ein Beweis dafür, daß bekannte Historiker, Wissens- und Informationsträger – unterstützt von ehemaligen Kriegsmarine-PK-Leuten – zielstrebig an einer apologetisch-verschleiernden Mythologisierung gearbeitet haben! Peinlich werden diese Dinge zusätzlich, wenn wir aus einer Anzeige der Deutschen Gesellschaft für Schiffahrts- und Marinegeschichte e. V. (»Schiff und Zeit« Nr. 1/1973 und »MOV-Nachrichten« Nr. 5/1971/S. 113) entnehmen können: »Zu den gestellten Aufgaben zählen . . . Tonbandarchiv (besonders notwendig, weil viele Akten, wie Kriegstagebücher, Schiffsjournale ohne persönliche Kommentare der Verantwortlichen [sic!] keine vollgültige Aussage erlauben) . . .« – Ohne Aktenüberlieferung wäre die Salewski-Arbeit nicht möglich gewesen – ohne Lord Nelson-»Tonbandaussagen« keine wissenschaftliche Biographie über Nelson? – Man muß das zweimal lesen und

sich wundern, was »Historiker« sich in diesem Lande stillschweigend bieten lassen. Über den soziologischen Bereich liegen bisher nur andeutungsweise Erkenntnisse vor. Die Arbeiten von Buchheim, Schaeffer und Werner vermitteln indessen interessante Details. Völlig unberücksichtigt blieb bisher eine systematische Auswertung von PK-Berichten. Über degradierte, aus der Gefangenschaft ausgetauschte, durch Selbstmord geendete und standrechtlich erschossene U-Boot-Kommandanten liegen – Dank einer vorzüglichen Verschleierungstaktik – erst in Ansätzen Fakten vor. Auch bieten die noch nicht freigegebenen Unterlagen über Vernehmungspraktiken an deutschen U-Boot-Gefangenen zusätzlich recht wertvolle Aufschlüsse: Einzelheiten über eine Meuterei an Bord eines untergehenden Unterseebootes wurden erst kürzlich den Verfassern bekannt.

Die »Kampfmoral« der Besatzungen – die vom Nationalsozialismus nicht ganz unbeeindruckt blieb – muß – das bestätigt die Gegenseite – als sehr hoch eingestuft werden. Eine zusätzliche Aufwertung erfuhr die Kriegsmarine durch den damaligen Staat: »Der Befehlshaber dieser Waffe, der Großadmiral Dönitz, wurde schließlich das Oberhaupt eines torpedierten Reiches. Zwanzig Tage war ein U-Boot-Fahrer der oberste Deutsche. Und das war kein Treppenwitz der Geschichte; es ist ein Indiz dafür, wie deutsch die deutsche Waffe zur See gewesen ist. Man kann gar nicht genug über sie erfahren« (Alexander Rost in »Die Zeit« Nr. 48/29. 11. 1969/Lit. 16).

Es stellt sich daher die Frage, worauf man eigentlich Hoffnungen auf ein Wiederaufleben des U-Boot-Krieges setzte, ganz abgesehen davon, daß durch den alliierten Vormarsch zu Land und durch deren gewaltige Luftüberlegenheit Bau, Ausbildung und schließlich der Einsatz der U-Boote vollkommen zum Erliegen kam.

Die Verluste, die die U-Boot-Waffe nach der Niederlage im Mai 1943 erlitt, wurden nunmehr von Großadmiral a. D. Karl Dönitz mit der Behauptung gerechtfertigt, daß dadurch Tausende (!) von alliierten Bombern gebunden wurden, die sonst zum Einsatz über Deutschland freigeworden wären. Auch diese Zahl ist wie so vieles in der Geschichte des U-Boot-Krieges 1939–1945 ein Mythos! Es sind nie Tausende von alliierten Bombern gegen U-Boote eingesetzt worden – 1942/Anfang 1943 waren es nicht mehr als zehn (!) Langstrecken-Liberator, die im Mittelatlantik U-Boot-Jagd flogen, und im März 1943 stieg die Zahl auf 40, wobei jeweils 13 einsatzbereit waren. Selbst die Zahl der Flugzeuge des Coastal Command ging nie in die Tausend.

Warum also dieser verbrecherische Einsatz der längst überholten U-Boot-Typen? War es nationalsozialistischer Fanatismus? Wollte man einfach nicht wahrhaben, daß der U-Boot-Krieg gescheitert war? War es der schändliche Kadavergehorsam an der Seite des Führers, um zu beweisen, daß man bis zum wahrhaft bitteren Ende treu an seiner Seite blieb? Angesichts dieser Fragestellung kann man nur in Ehrfurcht an die gefallenen U-Boot-Fahrer denken.

In diesem Zusammenhang interessant sind die Berichte bekannter Historiker, die immer noch von entscheidenden Erfolgen eines zum Endsieg beitragenden U-Boot-Krieges phantasieren, hierbei die Kriegsmarine, aber besonders die U-Boot-Führung, für tabu erklären und Bücher verfemen, die den Krieg zur See so schildern, wie er wirklich war.

Als Resümee dieses Werkes müssen wir schließlich erkennen, daß man trotz einer erheblich größeren Anzahl zur Verfügung stehender Unterseeboote (1906/18: 374 Einheiten gegenüber 1171 für den Zeitraum 1935/45) während des Zweiten Weltkrieges die Versenkungsergebnisse des Handelskrieges 1914/18 nicht erreichen konnte, obwohl zwischenzeitlich die durchschnittliche Größe von Handelsschiffen anstieg. Trotz propagandistisch-hochstilisierter »Rudel-Taktik« blieben die U-Boote des Dritten Reiches unter den Erfolgschiffren der Kaiserlichen U-Boot-Waffe! Ein erstaunliches Phänomen: Man denke an die enorm gestiegenen Jagdfliegerabschußquoten 1939/45 gegenüber 1914/18!
Diese historisch abgesicherten Tatsachen – die nachfolgenden Seiten bringen den Beweis – werden bewußt von Marine-Apologeten bis zum heutigen Tage verdreht.

Die zehn erfolgreichsten U-Boot-Kommandanten der Welt

Von den zehn erfolgreichsten U-Boot-Kommandanten des Ersten Weltkrieges – sie vernichteten zusammen 2 435 928 BRT – erhielten mit Ausnahme von Kapitänleutnant Rücker alle die höchste preußische Tapferkeitsauszeichnung, den Orden *pour le mérite*. Kapitänleutnant Rücker war bereits für die Verleihung vorgeschlagen und eingereicht, geriet jedoch im Mai 1918 beim Untergang seines U-Bootes in englische Gefangenschaft.
Während des Ersten Weltkrieges wurden insgesamt 29 U-Boot-Kommandanten mit dem *Pour le mérite* ausgezeichnet:
neun Kommandanten der Hochseeflotte: Weddigen †, Walther, Schwieger †, Adam, Wünsche, Rose, Kophamel, von Georg, Werner;
acht Kommandanten der U-Flottille-FLANDERN: Steinbrinck, Saltzwedel †, Howaldt, Viebeg, Wassner, Wenninger, Lohs †, Hundius †;
zwölf Kommandanten der U-Flottille-POLA: Hersing, Forstmann, von Arnauld, Valentiner, von Heimburg, Moraht, von Mellenthin, Steinbauer, Schultze, Siess, Marschall, Hartwig.
Außerdem erhielten Korvettenkapitän Bartenbach als Führer der U-Boote-FLANDERN und Kapitän zur See und Kommodore Michelsen als Befehlshaber der U-Boote diese hohe Auszeichnung.
Die vier erfolgreichsten U-Boot-Kommandanten des Zweiten Weltkrieges vernichteten zusammen 151 Handelsfahrzeuge mit 811 906 BRT.
Korvettenkapitän Kretschmer – der erfolgreichste U-Boot-Kommandant des Zweiten Weltkrieges – war der 5. Träger des *Eichenlaubs mit Schwertern zum Ritterkreuz des Eisernen Kreuzes,* Kapitänleutnant Topp der 17. und Kapitänleutnant Lüth der 29. Träger.
Korvettenkapitän Viktor Schütze erhielt als 23. Träger der Wehrmacht das *Eichenlaub zum Ritterkreuz des Eisernen Kreuzes.*
Korvettenkapitän Lüth wurde als 7. Offizier der Wehrmacht mit dem *Eichenlaub mit Schwertern und Brillanten zum Ritterkreuz des Eisernen Kreuzes* ausgezeichnet.
Von der U-Boot-Waffe erhielten während des Zweiten Weltkrieges 145 Mann (ferner drei italienische Kommandanten) das *Ritterkreuz des Eisernen Kreuzes,* 29 das *Eichenlaub zum Ritterkreuz,* fünf das *Eichenlaub mit Schwertern zum Ritterkreuz* und schließlich zwei das *Eichenlaub mit Schwertern und Brillanten zum Ritterkreuz.*

Lebensdaten – Crew (Marineeintrittsjahr 1903 = 03 usw.) – Frontjahre und -monate – Alter (Frontzeit) – Erfolge (Einheiten–BRT)

Kapitänleutnant von Arnauld					
18. 3. 1886–24. 2. 1941	03	1915/18	37	29/32	194–453 716
Kapitänleutnant Forstmann					
9. 3. 1883– 2. 11. 1973	00	1914/17	39	31/34	146–384 304
Kapitänleutnant Valentiner					
15. 12. 1883–19. 6. 1949	02	1914/18	46	31/35	141–299 326
Korvettenkapitän Kretschmer					
1. 5. 1912	30	1939/41	19	27/29	41–238 768
Kapitänleutnant Steinbrinck					
19. 12. 1888–16. 8. 1949	07	1914/18	42	26/30	202–231 614
Korvettenkapitän Lüth					
15. 10. 1913–14. 5. 1945	33	1939/43	50	26/30	43–215 147
Kapitänleutnant Rose					
15. 4. 1885– 6. 12. 1969	03	1916/18	28	31/33	79–213 987
Kapitänleutnant Schwieger †					
7. 4. 1885– 5. 9. 1917	03	1914/17	48	29/32	49–183 883
Korvettenkapitän Schütze					
16. 2. 1906–23. 9. 1950	25	1939/41	24	33/35	35–180 073
Korvettenkapitän Topp					
2. 7. 1914	34	1940/42	29	26/28	32–177 919

Die Reihenfolge ist für eine Leistungsbewertung der einzelnen Kommandanten nicht maßgebend. Dazu waren die Verhältnisse, unter denen die Erfolge in beiden Weltkriegen erzielt wurden, zu verschieden. Gleiches gilt für die Größe und Leistungsfähigkeit der Boote.

Das deutsche U-Boot der Geleitzugschlachten

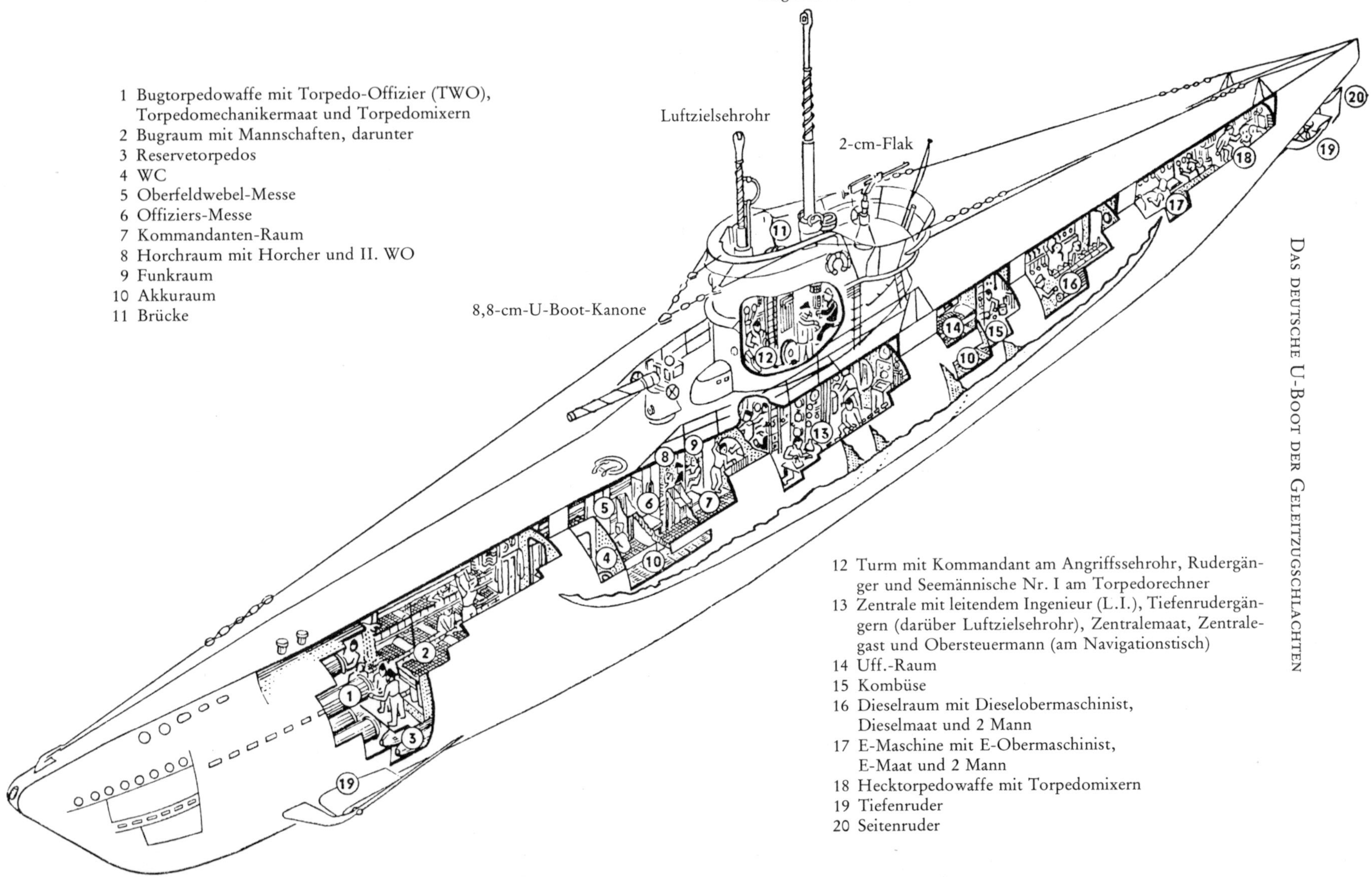

1 Bugtorpedowaffe mit Torpedo-Offizier (TWO), Torpedomechanikermaat und Torpedomixern
2 Bugraum mit Mannschaften, darunter
3 Reservetorpedos
4 WC
5 Oberfeldwebel-Messe
6 Offiziers-Messe
7 Kommandanten-Raum
8 Horchraum mit Horcher und II. WO
9 Funkraum
10 Akkuraum
11 Brücke

12 Turm mit Kommandant am Angriffssehrohr, Rudergänger und Seemännische Nr. I am Torpedorechner
13 Zentrale mit leitendem Ingenieur (L.I.), Tiefenrudergängern (darüber Luftzielsehrohr), Zentralemaat, Zentralegast und Obersteuermann (am Navigationstisch)
14 Uff.-Raum
15 Kombüse
16 Dieselraum mit Dieselobermaschinist, Dieselmaat und 2 Mann
17 E-Maschine mit E-Obermaschinist, E-Maat und 2 Mann
18 Hecktorpedowaffe mit Torpedomixern
19 Tiefenruder
20 Seitenruder

Der erfolgreichste U-Boot-Kommandant der Welt Kapitänleutnant Lothar von Arnauld de la Perière

Am 18. November 1915 übernahm Kapitänleutnant von Arnauld von Korvettenkapitän Kophamel (Crew 98) das Mittelmeer-U-Boot S. M. U-35 (Auftrag: 28. August 1912; Stapellauf: 18. April 1914 bei der Krupp-Germaniawerft [Bau-Nr. 195] in Kiel; Indienststellung: 3. November 1914; Größe: 685/878 t; Geschwindigkeit: 16,4/9,7 kn; Bewaffnung: 2 Bug- und 2 Heck-Torpedorohre [6–10 Torpedos], zunächst eine 7,5-cm-Kanone, dann eine 8,8-cm-Kanone, ab 1916/17 eine 10,5-cm-Kanone; Besatzung: ca. 35 Mann). Korvettenkapitän Waldemar Kophamel übernahm nach der Bootsabgabe von U-35 an Kapitänleutnant von Arnauld de la Perière für fast 20 Monate (18. November 1915 bis 8. Juni 1917) die U-Flottille-Pola im Mittelmeer.

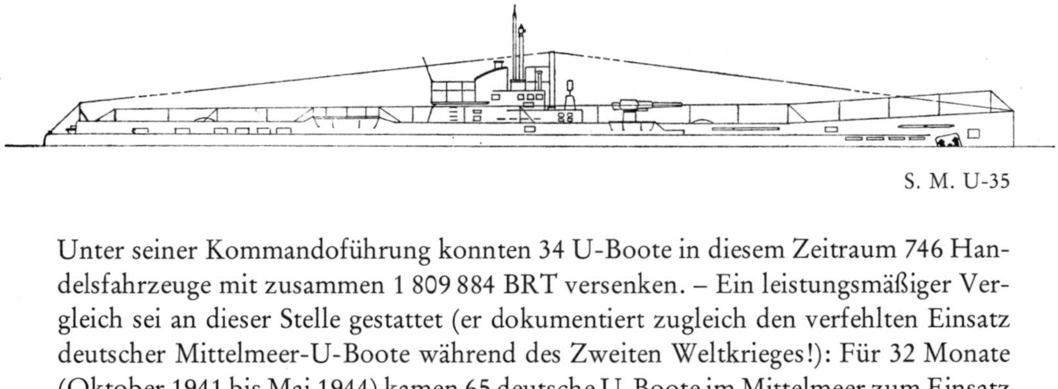

S. M. U-35

Unter seiner Kommandoführung konnten 34 U-Boote in diesem Zeitraum 746 Handelsfahrzeuge mit zusammen 1 809 884 BRT versenken. – Ein leistungsmäßiger Vergleich sei an dieser Stelle gestattet (er dokumentiert zugleich den verfehlten Einsatz deutscher Mittelmeer-U-Boote während des Zweiten Weltkrieges!): Für 32 Monate (Oktober 1941 bis Mai 1944) kamen 65 deutsche U-Boote im Mittelmeer zum Einsatz (64 gingen mit 1316 Toten verloren!). Sie brachten lediglich 130 Schiffe mit 457 561 BRT zur Strecke!
Auf 15 überaus erfolgreichen, zum Teil recht schwierigen Feindfahrten vernichtete der neue Kommandant mit diesem U-Boot – dem erfolgreichsten Unterseeboot der Welt (224 Einheiten – 535 900 BRT) – 189 Handelsschiffe mit zusammen 446 708 BRT sowie zwei Kanonenboote mit zusammen 2500 t. An größeren Einheiten konnte er die beiden Hilfskreuzer La Provence (13 753 BRT) und Gallia (14 900 BRT) sowie den Truppentransporter Minneapolis (13 543 BRT) zur Strecke bringen.
Als einziger Kommandant der Welt kehrte Arnauld viermal mit einem Operationsergebnis von über 50 000 BRT versenkten Handelsschiffsraumes zurück:
6. Juni bis 3. Juli 1916 mit 40 Einheiten – 56 818 BRT

26. Juli bis 20. August 1916 mit 54 Einheiten – 90 350 BRT
14. Sept. bis 9. Okt. 1916, 21 Einheiten – 66 602 BRT und 1 Kanonenboot 1250 t
31. März bis 6. Mai 1917 mit 23 Einheiten – 67 989 BRT

Es würde den Rahmen dieses Buches sprengen, wenn wir die einzelnen Erfolge und Einsätze dieses Kommandanten und Bootes aufzeichneten. (Ebenso wird teilweise in den folgenden Kapiteln verfahren.) Es soll hier jedoch erstmalig aufgrund einer genauen Auswertung des Kriegstagebuches (KTB) über die erfolgreichste Feindfahrt eines Unterseebootes in knapper Form berichtet werden. In dem in Deutschland kaum bekanntgewordenen englischen Buch von H. C. Bywater und H. C. Ferraby »Englische Marine-Spionage« heißt es u. a.:

»Die Arbeit des Geheimen Nachrichtendienstes, die sich gegen die Unterseeboote richtete, beschränkte sich aber nicht darauf, die Lage der einzelnen feindlichen Boote festzustellen. Es war auch sehr wichtig, die persönlichen charakteristischen Eigenschaften der einzelnen Kommandanten kennenzulernen. Nicht zwei von ihnen besaßen die gleiche Gewandtheit oder denselben Mut. Jeder hatte seine eigene Taktik, und unsere Gegenmaßnahmen richteten sich ganz genau nach den Eigenschaften der Leute ... Kapitänleutnant Arnauld de la Perière war der erfolgreichste aller U-Boot-Führer ... und Kapitänleutnant Walter Forstmann blieb nur wenig hinter ihm zurück ... Die Unterschiede in dem Charakter der einzelnen U-Boot-Kommandanten wurden für so wichtig gehalten, daß jeder von ihnen auf der Karte durch eine besondere Flagge gekennzeichnet wurde ...«

Am 26. Juli 1916 befahl Kapitänleutnant Lothar von Arnauld um 11.00 Uhr im Flottenstützpunkt Cattaro (Kotor in Montenegro), die Leinen zum k. u. k. Wohnschiff GÄA zu lösen. U-35 trat eine Operation an, die das Boot ins westliche Mittelmeer führen sollte. Zu diesem Zeitpunkt dürfte der Kommandant kaum mit der Möglichkeit gerechnet haben, mit dieser 15. Feindfahrt seines Bootes die bis zum heutigen Tage absolut beste Fernfahrt und somit ertragreichste Unternehmung zu beginnen. Zusammen mit UB-43 (Nibuhr; in der ersten Zeit, d. h. bis zur Kommandoübernahme von Oberleutnant zur See von Mellenthin, als U-»Harmlos« bekannt geworden) verließ das U-Boot, durch das k. u. k. T-Boot 64-F gesichert, durch die Südpassage die Bocche di Cattaro.

Die Route führte U-35 durch den Malta-Kanal und die Straße von Sizilien nach der spanischen Ostküste, in den Golf von Lion, den Golf von Genua, durch das Tyrrhenische Meer und wieder um Sizilien nach Cattaro zurück. S. M. U-35 vernichtete 54 Einheiten durch Granaten, Sprengpatronen, Torpedos oder auch durch Öffnen der Bodenventile.

Zu Beginn der Fahrt traten einige Störungen am Kreiselkompaß auf, die jedoch bald beseitigt werden konnten.

Südöstlich von Kap Spartivento (Kalabrien) trat der in Venedig beheimatete, von Kalkutta nach Genua zurückkehrende Dampfer DANDOLO (4977 BRT) als erstes Opfer dieser Fahrt am 28. Juli 1916 um 18.30 Uhr auf 37° 07′ N–16° 31′ O seine letzte Reise an. Außer den Schiffspapieren konnte ein Affe erbeutet werden, der den Namen »Fips« erhielt.

Am nächsten Tage mußte das U-Boot im Jonischen Meer infolge Kompaßversagen erneut nach den Sternen steuern; es erreichte morgens, mit Kurs auf den Transporterweg westlich von Gozo, den Malta-Kanal. Hier traf das Boot vor allem auf neutralen Dampferverkehr. So konnte u. a. der holländische Dampfer Dardamus aus Amsterdam ungehindert passieren.

In der Straße von Sizilien folgte 24 Stunden später – am 30. Juli 1916 – als zweites Opfer nordöstlich von Kap Bon der 111 BRT große tunesische Segler St. Giuseppe e Maria. Am gleichen Tage sichtete U-35 zwischen Pantelleria und Kap Bon einen Dampfer, die britische Ethelbrytha (3084 BRT) aus Whitby.

Da ein Angriff gegen die See nicht möglich war, tauchte das Boot zunächst, um das Schiff von der See mit Artillerie anzugreifen. Nach der Feuereröffnung setzte der Dampfer sofort seine Boote aus. Beim Näherkommen stellte sich heraus, daß eines der Rettungsboote vollgeschlagen war und die etwa 15 Mann starke Besatzung bis zum Bauch im Wasser lag. Der Kapitän und ein Mann saßen bereits außenbords auf dem Spiegel des Bootes. Gleichzeitig passierte auf 6000 m ein jachtähnliches, verdächtiges Fahrzeug das U-Boot. S. M. U-35 rettete zunächst einmal die Männer, auf die Gefahr hin, bei einem etwaigen Angriff der Jacht unter ihnen wegtauchen zu müssen, und setzte sie nochmals auf dem Dampfer ab, wo zwei neue Boote klargemacht wurden. Die Jacht hatte diesen Vorgang anscheinend nicht bemerkt und kam rasch außer Sicht. Anschließend wurde die Ethelbrytha, die mit einer Ladung Heu nach Saloniki unterwegs war, durch Geschützfeuer versenkt.

Nach ihrem Untergang griff das Boot für kurze Zeit einen kleineren Dampfer auf 5000 m Entfernung an, stellte jedoch nach einigen Schüssen das Feuer wieder ein und hielt statt dessen auf das dänische Schiff Katholm (1324 BRT) zu, das Kohlen nach Malta bringen sollte. Auch in diesem Falle erhielt die Besatzung mit ihrem Kapitän P. N. Jensen reichlich Zeit, das Schiff zu verlassen. Nach dem Untergang des Schiffes hielt U-35 auf ein anderes Fahrzeug zu, drehte jedoch ab, da sich dieses als ein Lazarettschiff herausstellte, und griff noch in dessen Sichtweite den englischen Dampfer Britannic (3487 BRT) erfolgreich an. Er hatte 5200 Tonnen Kohle geladen und war von Newcastle nach Alexandrien unterwegs. Diese Ereignisse zeigten dem Kommandanten, daß der feindliche Schiffsverkehr nicht, wie bisher angenommen, nördlich, sondern südlich von Pantelleria vorbeiführte. Nachts passierten offensichtlich größere Dampfer Kap Bon. Drei abgeblendete Schiffe wurden – Kap Bon westlich ansteuernd – in der Dunkelheit angetroffen. Aus diesem Grunde beschloß der Kommandant, seinen Standort zu verlegen und trat bereits nachts den Marsch in Richtung Marittimo–Spartivento an.

Hier konnte am folgenden 31. Juli 1916, nach einer kurzen Überprüfung, der schwedische Dampfer Victoria aus Gotenburg entlassen werden. Anschließend hielt das U-Boot auf zwei Segler zu und vernichtete einen davon, den Italiener Generale Ameglio (222 BRT) aus Viareggio, mit Sprengpatronen. Er sollte eine Ladung Phosphat von Tunis nach Livorno bringen. Während der Versenkung kam ein Dampfer mit einem Schornstein und drei Masten in Sicht. Aus diesem Grunde wurde nun zunächst die Verfolgung des zweiten Seglers aufgegeben. U-35 wandte sich dem lohnenderen Ziel zu. Es war der 2464 BRT große italienische Dampfer Citta di Messina. Nach Versorgung einiger Verwundeter wurden die Rettungsboote entlassen und das Schiff versenkt. Um 19.00 Uhr stoppte U-35 die für italienische Rechnung fahrenden norwegischen Fischdampfer Erling (122 BRT) und Einar (136 BRT) aus Skudsnaes, die von Bergen nach Neapel liefen. Nach 20 Minuten wurden auch diese beiden Fahrzeuge vernichtet. Um 21.50 Uhr konnte das U-Boot nunmehr den zweiten Segler aus Viareggio, den Italiener Emilio G (166 BRT), dessen Verfolgung vormittags aufgegeben worden war, durch Sternsignalpatrone stoppen. Der Italiener hatte die Besatzung der Generale Ameglio an Bord. Durch Sprengpatrone zerstört, trat auch dieser Schoner die letzte Reise an. Am folgenden Tage wollte der U-Boot-Kommandant bei Hellwerden auf dem direkten Kurs Marseille–Spartivento–Bizerta stehen, um während des Tages im Kanal de la Galite zu operieren.

Dort wurde am 1. August 1916 unter Land lebhafter Verkehr festgestellt. Zunächst griff das U-Boot einen mit Ostkurs fahrenden Dampfer an und – nachdem dieser auf Land zugedreht hatte – einen größeren Tanker. Dieser bemerkte jedoch den Vorfall und versuchte, die nachfolgenden Fahrzeuge zu warnen. Daraufhin setzte U-35 auf einen weiteren Dampfer zum Unterwasserangriff an, der Torpedoschuß fiel jedoch nicht, da das Fahrzeug als unbewaffneter italienischer Dampfer der Linie La Valetta–Genua ausgemacht wurde. Kurz darauf kamen vier weitere Schiffe in Sicht. Während U-35 auf zwei Einheiten zum Heckangriff ansetzte, wurde es aus unmittelbarer Nähe beschossen. Da man trotz sparsamsten Sehrohrgebrauchs das Boot in der spiegelglatten See auf 4000–5000 m erkennen konnte, wurde auch in diesem Falle der Angriff aufgegeben. In Sicht von zwei Fischdampfern stoppte danach der Kommandant einen Dampfer durch Geschützfeuer, worauf dieser sofort seine Boote zu Wasser brachte. Die beiden Bewacher sowie ein hinzugekommener Zerstörer versuchten, durch Artilleriebeschuß die Ausübung des Untersuchungsrechtes zu verhindern. Aus diesem Grunde wurde der Dampfer – es handelte sich um den Engländer Heighington (2800 BRT) – bei La Galite unter Wasser abgeschossen. Anschließend entfernte sich das U-Boot, um auf der Linie Bizerta–Spartivento-Marseille in den Golf von Lion zu stoßen, da die Erfahrungen dieses Tages eine erfolgreiche Tätigkeit an der afrikanischen Küste vorläufig nicht erwarten ließen.

An jenem 1. August 1916 verließ das Handels-Unterseeboot Deutschland der »Deutschen Ozean-Reederei Bremen« unter Führung von Kapitän König den amerikanischen Hafen Baltimore, um die Heimreise nach Deutschland anzutreten – am gleichen Tage kehrte S. M. U-39 von seiner elften und gleichzeitig besten Operation (Handelskrieg zwischen Tunis und Algier und eine Sonderunternehmung) mit einem Ergebnis von 21 vernichteten Einheiten mit 62 628 BRT unter Führung des außergewöhnlich fähigen Kommandanten, Kapitänleutnant Walter Forstmann, nach Pola zurück.

In der Morgendämmerung des 2. August 1916 konnte U-35 südlich von Sardinien einem Zerstörer mit Parallelkurs über Wasser ausweichen und anschließend einen griechischen Segler nach Überprüfung entlassen. Nordwestlich von San Pietro (Sardinien) vernichtete das U-Boot wenig später durch Inbrandstecken die italienische Schoner-

bark Eugenia (550 BRT) aus Livorno – mit einer von Alexandrien stammenden, für Belfast bestimmten Ladung von 2000 Ballen Lumpen – und nachmittags den französischen Schoner Neptune (151 BRT) aus Marseille – mit Phosphat und Zement von Monastir (Tunis) nach Marseille unterwegs – durch Sprengpatronen. Das Rettungsboot des Franzosen segelte nach dem Untergang des Schiffes in Richtung Sardinien. Darin saß, »auf all ihrer Habe tronend, im spitzenbesetzten Morgenrock und aufgespanntem grünseidenem Sonnenschirm, barfuß die Frau des Kapitäns, eine sehr hübsche, stattliche Erscheinung, der diese Vorgänge sichtliches Vergnügen bereiten.«
Da den Verfassern das handschriftliche Original-KTB des Bootes U-35 sowie zwei (dienstliche) Schreibmaschinenversionen bei Abfassung dieses Kapitels vorlagen, soll auf diesen (handschriftlichen) Vermerk, der beweist, daß sich der Kommandant an Bord seines Unterseebootes ein souveränes Gefühl für das Menschliche bewahren konnte, näher eingegangen werden. Über die Flottille wurde eine Abschrift von Admiral von Holtzendorff – dem Chef des Admiralstabes der Marine – im Oktober 1916 dem Kaiser »alleruntertänigst unterbreitet«. Sie kehrte über den Chef des Marine-Kabinetts Ende Oktober 1916 an den Admiralstab mit zahlreichen Marginalien versehen zurück: »Seine Majestät haben mit dem größten Interesse Kenntnis genommen. Siehe ›Bravo‹ am Schluß – gez. von Müller.« – Die Bemerkung über die charmante französische Kapitänsfrau muß zuvor in einer KTB-Fassung überklebt worden sein: Auf der Rückseite des vorhergehenden Blattes heißt es unmißverständlich »Dürfte wohl kaum in ein Kriegstagebuch gehören.« – Der Kommandant fügte später in eine der (noch erhaltenen) Schreibmaschinenversionen die oben wortwörtlich zitierte Bemerkung hanschriftlich wieder ein und setzte am Rande unter der Neptune-Untergangsposition (handschriftlich) hinzu: »Überklebt von U-Flottille (K.Kpt. Kophamel), dann im Admiralstabe gegen das Sicht Tagb. festgestellt (sic!), wieder darauf geschrieben u. S. M. vorgelegt.« – Unwillkürlich denkt man an eine kleinbürgerlich-spießige Dönitz-Erklärung aus dem Zweiten Weltkrieg über den ausgezeichneten Film »Große Freiheit Nr. 7« von Helmut Käutner: »Das Prestige der deutschen Marine wird durch einen solchen Film geradezu geschädigt!« – In diesem Zusammenhang gehören auch einige bösartige Äußerungen aus dem Jahre 1973 über den Buchheim-U-Boot-Bestseller »Das Boot«!
Nach dem Prüfungstauchen setzte U-35 die Fahrt nach Marseille fort, um am anderen Morgen bei Hellwerden östlich der Transporterroute B zu stehen und dann im Laufe des Tages die nach Livorno, Genua, Toulon oder Marseille führenden Wege mit geringer Fahrt zu schneiden.
Am folgenden Tage, dem 3. August 1916, stoppte U-35 in den Abendstunden südwestlich von Toulon durch Warnschuß den beleuchteten 2387 BRT großen griechischen Dampfer Tricoupis. Durch Öffnen der Bodenventile gingen mit dem Schiff 5000 Tonnen Kohle aus Cardiff, die für Genua bestimmt waren, verloren. Auch in diesem Fall hatte die Besatzung 20 Minuten Zeit, ihre Boote klarzumachen. Da man im Laufe dieses Tages auf den bisher befahrenen Wegen keinerlei feindlichen Verkehr angetroffen hatte, vermutete von Arnauld, daß die Transporterroute B verlegt worden war. Daher steuerte das Boot mit Nordwestkurs den Golf von Lion an.

Unter der Küste, zwischen Marseille und den Iles d'Hyères, fielen U-35 am 4. August 1916 gegen Mittag zwei Einheiten zum Opfer. Durch Artilleriebeschuß gelang die Vernichtung des mit Stückgütern aus Bombay kommenden, über Marseille nach London fahrenden englischen Dampfers Favonian (3049 BRT). Während der Versenkung kam ein mit zwei Geschützen bewaffneter italienischer Dampfer, die Siena (4372 BRT), in Sicht. Auf den Warnschuß drehte er ab und erwiderte das Feuer. Daraufhin wurde er auf 5200 m innerhalb weniger Minuten so zusammengeschossen, daß er lichterloh brannte und mit hoher Fahrt und klemmendem Ruder wilde Kreise fuhr. In vier Rettungsbooten verließ die Besatzung das Schiff, das sich als brennende Fackel unter gewaltiger Rauchentwicklung führerlos entfernte. In diesem Augenblick erschien, von Marseille kommend, der englische Dampfer Tottenham (3106 BRT), leer auf dem Wege von Porto Maurizio über Gibraltar nach Norfolk. Durch Geschützfeuer getroffen, sank er. Danach holte U-35 die brennende Siena, von der nur noch die Rauchfahne an der diesigen Kimm ausgemacht werden konnte, ein und vernichtete sie durch Granaten. Leider konnten die beiden Heckgeschütze des Italieners nicht erbeutet werden, da die Aufbauten des Schiffes bereits weiß glühten. Die Absicht, den Schiffsführer der Siena gefangenzunehmen, mußte ebenfalls aufgegeben werden, da die Boote bei dem diesigen Wetter mit Kurs auf die Küste bereits außer Sicht gekommen waren und ein Segler verfolgt werden mußte. Währenddessen kam jedoch – mit Kurs auf die spanische Küste – ein Dampfer mit drei Masten in Sicht, die für die italienische Regierung fahrende Teti (2868 BRT; ex Pinin) aus La Spezia. Sie sollte wahrscheinlich Erz nach England bringen, mit einer Rückfracht Kohlen für die italienische Rüstungsindustrie. Dieser letzte Tageserfolg wurde gegen 20.00 Uhr durch Öffnen der Ventile und Geschützfeuer erzielt. Nach den Erfahrungen der letzten Stunden wurde nunmehr der Hauptteil des feindlichen Schiffsverkehrs unterhalb der spanischen Küste bis etwa Kap de Creus, von dort ostwärts nach Marseille vermutet. Aus diesem Grunde beabsichtigte der Kommandant, am anderen Morgen früh nördlich von Kap de Creus zu stehen. Während des Tages wollte er an der spanischen Küste südwärts steuern.

Am 5. August 1916 hielt U-35 etwa zehn Seemeilen von der Küste durch Warnschuß den spanischen Dampfer Miguel Jover an. Da er für die Schweizer Regierung eine Weizenladung von New York nach Cette bringen sollte, entließ man ihn mit einer entsprechenden Bescheinigung. Der spanische Kapitän verabschiedete sich von den Deutschen unter zahllosen Hochrufen auf Österreich-Ungarn. Auch der nachfolgende griechische Dampfer Samos, der, von Valencia kommend, eine Werft in Cette aufsuchen wollte, mußte nach kurzer Überprüfung entlassen werden. Während der spanische Dampfer Tirso, durch U-35 gestoppt, mit seiner Fahrt herunterging, kam voraus ein großer, anscheinend feindlicher Dampfer in Sicht. Aus diesem Grunde brach das U-Boot die Untersuchung des Spaniers durch Zuruf ab und feuerte einen Warnschuß gegen den englischen Dampfer Mount Coniston (3018 BRT; ex Elmgrove) aus Glasgow. Dieser drehte jedoch auf Land zu, erhielt einen Treffer und setzte schließlich Boote aus. Mit einer Ladung von 3909 Tonnen Kohle und 12 Tonnen Maschinenteilen von Port Talbot, die für Marseille bestimmt waren, wurde dieser

Dampfer durch Geschützfeuer dicht unter der spanischen Küste versenkt. Darauf wurde der 843 BRT große griechische Dampfer Archilleus aus Piräus angehalten. Bevor das Boot mit den Schiffspapieren kam, versuchte die Besatzung durch andauerndes Hochrufen und Mützenschwenken U-35 zu beeinflussen, von dem Dampfer abzulassen. Es nützte nichts. Der Grieche, mit einer Ladung von 21 000 Sack Zement für Hafenbauten in Nemours (Oran) von einer französischen Firma gechartert, wurde durch Granaten versenkt. Nachmittags kamen fünf Rauchwolken in Sicht; beim Anhalten des ersten Dampfers stellten sich die beiden nachfolgenden Einheiten als Bewacher heraus, die das U-Boot unter Feuer nahmen. Getaucht entzog sich U-35 einer weiteren Verfolgung. Später griff es den Dampfer Mascara an. Hierbei wurde ein entgegenkommender Grieche, der für die Schweizer Regierung eine Ladung an Bord hatte, gestoppt und durch Flaggensignal entlassen. U-35 wollte die Verfolgung der Mascara wieder aufnehmen, wurde indessen von Bewachungsdampfern und einer U-Boot-Falle bis zum Einbruch der Dunkelheit gejagt. Der Kommandant faßte nun den Entschluß, am nächsten Tag auf den bei Port Mahon vorbeiführenden Dampferwegen zu operieren und sich mit Süd-Kursen zu zeigen, um den Anschein zu erwekken, daß er die afrikanische Küste ansteuern wolle.
Am 6. August 1916 trat jedoch Ruhe ein. Da Deutschland sich mit Italien noch nicht im Kriegszustand befand, operierten die deutschen Mittelmeer-U-Boote zu diesem Zeitpunkt noch unter der österreichisch-ungarischen Kriegsflagge. Beim Passieren der Signalstation von Port Mahon auf Menorca setzte U-35 daher die österreichisch-ungarische Flagge. Das Boot traf während des ganzen Tages auf den östlich von Port Mahon führenden Dampferwegen keinerlei Verkehr an. Aus diesem Grunde steuerte U-35 während der Nacht in das Gebiet zwischen Menorca und Mallorca, um in den frühen Morgenstunden wieder im Dampferweg an der spanischen Küste südöstlich von Barcelona zu stehen. Der Versuch, die Verlegung des Verkehrs durch Funk zu melden, mißlang wegen eines Kurzschlusses im Antennenschacht.
Am 7. August 1916 wich U-35 zunächst vier Bewachungsfahrzeugen, darunter einem älteren T-Boot, über Wasser nach Westen aus, um dann hinter diesem Sicherungsstreifen in den Dampferweg zu stoßen. Sechs Seemeilen hinter der Bewachung folgten drei Dampfer, zwei feindliche und etwas weiter abstehend ein neutraler. Die beiden feindlichen Dampfer wurden durch abwechselndes Feuer zum Stoppen und zum Aussetzen der Boote gezwungen. Indessen hatte die Bewachung den Vorgang bemerkt und strebte mit Höchstfahrt der Stelle zu. Mit größter Kaltblütigkeit verblieb jedoch der U-Boot-Kommandant bei seinen Opfern: Zur Feststellung der Ladung wurde der Kapitän des Engländers Trident (3129 BRT) aus Newcastle gefangengenommen und der Dampfer durch Bugtorpedo vernichtet. Danach hielt U-35 mit Höchstfahrt auf den 3000 m entfernt liegenden englischen Dampfer Newburn (3554 BRT) zu, der ebenfalls in Newcastle beheimatet war. Nachdem dieser, durch Hecktorpedo getroffen, in den Fluten versunken war, gab U-35 den gefangenen Kapitän wieder ab und setzte sich, als das T-Boot sowie ein Bewacher in bedrohliche Nähe gekommen waren, zwischen den beiden Rettungsbooten der soeben vernichteten Dampfer getaucht ab. Nach sechseinhalb Stunden tauchte U-35 in Sichtweite eines Bewachungsfahrzeuges erneut auf. Der

Kommandant hielt nunmehr einen Platzwechsel für notwendig und beschloß, in den Golf von Lion zu gehen, um vor Marseille zu operieren. Die bisherigen Erfahrungen ließen über den feindlichen Schiffsverkehr folgende Schlüsse zu:
Die alte Transporterroute wurde nicht mehr befahren. Der feindliche Verkehr war zur spanischen Küste verlegt worden, mehrere beladene Dampfer steuerten, in Konvois zusammengefaßt, in Begleitung einiger Bewachungsfahrzeuge nach Norden. Sie fuhren den Golf von Valencia nicht aus: der Verkehr ging von Kap de la Nao nach Kap San Sebastian, von dort hart unter Land nach Kap de Creus. Einige Dampfer liefen dann direkt nach Marseille, andere, wie vorgefundene Karten zeigten, östlich nach Marseille. Mit dem Auftreten von U-35 an der spanischen Küste nördlich Kap San Sebastian am 5. August 1916 wurde der feindliche Verkehr wiederum verlegt und steuerte dann von Kap de la Nao kommend Marseille direkt an, bis U-35 auch diesen Weg entdeckte.
Als das Boot am 8. August 1916 in den Golf von Lion eintrat, verschlechterte sich das Wetter zusehends, die Sicht nahm schnell ab. Südöstlich von Narbonne zerstörte U-35 durch Sprengpatronen die 1229 BRT große italienische Dreimastbark Speme aus Genua, die eine Eisenladung von Parana (Brasilien) nach Genua an Bord hatte. Es folgte der englische Admiralitätsdampfer Imperial (3818 BRT) aus Liverpool – leer von Marseille nach Montreal –, der durch Geschützfeuer vernichtet wurde. Zwanzig Seemeilen vor Marseille trat gegen Abend eine Wetterbesserung ein. Während der Nacht marschierte das Boot nach Westen ab. Der Kommandant wollte am anderen Morgen auf der Ansteuerung von Cette stehen und dort Schiffe fassen, die den Golf von Lion verließen. Im Mondschein sichtete U-35 einen großen, abgeblendet fahrenden Dampfer (10 000–20 000 BRT) mit zwei Schornsteinen und zwei Masten mit Kurs auf Marseille. Obwohl das U-Boot in günstiger Angriffsposition stand, unterblieb der Versuch den Dampfer abzuschießen, da von Arnauld de la Perière nicht sicher war, ob er nicht einen Passagierdampfer vor sich habe.
Südlich von Cette wurde am 9. August 1916 vormittags der Kohlendampfer Ganekogorta Mendi (3061 BRT) durch Warnschuß angehalten. Der Spanier hatte keinerlei Neutralitätsabzeichen, ferner war bemerkenswert, daß dieser von England kommende Dampfer mit dem Zielhafen Savona der südfranzösischen Küste entlangfuhr. Der Kapitän versuchte durch Anbieten von Zigaretten, die er gleich mitbrachte, und unter der Versicherung, die Deutschen seien doch viel rücksichtsvoller – ein U-Boot hatte ihn mit einer Erzladung nach England im Atlantik laufen lassen –, seinem Schicksal zu entgehen. Er erwähnte auch den Besuch von U–35 in Cartagena, ohne zu ahnen, daß er jetzt auf See dasselbe Boot getroffen hatte. Zwanzig Minuten später wurde sein Schiff durch Öffnen der Ventile versenkt. Das Angebot der Schlepperhilfe durch das deutsche U-Boot lehnte der Kapitän mit dem Hinweis ab, daß unter der französischen Küste Minen liegen könnten. Da im Laufe des Vormittags weiterer Verkehr ausblieb, steuerte das U-Boot nunmehr die Linie Kap de Creus–Marseille an. Nachdem ein norwegischer Dampfer entlassen werden konnte, wurde der mit Weizen vollbeladene italienische Dampfer Sebastiano (3995 BRT) aus Genua – er kam aus New York – durch Geschützfeuer vernichtet. Gegen 21.00 Uhr sichtete man noch zwei Dampfer.

Den einen, ein neutrales Fahrzeug, entließ man alsbald mit Westkurs; das andere Fahrzeug, der Brite Antiope (2973 BRT) aus London, wurde durch Artilleriebeschuß versenkt. Der Kapitän des Dampfers sprach sich bewundernd über die geleistete Arbeit aus und bat um ein Andenken an diesen so ereignisreichen Abend. Er erhielt ein Ullstein-Buch mit der Unterschrift eines Besatzungsangehörigen des deutschen Unterseebootes! Anschließend steuerte U-35 bis zum kommenden Tag außerhalb des Dampferweges.

Während eines Angriffs auf einen Dampfer kam am 10. August 1916 ein französischer Vierschornstein-Zerstörer in Sicht. Der Dampfer versuchte, mit über Wasser gefierten Booten ablaufend, Zeit zu gewinnen, schließlich wurde jedoch die Besatzung durch Geschützfeuer zum Aussteigen gezwungen. Mit hoher Fahrt ging dann U-35 an den japanischen Dampfer Temmei Maru (3360 BRT) heran, vernichtete ihn durch fünf Schuß in die Wasserlinie und tauchte dann sofort. Zwei Stunden lang jagte nunmehr der Zerstörer mit Wasserbomben das deutsche Unterseeboot. Deshalb schien ein Aufenthalt vor Marseille nicht mehr ratsam, und das Boot steuerte den Dampferweg nach Genua an.

Bei Hières hielt U-35 am 11. August 1916 den von Kapitän G. Asteinza geführten spanischen Dampfer Pagasarri (3287 BRT) aus Bilbao an und vernichtete ihn nach zwanzig Minuten durch Geschützfeuer, während der Grieche Petritzis, der von Genua kam, entlassen werden konnte. Im Laufe des Nachmittags verschlechterte sich das Wetter erneut, Fahrzeuge kamen nicht mehr in Sicht. Aus diesem Grunde verlegte das Boot seinen Standort vom Golf von Lion aus dichter unter Land.

Bei den Iles du Levant hielt U-35 bei Mondschein in den ersten Stunden des folgenden Tages – am 12. August 1916 – die italienische Dreimastbark Gina (443 BRT) aus Genua durch Sternsignalpatrone an und versenkte sie mit Sprengpatronen. Vormittags stand U-35 ungefähr sieben Seemeilen von Land ab, deutlich lag das Panorama der französischen Riviera mit den Orten Cannes und Antibes vor den Augen der U-Boot-Besatzung. Das Boot hielt zunächst auf zwei dicht unter Land fahrende Einheiten zu und griff den ersten Dampfer an. Dieser lief jedoch zur Küste ab und erwiderte das Feuer. Gleichzeitig wurde U-35 von Land aus mit Schrapnells beschossen, das U-Boot drehte daraufhin, etwa fünf Seemeilen südlich von Cannes stehend – an Land konnte man jedes Haus deutlich erkennen – auf den zweiten Dampfer, den Italiener Nereus (3980 BRT) aus Genua zu und vernichtete ihn durch Geschützfeuer. Es folgte der 125 BRT große französische Segler St. Gaetan aus L'Ile Rousse (Korsika), der eine Ladung Dachziegel von Marseille nach Nizza bringen sollte. Während des Angriffs auf einen weiteren Dampfer erschien plötzlich über Land ein Flugzeug und flog auf das U-Boot zu. Aus diesem Grunde setzte sich U-35 zunächst unter Wasser ab und vernichtete nach dem Auftauchen das nach Buenos Aires segelnde italienische Dreimastvollschiff Regina Pacis (2228 BRT; ex Caterina F) aus Genua.

An Land mußte man diesen Vorgang beobachtet haben, denn zwei Zerstörer liefen aus und drehten auf das tauchende Unterseeboot zu. Gegen 20.00 Uhr tauchte U-35 wieder auf und hielt den nach Genua gehenden Dänen Charkow an, der in Newcastle Kohlen geladen hatte. Auch in diesem Falle erhielt die Besatzung zwanzig Minuten

Zeit zum Aussteigen, indessen näherte sich erneut von Land mit Höchstfahrt ein Zerstörer. Dem U-Boot-Kommandanten blieb nichts anderes übrig, als wegzutauchen. Ein Torpedo schien für den kleinen Dampfer zu schade, zumal Teile der neutralen Besatzung die Rettungsboote noch nicht bestiegen hatten. U-35 lief unter Wasser ab und steuerte während der Nacht nach Nordosten auf den Golf von Genua zu, um am nächsten Tag auf den Anmarschstraßen nach Genua zu operieren. Arnauld beabsichtigte, dort nicht unter Land zu gehen, damit das Boot nicht am darauffolgenden Tag von der Bewachung abgedrängt würde.

Die beiden ersten Opfer des kommenden Tages – des 13. August 1916 – waren zwei italienische Großsegler, die zwischen Imperia und Genua in den Fluten des Mittelmeeres versanken: das mit 2842 Tonnen Kohle beladene Dreimastvollschiff Eurasia (1898 BRT), das von Philadelphia kam, wurde durch Geschützfeuer vernichtet. Der Kapitän hielt bereits seine Einklarierungspapiere für seinen Bestimmungs- und Heimathafen Genua bereit! Eine Stunde später folgte die Viermastbark Balmoral (2542 BRT), die leer von Genua nach Baltimore unterwegs war. Trotz aller Bitten des Kapitäns wurde wenig später der in Kopenhagen beheimatete Däne Ivar (2139 BRT), der 2988 Tonnen Kohlen von Cardiff nach Genua brachte, vernichtet. Den Abschluß des Tages bildete der 214 BRT große italienische Küstensegler Francesco Saverio D aus Torre del Greco (Golf von Neapel), der eine Schwefelladung von Porto Empedocle auf Sizilien nach Cette an Bord hatte. Während des Nachmittags kreuzte U-35 im Golf von Genua auf der Höhe von Savona. Die Küste mit den Städten Genua und Savona war im Dunst zu erkennen. Der Kommandant beabsichtigte, kurz vor Sonnenuntergang hart unter Land vorzustoßen, um bei Genua einen Dampfer zu fassen. Beim Näherkommen zeigte es sich, daß der ostwärts steuernde Dampfer in den Hafen von Savona einlief. U-35 kam bis auf 8000 m an Savona heran, die Stadt und die Küste waren deutlich zu sehen. Doch war weder östlicher noch westlicher Verkehr auszumachen. Aus diesem Grunde hielt U-35 wieder von der Küste ab, sichtete jedoch nach dem Prüfungstauchen unter Land einen neutralen Dampfer mit westlichem Kurs. Da im Golf von Genua weder Handelsverkehr noch Bewachungsfahrzeuge zu entdecken waren, konnte der Kommandant annehmen, daß man wegen der U-Boot-Gefahr Schiffe zurückhielt. Für einen weiteren Aufenthalt in diesem Gebiet reichten Zeit und Treiböl nicht mehr, aus diesem Grunde trat das Boot den Rückmarsch an. U-35 wählte den kürzeren Weg durch das Tyrrhenische Meer, in der Hoffnung, dort die Zufuhr nach Neapel stören zu können.

Am 14. August 1916 vernichtete U-35 zwischen 06.00–14.50 Uhr im Piompino-Kanal zwischen Bastia, Kap Corse sowie den Inseln Elba und Capraia, zeitweilig unter den Augen der Signalstationen der beiden letzteren Inseln, einen italienischen Dampfer und 10 Segler: den 1066 BRT großen, aus Molfetta stammenden Dampfer San Giovanni Battista (mit einer Salzladung aus Cagliari für Savona), die Segler Emilia (319 BRT) aus Catania, leer von Marseille nach Licata (Sizilien); Rosario (188 BRT) aus Torre del Greco mit Schwefel von Girgenti nach Marseille; Henriette B (176 BRT) aus Viareggio mit Phosphat von Sousse (Tunis); Francesca (161 BRT) mit Kalk von Tunis nach Bône; Lavina (243 BRT) mit Phosphat von Sfax nach Marseille; Pansania (107 BRT) aus Genua mit Kork von Cagliari nach Vada (Ligurien); Louis B (212 BRT) aus Viareggio mit Phosphat von Sfax nach Savona; Ida (242 BRT) aus Genua mit Holzkohle von Siniscola nach Genua; San Giuseppe Patriarca (62 BRT) aus Trapani mit Phosphat von Tunis nach Livorno; und schließlich den Segler San Francesco di Paola S (112 BRT) aus Trapani mit einer Phosphatladung von Tunis nach Livorno. U-35 war im Begriff, zwei weitere Segler unter Elba anzuhalten, als die erste Gegenwirkung erfolgte: Von Elba kommend, hielten plötzlich mit sehr großer Bugwelle zwei U-Boot-Jäger – niedrige Motorboote ohne Masten und Schornsteine – auf das U-Boot zu und eröffneten gleichzeitig das Feuer. Den Nachmittag über wurde U-35 von zwei inzwischen herangekommenen Zerstörern sowie elf U-Jägern unter Wasser gedrückt. Der Kommandant beschloß nunmehr, am nächsten Tag die Linie Bonifacio–Neapel nach Osten abzufahren.

Südöstlich der Straße von Bonifacio hielt U-35 am 15. August 1916 um 09.12 Uhr durch Schuß vor den Bug einen kleinen Frachtdampfer mit Westkurs an. Er stoppte, setzte die italienische Flagge und ließ seine Boote zu Wasser. Währenddessen näherte sich mit Ostkurs ein anderer Dampfer von etwa 2000 BRT, mit weißem Ring um den schwarzen Schornstein, hellen Aufbauten, ohne erkennbare Funkeinrichtung, ohne Flagge und sonstige Abzeichen. Nunmehr griff das U-Boot auf 6500 m diesen Dampfer an. Er stoppte und brachte zwei Boote zu Wasser. Sicherheitshalber feuerte U-35 jedoch weiter – es hatte den Dampfer auf 6000 m in der 2-hm-Gabel – als das Schiff plötzlich aus vier Breitseitgeschützen von etwa 12 cm Kaliber ein gutliegendes Feuer eröffnete. Drei Geschütze schossen Granaten, eines Schrapnells; Granaten schlugen um U-35 ein; ein Schrapnell platzte über dem U-Boot, die Kugeln prasselten ganz in der Nähe ins Wasser, doch U-35 konnte auf Tiefe gebracht werden. Während des Tauchmanövers verfolgte der Kommandant durch das Turmfenster die bis auf 50 Meter näherkommenden Aufschläge. Auf neun Meter Tiefe vernahm er zwei Aufschläge direkt am Turm. Nach dem Einsteuern auf zehn Meter ging das unbeschädigt gebliebene U-Boot zum Gegenangriff über. Indessen lief die italienische U-Boot-Falle Citta di Sassari (2167 BRT) mit hoher Fahrt ab, kam nach einer Stunde außer Sicht und entzog sich damit einem möglichen Unterwasserangriff des U-Bootes. Zum zweiten Male war U-35 unter Führung des umsichtigen Kommandanten im Mittelmeer einer U-Boot-Falle entgangen. Die Citta di Sassari wurde später – am 1. Dezember 1917 – auf der 9. Feindfahrt des modernen Bootes U-65 unter Führung von Kapitänleutnant von Fischel (Crew 05) im Golf von Genua im Unterwasserangriff vernichtet.

Nach dem Auftauchen versenkte U-35 im Tyrrhenischen Meer bei der Pontinischen Inselgruppe zunächst durch Geschützfeuer den seit den Vormittagsstunden verlassenen italienischen Dampfer Augusta (523 BRT) aus Neapel, der leer von Civitavecchia nach Cagliari fuhr, sowie die beiden italienischen Segler Virgine di Pompei (145 BRT) aus Trapani, leer von La Spezia nach Sousse, und Candida Altiere (282 BRT) aus Torre del Greco, mit einer Salzladung von Porto Empedocle für Genua unterwegs.

Am folgenden Tag beabsichtigte Kapitänleutnant von Arnauld die Dampferwege nach Neapel und von Neapel zum Kanal de la Galite mit südwestlichem Kurs abzufahren. Auf der Linie Sizilien und Sardinien stehend, vernichtete U-35 am 16. August 1916

durch Geschützfeuer die italienische Dreimastbark Madre (665 BRT; ex Carmelo) aus Genua, leer von Tripolis nach Livorno. Da das U-Boot keinerlei weitere Fahrzeuge antraf, steuerte es bei auffrischendem SSO-Wind Marittimo an, um am nächsten Tage zwischen Kap Bon und Pantelleria zu operieren.
Hier tauchte U-35 in den frühen Morgenstunden des 17. August 1916 vor zwei abgeblendeten Fahrzeugen – anscheinend evolutionierenden Kriegsschiffen – mit östlichen, unberechenbaren Zickzackkursen. Nach einem vergeblichen Angriff auf das vordere Schiff – zuletzt als Sloop der Primula-Klasse ausgemacht – kam U-35 durch Nachdrehen auf etwa 1000 m mit sehr spitzem Schneidungswinkel auf den französischen Panzerkreuzer Ernest Renan zum Schuß. Der »Aal« wurde jedoch vom Kreuzer gesehen, er feuerte im Abdrehen und entfernte sich schließlich mit hoher Fahrt in westlicher Richtung, gefolgt von der Sloop, die einen großen Bogen um das getauchte U-Boot schlug. Nach dem Auftauchen wich U-35 – zehn Seemeilen nordwestlich der Insel Pantelleria stehend – einer zweiten Sloop vom Primula-Typ über Wasser aus. Der U-Boot-Kommandant beabsichtigte nunmehr, bis zum Einsetzen stärkerer Gegenwirkung zunächst noch im Dampferweg südlich Pantelleria–Kap Bon zu kreuzen. In Sichtweite der Insel – auf der Signalstation wehte das U-Boot-Warnsignal – wich das Boot zunächst einem französischen Fischdampfer aus. Etwa sieben Seemeilen dahinter folgten zwei Dampfer. Der vordere, die mit einem Heckgeschütz bewaffnete englische Swedish Prince (3712 BRT) aus Newcastle (sie fuhr seit März 1916 für die französische Regierung), war ohne Ladung von Saloniki nach Bizerta unterwegs. Der Dampfer wurde mit dem Geschütz auf 6000 m angegriffen. Gleichzeitig erwiderte das hintere Fahrzeug – der Engländer Astraca – auf 7000 m aus zwei nicht erkennbar aufgestellten 7-cm-Kanonen das Feuer, ohne jedoch die Flagge zu zeigen. In einem längeren Feuergefecht erhielt die Swedish Prince zwei Treffer, stoppte, feuerte zunächst weiter und ließ dann die Rettungsboote zu Wasser. Die Astraca versuchte indessen, aus 7500 m durch erstaunlich gut liegendes Feuer – die Aufschläge lagen unter 100 m – das U-Boot, das durch Fahrt- und Kursänderungen geschickt ausweichen konnte, von der Swedish Prince fernzuhalten. Trotz des Gefechtes – die mit dem 8,8-cm-Geschütz bestrichenen Räume blieben zu klein, und somit zeigte das Feuer keine Wirkung – ließ sich das U-Boot nicht abdrängen. Swedish Prince konnte nach Gefangennahme seines Kapitäns, des 1. Maschinisten und des Geschützführers, der in Bizerta mit dem 4,7-cm-Geschütz an Bord kam, versenkt werden. Der erneut eintreffenden Sloop wich U-35 über Wasser aus. Auch zwei anscheinend von Pantelleria angesetzte Fischdampfer konnte das U-Boot durch Fahrtvermehrung und Kursänderung abschütteln und setzte während der Nacht die Rückfahrt ostwärts durch den Malta-Kanal fort.
Dort wich U-35 am 18. August 1916 zwei von Kap Passero kommenden Fischdampfern aus und vernichtete um 17.30 Uhr als letzte Einheit dieser Rekordfahrt den 923 BRT großen italienischen Postdampfer Erix aus Trapani, der leer von Rhodos nach Neapel unterwegs war. In den Booten wurden vier italienische Soldaten, die sich zuerst versteckt hatten und die der Kapitän als Passagiere ausgab, aufgefunden und gefangengenommen. Nunmehr waren alle Torpedos verschossen, ebenso alle 520 8,8-

cm-Granaten, und darüber hinaus waren sämtliche Sprengmittel verbraucht. Mit der Erix versank bei Kap Passero auf 36° 19′ N–15° 49′ O das 54. Schiff dieser Unternehmung! 54 Einheiten: 46 feindliche, 8 neutrale; 29 Dampfer und 25 Segelschiffe mit zusammen 90 150 BRT wurden fast ausschließlich im Überwasserangriff zur Strecke gebracht! Der Kommandant plante, in den bekannten Dampferweg Malta–Cerigo (36°) vorzustoßen und abends dann die Otranto-Straße anzusteuern. Die 100 000 BRT Erfolgsgrenze wäre nur zu erreichen gewesen, wenn die nächsten Opfer mit der Sternsignalpistole angehalten und durch Öffnen der Bodenventile hätten vernichtet werden können.
Einem westlich patrouillierenden Fischdampfer sowie einem Zerstörer konnte U-35 am 19. August 1916 mit Höchstfahrt ausweichen.
Bei Seegang 3 bis 4 passierte U-35 um Mitternacht (19./20. August 1916) Kap St. Maria di Leuca. Am Eingang der Otranto-Straße mußte das U-Boot ständig vor der nun stärker auftretenden Bewachung tauchen; gegen 04.00 Uhr lag Saseno querab. Um 15.30 Uhr fuhr U-35 im Kielwasser des österreichischen Torpedobootes-71, von den anwesenden Schiffen mit Hurras begrüßt, durch die Südpassage in die Bocche di Cattaro ein und lag genau eine Stunde später längsseits des Stützpunktschiffes Gäa.

Zusammenstellung der Kriegshandlungen

Bericht des Kommandanten

1. *Beobachtungen:* a) Die auf der vorigen Unternehmung von »U-35« festgestellte Transporterroute B. ist verlegt. Neu gesammelte Beobachtungen über Dampferstraßen und aus den Seekarten der Dampfer entnommenen Routen siehe unten. Es ist ferner beobachtet worden, daß die Dampfer nach dem Auftreten des Bootes in einem dieser Wege, sofort eingeleitet wurden.
   b) Besonders hat sich die verstärkte Bewachung und Gegenwirkung bemerkbar gemacht. Es ist des öfteren beobachtet worden, daß Dampfer in Gruppen unter dem Schutz von Bewachungsfahrzeugen entweder vorn oder am Schluß fahren, wobei gewöhnlich ein bis zwei Dampfer selbst auch bewaffnet sind. – Es wurden zum ersten Mal U-Bootszerstörer in Form von schnell fahrenden Motorbooten gesichtet. Es wurde jede Art feindlicher Gegenwirkung angetroffen. – Die am 15. 8. 1916 ca. 40 sm östlich Bonifacio angetroffene U-Bootsfalle war ein Dampfer von 2–2500 t mit neutralem Aussehen ohne Flagge, 4 verdeckte Geschütze in jeder Breitseite; der Dampfer hatte einen Schornstein und zwei Masten und war unterhalb der Brücke weit sichtbar, weiß gemalt. – Nach Aussage des Kapitäns des versenkten italienischen Dampfers Augusta-Neapel soll es ein Franzose gewesen sein, den er schon öfters im Tyrrhenischen Meer angetroffen habe.
2. *Erfahrung:* Bei der starken Gegenwirkung besteht m. E. Aussicht auf einen Erfolg nur, wenn möglichst täglich noch vor dem Einsetzen von Gegenwirkung der Standort gewechselt wird.

gez. v. Arnauld
Kapitänleutnant

Dampferstraßen

a) Dampferweg Cap Bon–Malta, nicht wie mitgeteilt, sondern: Cap Bon – 10 sm südlich Pantellaria – 10 sm südlich Filfola Insel, dann wie bekannt.
b) Dampferweg Gibraltar–Marseille–Genua. Längs der spanischen Küste bis Cape de la Nao, dann Kurs auf Cap St. Sebastian. Von dort an hart unter der Küste bis Punkt 20 sm südlich Cette, dann Marseille und von dort wieder hart unter der Küste nach Genua.
c) Nach dem Auftreten des Bootes in Dampferweg b) steuerten die Dampfer von Cap de la Nao an direkt Marseille an, weiter dann wie vor.
d) Es wurde auch Verkehr beobachtet auf dem Wege Kanal de la Galite–Neapel.
e) Dampferweg Civitavecchia–Rhodos vom 15. 7. 16 aufgefunden: Von Civitavecchia unter der italienischen Küste nach Cap Passero. Dann Punkt 60 sm östlich Malta auf 36° Breite. Auf dem Parallel von Nordspitze Cerigotto weiter Mitte zwischen St. Giovonni und Ovo-Insel nach Punkt 12 sm östlich Cap Sidero.

Vorgefundene Karte mit Dampferwegen und schriftlich niedergelegten Dampferwegen anliegend.

gez. v. Arnauld
Kapitänleutnant

Sehrohr-, FT- und Maschinenbericht

1. *Sehrohr*
Wie in früherem Bericht erwähnt, litt die einwandfreie Gebrauchsfähigkeit der neu eingebauten Sehrohre sehr unter einem andauernden Schlackern, das bereits bei kleiner Fahrt mit beiden Maschinen eintrat, und zwar so stark, daß ein Angriff außerordentlich erschwert wurde. Während der letzten Instandsetzung wurde deshalb auf die Stopfbuchse des achteren Sehrohres eine Verlängerungshülse von 50 cm Länge aufgesetzt, die sich sehr gut bewährt hat. Es wurde hierdurch sogar bei halber Fahrt ein einwandfreies Benutzen der Sehrohre ermöglicht.
2. *Funkentelegraphie*
Gegen Ende der Unternehmung war das einwandfreie Arbeiten mit F.T. nicht mehr möglich. Infolge Fehlens von Ersatzbatterien für Lautverstärker war es ausgeschlossen, in den vorherrschenden hellen Mondnächten Nauen abzunehmen. Es ist schon öfters vergeblich von seiten des Kommandos um die Mitgabe einer genügenden Anzahl Go. Volt Batterien für Lautverstärker gebeten worden, bis jetzt sind aber lediglich Zellen mit stark unternormaler Spannung, die auf das Alter der Zellen zurückgeführt ist, dem Boot geliefert worden. Es wird gehorsamst, wie bereits im letzten Bericht erwähnt, die Lieferung von Akkumulatoren-Batterien, wie sie in der österreichischen Marine gebräuchlich sind, vorgeschlagen. Sonst ist ein dauerndes Arbeiten der F.T. bei langen Unternehmungen nicht durchzuführen.
3. *Maschine*
Die Ölmaschinen haben während der ganzen Dauer der Reise vorzüglich gearbeitet. Es ist keine Betriebsstörung vorgekommen, trotz dem sie täglich mit allen Fahrtstufen gebraucht und in hohem Maße beansprucht wurden.

Bei der elektrischen Anlage war ein zeitweises Abstellen des Kreiselkompasses notwendig, weil noch immer kein einwandfreies Bürstenmaterial für die Gleichstromseite des Umformers vorhanden war und dadurch eine starke Abnutzung der Bürsten und des Kollektors eintrat.

Dauer der Reise: Vom 26. 7. 16 bis 20. 8. 16 = 24 Tage 18 Std.

Zurückgelegte Strecke	Über Wasser	4407 sm
	Unter Wasser	241 sm
	Im Ganzen	4648 sm
Es wurde getaucht	35 mal, Im Ganzen 1 Tag, 23 Std., 12 Minuten	
Es wurde geladen	22 mal, Im Ganzen 8 Tage, 10 Std., 30 Minuten	
Treibölverbrauch	Zum Aufladen	27 000 t
	Zum Fahren	46 600 t
	Im Ganzen	73 600 t

Dauer der Fahrtstufen	A.F.	1 Tag, 21 Std., 30 Minuten
	H.F.	11 Tage, 19 Std., 30 Minuten
	L.F. u. K.F.	2 Tage, 12 Std., 30 Minuten

gez. v. Arnauld
Kapitänleutnant

Berlin, den 26. September 1916

Zu B 22860 III.
Nr. 18.

Ganz Geheim!
Kriegstagebuch
von
U-35

Kommandant: Kapitänleutnant v. Arnauld vom 26. Juli bis 20. August 1916.

Seiner Exzellenz gehorsamst vorzulegen

Chef i. V.
B
B III

1. Unternehmung in das westliche Mittelmeer.
2. Am 26. Juli nachmittags aus Cattaro ausgelaufen.
   Otrantostraße auf der italienischen Seite passiert, geringe Bewachung.
   Vom 30. Juli bis 19. August im westlichen Mittelmeer operiert. Im ganzen 54 Fahrzeuge von etwa 91 000 Tonnen versenkt. Am 20. August in Cattaro eingelaufen.
3. Erfahrungen.
   a) Dampferwegeverlegung der Transporterroute bis unter die Küste von Spanien. Auf Dampfern vorgefundene Seekarten mit Einzeichnung von Kursen geben wichtige Anhaltspunkte für die von feindlichen Dampfern gewählten Wege.
   b) Gegenwirkung jeder Art ist verstärkt. Eine U-Bootsfalle wurde 40 sm östlich

Bonifacio festgestellt. Es war ein Dampfer von 2–2500 t, ohne Flagge, 1 Schornstein, 2 Masten. Dampfer feuerte aus 4 verdeckt aufgestellten Breitseitgeschützen mittleren Kalibers. Es wurde ferner beobachtet, daß feindliche Dampfer in Gruppen unter dem Schutz von Bewachungsfahrzeugen fahren.

c) Hauptsächlich durch den systematischen Wechsel des Operationsgebietes während der Nacht hat der Kommandant verstanden, die Erfolge der Unternehmung auf die ungewöhnliche Höhe zu bringen.

4. Die Unternehmung stellt eine vorzügliche Leistung dar. Der Erfolg von 91 000 Tonnen übertrifft erheblich die bisherige Höchstleistung von 75 000 Tonnen (Valentiner)

Die zusammenfassende Bilanz dieser erfolgreichsten und somit in beiden Weltkriegen unerreichten Handelskriegsoperation eines Unterseebootes in knappen Chiffren: Dauer der Unternehmung: 26. 7.–20. 8. 1916 – Gebiet: Westliches Mittelmeer

18.30	28. 7. 1916	ital.	D	Dandolo	4 977 BRT	37° 07′ N–16° 31′ O	G
	29. 7. 1916	holl.	D	Dardamus		gesichtet	
	30. 7. 1916	grie.	Segler			Artilleriegefecht/abgedreht	
10.00		tun.	S	St. Giuseppe e Maria	111 BRT	37° 03′ N–11° 38′ O	G
16.00		brt.	D	Ethelbrytha	3 084 BRT	36° 47′ N–11° 39′ O	G
19.00		dän.	D	Katholm	1 324 BRT	36° 56′ N–11° 31′ O	G
			Lazarettschiff			gesichtet	
20.00		brt.	D	Britannic	3 487 BRT	36° 54′ N–11° 23′ O	G
	31. 7. 1916	schw.	D	Victoria		untersucht/entlassen	
11.50		ital.	S	Generale Ameglio	222 BRT	38° 13′ N–10° 57′ O	SP
15.50		ital.	D	Citta di Messina	2 464 BRT	38° 21′ N–11° 10′ O	UT(Fehl)–BV
19.30		nwg.	D	Erling	122 BRT	38° 18′ N–10° 32′ O	G
		nwg.	D	Einar	136 BRT	38° 18′ N–10° 32′ O	G
21.50		ital.	S	Emilio G	166 BRT	38° 10′ N–10° 11′ O	SP
15.05	1. 8. 1916	brt.	D	Heighington	2 800 BRT	37° 32′ N–09° 31′ O	G – UT
	2. 8. 1916	grie.	Segler			untersucht/entlassen	
08.40		ital.	S	Eugenia	550 BRT	38° 55′ N–07° 29′ O	G – Brand
12.30		frz.	S	Neptune	151 BRT	39° 03′ N–07° 58′ O	SP
22.40	3. 8. 1916	grie.	D	Tricoupis	2 387 BRT	42° 08′ N–05° 21′ O	BV
12.40	4. 8. 1916	brt.	D	Favonian	3 049 BRT	42° 57′ N–05° 07′ O	G
14.15		brt.	D	Tottenham	3 106 BRT	42° 55′ N–05° 15′ O	G
16.00		ital.	D	Siena	4 372 BRT	42° 55′ N–05° 10′ O	G
20.00		ital.	D	Teti	2 868 BRT	42° 59′ N–04° 56′ O	BV
	5. 8. 1916	span.	D	Miguel Jover		untersucht/entlassen	
		grie.	D	Samos		untersucht/entlassen	
		span.	D	Tirso		untersucht/entlassen	
12.30		brt.	D	Mount Coniston	3 018 BRT	42° 02′ N–03° 21′ O	G
13.30		grie.	D	Achilleus	843 BRT	42° 02′ N–03° 25′ O	G
			D	Mascara (bewaffnet)		Feuergefecht/Abbruch	
		grie.	Dampfer			Verfolgung abgebrochen	
10.02	7. 8. 1916	brt.	D	Trident	3 129 BRT	40° 16′ N–02° 28′ O	ÜT
10.16		brt.	D	Newburn	3 554 BRT	40° 13′ N–02° 30′ O	ÜT
07.30	8. 8. 1916	ital.	S	Speme	1 229 BRT	41° 55′ N–04° 01′ O	SP
16.00		brt.	D	Imperial	3 818 BRT	42° 43′ N–04° 30′ O	G
			10 000–20 000-BRT-Dampfer			nicht angegriffen/Passagierdampfer?	
10.00	9. 8. 1916	span.	D	Ganekogorta Mendi	3 061 BRT	42° 41′ N–03° 33′ O	BV
		nwg.	Dampfer			nicht angehalten	

Kapitänleutnant Lothar von Arnauld de la Perière

(18. 3. 1886 – Gefallen 24. 2. 1941)
Eintritt in die Kaiserliche Marine: 1903
(Crew 03)

Lowell Thomas: »Alle waren des Lobes über ihn voll. Nicht nur über seinen Mut, seine Kühnheit und Tüchtigkeit, sondern auch über seine sportliche Art ... In zahlreichen offiziellen und inoffiziellen britischen Büchern ist er erwähnt worden. Und in keinem ist ihm eine der vielen Greueltaten vorgeworfen worden, die den deutschen U-Boot-Führern so häufig angedichtet wurden. Der Hauptgrund, warum die sportlich denkenden Briten über Arnaulds Art der Kriegführung begeistert sind, ist der, daß er selten Gebrauch von der Unsichtbarkeit seines Tauchbootes machte und seine Opfer ungewarnt torpedierte ... Niemals zögerte er zuzugeben, daß er selbst an irgendeiner schwierigen Lage schuld gewesen sei, oder daß er sich von einer Situation im Augenblick verwirren ließ. Manche U-Boot-Kommandanten machten einen glauben, daß ihnen nie eine Situation zuviel geworden sei. Aber nicht von Arnauld ...«

S.M. U-35 stattete am 21./22. Juni 1916 dem spanischen Hafen Cartagena einen Besuch ab. Der Kommandant Kapitänleutnant Lothar von Arnauld de la Perière übergab ein Handschreiben des deutschen Kaisers an den König von Spanien sowie als Dank für die gute Behandlung der in Fernando Po internierten Kamerun-Soldaten 35 Kisten Chinin und andere hochwertige Medikamente. Nach dem Landesalut von 33 Schuß – der erste und einzige, den je ein Unterseeboot abgab – ging S.M. U-35 längsseits des deutschen Dampfers Roma (Bild). – Auf dieser Operation (6. Juni – 3. Juli 1916) versenkte S.M. U-35 insgesamt 40 Handelsfahrzeuge mit zusammen 56 818 BRT. S.M. U-35 – das erfolgreichste Unterseeboot der Welt – vernichtete unter den beiden Kommandanten und Trägern des Ordens *pour le mérite* Korvettenkapitän Kophamel und Kapitänleutnant von Arnauld de la Pèriere auf 27 Feindfahrten insgesamt 224 Handelsfahrzeuge mit zusammen 535 900 BRT sowie zwei Kriegsschiffe mit 2500 ts. – Auf der Roma (Kapitän Nicolaus Mayer) hielt sich im September 1916 Kapitänleutnant Wilhelm Canaris vier Wochen versteckt, bevor er am 1. Oktober 1916 vor Cartagena von S.M. U-35 (von Arnauld) abgeholt werden konnte.

20.30		ital. D	Sebastiano	3 995 BRT	42° 09′ N–04° 10′ O	G
		neutr. Dampfer			nicht angehalten	
21.30		brt. D	Antiope	2 973 BRT	42° 10′ N–04° 14′ O	G
ca. 14.00	10. 8. 1916	jap. D	Temmei Maru	3 360 BRT	42° 55′ N–04° 49′ O	G
08.30	11. 8. 1916	span. D	Pagasarri	3 287 BRT	42° 22′ N–05° 36′ O	G
		grie. D	Petritzis		untersucht/entlassen	
03.00	12. 8. 1916	ital. S	Gina	443 BRT	42° 50′ N–06° 50′ O	SP
10.40		ital. D	Nereus	3 980 BRT	43° 28′ N–07° 09′ O	G
11.10		frz. S	St. Gaetan	125 BRT	43° 28′ N–07° 09′ O	G
17.30		ital. S	Regina Pacis	2 228 BRT	43° 27′ N–07° 33′ O	G
		dän. D	Charkow		Abbruch der Versenkungsaktion	
06.00	13. 8. 1916	ital. S	Eurasia	1 898 BRT	43° 42′ N–08° 12′ O	G
07.00		ital. S	Balmoral	2 542 BRT	43° 43′ N–08° 23′ O	G
10.00		dän. D	Ivar	2 139 BRT	43° 41′ N–08° 32′ O	G
14.30		ital. S	Francesco Saverio D	214 BRT	43° 54′ N–08° 43′ O	SP
		neutr. Dampfer			Angriff abgebrochen	
von	14. 8. 1916	ital. S	Emilia	319 BRT	zwischen den Inseln	G
06.00		ital. S	Rosario	188 BRT	Korsika – Capraia –	G
bis		ital. S	Henriette B	176 BRT	Elba	Sp
14.50		ital. S	Francesca	161 BRT	Elba	G
		ital. S	Lavinia	243 BRT	Elba	G
		ital. D	San Giovanni Battista	1 066 BRT	Elba	G
		ital. S	Pansania	107 BRT	Elba	G
		ital. S	Louis B	212 BRT	Elba	G
		ital. S	Ida	242 BRT	Elba	G
		ital. S	San Giuseppe Patriarca	62 BRT	Elba	G
		ital. S	SanFrancescodiPaolaS	112 BRT	Elba	G
	15. 8. 1916	ital.	U-Boot-Falle (Q-Schiff) Citta di Sassari		Gefecht abgebrochen	
11.15		ital. D	Augusta	523 BRT	44° 05′ N–11° 13′ O	G
15.10		ital. S	Virgine di Pompei	145 BRT	41° 07′ N–11° 16′ O	SP?–G?
17.13		ital. S	Candida Altieri	282 BRT	40° 51′ N–11° 26′ O	SP?–G?
14.30	16. 8. 1916	ital. S	Madre	665 BRT	38° 42′ N–11° 23′ O	G
	17. 8. 1916	frz.	Panzerkreuzer Ernest Renan		Unterwassertorpedofehlschuß	
13.30		brt. D	Swedish Prince	3 712 BRT	36° 49′ N–11° 47′ O	G
		D	Astraca		Gefecht abgebrochen	
17.30	18. 8. 1916	ital. D	Erix	923 BRT	36° 09′ N–15° 49′ O	G
			54 Handelsschiffe mit	90 350 BRT		

G = Artilleriegefecht (8,8-cm-Bordkanone)
SP = Anbringen von Sprengpatronen
BV = Öffnen der Bodenventile
UT = Unterwassertorpedoschuß
ÜT = Überwassertorpedo(fang)schuß
B = Inbrandstecken

Von dieser Rekordfahrt drehte die UFA einen Dokumentar-Film: »90 000 Tonnen in 29 Tagen«. – Voller Bescheidenheit erwähnt der Kommandant diese grandiose Leistung kaum; dem Amerikaner Lowell Thomas gegenüber führte er später einmal aus: »Oft habe ich die Erfahrung gemacht, daß die bedeutsamsten Ereignisse gleichzeitig die am wenigsten aufregendsten waren. So war meine Rekordfahrt zum Beispiel ganz zahm und langweilig. Sie dauerte etwas über drei Wochen, vom 26. Juli bis 20. August 1916, und erstreckte sich über einen großen Teil des Mittelmeeres. Wir versenkten 54 Schiffe – eine Höchstleistung für eine Fahrt. Bei der Rückkehr in den Hafen ließ ich als Skalplocken für jedes versenkte Schiff einen kleinen Wimpel an den aufgerichteten Funkenmasten wehen. Als U-35 mit 54 Siegeswimpeln in den Kriegshafen von Pola

einlief, wurde der ganze Hafen wild. Trotzdem hatten wir keinerlei besondere Abenteuer erlebt. Alles hatte sich routinemäßig abgespielt. Wir hielten die Schiffe an. Die Besatzung ging in die Boote. Wir prüften die Schiffspapiere, gaben den Leuten Segelanweisungen zum nächsten Land und versenkten sodann die eroberte Prise ...«
Abschließend die Stellungnahme des »Seekriegswerkes«:
»Als Kapitänleutnant v. Arnauld am 20. August nach 25tägiger Fahrt in Cattaro einlief, lebhaft begrüßt von den Besatzungen der deutschen U-Boote und der ihnen kameradschaftlich verbundenen österreichisch-ungarischen Flotte, hatte er die ertragreichste Unternehmung vollendet, die jemals während des Weltkrieges von einem U-Boot im Handelskrieg ausgeführt worden ist ... Während bei den ersten U-Bootsunternehmungen im westlichen Mittelmeer, was die feindliche Bewachung anbetrifft, fast noch friedensmäßige Zustände herrschten, war jetzt die Abwehr auf den Dampferwegen schon recht fühlbar geworden und setzte regelmäßig nach kurzer Tätigkeit des U-Bootes an einer Stelle sofort in verschärftem Maße ein. In einem Falle, während eines Dampfergefechts dicht unter Land an der französischen Riviera-Küste, griff eine Landbefestigung überraschend ein. Wenn auch die damaligen Verhältnisse im westlichen Mittelmeer nicht ganz vergleichbar waren mit denen im Kriegsgebiet um England und selbst im östlichen Mittelmeer, und wenn die Bewaffnung der angetroffenen Dampfer im westlichen Meer im allgemeinen auch noch nicht so stark und so verbreitet war wie auf den Handelsstraßen, wo der englische Schiffsverkehr überwog, so ist doch zu beachten, daß sämtliche 54 Schiffe, die U-35 vernichtete, vom U-Boot über Wasser angegriffen worden sind ...«
Die erfolgreichste Feindfahrt während des Zweiten Weltkrieges führte U-107 unter Führung von Kapitänleutnant Heßler (Crew 27) in der Zeit vom 29. März bis 2. Juli 1941 im Operationsgebiet Freetown durch. Das U-Boot konnte unter der umsichtigen Führung des U-Boot-Kommandanten 14 Einheiten mit zusammen 86 699 BRT vernichten.
Im Jahre 1918 übernahm Kapitänleutnant von Arnauld, Ritter des Ordens *pour le mérite,* als Kommandant den modernen U-Kreuzer S. M.-Kapitänleutnant Schwieger (U-139; Kriegsauftrag N: Stapellauf: 3. Dezember 1917 bei der Krupp-Germaniawerft [Bau-Nr. 300] in Kiel; Indienstellung: 18. Mai 1918; Größe: 1930/2483 t; Geschwindigkeit: 15,3/7,6 kn; Bewaffnung: 4 Bug- und 2 Heck-Torpedorohre [19–24 Torpedos]; zwei 15-cm-Kanonen; Besatzung: ca. 83 Mann). Interessant dürfte die Tatsache sein, daß die Kaiserliche Marine ein Kriegsschiff nach dem gefallenen U-Boot-Kommandanten Kapitänleutnant Schwieger (Foto von S. M. U-139 vgl. Schutzumschlag unten) in Würdigung seiner Leistungen benannte.
Als Kapitänleutnant von Arnauld am 14. November 1918 mit seinem U-Kreuzer-139 nach Deutschland zurückkehrte, hatte er auf insgesamt 16 Operationen mit zwei U-Booten 194 Handelsschiffe mit 453 716 BRT und zwei Kanonenboote mit 2500 Tonnen – das britische Kanonenboot Primula (1250 Tonnen) und das französische Kanonenboot Rigel [1250 Tonnen] – zur Strecke gebracht. (Falsch mit »fast einer halben Million versenkter Tonnage« von H. Möller-Witten [Militärisches Ressort der DNZ] in DNZSZ Nr. 28/12. 7. 1963 »Pour le mérite-Ritter in Wiesbaden«.)

Nach dem Waffenstillstand verlangte Italien die Auslieferung des wegen »verübter Grausamkeit« beschuldigten von Arnauld. Die Anklage lautete auf Gewalttätigkeit bei der Torpedierung der Schiffe Siena, Doris und Lilla, Citta di Messina, Teti, Emilio G, Generale Ameglio etc. Durch Beschluß des Leipziger Reichsgerichtes vom 26. April 1923 wurde das Verfahren indessen eingestellt, »weil der Beschuldigte weder Grausamkeit noch andere strafbare Handlungen verübt habe ...« Hierzu sagt der Amerikaner Lowell Thomas: »... Ich (habe) mit einer Anzahl britischer Seeoffiziere über ihn (von Arnauld) gesprochen. Alle waren des Lobes über ihn voll. Nicht nur über seinen Mut, seine Kühnheit und Tüchtigkeit, sondern auch über seine sportliche Art ... In zahlreichen offiziellen und inoffiziellen britischen Büchern ist er erwähnt worden. Und in keinem ist ihm eine der vielen Greueltaten vorgeworfen worden, die den deutschen U-Bootführern so häufig angedichtet wurden ...« Was wiederum sowjetische Truppen im Jahre 1945 nicht hinderte, Haus und Eigentum der Witwe von Arnaulds zu plündern.

Auf dem Wege zur Übernahme des Kommandos als Admiral-Südost stürzte Vizeadmiral Lothar von Arnauld de la Perière am 24. Februar 1941 bei Paris ab. Der Oberbefehlshaber der Kriegsmarine, Großadmiral Raeder (Crew 94), schrieb in seinem Nachruf u. a.:

»Die Kriegsmarine verliert mit ihm einen der hervorragendsten Seeoffiziere, der als der im Unterseeboot-Handelskrieg erfolgreichste Kommandant des Weltkrieges bei Freund und Feind ehrenvollen Ruf genoß und seinen ruhmvollen Namen in das Buch der Seekriegsgeschichte mit eisernen Lettern eingetragen hat ...«

Abschließend eine unmißverständlich-notwendige Bemerkung: In dem 1201seitigen Werk »Seemacht – Eine Seekriegsgeschichte von der Antike bis zur Gegenwart« von Elmar B. Potter und Flottenadmiral Chester W. Nimitz – Deutsche Fassung herausgegeben im Auftrag des Arbeitskreises für Wehrforschung von Jürgen Rohwer (München 1974: Verlagswerbung: »... das konkurrenzlose Standardwerk ... enthält eine ungeheure Fülle von Informationen ... wirkt ... wie aus einem Guß ...«) sucht man vergebens nach dem erfolgreichsten Unterseeboot-Kommandanten der Welt! Ebenso unbekannt blieben den Herausgebern das erfolgreichste Unterseeboot der Welt sowie die Kommandanten Walter Forstmann, Max Valentiner, Otto Steinbrinck, Hans Rose, Walther Schwieger und Otto Weddigen! – Wehrforschung?

Der Zweite der Weltrangliste
Kapitän zur See a. D. Dr. Walter Forstmann

Sechzehn Jahre nach Beendigung des Zweiten Weltkrieges und 55 Jahre nach der Indienststellung des ersten deutschen U-Bootes S. M. U-1 brachte die westdeutsche Marine am 20. Oktober 1961 in Kiel ihren ersten U-Boot-Neubau U-1 feierlich zu Wasser. (Ursprünglich sollten die neuen Unterseeboote anstelle der traditionellen Nummernbezeichnung Namen erhalten.) Bei dieser Feier ebenso wie am Tage der Indienststellung des Bootes unter Korvettenkapitän Baumann (20. März 1962), vermißte man unter den Ehrengästen den zweiterfolgreichsten Unterseeboot-Kommandanten der Welt, Kapitän zur See a. D. Dr. Walter Forstmann, *Ritter des Ordens pour le mérite,* Träger der *Rettungsmedaille am Bande,* des *Ritterkreuzes des Kgl. Hohenzollernschen Hausordens mit Schwertern,* des *Ritterkreuzes des österreichisch-ungarischen Leopold-Ordens mit der Kriegsdekoration* und des *Großen Bundesverdienstkreuzes der Bundesrepublik Deutschland.*

Walter Forstmann wurde am 9. März 1883 in Werden an der Ruhr als Sohn eines Sanitätsrats geboren und trat im Jahre 1900 (Crew 00) als Seekadett in die Kaiserliche Marine ein. Für die Rettung eines über Bord gefallenen Matrosen erhielt der junge Torpedoboot-Kommandant die *Rettungsmedaille am Bande.* Am 1. Oktober 1909 erfolgte die Kommandierung von Oberleutnant zur See Forstmann zur jungen U-Boot-Waffe. Am 14. Dezember 1906 hatte die Kaiserliche Marine unter Kapitänleutnant von Boehm-Betzing S. M. U-1 als erstes Unterseeboot in Dienst gestellt.

Als Erster Offizier des Hebeschiffes VULCAN wurde Forstmann zum Taucher und U-Boot-Kommandanten ausgebildet und schließlich vom 1. Mai 1910 bis zum 30. September 1913 mit der Kommandoführung von U-11 betraut. – Am 10. April 1911 wurde er zum Kapitänleutnant befördert. – Zu diesem Zeitpunkt läßt sich bereits die überragende Begabung des ausgezeichneten Seeoffiziers und U-Boot-Kommandanten feststellen. Als erster U-Boot-Offizier erkannte er vorausschauend die großen operativen Einsatzmöglichkeiten der neuen Waffe. Um sich für den Besuch der Marineakademie zu qualifizieren, verfaßte Forstmann im Winter 1911/12 eine Denkschrift über den möglichen offensiven Einsatz unserer U-Boote bis zur englischen Küste. Bis zu diesem Zeitpunkt hatten unsere U-Boote lediglich 30- bis 50stündige Marschübungen durchgeführt.

In seiner geheimen Studie erklärt Forstmann, daß die U-Boote als »Hochseeboote« bezeichnet werden können:

»Unter einem Hochsee-U-Boot ist ein Boot zu verstehen, das bei Nordsee-Verhältnissen geeignet ist, unabhängig von Landstationen und Hilfsschiffen, selbständig etwa eine Woche lang in See zu bleiben ... Die Unterbringung des Personals auf längeren Seereisen bietet nach den bisherigen Erfahrungen, was die Wohnungsverhältnisse anbetrifft, auf den Booten von U-5 an keine besonderen Schwierigkeiten und ist etwa 14 Tage lang mit Sicherheit möglich ... Die Boote von U-5 an besitzen genügende Seefähigkeit; sie sind nicht gezwungen, bei schlechtem Wetter Küstenschutz aufzusuchen ... Die Petroleum-Motoren haben sich in mehrjährigem Betrieb gut bewährt und werden den an sie gestellten Anforderungen gerecht ... Die ... Aktionsradien zeigen, daß das Boot große Strecken über See zurücklegen kann und so weit von der deutschen Küste entfernt, sein Angriffsgebiet suchen darf ... Überlegungen müssen bestimmend sein, von einer Festlegung der Boote an unseren Küsten abzusehen und sie, ihrer Leistungsfähigkeit entsprechend, zu offensiveren Unternehmungen auf offener See zu verwenden ... Unsere Hochsee-U-Boote können aber m. E. mit Erfolg an der feindlichen Küste angesetzt werden ... wo sie, neben der moralischen Wirkung auf den Feind, gewiß Gelegenheit zu erfolgreichen Angriffen finden dürften ...« Und abschließend:

»... Die vorstehenden Ausführungen konnten sich nur z. T. auf Erfahrungen stützen, die bis jetzt bei unseren U-Boots-Übungen gesammelt worden sind ... Immerhin glaube ich nachgewiesen zu haben, daß eine offensive Verwendung unserer U-Boote in dem von mir angegebenen Sinne möglich ist und Erfolg verspricht. Schon jetzt läßt sich sagen, daß unsere U-Boots-Waffe, je mehr sie sich in militärischer und technischer Beziehung vervollkommnet und je zahlreichere U-Boots-Verbände geschaffen werden, um so geeigneter zur Offensive werden wird ...«

Zum damaligen Zeitpunkt wurden derartige utopische Gedankengänge vielfach als verrückte Phantastereien belächelt; die Marineleitung – an der Spitze Tirpitz – unterschätzte in ihrer starren Haltung erheblich die Einsatz- und Erfolgsmöglichkeiten des Unterseebootes. An dieser Stelle sei an Vizeadmiral a. D. Freiherr von Schleinitz erinnert, der als Einzelgänger bereits im Jahre 1908 vorgeschlagen hat, große Tauchboote, »welche einen Aktionsradius von mindestens 5000 bis 6000 Seemeilen besitzen«, zu bauen, um Handelsschiffe zu zerstören: »Gelingt es den ... Tauchschiffen, die nicht in geschlossenen Verbänden, sondern nur einzeln zu operieren haben, eine größere Anzahl nach England bestimmter Handelsschiffe zu zerstören, so wird das auf den Gegner empfindlicher wirken als eine verlorene Seeschlacht, zumal Tauchschiffe mit dem verlangten großen Aktionsradius ... in die englischen Kanäle ... einzudringen vermögen, um dort ihrem Zerstörungswerk obzuliegen ...«

Die bahnbrechenden Impulse kamen jedoch von den jungen Offizieren der seinerzeit oftmals belächelten U-Boot-Waffe. Einer von ihnen, Kapitänleutnant Forstmann, besaß den Mut, als erster Offizier dieser Waffengattung exakte Möglichkeiten einer Verwendungsart aufzuzeichnen. Seine Überlegungen sollten sich bewahrheiten.

Die Vorschläge und Berechnungen des jungen U-Boot-Kommandanten griff man schließlich höheren Orts auf, und in zahlreichen Übungsfahrten wurden seine Gedanken in die Tat umgesetzt. Es wurde erreicht, was ihm lange als Ziel vorgeschwebt hatte: Unterseeboote nach genauen technischen Prüfungen und Leistungsbewertungen auf langen Strecken und in großen Räumen als Angriffswaffe einzusetzen, das heißt sie im Ernstfall bis an die englische Küste zu stationieren und mit eigener Kraft zurückkehren zu lassen. Mit diesem im wesentlichen auf Forstmanns Initiative zurückgehenden Offensivgeist legte dann auch bei Ausbruch des Krieges die junge Waffe ihre große Bewährungsprobe ab.

Nach der Prüfung dieser Studienarbeit führte Kapitänleutnant Forstmann im Sommer 1912 – für die Teilnahme am Kaisermanöver mit seinem U-Boot wurde er vom Kaiser durch die Verleihung des *Roten Adlerordens* IV. Klasse ausgezeichnet – gemeinsam mit U-5 (Kapitänleutnant von Rosenberg) jene berühmt gewordene erste Dauerfahrt durch, bei der die Boote elf Tage in See blieben und zweimal je 300 Seemeilen zurücklegten. Zum ersten Male wurde damit der Beweis erbracht, daß U-Boote offensiv verwendet werden konnten! Gleichartige Übungen wurden im Anschluß an diesen Erfolg angesetzt, nachdem die Mannschaften der beiden beteiligten Unterseeboote U-5 und U-11 begeistert gefeiert worden waren. Tirpitz schreibt in seinen »Erinnerungen«: »Die Beurteilung der Ausnutzung der materiellen Leistungsfähigkeit unserer U-Boote für die militärische Verwendung war Juli 1914 noch nicht abgeschlossen. Vor dem Jahre 1912 gingen die Ansichten vielfach dahin, daß die Menschen nicht wesentlich länger als drei Tage würden aushalten können. Die Feststellung dieser Frage wurde mit aller Energie, aber der Menschen wegen doch mit einer für den Friedenszustand erforderlichen Vorsicht betrieben. Zunächst wurden einzelne Boote für Dauerfahrten angesetzt. Im Winter 1912/13 wurde die ganze Flottille in die Nordsee geschickt mit der Aufgabe, nach einem Anmarsch von 300 Seemeilen (Helgoland–England) so lange wie möglich draußen ihre Stationen angriffsbereit zu halten. Sie blieben elf Tage draußen. Bei diesen Übungen wurden eine Reihe von möglichen Verbesserungen ermittelt, deren Einführung eine erhebliche Verlängerung dieser Zeit möglich machen konnte ...«

Grundsätzlich kann gesagt werden, daß im Reichs-Marine-Amt (RMA) im Zusammenhang mit der U-Boot-Frage vor dem Kriege – trotz der Überlegungen von Schleinitz und Forstmann – nicht an einen Handelskrieg deutscher Unterseeboote gedacht wurde, sie sollten lediglich gegen die feindliche Flotte zum Einsatz kommen.

An dieser Stelle soll noch eines in Vergessenheit geratenen Seeoffiziers gedacht werden, des Kapitänleutnants Ulrich Blum (Crew 02).

Der Sachbearbeiter des Seekriegswerkes »Der Handelskrieg mit U-Booten«, Konteradmiral Spindler, schreibt über ihn:

»Am 15. März 1914 wurde mit der Inspektion des Unterseebootwesens in Kiel eine dem Reichs-Marine-Amt unterstellte besondere U-Bootsbehörde geschaffen (bis dahin lag die U-Bootsentwicklung bei der Torpedo-Inspektion), deren Aufgabe die Konstruktion der U-Boote und ihre Ausbildung war. Der neuernannte Inspekteur, Kapitän zur See Nordmann, beauftragt alsbald seinen Stab, Überlegungen darüber anzustellen, wieviel U-Boote die deutsche Marine im Kriegsfall brauche, um von diesem Ausgangspunkte aus einen neuen U-Bootsbauplan aufzustellen und dem Reichs-Marine-Amt vorzuschlagen. Der militärische Referent der U-Inspektion, Kapitänleutnant Blum, ein um die U-Bootswaffe hervorragend verdienter Seeoffizier, legte bei diese Gelegenheit seinem Inspekteur einen Bericht vor, in dem er erklärte, daß nach seiner Ansicht die an erster Stelle ins Auge zu fassende Kriegsaufgabe deutscher U-Boote der Handelskrieg gegen England sei, und daß bei der Berechnung des Bedarfs an U-Booten von diesem Gesichtspunkt ausgegangen werden müsse. Kapitän zur See Nordmann trat dieser Auffassung bei, und es entstand, aus der Feder des Kapitänleutnants Blum, eine entsprechende Denkschrift, die dem Staatssekretär v. Tirpitz gelegentlich seiner Anwesenheit in Kiel im Juni 1914 mündlich vorgetragen wurde; der Inspekteur vertrat aber die Ansicht, daß das Ganze doch noch nicht spruchreif sei. Die Denkschrift verblieb bei der U-Inspektion; sie ist jedoch nach dem Krieg verlorengegangen. Die dazugehörige Skizze ... (ist) erhalten geblieben ... Kapitänleutnant Blum hatte im ganzen einen Bedarf von 222 U-Booten berechnet, davon die Mehrzahl zur dauernden Besetzung von 48 Blockadestellungen um England ...« – Korvettenkapitän a. D. Blum gehörte als kaufmännischer Direktor zu den Initiatoren der im Juli 1922 vorgenommenen IvS-Gründung in Den Haag (Holland): Er hatte die Idee, die technischen Erfahrungen des deutschen U-Boot-Baues zu konservieren und schließlich weiterzuentwickeln. Ohne Ulrich Blum hätte es keine zweite deutsche U-Boot-Waffe gegeben!

Während der »Kieler Woche« im Jahre 1912 sorgte Kapitänleutnant Forstmann als Kommandant von U-11 dafür, daß aufgrund einer Besichtigungsfahrt mit von Bethmann Hollweg an Bord die Heizerzulage im Reichstag bewilligt wurde. Im Oktober 1913 übergab er das Unterseeboot an Kapitänleutnant von Suchodoletz, der auf U-11 im Dezember 1914 fiel. Kapitänleutnant Forstmann wurde zur Marineakademie in Kiel kommandiert und kam während der Ferien zum Stab des »Führers der Torpedoboote« (FdT), Konteradmiral Maas (Crew 83), auf den Kleinen Kreuzer Cöln, der später am 28. August 1914 mit 507 Toten im Gefecht unterging, und nahm im Juli 1914 an den Manövern der Hochseeflotte teil. Entsprechend dem Mobilmachungsbefehl wurde er von Juli bis August 1914 Chef der Hafenflottille Helgoland und gleichzeitig Kommandant des Tenders Helga.

Von Oberleutnant zur See R. Bräutigam (Crew 04) – einem um die U-Boot-Waffe sehr verdienten Offizier – übernahm er anschließend U-12, ein Boot der 2. U-Halb-Flottille (Auftrag: 15. Juli 1908; Stapellauf: 6. Mai 1910 bei der Kaiserlichen Werft in Danzig; Indienststellung: 13. August 1911; Größe: 493/611 t; Geschwindigkeit: 14,2/8,1 kn [Petroleumboot]; Bewaffnung: 2 Bug- und 2 Heck-Torpedorohre; ab Ende 1914 eine Revolverkanone; Besatzung: ca. 29 Mann).

Nach drei Vorstößen hatte Kapitänleutnant Forstmann seinen ersten Erfolg. Am 4. November 1914 verließ U-12 den Helgoländer U-Boot-Hafen, Ziel war das Operationsgebiet Flandern–Boulogne–Ärmel-Kanal. Forstmann berichtet hierüber:

»Mir brachte U-12 nur Glück, meinen ersten Erfolg! Und in der Fülle meiner Kriegserinnerungen wird mein erster Schuß, mein erster Treffer, immer einen besonderen Platz beanspruchen dürfen ... Ich sollte mein Boot an die feindliche Küste führen! Die Erwartung brannte in mir wie Feuer. Zwar hatte ich nicht ein neues, mit den besten technischen Mitteln ausgerüstetes U-Boot unter mir, dafür aber eine frische, seetüchtige und kampfesmutige Besatzung, die nichts von Nerven wußte. Wir konnten uns nur eine unvollkommene Vorstellung von der feindlichen Gegenwirkung, der Minengefahr und der Bewachung des Englischen Kanals machen, doch es lockte nichtsdestoweniger mächtig hinaus. Also: Ran an den Feind!

Gewohnheitsgemäß, wie vor jeder Fahrt, füllten meine Leute die vorgeschriebene Adressenliste der nächsten Angehörigen aus, ohne sich etwas dabei zu denken. Der Obermaschinist zog durch alle Rubriken wie immer einen dicken Strich; er hat, wie's scheint, niemanden auf der Welt, den es sonderlich bewegen könnte, wenn aus seiner Heimkehr mal nichts würde.

Am Abend geht es hinaus in die dunkle Nacht. Unsere Stimmung ist ausgezeichnet, und voll Tatendurst sehen wir in die nächste Zukunft. Unsere sehnlichste Hoffnung ist, erst nach einem Erfolg wieder in den Hafen zurückzukehren. Strömender Regen unter einem wolkenschweren, pechschwarzen Himmel, ein recht frischer Westwind und ungemütlicher Seegang – das ist im November Nordseestimmung. Nur die Wache bleibt auf der Brücke und schüttelt sich alle fünf Minuten brummend das himmlische Naß von dem Ölzeug, das hart und glänzend wie Haifischhaut den Körper umschließt. Je weiter wir uns von Helgoland entfernen, desto stärker wird das Wehen und macht Mensch und Boot erschauern. Doch um Mitternacht löst sich die große Wolkenwand im Westen, und ihre Fetzen jagen über den Himmel. Der Regen hört auf, und klar leuchten die Sterne zu uns hernieder. Und als der neue Tag anbricht, wird das unheimliche Brausen ringsum schwächer, das Meer verliert nach und nach sein drohendes Aussehen und die weißgrüne Färbung. Nur noch kleine Wellen laufen einander nach. Aber unser Barograph warnt vor einer Selbsttäuschung und mahnt zur Vorsicht. Viele Zacken in seiner Kurve, die von Luftwellen, den Vorläufern einer starken atmosphärischen Störung, stammen, prophezeien schlechtes Wetter.

In der Tat setzte in den folgenden Tagen ein böser, heulender Weststurm ein. Die See ging hoch und bedeckte sich mit weißem Schaum, der lange Streifen auf dem Wasser zog. Aber der Himmel blieb klar, und lachender Sonnenschein strahlte tagsüber auf Meer und Boot.

Der starke Seegang warf alle meine Pläne über den Haufen. Bei dem Wetter war ein Vorstoß in den Englischen Kanal aussichtslos! Ein anderes Unternehmen nahm deshalb meine Gedanken ganz in Anspruch. Es reizte mich, das schlechte Wetter zu einem Vordringen in die ›Downs‹, die vor Westwinden geschützt liegen, auszunutzen. Ferner überlegte ich, welch großen Eindruck das Auftreten eines deutschen U-Bootes in dieser für England besonders wichtigen Handelsstraße machen mußte. Mit meinen Offizieren und dem tüchtigen Steuermann Rath besprach ich meine Absicht und durchdachte mit ihnen das Für und Wider dieses Planes.

Wenige Seemeilen östlich von Dover, bei Kap South Foreland, biegt die englische Küste nach Norden um. Die ›Downs‹ nennt man die schmale Fahrrinne, die zwischen der Küste von Kent und dem flachen Goodwin Sand nach der Themsemündung führt. Diese Zufahrtsstraße bietet, wie uns das Segelhandbuch veriet, bei Weststurm vielen Schiffen einen Schutz gewährenden Ankerplatz, denn die Küste ist hier steil und mit hohen Kreidefelsen besetzt.

›Also ist es nicht ausgeschlossen, daß sich ein Kriegsschiff dorthin verkrochen hat‹, behauptete ich. ›So dicht unter Land wird man sich wohl vor uns sicher fühlen.‹

›Das ganze Unternehmen kann aber durch den Strom, der in den Downs setzt, unmöglich gemacht werden. Wenn wir nur dagegen ankommen‹, wandte einer ein. Richtig – die starken Strömungen in diesem Loch waren beim Fahren unter Wasser, zumal bei heftigem Wind und Seegang, sehr gefährlich und zu berücksichtigen. Denn, einmal getaucht, mußten wir mit dem Lebensnerv des Bootes, der in der Akkumulatorenbatterie aufgespeicherten Kraftquelle, haushalten und durften ihm nicht zuviel zutrauen. Und es konnte in den bewachten Gewässern mehr als peinlich werden, schließlich zum Auftauchen und Laden der Batterie gezwungen zu sein. Wir zogen deshalb unsere Stromtabellen zu Rate und kamen zu dem Entschluß, die Fahrt so einzurichten, daß der Aufenthalt in den ›Downs‹ ungefähr in die Zeit des Stauwassers fallen mußte. Es war am 11. November. Noch war keine Witterungsänderung eingetreten; in mein Kriegstagebuch schrieb ich ›Orkanartiger WNW-Wind‹. Die hohe See begünstigte den Marsch durch die Bewachungslinie, und erst in der Nähe von Dover zwang uns ein Torpedoboot, dem wir über Wasser nicht ausweichen konnten, zu tauchen. Bald waren wir dicht bei den Kreidefelsen, und dann ging's nach Norden in die ›Downs‹ hinein. Es hätte nicht besser mit der Zeit hinhauen können! Gleich wurde der Seegang erheblich ruhiger. Mehrere Dampfer und Segler sah ich durch das Sehrohr vor Anker liegen, aber von einem Kriegsschiff nichts zu sehen. Eine bittere Enttäuschung! Alle Hoffnungen wollten in Nichts zergehen!
›In zehn Minuten sind wir querab von Deal, Herr Kapitänleutnant! Wir müssen dann kehrtmachen, da oben wird es zu flach‹, meldet der Steuermann. Der gute Mann schwitzt förmlich vor Eifer an seiner Karte. Er hat es auch wirklich nicht leicht, bei meinen vielen Ausweichmanövern in dem sehr schwierigen Fahrwasser. An Backbord, vier Strich voraus, sehe ich dicht am Wasser die kleine Stadt mit ihren weißen Häusern, ein paar Schornsteinen und Kirchtürmen. Ja, bald ist der Reinfall fertig, und wir können wie begossene Pudel wieder abziehen. Noch einmal suche ich scharf die See ab, Dampfer, Segler, Segler, Dampfer, wohin ich auch das Sehrohr drehe. Dicht vor Deal liegt ein grünes Wrackschiff. Doch halt! – Was kommt jetzt von diesem frei? – Ein flaches Fahrzeug! – Rahen tragen seine Masten . . . Das ist kein Dampfer! Den Kahn will ich mir doch genauer ansehen.
›Steuermann, wir müssen noch eine Seemeile weiter. Geht's?‹ fragte ich hastig. ›Dann ist's aber auch allerhöchste Zeit, sich zu verdrücken, Herr Kapitänleutnant. Sonst kommen wir bestimmt auf Dreck‹, meint Rath schon erheblich unruhiger.
Wir kurbeln weiter. Zweifellos – es ist ein Kriegsfahrzeug, das ich nun nicht mehr aus dem Sehrohr lasse. Es bewegt sich nicht, liegt unter Land vor Anker oder nur gestoppt. – Donnerwetter! – Ein Torpedoboot oder ein kleiner Kreuzer scheint es zu sein!
Beschleunigt wird ein Bugrohr klargemacht. Die Entfernung ist allerdings verdammt groß, aber heute gilt's!
Auf etwa eintausendachthundert Meter heran!
›Los!‹ brülle ich, und schon gibt es einen kleinen Ruck – mein erster Kriegstorpedo zieht von dannen. ›Wahnsinnig weit‹, schimpfe ich vor mich hin und verfolge in höchster Spannung die Bahn des Torpedos. Einmal durchbricht er hochaufspritzend die Was-

seroberfläche, aber tadellos gerade steuert er seinen weiten Weg zum Engländer. Da – ein scharfer Knall im Boot – und drüben unterhalb der Brücke steigt eine weiß-schwarze Sprengwolke in die Höhe. Treffer!
Ja, Dusel gehört nun mal zum Geschäft. Wunschlos glücklich sind wir alle!
Jetzt ist der Bann gebrochen, unser erster Treffer geschafft! ›Wir müssen kehrtmachen, Herr Kapitänleutnant‹, mahnt wieder der Steuermann.
›Steuerbord zwanzig auf Südkurs gehen!‹
Aber das getroffene Schiff mag ich noch nicht aus dem Sehrohr lassen, ich bin zu gespannt, wie jetzt die Geschichte weitergeht. Es ist zwölf Uhr mittags, wir mögen ihnen tüchtig die Suppe versalzen haben. Eine lebhafte Bewegung entsteht auf den Dampfern, Boote werden zu Wasser gelassen und pullen zu unserem Opfer. Auch von Land hat man die Sprengwolke gesehen und eilt mit allerhand Fahrzeugen zu Hilfe! ›Auf zwanzig Meter gehen!‹ Keinesfalls dürfen wir bemerkt werden und die Richtung, in der wir uns entfernen. Aber allzu lange halte ich es unten nicht aus. Ich will doch melden können, ob der Gegner gesunken ist.
›Auf zehn Meter gehen!‹
Die Tiefenrudergänger waren wohl vom Jagdfieber etwas durchgedreht, jedenfalls kam U-12 zu hoch heraus und wurde von einem Zerstörer gesehen. Der kam nicht schlecht angebraust! Plötzlich ein dumpfer, eigenartiger Ton, von oben herkommend, und dann ein knarrendes Kratzen und Scharren, und tief wurden wir heruntergedrückt. Scharf horchten wir auf, doch nichts erfolgte weiter. Ein schwerer Gegenstand mußte auf uns geworfen oder über das Boot geschleppt worden sein. Wie mir die Leute vom Vorschiff später meldeten, hatten sie ein Schlieren von Ketten über Oberdeck deutlich gehört. Na, es war noch einmal gutgegangen, aber beschleunigt verließen wir den Tatort und blieben auf großer Tiefe, bis es dunkel geworden war. Nachts dampften wir nach Zeebrügge.
Am nächsten Mittag machte U-12 als erstes deutsches Unterseeboot in dem jetzt als U-Boot-Stützpunkt so wertvollen Hafen fest. Auf der Mole hatten sich ein paar Kameraden zum Empfang eingefunden. ›Sind Sie einen Torpedo losgeworden?‹ rief mir gleich ein Neugieriger zu. ›Geschossen und getroffen habe ich wohl‹, gab ich zurück, ›aber wen und was, kann ich euch wirklich nicht verraten.‹ ›Mensch, da haben Sie ja das englische Torpedo-Kanonenboot Niger versenkt! Heute nacht hat es die englische Admiralität in alle Welt gefunkt!‹ (Anm. d. Verf.: Größe: 820 t; Stapellauf: 1892; Geschwindigkeit: 19–22 kn; Bewaffnung: zwei 12-cm-, vier 4,7-cm-Geschütze, 2–4 Torpedorohre; Besatzung: 85 Mann, Kommandant: Lt. Cdr. A. T. Muir.)
War das eine Freude! Alles beglückwünschte uns. Bald brachte mich ein Auto nach Brügge, wo ich mich beim Führer des Marinekorps melden mußte. Nach meiner Berichterstattung überreichte mir Seine Exzellenz Admiral von Schröder mit wohlwollenden Worten im Allerhöchsten Auftrag das *Eiserne Kreuz*. Ich muß gestehen, ich war stolz und tief bewegt. Einige Zeit später erhielten zwölf meiner Besatzung, der Bootsnummer entsprechend, die gleiche Auszeichnung.
Nach Berichten aus England wurde die Vernichtung des Niger von einer vielhundertköpfigen Menschenmenge von Land aus beobachtet und erregte unter der Bevölke-

rung großen Schrecken. Fünf Torpedoboote stürzten in die See hinaus, um das U-Boot zu suchen. Zwei von ihnen rammten sich. Eins wurde schwer beschädigt. ›Daily Chronicle‹ spendete uns sogar ein Lob und schrieb: ›Der Schuß war gut gezielt und ging dicht am Bug eines holländischen und eines spanischen Schiffes vorbei, die in der Nähe des Niger ankerten.‹ Die ›Daily News‹ aber nannten die deutsche U-Boot-Tat ›eine unverschämte Handlung‹, und der Flottenkritiker der ›Times‹ warf uns ›Hinterlist‹ vor, weil wir geschossen hätten, ›obgleich das Kanonenboot zu Anker lag . . .‹«
Am 19. November 1914 kehrte U-12 nach Deutschland zurück, traf indessen bereits am 11. Dezember 1914 erneut in Flandern (Zeebrügge) ein. Von Zeebrügge aus unternahm Kapitänleutnant Forstmann im Dezember 1914 tägliche Kurzvorstöße in Richtung Ärmelkanal–Goodwin–Nieuport. Im Januar 1915 führte der U-Boot-Kommandant mit dem Seeflugzeug-204 einen recht interessanten Reichweitenversuch durch. Hierbei trug U-12 an Oberdeck das von Oberleutnant zur See Friedrich von Arnauld de la Perière (Crew 05) – einem Bruder des erfolgreichsten U-Boot-Kommandanten der Welt – geführte Seeflugzeug. Die Verbindung Flugzeug plus U-Boot wurde somit erstmalig praktisch erprobt.

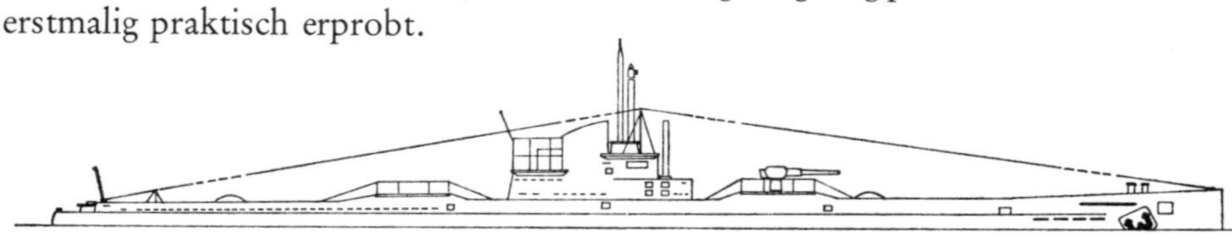

S. M. U-39

Kapitänleutnant Forstmann gab die Kommandoführung von U-12 im Januar 1915 an Kapitänleutnant Kratzsch (Crew 02) ab. Das U-Boot wurde auf der nächstfolgenden, ersten Handelskriegsoperation zur britischen Ostküste am 10. März 1915 um 17.00 Uhr auf 56° 07′ N–02° 20′ W von der britischen Zerstörergruppe Acheron, Attack, Ariel vernichtet.
Forstmann übernahm nunmehr das moderne, am 26. September 1914 auf der Krupp-Germaniawerft in Kiel von Stapel gelaufene U-39 für die 2. U-Halb-Flotille – ein Boot der erfolgreichsten U-Boot-Bauserie der Welt! (Auftrag: 12. Juni 1912; Stapellauf: 26. September 1914 bei der Krupp-Germaniawerft in Kiel [Bau-Nr. 199]; Indienststellung: 13. Januar 1915; Größe: 685/824 t; sonstige Daten vgl. U-35 [Bau-Serie: U-31 bis U-41]; eine 8,8-cm-Kanone, ab 1916/17 eine 10,5-cm-Kanone.) Nach einer kurzen Sicherungsfahrt – Deutsche Bucht/Borkum (Mitte April 1915) – verließ U-39 Helgoland am 29. April 1915 zur ersten Handelskriegsoperation. Auf der Fischer-Bank vernichtete das U-Boot am 1. Mai 1915 durch Geschützfeuer sein erstes Handelsfahrzeug, den 1059 BRT großen norwegischen Dampfer Balduin, der eine Grubenholzladung nach England bringen sollte. Der Abgang wurde später prisengerichtlich bestätigt.
Als Kapitänleutnant Forstmann nach zweieinhalb Jahren, am 21. Oktober 1917, die Kommandoführung von U-39 an Kapitänleutnant Metzger (Crew 03) abtrat, hatte er als zweiterfolgreichster Unterseeboot-Kommandant der Welt nach Kapitänleutnant Lothar von Arnauld de la Perière mit den Booten U-12 und U-39 auf 47 Operationen

insgesamt 146 Handelsschiffe mit zusammen 384 304 BRT sowie ein Kriegsschiff von 820 t vernichten können. Darüber hinaus brachte er eine Prise von 798 BRT auf, führte eine Teilzerstörung (9542 BRT) und zwei weitere Beschädigungen (7560 BRT) durch.

Bei allen Versenkungen trat bereits am Anfang des Krieges die vornehme, taktvolle und ritterliche Behandlung schiffbrüchiger Seeleute durch Forstmann deutlich in Erscheinung. Vor den Verfassern liegt ein vom 7. Juni 1915 datierter Brief einer noch heute in Karlskrona ansässigen Reederei, in dem es wörtlich heißt:

»Für die außerordentlich freundliche Behandlung meiner Seeleute bei der Vernichtung des Bark Elsa in Nordsee den 4. 5. 15 mein besten hertzlichsten dank.«

Am 12. Mai 1915 kehrte U-39 nach Helgoland mit einem Erfolg von 9 versenkten Handelsschiffen mit zusammen 3153 BRT sowie einer aufgebrachten Prise mit 798 BRT zurück. Der Kommandant berichtet über seine ersten Handelskriegserfahrungen:

»Auf der Linie Hanstholm–May Insel lebhafter neutraler Dampferverkehr. Durchschnittsgröße 800–1500 t; Torpedoschuß auf die kurzen, flachgehenden Schiffe wenig aussichtsreich, besonders nachts. Daher zweckmäßige Art des Vorgehens: Anhalten mit Artillerie und Prüfen der Papiere durch ausgesetztes Schiffsboot. An der englischen Ostküste in einem Abstande bis zu 60 sm Fischdampfer im Vorpostendienst. Ohne Geschütz ist das Führen des Handelskrieges ein Unding.«

Der Sachbearbeiter des Seekriegswerkes »Der Handelskrieg mit U-Booten«, Konteradmiral a. D. Spindler, berichtet über diese Operation noch:

3. 5. 1915: »Wechselseitiger Funkverkehr mit Arkona auf 330 sm.

6. 5. 1915: »abends Funkbefehl des F. d. U., Reichweitenversuch mit Arkona bis in Höhe von Kirkwall (Orkney-Inseln) fortzusetzen.«

7. 5. 1915: »Wechselseitiger Funkverkehr mit Kreuzer Arkona auf 345 sm, eine für U-Boote damals hervorragende Leistung, die das besondere Verdient des Ober-FT.-Gast Repke von U-39 war.«

Auf der dritten Feindfahrt – Operationsgebiet Irland – hielt U-39 am 29. Juni 1915 um 19.30 Uhr an der Südspitze von Irland das norwegische Vollschiff Cambuskenneth (1924 BRT) an. Die Cambuskenneth hatte in Portland eine Ladung Weizen für Queenstown (Irland) genommen und wurde nach einer 142tägigen, zum Teil sehr harten Fahrt um Kap Horn, vier oder fünf Stunden vor dem Zielhafen Queenstown von U-39 gestoppt. Der mit den Papieren zum U-Boot kommende deutsche Steuermann Paul Frerichs bat, ihn und sieben andere Deutsche von der norwegischen Besatzung an Bord des U-Bootes zu nehmen, um sie vor der Internierung zu bewahren, die ihnen am Tage zuvor das Untersuchungskommando des britischen Hilfskreuzers Woodnut in sichere Aussicht gestellt hatte. Da der Segler sich im Bereich der englischen Seestreitkräfte befand, hatte es der norwegische Kapitän gegenüber dem Prisenkommando durchgesetzt, daß die deutschen Seeleute – die zur Führung des Schiffes an Bord gebraucht wurden – erst in Queenstown, das man in 24 Stunden zu erreichen hoffte, interniert werden sollten. Kapitänleutnant Forstmann erfüllte den Wunsch seiner Landsleute, in der Mehrzahl Wehrpflichtige, die sich in Deutschland zum Waf-

fendienst stellen wollten. Dieser Segler wurde schließlich wegen Konterbande mit Granaten versenkt, der Abgang später prisengerichtlich bestätigt. Die nicht unbeträchtliche Schwierigkeit der Unterbringung der Männer in den engen Räumlichkeiten des U-Bootes wurde in Kauf genommen. Das Boot kehrte erst am 10. Juli 1915 mit einem Ergebnis von 14 Einheiten von zusammen 35 990 BRT, die sämtlich in Überwassertätigkeit nach Prisenordnung vernichtet worden waren, nach Helgoland zurück.
Über die Begegnung zwischen U-39 und dem norwegischen Segler Cambuskenneth berichtet Kapitänleutnant Forstmann:
»In den letzten Tagen des Januar 1915 schifften sich in Portland an der Westküste der Vereinigten Staaten acht junge deutsche Matrosen auf dem schmucken Vollschiff Cambuskenneth ein. Der Norweger sollte mit 49 500 Sack Weizen nach Queenstown segeln. Obgleich ihnen in England die Internierung drohte, heuerten unsere Landsleute an, weil sie sich in einer schlimmen Notlage befanden. In dem stark englisch gesinnten Hafen wurde ihnen schon bald nach Kriegsbeginn keine auskömmliche Arbeit mehr geboten; auch glaubten sie bestimmt, daß der Krieg bis zu ihrer Ankunft in Europa längst zu einem Abschluß gekommen sein müßte. An Bord des Seglers fand sich das übliche Nationalitätengemisch zusammen: Brasilianer, Engländer, Amerikaner, Norweger, Schweden und unsere Deutschen. Im Mannschaftslogis, vorn unter der Back, vertrug man sich trotzdem ausgezeichnet während der fünfmonatigen Reise, und ohne Unfall und besondere Vorkommnisse ging's um Kap Horn herum in den Atlantischen Ozean.
Am Morgen des 28. Juni kam endlich Fastnet Rock, die kleine Felseninsel an der Südküste Irlands, in Sicht, und nur noch eine Nacht trennte die Seefahrer von ihrem Ziel. Doch jetzt sollten sie nach langer, sorgloser Fahrt zum erstenmal wieder merken, daß der Friede noch nicht, wie sie gehofft hatten, geschlossen war. Besonders für die Deutschen fing der Tag recht unbehaglich an, denn kurz vor Mittag erschien der englische Hilfskreuzer Woodnut und forderte zum Beidrehen auf. Ein Boot vom Engländer kam mit einem Offizier längsseit, um die Schiffspapiere durchzusehen. Aus der Besatzungsliste ging klar hervor, daß acht ›Germans‹ an Bord waren, und kurzerhand wollte man sie sofort auf dem Kreuzer gefangensetzen. Doch verzweifelt rang der norwegische Kapitän die Hände und bat inständig, ihm die Leute bis Queenstown zu belassen, da er einen so großen Teil seiner Besatzung unmöglich entbehren könne, zumal der Wind auffrischte. Schließlich wurden Schiff und Bemannung mit dem Bemerken freigegeben, die Deutschen dürften bis zum Bestimmungshafen auf dem Norweger bleiben, da sie ja doch ihrem Schicksal nicht entgehen könnten. Im übrigen gaben die Leute von der Woodnut der Cambuskenneth den Rat, nur ja gut Ausguck zu halten und sich vor den deutschen U-Booten in acht zu nehmen, die wie die Haie die Irische See unsicher machten und alle Schiffe ohne Rücksicht auf die Rettung der Besatzung versenkten.
Mit dieser für alle Teile der Besatzung wenig erfreulichen Nachricht setzte der Segler seine Reise fort. Die Stimmung an Bord war sehr gedrückt. Unsere Landsleute packten ihre wenigen Habseligkeiten und bereiteten alles für den bevorstehenden Aufenthalt in einem der berüchtigten ›Camps‹ vor. Die übrigen Seeleute machten die Rettungsboote

klar, rüsteten sie mit Proviant, Wasser und Notsignalen aus und schnürten dann auch ihre Kleidersäcke, um im Fall einer Torpedierung durch ein U-Boot so viel wie möglich zu bergen.
Aber erstens kommt es anders, zweitens als man denkt. Den Briten sollten ihre Felle, die sie schon fast in den Händen zu halten wähnten, doch noch davonschwimmen. An diesem Juninachmittag steuert auch U-39 die Steilküste Irlands an, um eine Beute zu suchen. Es ist sechs Uhr abends. Ein frischer SW-Wind ist aufgekommen und jagt die See in den Englischen Kanal hinein. Pschschschscht – fegen die Wogen über das Oberdeck und verscheuchen die Leute, denen fliegender Gischt ins Gesicht spritzt, ins Boot. Der Regen hat aufgehört, und die Sonne schaut gerade hinter einer Wolkenwand hervor. Da sehen wir von der Brücke aus am Horizont als kleines Pünktchen ein blendendes Segel. Wir springen auf die Turmdecke, um noch besser sehen zu können – es ist einwandfrei ein Segelschiff mit drei Masten. Wo ein Schiff nur in Sicht kommt, da sind wir immer wie der Teufel dahinter her, ganz gleich, ob es ein Engländer oder ein Neutraler ist, ob es im Schutz von Kriegsfahrzeugen oder allein fährt. Jeder Kahn wird nach den Regeln des Kreuzerkrieges angehalten, um Nationalität, Ladung und Bestimmungsort festzustellen. Also auch heute abend keine Ausnahme gemacht, mit hoher Fahrt hinterhergesetzt!
Es ist höchste Zeit, denn die Sonne will schon untergehen, und die zunehmende Dunkelheit wird bald das Segel zu verschleiern suchen. Keuchend hebt sich der Bug des Bootes bei der hohen Fahrt, weißen Schaum auftürmend, und versinkt dann tief einstampfend immer wieder in den Wellen. Zugleich hauen die vorderen Tiefenruder mit kräftigem Ruck auf die See, während hinten die fast aus dem Wasser gehobene Schraube für Sekunden ein tösendes Geräusch vollführt.
Allmählich wächst ein mächtiges Vollschiff vor uns aus dem Horizont. Ganze drei Stunden dauert die Verfolgung, denn bei der flotten Brise macht der Kerl mit allem Zeug fast so viel Fahrt wie wir. Endlich haben wir ihn in Reichweite des Geschützes! ›Bang‹ sagt die Kanone und spricht den Segler an. Doch können wir nicht ausmachen, wie man sich drüben zu uns stellt. Zunächst geschieht nichts für uns Auffälliges; alles ist wohl starr vor Schrecken und sucht vergeblich den Störenfried zwischen den hohen Wellen. Indessen ist drüben auf dem weißen Schwan der Zimmermann in die Wanten geentert und sieht am Horizont einen grauen Fleck. ›Ein U-Boot!‹ schreit er in größter Aufregung zum Deck hinunter, wo die Kameraden wie im Tollhaus im Kreise herumlaufen und nicht wissen, was sie zunächst anfassen sollen. ›Ein deutsches U-Boot!‹ Hell blitzen seine Augen, denn trutzig weht dort ein Fähnlein, unter dem auch er vor Jahren in des Kaisers Marine gedient hat. Da – endlich – sehen wir am Kreuzmast die norwegische Flagge hochgehen, die Steuerbordbrassen der Großmastrahen werden losgeworfen und das Schiff gegen den Wind gedreht. Mehr und mehr kommen wir auf. Und jetzt für alle U-Boot-Leute eine Überraschung! Hinten auf dem Dach der kleinen Kajüte erscheint ein Mann und macht uns mit beiden Armen, wie es in unserer Marine üblich ist, in deutschen Buchstaben den Winkspruch: ›Wir schicken ein Boot!‹ ›Nanu, woher kann der denn winkern?‹ – ›Es wird ein Deutscher an Bord sein‹, meint Oberleutnant Klatt neben mir – und hat recht. Denn in dem Backbord-Walfischboot, das

schnell drüben ausgesetzt wird, kommt Paul Frerichs aus Papenburg, der Erste Steuermann der Cambuskenneth, mit den Schiffspapieren herübergepullt. Mit sich überstürzenden Worten erzählt er alles, was er auf dem Herzen hat, und schon wissen wir, wie der Hase läuft. Der Norweger will Bannware, fast fünfzigtausend Sack Weizen, nach Queenstown bringen, und acht Deutsche bitten um Aufnahme auf dem U-Boot, da sie sonst in England gefangengesetzt werden.
Nach kurzer Überlegung entschließe ich mich, die Leute, die zum größten Teil wehrpflichtig sind, an Bord zu nehmen. Die entstehenden Unterbringungsschwierigkeiten müssen eben von meiner Besatzung in Kauf genommen werden. Frerichs wird mit dem Auftrag zu Cambuskenneth entlassen, die Landsleute mit Proviant und etwas Kleidung beschleunigt auszurüsten und dann mit allen zusammen zurückzukommen. Dem Skipper soll er mitteilen, daß sein Schiff versenkt wird, weil es Bannware für England befördert. Doch schon sieht man mehrere Boote mit dem nichtdeutschen Teil der Besatzung in größter Hast vom Norweger abstoßen und in den Wellentälern verschwinden. Vergebens rufen wir ihnen zu, längsseit zu kommen. Wir waren von den Woodnut-Leuten zu gut empfohlen worden. Bald ist unser Familienzuwachs eingetroffen und wird schnell unter Deck verstaut. Nun heißt's aber, sich eilen, da die Sonne verschwunden ist und unser Segler noch vor völliger Dunkelheit vernichtet werden muß. Abgesehen von der Schwierigkeit für den Geschützführer, bei Nacht genau in der Wasserlinie des Schiffes abzukommen, lockt natürlich das Mündungsfeuer der Kanone feindliche Gegenwirkung an. Und wir sind nur knapp zwanzig Seemeilen von der Küste entfernt.
Neun Granaten schlagen jetzt in schneller Reihenfolge in die Eisenwand der Cambuskenneth. Gierig holt sich die See die gelben Weizenkörner aus den breiten Schußlöchern. Aber sie muß sich eilen, denn nur noch wenige Minuten schwimmt der Norweger auf seinem Kiel. Plötzlich holt er, mit dem Bug zuerst, tief über, ohne sich wieder aufrichten zu können. Krachend bersten Fock und Kreuzmast. Noch einmal treibt der Wind die Leinwand in die Höhe, dann sinkt das schöne Schiff langsam in die Tiefe hinab.
Unsere neuen Mitarbeiter waren selig, auf so unerwartete Weise der ihnen prophezeiten Internierung entgangen zu sein. Unter Deck sperrten sie zunächst vor Staunen und Erwartung Nase und Mund auf, wie Buben, die den ersten Gang ins Schulhaus antreten. Schnell werden sie im Boot gleichmäßig auf Schlaf- und Wohnplätze verteilt und fallen bald, ermüdet von all den Aufregungen des Tages, in tiefen Schlummer. Wir haben es nie bereut, sie mitgenommen zu haben, denn es waren frische bescheidene Menschen, die sich schnell an das U-Boot-Leben gewöhnten und gerne der Mannschaft kleine Dienstverrichtungen abnahmen, wie z. B. das Kartoffelschälen, um das sich keiner meiner Leute je gerissen hat. Die Heimreise nach Helgoland war für sie alle überaus interessant, da sie den Untergang von noch zehn weiteren Schiffen miterlebten, die von uns versenkt wurden. Darunter befand sich die norwegische Bark Fiery Gross, ehemals ein berühmtes Schiff der englischen Handelsflotte, denn das Fahrzeug gehörte zu den schnellen Klippern, die Tee von China nach England brachten. Vier Jahre erhielt die Bark die erste Prämie der Londoner Teebörse als schnellstes Schiff.

Kapitän zur See a. D. Dr. Walter Forstmann

(9. 3. 1883–2. 11. 1973)
Eintritt in die Kaiserliche Marine: 1900
(Crew 00)

Kapitän zur See Otto Kretschmer (links) – erfolgreichster U-Boot-Kommandant des Zweiten Weltkrieges – überbrachte anläßlich des 80. Geburtstages von Walter Forstmann (rechts) am 8. März 1963 die Glückwünsche des Bundesverteidigungsministeriums und des Inspekteurs der Bundesmarine (Vizeadmiral Zenker). Kapitän zur See Kretschmer: »Herr Kapitän, die Marine verehrt in Ihnen einen Ritter ohne Furcht und Tadel, einen ihrer höchstdekorierten Offiziere. Sie ist stolz auf das, was Sie für das deutsche Volk geleistet haben . . .«

Zwei Boote der erfolgreichsten Serie – S.M. U-31 bis S.M. U-41 – der Welt begegnen sich: Das Foto zeigt S.M. U-39 unter Führung von Kapitänleutnant Walter Forstmann, das am 1. Juni 1916 in der Nähe der Insel Marittimo im Mittelmeer von S.M. U-34 unter Kapitänleutnant Rücker aufgenommen wurde. Auf dem Turm von S.M. U-39 sieht man mit der »Flüstertüte« Kapitänleutnant Forstmann. Beide Kommandanten tauschten Nachrichten über die Skagerrak-Seeschlacht aus. Auf dieser Operation vernichtete Forstmann 22 Handelsschiffe mit zusammen 53 016 BRT, die bis zu diesem Zeitpunkt ertragreichste Feindfahrt im Mittelmeer!

Von uns wurde sie durch Feuer vernichtet, weil sie eines Torpedos nicht wert erachtet wurde.
Mit Dankbarkeit haben die deutschen Seeleute der Cambuskenneth später noch oft an die U-Neununddreißiger, die sie vor langer Gefangenschaft bewahrten, zurückgedacht. Der Erste Steuermann und Führer der ›Kriegsfreiwilligen‹, wie wir unsere Gäste im Scherz riefen, hat die Eindrücke, die er von Bord mitnahm, mit folgenden Worten geschildert: ›Ich fahre schon seit fünfzehn Jahren zur See, habe auf verschiedenen Dampfern und Seglern alle möglichen Meere durchkreuzt, bin vielen Gefahren ausgesetzt gewesen, aber die Tage im deutschen Unterseeboot werden mir stets unvergeßlich bleiben. Habe ich da doch so recht kennengelernt, was deutscher Erfindungsgeist und deutsche Industrie zu leisten vermögen ...‹
Unter die kleine deutsche Schar hatte sich aber auch – dank seinem Namen und seiner Kenntnis der Sprache – ein Deutsch-Amerikaner, der siebzehnjährige Carl List, eingeschmuggelt. Er konnte sich auf diese Weise von der Art unseres U-Boot-Krieges und vom Leben an Bord eines deutschen U-Bootes ein selbständiges Bild machen. Im ›New York American‹ vom 4. September 1915 hat er später einen eigenen Bericht über seine Erlebnisse veröffentlicht, ohne Partei zu ergreifen. Er fühlt nicht als Deutscher, aber seine ganze Erzählung ist getragen von höchster Achtung für die Leistung des U-Bootes und die Art seiner Kriegsführung, die regelmäßig nach den Gebräuchen und Vorschriften des Völkerrechts gehandhabt worden sei. Die amerikanische Zeitung nannte seinen Bericht ›the first authentic description of German submarine warfare‹ – ›die erste verbürgte Beschreibung der deutschen Unterseeboot-Kriegführung‹. Damals waren die Yankees noch bereit, sie mit Carl List als durchaus nicht unbarmherzig anzuerkennen. Bald wehte drüben aber ein anderer Wind, und schon seit langem ersticken die Amerikaner in ohnmächtiger Wut auf diese verhaßte Pest der Barbaren.«
Soweit die Ausführungen des U-39-Kommandanten. Der Mensch und Seeoffizier Forstmann hatte in den Vereinigten Staaten von Nordamerika einen seiner treuesten Verehrer! Der Amerikaner Carl List aus Bonneville im Staate Oregon schreibt 40 Jahre nach Beendigung des Ersten Weltkrieges – er verfaßte über seine Zeit an Bord des deutschen Unterseebootes einen sehr anschaulichen, 203 000 Worte umfassenden Bericht – im Jahre 1958 an »seinen deutschen U-Boot-Kommandanten« u. a.:
»Es freut mich zu hören, daß Sie den Orden *pour le mérite* seinerzeit erhielten. Ich wußte das bereits; für mich bleiben Sie in meiner Erinnerung stets ein Ritter ... Mit besten Grüßen an Sie und Ihre Familie bleibe ich wie immer der Amerikaner von U-39 ...«
An einer anderen Stelle heißt es bei List u. a.:
»Der Kommandant war annähernd 40 Jahre alt. Ich glaube, mir wurde gesagt, er käme aus dem Rheinland. Er war kein großer Mann und, obgleich von einer liebenswürdigen und ruhigen Gemütsart, zögerte er nicht, wenn er Befehle gab. Dann war er kurz und genau in all seinen Anordnungen. Er besaß einen ziemlich ausgemergelten, scharfen Gesichtszug mit wachsamen, weit geöffneten, durchdringenden Augen. Die Stimmungen und Sorgen seiner Mannschaft waren ihm sehr wichtig, nicht nur aufgrund seiner Stellung als Kommandant. Er war geradlinig in seinen Äußerungen, und

gewöhnlich hatte er das Bedürfnis, eine Anerkennung oder eine Ansprache von nur wenigen Worten an die Besatzungsangehörigen zu richten, wenn er sie in dem Durchgang traf, um somit das Interesse der Mannschaft – durch eine Unterrichtung über die verschiedenen Dinge, die vorgingen, aufrechtzuerhalten ... Ferner möchte ich gerne wiederholen, daß der Kommandant zu keiner Zeit irgendein Mißfallen darüber äußerte, mich, einen Amerikaner, an Bord seines Unterseebootes zu haben. Ich genoß die gleichen Vorrechte wie meine deutschen Schiffsgefährten von dem norwegischen Segelschiff Cambuskenneth, das am 29. Juni 1915 von U-39 vernichtet wurde! Hätte der Kommandant die Absicht gehabt, mich loszuwerden, wäre das eine sehr leichte Angelegenheit gewesen, mich in ein Rettungsboot der nachfolgend versenkten Schiffe abzusetzen. Das tat er jedoch nicht ... Ich habe immer die größte Achtung für den Kommandanten gehabt und werde immer daran festhalten. Ich wünsche dem Kommandanten davon Kenntnis zu geben, daß ich in meinen Aufzeichnungen meine besten Anstrengungen mache, innerhalb der wirklichen Tatsachen zu berichten, was stattfand – soweit es mein Gedächtnis erlaubt – während der Tage, die ich an Bord von U-39 war. Im übrigen werde ich keine herabwürdigenden Bemerkungen über meine Erlebnisse und die Behandlung an Bord von U-39 veröffentlichen. Ich spreche nur vornehm hierüber, denn es könnte nicht anders sein ...«

Die Schilderungen dieses Amerikaners, der »seinem deutschen U-Boot-Kommandanten« die Treue hielt, ist ein Zeugnis für die ritterliche Kampfführung der deutschen U-Boot-Besatzungen des Ersten Weltkrieges. – »Sein größter Wunsch, ihn noch einmal zu sehen, ging am 13. September 1970 in Erfüllung. In Essen-Bredeney traf er mit Walter Forstmann zusammen.«

Als viertes Unterseeboot nach U-21, U-34 und U-35 trat U-39 am 27. August 1915 den Verlegungsmarsch zum Mittelmeer an. Auf der Höhe der Südspitze Irlands hielt das U-Boot am 2. September 1915 die 2166 BRT große englische Viermastbark William T. Lewis, mit einer Holzladung nach England, an und versuchte sie durch Geschützfeuer zu versenken. In der Annahme, daß der Segler untergehen würde, setzte Forstmann seinen Weg fort. Indessen erwies sich das Leben dieses Groß-Seglers als außerordentlich zäh. Vier Tage später traf U-20 unter Kapitänleutnant Schwieger – er steuerte von der Südspitze Irlands kommend die Gironde-Mündung an – auf den ohne Besatzung treibenden Segler, der deutlich Spuren eines anderen U-Boot-Angriffes trug. U-20 schoß noch 38 Granaten in die Wasserlinie und nahm ebenfalls an, daß das Schiff nun keinen Hafen mehr erreichen würde, jedoch wurde der Segler später doch noch eingebracht. Nach seiner Ankunft in Cattaro (Kotor) erhielt Kapitänleutnant Forstmann eine vom 27. September 1915 datierte Postkarte von Kapitänleutnant Schwieger folgenden Inhalts:

»Lieber Forstmann! Einen schönen Gruß vom William T. Lewis! Auch wir haben uns an ihm ausgetobt. Hoffentlich hat er nunmehr die Konsequenzen gezogen. Alles Gute da unten. Haben gestern das *E. K. I.* von Claussen: V-99 gefeiert. Bitte grüßen Sie auch die anderen Kameraden. Ihr W. Schwieger.«

Auf der ersten Mittelmeerfernfahrt vernichtete Kapitänleutnant Forstmann im Operationsgebiet um Kreta acht Einheiten von zusammen 26 788 BRT.

Am 26. November 1915 verließ U-39 erneut seinen Adria-Stützpunkt, um im östlichen Mittelmeer, westlich und südlich von Kreta bis zur Höhe von Alexandria Handelskrieg zu führen (Erfolg: 10 Einheiten – 29 769 BRT). Auf dieser Fahrt traf U-39 am 5. Dezember 1915 um 05.50 Uhr an der Nordküste von Ägypten auf einen Dampfer ohne neutrale Abzeichen, der jedoch – als sich U-29 näherte – die amerikanische Flagge setzte. Auf das Signal des Unterseebootes, dem bereits zwei Tage zuvor ein typgleiches Schiff mit entgegengesetztem Kurs begegnet war, das indessen in der Dämmerung auf das Stoppsignal nicht reagiert hatte, drehte der Dampfer auf U-39 zu. Nunmehr vermutete Forstmann, eine auf- und abstehende Falle vor sich zu haben und gab Feuererlaubnis für einen Warnschuß, der jedoch unglücklicherweise – was selten vorkam – sofort an der Unterkante der Brücke traf. Nunmehr wurden die Boote des angehaltenen Fahrzeuges – es handelte sich hierbei um den neutralen amerikanischen Tanker Petrolite, der Öl von New York nach Alexandria an Bord befördert hatte und nunmehr mit Ballast zurückkehrte – zu Wasser gebracht. Der Kapitän überbrachte die Schiffspapiere. Kapitänleutnant Forstmann machte ihn auf das pflichtgemäße Führen von Neutralitätsabzeichen aufmerksam. Ein im Beiboot des Amerikaners sitzender Däne war durch Sprengstücke leicht verletzt worden. Der Kapitän sagte aus, in Alexandria mehrere bewaffnete Transportdampfer gesehen zu haben; ferner erwähnte er, daß seine Besatzung den Tanker nicht hätte verlassen dürfen, damit sie keinerlei Einblick militärischer Art erhalte. Gegen einige Flaschen Sekt wurde eine kleine Proviantergänzung von dem neutralen Amerikaner erbeten. Die Petrolite lief nach dieser Begegnung den französischen Hafen von Oran an. Die Franzosen erfanden eine in zahlreichen Zeitungen veröffentlichte Story, die schließlich eine amerikanische Protestnote an die österreichisch-ungarische Regierung auslöste, da U-39 die Untersuchung unter der k. u. k.-Flagge vorgenommen hatte. In diese Note war die Rede von: a) Neutralitätsverletzung, Beschädigung durch Warnschuß, Beleidigung der Flagge; b) durch die Proviantabgabe sei der Amerikaner zu einem neutralitätswidrigen Verhalten gezwungen worden; c) der Kapitän sowie der Däne wurden während der Proviantübernahme über Schiffsbewegungen in Alexandria ausgefragt: widerrechtliches Festhalten von Personen, die zur Spionage gezwungen wurden! Auf Grund dieser Note mußte Kapitänleutnant Forstmann in Wien vor einem österreichischen Gericht erscheinen und zu diesem Vorfall aussagen.

Später geschah das Merkwürdige: Auf der 16. Operation begegnete U-39 am 10. Juni 1917 erneut dem diesmal graugestrichenen feindlichen amerikanischen Tanker – der von Genua nach New York lief – und vernichtete ihn durch je einen Bug- und Heck-Torpedoschuß. Ein eigenartiger Zufall!

Auf dieser Feindfahrt traf U-39 am 13. Dezember 1915 an der nordafrikanischen Küste UC-12 (Palis), das als Transportboot von Cattaro nach der nordafrikanischen Küste unterwegs war und von U-38 (M. Valentiner) dorthin geschleppt werden sollte, aber nach der Passage der Otranto-Straße die Verbindung verloren hatte. Am Abend des 15. Dezember 1915 trennten sich in der Nähe von Bardia beide Boote, U-39 trat mit 20 t Treibölvorrat den Rückmarsch an.

Aus dem Bericht des Kommandanten entnehmen wir:

»Fast jeder größere englische Dampfer ist bewaffnet; Verstärkung der U-Boot-Artillerie erwünscht. Transporte in das Ägäische Meer werden von Zerstörer begleitet; Angreifen deshalb ausgeschlossen, wenn man nicht in vorlicher Stellung für Unterwasserangriff steht. Angriff auf Handelsdampfer bei Nacht nicht ratsam, weil Nationalität nicht festgestellt werden kann. In drei Fällen, als günstige Gelegenheit für Nachtangriff war, handelte es sich, wie bei Hellwerden festgestellt wurde, um Neutrale. – Auffallend viele Lazarettschiffe gesichtet, zum Teil tief beladen, aber keine Möglichkeit, sie zu untersuchen. Der Zeitungsdienst der Großfunkstation Nauen ist an 10 Tagen abgenommen worden. Empfang war um so besser, je weiter sich das Boot von Kreta und der Balkanhalbinsel entfernte, am stärksten an der afrikanischen Küste.«

Nach zwei weiteren Operationen (gegen Kriegs- und Transportschiffe der Dardanellenfront – Handelskrieg im mittleren Mittelmeer) mit einem Ergebnis von einem torpedierten Dampfer von 9542 BRT sowie neun vernichteten Einheiten von zusammen 19 741 BRT verließ Forstmann am 16. Mai 1916 die Adria in Richtung zum westlichen Mittelmeer. Am 23. Mai 1916 beschoß U-39 ab 06.10 Uhr gemäß besonderem Befehl die Hochofenanlagen von Portoferraio auf der Insel Elba. Erst 18 Minuten nach Beginn der Beschießung wurde das Unterseeboot von einem Landgeschütz unter Feuer genommen.

Auf der Rückfahrt von dieser bisher erfolgreichsten Unternehmung eines Mittelmeer-U-Bootes mußte U-39 in der Nacht vom 4. auf 5. Juni 1916 vor der sehr starken Otranto-Bewachung zwölf Stunden getaucht zurücklegen. Das Seekriegswerk »Der Handelskrieg mit U-Booten« berichtet abschließend in lakonischer Kürze:

»Ergebnis der Unternehmung: 20 feindliche, 2 neutrale Handelsschiffe versenkt, zusammen 53 016 t: die bis dahin höchste Leistung im Mittelmeer.«

Für die nächste – elfte Operation – erhielt Kapitänleutnant Forstmann den Auftrag, zunächst eine deutsche und eine türkische Heeresabordnung, zusammen sieben Personen, sowie Kriegsmaterial an der tripolitanischen Küste bei Marsa Brega und Misrate zu landen und anschließend Handelskrieg vor der nordafrikanischen Küste zwischen Tunis und Algier zu führen. Für diese Operation – U-39 verließ am 5. Juli 1916 Cattaro – galt der vom 15. Juni 1916 stammende Befehl, der das warnungslose Versenken bewaffneter Frachtdampfer wieder freigab. Dieser Befehl galt jedoch nur für die Mittelmeer-U-Boote.

Als U-39 Anfang August 1916 von seiner besten Operation glücklich in die Adria zurückkehrte, hatte Kapitänleutnant Walter Forstmann weitere 21 Schiffe von zusammen 62 628 BRT zur Strecke gebracht. Nunmehr wurde dieser fähige U-Boot-Kommandant – der bereits den *Hausorden von Hohenzollern mit Schwertern* besaß – mit folgendem Verleihungsvorschlag zum *Pour le mérite* eingegeben:

»Hat bisher folgende Erfolge gehabt: An versenkten Kriegsschiffen 1320 t, Handelsschiffe: 97 Fahrzeuge mit 259 750 t, zusammen 261 070 t. U-39 hat in der Nordsee 3, im Mittelmeer 16 Gefechte mit bewaffneten Dampfern oder Bewachungsfahrzeugen gehabt, hat außerdem die Hochofenanlagen von Porto Ferrajo beschossen und ist seinerseits lebhaft beschossen worden. Forstmann steht mit der Zahl des versenkten Frachtraumes weitaus an der Spitze aller U-Boot-Kommandanten. Der Wert der versenkten Fahrzeuge einschließlich Ladung beträgt bei vorsichtiger Schätzung rund 600 Millionen Mark. Unter den versenkten Dampfern befinden sich neben zahlreichen für die Saloniki-Expedition bestimmten Kriegsmaterialiendampfern vier Truppentransportdampfer, von denen zwei die italienische Flagge trugen. Forstmann ist 232 Tage in See gewesen und hat dabei etwa 28 000 Seemeilen zurückgelegt.«

Am 12. August 1916 erhielt Kapitänleutnant Forstmann als vierter U-Boot-Kommandant nach Weddigen, Hersing und Steinbrinck den Orden *pour le mérite.*

Während der nächsten Operation (Erfolg: 6 Einheiten – 17 296 BRT) führte U-39 nochmals eine Sonderaktion zu den Senussi durch. Diese nordafrikanischen Freiheitskämpfer haben bis zum heutigen Tage (!) Kapitänleutnant Forstmann nicht vergessen. Freundschaftliche Zeichen der engen Verbundenheit erreichten ihn als Ausdruck des Dankes noch nach Beendigung des Zweiten Weltkrieges.

Von der letzten Fernunternehmung des Jahres 1916 kehrte Forstmann am 10. Dezember 1916 mit einem Ergebnis von 6 vernichteten Fahrzeugen mit zusammen 17 086 BRT nach Cattaro zurück.

Am 3. Januar 1917 verließ U-39 Cattaro zur 14. Feindfahrt. Es hatte die Aufgabe, zwischen Alexandria und Kreta Handelskrieg zu führen (Erfolg: 3 Einheiten – 12 682 BRT). Westlich von Kap Matapan vernichtete Kapitänleutnant Forstmann in einem schneidig geführten Unterwasserangriff am 25. Januar 1917 den französischen Truppentransporter Amiral Magon (5558 BRT). Hierüber berichtet er:

»... der Anlauf ist unbeschreiblich spannend, unmerklich verliert man jeden Zeitbegriff. So oft das Sehrohr knarrend steigt, ist ein kritischer Augenblick gekommen, denn zur gleichen Zeit kann das Torpedoboot über dem U-Boot oder in seiner nächsten Nähe stehen und mit seinem scharfen Bug durch Rammstoß unser Auge wie ein Streichholz knicken ... Doch ich will zugeben, daß mir recht warm im Turm geworden ist. Jacke und Mütze habe ich längst abgeworfen. Einmal drücken sich die Schweißperlen beim Sehrohrdrehen, das eine gewisse Kraftanstrengung erfordert, aus Stirn und Armen, dann aber liegt's wohl an der unüberwindlichen Abneigung des Menschen, sich von einem Torpedoboot oder dämlichen Dampfer über den Haufen fahren zu lassen ... Jetzt endlich ein Aufatmen! Gerade passierte uns der Zerstörer knapp am Heck, ich sah nur für eine Sekunde etwas Graues wie einen Schatten achtern vorbeiflitzen. Schnell herunter das Sehrohr und dann ein rascher Entschluß ›Hecktorpedo fertig‹, rufe ich zur Torpedomannschaft hinunter. Schnell wird dann das Boot um neunzig Grad nach Steuerbord gedreht. Ich bin mir bewußt, daß der Schuß fallen muß, sobald das Boot den neuen Kurs anliegt und dann das Sehrohr gezeigt wird. Willig gehorcht U-39 dem Ruder, von zehn zu zehn Grad meldet der Rudergänger den anliegenden Kurs. Jetzt kommt er mit dem Ruder auf, wir sind auf Angriffskurs. ›Sehrohr ausfahren!‹ Der erste Blick nach achtern. Da ist ja schon der Kerl! Schnell wandert sein Bug ins Glas. Vorn an Deck Soldaten! Da kommt der Mast – die Brücke – und jetzt der Schornstein! ›Los!‹ brülle ich in den Turm, und im gleichen Augenblick verläßt in geradem, eiligem Lauf der scharfe Torpedo sein Rohr. Den sind wir für immer los! ›Sehrohr einfahren!‹ Und jetzt kommen die Sekunden höchster Spannung. Während die ganze Mannschaft angestrengt auf den dumpfen Schlag einer Detonation lauscht,

gehen mir noch einmal blitzartig alle meine Überlegungen durch den Schädel, arbeiten die Gedanken fieberhaft. Habe ich auch Fahrt und Schneidungswinkel richtig eingeschätzt, war die Entfernung nicht zu groß, hat der Dampfer vielleicht im letzten Augenblick noch abdrehen können?
Da – ein lauter Krach, wie wenn eine leere Holzkiste die Treppe heruntergeworfen wird. Umsonst das Grübeln – ein Treffer! ...
›Sehrohr ausfahren!‹ Schrecklich lange kommt es mir vor, bis ich wieder im Sonnenlicht Umschau halten kann. Endlich! Und was sehe ich? Der Dampfer liegt gestoppt und schon etwas auf der Seite, ist anscheinend mittschiffs getroffen und läuft gleichmäßig voll Wasser. Aber die Hauptsache – es ist ein dicker Truppentransporter! Überall Khaki-Uniformen! Und drüben geht's ums Leben.
An Deck stürmen in wilder hast Scharen von geplagten Menschen über die Promenadendecks, lassen Rettungsboote zu Wasser oder werfen Flöße und Bretter über Bord, an die sie sich klammern wollen. Ein aufregendes Bild! Am Heck blinkt traurig und verlassen ein langes Geschütz; es braucht nicht in Tätigkeit zu treten ... Noch einmal fünf Minuten, dann legt sich der gefällte Riese tief auf die Seite, kippt vollends über, zeigt einen Augenblick den roten Rumpf und verschwindet dann wie ein Stein in der Tiefe. Eilends steuert er zu seinem letzten Hafen und nur ein Wirbel kennzeichnet noch für kurze Zeit sein Grab ...«
Bevor Kapitänleutnant Forstmann Anfang Januar diese Fahrt antrat, mußte er für seinen an Oberdeck unglücklich gestürzten Obersteuermann Ersatz suchen. Es meldete sich der Wach-Offizier von U-73, Oberleutnant z. S. Martin Niemöller (Niemöller war ein Crew-Kamerad des späteren U-39-Wachoffiziers Karl Dönitz), der spätere hessische Kirchenpräsident. Über seine Erlebnisse berichtet er:
»U-39 galt als ein Boot von Klasse: es lief gern und gut seine dreizehn Seemeilen, und es war eben ein wirkliches U-Boot mit vielen Torpedos und einer richtigen 10,5-cm-Kanone. Außerdem hat es eine alteingefahrene Besatzung und ein Offizierkorps, das sich aufs beste verstand!«
Und über den Angriff auf den von dem Torpedoboots-Zerstörer d'Arc gesicherten, für die Saloniki-Front bestimmten Truppentransporter Amiral Magon am 25. Januar 1917 schreibt Niemöller: »Forstmann fährt seinen Angriff ruhig und überlegen. Wenn man so neben ihm im engen Turm steht und jedes Wort hört und jede Bewegung sieht, bekommt man einen Eindruck davon, wie dieser Mann, der schon längst den Pour le mérite trägt, seine Aufgabe mit absoluter Ruhe und eiserner Zähigkeit durchführt. Da geht alles wie im Manöver, und ist doch bitterster Ernst ...«
Auf der nächsten, der 15. Operation (12. Februar bis 7. März 1917) begegnete U-39 am 15. Februar 1917 dem als Einzelfahrer laufenden italienischen Truppentransporter Minas (2854 BRT), der bis morgens 6 Uhr von einem italienischen Zerstörer geleitet wurde und bis zum Mittag auf einen ablösenden englischen Zerstörer wartete. In diesem Augenblick erschien U-39. Hierüber berichtet der Kommandant:
»Klar und sonnig ist der Tag, die weite See liegt wie ausgestorben im hellen Sonnenschein. Lebhafte weiße Schaumköpfe treibt der leichte Ostwind vor sich her, günstigstes Angriffswetter.

Nun ist es bald soweit! Nur noch für Augenblicke sieht das spähende Auge umher, jede Einzelheit noch schnell in das Gedächtnis einzuprägen. Auf vierhundert Meter heran! Ein Druck auf den schwarzen, winzigen Knopf an der Turmseite wie auf eine elektrische Schelle ... ein sicherer Schuß nach meiner Schätzung! Da klingt es auch schon metallisch scharf gegen die Bordwände, es kracht der Dampfer in allen Fugen. Treffer!

›Sehrohr ausfahren!‹ ... Bewegungslos, in den Maschinenraum zu Tode getroffen, liegt der schwarzgemalte Dampfer, den zwei Masten und ein kurzer Schornstein über schlankem Rumpf zieren, in nächster Nähe vor uns. Gewiß, ein erhebendes Gefühl beseelt uns.

Aber – was ist denn mit dem Dampfer los? – Herrgott im Himmel! – Ein unheimlicher Anblick! Hunderte von Menschen laufen wie eingesperrtes Wild über das Deck, sammeln sich zu Haufen an Bug und Heck oder stürzen sich in wahnsinniger Angst kopfüber in das erbarmungslose Meer. Ein schreckliches Todesahnen geht durch ihre Reihen. Da – drei kleine Rettungsboote, in wilder Panik zu Wasser geworfen, sausen aus den Davits und zerschellen an der See, alles unter sich begrabend. Ein Wirrwarr sondergleichen! ... Da blinkt die Sonne über den Dampfer hinweg, und jetzt erkenne ich ganz deutlich in bester Beleuchtung die grauen Uniformen und Soldatenkäppis ... ›Zweites Rohr los!‹ Was macht der Torpedo? Brodelnd steigen seine Luftblasen zutage, und eine weiße Spur kennzeichnet seine sichere Bahn. Für den flügellahmen Gegner gibt es kein Entrinnen mehr ... Noch zwanzig Meter, noch zehn Meter – jetzt ist er am Ziel! Eine heftige Detonation im Achterschiff des Dampfers – blitzschnell steigt an seinem Heck eine gewaltige Säule von Wasser und Staub senkrecht zum Himmel auf und fällt dann nieder auf ein ungeheures Massengrab. Noch nie sah ich eine so gewaltige Wirkung des Geschosses! Unser Feind, in Stücke zerrissen, ist verschwunden, und zahllose Schiffstrümmer aller Art trüben weithin das Meer. Eine leichte Wolke von Rauch steht noch für einen kurzen Augenblick zwischen Himmel und Wasser ...«

Der um 12.15 Uhr von U-39 getroffene Saloniki-Transporter Minas hatte 1000 feldmarschmäßig ausgerüstete Italiener, u. a. der Infanterieregimenter Nr. 31, 39 und 63 an Bord, ferner den serbischen General Gojkovic, die serbischen Obersten Draguvin, Dulič und Ristič, etwa 60 italienische Offiziere, Kriegsmaterial und eine Goldladung im Werte von drei Millionen Mark ... Das nur kurz auftauchende U-39 rettete von einem Floß die Italiener Giuseppe Fabrizio und Luigi Inverardi vom 13. Artillerie-Regiment. Unter den 1000 Toten befand sich auch Oberst Ristič, jener Offizier, der durch das Los bestimmt worden war, in der Nacht zum 11. Juni 1903 die serbische Königin Draga – Gattin König Alexanders – zu ermorden. Von seinen Kameraden eingeweiht, leistete er den bindenden Verschwörereid. In den geheimen Sitzungen der Führer radikaler russophiler Extremisten hatte man beschlossen, den König und die Königin zu ermorden. Alle jüngeren Offiziere trugen Bedenken, eine wehrlose Frau zu erschießen. Aus diesem Grunde kam man überein, durch das Los zu entscheiden, wer den ersten Schuß auf die Königin abgeben sollte. Es fiel auf den damaligen Hauptmann Ristič, der, telegrafisch verständigt, unverzüglich aus seiner Garnison nach Belgrad reiste, wo er wenige Stunden vor der Mordnacht eintraf. Er entledigte sich seines ruchlosen Auftrages kaltblütig, erschoß die Königin in ihrem Gemach und fand nunmehr durch Kapitänleutnant Forstmann, der in jenem Mordjahr als Seekadett in die Kaiserliche Marine eingetreten war, sein Ende.

Als Forstmann am 7. März 1917 mit einem Erfolg von neun vernichteten Handelsschiffen mit zusammen 22 031 BRT in die Adria zurückkehrte, bemerkte der Admiralstab zu dieser Leistung:

»Die Unternehmung ist von dem bewährten Kommandanten wieder hervorragend durchgeführt worden ... Forstmann steht mit seinen Erfolgen im Handelskrieg noch immer an der Spitze aller U-Boot-Kommandanten ...«

An dieser 15. Operation von U-39 nahm erstmalig ein neuer Wach-Offizier an einer Feindfahrt teil: Oberleutnant zur See Karl Dönitz (Crew 10), der sich ebenso wie sein älterer Bruder Friedrich (Crew 11 : U-17, U-41, U-A, U-25, U-2, UC-65, UB-57, UB-2, UC-52) zur U-Boot-Waffe gemeldet hatte.

Als späterer Chef der 1. U-Flottille-Weddigen bezeichnete Dönitz seinen ehemaligen Kommandanten als seinen »Lehrmeister«. Als »Befehlshaber der U-Boote« schreibt er am 14. Oktober 1940 an Forstmann: »... Ich freute mich sehr, daß Sie an mich dachten, denn es ist doch letzten Endes Ihrer Schule zu verdanken, daß aus der neuen U-Bootswaffe etwas wurde ...«

In Erwiderung eines Glückwunschschreibens zur Ernennung zum Oberbefehlshaber der Kriegsmarine heißt es an Kapitän zur See Dr. Forstmann:

»Über die Glückwünsche meines alten Kommandanten habe ich mich ganz besonders gefreut. Ich danke Ihnen herzlich dafür. Ich bin mir darüber im klaren, daß die Grundlage für meinen militärischen Werdegang unter Ihrer Führung auf U-39 geschaffen wurde ... Es ist schon so: U-39 war eine prima Schule und Zeit! stets Ihr dankbarer Dönitz«.

Abschließend eine Erklärung von Großadmiral a. D. Dönitz vom 16. Juli 1957: »Ich gedenke in Dankbarkeit an meine Wachoffizier-Zeit auf U-39, in der ich viel gelernt habe. Dem Kommandanten und der Besatzung dieses Bootes fühle ich mich auch heute noch in alter Marinekameradschaft verbunden.«

Oberleutnant zur See Dönitz verblieb bis zur 19. Operation an Bord von U-39 (Forstmann/Metzger) und übernahm anschließend die Kommandoführung von UC-25. Sein zweites Boot – UB-68 – ging am 4. Oktober 1918 auf 35° 56′ N – 16° 20′ O verloren. Dönitz geriet hierbei in englische Kriegsgefangenschaft.

Während der 16. Operation (29. Mai bis 1. Juli 1917) stieß U-39 erstmalig durch die Gibraltar-Straße, um in den freien Gewässern des Atlantiks zu jagen. Als Kapitänleutnant Forstmann nach einem Erfolg von 14 vernichteten Einheiten mit zusammen 33 497 BRT in die Adria zurückkehrte, hatte er acht Torpedos und 385 10,5-cm-Granaten verschossen.

Auf der folgenden Kreuzfahrt (19. Juli bis 12. August 1917) wurde U-39 am 5. August 1917 ca. 55 Seemeilen westlich von Kap Spartel während eines Unterwasserangriffs auf einen Konvoi – bestehend aus zwölf Einheiten in dreireihiger Formation mit Westkurs und Sicherung – von dem Dampfer Ryton schwer gerammt. Das Unterseeboot mußte

nach erheblichen Schäden die Operation mit einem Erfolg von 6 vernichteten Einheiten mit zusammen 18 776 BRT vorzeitig abbrechen.
Nach Rückkehr von seiner letzten Feindfahrt (18. September bis 14. Oktober 1917), bei der Forstmann weitere 6 Dampfer von zusammen 25 075 BRT zur Strecke gebracht hatte, meldete der Chef des Admiralstabes der Marine am 16. Oktober 1917:
»... U-39 unter seinem in drei Kriegsjahren hervorragend bewährten Kommandanten Kapitänleutnant Forstmann hat unter anderen Erfolgen vor der Straße von Gibraltar fünf wertvolle Dampfer mit über 20 000 Br. Reg. To. versenkt, und zwar die bewaffneten engl. Dampfer Normanton (3862 t), Mersario (3847 t), Almoria (4385 t), Nuceria (4702 t) und den japanischen Dampfer Hikosan Maru (3555 t). Die innerhalb von drei Tagen vernichteten Schiffe hatten zusammen 31 500 t Kohle als Ladung, davon waren mehr als 26 000 t für den Winterbedarf Italiens bestimmt.«
Am 18. Oktober 1917 wurde als Ergänzung hierzu mitgeteilt:
»Der bekannte Kommandant von U-39, Kapitänleutnant Forstmann, der bereits seit Anfang des Krieges der Unterseebootwaffe angehört, operiert seit dem 18. August 1915 im Mittelmeer mit dem größten Erfolg. Bis jetzt hat er insgesamt 148 Schiffe mit zusammen 411 000 t versenkt, daruner allein vier fdl. Transportdampfer.«
Forstmanns ruhmreiches Boot – das zweiterfolgreichste Unterseeboot der Welt mit 151 Einheiten – 398 564 BRT – übernahm am 22. Oktober 1917 Kapitänleutnant Metzger, der sich nach zwei weiteren Fahrten nach Wasserbombenschäden am 18. Mai 1918 in Barcelona internieren lassen mußte. U-39 wurde nach dem Kriege an Frankreich ausgeliefert und im Dezember 1923 abgewrackt.
Erst nach Beendigung des Zweiten Weltkrieges ließen sich die von Forstmann vorbildlich gemeldeten Erfolge restlos mit den tatsächlichen Abgängen vergleichen. Die Differenz war nur ganz geringfügig!
Am 8. November 1917 überreichte Kaiser Wilhelm II. im Neuen Palais zu Potsdam im Beisein der Kaiserin und des erfolgreichen Mittelmeer-Kommandanten Kapitänleutnant H. J. von Mellenthin (Crew 06) – er erhielt später den *Pour le mérite* – Forstmann in Würdigung seiner überragenden Verdienste ein Bild mit Widmung.
Nach einer kurzfristigen Kommandierung zur Unterseeboot-Inspektion wurde Forstmann einen Monat später zum Chef der 3. U-Boot-Flottille in Wilhelmshaven ernannt.
Italien verlangte am 31. März 1919 Forstmanns Auslieferung wegen verübter Grausamkeit, er wurde aber vom Leipziger Reichsgericht freigesprochen.
Nach Beendigung des Zweiten Weltkrieges trug Kapitän zur See a. D. Dr. Forstmann wesentlich dazu bei, einen losen Zusammenschluß der *Pour-le-mérite*-Ritter der Kriegsauszeichnung mit den Trägern der Friedensklasse (für Wissenschaft und Künste) herbeizuführen. Für seine außerordentlichen Verdienste im Siedlungswesen wurde Kapitän zur See a. D. Dr. Walter Forstmann am 3. September 1960 mit dem *Großen Bundesverdienstkreuz* ausgezeichnet. Im Jahre 1968 erhielt er von der römischen Accademia Tiberina die Ehrendoktorwürde, 1972 wurde er Professor h. c. der Universität des Mittelmeeres in Rom. Am 2. November 1973 verstarb Walter Forstmann – unvergessen allen, die ihn persönlich gekannt haben ...

U-Boot-Kommandant auf fünf Meeren
Kapitänleutnant Max Valentiner

Der als Sohn eines Dompropstes am 15. Dezember 1883 in Tondern geborene Max Valentiner trat am 1. April 1902 (Crew 02) als Seekadett in die Kaiserliche Marine ein und wurde bereits am 30. März 1908 zur U-Boot-Waffe kommandiert.
Frühzeitig zeichnete sich der Seeoffizier aus: Als am 17. Januar 1911 im Kieler Hafen infolge einer Tauchpanne U-3 (Kapitänleutnant Fischer) unterging – eines der ganz wenigen Unglücke der deutschen U-Boot-Waffe in Friedenszeiten! – setzte sich Oberleutnant zur See Valentiner als Bergungs-Offizier des Unterseeboot-Hebeschiffes VULCAN ein. Er stieg umgehend durch ein geöffnetes Torpedorohr in das gesunkene Boot – nachdem Bootsmannsmaat Heinrich und Torpedoheizer Giessner die entscheidenden Vorarbeiten geleistet hatten – um Leute zu retten, was unter der aufopfernden Beihilfe von Heinrich und Giessner gelang. Staatssekretär Großadmiral von Tirpitz gab im Reichstag den Namen des tapferen Bergungsoffiziers bekannt. Der Kaiser verlieh ihm den *Kronen-Orden am Bande der Rettungsmedaille,* eine äußerst seltene, nur bei mehrfacher Lebensrettung vergebene Auszeichnung. Valentiner war bereits im Besitze der *Rettungsmedaille.*
Bis zum Ausbruch des Weltkrieges war Kapitänleutnant Valentiner Kommandanten-Lehrer an der Kieler U-Boot-Schule. Bei Kriegsbeginn übernahm er das veraltete U-3. In der Ostsee kam er mit diesem wenig leistungsfähigen Boot nicht zu Erfolgen, wohl aber in brenzliche Situationen. Im Zusammenhang mit einer dieser Operationen wurde Admiral Behring (Crew 83) – der Kreuzer MAGDEBURG mußte sich auf Strand setzen – seines Kommandos enthoben. Der U-3-Kommandant wurde zum Oberbefehlshaber der Ostseestreitkräfte (OdO) befohlen. Das war Großadmiral Prinz Heinrich von Preußen, der in Marinekreisen recht unterschiedlich beurteilte Bruder Kaiser Wilhelms II. Hierüber berichtet Kapitänleutnant Valentiner:
»Mein Empfang durch den Prinzen war ungnädig. Der schlanke Aristokrat, den ich nur einmal, damals bei der Befehlsausgabe, außer Fassung gesehen hatte, schlug mit der Faust auf den Tisch, daß die Tinte tanzte. Er hatte von mir erwartet, sagte er, daß ich zwei Russen vernichten würde, mindestens zwei. Ich empörte mich in meinem Inneren gegen die Behandlung, die mir der Prinz angedeihen ließ, und antwortete ihm das, was ich dem Admiral Behring, als er mir durch Sprachrohr zurief, an Bord meines Schiffes herrsche eine Sauzucht, nicht hatte antworten wollen. Ich sagte ziemlich scharf:
›Königliche Hoheit, U-3 ist ein altes Pferd. Einem alten Gaul kann man noch so viel

Zucker geben, Königliche Hoheit. Ein alter Gaul macht keinen Galopp mehr!‹ Der Prinz sah mich mit seinen hellen Augen an und schwieg. Seine Hände lagen auf der Tischplatte. Mit einer winzigen Bewegung seiner Hand deutete er auf die Tür. Ich war entlassen ... Als ich nach meiner mißglückten Unternehmung im Finnischen Meerbusen vom Prinzen Heinrich so schroff behandelt worden war, verließ ich ihn in großer Aufregung. Ich glaubte nicht, eine so schlechte Behandlung verdient zu haben, und begab mich sofort zur U-Boot-Inspektion, wo ich um Ablösung von U-3 bat. Ich hatte keine Lust mehr, unter dem ungnädigen Prinzen zu fahren. Die Aufregung dauerte ein paar Tage an, dann wurde mir mitgeteilt, daß ich als Kommandant für das neu einzustellende U-38 ausersehen sei ...«

Kapitänleutnant Valentiner übernahm an seinem Geburtstag, 15. Dezember 1914, in Kiel das Krupp-Germania-Boot U-38, das ab 24. März 1915 innerhalb der 2. U-Halb-Flottille eingesetzt wurde. (Auftrag: 12. Juni 1912; Stapellauf: 9. September 1914 bei der Krupp-Germaniawerft in Kiel [Bau-Nr. 168]; Indienststellung: 15. Dezember 1914; sonstige Daten vgl. U-39 bzw. U-35.)

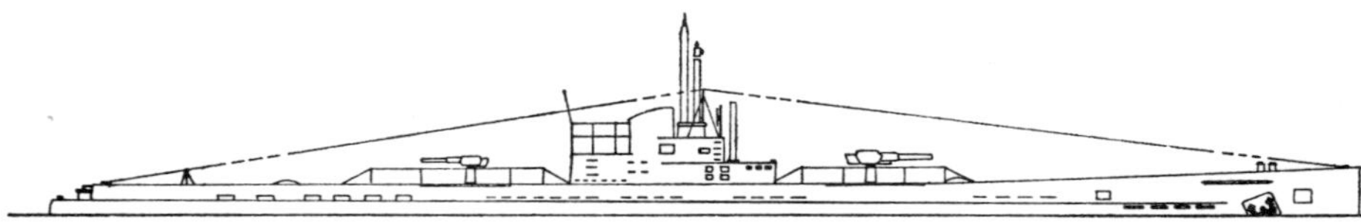

S. M. U-38

Auf der dritten Operation kam der U-Boot-Kommandant zu seinen ersten Erfolgen: Er brachte zwei Prisen von zusammen 2465 BRT in den Hafen von List auf Sylt und hatte darüber hinaus vor dem Firth of Forth zwei norwegische Schiffe von insgesamt 1078 BRT vernichten können.

Kapitänleutnant Valentiner war als einziger U-Boot-Kommandant auf fünf Meeren tätig: Ostsee, Nordsee, Atlantik, Mittelmeer und im Schwarzen Meer. Er konnte nach 24 Operationen 141 Handelsfahrzeuge mit 299 326 BRT, ferner ein Kriegsschiff mit 627 t und drei Prisen mit 3550 BRT auf seine Erfolgsliste schreiben. In der Rangliste beider Weltkriege steht er nach Arnauld de la Perière und Walter Forstmann an dritter Stelle.

Von seiner fünften Feindfahrt kehrte er mit einem Ergebnis von 19 vernichteten Einheiten, darunter 16 englischen Fischkuttern, mit zusammen 5688 BRT zurück. Auf dieser Fahrt gelang es dem U-Boot-Kommandanten am 19. Juni 1915, den britischen 10 850-Tonnen-Panzerkreuzer Roxburgh zu torpedieren. (Die Roxburgh vernichtete am 12. Februar 1918 im Atlantik U-89 unter Führung von Kapitänleutnant Bauck durch Rammung.)

Die sechste Operation war die erfolgreichste Operation, die je ein Unterseeboot in den Gewässern um England durchführen konnte! Nur mit wenigen Zeilen berührt der Kommandant dieses Ergebnis in seinem Erinnerungswerk »U-38 – Wikingerfahrten eines deutschen U-Bootes«. Der Operationsbefehl lautete:

Handelskrieg an der englischen Ostküste. Außerdem sollte U-38 zwischen dem 14. und 16. August 1915 in der Irischen See bei Great Ormes Head stehen, um an einer bestimmten Stelle drei kriegsgefangene Offiziere zu erwarten und an Bord zu nehmen, mit denen Nachrichtenverbindung bestanden hatte und die es unternehmen wollten, aus ihrem in Nähe der See gelegenen Gefangenenlager zu entweichen.

Die drei Offiziere waren Kapitänleutnant Tholens (Crew 00), I. Wachoffizier des Kleinen Kreuzers Mainz, der am 28. August 1914 in der Deutschen Bucht untergegangen war, Kapitänleutnant von Henning (Crew 02), der ehemalige Kommandant von U-18, das am 23. November 1914 bei den Orkney-Inseln verlorengegangen war, und Oberleutnant von Helldorf, ein Heeresoffizier. Ihr Lager lag in Dyffryn Aled bei der Stadt Denbigh im nördlichen Wales, nur 65 Kilometer von der Küste entfernt. Auf geheimen Wegen gelang es den Marine-Offizieren, den Fluchtplan in die Hände von Fregattenkapitän Bauer (Führer der U-Boote) gelangen zu lassen. Der FdU erklärte sich sofort bereit, die Aktion tatkräftig zu unterstützen. Unter den Augen der englischen Zensur fand ein monatelanger geheimer Nachrichtenaustausch zwischen Dyffryn Aled und Wilhelmshaven statt, bis die Einzelheiten der Ausführung des Fluchtplanes feststanden. Man übertrug sie U-38.

Am 4. August 1915 verließ das U-Boot den Helgoländer U-Boot-Hafen um 10.00 Uhr und versenkte vierundzwanzig Stunden später auf der Großen Fischerbank in der Nordsee durch Inbrandstecken und Artilleriefeuer den norwegischen Segler Vanadis (484 BRT) und den dänischen Segler Hans Emil (106 BRT), beide mit Grubenholz für England beladen. Diese Versenkungen fanden später ihre prisengerichtliche Bestätigung. Am 6. August 1915 folgten durch Sprengpatronen und Granaten zwei englische Fischdampfer: zunächst östlich der Shetland-Inseln die 252 BRT große Westminster und nördlich von Muckle Flugga am Spätnachmittag die Ocean Queen (185 BRT). In ungünstiger Entfernung kam am nächsten Tage westlich der Hebriden ein englischer Kreuzer in Sicht. Auf dem Marsch zur Westküste Irlands hielt U-38 am 9. August 1915 nordwestlich von Annagh Head durch einen Warnungsschuß den englischen Fischdampfer Thrush (264 BRT) an und vernichtete ihn schließlich durch Öffnen des Bodenventils und mit Geschützfeuer. An der Südwestküste Irlands sichtete das U-Boot am nächsten Tage zwei englische Kleine Kreuzer, kam jedoch im Unterwasseranlauf nicht in Schußnähe. U-38 setzte daher den Marsch in den St.-Georgs-Kanal fort. In den frühen Morgenstunden des 11. August 1915 vernichtete das U-Boot nach Prisenordnung auf der Höhe von Queenstown (Cork) mit 19 Granaten den englischen Dampfer Oakwood (4279 BRT). Quer über die Enge des St.-Georg-Kanals lagen in Abständen von 500 Meter ungefähr 50 Fischdampfer vor Anker oder vor ihren Netzen und übten offenbar zugleich einen Bewachungsdienst aus. Dazwischen lag eine bewaffnete Dampfjacht. Ohne Behinderung konnte das U-Boot diese Stelle unter Wasser durchqueren. In der Liverpool-Bucht traf das Unterseeboot am 13. August 1916 abends bei Dunkelheit an einem verabredeten Punkt das auf seiner letzten Operation befindliche U-27, unter Führung von Kapitänleutnant Wegener (Crew 03). Durch Zuruf wurde vereinbart, daß U-38 die befohlene Sonderaufgabe bei Great Ormes Head ausführen solle. U-27 setzte seinen Weg zum Handelskrieg fort, während sich Kapi-

tänleutnant Valentiner an die Küste von Nordwales westlich und südlich der scharfen Ecke von Great Ormes Head begab.
Sechs Tage später ging U-27 verloren. Hierüber berichtet das »Seekriegswerk – Der Handelskrieg mit U-Booten«: »Am ... 19. 8. hielt U-27 den englischen Dampfer Nicosian (6369 BRT) an. Die Besatzung hatte das Schiff bereits in Booten verlassen, und das U-Boot war im Begriff, den Dampfer durch Granatschüsse in die Wasserlinie zu versenken, als ein Dampfer mit amerikanischer Flagge und amerikanischen Abzeichen an der Bordwand hinzukam. Kapitänleutnant Wegener muß er harmlos erschienen sein, er ließ ihn sich nähern. Als aber die Entfernung nur noch wenige hundert Meter betrug, wurde von dem Dampfer aus vorher verdeckten Geschützen ein vernichtendes Feuer auf das U-Boot eröffnet. Es war ein Vertreter jener besonderen Sorte englischer Hilfskreuzer, das Q-Schiff Baralong. U-27 sank in kürzester Zeit. Jedoch hatte der Engländer damit seine Tat noch nicht vollendet. Nachdem das U-Boot von der Wasseroberfläche verschwunden war, griff die Besatzung der Baralong zu Gewehren und Pistolen und begann auf die wenigen von U-27 noch Übriggebliebenen im Wasser mit den Handfeuerwaffen zu schießen. Einigen, darunter Kapitänleutnant Wegener, gelang es, sich auf dem noch schwimmenden Dampfer Nicosian zu bergen. Aber auch das dauerte nicht lange. Sie wurden dort von den Verfolgern aufgespürt, die den Wehrlosen das Schicksal ihrer im Wasser erschossenen Kameraden bereiteten, damit auch nicht einer von der ganzen Besatzung des U-Bootes davonkommen sollte.«
Der Kommandant der englischen Falle hieß Cdr. G. Herbert (MacBride) und wurde später während des Zweiten Weltkrieges von Churchill mit wichtigen Spezialaufgaben betraut.
Die Baralong vernichtete am 24. September 1915 in ähnlicher Form U-41 unter Kapitänleutnant Hansen (Crew 02). Hierüber schreibt der Sachbearbeiter des »Seekriegswerkes«, Konteradmiral a. D. Spindler, mit Recht:
»Dies war die zweite Kriegstat des englischen Q-Schiffes Baralong, das inzwischen seinen Namen, aber nicht den Charakter seiner Besatzung gewechselt hatte. Am 24. September 1915 führte es den Namen Wiarda ...«
Über diese etwas merkwürdige englische Methode, deutsche U-Boote zu vernichten, schreibt Admiral Bauer, der ehemalige Führer der U-Boote des Ersten Weltkrieges später einmal: »Seitdem ist der Name Baralong ein Begriff geworden für niedrigste Art der Seekriegführung und für unmenschliche Grausamkeit gegen einen wehrlosen Gegner ...«
Im Jahre 1918 sollte der für die Kaiserliche Marine nicht mehr abgelieferte U-Kreuzer-147 auf den Namen U-Kreuzer-Kapitänleutnant Hansen getauft werden. Die am 25. Juni 1938 von der Kriegsmarine gebildete 7. U-Flottille – die später berühmt gewordene Stier-Flottille – erhielt den Namen U-Flottille-Wegener. Die Namen dieser beiden tapferen Seeoffiziere vermißt man in der Bundesmarine, die sich durch traditionsgebundene Namen nicht besonders auszeichnet.
In den Nächten vom 14. auf 15. und vom 15. auf 16. August 1915 wartete Valentiner mit U-38 bei Great Ormes Head dicht unter Land – also auf die Stunde genau und am verabredeten Punkt – auf die entflohenen Offiziere. Am 16. abends machte indessen

eine Wetterverschlechterung eine Wiederholung des Versuchs aussichtslos. Das Zusammentreffen kam nicht zustande. Erst zwölf Jahre später gelang es restlos zu klären, woran die Aktion von U-38 gescheitert ist, obwohl die Beteiligten – das U-Boot sowie die drei Offiziere – zur verabredeten Zeit nur knapp 100 Meter voneinander getrennt zur Stelle waren. Ein Felsvorsprung hatte zwischen den Kriegsgefangenen und U-38 gelegen und die Sicht verdeckt.

An diesem Tage beschoß U-24 – nördlich von U-38 stehend – unter Führung von Kapitänleutnant Schneider (Crew 01) von 05.45 bis 06.07 Uhr mit 88 Granaten wirkungsvoll eine Benzolfabrik bei Harrington im Norden von Whitehaven. Am 19. August 1915 vernichtete U-24, wenige Seemeilen von der Untergangsstelle von U-27 entfernt, die ohne Flagge fahrende Arabic. Ein umfangreicher Notenwechsel war die Folge.

U-38 steuerte am 17. August 1915 wieder südwärts in den St.-Georgs-Kanal hinein und versenkte im Laufe dieses Tages zwischen Wicklow und South Bishop bei ruhiger See und etwas unsichtigem Wetter mitten auf dem Schiffahrtsweg in fortgesetzter Überwassertätigkeit die nachfolgenden zehn Handelsschiffe: die englischen Dampfer Paros (3596 BRT), Kirkby (3034 BRT), Maggie (269 BRT), Thornfield (488 BRT), Glenby (2196 BRT), The Queen (557 BRT) und Bonney (2702 BRT); ferner die beiden englischen Fischdampfer Repeat (107 BRT) und George Baker (91 BRT), sowie den spanischen Dampfer Isidoro (2044 BRT) mit einer Ladung Eisenerz für England. Mit Ausnahme der Paros und Kirkby, die mit einem Überwassertorpedofangschuß versenkt wurden, fanden alle Einheiten durch Artilleriefeuer ihr Ende.

Über diesen erfolgreichen Tag berichtet der Kommandant in seinem Kriegstagebuch: »Die Operationen wurden erleichtert durch diesiges Wetter und waren im wesentlichen ungehindert. Das Boot mußte zweimal vor einer größeren, bewaffneten Jacht tauchen und einmal vor einem Zerstörer. Wenn angängig, wurden die Schiffe durch das Sehrohr auf 10 m beobachtet, dann durch Schuß vor den Bug zum Stoppen gebracht und erst herangesteuert, wenn die Besatzung ausgestiegen war ...«

U-38 verbrauchte an jenem 17. August zwei »Aale« und 128 8,8-cm-Granaten. In der Nacht zum 18. August 1915 verließ U-38 den St.-Georgs-Kanal und steuerte den Bristol-Kanal an.

Am Vormittag versuchte das U-Boot, durch Signal und Schuß einen Dampfer anzuhalten und seine Besatzung zum Verlassen des Schiffes zu veranlassen. Eine bewaffnete Jacht, die das U-Boot unter Feuer nahm und zum Tauchen zwang, verhinderte indessen die Versenkung des englischen Fahrzeuges. Vermutlich handelte es sich hierbei um den Dampfer City of Liverpool (1110 BRT). – Am Nachmittag versuchte U-38 einen anderen Dampfer zu stoppen; dieser erwiderte jedoch den Warnschuß mit Geschützfeuer. Das U-Boot lief getaucht ab und verließ das bewaffnete Fahrzeug (wahrscheinlich englischer Dampfer Lady Wolseley mit 1424 BRT).

Am 19. August 1915 vernichtete U-38 morgens gegen 08.30 Uhr nordwestlich von Seven Stones (Scilly-Islands) die beiden englischen Dampfer Restormel (2118 BRT) und Baron Erskine (5585 BRT) durch je einen Torpedofangschuß, und nachmittags gegen 17.00 Uhr südwestlich von Bishop Rock mit 14 Granaten den englischen Damp-

fer Samara (3172 BRT). Alle drei Einheiten wurden nach den Regeln der Prisenordnung versenkt. In einem Falle griff wieder eine feindliche Bewachungsjacht mit Geschützfeuer ein. U-38 konnte ihr über Wasser ausweichen.
Anschließend hielt sich das U-Boot vom 20. bis 21. August 1915 ungefähr 36 Stunden in einem Gebiet nordwestlich der Insel Ouessant auf. Hier wurden in der gleichen Weise wie bisher schnell hintereinander die englischen Dampfer Bittern (1797 BRT) und Carterswell (4308 BRT), ferner der kleine englische Segler Marthe Edmonds (182 BRT) durch Geschützfeuer versenkt, außerdem durch Sprengpatronen der belgische Tanker Daghestan (2817 BRT).
Auf dem Ansteuerungskurs zum Englischen Kanal vernichtete U-38 unter dauernd günstig bleibenden Witterungsverhältnissen am 21. August 1915 zwei englische Dampfer: mit dem Geschütz die Windsor (6055 BRT) und die Cober (3060 BRT) durch einen Torpedofangschuß. Danach schoß das U-Boot einem großen englischen Dampfer – wahrscheinlich war es die 10 160 BRT große San Melito – einen Stoppschuß vor den Bug. Das Fahrzeug versuchte zu entkommen und verringerte erst nach einem Treffer die Fahrt. Als das U-Boot näherkam, mußte es vor drei hinzukommenden bewaffneten Fischdampfern tauchen, worauf der getroffene Dampfer mit hoher Fahrt ablaufen konnte. Auch die Versenkung des englischen Dampfers Westbury (3097 BRT) wurde durch auftretende Bewacher verhindert.
Am Abend konnte jedoch der englische Dampfer Ruel (4029 BRT) durch Artilleriefeuer zur Strecke gebracht werden.
Die britische Regierung führt in ihrer Antwortnote auf die Denkschrift der deutschen Regierung über den Baralong-Fall vom 14. Dezember 1915 über den Untergang der Ruel u. a. aus:
»Der dritte Vorfall (Anm. d. Verf.: Gemeint sind 1. Arabic durch U-24; 2. Strandung des englischen Unterseebootes E13 an der dänischen Küste) fand etwa 48 Stunden später statt. Der Dampfer Ruel wurde von einem deutschen Unterseeboot angetroffen. Das Schiff, das keinen Widerstand geleistet hatte (... the ship, which had made no resistance ...), begann zu sinken; die Mannschaft stieg in die Rettungsboote, und während sie sich zu retten versuchte, wurde auf beide mit Schrapnellen und aus Gewehren geschossen. Ein Mann wurde getötet, acht andere, darunter der Kapitän, wurden schwer verwundet (... and while endeavouring to save themselves, were fired upon both with shrapnel and rifle fire. One man was killed, eight others – including the Master – were severely wounded.) Das beschworene Zeugnis, auf das sich diese Feststellung stützt, läßt nicht den geringsten Grund erkennen, der diese kaltblütige und feige Grausamkeit rechtfertigen könnte ...«
Die deutsche Regierung erwiderte in ihrer Note vom 10. Januar 1916 u. a.:
»In dem Falle der Vernichtung des britischen Dampfers Ruel endlich hat das deutsche Unterseeboot lediglich die von der Deutschen Regierung im Feber 1915 angekündigten Vergeltungsmaßnahmen zur Anwendung gebracht; diese Maßnahmen entsprechen dem Völkerrecht, da England bemüht ist, durch die völkerrechtswidrige Lahmlegung des legitimen Seehandels der Neutralen mit Deutschland diesem jede Zufuhr abzuschneiden und damit das deutsche Volk der Aushungerung preiszugeben, gegen-

Kapitänleutnant Max Valentiner

(15. 12. 1883–19. 6. 1949)
Eintritt in die Kaiserliche Marine: 1902
(Crew 02)

Max Valentiner: »Dies war unser letztes Abenteuer dieser Reise. Gegen Mittag liefen wir im Kielwasser eines österreichischen Torpedobootes in die herrliche Bocche di Cattaro ein, und eine Stunde später machten wir an unserem Wohnschiff fest, herzlich begrüßt von unseren deutschen und österreichischen Kameraden. Es war uns während der Reise nicht im Traum in den Sinn gekommen, daß die Beschießung von Funchal ein solches Aufsehen erregen könnte . . . Das Schönste aber war doch: ein Telegramm befahl mich nach Berlin, wo mir der Chef des Stabes, Seine Exzellenz Admiral von Holtzendorff, im Namen Seiner Majestät des Kaisers den Orden *pour le mérite* überreichte. Das war für mich ein unverhofft herrlicher Abschluß meiner Madeirafahrt.«

S.M. U-38 unter Führung von Kapitänleutnant Max Valentiner – ebenfalls ein Boot der erfolgreichsten Bauserie der Welt: Besichtigung durch Admiral Souchon (deutscher Flottenchef der türkischen Marine) in Begleitung von Enver Pascha in Konstantinopel am 10. August 1916 vor dem Rückverlegungsmarsch (11. August–7. September 1916) in den österreichischen Adria-Stützpunkt Cattaro.

über völkerrechtswidrigen Handlungen aber angemessene Vergeltung geübt werden darf ...«

In der Erwiderung Seiner Majestät Regierung auf die weitere Denkschrift der Deutschen Regierung über den Baralong-Fall vom 25. Februar 1916 – mitgeteilt durch Verbalnote der Botschaft der Vereinigten Staaten von Amerika in Berlin vom 7. März 1916 – heißt es u. a.:

»Bei dem letzten in der Verbalnote angeführten Fall – dem Ruel-Fall – scheint die Deutsche Regierung die von Seiner Majestät Regierung in ihrer früheren Note gezogenen Schlußfolgerungen völlig mißverstanden zu haben. Die Deutsche Regierung bestreitet, daß das Unterseeboot bei der Zerstörung der Ruel etwas Weiteres getan habe, als was, in die Praxis umgesetzt, sie als rechtlich erlaubte Anwendung von Vergeltungsmaßregeln gegen die Unterbindung des deutschen Handels seitens Großbritanniens ansieht. Seiner Majestät Regierung, die in keiner Weise die seitens der Deutschen Regierung angekündigten und verteidigten allgemeinen Grundsätze teilt, fühlt sich zu der Erklärung verpflichtet, daß es nicht diese allgemeinen Grundsätze waren, deren Untersuchung sie von dem vorgeschlagenen Gerichtshof wünschte. Ein Handelsschiff ohne Prüfung, ob es sich um eine rechtmäßige Prise (... lawful prize ...) handelt, zu versenken, Passagiere und Mannschaft zu zwingen, ihr Schiff zu verlassen und alle Härten und Gefahren einer Reise (... all the hardships and dangers of a voyage ...) in offenen Booten auf stürmischer See zu erleiden, erscheint Seiner Majestät Regierung immer rechtswidrig, oft grausam und mitunter mörderisch (... always illegal, often cruel, and sometimes murderous ...). Ein solches Verfahren stellt nichtsdestoweniger das ›Hochwasserzeichen‹ (... the high-water mark ...) deutscher Menschlichkeit bei der Führung des Unterseebootkrieges dar, und es war nicht deshalb beabsichtigt, den Fall einem Gerichtshof zu unterbreiten, der bestimmt sein sollte, drei gleichzeitige Untaten von besonderer Grausamkeit zu untersuchen. Zu diesen Untaten gehörte die Behandlung, die der Ruel zuteil wurde. Sie bestand nicht lediglich darin, daß die Mannschaft gezwungen wurde, sich in die Boote zu begeben, sondern darin, daß auf sie nachher mit Schrapnellen und Gewehren gefeuert wurde. Ein Mann wurde getötet, der Kapitän und sieben Leute wurden schwer verwundet. Es wird sich kaum ein Fall finden lassen, in dem die Menschlichkeitsgebote und Kriegsgesetze grundloser und roher verletzt worden sind (... more gratuitously and brutally violated ...). Hinsichtlich dieses Falles wird von der Deutschen Regierung nicht einmal behauptet, daß etwas wie eine ›eingehende Untersuchung‹ oder überhaupt eine Untersuchung eingeleitet worden ist; und wenn auch nach allem, was bereits in dieser Note gesagt worden ist, der Schaden nicht erheblich erscheint, so bietet er doch sicherlich einen Grund mehr, alle diese Fälle einem unparteiischen Gerichtshof zu unterbreiten, wie ihn Seiner Majestät Regierung vorgeschlagen hat ...«

Nach Vernichtung der Ruel mußte U-38 am 21. August 1915 die Verfolgung eines weiteren in Sicht kommenden Dampfers durch das abermalige Auftreten von Bewachern abbrechen. Auf dem Wege zur irischen Südküste vernichtete das U-Boot westlich der Scilly-Inseln am 22. August 1915 gegen 12.30 Uhr durch Geschützfeuer den 3100 BRT großen englischen Dampfer Palmgrove, ferner am späten Nachmittag südöstlich Fastnet Rock mit einem Torpedofangschuß den englischen Dampfer Diomed (4672 BRT), der erst nach zehn Treffern stoppte. An einen englischen Kleinen Kreuzer, den man auf diesem Kurs sichtete, kam das Unterseeboot nicht heran. In der Dämmerung nahm U-38 die Verfolgung eines Tankers auf, die jedoch wegen der vollständigen Dunkelheit als aussichtslos abgebrochen werden mußte. Am 23. August 1915 versuchte U-38 an der südirischen Küste südlich von Bull Rock den englischen Dampfer Trafalgar (4572 BRT) durch Warnschüsse anzuhalten, indessen stoppte dieser erst nach einer einstündigen Artillerieverfolgung. Durch Öffnen der Bodenventile und drei Sprengpatronen wurde dieses Fahrzeug schließlich versenkt, ebenso um 13.18 Uhr der 5268 BRT große englische Tanker Silvia.

Das U-Boot trat nunmehr den Rückmarsch nach Norden an. Von 430 Granaten, auf die der Kommandant seinen Munitionsbestand hatte erhöhen lassen, waren noch 20, von zwölf Sprengpatronen zwei, von sieben Torpedos nur einer übrig, den Kapitänleutnant Valentiner auf dem Rückweg für eine etwaige Begegnung mit einem wertvollen feindlichen Kriegsschiff aufzubewahren beschloß. Wie meistens, bot sich eine solche Gelegenheit nicht. Die Rückfahrt verlief ohne Zwischenfall. Am 25. August 1915 kam gegen 18.30 Uhr die Inselgruppe von St. Kilda in Sicht, am 27. passierte das U-Boot die Nordost-Spitze der Shetlands und ging auf Südost-Kurs. Am 29. August 1915 traf das Unterseeboot über List in Helgoland ein. Erfahrungen und Vorschläge des Kommandanten schlagen sich im KTB nieder:

Durchführung des Unternehmens

Das Ergebnis des Fernunternehmens ist in erster Linie dem erweiterten Aktionsradius und den günstigen Wetterverhältnissen zuzuschreiben. Es wurden 22 Dampfer, 5 Fischdampfer und 3 Segler mit einem Tonnengehalt von 74 194 Tonnen vernichtet. 4 weitere Dampfer entkamen; zwei von diesen dadurch, daß der eine armiert war, die beiden anderen geschützt (durch herbeieilende Fischdampfer). Die Gegenwirkung trat stets auf, wenn ein Dampfer F.T.-Einrichtung hatte, und erstreckte sich weit in die offene See hinaus. Aufgrund der Erfahrungen wird die Aufstellung eines 10,5-cm-Geschützes mit Fernrohrvisier vorne außer dem 8,8-cm achtern vorgeschlagen. Durch die Kalibererhöhung soll angestrebt werden, daß schon auf 6000 m ein wirksames Feuer eröffnet werden kann. Bei Verfolgung des Dampfers Diomed konnte U-38 erst auf 4000 m zum Wirkungsschießen übergehen. Wenn, wie erwartet, die Armierung der Handelsdampfer fortschreitet, können wir durch Kalibererhöhung weitere günstige Resultate ohne Gefährdung des Bootes erzielen. Denn ein Boot mit einem 10,5-cm-Geschütz kann einen Dampfer, der nur ein geringes Kaliber besitzt, auf große Entfernung ungefährdet bekämpfen. Zum Gewichtsausgleich wird die Vonbordgabe der Hebetrichter, Schottüren mit Rahmen und der U.T.-Anlage ins Auge gefaßt und dabei der Standpunkt vertreten, daß das Boot bei Vollaufen einer Abteilung verloren ist. Von 430 Granaten wurden 410, von 7 Torpedos 6, von 12 Sprengpatronen 10 verbraucht. Der Etat an Sprengpatronen erscheint zu hoch, da durch dieselbe Anzahl Granaten Fahrzeuge leichter versenkt werden können.

Der zurückgelegte Weg beträgt 4000 sm. Dabei wurden bei einem Gesamtinhalt der Bunker von 96 cbm etwa 80 cbm Treiböl verbraucht.

Max Valentiner

Das »Seekriegswerk« berichtet über diese Operation:
»25 Tage hatte die Unternehmung gedauert, von denen 4–5 Tage durch die Sonderaufgabe bei Great Ormes Head in Anspruch genommen worden waren. Versenkt worden sind, durchweg im Angriff über Wasser, nach Prisenordnung:
25 Handelsschiffe, davon 22 feindliche, 3 neutrale mit Konterbande sowie 5 englische Fischdampfer; unter den 22 feindlichen Handelsschiffen 21 englische und 1 belgisches. Der Tonnengehalt des versenkten Handelsschiffraumes betrug in Summa 71 398 t. Zurückgelegter Weg rund 4000 sm. Von 96 cbm Treiböl waren 80 verbraucht worden. Eine restlose Ausnutzung von allem, was dem hervorragenden U-Boot-Kommandanten, Kapitänleutnant Max Valentiner, als Waffe in die Hand gegeben war. Ein Erfolg, wie er im Handelskrieg der U-Boote in den Gewässern um England niemals, auch nur annähernd, wieder erreicht worden ist.«
Theoretisch hätte Valentiner von dieser 6. Operation seines Bootes mit einem Ergebnis von 100 000 BRT versenkten Handelsschiffraumes zurückkehren können! Mit vier weiteren Einheiten mit zusammen 15 791 BRT stand er bereits in Berührung, zusätzlich hielt er sich vom 12. bis 16. August 1915 annähernd 106 Stunden in dem Wartegebiet bei Great Ormes Head auf; diese Zeit fiel naturgemäß für eine Handelskriegstätigkeit aus.
Die absolut erfolgreichste Feindfahrt eines Unterseebootes führte Kapitänleutnant von Arnauld mit U-35 in der Zeit vom 26. Juli bis 20. August 1916 im Mittelmeer durch. Hierbei brachte er 54 Einheiten von zusammen 90 350 BRT zur Strecke.
Kapitänleutnant Valentiner fuhr im September 1915 nach Berlin, ließ sich beim Chef des Admiralstabs, Admiral von Holtzendorff, melden und bat um die Verlegung seines Bootes ins Mittelmeer. Hierüber berichtet er: »Ich stehe im Chef-Kabinett. Der Chef des Admiralstabes ist sehr wohlwollend zu mir. Ich bin heute nicht mehr der vom Prinzen Heinrich mit Ungnade behandelte, erfolglose Kommandant des U-3 . . . Ich sage: ›Exzellenz, ich garantiere, daß ich schon auf der Reise ins Mittelmeer fünfzigtausend Tonnen versenken werde.‹ – ›Sie können eine solche Garantie nicht geben, Valentiner.‹ – ›Ich gebe sie, Exzellenz!‹ Der Chef des Admiralstabes hat die Augen halb geschlossen gehalten. Jetzt öffnet er sie weit, sieht mich einen Augenblick voll an, läßt die Lider wieder sinken, reicht mir die Hand über den Tisch und sagt: ›Sie können fahren, ber ich bestehe auf meinem Schein, es bleibt bei den fünfzigtausend Tonnen!‹«
Auf dem Verlegungsmarsch zum Süden (20. Oktober bis 11. November 1915) – der siebenten Operation seines nunmehr hellblau angestrichenen Bootes U-38 – vernichtete Kapitänleutnant Valentiner bei einem Munitionsverbrauch von 410 Granaten im Laufe von nur sieben Tagen 14 Schiffe mit zusammen 47 460 BRT. Darunter befand sich der italienische Passagierdampfer Ancona (8210 BRT). Der Untergang hatte erhebliche politische Nachwirkungen. Der Fall wurde von der österreichisch-ungarischen Regierung vertreten, da U-38 zu diesem Zeitpunkt – Deutschland befand sich mit Italien noch nicht im Kriegszustand – unter österreichisch-ungarischer Flagge operierte.
Vor Antritt dieser Fahrt »besorgte« sich der Kommandant – nachdem sein Vorschlag hierzu abgelehnt worden war – eine zweite 8,8-cm-Kanone. Gleichzeitig beantragte

er, man solle die schweren wasserdichten Schotten herausreißen, damit er anstelle des gewonnenen Gewichts zusätzlich Munition mitnehmen könne. Sein Antrag wurde von den Marinebaumeistern abgelehnt.
Während der beiden folgenden Operationen (9. Dezember 1915 bis 10. Januar 1916 und 5. Februar bis 5. März 1916) führte Kapitänleutnant Valentiner Sonderaufgaben nach Bardia und Makrie durch. Es waren Personal- und Waffentransporte.
Anschließend wurde U-38 zur Mittelmeer-Division nach Konstantinopel verlegt und operierte auf zwei Feindfahrten im Juni und Juli 1916 im Schwarzen Meer. Es erzielte dabei keinerlei Erfolge. Auf dem Rückweg steuerte U-38 zunächst von der Türkei aus die spanische Küste an und lief nach einem überdurchschnittlichen Ergebnis – 24 vernichtete Einheiten mit zusammen 50 113 BRT – den k. u. k. Stützpunkt Cattaro (Kotor in Montenegro) am 7. September 1916 an. Auf der 14. Feindfahrt stieß Kapitänleutnant Valentiner bis in den Atlantik vor. Er ließ sich hierbei zeitweilig von der norwegischen Prise Solvang (2970 BRT) schleppen, um Brennstoff zu sparen, und erreichte am 3. Dezember 1916 unter Wasser die Reede von Funchal auf Madeira. Innerhalb von elf Minuten vernichtete das Unterseeboot das französische Kanonenboot Surprise (Größe: 627 t; Stapellauf: 1895; Geschwindigkeit: 13 kn; Bewaffnung: zwei 10-cm-, vier 6,5-cm- und vier 3,7-cm-Geschütze; Besatzung: 98 Mann), den bewaffneten französischen Tanker Kangeroo (2493 BRT) und den englischen Dampfer Dacia (1856 BRT) durch je einen Unterwassertorpedoschuß. In etwa 8000 Meter Entfernung tauchte U-38 auf und nahm die Landbefestigungen unter Feuer. Mit einem Ergebnis von 13 versenkten Handelsschiffen mit zusammen 31 710 BRT und einem vernichteten Kriegsschiff kehrte U-38 am 23. Dezember 1916 nach Cattaro zurück. Der Chef des Admiralstabes richtete anschließend an den Kaiser folgendes Telegramm:
»Hat im Hafen von Funchal frz. Kanonenboot Surprise (900 t), frz. bewaffnetes Unterseeboot-Transportschiff Kangeroo (2493 t) und engl. Kabeldampfer Dacia (1856 t) in 10 Minuten durch Torpedos versenkt. Fort eröffnete heftiges Feuer. Aufgetaucht, Feuer erwidert auf 6000 Meter. Dann bis auf 4000 Meter der Küste genähert und Hafenanlagen sowie Stadt beschossen. U-38 hat auf der Unternehmung insgesamt 15 Schiffe mit 34 000 t versenkt, darunter bewaffneten engl. Dampfer Britannia (3129 BRT mit 2000 t Munition), italienischen Dampfer Esemplare (2595 t mit Eisenerz), norwegischen Dampfer Kompagner (3335 t mit Kohle), bewaffneten, tiefbeladenen engl. Dampfer Itonus (5340 t), amerikanischen Dampfer Chemung (2615 t mit Kriegsmaterial). Zwei Kapitäne wurden gefangengenommen. Valentiner hat mit dieser Unternehmung im ganzen 282 000 t versenkt und steht damit von allen U-Boot-Kommandanten an zweiter Stelle, dicht hinter Kapitänleutnant Forstmann mit 296 000 t.«
Als »Weihnachtsgeschenk« erhielt Kapitänleutnant Max Valentiner am 26. Dezember 1916 als 6. U-Boot-Kommandant den *Pour le mérite* und wurde Ehrenbürger seiner Vaterstadt Sonderburg. Sein Vetter, Oberleutnant zur See Hans Valentiner (Crew 07; weitere Angehörige der Familie Valentiner traten in den Jahren 1885, 1905, 1914 und 1937 in die Marine ein) – Kommandant der Flandern-U-Boote UB-16, UB-37,

UC-71 und UB-56 –, wurde Ende 1917 ebenfalls zum *Pour le mérite* eingegeben, fiel jedoch am 19. Dezember 1917 zwischen Gris Nez und Folkestone mit seinem letzten Boot UB-56 einer Mine zum Opfer.

Bei der Versenkung des Amerikaners CHEMUNG hätte U-38 auf dieser letzten Operation beinahe sein Ende gefunden. Kapitänleutnant Valentiner berichtet darüber: »U-38 ging nahe an den Dampfer heran . . . Mit dem Kapitän war wenig zu sprechen. Um es ganz offen zu sagen: er war stinkbesoffen. Er saß in seinem Boot und tat so, als ob er mich nicht verstünde, wenn ich ihn etwas fragte . . . In der Ladeliste fand ich unter anderem zwölf Tonnen ›Blasting Caps‹ . . . Ich gehe mit U-38 extra in die Nähe seines Rettungsboots. ›He, old boy‹, rufe ich, ›was sind Blasting Caps?‹ Er stiert mich an, als ob ihn einer mit dem Beil geschlagen hätte, zwinkert dann mit den Augen und lacht . . . Ich mußte mich mächtig beeilen, weil sich uns ein Fahrzeug näherte, dessen Charakter wir nicht ausmachen konnten. Ich fahre mit U-38 bis auf fünfzig Meter an den amerikanischen Dampfer heran und schieße mit meiner Kanone Löcher in die Wasserlinie. Der erste Schuß sitzt zu hoch, doch der zweite trifft vorschriftsmäßig die Wasserlinie. Beim dritten Schuß geschah etwas Entsetzliches. Es packte mich eine ungeheure Riesenfaust, hob mich vom Turm und warf mich glatt an Deck. Ich dachte, mir fliegt der Kopf ab. So eine Explosion hatte ich überhaupt noch nicht erlebt. Der Amerikaner zersprang wie eine Seifenblase in tausend Stücke. Das Schiff flog uns buchstäblich um die Ohren. Der schwere eiserne Mast des Dampfers sauste über U-38 hinweg und fiel zwanzig Meter entfernt von uns ins Wasser. Das Wasser klatschte hoch auf und rauschte mit solcher Wucht und solchem Getöse auf U-38 nieder, daß uns Hören und Sehen verging. Ich selbst lag immer noch mit dem Rücken unten zwischen Geschütz und Turm, da wo mich die unsichtbare Riesenfaust hingeschleudert hatte. Meine Leute waren im Augenblick der Detonation wie die Ratten unter dem Aufbaudeck verschwunden, das sich über dem Druckkörper von U-38 wölbt. Das Aufbaudeck läßt gerade so viel Raum, daß man platt wie eine Schildkröte darunterkriechen kann. Ein paar Sekunden war alles still, totenstill, und dann plötzlich regnete es Eisen vom Himmel. U-38 wird von den schweren Eisenstücken, die auf Deck poltern, ein wenig zerbeult, sonst passiert Gott sei Dank nichts. Endlich ist wieder Ruhe. Und als Ruhe ist, kriechen meine Leute unter der Verschanzung hervor, und Unteroffizier Rietsch, ein Ostpreuße, im Zivilberuf Fischer, tritt an mich heran, grinst und tippt sich mit dem Finger auf die Kehle. Rietsch ist ein Hüne, der darunter leidet, daß er in dem Augenblick, wo er eine große Gefahr hinter sich weiß, von einem unbändigen Durst geplagt wird. Er spricht mich selten an. Wenn er mich anspricht, ist es wegen einer ›kleinen Erfrischung‹. Er bedient sich mit Vorliebe der indirekten Rede, und meist sagt er nur: ›Herr Kapitän, es ist sehr bitter, ein Ostpreuße zu sein und nichts Warmes im Leib zu haben.‹ – Rietsch tippt also auf seine Kehle, und ich sage: ›Gut, Rietsch, ich werde nachher mal mit dem Koch sprechen.‹ Jetzt springt Hiller, mein Bursche, auf mich zu und ruft: ›Herr Kapitänleutnant bluten ja!‹ Als er das sagt, spüre ich, daß mir ein warmes Rinnsal übers Gesicht geht. Ich lasse meinen Spiegel holen und sehe, daß es nur ein kleiner Riß unter den Haaren ist. Auch meine Leute waren unverletzt geblieben, bis auf ein paar Schrammen, ähnlich unbedeutend wie meine eigene. Ich überlege, ob ich den amerikanischen Kapitän nicht mitnehmen soll für seine ›Blasting Caps‹. Er sitzt in seinem Boot, das Boot wiegt leicht in der Dünung, und er lacht so vergnügt, als ob es Pfingsten wäre. Er winkt mit den Armen zu mir herüber, verzieht lachend sein Gesicht in traurige Falten und schreit: ›My fine old ship is blowing up!‹ Das war es wirklich. Es war übrigens der Dampfer Chemung, von New York nach Kanada bestimmt, er hatte dreitausenddreihundert Tonnen Kriegsmaterial an Bord . . .«

Während des Ersten Weltkrieges ging U-28 unter Führung von Kapitänleutnant Schmidt (Crew 00), der dafür bekannt war, daß er gern den Geschützkampf suchte, durch einen ähnlichen Fall am 2. September 1917 in der Nähe des Nordkaps verloren. Als der von U-28 angegriffene 4649 BRT große Dampfer Olive Branch durch den erzielten Torpedotreffer nicht sank, nahm U-28 ihn auf nahe Entfernung unter Artilleriefeuer. Die zweite Granate ging in die Munitionsladung, die mit ungeheurer Explosion detonierte, wodurch das U-Boot selbst so stark beschädigt wurde, das es auf 72° 24′ N–27° 56′ O sank. Einige Leute der Besatzung, die im Wasser schwammen, wurden von den Rettungsbooten der Olive Branch nicht aufgenommen. Niemand von der U-Boot-Besatzung wurde gerettet.

Im Zweiten Weltkrieg torpedierte U-159, das unter Führung des überaus erfolgreichen Kommandanten Kapitänleutnant Helmut Witte (Crew 34) stand – er brachte auf zwei aufeinanderfolgenden Operationen mit einer neuen Besatzung elf Schiffe mit 63 730 BRT und zehn Schiffe mit 50 354 BRT zur Strecke – im Südatlantik am 7. November 1942 einen auf 8500 BRT geschätzten Dampfer auf eine Entfernung von knapp 250 Metern. In Bruchteilen von Sekunden wurde dieses Schiff (US-Dampfer La Salle mit 5462 BRT) – mit einer Munitionsladung an Bord – in Atome zerfetzt. Wie gewaltig diese Explosion gewesen war, stellte sich später heraus, als ein anderes U-Boot meldete, daß es in 78 Seemeilen Entfernung – also auf fast 140 Kilometer vom Schauplatz des Geschehens – eine riesige Rauchsäule gesichtet und einen sehr starken Luftzug verspürt habe.

Nach vier weiteren Feindfahrten mußte Valentiner im September 1917 die Kommandoführung von U-38 abgeben; das Boot lief zur Grundüberholung nach Pola in die Werft. Auf 18 Feindfahrten hatte der Kommandant nachweisbar 134 Schiffe mit zusammen 290 282 BRT und ein Kanonenboot vernichtet.

Rückschauend kam Kapitänleutnant Valentiner zu folgender Erkenntnis:

»Immerhin, ich hätte zufrieden sein können, aber ich war es nicht. Mir war ein, vielleicht tragisches Verhängnis klargeworden, das meine Tätigkeit während des Krieges bestimmt hatte. Ich hatte U-Boote in vielen Meeren geführt. Aber ich hätte es nicht tun sollen. Ich hätte damals, 1915, nicht ins Mittelmeer fahren sollen, ich war damals, 1915, der gefürchtetste U-Boot-Kommandant der Nordsee. Wäre ich meiner Arbeit in der Nordsee treu geblieben, dann hätte ich für mein Teil der Heimat wahrscheinlich mehr Dienste leisten können, als ich es auf meinen glücklichen Reisen im Mittelmeer und im Schwarzen Meer getan zu haben glaube. Man bedenke: Im Jahre 1916 ruhte der U-Boot-Krieg fast vollständig. Nur wir U-Boot-Kapitäne im Mittelmeer und im Schwarzen Meer arbeiteten. Wäre ich aber auch den Rest des Jahres 1915 noch in der Nordsee geblieben, und hätte ich überdies noch von Flandern aus meine Unternehmungen gemacht, dann hätte ich vielleicht – wenn meiner Mannschaft und mir nicht der Seemannstod beschieden worden wäre – durch große Versenkungsziffern den Admiralstab dazu bewegen können, den U-Boot-Handelskrieg getrost nach den vom Auswärtigen Amt geforderten Methoden zu führen. Der Admiralstab, beziehungsweise die Flotte, stellte sich nämlich damals auf den Standpunkt, daß die geforderten Methoden für die U-Boote zu gefährlich seien. Deshalb wurde der U-Boot-Handelskrieg, jedenfalls im Norden, ein Jahr lang eingestellt. In diesem Jahre 1916 vervollkommneten aber die Engländer ihre U-Boot-Abwehrmethoden so gewaltig, daß im Frühjahr 1917, als der uneingeschränkte U-Boot-Handelskrieg endlich von Deutschland erklärt und eröffnet wurde, sich die Schwierigkeiten für die U-Boote so vervielfachten, daß die ein Jahr vorher geforderten gefährlichen Methoden ein Kinderspiel gegen die Gefahren der inzwischen erfundenen U-Boot-Abwehr waren . . .«

Am 2. Oktober 1917 übernahm Kapitänleutnant Valentiner den U-Kreuzer-157 (Um- bzw. Fertigbau als Auftrag P. Stapellauf: 23. Mai 1917; Indienststellung: 22. September 1917; Größe: 1512/1875 t; Geschwindigkeit: 12,4/5,2 kn; Bewaffnung: 2 Bug-Torpedorohre [18 Torpedos], zwei 15-cm- und zwei 8,8-cm-Kanonen; Besatzung: ca. 76 Mann) und kehrte nach 139tägiger Fahrt, die ihn bis zur westafrikanischen Küste geführt hatte, mit neuen Erfolgen nach Kiel zurück. Der Kommandant beabsichtigte während dieser Operation die Truppen des in Ost-Afrika so überaus tapfer kämpfenden Generals von Lettow-Vorbeck zu unterstützen. Von Lettow-Vorbeck (Diensteintritt beim Heer: 7. Februar 1888; bei der Marine-Infanterie: 1. März 1909), ausgezeichnet mit dem *Eichenlaub zum Pour le mérite,* war vor dem Kriege in Wilhelmshaven Kommandeur des 2. See-Bataillons. Am 25. November 1917 war der tapfere Kampf der Schutztruppe zunächst beendet: Mit 300 Europäern, 1700 Askaris und 3000 Trägern trat von Lettow-Vorbeck auf portugiesisches Gebiet über. Kapitänleutnant Valentiner sollte nun einen neuen, modernen U-Kreuzer übernehmen. Er schlug jeden Urlaub aus und wurde im Juni 1918 als Lehrer an die U-Boot-Schule kommandiert.

In seinen ausgezeichneten Büchern (»300 000 Tonnen versenkt! Meine U-Boots-Fahrten«, »Der Schrecken der Meere – Meine U-Boot-Abenteuer« und »U-38 – Wikingerfahrten eines deutschen U-Bootes«) erleben wir nochmals seine Einsätze und Erfolge als dritterfolgreichster U-Boot-Kommandant der Welt: Auf 24 Operationen vernichtete Kapitänleutnant Valentiner 141 Handelsschiffe mit 299 326 BRT und ein Kriegsschiff.

Besonders gedenkt Valentiner in seinen Berichten der Besatzungen seiner Boote. Über den Marine-Ingenieur (LI auf U-3 und U-38) schreibt er:

»Ingenieur Kögler (Crew 01) war gleich mir Lehrer auf der U-Boot-Schule gewesen . . . In der Zentrale befindet sich ein Rohrstutzen, an dem man einen Feuerlöschschlauch befestigen kann. Dieser Stutzen wird durch einen Bronzedeckel verschlossen. Wir standen und sprachen, und erschraken furchtbar, als dieser Bronzedeckel plötzlich abflog und neben uns an die Wand knallte . . . Aus dem Rohrstutzen schoß ein armdicker Wasserstrahl . . . neben diesem armdicken Wasserstrahl stand ganz ruhig Herr Kögler und hatte seine rechte Hand an die Schläfe gelegt, als ob er nachdenken wollte. Er stand in seiner Denkerpose unbeweglich neben dem Wasserstrahl, der unser Tod werden konnte. Ich war davon so gebannt und überrascht, daß ich ihn nicht einmal anrief. Ich stand wie verzaubert. Schließlich hatte ich mich gefaßt. ›Kögler‹, rief ich. Er hob die linke Hand und legte sie auf den Mund, zum Zeichen, daß ich schweigen sollte. Das Wasser spritzte entsetzlich. Plötzlich bückte Kögler sich, griff in das Gewirr der Rohrleitungen, die hinter den Tiefenrudern liegen, und drehte an einem bestimmten Ventil. Sofort brach der Wasserstrahl zusammen. Dann richtete der Ingenieur sich auf und lachte mich an. Mir war aber gar nicht lächerlich zumute . . . Was wäre geworden, wenn Kögler und ich damals nicht in der Zentrale gestanden hätten, sondern ebenfalls schlafen gegangen wären? Bis in meine Träume verfolgt mich dieser Gedanke . . .«

Über seinen ausgezeichneten I. Wachoffizier, den späteren Oberleutnant zur See Wendlandt (Crew 10), berichtet er: »Leutnant zur See Wendlandt war Offizier bei der Handelsmarine gewesen und galt als hervorragend tüchtig. Daß er es wirklich war, sollten unsere Abenteuer zeigen . . . Den Posten eines Artillerieoffiziers hatte Wendlandt übernommen. Ich hatte ihn mit diesem Posten betraut, weil er mir ganz treuherzig gesagt hatte, er könne prächtig schießen. Weil er ein guter Seemann war, glaubte ich ihm das auch. Die Wahrheit aber war, daß der gute Wendlandt niemals einen Artilleriekursus mitgemacht hatte und daß er es auch niemals auf irgendeine andere Weise gelernt hatte, mit Kanonen zu schießen. Jetzt zeigte sich, daß Wendlandt wirklich ein guter Seemann war. Er schoß nämlich ausgezeichnet, ohne es jemals gelernt zu haben und ohne sich um Schulvorschriften zu kümmern . . . Wendlandt stand neben mir auf dem Kommandoturm und sah aus wie Napoleon . . . Der englische Dampfer (Anmerkung der Verfasser: Der britische Dampfer Woodfield, am 3. November 1915 von U-38 auf dessen Überführungsfahrt von Deutschland nach Cattaro vernichtet; hierbei wurden wichtige englische Geheimdokumente erbeutet) schoß und traf uns um Haaresbreite. Donnerwetter, der Hund schoß sogar ausgezeichnet. Der Schuß lag vielleicht zehn Meter seitlich. Neben uns klatschte eine Wasserfontäne auf, und der Gischt spritzte uns um die Ohren. Ich sagte: ›Wendlandt, wir sind viel zu nahe ran, wir müssen nochmal tauchen.‹ Wendlandt drehte sich um und antwortet: ›Ach, nur nicht. Das Schwein kann doch gar nicht schießen. Noch einen Augenblick! Dann haben wir ihn.‹ Bisher hatte der Engländer aber besser geschossen als wir. Warten wir also Wendlandts Augenblick ab. Tatsächlich. Wendlandt behielt recht. Unser nächster Schuß war ein Treffer. Die Dampferbesatzung schien dadurch verwirrt, sie fing an, miserabel zu schießen. Wendlandt aber verzog keine Miene . . . Sein Kommando schallte scharf und präzise über das Deck. Er befahl ›Schnellfeuer‹ . . . Wendlandts Schnellfeuer saß haargenau. Es hagelte Treffer auf den Dampfer . . . Wendlandts Granaten zerfetzten die Deckaufbauten des Dampfers . . . Plötzlich stoppt der Dampfer, sein Schornstein bläst Dampf ab, und am Mast geht das Signal hoch: ›Ich ergebe mich!‹ Wendlandt ruft: ›Halt! Batterie halt!‹ Die Geschütze schweigen. ›Sehr schade‹, sagt Wendlandt, ›ich hätte gern weitergeschossen, es war so eine gute Übung!‹ Drüben wurden Boote ausgesetzt. Der Kapitän kam heran und brachte mir seine Papiere an Bord . . . Der Kapitän, ein gut aussehender älterer Mann, rotbärtig, mit grauem Kopf, steht vor mir. Ich sehe

ihm ins Auge: ›Herr Kapitän, Sie führen einen Handelsdampfer. Wie kommt es, daß Sie aufs Heck eine Kanone montiert haben? Was Sie tun, ist das gleiche, was ein Franktireur tut, der aus seinem Hause auf Truppen schießt!‹ ... Ich hätte den alten Mann anpfeifen können. Ich hätte ihn auch erschießen lassen können. Er war als Kapitän Herr an Bord des Dampfers und brauchte sich das Aufmontieren der Kanone nicht gefallen zu lassen. Aber warum soll man einen Schutzlosen quälen? Ich weiß, daß meine Haltung von meinen Kameraden verurteilt werden kann. Unter den U-Boot-Kapitänen waren damals lebhafte Debatten über die Frage, wie man die Kapitäne derjenigen Dampfer behandeln sollte, die sich uns mit Waffengewalt gegenüberstellten. Ich habe immer für die humane Behandlung der Handelsschiff-Kapitäne gesprochen und habe auch immer so gehandelt ...
... meine Offiziere verließen mich. Zuerst ging Wendlandt ... Er übernahm ein neu in Dienst gestelltes U-Boot als Kommandant. Ich versuchte ihn zurückzuhalten, ich wollte ihn gerne bei mir behalten, aber schließlich mußte ich alle Versuche aufgeben, ich konnte und wollte mich nicht seinem Aufstieg entgegenstellen. Wendlandt als Kommandant überragte zunächst auch die funkelnden neuen Sterne. Er machte mit seinem neuen Boot mehrere glanzvolle Fahrten, diese Reisen machten seinen Namen bekannt und gefürchtet. Dann war er überfällig ...« Oberleutnant zur See Wendlandt hatte von dem späteren *Pour le mérite*-Träger Oberleutnant zur See Steinbauer (Crew 08) – früher zeitweilig Wachoffizier auf U-35 unter Kophamel/von Arnauld – am 1. April 1917 das Boot UB-47 übernommen. Es wurde im Juli 1917 an die österreichisch-ungarische Marine abgegeben. Auf zwei Feindfahrten vernichtete Wendlandt mit diesem Boot sechs Handelsschiffe mit zusammen 13 519 BRT und den griechischen Zerstörer Doxa. Anschließend übernahm er im August 1917 von Oberleutnant zur See Klatt (Crew 09) das Minen-U-Boot UC-38 und vernichtete auf vier weiteren Operationen acht Schiffe mit zusammen 14 428 BRT, ferner am 11. November 1917 mit einem Doppelbugschuß an der syrischen Küste einen Monitor und einen Zerstörer. Im Golf von Patras versenkte er auf seiner letzten Fahrt am 14. Dezember 1917 den französischen großen Kreuzer Chateaurenault, wurde aber anschließend durch starke Sicherungsverbände ebenfalls vernichtet. Der tapfere U-Boot-Kommandant geriet hierbei in Gefangenschaft.
Über den zweiten Wachoffizier zur See, Heller, berichtet Kapitänleutnant Valentiner: »Auch Oberleutnant Heller, der seit der Indienststellung von U-38 an Bord gewesen war, verließ mich und wurde ebenfalls Kommandant eines U-Bootes ... Heller war schon seinem Aussehen nach ein typischer deutscher Marineoffizier, hellblond und beinahe überschlank. Mit mir und Wendlandt hatte ihn eine aufrichtige Freundschaft verbunden. Obgleich Heller im Dienstalter älter als Wendlandt war, hielt er sich mit bescheidener Würde zurück, wenn ich Wendlandt kommen ließ, um mit ihm meine Pläne zu schmieden. Heller hatte die Überlegenheit Wendlandts in allen praktischen Dingen und besonders in den Dingen des Handelskrieges neidlos anerkannt. Hellers Qualitäten, das wußte er selbst, lagen auf anderem Gebiet, er war ein besonders kluger und ruhiger Offizier. Er hatte nie, auch in den schwersten Augenblicken, die Nerven verloren, seine Kaltblütigkeit und Unerschrockenheit war für die

Mannschaft ein leuchtendes Beispiel. Ich selber hatte ihn zum Kommandanten vorgeschlagen ...«

Der norwegische Kapitän der Solvang, Gotthas, hatte auf der Madeira-Fahrt – 17. November bis 23. Dezember 1916 – den Überfall auf Funchal als »Geisel« mitgemacht. Kurz vor Gibraltar konnte er auf dem Rückweg U-38 verlassen. Dabei ereignete sich nach Valentiner eine amüsante Episode:

»Wir stoppten den Norweger durch Warnungsschuß, und Gotthas war selig wie ein Kind. Er rechnete sich aus, daß er gerade zu Weihnachten in Bergen sein könnte. Ich hatte das Dingi klarmachen lassen, weil ich mit Gotthas zusammen auf den Norweger gehen wollte, um mich erst dort von ihm zu verabschieden. Ich sagte ihm, daß er jetzt übersteigen könne, und da zeigte sich in einer ganz kleinen Szene die wirklich chevalereske Natur dieses Mannes. ›Ich habe mich noch nicht von Oberleutnant Heller verabschiedet‹, sagte er. ›Heller schläft‹, antwortete ich, ›aber ich will ihm gern Grüße ausrichten.‹ – ›So kann ich nicht von Bord gehen‹, sagte Gotthas, ›was soll Herr Oberleutnant Heller von mir denken.‹ Heller mußte also geweckt werden und freute sich riesig, daß der Norweger sich persönlich von ihm verabschiedete. Dann wurde ich mit Gotthas zusammen zu dem Dampfer hinübergerudert. Der Kapitän des Dampfers nahm mit Gotthas und mir zusammen noch einen Schluck. Dann fuhr ich zurück. Der Norweger dampfte ab, und durch mein Glas konnte ich den großen, schwerfälligen Gotthas zu uns herüberwinken sehen ...«

Oberleutnant zur See Heller (Crew 09) übernahm am 6. Oktober 1916 das Schwarzmeer-Minen-U-Boot UC-15 und fiel einen Monat später vor der Sulina-Mündung mit der gesamten Besatzung seines Bootes.

Der österreichische Marine-Kommandant, Admiral Haus, nahm einmal an Bord von U-38 in Brioni an einem Tauchversuch teil. Kapitänleutnant Valentiner urteilt über die österreichisch-ungarische Flotte:

»Ich habe die Österreicher als hervorragende Seeleute kennengelernt. Das österreichische Marineoffizierskorps war musterhaft. Die Angehörigen dieses Korps waren ebenso wie die einfachen Soldaten von einer alten lebendigen Marinetradition erfüllt. Es gab viele Offiziere, deren Väter oder Großväter schon unter dem Admiral Tegetthoff in der Seeschlacht von Lissa (1866) gekämpft hatten. Die Ausbildung der österreichischen Seeoffiziere muß vorzüglich sein, denn diese Kameraden entwickelten auf jedem Gebiet der Marine die tiefsten Kenntnisse. Ihre U-Boot-Offiziere waren von ganz anderem Typ als wir Nordländer, es waren sehr bewegliche, etwas mehr südländisch aussehende Kavaliere. Von Namen habe ich in Erinnerung Ritter von Trapp, Singule, Rigele, und einer hieß sogar Teufel ...«

Der Kommandant erzählt auch von seinen Leuten, so von seinem ostpreußischen Burschen Hiller, mit dem er seit 1911 zusammen war, von seinem langjährigen Steuermann Schretzmayer und dem Nachfolger seines I. Wachoffiziers, Oberleutnant zur See Ries (Crew 09), und schließlich über seine Besatzung:

»Ich muß ein paar Worte über sie sagen. Daß die U-Boot-Mannschaften zu Beginn des Krieges aus erlesenem Menschenmaterial zusammengestellt wurden, verstand sich von selbst. Weil ich selbst Ausbildungsoffizier gewesen war, hatte ich mir aus diesem erlesenen Material nur die Edelsteine herausgesucht. Ich will nicht lächerlich wirken, aber wenn ich meine Jungens ansah, dann kam mir so manchmal der alte Metropoltheater-Schlager ins Gemüt: ›Donnerwetter, sind das Kerle ...!‹ Meine Männer waren meist Berufssoldaten, Unteroffizier usw. Ihnen saß nicht nur der preußische Drill in den Knochen, das allein hätte sie nicht aus der Masse der anderen herausgehoben. Sie waren auch meist ausgebildete Spezialisten und überdies Gentlemen. Ich meine, es waren Männer von Welt. Die meisten von ihnen hatten schon fremde Länder gesehen, und jemand, der die Nase schon draußen gehabt hat, ist ein anderer Mann als derjenige, der nur den Horizont der Heimat kennt ...«

Nach dem Waffenstillstand wurde Kapitänleutnant Valentiner Chef einer Minensuchhalbflottille. Sein Name tauchte bald auf der berüchtigten »Kriegsverbrecherliste« der Entente auf. In 15 verschiedenen Fällen warf man ihm vor, Schiffbrüchige in »grausamster und unmenschlichster Weise« behandelt zu haben. Am 22. November 1919 nahm er seinen Abschied und am 21. Januar 1920 wurde ihm der Rang eines Korvettenkapitäns verliehen. Valentiner war anschließend in verschiedenen Stellungen tätig.

Während des Zweiten Weltkrieges wurde Valentiner von Januar 1940 bis zu seiner Verabschiedung am 31. März 1945 erneut bei der U-Boot-Waffe eingesetzt. Der »Schrecken der Meere« starb am 19. Juni 1949.

Flottillenadmiral a. D. Otto Kretschmer
Wolf im Atlantik

Korvettenkapitän Otto Kretschmer, unbestreitbar der erfolgreichste U-Boot-Kommandant des Zweiten Weltkrieges (mit 19 Monaten hatte er die kürzeste Frontzeit!), wurde am 1. Mai 1912 in Heidau (Kreis Liegnitz) geboren. Im Jahre 1929 machte er das Abitur; anschließend reiste er nach England, Belgien, Frankreich, der Schweiz und Italien, um hierdurch seine Bildung zu erweitern.

Im folgenden Jahr trat Kretschmer am 1. April 1930 in die damalige Reichsmarine als Seeoffiziersanwärter (Crew 30) ein. Seine seemännische Grundausbildung erfolgte auf dem Segelschulschiff NIOBE, auf der er eine Ausbildungsfahrt nach Schweden machte. Im Dezember 1930 kam Otto Kretschmer als Seekadett auf den Leichten Kreuzer EMDEN, der bis gegen Ende des folgenden Jahres eine Fahrt um die Welt durchführte. Nach seiner Rückkehr nach Deutschland legte er seine Seeoffiziershauptprüfung ab und diente dann als BÜ (Befehlsübermittler) auf dem Panzerschiff DEUTSCHLAND. Weitere Kommandos auf dem Leichten Kreuzer KÖLN folgten, der 1934 während einer längeren Erprobungsfahrt Madeira und Lissabon anlief.

Otto Kretschmer wurde am 1. Oktober 1934 zum Leutnant zur See befördert und meldete sich schließlich zur neuen U-Boot-Waffe. Ab 1. Januar 1936 erhielt er eine U-Boot-Ausbildung und diente als Oberleutnant zu See – seit dem 1. Juni 1936 – als Wachoffizier auf U-35, das ab 1937 während des spanischen Bürgerkrieges im Mittelmeer kreuzte.

Am 1. Oktober 1937 bekam Kretschmer endlich sein eigenes Boot: U-23. Bei diesem handelte es sich um einen sogenannten »Einbaum«, der am 2. Februar 1935 bei der Krupp-Germaniawerft in Kiel in Auftrag gegeben worden war (Kiellegung am 11. April 1936). Der »Einbaum« lief am 28. August 1936 (Bau-Nr. 553) vom Stapel und wurde am 24. September 1936 in Dienst gestellt. U-23 vom Typ II-B verdrängte 279/328 t und besaß eine Geschwindigkeit von 13,0/7,0 kn. Die Bewaffnung bestand aus drei Bugtorpedorohren (5 Torpedos oder 18 Minen) sowie eine 2-cm-Fla-Maschinenwaffe. Die Besatzung setzte sich zusammen aus drei Offizieren und ca. 22 Mann.

Schon in Friedenszeiten zeigte sich, daß Kretschmer zu den besten Torpedoschützen der U-Boot-Waffe gehörte, und im Kriege stellte er sein erstaunliches Können unter Beweis. Seit dem Jahre 1938 mußte man durch Hitlers Politik immer mehr damit rechnen, daß es zum Kriege mit den Westmächten kommen würde. Bereits während der Sudetenkrise liefen die deutschen U-Boote unter kriegsmäßigen

Bedingungen aus (»Punischer Krieg«). U-23 hatte unter Kretschmer die Aufgabe, nach Ausbruch der Feindseligkeiten vor der Humbermündung Minen zu legen. Die Spannungen wurden jedoch noch einmal auf diplomatischem Wege beigelegt.
Im August 1939 befanden sich die U-Boote erneut für einen Ernstfall in See – die kleineren Boote (»Einbäume«) in der mittleren und nördlichen Nordsee sowie vor dem Ärmelkanal. U-23 war am 25. August 1939 zusammen mit U-13, U-15, U-17 und U-21 ausgelaufen, um Minen vor der englischen Küste (Hoofden) zu legen. Kapitänleutnant Kretschmer wurde jedoch am 29. August 1939 vorzeitig zurückgerufen und lag am 3. September 1939 mit seinem Boot wieder im Stützpunkt.
In der Zeit vom 16. Oktober bis 5. November 1939 erfolgte eine weitere Minenoperation vor der englischen Ostküste mit U-16, U-19, U-21, U-23 und U-24. Kretschmer legte seine Minen auftragsgemäß vor Cromerty, kein Schiff lief indessen auf die von ihm geworfene Sperre.
Auf dieser dritten Unternehmung von U-23 vom 2. bis 16. Oktober 1939 konnte Kretschmer auch seinen ersten Erfolg verzeichnen – die zweite vom 9. bis 20. September 1939 war ohne besondere Vorkommnisse verlaufen, Ein Torpedoangriff auf einen kleineren Frachter schlug zunächst fehl. Die drei Torpedos explodierten nicht. Gleich zu Beginn des Krieges machte sich somit bereits die sogenannte Torpedokrise bemerkbar, die während des Norwegen-Feldzuges schließlich ihren unentschuldbar katastrophalen Höhepunkt fand. Eine Reihe von Transportern und Kriegsschiffen wäre von den U-Booten auf den Meeresgrund geschickt worden, wenn die Torpedos nicht versagt hätten. Am 4. Oktober 1939 war es für U-23 endlich soweit: Der moderne britische Dampfer Glen Farg aus Aberdeen mit 876 BRT (Baujahr 1937) wurde um 06.00 Uhr im Marinequadrat AN-2679 mit Torpedo und dem kleinen Fla-Geschütz auf 58° 52′ N–01° 31′ W versenkt.
Die vierte Operation von U-23 vom 30. Oktober 1939 bis 9. November 1939 brachte dem Boot erneut kein Glück. Es vergingen fast zwei Monate, ehe am 7. Dezember 1939 Kapitänleutnant Kretschmer den dänischen Dampfer Scotia (2400 BRT/Baujahr 1924) aus Kopenhagen auf 57° 31′ N–02° 17′ O (AN-44 . .) um 23.26 Uhr auf den Meeresgrund schickte, und zwei Tage darauf beschädigte er wahrscheinlich in AN-4450 einen Dampfer von ca. 2500 BRT (5. Unternehmung vom 5. bis 15. Dezember 1939). Auch hier mußte der Kommandant von U-23 wie viele andere seiner Kameraden feststellen, daß die Torpedos immer wieder versagten und einen sicheren Erfolg zunichte machten.
Während der 6. Feindfahrt (9. bis 15. Januar 1940) fiel Kretschmer am 11. Januar 1940 in AN-41 . . der alte, in Arendal beheimatete norwegische Dampfer Fredville (1150 BRT/1917) um 16.32 Uhr auf 58° 25′ N–01° 10′ W zum Opfer. Am folgenden Tag stieß er morgens mit seinem Boot in die Inganes-Bay auf den Shetland-Inseln und es gelang ihm, trotz der Anwesenheit von zwei Bewachern, den dänischen Motortanker Danmark (10 517 BRT/1931) aus Kopenhagen auf 58° 59′ N–02° 53′ W (AN-16 . .) zu torpedieren und zu versenken. Die Danske Petroleum AS teilte wenig später mit, daß an Bord ihres Schiffes am 12. Januar morgens aus bisher unbekannter Ursache eine Explosion erfolgt sei.

Auf der folgenden Operation (19. bis 27. Januar 1940) wurde am 24. Januar 1940 vermutlich der alte norwegische Dampfer Varild (1085 BRT/1910) aus Haugesund – er hatte am 22. Januar Horten in Richtung Sunderland verlassen und gilt als vermißt – mit der Torpedowaffe um 19.08 Uhr in AN-1115 angegriffen und zum Sinken gebracht. Im Zusammenhang mit dem Vorstoß (Unternehmen Nordmark) der Schlachtkreuzer Scharnhorst und Gneisenau, dem Schweren Kreuzer Admiral Hipper und zwei Zerstörern bis auf die Höhe der Shetland-Norwegen-Enge, um dort gegen die gegnerische Handelsschiffahrt Krieg zu führen, liefen mehrere Unterseeboote zur Unterstützung dieser Operation aus, darunter auch U-23 am 10. Februar 1940.
Kretschmer sichtete während dieser Fahrt am 18. Februar 1940 den britischen Zerstörer Daring (1375 ts, Stapellauf 1932, 35,5 kn, Bewaffnung: vier 12-cm-Geschütze und acht Torpedorohre), der innerhalb von zwei Minuten nach dem Torpedotreffer von U-23 um 03.54 Uhr auf 58° 40′ N–01° 40′ O (AN-1692) in den Fluten verschwand. Vier Tage später gab U-23 dem britischen Dampfer Loch Maddy (4996 BRT/1934) aus Glasgow um 01.07 Uhr in AN-1651 (70° 20 Sm Copinsay/Orkney-Inseln) den Fangschuß, nachdem dieser am vorherigen Tag von U-57 (Korth) – wir werden diesem Boot noch später im »Topp«-Kapitel erneut begegnen – um 18.09 Uhr aus dem HX-19-Konvoi heraus torpediert worden war und mit Treffer mittschiffs verlassen auf dem Meer trieb. Am 27. Februar wurde der Verlust der Loch Maddy durch eine Reuter-Meldung bekannt.
Während des Überfalls auf Norwegen gehörte U-23 mit weiteren U-Booten zur operativen Reserve angesichts der bevorstehenden Offensive gegen Frankreich, Belgien und die Niederlande. In Norwegen spitzte sich jedoch die Lage zu, und U-23 verlegte daher nach Bergen, wo es bis zum 25. April 1940 blieb.
Bis zu diesem Zeitpunkt hatte Kapitänleutnant Otto Kretschmer noch an keiner Geleitzugschlacht teilgenommen, seine Erfolge erzielte er bis jetzt nur gegen Einzelfahrer. Auf neun Feindfahrten versenkte er mit seinem kleinen Boot U-23 sechs Fahrzeuge mit insgesamt 21 024 BRT und einen Zerstörer mit 1375 ts und beschädigte wahrscheinlich einen Frachter mit ca. 2500 BRT. Diese Bilanz ließ keineswegs vermuten, daß Kretschmer der »Tonnage-König«, gemessen an seinen Gesamterfolgen mit 19 aus Geleitzügen versenkten Handelsschiffen mit zusammen 128 551 BRT, zugleich der erfolgreichste Konvoi-Bekämpfer des Zweiten Weltkrieges werden würde.

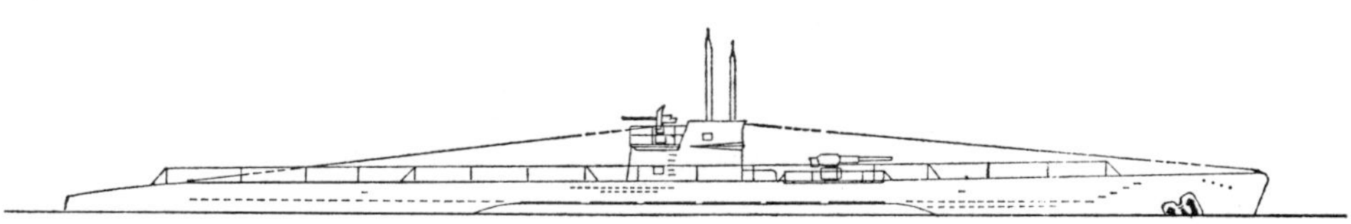

U-99

Inzwischen hatte man ihn abgelöst, und er konnte am 18. April 1940 das neue Boot U-99 vom VII-B Typ in Dienst stellen. Dieses war am 15. Dezember 1937 in Auftrag gegeben worden; die Kiellegung erfolgte am 31. Januar 1939 und der Stapellauf am 12. März 1940 ebenfalls bei der Krupp-Germaniawerft (Bau-Nr. 593) in Kiel. U-99,

das besonders für den U-Boot-Krieg im Atlantik geeignet war, verdrängte 753/1040 t und hatte eine Geschwindigkeit von 17,2/8,0 kn. Die Bewaffnung bestand aus vier Bug- und einem Heck-Torpedorohr mit 14 Torpedos (oder 39 Minen) sowie einem 8,8-cm-Geschütz und einer 2-cm-Flak (später ein 3,7-cm-Geschütz und zwei 2-cm-Flak). Vier Offiziere und 40–50 Mann bildeten die Besatzung des Bootes.
Während der Übungsfahrten und Scheinangriffe mit U-99 entwickelte Kapitänleutnant Kretschmer bereits seine neue Taktik, die er in den kommenden Geleitzugschlachten zur höchsten Vollendung bringen sollte: in Überwasserfahrt in den jeweiligen feindlichen Geleitzug einzubrechen und innerhalb der Dampferkolonnen die Torpedos auf die Ziele abzufeuern. Hierbei nutzte Kretschmer einmal die höhere Geschwindigkeit des U-Bootes über Wasser aus und überraschte somit die gegnerischen Sicherungsfahrzeuge, die damals eine derartige Angriffstaktik nicht vermuteten. Die meisten U-Boot-Kommandanten feuerten größtenteils ihre Torpedos in sicherer Entfernung vom feindlichen Geleitzug und den Bewachungsfahrzeugen.
Für Kretschmer begann die große Zeit seiner Erfolge, die bis zur Vernichtung von U-99 nicht mehr abreißen sollten! U-99 gehörte auf seiner ersten Feindfahrt vom 17. Juni 1940 bis 21. Juli 1940 zu einer dritten Welle von U-Booten (U-26, U-30, U-34, U-52, U-65, U-102 und U-122), die im Juni und Juli 1940 im Seegebiet zwischen dem Nordkanal (Nordirland und englische Westküste) und Kap Finisterre operierten. Kretschmer fielen auf dieser Unternehmung fünf Einzelfahrer mit insgesamt 18 619 BRT zum Opfer:
Am 5. Juli 1940 um 12.51 Uhr: Kanadischer Dampfer Magog (2053 BRT/1923) aus Montreal in BF-1144 auf 50° 31′ N–11° 05′ W durch Torpedotreffer und Artilleriefeuer; am 7. Juli 1940 wurde um 00.53 Uhr in BF-1464 der auf 3600 BRT geschätzte britische Dampfer Sea Glory (1964 BRT/1919) aus Dover vermutlich getroffen (torpediert? / das Schiff wird ab 11. Juli vermißt); am 7. Juli 1940 um 23.12 Uhr: Schwedischer Dampfer Bissen (1514 BRT/1920) aus Stockholm in BF-1191 auf 50° 06′ N–10° 23′ W nach Torpedotreffer, am 8. Juli 1940: Britischer Dampfer Humber Arm (5758 BRT/1925) aus St. John's/Newfoundland in BF-1251 auf 50° 36′ N–09° 24′ W nach Torpedotreffer, am 12. Juli 1940 02.06 Uhr: Griechischer Dampfer Ia (4860 BRT/1917) aus Syra in BE-3274 auf 51° . . ′ N–14° . . ′ W nach Torpedotreffer, und schließlich noch am 18. Juli 1940 den britischen Dampfer Woodbury mit 4434 BRT (Baujahr 1936) aus London um 02.03 Uhr auf 50° 46′ N–13° 56′ W (BE-3344) nach Torpedotreffer.
Außerdem gelang es Kretschmer, am 12. Juli 1940 um 22.31 Uhr in BE-3224 den bereits recht alten estnischen Dampfer Merissar (2136 BRT/1910) aus Tallinn (Reval) aufzubringen. Er gab dem Kapitän des Schiffes eine Kursanweisung, einen französischen Hafen anzulaufen. Drei Tage später wurde die Merissar jedoch durch ein deutsches Flugzeug mit Bomben angegriffen, so daß sie schließlich südlich von Queenstown unterging.
Im Anschluß an diese erfolgreiche Feindfahrt (Dauer vom 17. Juni 1940 bis 21. Juli 1940) kehrte U-99 nach Lorient in Frankreich zurück. Von hier lief das Boot nach wenigen Tagen (25. Juli 1940) erneut aus, um mit einem erstaunlichen Versenkungs-

Korvettenkapitän Otto Kretschmer

(* 1. 5. 1912)
Eintritt in die Reichsmarine: 1930
(Crew 30)

Admiral Sir George Creasy: »Aber ich wollte die Persönlichkeit dieses so erfolgreichen U-Boot-Kapitäns kennenlernen und wollte selbst den Zustand seiner Nerven erproben, seine Urteilskraft messen, dessen Meinung hören über seine Vorgesetzten und Untergebenen. Mit einem Wort, ich wollte mir mein eigenes Urteil über ihn bilden. Es mag von Interesse sein, den Eindruck, den Kretschmer auf mich machte, festzustellen: Ich hatte einen jungen Marineoffizier vor mir, welcher voll Selbstvertrauen seine unlängst erfolgte Gefangennahme mit Selbstachtung, Bescheidenheit und Höflichkeit ertrug. Seine Beschreibung schildert ihn als tapfer und intelligent, mit dem Auftreten und Benehmen eines korrekten Offiziers und Gentlemans. Als er mich verließ, wünschte ich mir aufrichtig, daß es nicht viele solcher Offiziere auf der anderen Seite geben möge. Mein letztes an ihn gerichtetes Wort war der Ausdruck des Wunsches, daß wir uns eines Tages unter geänderten Verhältnissen wieder treffen könnten.«

Lorient: 19. Februar 1941: Die letzte Operation von U-99 unter Kapitänleutnant Otto Kretschmer hat soeben begonnen! Das Boot stand gemeinsam mit U-47 unter Kapitänleutnant Günter Prien an drei OP-Geleitzügen und ging wenige Tage nach dem Verlust von U-47 am HX-112-Konvoi am 17. März 1941 südöstlich von Island, nach Angriffen des britischen Zerstörers H.M.S. Walker unter Commander Macintyre auf 61° 00′ N–12° 00′ W verloren. Drei Mann der Besatzung, darunter der L(eitende)I(ngenieur), Kapitänleutnant (Ing.) Schröder, konnten nicht gerettet werden. Die Verluste von U-47 und U-99 wurden vom Oberkommando der Wehrmacht (OKW) verhältnismäßig spät, am 25. April bzw. am 23. Mai 1941, bekanntgegeben.

ergebnis am 5. August 1940 im französischen Stützpunkt festzumachen. Am 28. Juli 1940 versenkte Kretschmer um 05.57 Uhr in AM-7676 (52° 17′ N–12° 32′ W) das moderne britische Motorschiff AUCKLAND STAR (13 212 BRT/1939) aus Belfast. Am anderen Tage wurde der Brite CLAN MENZIES (7336 BRT/1938) aus Glasgow um 02.15 Uhr auf 54° 10′ N–12° . . ′ W (AM-4977) aus einem Konvoi herausgeschossen und dann mit Hilfe von Sprengpatronen versenkt. Am 31. Juli 1940 konnte Kretschmer gleich zwei britische Frachter auf sein Erfolgskonto buchen: Um 01.38 Uhr war es die 5475 BRT große JAMAICA PROGRESS (1932) aus Kingston/Jamaica auf 56° 26′ N–08° 30′ W (AM-5226) sowie um 13.24 Uhr die JERSEY CITY (6322 BRT/1920) aus Belfast in AM-5285 auf 55° 47′ N–09° 18′ W.

Am 2. August 1940 sichtete U-99 einen Konvoi. Kretschmer erprobte hier zum ersten Mal seine neue Taktik, aufgetaucht inmitten der Dampferkolonnen in aller Ruhe seine Opfer auszusuchen und zu torpedieren. Innerhalb von zwei Stunden (von 02.51 bis 04.27 Uhr) beschädigte sein Boot drei große Motortanker: STRINDA mit 10 973 BRT (1937) aus Bergen in AL-6628 auf 55° 10′ N–17° 16′ W (um 02.51 Uhr), LUCERNA mit 6556 BRT (1930) aus Liverpool in AL-6616 auf 55° 18′ N–16° 39′ W (um 03.45 Uhr), ALEXIA mit 8016 BRT (1935) aus London in AL-6616 auf 55° 30′ N–15° 30′ W (um 04.27 Uhr).

Diese gingen jedoch nicht unter, sondern konnten trotz der Beschädigungen ihre Zielhäfen erreichen. Die LUCERNA erhielt einen Torpedotreffer mittschiffs und krängte stark zur Backbordseite; ein Teil der Besatzung blieb an Bord und brachte das Schiff in einen Hafen.

Als die chinesische Besatzung den britischen Tanker ALEXIA verlassen hatte, ließ Kretschmer auftauchen, um dem Fahrzeug mit der Artillerie den Rest zu geben. Die Geschützbedienung des Tankers befand sich aber noch immer an Bord und vertrieb mit einigen Salven das sich langsam nähernde U-Boot.

Otto Kretschmer erhielt am 4. August 1940 in Anerkennung für seine bisherigen Erfolge das *Ritterkreuz des Eisernen Kreuzes.*

Die nächste Unternehmung für U-99 begann am 3. September 1940. Am 30. August 1940 hatte der deutsche B-Dienst eine Kursanweisung für den britischen Konvoi SC-2 mit 53 Schiffen erfaßt. Daraufhin setzte der Befehlshaber der U-Boote (BdU), Amiral Karl Dönitz (Crew 10), die Boote U-47, U-65, U-101 und U-124 gegen diesen an. Auch Kretschmer steuerte auf den gemeldeten Geleitzug zu und kam am 9. September 1940 zum Schuß. Er hatte jedoch keinen Erfolg, und U-99 wurde später von den Sicherungsfahrzeugen abgedrängt.

Kurz vor dieser Operation war es U-99 gelungen, am 4. September 1940 den alten britischen Dampfer LUIMNEACH (1074 BRT/1915) aus Limerick in BF-1796 auf 47° 50′ N–09° 12′ W mit der 8,8-cm-Bordkanone zur Strecke zu bringen. Am 11. September 1940 traf Kretschmer mit einem Torpedo um 07.16 Uhr in AM-0173 den 2468 BRT großen britischen Dampfer ALBIONIC (1924) aus Hull, der am 31. August Wabana (Neufundland) verlassen hatte und seit dem 11. September 1940 vermißt wird. In den folgenden Tagen konnte der Kommandant noch zwei weitere Einheiten stellen: Am 16. September 1940 um 02.41 Uhr: Norwegischer Dampfer LOTOS (1327

BRT/1919) aus Bergen in AM-1751 nordöstlich der Rockall-Bank, am 17. September 1940 um 08.32 Uhr: Britischer Dampfer Crown Arun (2372 BRT/1938) aus London in AM-1734 auf 58° 02′ N–14° 18′ W.
Im Anschluß an die Operation gegen den SC-2 besetzte U-47 unter Kapitänleutnant Günther Prien (Crew 33/31) die Wetterposition, während die anderen Boote – U-28, U-65 – mit U-99 westlich der Hebriden und vor dem Nordkanal kreuzten, um einen weiteren gemeldeten Geleitzug abzufangen. Zu dieser Gruppe stießen außerdem noch U-48, U-59, U-61, U-100 und U-138. Die Boote griffen in diesem Seegebiet sowohl Einzelfahrer als auch Konvois an. Prien auf U-47 sichtete am 20. September 1940 den Geleitzug HX-72, der mit 41 Schiffen Großbritannien ansteuerte. Noch am Abend des gleichen Tages gewann auch Kretschmer Fühlung, und am Morgen des folgenden Tages konnte er in kurzen Zeitabständen den britischen Tanker Invershannon (9154 BRT/1938) aus Glasgow um 03.12 Uhr in AL-5432 torpedieren und nach einigen Stunden (um 11.42 Uhr) durch Fangschuß endgültig auf 55° 40′ N–22° 04′ W auf den Meeresgrund schicken. Anschließend folgte um 04.19 Uhr auf 56° . .′ N–23° . .′ W (AL-5438) der britische Frachter Baron Blythswood (3668 BRT/1929) aus Ardrossan.
Als letztes Schiff aus diesem Konvoi griff Kretschmer mit dem 8,8-cm-Geschütz die Elmbank mit 5156 BRT (Baujahr 1925) aus Glasgow um 04.47 Uhr in AL-5462 (55° 20′ N–22° 30′ W) an und erzielte gegen 06.00 Uhr mit 88 Schuß eine Reihe von Treffern. Am Nachmittag nahm U-99 zusammen mit U-47 (Prien) den Frachter gegen 15.00 Uhr nochmals unter Beschuß, der aber auch nach einem größeren Brand – verursacht durch U-99-Phosphorgranaten – nicht sinken wollte und daher durch einen (Überwassertorpedo-)Fangschuß von Kretschmer versenkt werden mußte. Er hatte auf dieser Feindfahrt insgesamt sieben Fahrzeuge mit zusammen 25 219 BRT versenkt.
Im Laufe der folgenden Geleitzugschlacht bewies Kretschmer erneut sein großes Können und taktisches Geschick. In der Zeit vom 17. bis 20. Oktober 1940 fand eine der größten Konvoischlachten statt.
U-48 hatte unter Kapitänleutnant Heinrich Bleichrodt (Crew 31) in der Nacht vom 16./17. Oktober 1940 den Konvoi SC-7 ausgemacht. Er meldete sofort die Sichtung, worauf Admiral Dönitz mit den Booten U-46, U-100, U-101 und U-123 und schließlich U-99 mit Kretschmer einen Vorpostenstreifen östlich der Rockall-Bank aufstellte, in den der Geleitzug hineinlaufen mußte.
SC-7 war am 5. Oktober 1940 aus Sidney auf Nova Scotia (Kanada) mit Kurs auf England ausgelaufen. Insgesamt 35 Schiffe durchpflügten den Ozean, die mit einer Durchschnittsgeschwindigkeit von ca. sieben Knoten ihre wertvolle Ladung nach England bringen sollten. Fünf Kolonnen zu je vier Schiffen und drei Kolonnen zu je fünf Schiffen nahmen eine Fläche von nahezu 13 Quadratkilometern ein. Diese dichte Aufstellung der Frachter hatte man u. a. deshalb gewählt, um den angreifenden deutschen U-Booten kleinere Ziele zu bieten. Bekanntlich versuchten die U-Boote, die Flanken eines Konvois aufzurollen. Außerdem glaubte man auf britischer Seite, daß die in den mittleren Kolonnen laufenden Schiffe besser vor Torpedotreffern geschützt wären.

Vizeadmiral L. D. Mackinnon, der Konvoi-Kommodore, hatte seine Flagge auf dem Frachter Assyrian gesetzt.
Die Sicherung dieser gewaltigen Schiffsansammlung bestand zunächst nur aus der 1045 ts großen Sloop Scarborough (zwei 10-cm-Geschütze und vier Fla-Waffen). Erst in den Western Approaches sollten weitere Geleitfahrzeuge zum Konvoi stoßen. Am 16. Oktober 1940 kam das Schwesterschiff der Scarborough, die Fowey, hinzu sowie die 925 ts große Korvette Bluebell (ein 10-cm-Geschütz und mehrere leichte Fla-Waffen). Diese drei Kriegsschiffe nahmen nun ihre Positionen am Konvoi ein. Um die jetzt folgende Geleitzugschlacht besser beurteilen zu können, muß man verstehen, daß die drei Geleitfahrzeuge niemals taktisch zusammengearbeitet hatten, sie besaßen auch keinen Plan, wie sie mit einer derartigen Situation, d. h. im Falle eines Angriffs durch U-Boote, fertig werden sollten.
Scarborough lief an Backbord dem Geleitzug voraus, während Fowey an der Steuerbordseite und Bluebell achtern von den Frachtern stand.
In den Morgenstunden des 17. Oktober 1940 griff U-48 unter Bleichrodt als erstes U-Boot an und versenkte zwei Schiffe. Der Konvoi-Kommodore ließ daraufhin den Geleitzug nach Steuerbord abdrehen, und zwar weg von der gefährlichen Stelle, wo die deutschen U-Boote lauerten. Scarborough und Fowey suchten U-48 an der Backbordseite, entdeckten aber den unsichtbaren Gegner nicht. Bluebell kümmerte sich währenddessen um die zwei sinkenden Schiffe. Schließlich drückte ein »Sunderland«-Flugboot U-48 unter Wasser. Scarborough lief auf die vom Flugboot gemeldete Stelle zu und entfernte sich somit über 24 Stunden vom eigentlichen Schauplatz des Geschehens und schwächte also entscheidend die schon an sich viel zu geringe Sicherung. Am folgenden Tag stand die Sloop soweit achtern vom Konvoi, daß sie aufgrund ihrer geringen Geschwindigkeit von 14 kn keine Chance mehr hatte, ihre Schützlinge rechtzeitig wieder einzuholen.
Die beiden noch verbliebenen Sicherungsfahrzeuge standen am 17. Oktober 1940 nachmittags bzw. nach Einbruch der Dunkelheit erneut am Konvoi. Jetzt war Verstärkung unterwegs: die Sloop Leith (990 ts, zwei 10-cm-Geschütze, eine 7,5-cm-Flak und einige leichte Fla-Waffen) und die Korvette Heartease (925 ts, ein 10-cm-Geschütz und leichte Fla-Waffen). Aber auch sie konnten das kommende Unheil am 18. und 19. Oktober 1940 nicht mehr abwenden.
Inzwischen hatte auch U-38 den Konvoi SC-7 gesichtet, aber dessen Position weiter nördlich als tatsächlich gemeldet. Admiral Dönitz befahl daher, da er nicht wußte, ob die Angabe von U-48 stimmte, für den 18. Oktober 1940 die Aufstellung der Vorpostenlinie östlich der Rockall-Bank. Der Konvoi mußte diesen U-Boot-Streifen aller Wahrscheinlichkeit nach an diesem Tag passieren.
U-38 versuchte, gegen Abend des 17. Oktober 1940 in Angriffsposition zu stehen. In Überwasserfahrt lief das Boot in einem großen Bogen auf die Schiffe zu. Kurz nach Mitternacht stand es auch auf der dunklen Seite des Konvois, der sich deutlich im hellen Mondlicht abhob. U-38 hatte Glück, denn es wurde bei seinem Manöver nicht von der Bluebell entdeckt, konnte seine Torpedos losmachen und traf den mit Holz beladenen 3670 BRT großen britischen Dampfer Carsbreck. Die Bewacher Fowey und

Bluebell suchten ohne Erfolg den Angreifer, denn ihre geringe Geschwindigkeit von nur 14 kn bedeutete für ein über Wasser laufendes U-Boot keine allzu große Gefahr. In diesem Augenblick erschien nochmals Verstärkung auf dem Kampfplatz, und Commander R. C. Allen von der Leith übernahm sogleich die Führung der Abwehr. Wiederum kümmerten sich die Kriegsschiffe um den torpedierten Frachter und suchten achtern vom SC-7 nach dem U-Boot. Sie entblößten daher in einer gefährlichen Situation erneut den Konvoi. Diese Chance nutzte U-38 aus und feuerte mehrere Torpedos auf die Assyrian mit dem Geleitzug-Kommodore an Bord. Vizeadmiral Mackinnon entdeckte jedoch rechtzeitig die Torpedolaufbahnen und konnte ihnen ausweichen.

Jetzt sollte das Verhängnis über SC-7 hereinbrechen. Mit Höchstfahrt näherten sich U-99 unter Kretschmer und U-100 mit seinem Crew-Kameraden Kapitänleutnant Joachim Schepke. Kretschmer beabsichtigte, wie schon früher, in den Konvoi selbst einzudringen, um sich dann seine Ziele aus nächster Entfernung herauszusuchen. Nördlich von U-99 sah man U-101, das an Kretschmer meldete: »Feind an Backbord gesichtet«. Bald darauf entdeckte der Kommandant von U-99 bereits die Masten der unzähligen Handelsschiffe.

Auf den britischen Sicherungsfahrzeugen ahnte man nicht, was auf sie zukommen würde. Voraus lief die Leith, an Steuerbord die Bluebell. Mit Einbruch der Dunkelheit versuchte die Fowey, Fühlung haltende U-Boote abzudrängen und zu verhindern, daß diese den Geleitzug an Backbord angreifen würden. Vizeadmiral Mackinnon änderte den Kurs um 40° nach Steuerbord in der Annahme, die U-Boote würden die Änderung nicht bemerken. Aber nach 21.00 Uhr brach die Hölle los: U-46 unter Oberleutnant zur See Engelbert Endrass (Crew 35) eröffnete den Reigen und torpedierte und versenkte den schwedischen Frachter Convalleria. Dem U-Boot war es also doch gelungen, von Backbord an den SC-7 heranzukommen, denn die Fowey befand sich noch ziemlich weit achtern von ihren Schützlingen. Leith lief auf die vermutliche Position des angreifenden U-Bootes zu, stand dann achtern vom Geleitzug, und zusammen mit der Fowey hoffte man, hier kreuzende U-Boote aufzuspüren. Doch es war vergeblich, denn am Konvoi stand jetzt nur noch Bluebell, und diese Chance nutzte sogleich Kretschmer aus. Aber lassen wir ihn selber sprechen, wie er seine brillanten Angriffe durchführte. Sein Kriegstagebuch hielt die dramatischen Geschehnisse wie folgt fest (teilweise Rückübersetzung aus dem Englischen):

»18. Oktober 1940 – 21.24 Uhr. Austausch Erkennungssignal mit U-123. Geleitzug erneut gesichtet. Laufe voraus vom Geleitzug, lasse mich daher zurückfallen, um Führerzerstörer zu vermeiden. Zerstörer feuern ununterbrochen Leuchtgranaten. Greife die rechte Flanke der ersten Kolonne von außen an.

22.02 Uhr. Wetter, Sicht mäßig, helles Mondlicht. Feure Bugtorpedo. Fehlschuß.

22.06 Uhr. Feure Hecktorpedo. Auf 700 m vorne mittschiffs getroffen. Schiff ca. 6500 BRT, sinkt innerhalb 20 Sekunden. Laufe in den Konvoi rein.

22.30 Uhr. Feure Bugtorpedo. Fehlschuß wegen Fehler bei Errechnung des Angriffswinkels. Entschließe mich daher, Rest der Torpedos ohne Feuerleitanlage zu feuern, da das Gerät noch nicht von der Torpedo-Versuchsanstalt geprüft und justiert worden

ist. Boot wird von einem Schiff entdeckt, das weißen Stern feuert und mit AK auf mich zudreht, selbst dann noch, als ich Kurs ändere.
Ich muß mit allen Maschinen ablaufen. Schließlich dreht Schiff ab, feuert mit einem Geschütz und nimmt wieder Platz im Geleitzug ein.
23.30 Uhr. Ich greife nun den rechten Flügel des vorletzten Gliedes an. Bugschuß auf großen Frachter. Da der Dampfer zuzackt, geht der Torpedo vorn vorbei und trifft dessen noch größeren Nebenmann nach einer Laufstrecke von 1740 m. Dieses Schiff, etwa 7000 BRT groß, wird in der Höhe des vorderen Mastes getroffen und sinkt mit dem Vorschiff schnell bis zur und unter die Wasseroberfläche, da anscheinend zwei Laderäume vollaufen.
23.55 Uhr. Bugschuß auf großen Frachter, etwa 6000 BRT, Entfernung 750 m. Treffer vorderer Mast. Der Torpedodetonation folgt unmittelbar eine durch eine hohe Stichflamme begleitete Explosion, die das Vorschiff bis zur Brücke aufreißt und deren Qualmwolke etwa 200 m hoch steht. Vorschiff anscheinend gebrochen. Schiff brennt weiter mit grünlicher Flamme.
19. Oktober 1940 – 00.15 Uhr. Drei Zerstörer nähern sich dem Schiff und suchen in Dwarslinie die Umgebung ab. Ich laufe mit äußerster Kraft ab nach Süd-West und gewinne bald wieder Anschluß an den Geleitzug. Es sind dauernd Torpedodetonationen anderer Boote zu hören. Die Zerstörer wissen sich nicht zu helfen und schießen dauernd zu ihrer Beruhigung Leuchtgranaten, die aber in der hellen Mondnacht nicht viel ausrichten. Ich fange nun an, den Geleitzug von achtern abzubauen.
01.38 Uhr. Bugschuß auf großen, tiefbeladenen Frachter von etwa 6000 BRT, Entfernung 945 m. Treffer am vorderen Mast. Schiff sinkt in der Detonation.
01.55 Uhr. Bugschuß auf den nächsten großen Dampfer von etwa 7000 BRT. Entfernung 975 m. Treffer am vorderen Mast. Schiff sinkt innerhalb von 40 sec.«
Otto Kretschmer konnte an jenem 18. Oktober 1940 im Verlaufe dieser Angriffe versenken:
Um 22.06 Uhr: Britischer Dampfer Empire Miniver (6055 BRT/1918) aus London in AM-2924 (310° 250 sm Rathlin Head), um 23.30 Uhr: Schwedischer Dampfer Gunborg (1572 BRT/1930) aus Göteborg in AM-2928 (57° 14′ N–11° . . ′ W), um 23.55 Uhr: Griechischer Dampfer Niritos (3854 BRT/1907) aus Ithaka ebenfalls in AM-2928 auf 57° 14′ N–10° 38′ W.
In den frühen Morgenstunden des 19. Oktober gelang es U-99, wiederum zum Schuß zu kommen und folgende Schiffe fielen den Torpedos des Unterseebootes zum Opfer: Um 01.38 Uhr: Britischer Dampfer Empire Brigade (5154 BRT/1912) aus Newcastle in AM-2955 (57° 12′ N–10° 43′ W), um 01.55 Uhr: Britischer Dampfer Sedgepool (5556 BRT/1918) aus West Hartlepool in AM-2957 (57° 20′ N–11° 22′ W), um 03.02 Uhr: Griechischer Dampfer Thalia (5875 BRT/1917) aus Syra in AM-2981 (57° 00′ N–11° 30′ W).
Die Schiffe sanken teilweise so schnell, daß deren Besatzungen kaum Zeit zur Rettung hatten. So verschwand die Sedgepool bereits 40 Sekunden nach der Torpedoexplosion.
Um 03.58 Uhr machte Kretschmer seinen letzten Torpedo auf den alten britischen

Dampfer Clintonia (3106 BRT/1917) aus North/South Shields im Quadrat AM-2981 los, der auch traf, das schwimmfähige Schiff jedoch nicht zum Sinken brachte. U-123 (Moehle) versenkte den Engländer am gleichen Tage nach 05.00 Uhr durch Geschützfeuer.

Der Geleitzug hatte nun jeden Zusammenhang verloren, so daß U-99 ohne Gefahr daran gehen konnte, seine Opfer durch Artilleriefeuer auf den Meeresgrund zu schikken. Aber U-123 kam ihm zuvor. Einige Granaten explodierten dicht vor U-99, so daß der Kommandant schleunigst das Gebiet verließ und Kurs auf seinen Stützpunkt nahm.

Der Oktober 1940 ging durch diese Geleitzugschlacht als einer der schwarzen Monate in die Geschichte der Schlacht im Atlantik ein. Der Konvoi SC-7 verlor insgesamt 21 Schiffe, während zwei weitere beschädigt wurden. Die übrigen Fahrzeuge erreichten ungeschoren den Nordkanal, um von hier ihre jeweiligen Bestimmungshäfen anzulaufen.

Kapitänleutnant Kretschmer hatte bis jetzt, als überragend begabter U-Boot-Kommandant, die von Admiral Dönitz eingeführte Angriffstaktik an der Front folgerichtig weiterentwickelt. Seine neuartigen Erkenntnisse, besonders die nächtlichen Überwasserangriffe innerhalb der Geleitzüge, gehörten bald zur normalen Schulausbildung der U-Boote. Sein Prinzip war: Torpedos sparen und seine Devise: Ein Torpedo – ein Schiff.

Am 30. Oktober 1940 lief Kretschmer zur fünften Operation mit U-99 aus. Westlich von Irland wurde am 3. November 1940 der britische Dampfer Casanare (5376 BRT/1924) aus Liverpool gesichtet und um 21.40 Uhr auf 53° 58′ N–14° 13′ W (AM-4875) vernichtet. Als dieser langsam in den Fluten verschwand, erschien ein zweites größeres und dann noch ein weiteres Schiff. Über den nun folgenden dramatischen Kampf von U-99 und die Versenkung von zwei britischen Hilfskreuzern heißt es im Kriegstagebuch von U-99:

»22.02 Uhr. Zweiter Dampfer wieder in Sicht in rw. 240°, zugleich ein dritter Dampfer in 300°. Der zweite macht kehrt und läuft in hoher Fahrt und geradem Kurs ab. Angriff auf den dritten, der durchhält. Beim Näherkommen wird ersichtlich, daß er ein Passagierdampfer mit zwei Schornsteinen und einem vorderen Mast ist. Der achtere Mast ist gekappt. Wahrscheinlich ein Hilfskreuzer. Am Bug sind einige Bullaugen nicht abgeblendet, also mit Sicherheit ein Kriegsfahrzeug. Schiff läuft nicht volle Fahrt.

22.50 Uhr. Torpedoschuß auf 1500 m. Treffer unter dem achteren Schornstein. Schiff funkt unter anderem offen: ›Torpedoed engineroom, all fires out‹. Ist also manövrierunfähig, sinkt aber kaum tiefer. Die Decksbeleuchtung brennt, von der Brücke werden eine Anzahl roter Sterne geschossen, Boote werden ausgesetzt. Es ist der 18 724 BRT große britische Passagierdampfer Laurentic (Bewaffnung des Hilfskreuzers: Sieben 14-cm-Geschütze, drei 10,2-cm-Flak), der wahrscheinlich als Hilfskreuzer in Dienst gestellt worden ist. – Der zweite Dampfer kommt wieder in Sicht und in die Nähe.

23.28 Uhr. Ungeklärter Fehlschuß auf die gestoppte Laurentic.

23.37 Uhr. Fangschuß auf 580 m. Treffer unter dem vorderen Schornstein. Keine besondere Wirkung.
23.40 Uhr. Laurentic schießt gut liegende Leuchtgranaten und gleich darauf scharfe Granaten und immer wieder Leuchtgranaten. Ich laufe mit äußerster Kraft ab und in die Nähe des zweiten Dampfers, der gestoppt liegt und die Besatzung in Rettungsbooten aufnimmt.
4. November 1940. 00.02 Uhr. Schuß auf den gestoppten Dampfer, Entfernung 1200 m. Treffer vor der Brücke. Schiff funkt offen Namen und Standort und setzt Boote aus. Es ist der britische Passagierdampfer, jetzt wahrscheinlich Hilfskreuzer Patroclus, 11 314 BRT (Bewaffnung des Hilfskreuzers: Fünf 15-cm-Geschütze, zwei 7,5-cm-Flak).
00.22 Uhr. Zweiter Torpedo auf Patroclus, Entfernung 1200 m. Treffer achtern. Keine besondere Wirkung. Schiff hat Faßladung. Eine Menge leerer Fässer treibt ab.
00.44 Uhr. Dritter Torpedo auf Patroclus, Entfernung 950 m. Treffer an der Brücke. Weitere Fässer werden frei. Schiff, das parallel etwas tiefer gesunken ist, krängt nun auch nach Steuerbord. Ich beschließe, ihm mit Artillerie den Rest zu geben.
00.58 Uhr. Vier Schuß 8,8 cm auf 1000 m Entfernung, davon zwei Treffer, von denen einer anscheinend Bereitschaftsmunition auf dem Aufbaudeck zur Entzündung bringt. Danach muß ich abdrehen und ablaufen, weil Patroclus das Feuer erwidert, und zwar mit gutliegenden Zeitzündergranaten.
01.18 Uhr. Vierter Torpedo auf Patroclus. Treffer am vorderen Mast. Keine besondere Wirkung, bis auf weitere Fässer. Die Besatzung kommt mit dem Nachladen der Torpedos nicht so schnell nach, ich nutze die dadurch entstehende Pause aus, um an der noch schwimmenden und sogar noch hoch herausliegenden Laurentic vorbei nach der Casanare zu laufen.
02.15 Uhr. An der Untergangsstelle der Casanare beim Befragen der Besatzung eines ihrer fünf Rettungsboote wird nun plötzlich eine beleuchtete ›Sunderland‹ gesichtet, die uns im Abstand von etwa 500 m umkreist.
02.39. Tauchen.
04.00 Uhr. Nach Beendigung des Nachladens der Torpedos um 04.04 Uhr wieder auftauchen. Auf dem Wege zu den Hilfskreuzern wird ein Bewacher gesichtet. Vor dessen Eintreffen müssen die beiden Schiffe versenkt sein.
04.53 Uhr. Zweiter Fangschuß auf die Laurentic, Entfernung 1400 m. Treffer achtern. Schiff sinkt innerhalb weniger Minuten über den Achtersteven, wobei seine Wasserbomben detonieren.
05.16 Uhr. Fünfter Torpedo auf Patroclus. Treffer im vorderen Laderaum. Außer weiteren Fässern keine besondere Wirkung.
05.25 Uhr. Sechster Torpedo auf Patroclus. Treffer Mitte im Maschinenraum. Schiff bricht hinter dem vorderen Mast auseinander. Der achtere Teil kentert und sinkt schnell. Das Vorschiff sinkt langsam. Ich laufe schnell ab, da der Bewacher auf dem Schlachtfeld erscheint und zunächst mit dem Scheinwerfer das Gebiet ableuchtet, dann von 06.05 Uhr bis 09.00 Uhr Leuchtgranaten schießt.

11.18 Uhr. Tauche vor anfliegendem Flugzeug in rw. 110°, das seine Bombe weitab wirft. Um 14.03 Uhr wieder aufgetaucht.«

Sieben Stunden dauerte die Vernichtung der mit Fässern vollbeladenen Hilfskreuzer, ehe deren Todeskampf in AM-4796 (auf 54° 09′ N–13° 44′ W: (Laurentic/Baujahr 1927), bzw. im gleichen Marinequadrat auf 53° 43′ N–14° 41′ W (Patroclus/Baujahr 1923) zu Ende ging.

Kapitänleutnant Kretschmer hatte drei Torpedos für die Laurentic und sieben für die Patroclus opfern müssen. Der aufkommende englische Zerstörer Achates belegte U-99 noch einige Zeit mit Wasserbomben, entfernte sich aber dann wieder.

Wie konnte es eigentlich geschehen, daß sich zwei englische Hilfskreuzer fast ohne Gegenwehr von U-99 abschießen ließen? Der Kommandant der Patroclus half aus menschlichen Gründen den Besatzungen der torpedierten Casanare und Laurentic. Er beachtete somit nicht die Anweisungen der Admiralität, sich auf keinen Fall U-Boot-Gefahren auszusetzen. Die Aufgabe der Hilfskreuzer bestand hauptsächlich darin, die Seewege nach deutschen Überwasserstreitkräften – insbesondere Hilfkreuzern – abzusuchen.

Großadmiral Karl Dönitz schreibt über die Versenkung der Hilfskreuzer in seinem Buch »Zehn Jahre und zwanzig Tage«: »Kretschmers Darstellung zeigt, daß die englischen Hilfskreuzer sich wenig kriegsmäßig verhielten, daß sie jedenfalls einen Überwasserangriff durch ein U-Boot in der Nacht nicht erwartet hatten. Das Ereignis beweist aber auch, daß die Sprengwirkung unserer Torpedos nicht ausreichend war. Wenn die Engländer ihre Hilfskreuzer, z. B. durch das Laden leerer Fässer, auch besonders sinksicher gemacht hatten, so war die Zahl der zu ihrer Versenkung von U-99 benötigten Torpedos doch übermäßig groß. Nach solchen Fällen konnten die U-Boote wegen Torpedomangels weitere Angriffsgelegenheiten häufig nicht ausnutzen. Mit diesem Erfolg hatte Kretschmer bereits über 200 000 BRT versenkt. Als ich am 4. November seine Funkmeldung über das Geschehnis erhielt, beantragte ich telefonisch das *Eichenlaub zum Ritterkreuz* für ihn. Es wurde noch am selben Tage durch Funkspruch verliehen. Ich freute mich für ihn und wußte, daß auf seinem draußen im Atlantik stehenden U-Boot jeder Soldat stolz darauf war und durch die schnelle Anerkennung der Leistung des Bootes neuen Ansporn erhielt.«

Auf dem Rückmarsch zum Stützpunkt fiel U-99 am 5. November 1940 noch der britische Motortanker Scottish Maiden (6993 BRT/1921) aus London um 02.55 Uhr in AM-4577 auf 54° 36′ N–14° 23′ W zum Opfer, so daß Kapitänleutnant Kretschmer nach dieser Unternehmung vier vernichtete Schiffe von insgesamt 42 407 BRT als Erfolg verbuchen konnte. Am 10. November 1940 machte U-99 wieder in seinem Stützpunkt fest.

Kretschmer stand bald wieder im Atlantik, und zwar westlich des Nordkanals, als am 1. Dezember 1940 U-101 den britischen Konvoi HX-90 sichtete. U-99 lief sofort darauf zu und stieß am 2. Dezember 1940 auf den britischen Hilfskreuzer Forfar (16 402 BRT/1920, Bewaffnung des Hilfskreuzers: Acht 15-cm-Geschütze, zwei 7,5-cm-Flak), dessen Begleitzerstörer zum HX-90 abgelaufen war. Kretschmer beschädigte um 05.46 Uhr das Hilfskriegsschiff zunächst mit einem Torpedo, aber erst

vier weitere Aale brachten gegen 06.57 Uhr das Ende des Riesen – er hatte rund 160 Mann Besatzung – in AL-6581 auf 54° 35′ N–18° 18′ W. Einzelheiten über den Untergang wurden durch einen geretteten Offizier an Bord des holländischen Frachters Edam (8871 BRT) bekannt.
Kurz vorher hatte Prien auf U-47 den britischen Tanker Conch (8376 BRT/1931) um 05.25 Uhr in AL-6548 durch Torpedotreffer auf 55° 40′ N–19° 00′ W beschädigt, am 3. Dezember griff auch U-95 (Schreiber) den in London registrierten Motortanker zwischen 09.05 und 09.32 Uhr an, der indessen nach drei weiteren Fangschußtreffern – von denen zwei kaum eine Wirkung zeigten – immer noch auf dem Wasser schwamm. Kretschmer gelang es dann, die hartnäckige Conch um 10.19 Uhr in AL-6558 (55° 40′ N–19° . .′ W) durch einen Fangschuß schließlich zur Strecke zu bringen.
Am gleichen Tag (2. Dezember 1940) hatte Kapitänleutnant Kretschmer nochmals Glück. Gegen Abend sichtete er wiederum einen Dampfer in AL-6885, den man als den alten Norweger Samnanger (Baujahr 1918) aus Bergen mit 4276 BRT (die Größe sowie der Name wurden von U-99 einwandfrei identifiziert) ausmachte, obwohl der Abgang nicht einwandfrei geklärt werden konnte. Nach britischen Angaben ging das Fahrzeug erst am 21. Dezember nach einem U-65-Angriff (von Stockhausen) auf 08° 26′ N–16° 50′ W verloren. U-99 setzte zum Torpedoangriff an und versenkte das Schiff gegen 20.50 Uhr.
Am 3. Dezember 1940 erhielt Kretschmer Befehl, zusammen mit vier weiteren U-Booten den Konvoi SC-13 anzugreifen, der aber nicht gefunden wurde.
Als letztes Schiff auf dieser Feindfahrt schoß U-99 am 7. Dezember 1940 aus dem Konvoi OB-252 noch den niederländischen Frachter Farmsum mit 5237 BRT (1929) aus Batavia um 22.39 Uhr in AL-8473 auf 52° 11′ N–22° 56′ W als Nachzügler heraus.
Damit fand die am 27. November 1940 begonnene vorletzte und sechste Fahrt von U-99 ihr Ende. Am 12. Dezember 1940 lag das Boot wieder im französischen Stützpunkt.
Erst am 19. Februar 1941 machte Kretschmer erneut die Leinen los. Es sollte seine letzte, aber seine erfolgreichste Operation werden (7 Einheiten – 61 711 BRT). Kurze Zeit nach dem Auslaufen wurde U-99 auf den nach Westen laufenden britischen Geleitzug OB-290, den Prien auf U-47 am 25. Februar 1941 nachmittags gesichtet hatte, angesetzt. Aufgrund der Fühlungshaltermeldungen schlossen an den Konvoi außer Prien und Kretschmer noch zwei deutsche und zwei italienische U-Boote heran. Allerdings kamen sie nicht zum Schuß mit Ausnahme von U-99, das zwar auf den britischen Dampfer Holmelea (4223 BRT) einen Torpedo feuerte, der aber sein Ziel nicht traf. Prien versenkte den Frachter am 28. Februar durch Artilleriefeuer.
Auch ein Ansatz gegen den Konvoi OB-292 schlug fehl. Eine Focke-Wulf Condor-200 hatte diesen am 2. März 1941 westlich des Nord-Kanals gesichtet. Daraufhin wurde ein Vorpostenstreifen aus sechs deutschen – darunter U-99 – und zwei italienischen U-Booten gebildet, aber die Boote fanden ihn nicht. Am 4. März 1941 machte eine weitere Focke-Wulf den Geleitzug nochmals aus, und für den folgenden Tag wurde wiederum ein Suchstreifen aufgestellt. Doch nun hatte der Konvoi den Funk-

verkehr der U-Boote aufgefangen – bei zunehmender deutscher FT-Geschwätzigkeit sollte das immer häufiger der Fall werden – und umging die ihm drohende Gefahr durch eine Kursänderung. U-99 brach daraufhin am 5. März 1941 die erfolglose Jagd ab.

Die Briten hatten inzwischen ihre Konvoistraßen weiter nach Norden verlegt, einmal um der U-Boot-Gefahr zu entgehen und zum anderen um die Routen zu verkürzen. Die deutsche U-Boot-Führung erfuhr jedoch von diesen Ausweichbewegungen, und deshalb operierten seit Anfang März 1941 die U-Boote südlich von Island, wo man reiche Beute zu finden hoffte.

Einen Tag nach der erfolglosen Unternehmung gegen den OB-292 hatte U-47 wiederum Glück. Prien sichtete in den Abendstunden vor Island den von Großbritannien kommenden Geleitzug OB-293. In der Nacht zum 7. März 1941 konnten aufgrund der Fühlungshaltermeldungen von Prien U-70 und Kretschmer heranschließen. Die britischen Sicherungsfahrzeuge hatten aber inzwischen einiges gelernt und ihre anfängliche Unsicherheit verloren. Sie begingen nicht mehr den Fehler, sich vom Konvoi und damit von den Schiffen zu entfernen, die damit den U-Boot-Angriffen hilflos ausgesetzt waren. Noch war die Zahl der U-Jäger zu gering, um die U-Boote im weiten Umkreis des Geleitzuges stundenlang zu suchen und aufzuspüren. Die U-Boote mußten aber an den Konvoi heranschließen, um ihre Opfer zu finden. Folglich drohte ihnen hier die größte Gefahr, wenn die Bewacher auf ihren zugewiesenen Stationen blieben und die U-Boote abzudrängen oder zu vernichten versuchten. Am Konvoi OB-293 machte sich diese neue Taktik bereits bemerkbar.

U-47 wurde abgedrängt. U-70 gelang es zwar, einen Dampfer und einen Tanker herauszuschießen. Als Kapitänleutnant Joachim Matz (Crew 32), Kommandant von U-70, den niederländischen Tanker Mijdrecht mit einem Fangschuß den Rest geben wollte, rammte dieser das angreifende U-Boot. Kurz darauf entdeckten die Korvetten Camellia und Arbutus das U-Boot und Wasserbomben beschädigten es so schwer, daß es auftauchen mußte und unterging. Der Kommandant und der größte Teil der Besatzung gerieten in Gefangenschaft. Kretschmer kam jetzt auch zum Schuß und torpedierte auf 60° . . ′ N–12° 50′ W das als Tanker fahrende britische Walfangmutterschiff Terje Viken (20 638 BRT/1936) aus London. Trotz weiterer Torpedotreffer ging das große Fahrzeug nicht unter; es wurde schließlich als treibendes Wrack am 14. März 1941 von drei britischen Kriegsschiffen durch Artilleriefeuer auf den Meeresgrund geschickt.

Am gleichen Abend (7. März 1941) gewann auch noch U-A Fühlung am Konvoi und griff in den frühen Morgenstunden einen Frachter an, doch trafen die Torpedos wahrscheinlich nicht (Nahzünder). Sofort schlugen die Sicherungsfahrzeuge hart zurück und beschädigten das U-Boot durch Wasserbomben so schwer, daß es den Kampf abbrechen und zum Stützpunkt zurücklaufen mußte. U-37 kam an den Konvoi überhaupt nicht heran, denn die Abwehr war gut eingespielt. Schließlich wurde U-47 unter Kapitänleutnant Prien nach erneuter Fühlungnahme versenkt.

Nur noch Kretschmer gelang es, den britischen Motortanker Athelbeach (6568 BRT/1931) aus Liverpool auf 60° 30′ N–13° 30′ W zu torpedieren. Als dieser zurückfiel, nahm U-99 das Schiff mit Artillerie unter Feuer, und nach einem Fangschuß ging der Tanker unter.

Daß die englische Konvoi-Sicherung Erfahrungen gesammelt hatte, stellte auch Kretschmer zu seiner großen Enttäuschung fest. Immer wieder drängten ihn die Bewacher ab und drückten U-99 unter Wasser, so daß er den Kampf abbrach, nachdem er noch nicht einmal die Hälfte der Torpedos verschossen hatte.

Der Geleitzug setzte nun unbehelligt seine Fahrt fort. Er verlor nur zwei Schiffe durch U-99 mit zusammen 27 206 BRT.

Aber das Glück von U-99 mit dem goldenen Hufeisen als Wappen am Turm hielt nicht mehr lange. U-99, U-37, U-74, U-110 sowie U-100 und sechs italienische Unterseeboote operierten jetzt nordwestlich des Nordkanals und hofften, auf einen Geleitzug zu stoßen. U-101 sichtete am Abend des 15. März 1941 den Geleitzug HX-112, der mit 41 Schiffen von Halifax kommend nach England steuerte. Gesichert wurde er von der 5th Escort Group unter dem erfahrenen U-Boot-Killer Commander Donald Macintyre, der die Zerstörer Walker, Vanoc, Volunteer, Sardonyx und Scimitar sowie die Korvetten Bluebell und Hydrangea befehligte. Sofort nach Erhalt der Fühlungshaltermeldung stießen U-37, U-100, U-74 und U-99 mit Kretschmer darauf zu.

U-110 griff als erstes Boot in den frühen Morgenstunden des 16. März 1941 an und beschädigte einen Tanker durch Torpedos. Es dauerte aber nicht lange, und die Sicherungsstreitkräfte drückten das U-Boot unter Wasser. Dann versuchten es U-37, U-100 und nochmals U-110, aber die Zerstörer Scimitar, Walker und Vanoc verstanden es immer wieder, die auf eine Chance lauernden U-Boote zu verjagen.

Nur Otto Kretschmer gelang es, in geschickter Taktik und unter Ausnutzung der Dunkelheit über Wasser laufend in den Konvoi einzudringen und in mehreren Angriffen fünf Schiffe auf den Meeresgrund zu schicken.

Zunächst am 16. März 1941: Norwegischer Motortanker Ferm (6593 BRT/1933) aus Oslo auf 60° 42′ N–13° 10′ W, norwegischer Motortanker Beduin (8136 BRT/1936) ebenfalls aus Oslo auf gleicher Position, britischer Tankdampfer Venetia (5728 BRT/1927) aus Glasgow auf 61° . . ′ N–12° 36′ W, kanadischer Dampfer J. B. White (7375 BRT/1919) aus Montreal auf 60° 57′ N–12° 27′ W und am 17. März das schwedische Motorschiff Korsham (6673 BRT/1920) aus Stockholm auf 61° 09′ N–12° 20′ W mit insgesamt 34 505 BRT, während ein weiterer britischer Motortanker, die in Cardiff registrierte und im Jahre 1936 gebaute France Comte mit 9314 BRT auf 61° 15′ N–12° 30′ W am 16. März beschädigt hinter dem HX-112-Konvoi zurückbleiben mußte. Die französische Besatzung dieses Schiffes war bereits von Bord gegangen, stieg aber nach einigen Tagen wieder auf den verlassenen Tanker und brachte ihn sicher nach England.

Während U-99 mitten im Konvoi HX-112 diese glänzenden Erfolge erzielte und, nachdem alle Torpedos verschossen waren, sich absetzte, versuchte U-100 mit Schepke von achtern in den Konvoi einzudringen.

Nun brach das Unglück über zwei große U-Boot-Asse herein: Es zeigte sich, daß auch sie Fehler machten und somit die Legende ihrer Unsterblichkeit im Monat März 1941 schwer erschüttert wurde.

Nach dem ersten Angriff von U-110 am 16. März 1941 herrschte bis zum Eindringen von U-99 unter Kretschmer im Konvoi selbst relativ Ruhe. Commander Macintyre, der zum ersten Mal eine eigene Sicherungsgruppe führte, glaubte schon, daß er nach seinem Einlaufen in England nur von versenkten und torpedierten Schiffen berichten müßte, ohne aber ein U-Boot vernichtet zu haben. Kurz vor Einbruch der Dunkelheit meldete der Zerstörer Scimitar an Walker, daß man voraus vom Konvoi ein U-Boot ausgemacht hätte. Daraufhin liefen Walker, Vanoc und Scimitar sofort mit Höchstfahrt auf die Position zu. Als die drei Kriegsschiffe sich bis auf drei Seemeilen dem U-Boot genähert hatten, tauchte dieses weg. Die Zerstörer suchten dann in Dwarslinie die See nach dem unsichtbaren Gegner ab. Vanoc und Scimitar kämmten die See noch zwei Stunden in der Dunkelheit ab, während Walker zum Geleitzug zurücklief, der jetzt seinen Kurs änderte. Hierdurch sackte das U-Boot weit achtern vom SC-112 zurück.

Gegen 22.00 Uhr hatte Walker wieder den Konvoi erreicht, als bereits die erste Torpedodetonation erfolgte. Kretschmer war es gelungen, aufgrund seines taktischen Geschicks in den Geleitzug einzudringen und dann innerhalb der Dampferkolonnen seine Opfer auszusuchen. Commander Macintyre und seine Sicherungsfahrzeuge hielten indessen vergeblich Ausschau nach einem U-Boot. Macintyre gab aber die Hoffnung nicht auf, irgendwie eine Kielwasserspur des Gegners zu entdecken, um diesen dann unter Wasser zu drücken und mit Hilfe des Asdics zu finden und mit Wasserbomben einzudecken. Der Führerzerstörer steuerte aus diesem Grunde Schlangenlinien, um das Kielwasser eines U-Bootes ausfindig zu machen. Es sollte nicht lange dauern, als man auf der Brücke der Walker eine schwache Spur bemerkte, die nur von einem U-Boot stammen konnte. Der Zerstörer erhöhte seine Fahrt auf 30 kn. Aber gleichzeitig hatten die Ausgucks auf dem U-Boot den auf sie zulaufenden Zerstörer gesehen. Das Boot tauchte sogleich und wurde von einer Wasserbombenserie eingedeckt. Macintyre nahm an, das U-Boot versenkt zu haben, denn auf der Wasseroberfläche war ein orangefarbener Blitz zu sehen – ein typisches Zeichen für die Vernichtung eines U-Bootes. Aber noch war es nicht so weit. Da die Versenkung eines U-Bootes nicht anerkannt würde ohne sichtbare Beweise, setzte Walker die Suche fort und ortete eine halbe Stunde später erneut das U-Boot. Die Vanoc eilte zur Unterstützung herbei. Für das U-Boot bedeutete es die Hölle, denn Wasserbomben über Wasserbomben explodierten in der Tiefe, wo man den Gegner vermutete. Noch konnte sich das U-Boot durch geschickte Ausweichmanöver der endgültigen Vernichtung entziehen. Macintyre wollte nun den U-Boot-Kommandanten in Sicherheit wiegen und entfernte sich, um die Überlebenden des von U-99 versenkten Dampfers J. B. White aufzufischen. Tatsächlich fiel der U-Boot-Kommandant, es war Crew-Kamerad Schepke auf U-100, auf diese List herein und tauchte auf, als er annahm, die Luft oben wäre wieder rein. Vanoc sichtete zuerst U-100 und lief mit AK darauf zu und rammte es, ehe Walker sich an der Vernichtung beteiligen konnte. Vanoc fischte sechs Überlebende von U-100 auf, wobei Walker sicherte. Schepke hatte von der

Brücke seinen Leuten noch zugerufen – als die Vanoc auf ihn zulief – daß der Zerstörer das U-Boot achtern passieren würde. Wahrscheinlich wurde er aber durch den Tarnanstrich des Kriegsschiffes getäuscht. Er selbst fand einen furchtbaren Tod: Der Bug der Vanoc klemmte ihn zwischen Brücke und Sehrohr ein. So starb einer der bekanntesten U-Boot-Kommandanten des Zweiten Weltkrieges.
Auf der Walker brachte man währenddessen neue Wasserbomben an Deck, um für eine weitere Verfolgung gerüstet zu sein. Plötzlich ortete sie ein weiteres U-Boot, was Macintyre unglaublich erschien, denn wie konnte sich ausgerechnet ein U-Boot an dieser gefährlichen Stelle aufhalten. Es handelte sich um U-99 unter Kretschmer, der, nachdem er alle Torpedos verschossen hatte, über Wasser zum Stützpunkt zurücklief. Er selbst befand sich in diesem Augenblick unten im Boot, um einen Funkspruch absetzen zu lassen. Der W.O., Stabsobersteuermann Petersen – er erhielt später das *Ritterkreuz des Eisernen Kreuzes* –, ahnte nicht, daß die beiden britischen Zerstörer U-99 nicht gesehen hatten und ließ daher tauchen. Damit machte er unbewußt einen schwerwiegenden Fehler, denn mit einer Kursänderung über Wasser wäre U-99 entkommen. Radar befand sich noch nicht an Bord der britischen Zerstörer.
Macintyre zweifelte, ob das Echo des Asdic-Gerätes echt wäre, lief aber trotzdem mit Höchstfahrt auf die Tauchstelle zu. Im entscheidenden Moment fiel nun das Gerät aus, doch die Bedienung desselben war so gut eingespielt, daß die sechs geworfenen Wasserbomben – mehr waren im Augenblick nicht wurfbereit – genau U-99 trafen. Walker entfernte sich zu einem neuen Anlauf, als Vanoc signalisierte: »U-Boot achtern von mir aufgetaucht«: Es war genau 03.34 Uhr.
Ein Scheinwerfer der Vanoc leuchtete auf das erfaßte U-99, das gestoppt im Wasser lag. Beide Zerstörer eröffneten jetzt mit Artillerie das Feuer, aber bald darauf signalisierte man von U-99: »Wir sinken«. Die Besatzung verließ ihr Boot, während die Zerstörer insgesamt 40 Besatzungsmitglieder aus dem Wasser holten – nur drei Mann (LI Schröder, Löffler und Schneider) konnten sich nicht mehr retten. Als letzter ging Kretschmer an Bord der Walker. U-99 verschwand auf 61° 00′ N–12° 00′ W in den Fluten des Atlantiks.
Die Laufbahn des erfolgreichsten deutschen U-Boot-Kommandanten des Zweiten Weltkrieges war hiermit beendet.
Auf 16 Feindfahrten mit U-23 und U-99 versenkte Otto Kretschmer nachweislich 41 Schiffe mit 238 768 BRT sowie einen Zerstörer mit 1375 ts; eine Prise mit 2136 BRT wurde aufgebracht, die Versenkung eines Frachters mit 4726 BRT ist nicht einwandfrei geklärt. Sechs Schiffe mit 58 603 BRT wurden torpediert.
Die Zahlen von Otto Kretschmer wurden von keinem anderen U-Boot-Kommandanten während des Zweiten Weltkrieges erreicht. Trotz relativer Zunahme der durchschnittlichen Größe des Handelsschiffes seit dem Ende des Ersten Weltkrieges, trotz Verbesserungen der deutschen U-Boote – gegenüber 1906/18 – und trotz der von unkritischen Historikern herausgestellten »Rudel-Taktik« – durch sie wurden gerade die großen U-Boot-Verluste verursacht – konnte selbst Kretschmer die Spitzenergebnisse der Weltkrieg-I-Kommandanten nicht erreichen! Die negative Erfolgsrelation der Ge-

samterfolge 1939/45 gegenüber den U-Boot-Erfolgen während des Zufuhrkrieges 1914/18 unterstreicht diese bewußt verdrängte Tatsache überdeutlich.
Man muß hierbei allerdings berücksichtigen, daß die britische U-Boot-Abwehr in den Jahren von 1939 bis 1941 noch relativ schwach und unerfahren, das heißt taktisch nicht genügend untereinander eingespielt war. Von Mai 1941 bis Mai 1943 steigerte sich die Abwehr in jeder Hinsicht bis zum endgültigen Zusammenbruch des U-Boot-Krieges im Mai 1943. Die Leistungen von Otto Kretschmer werden hierdurch aber in keiner Weise geschmälert.
Auch U-Boot-Kommandanten anderer Nationen, die gleichfalls beachtliche Erfolge im letzten Kriege erzielten, wie z. B. Amerikaner, Engländer und Italiener, weisen diese Erfolgszahlen nicht auf, zumal sie unter ganz anderen Voraussetzungen kämpften.
Kretschmer und seine Besatzung behandelte man auf der Walker sehr fair, ja, man spielte u. a. sogar Bridge mit dem berühmten Kommandanten von U-99.
Am 21. März 1941 lief Walker in Liverpool ein, wo Macintyre vom Commander-in-Chief, Western Approaches, Admiral Sir Percy Noble, empfangen und begrüßt wurde. Kretschmer kam in eine Zelle des Walton-Gefängnisses. Es folgten nun die üblichen Verhöre in London, um vielleicht herauszubekommen, wie die deutschen U-Boote operierten. Die Briten teilten Kretschmer unterdessen mit, daß er mit Wirkung vom 1. März 1941 zum Korvettenkapitän befördert worden wäre. (Am 1. September 1944 erhielt er den Rang eines Fregattenkapitäns.) Erstaunt war der Kommandant von U-99, wieviel die Engländer über ihn wußten. Diese Erfahrung sollten noch Tausende Deutsche machen, die in anglo-amerikanische Gefangenschaft gerieten. Die »andere Seite« verstand es tatsächlich besser, sich in die Lage des Gegners zu versetzen und sich genau mit der Psychologie der bekannten deutschen Offiziere zu befassen. Folglich war es für die Anglo-Amerikaner im Zweiten Weltkrieg leichter, sich auf den Gegner einzustellen und die entsprechenden Gegenmaßnahmen einzuleiten. Später kam Kretschmer nach dem Norden Englands, wo er in der Nähe von Lake Windermere in einem größeren Landhaus mit anderen gefangenen deutschen Offizieren über ein Jahr bleiben mußte. Hier spielte sich auch die traurige Komödie eines Ehrengerichtes über den I. W.O. von U-570 ab, das unter Kapitänleutnant Hans-Joachim Rahmlow (Crew 28) im August 1941 in englische Hände gefallen war. Moralisch und psychologisch unter Druck gesetzt, floh dieser aus dem Lager, um das Boot in Barrow-in-Furness zu vernichten. Natürlich wurde seine Flucht entdeckt und der Offizier unterwegs, als er sich der erneuten Gefangennahme widersetzte, erschossen. Mit dem Kommandanten von U-570 wollte man dasselbe makabre »Schauspiel« wiederholen, aber die Engländer erfuhren von dem »Ehrengericht«, das im Prinzip einem ungesetzlichen »Feme«-Kriegsgericht gleichkam und verlegten sofort die daran beteiligten Offiziere.
Am 26. Dezember 1941 erhielt Kretschmer als 5. Offizier für seine einmaligen Erfolge das *Eichenlaub mit Schwertern zum Ritterkreuz des Eisernen Kreuzes.* (Zuvor hatte er am 4. November 1940 als 6. Offizier das *Eichenlaub zum Ritterkreuz des Eisernen Kreuzes* erhalten.)
Im Mai 1942 verlegte man das Gefangenenlager nach Kanada, wo Otto Kretschmer

mit seinen Kameraden im Bowmanville-Camp in der Nähe des Ontario-Sees den Rest des Krieges bis zu seiner Entlassung fünf Jahre später blieb. Gegen Ende 1946 ging es wieder nach England, aber Kretschmers Rückkehr verzögerte sich durch die Affäre mit U-570. Doch im Sommer 1947 entließ man ihn nach langen Schwierigkeiten.
Wie viele Deutsche in dieser Zeit stand auch Kretschmer vor dem Nichts. Er resignierte jedoch keineswegs. Er machte seine Dolmetscherprüfung – Kretschmer beherrschte seit früher Jugend sehr gut die englische Sprache – und nahm in Kiel das juristische Studium auf. Der Marine blieb er weiterhin treu und war erster Präsident des nach dem Kriege neugegründeten Deutschen Marine-Bundes. Mit Änderung der politischen und militärischen Lage der westlichen Welt erhielt die Bundesrepublik wieder eigene Streitkräfte.
Otto Kretschmer trat daher am 1. Dezember 1955 in die Bundesmarine ein und war zunächst in der Annahme-Organisation tätig. Nach weiteren Kommandos (u. a. Kommandeur des 1. Geleitgeschwaders und der Amphibischen Streitkräfte) wurde Otto Kretschmer seit Ende 1958 Kommandeur der U-Boote. Im gleichen Jahr wurde er zum Kapitän zur See befördert. Stellungen im Führungsstab der Bundesmarine und beim Befehlshaber der Seestreitkräfte der Nordsee folgten.
Zum Schluß noch einige Bemerkungen über Kretschmer als U-Boot-Kommandant. Noch heute gilt, was der Engländer Terence Robertson in seinem 1955 erschienenen Buch »The golden horseshoe« über ihn schrieb. In wenigen Sätzen hat er es treffend verstanden, die Persönlichkeit des erfolgreichsten U-Boot-Kommandanten des Zweiten Weltkrieges zu charakterisieren:
»Kretschmer selbst wurde in der U-Boot-Waffe gern gesehen und geschätzt. Er war von der Marinetradition durchdrungen und jede seiner Handlungen war so abgestimmt, daß sie in einem richtigen Verhältnis zwischen Vorgesetzten und Untergebenen stand. Bereits in den Jahren der Ausbildung und bis zur Stunde seines Triumphes machte ihn seine persönliche Höflichkeit gegenüber Offizieren und Mannschaften zu einem der populärsten U-Boot-Kommandanten der U-Boot-Waffe.
Seine für ihn charakteristische Zurückhaltung brachte ihm den herzlich gemeinten Spitznamen ›Der schweigsame Otto‹ ein. Er wurde von allen respektiert und bewundert, und Dönitz schrieb über ihn als ›den besten Schüler‹. Trotz seines Erfolges besaß er nicht die arrogante Aufschneiderei Priens und anderer Kommandanten. Dagegen machten seine frühere Schwäche und sein frühes Unvermögen einem mehr toleranten Verstehen menschlicher Mängel Platz und einer Bereitschaft, seinen Männern bei der Überwindung ihrer Fehler zu helfen. Aus dem unbarmherzigen Kommandanten von U-23 wurde eine zäher Vorgesetzter, der nichtsdestoweniger ein Kommandant war, dem jedes Besatzungsmitglied ruhig seine Sorgen anvertrauen konnte.«
Auch sein ehemaliger Gegner, der damalige Commander Donald Macintyre schreibt über ihn und die beiden anderen bekannten deutschen U-Boot-Asse Prien und Schepke: »Die drei Helden waren Günther Prien auf U-47, Joachim Schepke auf U-100 und Otto Kretschmer auf U-99. Prien, ein ausgezeichneter Seemann, unbarmherziger Kämpfer und glühender Nazi, war als U-Boot-Kommandant ein glänzender Einzelgänger.

Schepke war ein ganz anderer Charakter. Fröhlich, unbekümmert und äußerlich etwas wie ein Schauspieler, war er mehr als bereit, die Rolle des Helden, mit seiner Mütze verwegen auf dem Kopf und mit einer Haltung äußersten Selbstvertrauens zu spielen. Der dritte und erfolgreichste des Trios, Otto Kretschmer, war der gefährlichste von allen. Völlig furchtlos, sehr vertrauend auf seine Fähigkeiten als Seemann und Soldat, widmete er sich zielbewußt seiner Laufbahn in der Marine und befehligte sein U-Boot mit der eisernen Hand eines strengen Vorgesetzten und brachte seine Besatzung zu höchsten Leistungen, wobei er dennoch deren Zuneigung gewann. Für Kretschmer bedeuteten die prahlerischen Reden nichts; keine theatralischen Gesten, nicht das geringschätzige Übervertrauen angesichts des Feindes. Seine Kameraden hatten es schwer, ihn wirklich kennenzulernen und nannten ihn den ›schweigsamen Otto‹. Die ihm zugedachte Heldenverehrung und der Glanz, der sein Name hervorrief, waren ihm ebenfalls zuwider. Verglichen mit den beiden strotzenden Assen schien er eine unheimliche Figur abzugeben.«

Großadmiral a. D. Karl Dönitz schreibt über Kretschmer:

»Er war ein hervorragender U-Boot-Kommandant und besaß eine seltene Kaltblütigkeit. Er erfaßte schnell eine taktische Situation, erkannte die beste Möglichkeit, sie auszunutzen und führte dann seinen Angriff mit großer Ruhe, Zähigkeit und Können durch.«

U-Boot-Kommandant in Flandern
Kapitänleutnant Otto Steinbrinck

Den Fähnrichs zur See Steinbrinck und Volckmar sowie dem Baueleven Einjährig-Freiwilligen Obermatrosen Dubois von der I. Matrosendivision, die in der Fähnrichsprüfung vorzügliche Kenntnisse dargelegt haben, ist in Meinem Namen eine Belobigung zu ertheilen. Achilleion, Corfu, den 21. April 1908.

Wilhelm II.

Das war der Anfang der Karriere des späteren Kapitänleutnants Otto Steinbrinck. Dieser wurde am 19. Dezember 1888 in Lippstadt/Westfalen, der Heimat des österreichischen Flottenführers Tegetthoff, als Sohn von Professor Steinbrinck geboren. Er sollte von seinem Vater eine überdurchschnittliche mathematische Begabung erben. Am 3. April 1907 in die Kaiserliche Marine eingetreten (Crew 07), durchlief er verschiedene Ausbildungsstationen, bis er ab Ostern 1912 als Wachoffizier auf den Unterseebooten S. M. U-15 und S. M. U-8 Dienst tat.
Nach Ausbruch des Ersten Weltkrieges hatte die rasche Besetzung der belgischen Küste und ihrer Häfen Brügge, Zeebrügge und Ostende den Admiralsstab in Berlin in lebhafte Bewegung versetzt. Nachdem U-12 unter Führung von Kapitänleutnant Forstmann am 9. November 1914 als erstes U-Boot in Zeebrügge eingelaufen war – zwei Tage nach Räumung der Einfahrt von feindlichen Minen –, nachdem derselbe Kommandant am 11. November 1914 in einem kurzen Vorstoß nur 29 Stunden nach dem Verlassen von Zeebrügge in den Downs (der schmalen Durchfahrt von Dover zur Themse) vor der Stadt Deal das englische Kanonenboot NIGER vernichtet hatte, zeigte sich der unschätzbare Lagevorteil der flandrischen Stützpunkte.
Die dem Kommandierenden Admiral des Marinekorps, Admiral Ludwig von Schröder (Crew 71), unterstellte U-Flottille-FLANDERN wurde am 29. März 1915 in Brügge unter Leitung von Kapitänleutnant Karl Bartenbach (Crew 98) – einem Schulfreund von Theodor Heuss – mit nur vier U-Booten kleinster Bauart in Dienst gestellt.
Bis zur Beendigung des Kampfes im September/Oktober 1918 haben 120 U-Boote von Flandern aus einen außergewöhnlich harten Kampf geführt, bei dem rund 1150 Mann auf 77 U-Booten gefallen sind. Ein Drittel aller Erfolge der deutschen U-Boot-Waffe – etwa 2500 Fahrzeuge mit rund 4 Millionen BRT – konnten von FLANDERN-U-Booten erzielt werden.
Bei Kriegsausbruch hatte Oberleutnant zur See Steinbrinck von Kapitänleutnant Starke (Crew 03) das Germania-Boot S. M. U-6, ein Petroleumboot der Serie U-5 bis

U-8 übernommen. Anfang 1915 übernahm Oberleutnant zur See Lepsius (Crew 05), einer der ältesten deutschen U-Boot-Kommandanten, das Boot. Lepsius fiel mit U-6 am 15. September 1915. Auf 150 Meter Entfernung wurde sein Boot durch das britische U-Boot E-16 torpediert.

Steinbrincks nächstes U-Boot war UB-10: Das 127/141 t große Boot lief im Februar 1915 in Bremen von Stapel und trat zerlegt auf der Eisenbahn die Fahrt nach Antwerpen an. Es war das erste U-Boot, das fern der Heimat montiert wurde. (Auftrag: 15. November 1914; Stapellauf: 20. Februar 1915 bei der Weserwerft in Bremen; Indienststellung: 15. März 1915; Größe: 127/141 t; Geschwindigkeit: 7,45/6,24 kn; Bewaffnung: 2 Bug-Torpedorohre [2 Torpedos]; Besatzung: 14 Mann.)

Im »Seekriegswerk« (Band IV: »Der Krieg in der Nordsee«) heißt es über diese Transporte:

»Nach und nach treffen weitere U-Boote ein. Sie brauchten durchschnittlich nach dem Stapellauf nur 10 Tage, um nach einigen Probefahrten auf der Schelde mit eigener Kraft flußabwärts nach Gent zu laufen und von dort in einem Schwimmdock durch die flachen Kanäle nach Brügge geschleppt zu werden, ein Transport, der in etwa 20 Stunden vor sich ging. In Brügge wurde im Seekanal die Torpedoarmierung eingeschossen, und nach einigen weiteren Tauchfahrten und Druckproben in See waren die Boote nach weiteren 7 Tagen kriegsbereit.«

Die Indienstellung von UB-10 erfolgte am 15. März 1915, und 12 Tage später traf es unter Führung von Oberleutnant zur See Steinbrinck in Brügge ein. Am 14. April verließ das Boot den Stützpunkt zur ersten Feindfahrt. In der Abenddämmerung des gleichen Tages griff Steinbrinck in der Nähe des Noord-Hinder-Feuerschiffes unter Wasser mit Torpedo einen Dampfer an, der zwar Dampfer- und Seitenlaternen sowie ein Richtlicht führte, aber sonst abgeblendet fuhr. Durch Kursänderungen, Löschen der Lichter bis auf das erwähnte Richtlicht und auffallende Morsezeichen erschien das Schiff dem Kommandanten von UB-10 verdächtig und somit feindlich. Es handelte sich jedoch um den holländischen Dampfer Katwijk (2040 BRT), der als erstes Opfer von Oberleutnant zur See Steinbrinck in den Fluten verschwand.

Die Folge waren diplomatische Auseinandersetzungen mit der Königlich-Niederländischen Regierung. Das »Seekriegswerk« berichtet darüber: »Was das gewollte Abschrecken der Neutralen anbetraf, so kam es weiterhin darauf an, was von deutscher Seite geschehen würde, wenn ein neutrales Handelsschiff den ›Zufälligkeiten des Seekrieges‹, vor denen nachdrücklich gewarnt worden war, in den Gewässern um England zum Opfer fiel. Der erste Fall dieser Art, der zur politischen Entscheidung kam, war die Versenkung des holländischen Dampfers Katwijk am 14. April 1915, eine Zufälligkeit des Seekrieges in des Wortes wahrster Bedeutung. Am 17. April 1915 bereits teilte der Chef des Admiralstabes, Admiral Bachmann (Crew 77), dem Auswärtigen Amt mit, daß der Angriff von UB-10 auf den in keiner Weise kenntlichen Holländer begründet war und daß eine Entschädigungspflicht daher nicht vorliege. ›Sollte jedoch aus politischen Gründen eine Entschädigung für angebracht gehalten werden, so habe ich dagegen keine Einwendungen zu erheben.‹ Mit dem Bedauern der deutschen

Regierung wurde darauf die Bereitwilligkeit, Schadenersatz zu leisten, der holländischen Regierung mitgeteilt ...«

So begann die Versenkungsserie des U-Boot-Kommandanten, der nach der Zahl der versenkten Handelsschiffe der erfolgreichste der Welt wurde, wenig verheißungsvoll. Das erste Mißgeschick konnte jedoch den Ruhm dieses Kommandanten nicht mindern. – Dezember 1915: Steinbrinck entschließt sich, die günstige Witterung – ruhige See bei guter Sicht und Vollmond – zu einem schnellen nächtlichen Vorstoß nach Boulogne auszunutzen, um dort nach Möglichkeit Truppentransporter anzugreifen. Am 20. Dezember 1915 läuft der tatkräftige Kommandant mit dem Ebbstrom über Wasser durch die Mitte der Dover-Straße. Einem Torpedoboot sowie einigen Bewachern kann UB-10 ausweichen, ohne zu tauchen. Ohne Aufenthalt geht die Fahrt weiter, gegen Mitternacht steht das UB-Boot vor Boulogne. Über die weiteren Vorgänge enthält das Kriegstagebuch folgende Eintragung:

»12.00 nachts, 20./21. Dezember 1915: Boulogne recht voraus. Vollmond, still, glatte See. Vor der Einfahrt liegen 7 Dampfer zu Anker, abgeblendet bis auf die Ankerlaternen. Bewachung ist nicht zu sehen. 12.20 Vm. Am 21. Dezember 1915: Getaucht, da ein Überwasserangriff wegen des Vollmonds nicht möglich. Auf 8 m gefahren. Die Dampfer liegen etwa in einer Staffel innerhalb des Feuerschiffs; einer läuft mit gesetzten Lichtern aus, ist leer, daher nicht angegriffen. Die größten Transporter sind der am weitesten außen und der an 4. Stelle liegende. 12.45 Schuß auf 450 m auf den äußersten Dampfer, der nach 4 Minuten etwa gesunken ist. Die Unfallstelle wurde kurze Zeit später mit 2 Scheinwerfern von Land aus beleuchtet. An 2 kleineren Transportern vorbeigefahren und den vierten angegriffen. 12.53 Schuß auf 800 m; UB-10 dreht hart ab auf Gegenkurs. 01.00 nach Passieren des Feuerschiffes ausgelaufen mit Westkurs. Nach 7 Minuten war auch von dem 2. Transporter nichts mehr zu sehen ...«

Noch in derselben Nacht durchquerte das UB-Boot mit günstiger Strömung in gleicher Weise wie auf dem Anmarsch die Dover-Enge und lief am 21. Dezember 1915 abends nach einer Operationsdauer von nicht ganz 35 Stunden in Zeebrügge ein.

Die beiden vernichteten Einheiten waren die englischen Dampfer Belford (516 BRT) und Huntely (1153 BRT), das frühere deutsche Lazarettschiff Ophelia.

Mit UB-10 hatte hiermit zum ersten Male ein kleines UB-Boot jenseits der Linie Dover–Calais erfolgreich mit Torpedos operiert. Auf 17 Fahrten konnte Oberleutnant zur See Steinbrinck 27 Schiffe mit 13 379 BRT vernichten. Er übergab das Boot an den späteren *Pour le mérite*-Träger Oberleutnant zur See Saltzwedel, der in der Bootsführung bis zum Oktober 1918 wiederum von 14 anderen Kommandanten abgelöst werden sollte. Bei der Räumung von Flandern ging dieses Boot am 5. Oktober 1918 vor Zeebrügge auf 51° 21′ N–03° 12′ O durch Selbstsprengung verloren.

Als erstes Boot der neuen UB-II-Serie – auch U-Quadrat-Boote genannt – lief S. M. UB-18 am 21. August 1915 bei Blohm & Voss in Hamburg vom Stapel und wurde am 11. Dezember desselben Jahres – zu diesem Zeitpunkt befand sich Oberleutnant zur See Steinbrinck mit UB-10 auf dem Rückweg nach Zeebrügge – in Dienst gestellt. (Auftrag: 30. April 1915; Stapellauf: 21. August 1915 bei der Blohm-&-Voss-Werft in

Hamburg; Indienststellung: 11. Dezember 1915; Größe 263/292 t; Geschwindigkeit: 9,15/5,81 kn; Bewaffnung: 2 Bug-Torpedorohre [4–6 Torpedos], zunächst eine 5-cm-Kanone, später eine 8,8-cm-Kanone; Besatzung: ca. 23 Mann.)

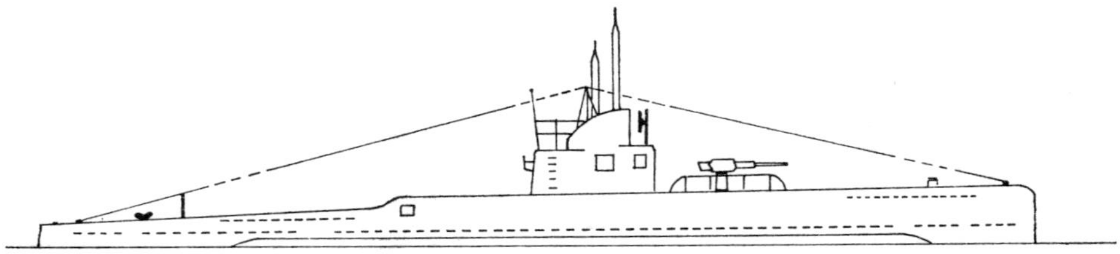

S. M. UB-18

Unter den ersten beiden Kommandanten (Steinbrinck und Lafrenz) sollte diese Einheit als erstes UB-Boot – nach der 17. Operation im Februar 1917 – die 100 000-BRT-Erfolgsgrenze erreichen. Am 16. Februar 1916 traf UB-18 unter Führung von Steinbrinck, von Deutschland kommend, in Flandern ein. Es folgten am 1. März 1916 UB-19 (W. G. Becker), am 8. März 1916 UB-29 (Pustkuchen) und schließlich am 21. März 1916 UB-26 (Smiths). Hierüber berichtet das »Seekriegswerk«:

»Für die Kriegsführung der U-Flottille-Flandern bedeutete dieser Zuwachs einen Wendepunkt. Fast ein Jahr nach ihrem Entstehen wurde sie jetzt mit den lang erwarteten Mitteln ausgestattet, mit denen sie von ihren strategisch so günstig gelegenen Stützpunkten aus die feindlichen Seewege wirksamer zu bedrohen vermochte ... durch den Befehl des Admiralstabs vom 21. November 1915, nach welchem alle die französischen Kanalhäfen bis einschließlich Le Havre ansteuernden und von dort kommenden feindlichen Schiffe – bis auf Passagierdampfer – ohne Warnung vernichtet werden, war die Handhabe gegeben, gegen den Transportverkehr im östlichen Teil des Englischen Kanals vorzugehen ...«

Als UB-18 am 16. Dezember 1916 in Zeebrügge eintraf, schrieb der Chef der U-Flottille-Flandern, Korvettenkapitän Bartenbach, in sein Tagebuch:

»Mit dem Eintreffen des ersten Boots von dem vergrößerten UB-Bootstyp wird es der Flottille-Flandern endlich möglich, ihr vornehmstes und wichtigstes Wirkungsgebiet, die französischen Kanalhäfen jenseits der Straße Dover–Calais aufzusuchen, um nun auch die seit Monaten ungestört vor sich gehenden Militärtransporte zwischen England und Frankreich mit Torpedos anzugreifen. Die wesentlichen Vorteile dieser Boote, 2 Maschinen, größere Batterie, 4 Torpedos und ausreichende Wohnlichkeit für die Mannschaften, lassen sie hierfür gut geeignet erscheinen und gewähren ihnen die Möglichkeit, mehrere Tage im Kanal zu verweilen, was den kleinen Booten bisher versagt blieb. Durch Besetzung der neuen Boote fast durchwegs mit altem Flandernpersonal ist zu erwarten, daß es gelingen wird, diese Boote frühzeitig an der Front zu verwenden.«

Am 24. Februar 1916 verließ UB-18 zum ersten Male Zeebrügge in Richtung Le Havre.

Nach verschiedenen Erfolgen kam es Anfang März zu einer Flottenoperation, die

UB-18 zusammen mit den Booten UB-2, UB-6, UB-10, UB-13, UB-16 und UB-17 im Raume Smith Knoll, Great Yarmouth, Thornton Bank, Orfordness, nördlich Harwich und in den North und South Falls durchführte. Die Einheiten wurden am Abend des 3. März 1916 zurückgerufen, gingen jedoch am 5. März 1916, bis auf UB-18, mit den gleichen Einsatzbefehlen in Verbindung mit der Flottenoperation wieder in See, so daß am 6. März 1916 morgens vor Tagesanbruch bis Dunkelwerden die oben bereits genannten Stellen erneut durch U-Boote besetzt waren. Auf der zweiten Fahrt zum Westen, zu der UB-18 am 7. März 1916 auslief, steuerte Oberleutnant zur See Steinbrinck zunächst Boulogne an, vernichtete hier am 8. März 1916 etwa 1/4 Seemeile NOzN der Mole den auslaufenden, 6387 BRT großen britischen Dampfer Harmatris im Unterwasserangriff; ebenso bei Mondschein vierundzwanzig Stunden später zwischen dem Le-Havre-Feuerschiff und dem Cap de la Hève (Le Havre) zwei auf der Reede vor Anker liegende Einheiten: den norwegischen Dampfer Silius (1559 BRT) und den französischen Dampfer Louisiana (5109 BRT). Am 11. März 1916 machte UB-18 erneut in Zeebrügge zur Materialergänzung fest.

Zur 5. Feindfahrt lief UB-18 am 21. März 1916 aus und stand am 23./24. März 1916 kurz vor Mitternacht vor Le Havre. Hier liegen wieder verschiedene Dampfer auf Reede vor Anker. Vor dem Angriff prüft der vorsichtige und erfahrene Kommandant durch Grundberührung mit dem getauchten Boot, ob die Wassertiefe für den Niedergang des Torpedos genügt. Westlich Cap de la Hève gehen im Unterwasserangriff anschließend der englische Dampfer Kelvinbank (4209 BRT) und der Norweger Kannik (2372 BRT) verloren. Als in fieberhafter Eile die beiden Reservetorpedos nachgeladen sind, kann erneut ein Treffer gegen einen Ankerlieger erzielt werden. Der U-Boot-Kommandant glaubt das Sinken beobachtet zu haben, indessen konnte das französische Marineministerium diesen Fall nicht bestätigen, auch Name und Nationalität des getroffenen Dampfers konnten nicht ermittelt werden. Der vierte Torpedo in dieser Nacht war ein Fehlschuß. Im Laufe des Tages kehrte UB-18 zurück.

Am 29. März 1916 konnte die U-Flottille-Flandern auf ihr einjähriges Bestehen zurückblicken. Als dritter U-Boot-Kommandant, nach Kapitänleutnant Weddigen (U-9) und Kapitänleutnant Hersing (U-21), erhält an diesem Tage als erster U-Boot-Kommandant und jüngster Seeoffizier des Marinekorps, Oberleutnant zur See Otto Steinbrinck (Erfolg bis zu diesem Zeitpunkt: 33 Einheiten – 34 074 BRT), die höchste Auszeichnung des Kaiserlichen Deutschlands, den Orden *pour le mérite*. Vorher hatte er den *Kgl. Hausorden von Hohenzollern mit Schwertern* erhalten.

In diesem Zusammenhang schreibt der ehemalige Chef der 3. U-Halb-Flottille, Konter-Admiral Gayer (Crew 99), in seinem Werk »Die deutschen U-Boote in ihrer Kriegführung 1914–18«:

»Steinbrincks Leistungen stehen in der Geschichte des U-Boot-Krieges als ganz überragend da. Neidlos ist dies von all seinen Kameraden, auch den bedeutendsten, stets in vollem Umfang anerkannt worden . . .«

Als UB-18 nach weiteren Operationen am 23. April 1916 auslief, galt es, gemeinsam mit UB-10, eine Vorpostenlinie zwischen Southwold-Lowestoft einzunehmen. Vierundzwanzig Stunden, nachdem beide Einheiten Zeebrügge verlassen hatten, wurde der U-Boot-Krieg um England auf Verlangen des Reichstages eingestellt! Bis auf weiteres durften nur Handelskrieg nach der Prisenordnung bzw. Minenoperationen durchgeführt werden. Ab 25. April 1916 lief kein U-Boot mehr zum Handelskrieg aus. Der Führer der U-Boote, Fregattenkapitän Bauer (Crew 92), war zu diesem Zeitpunkt mit U-67 (Nieland) in See! Alle Boote, einschließlich der an der Westküste von England stehenden, wurden in die Heimat zurückgerufen. An diesem Tage hatte UB-18 das Glück, ein englisches U-Boot abzuschießen. Hierüber berichtet das »Seekriegswerk« im Zusammenhang mit einer größeren Flottenoperation, bei der Teile der Hochseeflotte mit U-Booten und Luftschiffen Lowestoft und Yarmouth beschossen, u. a.:

»Nur UB-6 (Voigt) . . . stand jedoch schon am 24. (April 1916) auf seiner Position, da es von der Verschiebung der Unternehmung um einen Tag nichts mehr erfahren hatte, und wartete vergeblich auf die Küstenbeschießung. Dagegen liefen die übrigen für die Vorpostenlinie bei Southwold und die Stellungen östlich von Lowestoft vorgesehenen U-Boote, UB-10, UB-12, UB-13, UB-18 und UB-29, erst am 23. (April 1916) aus, während bereits feindliche Streitkräfte im Anmarsch gegen die flandrische Küste waren. Als dann bei Hellwerden (24. April 1916) auch die UC-Boote den Hafen von Zeebrügge verließen, gerieten sie sehr bald in die volle feindliche Gegenwirkung . . . Seit Mitternacht (24./25. April 1916) zeigten die beiden südlich von der Stralsund-Minensperre aufgestellten U-Boote, UB-18 . . . und UB-29 (Pustkuchen), in der erwarteten Anmarschrichtung der deutschen Schlachtkreuzer . . . Lützow (Kapitän zur See Harder), Derfflinger (Kapitän zur See Hartog), Moltke (Kapitän zur See von Karpf) und von der Tann (Kapitän zur See Zenker) ein rotes bzw. ein grünes Licht, und um 04.15 Uhr sichtete UB-18 in nordöstlicher Richtung Rauchwolken, lief näher heran, und bald darauf passierten die deutschen Angriffsstreitkräfte das U-Boot. Gleichzeitig zog in nördlicher Richtung bei hellem Mondschein ein deutsches Luftschiff (L-21) in großer Nähe nach Osten, während südöstlich von den Schlachtkreuzern die Gruppe Rostock . . . (Feldmann) und Elbing (Madlung), unter Führung des I. Führers der Torpedobootstreitkräfte, Kommodore Michelsen, den Anmarsch der Schlachtkreuzer nach Süden zu sicherte . . . Kaum hatten aber die englischen Kreuzer kehrtgemacht, als trotz aller Vorsicht Penelope von einem U-Boot getroffen wurde. Der Torpedo war jedoch anscheinend auf sehr große Entfernung geschossen worden und bereits am Ende seiner Bahn, denn er lief nahe an der Oberfläche und hatte daher bei der Detonation nur eine verhältnismäßig geringe Wirkung . . .«

Befehlsgemäß hatte UB-18 am 25. April 1916 seine Wartestellung 20 Seemeilen östlich von Yarmouth verlassen, um in ostsüdöstlicher Richtung von der Küste abzulaufen. Das U-Boot geriet ebenso wie UB-29 in die Rückzugslinie der deutschen und die Vormarschlinie der englischen Streitkräfte und damit auch in die Wartestellungen der von dem Zerstörer Malampus angesetzten feindlichen U-Boote. Über die E-22-Versenkung entnehmen wir nachfolgende Eintragungen dem KTB:

9h 05m Vm. Es flaut ab, See wird ganz glatt – Aus Süden erscheinen 9 Zerstörer der L-Klasse unter Führung eines Flottilla Leaders mit 4 Schornsteinen; sehr hohe Fahrt; Zickzackkurse, Marschrichtung NO. Zwei von

	ihnen bleiben etwas zurück; kommen scheinbar nicht mit. Etwas später nähert sich von Norden ein Zerstörer der A-Klasse mit 2 Masten, der hinten weißgemalt; Boot führt Flottillenstander. Die U-Boote, anfangs 3, später kommt eines außer Sicht, halten auf den Zerstörer zu, vielleicht war es ihr Führerboot.
10h 55m	Der Zerstörer läuft mit Südkurs aus Sicht. Er erscheint erst um 11h wieder, als die Zerstörerflottille der L-Klasse mit SWlichem Kurs die U-Boote wieder passiert; läuft dann auch nach S aus Sicht.
12h	Ölglatte See – E-26 hat scheinbar UB-18 gesehen. Der Wachoffizier greift plötzlich ans Steuerrad, legt Stb.-Ruder und dreht auf das 150 m entfernte 4 Strich vorausstehende Sehrohr zu. Beim Tieftauchen berührt er eben noch die Netzabweiser. Trotzdem bleiben beide Boote noch über Wasser.
12h 40m Vm.	Schuß aus 350 m auf »E-22«. Gleich nach der Detonation ist das Boot verschwunden; zwei Mann schwimmen im Wasser. E-26 ist etwa 3 sm entfernt. In der Annahme, daß E-26 zur Rettung herbeieilen könnte, mit A. K. abgelaufen und UB-18 in günstige Schußposition zur Unfallstelle gebracht.
12h 58m	E-26 hat getaucht. Ausgeblasen und die beiden Überlebenden: Maschinist: Chief Petty Officer Fred Buckighim und Signalgast Harrod an Bord genommen. Die Leute wurden in Kojen gepackt; Zentrale und Torpedoraum waren vorher mit Vorhängen verhängt, so daß die Gefangenen nichts Wichtiges sehen konnten.
1h 08m Nm.	Getaucht und unter Wasser nach E-26 gesucht, aber nichts gesehen.
3h 45m Nm.	Windstill, ölglatte See, sehr sichtig -- Ausgeblasen. Rückmarsch nach Nord Hinder Fsch. angetreten.
6h 20m Nm.	Englischen Fischkutter ALFRED R 166 aus Ramsgate versenkt. Das Boot mit 2 alten Leuten und zwei zwölfjährigen Jungens mitgenommen bis N. Hinder Fsch.

Steinbrinck

Über diesen Erfolg schreibt der Amerikaner Lowell Thomas:

»Der Hauptheld der FLANDERN-Kommandanten ... war Kapitänleutnant Otto Steinbrinck, der nach der Gesamttonnage seiner Versenkungen zu dem ersten halben Dutzend der U-Boot-Kommandanten gehörte. Er hat den Krieg überlebt und lebt jetzt in Berlin. Fast täglich kann man ihn dort zum Frühstück im Kaiserhof sehen und sich wundern, daß dieser brünette, ruhige, schlanke Mann der gefürchtete Steinbrinck sein soll, den unschädlich zu machen sich die Briten jahrelang vergeblich bemühten. Die Briten fürchteten ihn und bewunderten ihn. Die Ursache ist nicht schwer zu begreifen. Ich werde Ihnen eine Geschichte von Steinbrinck erzählen, die dies am besten belegt. Sie ist mir nicht von einem Deutschen erzählt worden, sondern von einem britischen U-Boot-Kommandanten, der bei dem Vorfall zugegen war:

›Es passierte im Jahre 1916‹, sagte er, ›irgendwo in der Nordsee, nicht weit von der Küste von Yarmouth. Steinbrinck war Kommandant eines kleinen Bootes und fuhr auf zehn Meter Tiefe, als er plötzlich vier britische U-Boote auf sich zukommen sah, die mit etwa zwölf Seemeilen Geschwindigkeit und nördlichem Kurs herankamen. Die britischen U-Boote fuhren in Dwarslinie mit etwa zwei Meilen Abstand voneinander. Eins derselben befehligte ich. Steinbrinck griff das ihm zunächst stehende an, das ein Freund von mir kommandierte. Der sah das feindliche Sehrohr, drehte hart ab, entging dem Torpedo und versuchte, das U-Boot zu rammen. Er traf es am Bug und bog die auf dem deutschen U-Boot befestigte Netzschere nieder. Steinbrinck tauchte unter dem britischen E-Boot durch und zielte von der anderen Seite durch sein Sehrohr. Wieder versuchte der Brite mit voller Fahrt zu rammen – aber Steinbrinck machte seine beiden Bugtorpedos los, von denen einer traf. Er sprengte das E-Boot in die Luft, das unmittelbar darauf sank und nur zwei Überlebende auf dem Wasser schwimmend zurückließ. Steinbrinck sah die drei anderen feindlichen U-Boote mit höchster Fahrt auf sich zukommen. Dann sah er sie plötzlich wie auf ein gemeinsames Kommando tauchen. Ihre Sehrohre durchfurchten das Wasser in der Richtung auf die Untergangsstelle. Sie kamen immer näher heran, und Steinbrinck wußte, daß sie ihre Torpedos losmachen würden, sobald er ihnen ein Ziel bot. Ich weiß noch wie heute, daß ich in meinem Kommandoturm furchtbar erregt war und alle meine vier Bugtorpedos klar zum Feuern hatte, als ich auf Sehrohrtiefe mit neun Knoten Fahrt auf die Gegend zufuhr, in der mein Freund untergegangen war. Zu unserem Erstaunen tauchte Steinbrinck plötzlich auf. Ich traf ihn nach dem Kriege und tauschte Erinnerungen mit ihm aus. Er erzählte mir, daß er verdammt nervös gewesen sei, als er sein Boot aus dem Wasser brachte. Er fürchtete, jeden Augenblick in die Luft zu fliegen. Er drehte uns sorgfältig das Heck zu, um uns kein brauchbares Ziel zu bieten. Vorsichtig kroch er vorwärts. Wir beobachteten sein Verhalten erstaunt durchs Sehrohr. Mehrere seiner Leute kamen an Deck und beugten sich aufs Wasser herab. Sie gingen tatsächlich daran, die beiden Engländer zu retten, die beim Untergang ihres Bootes aufgeschwommen waren.‹«

Lowell Thomas berichtet über den Untergang des britischen U-Bootes E-22 weiter: »Dann erst, nachdem die beiden in Sicherheit gebracht worden waren, tauchte der tapfere Steinbrinck schleunigst unter und verschwand. Na, ich hätte das nicht gemacht. Ich riskiere sonst auch allerhand ... – Kein Wunder, daß die englischen Marineleute eine besondere Hochachtung vor Steinbrinck hatten. Er war keiner von dem draufgängerischen, tollkühnen Typ, sondern ein ernster, gewissenhafter Offizier mit stark ausgeprägtem Verantwortungsgefühl. So waren die U-Boot-Kommandanten überhaupt. Rücksichtsloses Draufgängertum war meistens gleichbedeutend mit einer Fahrkarte in den U-Boot-Himmel. Sie waren unerschrockene, aufflammende Naturen, aber Hand in Hand damit ging kühl überlegende Kopfarbeit ...«

Von Ende Juni bis Mitte August 1916 war das Boot des erfolgreichsten Flandern-Kommandanten zusammen mit UB-19, UB-23, UB-37 und UB-39 auf zahlreichen Stichfahrten zur Tyne-Bewachung eingesetzt. Alle U-Boote fanden in dem Operationsgebiet nur eine schwache Bewachung vor, im Gegensatz zu den weiter südlich gelegenen Räumen. Indessen wurden vielfach Seestreitkräfte, Kleine Kreuzer, Zerstörer, U-Jäger und in einem Falle sogar ein Großkampfschiff gesichtet. Da diese Einhei-

ten entweder nur auf weite Entfernung in Sicht kamen oder Zick-Zack-Kurse steuerten und durch Bewacher gesichert waren, kam es trotz mehrfacher Versuche, zum Angriff zu kommen, zu keinem Erfolg.
Steinbrinck sichtete allein an einem Tage ein Großkampfschiff, drei Gruppen von Kleinen Kreuzern mit im ganzen 10 Einheiten sowie 11 Zerstörer. Alle Boote nutzten durchwegs ihren Aufenthalt zur Handelskriegführung innerhalb der ihnen vom Flottillenchef und der Seekriegsleitung freigegebenen Grenzen aus, der eigentliche Zweck ihres Einsatzes gegen Kriegsschiffe wurde jedoch nicht erreicht. Lediglich UB-39 (Werner Fürbringer) benutzte seinen Anmarsch am 11. Juli 1916 zum Operationsgebiet in den Hoofden sowie zum südlichen Teil der englischen Ostküste (2. Operation vom 6. bis 15. Juli 1916) dazu, die Stahlwerke von Seaham mit 39 Schuß Artillerie zu belegen.
Am 15. Juli 1916 gehen durch UB-18 östlich Tynemouth (Sunderland) der holländische Schoner Dina (164 BRT) sowie die norwegische Brigg Bertha (203 BRT) verloren. In beiden Fällen wurde die Vernichtung der mit Grubenholz von Norwegen laufenden Segler durch das Prisengericht bestätigt.
Zum nachfolgenden Juli-Einsatz schreibt das »Admiralstabswerk«:
»Ende Juli 1916, als die schweren Kämpfe an der Westfront das Verlangen nach Störung der feindlichen Transportverbindungen im Englischen Kanal in den Vordergrund rückten, und als die nach dem Sussex-Fall (Anm. d. Verfasser: Der französische Passagierdampfer Sussex wurde am 24. 3. 1916 von UB-29 [Oberleutnant zur See Pustkuchen] torpediert. Das Schiff konnte eingeschleppt werden! Leider müssen wir an dieser Stelle nochmals das 1201seitige Werk von Potter/Nimitz/Rohwer: »Seemacht – Eine Seekriegsgeschichte von der Antike bis zur Gegenwart« [München 1974] zitieren. In dem 25. Kapitel von H. H. Adams/E. H. Clark »Der Handelskrieg« [S. 426–444] heißt es auf S. 428: »Im März versenkte UB-29 den unbewaffneten und ohne Eskorte fahrenden französischen Dampfer Sussex . . .« – Was mußten wir feststellen: Namen wie von Arnauld, Forstmann, Valentiner, Steinbrinck, Rose, Schwieger und Weddigen fehlen! [Vgl. auch Bernd Stegemann in »Militärgeschichtliche Mitteilungen« Nr. 2/1975, S. 127–128.]) vergangenen drei Monate erneut die Bestätigung gebracht hatten, daß das Ansetzen der U-Boote gegen die englischen Seestreitkräfte keine befriedigende Ausnutzung der U-Boot-Waffe war, beschloß der Chef der U-Flottille-Flandern, Korvettenkapitän Bartenbach, einen abermaligen beweiskräftigen Versuch zu machen, ob nach den bestehenden Anweisungen – Torpedoschuß ohne Warnung nur gegen einwandfrei festgestellte Transporter, sonst Verfahren nach der Prisenordnung – die Schädigung der Transporte durchzuführen wäre. Von dem Ergebnis sollten die weiteren Beschlüsse abhängen. Mit der Durchführung der Aufgabe wurde UB-18 unter dem Kommando des erfahrenen Oberleutnant zur See Steinbrinck betraut. Der ihm erteilte Befehl lautete, daß feindliche Transporter ohne Warnung anzugreifen seien; die Bestimmung eines Dampfers als Transporter durfte aber nur dann als vorliegend angesehen werden, wenn Truppen in größerer Zahl oder Kriegsmaterial wie Geschütze und Wagenparks deutlich an Deck des Schiffes sichtbar waren.«

Am 31. Juli 1916 verließ UB-18 Zeebrügge und ging in der Nacht zum 2. August 1916 durch die Dover-Straße. Der Kommandant gab seine ursprüngliche Absicht, seine Tätigkeit vor Le Havre aufzunehmen, wegen zu glatter See auf und lief nach Westen ab, um dort Handelskrieg zu führen.

Später wollte er dann erneut vor Le Havre kreuzen. Nordwestlich von Le Havre gingen am 2. August 1916 nach Prisenordnung die drei englischen Segler G. C. Gradwell (156 BRT), S. D. (131 BRT) und Margaret Sutton (197 BRT) verloren; am 3. August 1916 nördlich Cap de la Hague der französische Schoner Jacques Cartier (259 BRT), südöstlich Durlstone Head der 740 BRT große englische Dampfer Sphene; nördlich Cherbourg der englische Tanker Badger (89 BRT) und schließlich südlich Portland der englische Segler Fortuna (131 BRT). Ferner mußte am Tag ein amerikanischer Dampfer nach Prüfung der Papiere, die in Ordnung waren, entlassen werden. Der 56 BRT große englische Segler Ivo konnte trotz Sprengversuche am Tag beschädigt eingeschleppt werden. Im Hurd-Tief, zwischen Shamples-Feuerschiff und den Casquets wurden zwei Tage später ebenfalls durch Öffnen der Ventile und Sprengpatronen nach Prisenordnung versenkt: die englischen Schoner Ermenilda (94 BRT) und Demaris (79 BRT) sowie der englische Dampfer Spiral (1342 BRT); letzterer war mit Kohlen von Newcastle nach Bordeaux unterwegs.

Danach kehrte der Kommandant bei zunehmender Wetterverschlechterung nach Le Havre zurück. Vom 6. bis 8. August wurden in diesem Gebiet zahlreiche Angriffe gegen einlaufende Dampfer gefahren, die vielfach durch Zerstörer oder bewaffnete Trawler gesichert waren und vermutlich Truppentransporten dienten. Äußerlich zeigten sie keinerlei Merkmale von Truppentransporten. Nur diese durften versenkt werden. Nachts waren derartige Beobachtungen noch viel schwieriger, wenn nicht ganz unmöglich. Der U-Boot-Kommandat fuhr in den drei Tagen insgesamt 41 Anläufe, die aber abgebrochen werden mußten. Am 9. August 1916 verließ UB-18 seine Warteposition vor Le Havre, um vor der Rückfahrt nochmals Handelskrieg zu führen. Bei Barfleur wurden am gleichen Tag noch der französische Dampfer Henri Elisa (822 BRT) und am 10. August 1916 die beiden französischen Segler Anete-Marie (117 BRT) und St. Pierre, der französische Dampfer Marie (784 BRT) sowie die norwegischen Dampfer Sora (587 BRT) und Credo (728 BRT) auf den Meeresgrund geschickt.

Die Versenkung der beiden neutralen Fahrzeuge, die Kohlen von England nach Frankreich bringen sollten, wurde prisengerichtlich bestätigt. Zwei Tage später kehrte UB-18 nach Zeebrügge mit einem Ergebnis von 16 vernichteten Einheiten (zusammen 6405 BRT) zurück. Über diese Operation berichtet der Kommandant:

»Nach meiner festen Überzeugung waren die angetroffenen Schiffe vor Le Havre Truppen- oder Kriegsmaterialtransporter. Da ich diese Ansicht durch die befohlenen Merkmale aber nicht bestätigt fand, durfte ich sie nicht angreifen . . . Unter den augenblicklichen Bedingungen lohnt die bei der Stärke der Gegenwirkung immerhin nicht ungefährliche Unternehmung kaum die Anstrengung der Besatzung . . .«.

Korvettenkapitän Bartenbach schreibt zu dieser bemerkenswerten Feindfahrt seines besten Flandern-Kommandaten (14. August 1916):

»Es ist aussichtslos, mit den bestehenden Einschränkungen die U-Boote auf den Transportwegen anzusetzen, wenn Mißhelligkeiten mit den Neutralen vermieden werden sollen. Die Schädigung der Transporte wird daher vorläufig aufgegeben, solange die Bestimmungen für die Führung des U-Boot-Krieges nicht den Torpedoschuß ohne Warnung gegen die zwischen England und Frankreich verkehrenden Schiffe gestatten. Dieses Ergebnis der Unternehmung von UB-18 war vorauszusehen; ich hielt es aber doch für wertvoll, den tatsächlichen Nachweis zu führen . . . Der Handelskrieg nach Prisenordnung wird im westlichen Teil des Englischen Kanals versucht werden trotz der Gefahr, welche die U-Boote beim Auftauchen laufen. Der Entschluß ist zwingend, weil dies zur Zeit das einzige Mittel ist, den Gegner mit U-Booten zu schädigen.«

Im August 1916 hatte eine größere Anzahl von Befehlen nicht gerade das Vertrauen der Front zur politischen Führung gestärkt:

6. August 1916: Der Versuch, den »Uneingeschränkten U-Boot-Krieg« wenigstens gegen die Kanaltransporte durchzuführen, scheitert erneut.

14. August 1916: Weißbuch zum Baralong-Fall. Der Kaiser ist gegen rücksichtsloses Vorgehen gegen Kanaltransporte.

16. August 1916: Kaiserlicher Befehl an Hochseeflotte und Marinekorps: Kein »Uneingeschränkter U-Boot-Krieg«. Einstellung der Kampfhandlungen um England.

Seit dem 28. August 1916 befand sich Deutschland auch mit Italien im Kriegszustand. Jetzt konnten die bisher unter österreichisch-ungarischer Flagge im Mittelmeer operierenden deutschen U-Boote unter deutscher Flagge gegen italienische Schiffe angesetzt werden.

Am 1. September 1916 verließ Steinbrinck Zeebrügge, vierundzwanzig Stunden später folgten UB-23 (Voigt), UB-29 (Pustkuchen) und UB-39 (W. Fürbringer), um nach Prisenordnung Handelskrieg zu führen. Nordwestlich von Dieppe, auf der Höhe von St. Pierre, vernichtete UB-18 zu Beginn der 13. Feindfahrt und zugleich der erfolgreichsten Operation eines UB-Bootes während des Ersten Weltkrieges die beiden englischen Dampfer Teesborough (308 BRT) und Netta (307 BRT). Östlich Barfleur folgte am 5. September 1916 die City of Ghent (199 BRT) und nördlich von Pointe de Barfleur der mit Kohlen von Hull nach Cherbourg fahrende belgische Dampfer Marcel (1433 BRT).

Zweimal während dieser 13. Fahrt sollte UB-18 mit englischen Fallen in Gefechtsberührung kommen. 48 Stunden nach Vernichtung der Marcel finden wir folgende Eintragung im Kriegstagebuch des U-Bootes:

7. IX. Stille, ölglatte See, Sichtigkeit 3 sm. -- Während der Nacht dreimal patrouillierenden Zerstörern ↗ ausgewichen. Zerstörer führten matte, blinkende Hecklaterne.

8h 15 Vm. ↙ Anlauf auf Dampfer gefahren. Der Dampfer führt die Abzeichen der Relief-Kommission.

9h 15 Vm. Ausgeblasen. Auf dem Dampferweg ist nichts mehr zu sehen. Gegen Mittag wird ein Segler gesichtet; das Anwerfen der 2. Ölmaschine wird aber von einem Zerstörer bemerkt, der aus 4000 m aus dem Dunst heranbraust.

12h 7 Nm. Schnelltauchen. Die Schiffahrtswege scheinen im engen Kanal so scharf bewacht zu sein in Folge des Arbeitens der vor mir hergefahrenen Boote, daß man zum ungestörten Anhalten die weite See bei den Scilly's aufsuchen muß.

2h 15 Nm. Wind NO 2, See: NO 1, Sichtigkeit 4-5 sm. W-Dünung. -- Ausgeblasen. Auf graugemalte, auffallend große Schonerbrigg zugehalten, die keine sichtbare Flagge führte. Der Warnungsschuß (Signal hatte ich nicht gesetzt) auf 1800 m wird durch Feuer aus zwei 5-cm-Geschützen vom Logis und der Kajüte beantwortet, die Aufschläge sind sehr klein, liegen aber anfangs kurz. Das Feuer wird energisch erwidert und fünf einwandfreie Treffer mittschiffs werden erzielt. Nach Verschießen der Bereitschaftsmunition muß das Gefecht abgebrochen werden, da die feindlichen Einschläge dicht am Boot liegen.

3h 22 Nm. Schnelltauchen; Torpedoangriff gefahren. Ein Mann von der Reling scheint das Sehrohr trotz vorsichtigsten Gebrauchs jedesmal schnell zu entdecken; die Brigg dreht bei dem leichten Winde sofort dem Sehrohr im Augenblick des Ausfahrens das Heck zu und eröffnet Feuer. Ein Tagangriff ist daher zwecklos. Abgelaufen und auf 4000 m aufgetaucht. Sofort wird das Boot schnell und bemerkenswert gut beschossen; daher wieder getaucht und fast außerhalb Sichtweite ausgeblasen, auf der

5h Nm. Stelle getrieben und geladen. Ich will in der Dämmerung versuchen zum Torpedoschuß heranzukommen.

7h Nm. Stille, ölglatt. -- Von See nähert sich ein Luftschiff vom Parseval-Typ mit einer Gondel. Es dreht ununterbrochen um 6 bis 8 Strich nach jeder Seite, schlingert und stampft stark. Getaucht.

7h 40 Ausgeblasen. Das Luftschiff ist aus Sicht. Aus SW nähert sich ein Dampfer.

8h 30 Nm. Getaucht und Dampfer ↙ angesehen. Er ist 2500 ts groß, schwarz gemalt, 2 hohe, schlanke Masten, 1 Schornstein, fährt keine Flagge. Aus 400–500 m Entfernung betrachtet, scheint er einwandfrei ein Simulaker zu sein. Die gelbe Holzladung ist nur ein Bretterverschlag; die Antenne führt von einem kleinen Raa vom Fockmast nach dem Achterdeck und wird, von einem Windsack geschickt maskiert, nach innen geführt. Am Windsack sind die Isolatoren deutlich glänzend auszumachen. Als der Dampfer das hoch ausgefahrene Sehrohr sichtete, stoppte er und fuhr nach einer Viertelstunde erst weiter.

9h 30 Nm. Mondschein, strichweise Nebel und Windstöße, Nebel. -- Ausgeblasen, zum Segler gelaufen. Wegen des strichweise auftretenden Nebels und des ebenso plötzlichen Aufklarens muß ↙ angegriffen werden.

11h 50 Nm. Nach nochmaligen Anlaufversuchen Schuß aus 400 m Entfernung. Torpedo geht vorbei. Im Nebel kann ich den Segler nicht mehr finden. In der Nähe des Bootes fahren 2 kleinere Dampfer, 1 abgeblendeter Fischdampfer.

Steinbrinck

Unter dem Namen Helgoland (die Fallen haben zum Teil 4–5mal ihren Namen gewechselt), stand diese Falle noch am 24. Oktober 1916 mit UB-29 und am 17. Mai 1917 mit UB-57 in Gefechtsberührung. Danach läuft das U-Boot zum westlichen Teil des Englischen Kanals, um hier bei Bishop Rock (Scilly Islands) am 9. September 1916 zunächst die Franzosen George André und Myosotis und südöstlich von St. Marys den Norweger Lodsen (1246 BRT) auf die letzte Reise zu schicken. Die Vernichtung des neutralen Dampfers wurde später prisengerichtlich bestätigt.

Am Abend desselben Tages hat UB-18 eine weitere, unangenehme Begegnung, über die wir aus dem Kriegstagebuch erfahren:

»Abends. 3 Dampfer in Sicht, 2 von ihnen tief beladene kleine Norweger, der dritte hat etwa 3000 t, schwarz gemalt, mit auffallend hoher Brücke, grauen Rettungsbooten, hohen F. T. Masten, erscheint verdächtig. 19.43 Uhr: ausgeblasen und alle 3 Dampfer durch Signal und Warnschuß zum Stoppen aufgefordert. Die beiden Norweger setzen Boote aus. Der schwarze Dampfer ohne Flagge stoppt auch, dreht dann ab und läuft weg; wird verfolgt und beschossen. Nachdem zwischen 2400 und 3000 m mit 25 Schuß 6 Treffer erzielt worden sind, durch die auch ein Brand auf dem Dampfer entstanden ist, gibt er mit Flaggensignal das Verstanden-Zeichen, stoppt, fiert ein Boot halb zu Wasser, sonst geschieht aber nichts. Nach 5 Minuten wird der Dampfer erneut unter Feuer genommen. In diesem Augeblick setzt er die englische Kriegsflagge, dreht mit hoher Fahrt auf UB-18 zu und feuert aus 2 unter Deck stehenden Geschützen von schätzungsweise 8- bis 10-cm-Kaliber. Das U-Boot taucht sofort und versucht, einen Torpedoschuß anzubringen, was aber nicht glückt, weil der Gegner mit hoher Fahrt abläuft . . .«

In diesem Fall handelt es sich um das Mystery-Ship Carrigan Head, geführt von Commander G. Herbert, R. N., dem Kommandanten, der mit der Baralong am 19. August 1915 brutal die wehrlosen Schiffbrüchigen des U-Bootes U-27 (Wegener) ermordet hatte. (Am 25. Juni 1938 wurde von der Kriegsmarine eine U-Flottille-Wegener [7. U-Flo.] aufgestellt.) Am 24. September 1915 vernichtete die Baralong U-41 (Hansen). Beide Fälle (die Vernichtung von U-27 und U-41) vermißt man in A. Röhr »Deutsche Marinechronik« (1974). In beiden Weltkriegen schossen in zwei Fällen deutsche U-Boote Schiffbrüchige erbarmungslos zusammen: Am 27. Juni 1918 S. M. U-86 (H. Patzig) Überlebende des britischen Lazarettschiffes Llandovery Castle sowie am 13./14. März 1944 U-852 (H. Eck), Schiffbrüchige des griechischen Dampfers Peleus. (Nicht erwähnt in *»Vor zwanzig Jahren«* in: *»Marine Rundschau«*, Nr. 2/1964, S. 96.) Der Kommandant, II. W. O. Leutnant zur See Hoffmann und der Bordarzt Weispfennig von U-852 wurden am 30. November 1945 standrechtlich erschossen.

»Seitdem ist der Name Baralong ein Begriff geworden für niedrigste Art der Seekriegsführung und für unmenschliche Grausamkeit gegen einen wehrlosen Gegner«, schrieb Admiral Bauer, der erste »Führer der U-Boote« in einer späteren Betrachtung über diese merkwürdige britische Methode, deutsche U-Boote zu vernichten. Die Falle Carrigan Head stand unter dem gleichen Namen am 14. Mai 1917 mit U-48 und am 29. November 1916 mit UB-35 in Gefechtsberührung. In einer größeren Studie schrieb Fregattenkapitän a. D. Rehder (Crew 96) über den Einsatz der U-Boot-Fallen:

»Man verfiel in der britischen Admiralität auf den Gedanken, die U-Boote zu überlisten, indem man Fahrzeuge ausrüstete, die sich äußerlich in nichts von harmlosen Fischern oder Frachtdampfern unterschieden. Diese sollten als Köder für unsere U-Boote dienen, und, wenn das Boot nahe herangekommen war, es durch Geschütze, die bis zum letzten Augenblick verborgen waren, versenken. Dies ist eine durchaus erlaubte Kriegslist, es sind allerdings einige Bedingungen daran geknüpft, die unbedingt beachtet werden müssen. Die wichtigste ist, daß spätestens unmittelbar vor Eröffnung der Feindseligkeiten die Kriegsflagge gesetzt wird, der Kommandant muß aktiver oder Reserveoffizier der Marine sein und in der Rangliste aufgeführt werden und die Besatzung muß ebenso wie das Schiff der Marine unterstehen.

Blickt man auf die Kämpfe zwischen U-Boot-Fallen und U-Booten zurück, so kommt man zu dem Ergebnis, daß sich der Einsatz der Fallen unbedingt gelohnt hat. Wir haben selbst durch unsere korrekte und humane Kriegführung den Gegner zur Anwendung dieses Kriegsmittels geradezu eingeladen. Es mußte Erfolg haben, solange unsere U-Boote gezwungen waren, aufgetaucht an die feindlichen und neutralen Handelsschiffe zwecks Untersuchung heranzugehen, ehe sie sie versenken durften. Später konnten die Fallen nur dann auf einen Erfolg rechnen, wenn sie zunächst einen Torpedoschuß erhalten hatten und das U-Boot dann herankam, um aufgetaucht das Schiff durch Granatfeuer in die Wasserlinie zu versenken. Zu der den englischen Kommandanten empfohlenen freiwilligen Torpedierung ist es in den meisten Fällen nicht gekommen; wir haben vielmehr gesehen, daß die Fallen stets versuchten, den Torpedos auszuweichen. Ein gewisser Selbsterhaltungstrieb hat im letzten Augenblick meistens über die guten Vorsätze gesiegt, was auch menschlich durchaus verständlich ist. Solange die Vorbedingungen erfüllt waren, war auch gegen die Verwendung der Fallen nichts einzuwenden.

Die beiden Baralong-Fälle werden auch kaum die Zustimmung der englischen Flotte gefunden haben. Auch in anderen Fällen ist berichtet worden, daß die U-Boot-Fallen nicht rechtzeitig die Flagge gesetzt hätten. Das mag sehr wohl stimmen, wir haben nicht die geringste Veranlassung, Meldungen unserer U-Boot-Kommandanten anzuzweifeln. Es kann aber sehr wohl mit der Möglichkeit gerechnet werden, daß bei dem Gefechtslärm der einschlagenden und krepierenden deutschen Granaten der Befehl zum Setzen der Flagge nicht rechtzeitig durchgedrungen ist, oder daß der Mann, der sie zu setzen hatte, bereits ausgefallen war und sie dadurch zu spät gesetzt worden ist. Auch ist es nicht ausgeschlossen, daß das Setzen der Flagge von dem U-Boot-Kommandanten übersehen worden sein kann, haben doch die Engländer selbst ein U-Boot dadurch verloren, daß es von einem eigenen mit Torpedos angegriffen wurde, nur weil dieses die Flagge nicht gesehen hatte, die bei Windstille herabhing und nicht zu erkennen war. Die Wut und das Mißtrauen unserer Flotte, besonders aber unserer U-Boot-Leute, war nach den Baralong-Fällen nur allzu berechtigt, es wäre aber falsch, daraus den Schluß zu ziehen, daß alle Fallen sich ohne weiteres über die unter zivilisierten Staaten gültigen Regeln der Seekriegführung hinweggesetzt hätten. Wenn

man sich einmal klarmacht, was das bedeutet, in einem Falle z. B. über fünf Stunden, zum Teil im Wasser, auf dem Bauch im feindlichen Feuer unbeweglich liegen zu müssen und sich nicht wehren zu dürfen, so kann man dem Gegner die Anerkennung für seine große persönliche Tapferkeit nicht versagen. Der große Wert der Fallen lag darin, daß sie – besonders in der ersten Zeit – schnell bereitgestellt und auch ersetzt werden konnten, während die Reparatur eines beschädigten U-Bootes oder der Ersatz eines versenkten erheblich mehr Zeit in Anspruch nahm. Die ersten Fallen waren mit den einfachsten Mitteln ausgerüstet, sie haben manchen Überraschungserfolg gehabt; in der letzten Kriegszeit dagegen waren Schiffe daraus geworden, die mit allen technischen Errungenschaften ausgestattet waren und sich eigentlich nur durch die geringere Geschwindigkeit und den fehlenden Panzerschutz von wirklichen Kriegsschiffen unterschieden. Das Nachlassen ihrer Erfolge war in der veränderten Taktik unserer U-Boote und ihrer großen Vorsicht gegen derartige Überraschungen begründet.
An der Versenkung unserer U-Boote haben die U-Boot-Fallen, von denen insgesamt 196 eingesetzt wurden, einen verhältnismäßig großen Anteil. Ungeheuer ist auch der sonstige Einsatz gegen unsere U-Boote gewesen: etwa 5000 Fahrzeuge, Flieger, ein großer Aufwand an Netzen, Wasserbomben und Minen. Allein für die sogenannte Northern Barrage, die den Seeraum zwischen Norwegen und den Orkneyinseln sperren sollte und die bei Waffenstillstand noch nicht völlig ausgelegt war, waren 100 000, ursprünglich sogar 400 000 Minen gegen unsere U-Boote gelegt worden.
Die Frage der bewaffneten Handelsschiffe, die gelegentlich mit Fallen verwechselt werden, braucht hier nur ganz kurz gestreift zu werden. Sie haben mit den Fallen nicht das geringste zu tun, sie sind Franktireurs genausogut wie ein Zivilist, der auf eine marschierende Truppe schießt oder ähnliches unternimmt. Fast 90 Prozent aller Handelsschiffe waren 1918 bewaffnet. Keinem dieser Schiffe ist es gelungen, auch nur ein einziges unserer U-Boote durch Artilleriefeuer zu versenken, dagegen wurde UB-76 im nördlichen Eismeer von einem solchen Dampfer gerammt und versenkt, mehrere andere wurden durch mißglückte Rammversuche beschädigt. Ein Dampferkapitän versuchte, im Kanal eines unserer U-Boote zu rammen. Er wurde später gefaßt und fiel in deutsche Hände; er wurde standrechtlich erschossen, was das übliche Wutgeheul in der feindlichen Presse auslöste. Viele Menschen haben durch das unverantwortliche Verhalten der bewaffneten Dampfer ihr Leben eingebüßt, da unsere U-Boote selbstverständlich gegen solche Schiffe keine Rücksicht nahmen und auch gar nicht nehmen konnten; die an Bord derartiger Schiffe befindlichen Nichtkombattanten mußten eben das Los der übrigen Dampferbesatzung teilen, es zwang sie ja auch kein Mensch dazu, im Kriegsgebiet zur See zu fahren.«
Am 10. September 1916 versenkte UB-18 die norwegischen Dampfer Furu (2029 BRT) und Polynesia (4064 BRT) südwestlich der Scilly-Inseln, ersterer mit Kohlen von Cardiff nach Frankreich, letzterer mit 4000 Fässern Petroleum und Gasöl von New York nach London unterwegs. Südlich von St. Marys folgte im freien Wasser am selben Tag die französische Bark Maréchal de Villars, die 3000 Tonnen Weizen und Gerste von Amerika nach England beförderte. Auf nordwestlichem Kurs, Bishop Rock ansteuernd, folgten am nächsten Tag der Grieche Assimacos (3500 BRT) mit

Kohlen von England nach Italien; der Spanier Luis Vives (2160 BRT) und der Norweger Kong Ring. – Die beiden letzteren Dampfer hatten in ihren Ladeluken spanische Lebensmittel für Frankreich. Auch diese Abgänge wurden durch das Prisengericht bestätigt, ebenso die noch folgenden Versenkungen Neutraler.
Im selben Seegebiet vernichtete UB-18 am 12. September 1916 den 7955 BRT großen holländischen Tanker Antwerpen, beladen mit 10 330 Tonnen Petroleum von New York für London. Auf dem Rückweg steuerte UB-18 danach kurz die französische Küste an und vernichtete auf der Höhe zwischen Ile de Bas und Les Sept Iles am 13. September 1916 die Dänen I. H. Madvig und Hans Jensen mit Kohlen von England nach Italien und den norwegischen Dampfer Tolosa mit Eisenerz von Spanien nach England.
Im Hurd-Tief hielt das U-Boot am 14. September 1916 nordwestlich der Casquets den 1122 BRT großen norwegischen Dampfer Ethel an, der eine Ladung Kohlen von England nach Frankreich beförderte. Der letzte »Aal« unterlief das stilliegende Schiff. Der Dampfer wurde daraufhin mit Granaten leckgeschossen. Inzwischen hatten sich die Rettungsboote des 20. Opfers dieser so erfolgreich verlaufenen Operation entfernt. Aus diesem Grunde schwamm der Maschinisten-Maat Müller von UB-18 zu dem Norweger hinüber, öffnete die Luken und ein Bodenventil des Schiffes, was den Untergang beschleunigte. Bis auf den letzten Rest war die Munition des U-II-Bootes verbraucht, das am 16. September 1916 mit seinem Rekorderfolg von 36 576 BRT in seinen Standort zurückkehrte.
Die Boote UB-18, UB-23, UB-29 und UB-39 vernichteten im Englischen Kanal insgesamt 25 feindliche und 19 neutrale Handelsschiffe mit zusammen 74 263 BRT. Hierüber berichtet der Chef der U-Flottille-Flandern am 16. September 1916: »Der Handelskrieg nach der Prisenordnung ergibt so gute Resultate, daß er zu einer Zeit, die einen uneingeschränkten U-Boot-Krieg aus politischen Gründen nicht erlaubt, mangels anderer Ziele die Mühe einigermaßen lohnt. Für die militärischen Ereignisse ist er fast ohne Bedeutung, weil Transporte nicht angegriffen werden können; wirtschaftlich ist er wirkungsvoll. Die Schädigung der feindlichen Schiffahrt ist fast unmöglich wegen der Bewachung und der Bewaffnung der Dampfer; bei späteren Unternehmungen wird die Wirkung noch geringer sein, weil das Moment der Überraschung fortfällt. Der Handelskrieg wird also fortgesetzt werden.«
Weiter berichtet das »Seekriegswerk«:
»Korvettenkapitän Bartenbach ließ es nicht dabei bewenden, daß er sich selbst schlüssig wurde, was unter den gegebenen Verhältnissen das Richtige wäre; vielmehr bemühte er sich, seiner Ansicht auch außerhalb seines Befehlsbereichs Geltung zu verschaffen. Unverzüglich wandte er sich an den Führer der U-Boote und den Stab des Kommandos der Hochseestreitkräfte und drängte, daß die U-Boote der Flotte gleichfalls den U-Boot-Krieg nach der Prisenordnung aufnähmen. Daß dieser trotz der unbestrittenen Schwierigkeiten zu führen wäre, hätten die Flandern-Boote bewiesen. Das Ergebnis sei nicht glänzend, aber es trage zum Enderfolg bei. Auch der uneingeschränkte U-Boots-Krieg, der doch einmal kommen müsse, würde Zeit brauchen, um zu wirken. Man könne nicht wissen, ob ausreichende Zeit bis zum erstrebten Ende

Kapitänleutnant Otto Steinbrinck

(19. 12. 1888–16. 8. 1949)
Eintritt in die Kaiserliche Marine: 1907
(Crew 07)

Konteradmiral a. D. Arno Spindler: »Als Steinbrinck mit UB-57 von seiner letzten Unternehmung des Jahres 1917 vom Englischen Kanal nach Flandern zurückkehrte, begegnete er am Nachmittag oder Abend des 31. Dezember in der Dover-Straße noch bei Tageslicht einem englischen Zerstörer. Es herrschte so stürmische See, daß mit einer Bedienung der Geschütze des Zerstörers kaum zu rechnen war. Da ließ Steinbrinck in nächster Nähe des Engländers ein Flaggensignal setzen, mit dem er ihm ein ›Glückliches neues Jahr‹ wünschte. Der Vorgang zeigt Steinbrincks Art, seine Kaltblütigkeit und seinen Humor, die für ihn charakteristisch waren.«

S.M. UB-18 – Bodo Herzog: »Mit einem Ergebnis von 9 versenkten Einheiten, die neutralen Abgänge wurden prisengerichtlich sämtlich bestätigt, mit zusammen 8737 BRT kehrte Oberleutnant zur See Steinbrinck zum letzten Male am 27. Oktober 1916 mit UB-18 nach Zeebrügge zurück. Auf 14 Operationen brachte er, weit an der Spitze aller UB-Kommandanten stehend, ein englisches U-Boot sowie 64 Schiffe mit zusammen 74 781 BRT zur Strecke. Sein Nachfolger, Oberleutnant zur See Lafrenz, vernichtete anschließend auf 9 Operationen 55 Schiffe mit 46 328 BRT. Hierbei konnte UB-18 als erstes UB-Boot die 100 000-BRT-Grenze erreichen!«

dann noch zur Verfügung stehen, ob die Kraft des Durchhaltens nicht vorher erschöpft sein würde. Was nütze es, einen etwaigen Mißerfolg des U-Boot-Krieges schließlich dadurch erklären zu können, daß die verantwortliche Kriegsleitung Befehle hätte geben sollen. Auch habe sich gezeigt, daß die ablehnende Haltung der Flotte und des Marinekorps gegen jede Art des eingeschränkten U-Boot-Krieges den gewünschten Einfluß auf die Kriegsleitung nicht ausgeübt habe. Das Brachliegen der U-Boot-Waffe sei nicht länger zu verantworten. Doch der Führer der U-Boote und das Flottenkommando vermochten sich dem Gedankengang des Chefs der U-Flottille-Flandern nicht anzuschließen; sie blieben bei ihrer Meinung. Dazu sprach für sie auch die Überlegung mit, daß der Aufgabenkreis der U-Boote der Flotte ein anderer war als der der Flandern-Boote. Für die Sicherung der Deutschen Bucht, die Aufklärung der Nordsee und jede Unternehmung der Flotte galten die U-Boote als unentbehrlicher Bestandteil der Hochseestreitkräfte. Auf eine solche Waffe glaubte die Flotte nur verzichten zu können zugunsten einer U-Boot-Verwendung, welche kriegsentscheidenden Erfolg versprach. Das traf für den rücksichtslosen U-Boot-Krieg zu, nicht aber für den eingeschränkten ...«

Bis zum erneuten Auslaufen reiften wichtige Entschlüsse: Am 6. Oktober 1916 kam der Befehl, den Handelskrieg nach Prisenordnung mit Wirkung vom 15. Oktober 1916 wiederaufzunehmen. Admiral von Holtzendorff (Crew 69), der zunächst nicht gewillt war, dem Drängen von Korvettenkapitän Bartenbach nachzugeben, teilte schließlich doch den verschiedenen Kommandos die notwendigen Einzelheiten mit. Ein Memorandum des Kaisers an Präsident Wilson gelangte am 7. Oktober 1916 durch das einen amerikanischen Hafen anlaufende U-53 unter Führung von Kapitänleutnant Rose an die amerikanische Regierung. Drei Tage später lief U-35 (von Arnauld de la Perière) den spanischen Hafen von Cartagena an, um ein Handschreiben des Kaisers an den spanischen König zu überbringen.

Als UB-18 am 19. Oktober 1916 zur 14. Operation auslief, war es wie die meisten UB-II-Boote mit einem 8,8-cm-Geschütz ausgerüstet und somit auch militärisch in der Lage, sich energischer gegen Überraschungsangriffe zu wehren. Wiederum erzielte das Boot im westlichen Teil des Kanals und bei den Scilly-Inseln gute Erfolge. Vierundzwanzig Stunden nach dem Auslaufen wurden drei britische Dampfer versenkt: nördlich von Vecamp The Duke, nordwestlich Cap d'Antifer The Marchioness und schließlich zwischen Cherbourg und Cap Barfleur die Cliburn. Am 21. Oktober 1916 vernichtete UB-18 bei den Casquets zunächst die beiden norwegischen Dampfer Fulvio und Rabbi, die beide Kohlen von England nach Frankreich transportieren sollten. Es folgten die Franzosen Condor und Brizeuz. Während der Versenkung des letzteren wurde UB-18 von einem Hilfskreuzer beschossen. Das U-Boot erwiderte ablaufend das Feuer.

Vom Hurd-Tief aus steuerte UB-18 Lizard Head an. Auf dem Wege dorthin versuchte Steinbrinck am 23. Oktober 1916 einen verdächtigen Dampfer, der ohne Flagge fuhr, durch Signal und Warnschuß anzuhalten. Der Dampfer fuhr jedoch langsam weiter und wurde stärker unter Feuer genommen. Nach dem dritten Schuß setzt der Frachter die englische Kriegsflagge und erwidert das Feuer aus zwei 10-cm-Geschützen. Da die

Aufschläge alsbald deckend liegen, läuft UB-18 getaucht ab. Ein Unterwassertorpedoangriff bleibt ohne Erfolg, da die Falle Zickzackkurse steuert und vermutlich nur geringen Tiefgang hat. Am Nachmittag desselben Tages hatte das UB-II-Boot ein weiteres ergebnisloses Feuergefecht mit einem englischen Dampfer zu bestehen. Südlich von Bishop Rock wurde der französische Großsegler Cannebière am 24. Oktober 1916 versenkt; danach begann das Boot die Rückfahrt und vernichtete nördlich der Casquets zwei Tage später als letzte Einheit den norwegischen Dampfer Pan, der mit Kohlen von Frankreich nach England unterwegs war. Mit einem Ergebnis von 9 versenkten Einheiten – die neutralen Abgänge wurden sämtlich prisengerichtlich bestätigt – mit zusammen 8737 BRT kehrte Oberleutnant zur See Steinbrinck am 27. Oktober 1916 zum letzten Male mit UB-18 nach Zeebrügge zurück. Auf 14 Operationen hatte er, weit an der Spitze aller UB-Kommandanten stehend, ein englisches U-Boot und 64 Schiffe von zusammen 74 781 BRT zur Strecke gebracht.

Sein Nachfolger, Oberleutnant zur See Lafrenz (Crew 07), vernichtete 55 Schiffe mit 46 328 BRT auf 9 Operationen. UB-18 konnte somit als erstes U-Boot die 100 000-BRT-Grenze erreichen.

Der dritte Kommandant, Oberleutnant zur See Ulrich Meier (Crew 08), führte UB-18 auf weiteren drei Feindfahrten zu Erfolgen. Auf der 3. Fahrt des vierten und letzten Kommandanten, Oberleutnant zur See Niemeyer (Crew 09), schlug das Schicksal erbarmungslos zu. UB-18 verließ am 1. Dezember 1917 seinen Stützpunkt zur 29. Operation. Südlich von Start Point fand am 4. Dezember 1917 um 13 Uhr ein Erfahrungsaustausch mit U-84 statt. Am 8./9. Dezember 1917 sichtete kurz nach Mitternacht der britische Trawler Ben Lawers am Westausgang des Kanals in 49° 17′ N–05° 47′ W ein aufgetaucht fahrendes U-Boot dicht an seiner Backbordseite, drehte sofort auf das Boot zu und rammte es hinter dem Turm. Das U-Boot sank sofort. Über die Tätigkeit des U-Bootes auf seiner letzten Feindfahrt konnte nichts ermittelt werden.

Am 3. Februar 1917 traf Oberleutnant zur See Steinbrinck mit seinem neuen Boot UC-65 aus Deutschland in Flandern ein. (Auftrag: 12. Januar 1916; Stapellauf: 8. Juli 1916 bei der Blohm-&-Voss-Werft in Hamburg; Indienststellung: 10. November 1916; Größe: 427/508 t; Geschwindigkeit: 12,0/7,4 kn; Bewaffnung: 2 Bug-Torpedorohre und 1 Heck-Torpedorohr [7 Torpedos], 6 Minenschächte [18 Minen] eine 8,8-cm-Kanone, ein MG; Besatzung: ca. 26 Mann.) Es würde den Rahmen dieses Werkes sprengen, alle UC-65-Operationen zu schildern. Am 26. April 1917 wurde Steinbrinck zum Kapitänleutnant befördert.

Am 18. Juli 1917 lief UC-65 erneut in Richtung Ärmelkanal bis Portland und Cherbourg aus. Bei den Needles legte das Boot am 20. Juli 1917 die Sperren 412, 412a und 412b (je 3 Minen) und vernichtete später in Höhe von St. Albans Head den bewaffneten britischen Dampfer Fluent (3660 BRT) durch Unterwassertorpedoschuß. Vor Pentland wurden weitere Minensperren 413 (5 Minen) und 413a (4 Minen) geworfen. Im Handelskrieg konnten infolge glatter See und wegen Windstille keine weiteren Ergebnisse erzielt werden. Aus diesem Grunde trat UC-65 zur Torpedoergänzung vorzeitig die Rückfahrt an. Über den weiteren Verlauf dieser siebten Fahrt berichtet der Kommandant:

Am Abend des 23. Juli 1917 stehen wir mit einem Geleitzug auf gleicher Höhe. Vier Fischdampfer sichern ihn auf allen Seiten. Ich überlege mit Steuermann Gewald und dem Wachoffizier, wie wir angreifen sollen. Unverändert still, wie auf einem Tümpel, blank und hell, schimmert die Wasseroberfläche, über ihr wölbt sich ein sternklarer, mondloser Himmel, der hin und wieder durch eine Wolke etwas verdunkelt wird. Für den Überwasserangriff ist es zu hell, für den Unterwasserangriff durch das Sehrohr zu dunkel. Wenn wir angreifen wollen, bleibt uns nichts anderes übrig, als uns überflutet hinzulegen und mit freien Augen zu schießen. Wir hatten dieses schwere Manöver schon wiederholt exerziert. Auf meine Tiefensteuerung konnte ich mich auch unter schwierigsten Verhältnissen verlassen. Ich rufe den Leitenden Ingenieur, zeige ihm den Geleitzug und erkläre ihm die Gefechtslage. Wie immer ist Hissbach schnell im Bilde und geht in die Zentrale mit dem Befehl, das Boot so weit zu fluten, daß der Turm nicht höher als 80 Zentimeter über die Wasseroberfläche ragt. Der Wachoffizier, Oberleutnant zur See Rogge (Crew 12, fiel als Chef der 17. U-Jagd-Flottille am 9. Mai 1941), und ich bleiben oben, die Wache wird unter Deck geschickt. Langsam wie ein Gespenst zieht der Geleitzug heran. Wir ducken uns tief, um die Silhouette des Turmes möglichst klein zu halten. »Es ist doch verteufelt hell«, murmelt Rogge vor sich hin. »Der vordere Bewacher wird uns nur auf 400 Meter passieren; wenn er uns nur nicht sieht!« Aus den vorhergehenden Beobachtungen weiß ich, daß der dritte Dampfer der größte ist. Mit ganz wenig Fahrt gehen wir über den Achtersteven noch etwas näher heran, um diesmal sicher zum Schuß zu kommen. So – jetzt ist die Entfernung gut. »Heckrohr fertig«. Doch was ist das? Das Boot, dessen Turmluk zur Befehlsübermittlung noch etwas offensteht, wird plötzlich stark achterlastig und sinkt tiefer. Nur noch eine Handbreit, und das Luk kommt unter Wasser. »Beide Maschinen halbe Fahrt voraus!« Mit einem Ruck schlage ich das Turmluk zu und versuche krampfhaft, es zu schließen, um einen Wassereinbruch in das Bootsinnere zu verhindern. Doch das Handrad läßt sich nicht drehen. Das Boot sinkt tiefer; schon schlägt das Wasser über meinem Kopf zusammen, während ich verzweifelt am Handrad rükke. Luftblasen ziehen an mir hoch. Das Angstgefühl, daß das Boot durch eigenes Verschulden untergeht, gibt einen langen Atem und gewaltige Kraft. Aber das Luk läßt sich nicht schließen. Ich muß mich loslassen und schieße an die Oberfläche. Immer noch blubbern die Blasen von unten rauf. »Mein Boot, mein Boot!« schreit es in mir auf. »Das ist das Ende! – Durch Tauchpanne gesunken, nicht im ehrlichen Kampf.« Wenige 100 Meter zieht der Bewacher vorüber. Soll ich rufen? Nur den Bruchteil einer Sekunde wird dieser Gedanke wach. »Gefangennehmen lassen? – Niemals!« Und wie bei einem, der mit dem Leben abgeschlossen hat, kommt die große Ruhe über mich. Undenklich langsam, zum Greifen nahe, schiebt leise rauschend Schiff nach Schiff an mir vorbei. Jetzt hat der Schlußbewacher mich passiert. Ich schwimme mechanisch irgendwohin, in die Unendlichkeit. – Was ist das dort? Fast steht mein Herz still. Zoll um Zoll hebt sich 30 Meter von mir entfernt ein schwarzer Gegenstand aus dem Wasser. Mit wenigen Stößen bin ich in der Nähe. Es ist die auf dem Vorschiff aufgesetzte Netzsäge des Bootes, an der eine menschliche Gestalt, mein Wachoffizier, angeklammert hängt. Wenige Sekunden später taucht dicht bei mir, gleichfalls Zoll um Zoll, der

Turm aus dem Wasser. Drei Stöße, und ich habe ihn erreicht, reiße das Luk auf! »Wieviel Wasser ist im Boot?« – »Unter Deck ist alles klar!« In aller Seelenruhe kommt die Antwort von unten herauf.
Im gleichen Augenblick fängt das Boot wieder an zu sinken, und schon werde ich wieder unter Wasser gezogen. Aber nur ein kurzer Augenblick, und dann ist der Turm wieder frei. Mit Preßluft steigt das Boot wie ein Nilpferd aus dem Wasser, unbeschädigt, ohne Panne. – Ich konnte es zuerst gar nicht fassen. Wie war es gekommen? Der Steuermann hatte, als das Boot zu sinken begann, eisenfest das Luk zugehalten, damit ja kein Wasser einströmen sollte; und Hissbach sagte sich, daß wir unmittelbar vor dem Geleitzug stehen. Ein rasches Auftauchen könnte unsere Vernichtung bedeuten. Der nahe Bewacher müßte uns sehen und rammen. Daher versuchte er im festen Vertrauen, daß sein Kommandant sich selbst helfen werde, das Boot so langsam wie möglich wieder an die Oberfläche zu bringen. Erst als es zum zweitenmal zu sinken begann, gab er Preßluft. Trotz allem Ärger und Kummer über den Mißerfolg zog doch ein stolzes Vertrauen in mein Herz: Mit solchen Offizieren, mit solcher Mannschaft konnte man alles wagen! Nicht nur da, wo es auf Schneid ankommt, erst recht da, wo nur Besonnenheit das Boot retten kann, zeigt sich das wahre Können der Besatzung. In dieser schlimmen Lage hatte die zuverlässige Zusammenarbeit auf UC-65 vom Kommandanten bis zum Rudergänger, vom Maschinisten bis zum Zentralheizer sich glänzend bewährt ...
Soweit der persönliche Bericht des Kommandanten, der 24 Stunden später sein Boot in Zeebrügge festmachen konnte. Nach einem kurzen Aufenthalt von nur 24 Stunden ging UC-65 mit aufgefülltem Torpedovorrat wieder in Richtung Kanal in See. Es begann eine Operation, deren schneller Erfolg für den hervorragenden U-Boot-Kommandanten bezeichnend war. Die 8. Unternehmung verdeutlicht besonders den strategischen Wert des Flandernstützpunktes: Weniger als 24 Stunden nach dem Verlassen von Zeebrügge schoß UC-65 den ersten »Aal«. Kaum 32 Stunden später war der letzte, fünfte Torpedo verschossen. In der Nacht zum 26. Juli 1917 glitt UC-65 bei Windstille und Nebel durch die Dover-Straße. Gegen 10 Uhr stand das Boot bei Beachy Head, wo infolge Niedrigwasser kein Dampferverkehr angetroffen wurde, dagegen aber eine starke Bewachung durch Motorboote, Zerstörer, Fischdampfer und Minensuchfahrzeuge.
Das U-Boot legte sich zunächst auf Grund, um einen höheren Wasserstand abzuwarten. Über die folgende Vernichtung des britischen Minenkreuzers Ariadne (11150t; Indienststellung: 1900; Geschwindigkeit: 20,5–21,5 kn; Bewaffnung: 16 15,2-cm-, 12 7,6-cm-, drei 4,7-cm-Kanonen, zwei Torpedorohre; Besatzung: ca. 600 Mann) am 26. Juli 1917 berichtet das Kriegstagebuch des Bootes:

3h	Nm.	Wind: WSW-3-4, See: WSW 3, sichtig. -- Vom Grunde aufgekommen; zunächst sind nur Fischdampfer, P-Boote und mehrere kleine Dampfer in Sicht.
3h 50	Nm.	Aus Osten nähert sich ein stark qualmendes 4 Schornsteinschiff im Geleit von 3 Zerstörern, steuert Zickzackkurse, passiert hart nördlich Royal Sovereign Fsch und wird nun als älterer Kreuzer ausgemacht.

Zum Heckschuß manövriert. Einige Minuten vor dem Schuß dreht der Kreuzer um 4 Strich nach Stb. ab. Mit höchster Fahrt und im harten Drehen wird das Boot noch in Schußlage für Bugschuß gebracht.

4h 22 Nm. Schuß mit 3 m Torpedo aus Stb.-Rohr, Entfernung 1000 m, Schneidungswinkel 60°. Treffer unter dem achteren Schornstein. Der Kreuzer sackt achtern schnell weg und bekommt etwa 15° Bb.-Schlagseite. Dreht auf Land zu. Eine sehr starke Sicherung sammelt sich um den Kreuzer in kurzer Zeit. Soweit bei den kurzen Rundblicken, die häufig durch Tieftauchen vor heranbrausenden Zerstörern und P-Booten abgebrochen werden, zu erkennen ist, umkreisen ihn etwa 3 Zerstörer, 4 P-Boote, ein halbes Dutzend Minensuchboote und etwa 20 Fischdampfer. Bei dem vorsichtigen Sehrohrgebrauch kann der Typ auch nur oberflächlich erkannt werden, anscheinend handelt es sich um einen Großen geschützen Kreuzer der »Diadem«-Klasse.

4h 40 Nm. Zum neuen Anlauf gefahren, Boot kommt in gute Schußlage, der Kreuzer hat mittlerweile aber um 20 Strich gedreht nach Stb., so daß ich die hochliegende Stb.-Seite beschießen müßte; außerdem ist die Sicherung nach See außerordentlich stark. Daher unter ihm durchgetaucht und ihn von der weniger gesicherten Landseite angegriffen.

5h 10 Nm. Der Kreuzer ist gerade im Schlepp von einem Fischdampfer genommen, die Besatzung ist an Oberdeck. Heckschuß mit 2 m Torpedo auf das Vorschiff, spitzer Schneidungswinkel, Schußentfernung 600 m. Treffer unter dem vorderen Mast. Unmittelbar darauf kentert der Kreuzer nach Bb.

5h 15 Nm. Tieftauchen, und abgelaufen.

5h 30 Nm. Vom Kreuzer ist nur noch der Boden zu sehen. Auf der Sinkstelle liegt ein Schwarm von Fischdampfern und anderen Fahrzeugen. Hecktorpedo geladen.

6h 30 Nm. Mit Südkurs abgelaufen. Es kreuzen 10 Zerstörer in der Gegend.

10h Nm. Ausgeblasen. Batterie geladen.

Steinbrinck

Im Überwassertorpedoangriff wurde am 27. Juli 1917 morgens bei dem Owers-Feuerschiff der bewaffnete britische Dampfer Bellagio (3919 BRT) beschädigt. Sein Sinken sollte durch Granaten beschleunigt werden, aber hinzukommende Bewacher drückten das Boot unter Wasser, während sich die Bellagio auf Strand setzte. Unter Wasser wurde nach Tagesanbruch der bewaffnete Engländer Candia (6482 BRT) vernichtet. Auf dem Rückmarsch sichtete das Boot bei Beachy Head mehrere Luftschiffe. Gegen Mitternacht (27./28. Juli 1917) konnte noch der von zwei bewaffneten Fischdampfern begleitete französische Dampfer St. Emilion (1135 BRT) bei Dungeness unter Wasser abgeschossen werden.

In den Morgenstunden wurde UC-65 beim Ansteuern der Flandernküste von einem feindlichen Flugboot mit zwei Bomben angegriffen, die jedoch in einer Entfernung von 50 Metern ins Wasser fielen. Trotz heftigen Maschinengewehrfeuers des U-Bootes ging das Flugboot auf 50 Meter herunter und griff mit dem Maschinengewehr an. Das Boot erhielt mehrere Treffer am Turm und in den Tauchtanks. Nach einem zweiten Anflug entfernte sich das Flugboot.

Das Ergebnis dieser Operation: Außer dem englischen Kreuzer wurden 11 536 BRT der feindlichen Versorgung entzogen; mit 5 Torpedos wurden 5 Treffer erzielt. Am 28. Juli 1917 lief Kapitänleutnant Steinbrinck in Zeebrügge ein. Unter seinem Bericht im Kriegstagebuch findet sich von der Hand des Kommandierenden Admirals des Marinekorps, Admiral Ludwig von Schröder, das anerkennende Wort: »Bravo«! (Als der »Löwe von Flandern« starb, nahm Hitler am 26. Juli 1933 an der Beerdigung teil. Über seinen Sohn – Kapitän zur See Ludwig von Schröder [Crew 03] – erhielt Hitler frühzeitig Kontakt zur Reichsmarine: Am 26. Mai 1932 [!] trug er sich in das Gästebuch des Kreuzers Köln [Ludwig von Schröder] ein: »Mit der Hoffnung, mithelfen zu können am Wiederaufbau einer dem Reich würdigen Flotte – Adolf Hitler.« Zu berichtigen wäre in diesem Zusammenhang Jost Dülffer: »Weimar, Hitler und die Marine – Reichspolitik und Flottenbau 1920–1939 – Mit einem Anhang von Jürgen Rohwer« [Düsseldorf 1973 S. 222].)

Am 31. Juli 1917 übergab Steinbrinck das Boot an Kapitänleutnant Viebeg, der am 30. Januar 1918 als Kommandant des Flandern-Bootes UB-80 den Orden *pour le mérite* erhielt.

Kapitänleutnant Steinbrinck übernahm sein letztes Boot UB-57. (Auftrag: 20. Mai 1916; Stapellauf: 21. Juni 1917 bei der Weserwerft in Bremen; Indienststellung: 30. Juli 1917; Größe: 516/646 t; Geschwindigkeit: 13,4/7,8 kn; Bewaffnung: 4 Bug-Torpedorohre und 1 Heck-Torpedorohr [10 Torpedos], eine 8,8-cm-Kanone; Besatzung: ca. 34 Mann.)

In den frühen Morgenstunden des 29. Dezember 1917 vernichtete Steinbrinck östlich von Landsend im Überwasserangriff sein 202. und letztes Handelsschiff, den 1442 BRT großen norwegischen Dampfer Tiro. Da UB-57 keine »Aale« mehr hatte, mußte der Rückmarsch angetreten werden. Mit einer souveränen Geste verabschiedete sich Kapitänleutnant Otto Steinbrinck, Ritter des Ordens *pour le mérite*, ein König an Bord seines U-Bootes, von seinem Gegner und seinem Jagdrevier: Auf der Fahrt nach Zeebrügge sah er sich plötzlich einem britischen Zerstörer gegenüber, der aus dem Dunst auftauchte. Er entbot dem erstaunten Gegner einen Neujahrsgruß. Als er sein Boot am 1. Januar 1918 in Zeebrügge festmachte, konnte er weitere 18 523 BRT für sich verbuchen. Körperlich und psychisch erschöpft, mußte er sich einer längeren Erholung unterziehen. Er übergab sein Boot im Januar 1918 an den *Pour le mérite*-Träger Oberleutnant Lohs (Crew 09), der am 14. August 1918 mit dem Boot vor Flandern auf 51° 56′ N–02° 02′ O durch Minentreffer unterging.

Nach dem Waffenstillstand im November 1918 verlangte Großbritannien die Auslieferung von Kapitänleutnant Steinbrinck. Auf der englischen Liste standen »wegen verübter Grausamkeit« insgesamt 20 U-Boot-Kommandanten unter Anklage, »schuldig ohne Warnung . . . Schiffe unter Anwendung außerordentlicher Grausamkeit und Unmenschlichkeit angegriffen und torpediert zu haben«.

An Tatkraft, Ausdauer und opferfreudiger Hingabe haben die Seeleute der Flandern-U-Boote das Höchste geleistet. Die Kommandanten Steinbrinck (Crew 07), Saltzwedel (Crew 08), Howaldt (Crew 07), Viebeg (Crew 06), Wassner (Crew 06), Wenniger (Crew 07), Lohs (Crew 09) und Hundius (Crew 07) erhielten den *Pour le mérite*, die höchste Auszeichnung, die das kaiserliche Deutschland zu vergeben hatte. Was sie und ihre Mannschaft vollbrachten, auf technischem, navigatorischem, seemännischem und maschinellem Gebiet, das werden im seeungewohnten Deutschland wohl nur die wenigsten ermessen können.

Von Oktober bis November 1918 war Otto Steinbrinck bei der U-Boot-Inspektion (UI) und anschließend bei der Waffenstillstandskommission tätig. Am 6. November 1919 nahm er seinen Abschied. Ab 1923 arbeitete er bis zum Jahre 1939 für den Flick-Konzern: Zunächst als Prokurist bei der Linke-Hofmann-Lauchhammer AG, später in gleicher Eigenschaft bei der Mitteldeutsche Stahlwerke AG. Danach war er im Sekretariat, später im Vorstand der AG. Charlottenhütte in Berlin tätig und wurde schließlich erster Mitarbeiter und Generalbevollmächtigter der Friedrich-Flick-KG. (FF) in Berlin. (Holding für alle zum Flick-Konzern gehörenden Gesellschaften: Steinkohle-Braunkohle-Stahlwerke und eisenverarbeitende Werke.) Im Dezember 1939 schied er wegen Unstimmigkeiten aus dem Konzern aus und wurde stellvertretender Vorsitzender des Aufsichtsrates der Vereinigte Stahlwerke in der Firmenleitung der August-Thyssen-Hütte.

Nach dem Frankreich-Feldzug im Jahre 1940 wurde er als Wirtschaftsführer, der sich frühzeitig parteipolitisch gebunden hatte, in Belgien und Nordfrankreich Generalbeauftragter der Eisen- und Stahlindustrie in Belgien, Nordfrankreich und Luxemburg, 1942 Bevollmächtigter für Kohle in den besetzten Westgebieten. In den letzten Kriegswochen tat er als Verbindungsmann der Industrie bei Feldmarschall Model Dienst.

Im April 1945 kehrte Steinbrinck seelisch und körperlich erschöpft – sein zweiter Sohn Carl Otto Peter war seit dem August 1944 in Rumänien vermißt – zu seiner Familie nach Lippstadt zurück. Im August 1945 verhafteten ihn die Alliierten im Zuge der Durchleuchtung der Vereinigte Stahlwerke und internierten ihn. Im Februar 1947 wurde Steinbrinck im Nürnberger Flick-Prozeß wegen »Verbrechens gegen die Menschlichkeit« in folgenden Punkten angeklagt: Sklavenarbeit, Plünderung, Arisierungen, Mitgliedschaft im sogenannten »Freundeskreis Reichsführer« (Himmler), Ehrenmitgliedschaft der SS.

Nach einjähriger Prozeßdauer fiel am 22. Dezember 1947 das Urteil: Freispruch zu Punkt 1–3, verurteilt wegen Punkt 4 und 5 zu 5 Jahren Gefängnis. Bemerkenswert ist, daß sowohl im IG.-Farben-Prozeß wie auch im Wilhelmstraßen-Prozeß die wegen derselben Tatbestände (Freundeskreis – Ehrenmitgliedschaft) angeklagten Personen von diesen Punkten freisprochen worden sind.

Bis Dezember 1948 behielt man Steinbrinck als Zeugen im Nürnberger Gefängnis. Indessen ließen seine körperlichen Kräfte rasch nach: Kreislaufstörungen und Gallenanfälle traten infolge Unterernährung auf. Im Oktober 1945 hatte der Inhaftierte in Iserlohn in einem Luftschutzbunker unter der Erde in einer kleinen Zelle, die zwei Zentimeter unter Wasser stand, nur Wasser und Brot erhalten. Mehrmals mußte Stein-

brinck in ein Krankenhaus gebracht werden. Ein am 5. Dezember 1948 gestellter Antrag auf Feststellung der Haftunfähigkeit und Entlassung blieb unbeantwortet. Im November 1948 mußte Steinbrinck sich im Städtischen Krankenhaus in Nürnberg einer Bruchoperation unterziehen; zwei Monate später brachte man ihn in das Gefängnislazarett nach Landsberg am Lech. Dort erhielt er »normale Haft« (zwei Häftlinge in einer Zelle). Er arbeitete in dieser Zeit in der Schlosserei. Nach Gallenanfällen brach er erneut zusammen und kam abermals in das Gefängnislazarett. Die beantragte Operation wurde zweimal abgelehnt, ein zweimaliger erneuter Antrag nicht befürwortet. Nach der Genehmigung erfolgte im August 1949 im Städtischen Krankenhaus in Landsberg die Operation, für die jedoch die körperlichen Kräfte nicht mehr ausreichten. Vier Tage nach der Operation, am 16. August 1949, starb Steinbrinck. Auch von seinen Gegnern im Ersten Weltkrieg wurde während des Nürnberger Flick-Prozesses die ritterliche Handlungsweise des U-Boot-Kommandanten bei der Versenkung von Schiffen anerkannt: Rettung von Besatzungsmitgliedern eines Englischen Unterseebootes unter Gefährdung des eigenen Bootes. Im »Belgischen Marinemuseum« in Zeebrügge ist seine ritterliche Gesinnung auf einer Ehrentafel festgehalten.
Auf seinem Grabstein in Lippstadt stehen die Worte: *Sein Leben galt Deutschland –*

Erfolge im Indischen Ozean
Korvettenkapitän Wolfgang Lüth

Kapitän zur See Wolfgang Lüth, Träger der zweithöchsten deutschen Tapferkeitsauszeichnung (*Eichenlaub mit Schwerten und Brillanten zum Ritterkreuz des Eisernen Kreuzes*), steht an zweiter Stelle der U-Boot-Asse des Zweiten Weltkrieges. Der zweite und letzte Offizier der Kriegsmarine, der mit diesem hohen Orden ausgezeichnet wurde, war Korvettenkapitän Albrecht Brandi (Crew 35). Diese Verleihung bleibt absolut unverständlich, da die von Brandi während des Krieges gemeldeten und auch ohne weiteres akzeptierten Erfolge nicht nur maßlos übertrieben, sonden auch nicht den Tatsachen in irgendeiner Weise entsprachen. Selbst heute noch geht man über diese nicht verständliche Aufschneiderei einfach hinweg, ja man distanziert sich in der Literatur noch nicht einmal davon. (Anders dagegen liegt der Fall des italienischen U-Boot-Kommandanten Grossi, der die Versenkung von zwei amerikanischen Schlachtschiffen meldete, ohne auch nur ein einziges beschädigt zu haben. Seine hohen Tapferkeitsauszeichnungen wurden ihm später aberkannt.) Mit seinen Booten U-9, U-138, U-43 und U-181 unternahm Lüth insgesamt vierzehn Feindfahrten mit 609 Seetagen.

Lüth wurde am 15. Oktober 1913 in Riga geboren. Seine Eltern unterhielten hier ein kleineres Wäschegeschäft. Auf dem naturwissenschaftlichen Gymnasium legte er sein Abitur ab und studierte anschließend drei Semester Rechtswissenschaft. Seine Liebe galt jedoch der Marine, und Lüth trat deshalb Ostern 1933 in die damalige Reichsmarine (Crew 33) – ab 1935 Kriegsmarine – als Offiziersanwärter ein. Er bestand die strenge Aufnahmeprüfung und wurde angenommen.

Die übliche infanteristische Grundausbildung erhielt der angehende Marineoffizier Lüth in Stralsund. Dann kam er auf das neue Segelschulschiff Gorch Fock zur seemännischen Grundausbildung. Hier wurde er zum Seekadetten befördert. Anschließend machte er mit dem Leichten Kreuzer Karlsruhe eine große Weltreise bis zum Juni 1934. Der Kreuzer besuchte Indien, das damalige Niederländisch-Indien (heute Indonesien), Australien und Nord- und Südamerika.

Im Jahre 1936 wurde Lüth zum Leutnant zur See befördert, und sogleich meldete er sich, wie fast alle späteren berühmten U-Boot-Kommandanten, zur neuen U-Boot-Waffe der Kriegsmarine, die nach dem deutsch-englischen Flottenvertrag von 1935 U-Boote im Verhältnis von 45 : 100 zur britischen Marine bauen durfte.

Nach zwei Jahren war Lüth Oberleutnant zur See und fuhr u. a. als Wachoffizier auf U-27, das während des spanischen Bürgerkrieges in den dortigen Gewässern kreuzte.

Während der ersten Kriegsmonate des Jahres 1939 war Lüth Wachoffizier unter Kapitänleutnant Heinrich Liebe auf U-38. Das Boot hatte bereits am 19. August 1939, also einige Zeit vor Beginn der Feindseligkeiten, Wilhelmshaven verlassen, um für alle Fälle gerüstet zu sein.

Die deutschen U-Boote eröffneten sofort nach Kriegsausbruch den Handelskrieg gegen die gegnerische und neutrale Schiffahrt nach Prisenordnung. In den ersten Wochen und Monaten hieß dies, daß Handelsschiffe durch Flaggensignal bzw. Warnschuß gestoppt werden mußten. Erst nach Überprüfung der Schiffspapiere und nach dem Verlassen der Besatzung durfte dann gegebenenfalls das Fahrzeug versenkt werden: ein Verfahren, das wir bereits aus den Weltkrieg-I-Kapiteln kennengelernt haben. Im Laufe der Zeit ging man jedoch immer mehr zur warnungslosen Versenkung der in den Sperrgebieten angetroffenen Schiffen über.

U-38 stieß eines Tages auf den ersten Gegner. Lassen wir Lüth zu Wort kommen, was er im Jahre 1944 in seinem zusammen mit Kapitänleutnant Claus Korth (Crew 32) veröffentlichten Buch: »Boot greift wieder an – Ritterkreuzträger erzählen« hierüber berichtet:

»Herbst 1939. Plötzlich ging es raus mit dem U-Boot zu einer großen Übung. Befehl: ungesehen bleiben! Ich war Wachoffizier auf einem der modernsten deutschen Boote, und mein Kommandant war Kapitänleutnant Liebe, der spätere Eichenlaubträger. Wir waren schon mitten auf See, und es war uns auch gelungen, allen uns begegnenden Kriegs- und Handelsschiffen rechtzeitig auszuweichen, so daß wir nicht von ihnen bemerkt wurden. Die Rundfunknachrichten über unser Verhältnis zu Polen wurden immer ernster. Nun kam es darauf an, was England tun würde.

Wir hatten unsere befohlene Position erreicht und warteten auf den Augenblick der Entscheidung. Der Krieg sollte uns nicht unvorbereitet finden. Wir waren durch harte Friedensübungen und Kontrollfahrten in spanischen Gewässern zur Zeit des Bürgerkrieges schon zu einer festen Gemeinschaft zusammengeschweißt worden. Das Boot war in jeder Beziehung kriegsklar. 3. September 1939. ›England hat den Krieg erklärt. Unterseeboote ran an den Feind. Handelskrieg nach Prisenordnung.‹ – Nun galt es, jeden Dampfer mit Flaggensignalen und einem Schuß vor den Bug anzuhalten, die Besatzung in Sicherheit zu bringen und dann erst das Schiff zu versenken.

Da ging es auch schon los: ›Mastspitzen am Horizont‹ . . . Immer größer wurden die Mastspitzen, nun mußten wir schon tauchen, um nicht gesehen zu werden. Ein bißchen komisch sah es ja aus, es konnte gut ein Kriegsschiff dahinter stecken. Der Kommandant am Sehrohr lachte kurz vor sich hin. Der erste Kriegstag und schon ein feindlicher Kreuzer! Die Besatzung stand auf Gefechtsstationen . . . Es klappte alles. Wir kamen in gute Schußstellung. Ich stand neben dem Kommandanten mit dem Skizzenbuch für Kriegsschiffe und versuchte, nach der Beschreibung des Kommandanten Typ und Namen des Kreuzers festzustellen.

Aber wir kriegten ihn nicht raus. ›Wenn das nur kein Neutraler ist!‹ – ›Nein, Herr Kapitänleutnant, ich glaube doch, ich finde gleich den richtigen Typ. Wie sieht das Achterschiff des Kreuzers aus?‹ Inzwischen sind die Torpedorohre klar gemeldet. Der Kommandant befiehlt: ›Rohr eins fertig!‹ und an mich, ohne sich mit dem Auge vom

Sehrohr fortzuwenden: ›Achtern hat er einen Einschnitt im Oberdeck und ganz achtern eine Kanone darauf, aber machen Sie schnell, ich muß gleich schießen.‹ Ich blättere fieberhaft im Buch. Der Schuß darf auf keinen Fall ausfallen. Andererseits dürfen wir auch keinen neutralen Kreuzer versenken. Da, nun habe ich den Typ einwandfrei gefunden: Französischer Minenkreuzer Pluton, 4700 Tonnen, 450 Minen. Wir haben noch keine Meldung, daß Frankreich mit uns im Kriege ist. Schade! Die schöne Gelegenheit ist vorbei. Ich darf auch nochmal den Kreuzer durchs Sehrohr ansehen. Da fährt er hin – sobald kommt er uns sicher nicht mehr vor die Rohre.«

U-38 hatte also Pech. Aber der Kreuzer erlitt am 13. September 1939 in Casablanca durch eine eigene Minenexplosion so schwere Beschädigungen, daß er nicht mehr einsatzbereit war.

Bereits am 6. September 1939 fiel U-38 das erste Schiff zum Opfer. Der britische Dampfer Manaar mit 7242 BRT wurde angehalten und durch Artillerie und Torpedos vernichtet. Auf dieser Fahrt konnte man außerdem noch am 11. September 1939 einen Tanker auf den Meeresgrund schicken.

Auf den folgenden Feindfahrten lief U-38 kein weiteres Schiff mehr vor die Rohre. Lüths Zeit als Wachoffizier auf diesem Boot ging im Dezember 1939 zu Ende. Zuerst vertrat er für kurze Zeit den Kommandanten von U-13, um dann sein eigenes Boot U-9 zu übernehmen. Dieses führte als Traditionsboot von S. M. U-9 unter Kapitänleutnant Otto Weddigen (Crew 01) aus dem Ersten Weltkrieg ein Eisernes Kreuz an beiden Seiten des Turms. Es handelte sich bei U-9 um einen sogenannten »Einbaum« wie U-23, auf dem Kretschmer zuerst gefahren war. U-9 wurde bereits im Jahre 1934 in Auftrag gegeben, und die Kiellegung fand am 8. April 1935 statt. Der Stapellauf bei der Krupp-Germaniawerft erfolgte am 30. Juli 1935 in Kiel und die Indienststellung des U-Bootes am 21. August desselben Jahres. Die technischen Daten waren die gleichen wie die des II-B-Bootes U-23 (vgl. Kretschmer-Kapitel). In der Ostsee führte Oberleutnant zur See Lüth die notwendigen Übungsfahrten durch. Am 16. Januar 1940 lief er dann mit seinem Boot zur ersten Unternehmung in das Gebiet von Kinnaird-Head aus, die bis zum 22. Januar 1940 dauerte. Lüth berichtete über seinen ersten Angriff: »Unser erster Schuß! Ich war so voll Spannung und freudiger Erregung, daß ich fast jedem, der darum bat, erlaubte, die Brücke zu betreten und sich das kommende Schauspiel anzusehen . . . Mir graust vor dem Leichtsinn damals, wenn ich heute daran zurückdenke . . . Erstmal standen jedoch die ›Zuschauer‹ umsonst auf der Brücke . . . Bei uns auf der Brücke hatten sich richtige ›Fahrt- und Lagekommissionen‹ gebildet, d. h. ich wurde mit Vorschlägen überhäuft, der Gegner liefe 6 Meilen, 8 Meilen, 12, ja auch 15 Meilen wurden geraten . . . Es war ja der erste Angriff, und die Welle der Anteilnahme und Begeisterung der Besatzung war für mich als Kommandant wohltuend und forderte von mir, daß ich dieses Vertrauen rechtfertigte.«

Bei dieser ersten Versenkung von U-9 unter Lüth handelte es sich um den bereits recht alten schwedischen Dampfer Flandria (1179 BRT/Baujahr 1898) aus Göteborg, der am 18. Januar 1940 kurz vor Mitternacht (23.53 Uhr) getroffen wurde und im Marinequadrat AN-6758 auf 54° 00′ N–03° 40′ O unterging.

Wenige Stunden später – am 19. Januar 1940 – kam nach 01.00 Uhr der nächste Dampfer in Sicht.

In dem vorerwähnten Buch heißt es hierüber: »Auch der Dampfer Nummer zwei war jetzt erledigt. Der Bann war gebrochen, das Vertrauen zwischen Kommandant und Besatzung hergestellt. Wir brannten darauf, den nächsten Gegner vor die Rohre zu bekommen. Schon viele Fehler hatten wir auf dieser ersten Fahrt gemacht und waren trotzdem noch zu Erfolgen gekommen.«

Dieses Mal mußte wiederum ein Schwede daran glauben: Es war die Patria mit 1188 BRT (Baujahr 1915), die – ebenfalls in Göteborg registriert – nach einem Treffer um 01.45 Uhr in AN-6725 (54° ..'N–03° 30' W) unterging.

Aller Anfang war schwer: Es waren nicht gerade große Dampfer mit insgesamt 2367 BRT, die der neue Kommandant von U-9 versenkt hatte. Doch sollte dies erst die Einleitung zu bedeutenden Erfolgen sein. Wolfgang Lüth unternahm insgesamt fünf Feindfahrten mit U-9. Auf einer dieser Operationen in der Zeit vom 6. bis 12. Februar 1940 konnte er im Zusammenhang mit dem Vorstoß der Schlachtkreuzer Scharnhorst und Gneisenau (Unternehmung »Nordmark« – siehe auch das Kapitel über Otto Kretschmer) am 11. Februar 1940 den ebenfalls recht alten Dampfer Linda (1213 BRT) um 18.20 Uhr in AN-1769 (58° 51' N–01° 54' O) zur Strecke bringen. Das im Jahre 1899 erbaute Schiff war in Käsmi (Estland) registriert.

Vorher hatte U-9 am 9. Februar 1940 Minen im Firth of Forth (AN-1728) gelegt. Auf diese Sperre lief am 9. Mai 1940 in der Nähe von Tarbett Ness (Moray Forth) der britische Tankdampfer San Tiburcio (5995 BRT/1921) aus London.

Im März 1940 wurde Lüth zusammen mit weiteren acht U-Booten in der Nordsee eingesetzt, um südlich von Norwegen die hier verstärkt auftretenden britischen und französischen U-Boote zu jagen. Diese alliierten Einheiten beunruhigten in diesen Wochen und während der Besetzung Norwegens durch deutsche Truppen den Schiffsverkehr erheblich. Den deutschen U-Booten gelang es jedoch nicht, ein einziges Boot der Gegenseite vor die Rohre zu bekommen.

Während der Norwegen-Unternehmung im April 1940 gehörte U-9 mit U-14, U-56, U-60 und U-62 zur U-Boot-Gruppe, die vor Bergen operierte. Bedeutende Erfolge erzielte aber keines der vor den norwegischen Gewässern eingesetzten U-Boote. Der Mißerfolg war auf die Entwicklung der Torpedos zurückzuführen. Zu dieser Zeit hatte das Versagen der Tiefensteuerung und der Magnetzündung katastrophale Folgen; einmalige Chancen wurden hierdurch verpaßt. Die Kommandanten der hier kreuzenden U-Boote waren verzweifelt.

Lüth hatte gleichfalls mit seinem Boot großes Pech. Am 20. April 1940 lief ihm der polnische Zerstörer Grom in der Nähe der Shetland-Inseln vor die Rohre. Frühzünder vereitelten jedoch wie bei den anderen Kommandanten einen möglichen Erfolg.

Deutsche Truppen marschierten am 10. Mai 1940 in Holland, Belgien und Frankreich ein. Die Kriegsmarine war durch den Einsatz fast all ihrer Einheiten in Norwegen stark geschwächt, und nur einige wenige U-Boote operierten in den folgenden Wochen des Krieges im Westen vor der belgischen und niederländischen Küste. Allerdings war ein erfolgreicher Einsatz in diesen Gewässern insofern erschwert, da hier

Sandbänke, unangenehme Strömungen und natürlich auch feindliche Minen den U-Booten Hindernisse in den Weg legten: eine Situation, mit der sich unsere Flandern-U-Boote 1915/18 – vgl. Steinbrinck-Kapitel – auseinandersetzen mußten.
Zu den wenigen hier lauernden U-Booten gehörte auch U-9 unter Lüth, das am 5. Mai 1940 Kurs auf die Schelde-Mündung nahm. In der Nacht vom 8./9. Mai 1940 sichtete er auf dem Hinmarsch das französische Unterseeboot Doris (552 ts) unter Capitaine de corvette Favreul ca. 30 sm westlich der Terschelling-Bank. Von der Brücke von U-9 entdeckte man mehrere Fischerboote. Unter ihnen steuerte ein verdächtig erscheinendes Fahrzeug. Lüth machte es bald als feindliches U-Boot aus, und es dauerte über eine Stunde, ehe er kurz nach Mitternacht (9. Mai 1940) um 00.14 Uhr AN-8511 zum Schuß kam. U-9 war es gelungen, ziemlich nahe an die Doris heranzukommen, so daß der losgemachte Torpedo treffen mußte. Auf Position 53° 40′ N–04° ..′ O flog das französische U-Boot unter einer heftigen Detonation in die Luft. Lüth näherte sich anschließend der Untergangsstelle, um Überlebende zu retten. Aber außer Wrackteilen und einem großen Ölfleck fand man nichts mehr von der Doris. Diese hatte zusammen mit anderen alliierten U-Booten vor der niederländischen Küste operiert, um den Osteingang des Englischen Kanals vor eindringenden deutschen Kriegsschiffen zu schützen.
Auf der gleichen Feindfahrt fiel Lüth am 11. Mai 1940 noch der in Tallinn (Reval) beheimatete estnische Dampfer Viiu (1908 BRT/1917) in AN-8749 bei der Westhinder Buoy kurz nach Mitternacht um 00.49 Uhr zum Opfer. Ihm folgte am gleichen Tage und im gleichen Quadrat um 14.00 Uhr der britische Frachter Tringa (1930 BRT/1925) aus Liverpool auf 51° 21′ N–02° 25′ O. Anschließend lief U-9 zur Versorgung nach Wilhelmshaven, dann in das Seegebiet vor Antwerpen und später zum Cross-Sand sowie zum West-Hinder-Feuerschiff.
Hier stieß man am 23. Mai 1940 auf den ehemaligen deutschen Dampfer Sigurds Faulbaums (3256 BRT/1913) – von der Reederei Max Faulbaum (Max Faulbaums SS Line) –, der als britische Prise von Belgien nach England überführt werden sollte. Von Torpedos um 12.54 Uhr getroffen, versank dieser in AN-8757 auf 51° 29′ N–02° 38′ O in den Fluten.
Am 27. Mai 1940 trat Oberleutnant zur See Lüth den Rückmarsch an und erfuhr im Stützpunkt, daß er das neue Unterseeboot U-138 erhalten hatte. Dieses moderne II-D-Boot besaß nahezu die gleichen Eigenschaften wie U-9. Es war erst am 22. Juni 1940 bei den Deutsche Werke in Kiel vom Stapel gelaufen, wo Lüth es fünf Tage später in Dienst stellte. Die Wasserverdrängung seines neuen Bootes betrug 314/364 t bei einer Geschwindigkeit von 12,7/7,4 Knoten.
Mit U-138 unternahm Wolfgang Lüth nur zwei Feindfahrten. Zur ersten Unternehmung lief er von Kiel aus und nahm Kurs um England herum, um im Gebiet des North Minches und im Nordkanal (zwischen Irland und England) Handelskrieg zu führen. Hier standen bereits U-28, U-65, U-99 (Kretschmer) und die neu ausgelaufenen U-48, U-58, U-61, U-100 sowie Lüth. Er stieß auf einen Konvoi, und in zäher Verfolgung konnte U-138 am 20. September 1940 in kurzen Abständen in AM-5365 drei Schiffe herausschießen:

Um 21.20 Uhr britischer Tankdampfer (Walfangmutterschiff) NEW SEVILLA (13 801 BRT/900) aus Jersey auf 55° 48′ N–07° 22′ W.

Um 21.23 Uhr Dampfer BOKA (5560 BRT/1920) aus Panama auf 55° 54′ N–07° 24′ W.

Um 21.26 Uhr britischer Dampfer EMPIRE ADVENTURE (5145 BRT/1921) aus Newcastle in der Nähe von Islay

sowie am folgenden Tage um 02.27 Uhr den in Glasgow registrierten britischen Dampfer CITY OF SIMLA (10 138 BRT/1921) auf 55° 55′ N–08° 20′ W (AM-5318).

Auf der nächsten Unternehmung machte Lüth zunächst Jagd auf Einzelfahrer. Hierbei torpedierte er wahrscheinlich am 13. Oktober 1940 um 15.32 Uhr in AM-5329 einen unbekannten Frachter, dessen Größe mit 4562 BRT registriert werden konnte. Wahrscheinlich handelt es sich hierbei um das norwegische Motorschiff DAGRUN (4562 BRT/1928) aus Oslo, das namentlich vom deutschen B-Dienst erfaßt wurde. Zwei Tage später beschädigte Lüth um 05.15 Uhr in AM-3941 auf 57° 10′ N–08° 36′ W den britischen Motortanker BRITISH GLORY (6993 BRT/1928) aus London. Während desselben Torpedoangriffs (05.10 Uhr) sank der in Liverpool beheimatete Brite BONHEUR (5327 BRT/1920) auf der gleichen Position. Beide Einheiten wurden aus dem Geleitzug OB-228 herausgeschossen.

Anschließend lief U-138 nach Lorient in Frankreich. Wolfgang Lüth erhielt am 24. Oktober 1940 für seine bisherigen Erfolge das *Ritterkreuz des Eisernen Kreuzes*. Über die Verleihung dieser hohen Auszeichnung schrieb Lüth in seinem Buch: »Meine Besatzung hatte mir geholfen, es als einziger auf einem unserer kleinen Unterseeboote zu erringen.«

Nun war es Zeit für ihn, auf eine andere Einheit umzusteigen. Lüth erhielt ein viel größeres Fahrzeug: U-43. Dieses IX-A-Boot wurde am 21. November 1936 in Auftrag gegeben, doch die Kiellegung erfolgte erst am 15. August 1938 und der Stapellauf am 23. Mai 1939 bei der Deschimag AG Weser in Bremen. Am 26. August 1939 fand die Indienststellung statt.

U-43 verdrängte 1032/1408 cbm und hatte eine Geschwindigkeit von 18,2/7,7 kn. Die Bewaffnung bestand aus sechs Torpedorohren (4 Bug- und 2 Heck-Torpedorohre) und einem 10,5-cm-Geschütz sowie einer 3,7-cm- und einer 2-cm-Fla-Bestückung.

Am 9. November 1940 verließ U-43 Lorient, mußte aber wegen Schäden wieder zurückkehren, um am 17. November 1940 wiederum die Leinen loszumachen. Lüth wurde zunächst auf den britischen Konvoi OB-244 angesetzt, den U-103 am 20. November 1940 gesichtet hatte. U-43 kam aber an diesen Geleitzug nicht heran.

Anschließend operierte U-43 zusammen mit U-47 (Prien) und U-103 westlich des Nordkanals als Wetterboot, eine Aufgabe, die kein U-Boot-Kommandant wegen der eintönigen Aufgabe gerne übernahm. In diesem Seegebiet standen noch U-52, U-94, U-95, U-99, U-101 und U-140 sowie etwas westlich drei italienische U-Boote.

Als U-101 am 1. Dezember 1940 den britischen Geleitzug HX-90 ausmachte, entbrannte um diesen ein erbitterter Kampf. U-43 griff währenddessen einen Konvoi an, der mit Nordkurs England verließ. Lüth versenkte am 2. Dezember 1940 um 09.01 Uhr auf 56° 04′ N–18° 45′ W (AL-6244) das 7113 BRT große britische Motorschiff

Pacific President (1928) aus London und kurz darauf um 09.41 Uhr im gleichen Marinequadrat auf 56° 04′ N–18° 30′ W den britischen Motortanker Victor Ross (12 247 BRT/1933) aus London. Vier Tage später (6. Dezember) lief U-43 ein nach Westen steuernder Einzelfahrer in AL-8225 vor die Rohre, der bereits 63 Sekunden nach dem Torpedotreffer (Angriff: 22.48 Uhr) in den Fluten des Nordatlantiks unterging. Wahrscheinlich war es der Norweger Skrim (1902 BRT/1917) aus Oslo, der seit dem 5. Dezember vermißt wird. Er mußte zum Zeitpunkt des Angriffs von Lüth in diesem Seegebiet gestanden haben. Am 13. Dezember 1940 konnte er den Briten Orari (10 350 BRT/1931) aus Plymouth, der in einem Geleitzug lief, in BE-2442 (49° 50′ N–20° 55′ W) torpedieren.
Im Anschluß an diese Fahrt kehrte Lüth wieder nach Lorient zurück. Hier soff U-43 an der Pier ab, da das Torpedoluk nicht vorschriftsmäßig geschlossen worden war. Das Boot konnte geborgen werden, und die Reparaturen dauerten bis Anfang Mai 1941.
Am 13. Mai 1941 verließ U-43 den Stützpunkt zur zweiten Operation unter Oberleutnant zur See Lüth. Als am 19. Mai 1941 U-94 den Geleitzug HX-126 sichtete, gelang es mehreren U-Booten, an diesen heranzukommen, allerdings nicht U-43.
Am 24. Mai 1941 fand in der Dänemark-Straße ein Gefecht zwischen dem deutschen Schlachtschiff Bismarck und dem Schweren Kreuzer Prinz Eugen mit dem englischen Schlachtschiff Prince of Wales und dem Schlachtkreuzer Hood statt. Letzterer flog nach kurzem Kampf in die Luft, die Bismarck erlitt Beschädigungen und versuchte anschließend, die sie verfolgenden britischen Kreuzer abzuschütteln. Um dem bedrängten deutschen Großkampfschiff unter dem Flottenchef Admiral Günther Lütjens (Crew 07) zu helfen, stellte der Befehlshaber der U-Boote (BdU) Admiral Karl Dönitz (Crew 07) die sogenannte Westgruppe aus den Booten U-43, U-46, U-66, U-93, U-94 und U-557 in einem Vorpostenstreifen im westlichen Nordatlantik auf. Es war dabei beabsichtigt, daß die Bismarck ihre Verfolger über diesen Streifen ziehen sollte, was aber nicht glückte: Am 27. Mai 1941 ging Bismarck verloren.
Am 1. Juni 1941 bildete man abermals eine Westgruppe, unter den Einheiten befand sich wiederum U-43. Die U-Boote hatten zuvor aus dem deutschen Tanker Belchen Brennstoff übernommen, um dann gegen Geleitzüge zu operieren. Sie fanden aber keinen britischen Konvoi, so daß die Boote wie U-43 Jagd auf einzellaufende feindliche Handelsschiffe machten. Am 6. Juni 1941 versenkte Lüth um 20.24 Uhr mit Torpedos auf 49° 25′ N–40° 54′ W (BC-3486) den aus Rotterdam stammenden Dampfer Ijselhaven (4802 BRT/1921), aus dem aufgelösten OB-328-Konvoi. U-43 wurde nun der Gruppe Kurfürst (U-73, U-201 und U-204) zugewiesen, die auf den Konvoi SL-73 angesetzt wurde, den das italienische U-Boot Brin am 12. Juni 1941 östlich der Azoren angegriffen hatte. Die Gruppe Kurfürst fand jedoch den gemeldeten Gegner nicht. Schließlich schickte U-43 als letztes Schiff auf dieser Feindfahrt am 17. Juni 1941 in BD-3933 auf 49° 30′ N–16° . . ′ W um 03.15 Uhr das britische Motorschiff Cathrine (2727 BRT/1919) aus Grangemouth auf den Meeresgrund.
Es hatte den Anschein, daß die Westgruppe von den Briten umgangen wurde, deshalb verteilte Admiral Dönitz die dazugehörenden Boote über den mittleren Nordatlantik.

U-43 hatte indessen kein Glück mehr und kehrte am 1. Juli 1941 in seinen Stützpunkt zurück.
Die dritte Unternehmung von Lüth auf U-43 in der Zeit vom 2. August 1941 bis 23. September 1941 blieb ohne jeglichen Erfolg. Mehrere Male wurde das Boot verschiedenen U-Boot-Gruppen im Nordatlantik und südlich von Island zugeteilt. Während der Schlacht um den Konvoi SC-42 – am 9. September 1941 von U-85 gesichtet – griff Lüth in der Nacht zum 12. September 1941 an, erzielte aber keine Treffer.
Erst auf der folgenden Fahrt (10. November 1941 bis 16. Dezember 1941) kamen wieder einige Dampfer auf das Versenkungskonto von Lüth.
Zunächst stand er mit seinem Boot in der Dänemark-Straße, wo die Gruppe Steuben mit U-105, U-430 und U-575 ein geplantes Auslaufen des Schlachtschiffes Tirpitz aus Norwegen zu decken hatte. Das Großkampfschiff blieb allerdings in den Fjorden, so daß man am 23. November 1941 die U-Boote in den Raum westlich von Gibraltar verlegte. Hier befand sich zu dieser Zeit der Schwerpunkt des deutschen U-Boot-Krieges.
Lüth sichtete auf dem Anmarsch in sein neues Operationsgebiet am 28. November 1941 einen UK-Middle East-Truppenkonvoi W(inston)S(pecials), und auf seine Fühlungshaltermeldungen schlossen weitere fünf Boote heran. Am folgenden Tage versenkte U-43 um 04.11 Uhr aus diesem Geleitzug in CE-2526 auf 41° 50′ N–29° 48′ W den modernen britischen Dampfer Thornliebank (5569 BRT/1939) aus Glasgow und am 30. November 1941 um 19.26 Uhr auf 36° 54′ N–29° 51′ W (CE-8234) die in West Hartlepool registrierte Ashby (4868 BRT/1927). Die anderen Boote kamen nur teilweise an den Konvoi heran, vernichteten aber keine Schiffe.
Am 2. Dezember 1941 schickte U-43 um 09.24 Uhr in CF-7588 (35° 40′ N–24° 00′ W) wahrscheinlich den neutralen amerikanischen Tankdampfer Astral (7542 BRT/1916) aus New York auf den Meeresgrund, der seit diesem Tage verschollen ist.
Wolfgang Lüth, seit dem 1. November 1941 Kapitänleutnant, sollte jetzt sein Boot nach Kiel verlegen und unterwegs Handelskrieg führen. Zunächst konnte er am 12. Januar 1942 um 08.02 Uhr das schwedische Motorschiff Yngaren (5246 BRT/1921) aus Göteborg, ein Nachzügler des Konvois HX-168 in AL-1938 (57° . . ′ N–26° . . ′ W), vernichten, anschließend bei schwerem Sturm zwei Tage später aus dem ON-55-Geleitzug die Chepo (5582 BRT/1919) aus Panama um 03.04 Uhr auf 58° 30′ N–19° 40′ W (AL-2691) und den ganz modernen Engländer Empire Surf (6641 BRT/1941) aus Sunderland um 04.53 Uhr in AL-2659 (58° 42′ N–19° 16′ W) sowie kurz zuvor (um 02.54 Uhr) den griechischen Nachzügler Maro (3838 BRT/1924) aus Piräus. Dieser Dampfer erhielt zwei Torpedotreffer, und Lüth beobachtete nach zehn Minuten nach zwei kleineren Detonationen den Untergang. Es ist fraglich, ob es sich tatsächlich um dieses Fahrzeug handelt, das am 2. Januar 1942 England in Richtung Halifax verlassen hatte, wo es am 23. Januar eintreffen sollte. Der Grieche hätte am 14. Januar 1942 allerdings in AL-2691 (U-43-Position) stehen können.
Am 15. Januar 1942 trat Lüth endgültig den Rückmarsch nach Kiel an, wo er sieben Tage später einlief. In Kiel erfuhr er, daß er wiederum ein neues Boot erhalten würde. Es war U-181, auf dem er von Mai 1942 bis Oktober 1943 fuhr und seine größten Er-

(15. 10. 1913 – Irrtümlich erschossen am 14. 5. 1945)
Eintritt in die Reichsmarine: 1933 (Crew 33)

Fregattenkapitän Wolfgang Lüth: »Der Kommandant und seine Offiziere sind letzten Endes immer schuld, wenn es schiefgeht. Denn sie müssen wissen, daß es Situationen gibt, in denen nicht hinter jedem Soldat ein Vorgesetzter stecken kann, wo Befehle zu spät kommen, wo es darauf ankommt, daß die Männer mit Leib und Seele mit ›ihrem Boot‹ verbunden sind . . . Es ist die Pflicht des Kommandanten, Vertrauen zu seinen Männern zu haben. Er muß es haben wollen, auch wenn sie ihn in manchen Einzelfällen enttäuscht haben.«

U-181 mit 48 Versenkungswimpeln und einer Turmaufschrift 305 812 (BRT-Versenkungsergebnis). – Das Foto wurde vermutlich am 14. Oktober 1943 aufgenommen und verdeutlicht die propagandistisch überhöhten Tonnagefeststellungen (an denen man z. T. auch noch nach dem Zweiten Weltkrieg festhielt). In diesem Falle wurden vermutlich alle bisherigen Lüth-Erfolge zusammengefaßt. Tatsächliches Lüth-Ergebnis (bis zu diesem Zeitpunkt): 43 Einheiten – 215 147 BRT sowie ein U-Boot. Vgl. hierzu (u. a.) Clemens Range: »Die Ritterkreuzträger der Kriegsmarine« (Stuttgart 1974, S. 22): 44 Einheiten – 253 000 BRT; »Völkischer Beobachter« (Nr. 223/11. 8. 1943, S. 1) und »Die Kriegsmarine« (Nr. 17/1943, S. 2): 46 Einheiten – 254 000 BRT; »Völkischer Beobachter« (Nr. 299/26. 10. 1943, S. 4): 47 Einheiten – 264 000 BRT; »Das Reich« (Nr. 51/19. 12. 1943, S. 1): 47 Einheiten – 268 000 BRT sowie »Bild-Zeitung« (Nr. 111/14. 5. 1965): Versenkt: 46 Handelsschiffe, ein Zerstörer, ein U-Boot sowie zwei Schlachtschiffe manövrierunfähig geschossen.

folge errang. Mit zwei Feindfahrten mit insgesamt 333 Seetagen vor der südafrikanischen Küste und im Indischen Ozean stellte Wolfgang Lüth einen einmaligen Rekord in der Geschichte des U-Boot-Krieges auf. Durch diese beiden Operationen wurde er zweiterfolgreichster deutscher U-Boot-Kommandant des Zweiten Weltkrieges.
U-181 war ein neues Boot vom Typ IX-D-2. Am 15. August 1940 wurde es zusammen mit U-182 auf der Werft Deschimag AG Weser in Bremen in Auftrag gegeben. Die Kiellegung erfolgte am 15. März 1941, der Stapellauf am 30. Dezember 1941 und schließlich am 9. Mai 1942 die Indienststellung unter Lüth.
U-181 verdrängte 1616/2150 t und hatte eine Geschwindigkeit von 19,2/6,9 kn. Die Bewaffnung bestand aus sechs Torpedorohren, davon 4 Bug- und 2 Heckrohre mit 24 Torpedos, außerdem besaß das U-Boot ein 10,5-cm-Geschütz, eine 3,7-cm- und eine 2-cm-Flak. Die Besatzung betrug ungefähr 55 Mann.

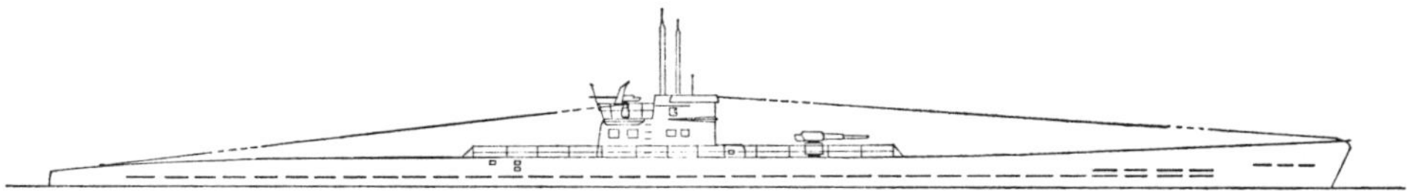

U-181

Die Unterseeboote dieses Typs waren Ozeanboote und bestimmt für Fernunternehmungen vor der Küste von Südafrika, im Indischen Ozean und im Fernen Osten. Ihr Fahrbereich war daher auch entsprechend groß. Durch den zusätzlichen Einbau von zwei Diesel-Generatoren mit 1000 PS lag aber die tatsächliche Reichweite bei 31 500 sm bei 10 kn Durchschnittsgeschwindigkeit über Wasser. Brennstoff brauchten diese U-Kreuzer unterwegs nicht zu ergänzen, vorausgesetzt natürlich, daß sie nicht länger als vorgesehen draußen operieren sollten.
Nach Beendigung der Ausbildungszeit machte Wolfgang Lüth am 12. September 1942 in Kiel die Leinen los, um mehr als vier (!) Monate auf See zu bleiben. Eine unvorstellbare Leistung der Besatzung, die in äußerst beengten Verhältnissen auf einem derartig kleinen Schiff leben mußte. Dies brachte selbstverständlich für den Kommandanten psychologische Probleme mit, die Lüth in einmaliger Weise meisterte.
Die neuen großen U-Boote schickte Admiral Dönitz zu den Fernunternehmungen an die afrikanische Südküste, da in diesen Gewässern die gegnerische U-Boot-Abwehr sich noch nicht so bemerkbar machte wie im Atlantik. Hier hatte man inzwischen den Kampf gegen die alliierten Geleitzüge wiederaufgenommen, nachdem die großen Erfolge vor der amerikanischen Ostküste nach dem Eintritt der USA in den Krieg nicht mehr wiederholt werden konnten. Wie zu erwarten, gelang es in den ersten Wochen und Monaten, eine gewisse Überraschung zu erzielen, aber dann verstärkte sich auch hier die U-Boot-Abwehr zusehends, so daß ein weiteres Operieren vor der Ostküste Amerikas sich nicht mehr lohnte. So erhoffte man sich von dem Auftreten deutscher U-Boote vor Südafrika nachhaltige Wirkung außer den Versenkungen gegnerischen Handelsschiffsraums, die anfänglich auch erstaunlich waren. Aber auch hier zeigten sich bald die Vorboten des Zusammenbruchs des U-Boot-Krieges.

Als erste deutsche U-Boot-Gruppe war die Gruppe Eisbär mit U-68, U-159, U-172 und U-504 nach Südafrika ausgelaufen, als bereits die zweite Welle mit U-177, U-178, U-179 und U-181 in dieses neue Operationsgebiet marschierte.
Lüth erreichte mit seinem Boot ohne besondere Vorkommnisse die Gewässer vor Südafrika. Ende Oktober stand U-181 vor Kapstadt. Es dauerte nicht mehr lange, ehe Lüth sein erstes Schiff in die Tiefe schickte.
Am 3. November 1942 steuerte U-181 ca. 280 sm südwestlich von Kapstadt, als sich am Morgen Rauchwolken am Horizont zeigten. Mit Höchstfahrt lief U-181 darauf zu, und nicht lange danach erkannte Lüth einen größeren Dampfer. Die ersten beiden Torpedos verfehlten jedoch das Ziel, bis man das Schiff endlich nach langer Jagd zur Strecke brachte: Von zwei Torpedos um 16.22 Uhr getroffen, sank auf 37° 23′ S–13° 34′ O (GR-7835) das betagte US-Motorschiff East Indian (8159 BRT/1918) aus Dearborn mit Manganerz an Bord. Nach dem Untergang der East Indian näherte sich U-181 den Rettungsbooten, und die Amerikaner wünschten dem Kommandanten des U-Bootes noch weiterhin viel Glück auf seiner Jagd nach Handelsschiffen. Die Besatzungsmitglieder des versenkten Frachters wurden aber vom Unglück verfolgt, denn nur 34 Mann wurden gerettet.
U-181 setzte seinen Marsch mit östlichem Kurs fort und befand sich fünf Tage nach dem ersten Erfolg etwa 180 sm südlich von East London an der südafrikanischen Küste. Hier kam in den Morgenstunden der zweite Dampfer in Sicht. Die beiden ersten Torpedos trafen auch dieses Mal nicht. Mittags ließ Lüth auftauchen und den Frachter bis zum Anbruch der Dunkelheit verfolgen. Schließlich brachte der vierte Torpedo den Dampfer Plaudit (5060 BRT/1913) aus Panama in KY-6982 zum Stoppen. Als die Besatzung ihr sinkendes Schiff verließ, tauchte U-181 auf und nahm die Plaudit mit dem Geschütz unter Feuer, um sie am 8. November um 20.55 Uhr auf 36° 00′ S–26° 32′ O auf den Grund des Indischen Ozeans zu schicken. Nach acht Treffern versank sie dann ca. 140 sm südlich von Port Elizabeth.
U-181 steuerte nun nach Nordosten in großen Zick-Zack-Schlägen in ungefähr 100 sm Entfernung zur Küste, da Lüth glaubte, hierdurch auf weitere Dampfer zu stoßen.
Südöstlich von Port Elizabeth sichtete man in der Nacht vom 9./10. November 1942 das dritte Schiff auf dieser Feindfahrt. Der erste Torpedo traf wiederum nicht. Nach 40 Minuten setzte Lüth zum zweiten Angriff an. Inzwischen hatten sich aber die Sichtverhältnisse gebessert, so daß man auf dem modernen norwegischen Frachter K. G. Meldahl (3799 BRT/1938) aus Sandefjord das über Wasser angreifende U-Boot entdeckte. Lüth feuerte nochmals zwei Torpedos, aber der Dampfer konnte diesen ausweichen. Es gelang den Norwegern jedoch nicht, das Geschütz zu besetzen, um U-181 zu vertreiben. Die K. G. Meldahl versuchte daraufhin, mit Zick-Zack-Kursen zu entkommen. U-181 feuerte unter Wasser um 08.27 Uhr den vierten Torpedo, der schließlich traf. Bereits nach wenigen Minuten sank das Schiff ca. 160 sm südöstlich von East London in KZ-4681 auf 34° 59′ S–29° 45′ O. Der Kommandent von U-181 hatte für die Fernunternehmung neun Reservetorpedos mitgenommen, die auf dem Deck des U-Bootes verstaut lagen. Am Nachmittag dieses Tages ließ Lüth diese in das Innere des Bootes verstauen.

Nach dieser langen und zähen Jagd steuerte U-181 zunächst nach Süden, dann nach Norden und wieder nach Westen – immer in der Hoffnung, durch diese großen Zick-Zack-Schläge den gegnerischen Handelsschiffsverkehr ausfindig zu machen.
Am Morgen des 12. November 1942 kreuzte das U-Boot ungefähr 130 sm von East London. Am Nachmittag verfolgte man wiederum einen Dampfer, der sich aber als der neutrale Portugiese Mouzinha herausstellte. Durch die nutzlose Jagd hatte das Boot mehr als drei Kubikmeter Brennstoff verbraucht.
Lüth lief nun weiter nach Westen und entdeckte am anderen Tag in den frühen Morgenstunden, als er nur ca. 65 sm östlich vor East London stand, den amerikanischen Dampfer Excello (4969 BRT/1919) aus New York, der von Suez kam und nach Kapstadt wollte. Aber nicht weit von seinem Bestimmungshafen trafen ihn um 08.01 Uhr in KZ-1914 zwei Torpedos, worauf er auf 32° 23′ S–30° 07′ O in den Fluten verschwand.
U-181 lief ab und näherte sich der Küste von Natal, wo bereits U-177 und U-178 operierten. Am 14. November 1942 marschierte U-181 dicht unterhalb der Küste von Port Shepstone, als man ein Fischerboot sichtete, das jedoch unbehelligt weiterlaufen durfte. Für Lüth und die Ausgucks auf der Brücke muß es ein bedrückendes Gefühl gewesen sein zu sehen, wie die Stadt im tiefstem Frieden lag und hell erleuchtet war. Von hier steuerte das Boot mit Nord-Ost-Kurs, als am Morgen des 15. November 1942 ein Flugzeug U-181 unter Wasser drückte. Nach anderthalb Stunden entdeckte man nochmals eine Maschine, die aber in ziemlicher Entfernung von U-181 flog, das aus diesem Grunde seine Fahrt über Wasser ruhig fortsetzte. Dann machte man gegen 09.30 Uhr einen feindlichen Zerstörer in fünf Seemeilen Entfernung aus. U-181 konnte noch rechtzeitig tauchen, aber der Zerstörer hatte U-181 zur gleichen Zeit entdeckt.
Der britische Zerstörer Inconstant lief mit 28 Knoten auf die Stelle zu, wo sich das U-Boot aller Wahrscheinlichkeit nach befinden mußte. Eine Stunde nach dem Sichten von U-181 warf das Kriegsschiff eine Wasserbombe, verlor aber daraufhin den Kontakt zum U-Boot. Lüth hatte inzwischen, nachdem er auf größere Tiefe gegangen war, alle Hilfsmaschinen abstellen lassen, um dem Zerstörer die Suche zu erschweren. Nach einer halben Stunde warf die Inconstant fünf Wasserbomben und dann kurz darauf vier weitere. Einige der Wabos explodierten in bedrohlicher Nähe von U-181. Die Lage wurde für Lüth und seine Besatzung langsam bedenklich, denn die Inconstant gab die Jagd nicht auf.
Der Kommandant von U-181 befahl daher allen nicht auf Wache befindlichen Besatzungsmitgliedern, durch die neuen Pottaschefilter zu atmen, um die Bildung von Kohledioxydgas zu vermeiden. Die Luft wurde im Boot langsam faul, da die Entlüftung nicht mehr in Ordnung war.
Lüth glaubte, daß ihn zwei Zerstörer unter Wasser festhielten, aber bis jetzt unterstützte nur ein Flugzeug die Inconstant. Inzwischen waren aber die U-Jäger Odberg und Cedarberg aus Durban ausgelaufen, um sich auch an der Vernichtung von U-181 zu beteiligen. Zum Glück waren die erlittenen Beschädigungen aber nicht allzu ernsthaft. Nun kamen auch noch die Korvetten Jasmine und Nigella hinzu, die zu-

sammen mit dem Zerstörer mehrere Wasserbombenserien warfen. Gegen Abend hatte die Inconstant nur noch eine Wasserbombe an Bord und lief daher ab. Die beiden Korvetten verloren schließlich den Kontakt und brachen gegen Mitternacht die gnadenlose Verfolgung ab.

Wolfgang Lüth konnte endlich am 16. November 1942 um 01.30 Uhr wieder auftauchen und steuerte sofort nach Südosten, um die Schäden mit Bordmitteln auszubessern. Bereits am folgenden Tag nahm U-181 Kurs auf Lourenço Marques, wo man reiche Beute zu finden hoffte.

An diesem Tag erhielt der Kommandant von U-181 eine persönliche Mitteilung von Hitler, daß ihm das *Eichenlaub zum Ritterkreuz des Eisernen Kreuzes* verliehen worden wäre. Am 19. November 1942 abends stand das Boot vor Inhaca Point vor der Küste von Lourenço Marques. Schon kurz darauf sichtete man ein von dort kommendes Fahrzeug, das sogleich angegriffen wurde und um 21.55 Uhr in KP-1324 auf 25° 40′ S–33° 53′ O schnell in den Fluten verschwand. Von den Schiffbrüchigen konnte Lüth nicht erfahren, welchen Dampfer er versenkt hatte: Es handelte sich hierbei um den alten norwegischen Frachter Gunda mit 2241 BRT (1919) aus Oslo, der sich mit einer Ladung Kohlen auf dem Weg nach Sansibar befand.

Einige Stunden darauf – am 20. November 1942 – vernichtete man um 01.24 Uhr den betagten Griechen Corinthiakos (3562 BRT/1910) aus Andros auf 25° 42′ S–33° 27′ O in KP-5322, der nach Aden unterwegs war.

Am Nachmittag des gleichen Tages machte Lüth, der dicht unterhalb der Küste steuerte, einen weiteren Dampfer aus. Wegen der besonders starken Strömung gelang es jedoch nicht, diesem den Weg abzuschneiden. U-181 brach deshalb die Verfolgung wieder ab.

Am folgenden Morgen feuerte das U-Boot einen Torpedo auf einen in den Hafen von Lourenço Marques einlaufenden Dampfer. Dieser traf aber sein Ziel nicht. Etwas später gab Lüth einen Unterwasserangriff auf einen anderen Frachter auf, als dieser sich als Portugiese herausstellte. Dann vereitelte nachmittags ein Flugzeug einen weiteren Angriff von U-181. Kapitänleutnant Lüth hatte an diesem Tag wohl Pech, aber das Blatt wendete sich bald.

In der Nacht vom 21./22. November 1942 lag U-181 vor Inhaca Point, als zwei Fahrzeuge erschienen. Lüth nahm sogleich die Verfolgung des größeren Schiffes auf und feuerte um 00.33 Uhr einen Torpedo auf den amerikanischen Dampfer Alcoa Pathfinder (6797 BRT/1941) aus New York, der – knapp ein Jahr alt geworden – innerhalb von vier Minuten in KP-5372 auf 26° 45′ S–33° 10′ O unterging. Den Namen des Schiffes erfuhr man von den Überlebenden. Anschließend wurde erneut Kurs auf Inhaca Point genommen, um hier weiteren feindlichen Handelsfahrzeugen aufzulauern. Ein gesichtetes Schiff konnte man aber nicht abfangen, da dieses ziemlich dicht unterhalb der Küste steuerte. Lüth kam zu dem Entschluß, ein anderes Gebiet aufzusuchen, da wegen der U-Boot-Gefahr kein Dampfer mehr den Hafen von Lourenço Marques verließ und folglich keine größeren Erfolge mehr zu erzielen wären.

U-181 nahm deshalb Kurs nach Südosten, und am 24. November 1942 machte man frühmorgens (07.37 Uhr) den in Piräus registrierten Griechen Mount Helmos

(6481 BRT/1923) aus, der nach einem Torpedotreffer gestoppt liegenblieb. Lüth nahm ihn daraufhin mit dem 10,5-cm-Geschütz unter Feuer, woraufhin dieser nach 78 Schuß in KP-6455 auf 26° 38′ S–34° 59′ O in den Fluten verschwand. U-181 lief jetzt nach Norden ab und torpedierte in KP-6158 auf 27° 00′ S–34° 45′ O am Abend um 20.34 Uhr den modernen britischen Dampfer Dorington Court (5281 BRT/1939) aus London. Der zweite gefeuerte Torpedo verfehlte das Ziel, so daß das U-Boot auftauchte und der Dorington Court mit 90 Granaten den Rest gab.
Der Funker des Briten konnte noch einen Notruf absetzen, und ein Catalina-Flugboot, das nach den Überlebenden suchte, zwang U-181 am anderen Tag zweimal zu tauchen.
Nach diesem Erfolg ging U-181 zunächst auf Ost- und dann auf Nordkurs, um in einer Entfernung von 40 und 70 sm von der Küste nach weiteren Opfern zu suchen. Am 28. November 1942 morgens stand Lüth vor Kap Correntes, nachdem Admiral Dönitz am vorhergehenden Tag das Operationsgebiet von U-181 erweitert hatte.
Noch am gleichen Tag verfolgte das U-Boot mehrere Stunden einen portugiesischen Dampfer, aber erst in den späten Abendstunden gelang es um 22.50 Uhr den alten griechischen Frachter Evanthia (3551 BRT/1915) aus Andros mit Torpedos und Artillerie auf 25° 13′ S–34° 00′ O (KP-3719) zur Strecke zu bringen. Dann ging man erneut auf Nord-Ost-Kurs und sichtete zwei Tage später (30. November) den in Ballast fahrenden, bereits recht alten griechischen Dampfer Cleanthis (4153 BRT/1911) aus Piräus.Gegen Morgen schoß Lüth um 05.11 Uhr zwei Torpedos, die aber nicht trafen. Er ließ daher auftauchen und eröffnete mit dem Geschütz das Feuer. U-181 verschoß die letzten 80 Granaten, aber die Cleanthis machte keine Anstalten zu sinken. Schließlich fiel auch noch die 2-cm-Flak in das Inferno ein, um die Bordwand des Schiffes zu durchsieben. Endlich geriet es in Brand und ging in KP-3523 auf 24° 29′ S–35° 44′ O unter. Der Kapitän und 12 Besatzungsmitglieder fanden den Tod, und 13 Mann wurden verletzt. Die Überlebenden der Cleanthis nahmen aufgrund des heftigen Artilleriefeuers des Gegners an, daß es sich um ein japanisches U-Boot handeln würde. Bekanntlich gingen die Japaner nicht gerade human mit Schiffbrüchigen um.
U-181 entfernte sich von der Versenkungsstelle, um am 2. Dezember 1942 um 17.40 Uhr den in Panama beheimateten Dampfer Amaryllis mit 4328 BRT – Baujahr 1918 – zu torpedieren, der nach dem Treffer auseinanderbrach und nach zwei Minuten auf 28° 14′ S–33° 24′ O (KP-3583) von der Wasseroberfläche verschwunden war.
U-181 verfügte nach diesem letzten Erfolg nur noch über zwei Torpedos – die Artilleriemunition war verschossen. Kapitänleutnant Lüth entschloß sich daher, nachdem er einige Tage vergeblich nach Frachtern Ausschau gehalten hatte, die Rückfahrt anzutreten. Wieder im Atlantik erhielt er dann den Befehl, auf den am 3. Januar 1943 östlich von Trinidad mit Ostkurs gesichteten bedeutenden Tanker-Geleitzug TM-1 zusammen mit drei anderen U-Booten zu operieren. Der Konvoi stand jetzt in Nähe der Azoren, doch U-181 entdeckte nichts und setzte die Heimfahrt fort.
Nach einer Operation von vier Monaten lief U-181 am 18. Januar 1943 wieder in Bordeaux ein.

Auf dieser Unternehmung hatte Kapitänleutnant Wolfgang Lüth 12 Handelsschiffe mit insgesamt 58 381 BRT versenkt, ein wirklich großartiges Ergebnis! Über diese Kreuzfahrt hieß es, daß er sie in einmaliger Art durchgeführt hätte und daß seiner kühlen Berechnung und großen Ausdauer diese außergewöhnlichen Erfolge zu verdanken wären.

U-181 wurde jetzt einer gründlichen Überholung unterzogen, und die Besatzung trat ihren wohlverdienten Urlaub an.

Wolfgang Lüth, der nun an der Spitze der erfolgreichsten deutschen U-Boot-Kommandanten stand, rüstete sein Boot für die zweite Operation vor den südafrikanischen Gewässern und im Indischen Ozean aus.

Am 23. März 1943 machte U-181 die Leinen los und nahm Kurs auf Afrika. Zusammen mit Lüth sollten in diesen südlichen Gewässern noch U-177, U-178, U-195, U-196, U-197 und U-198 als dritte Welle nach der Gruppe Eisbär dort unten Handelskrieg führen.

Auf dem Anmarsch befahl man Lüth, mit den gleichfalls ausmarschierenden Booten U-267, U-404, U-571 und U-662 gegen den westlich der Biskaya erfaßten britischen Konvoi SL-126 vorzustoßen. U-181 hatte auch dieses Mal kein Glück, und nachdem die anderen Boote die Fühlung mit dem Geleitzug verloren hatten, setzte Lüth seinen Marsch in das befohlene Gebiet fort.

Ehe U-181 den Äquator passierte, fiel dem Kommandanten auf der Höhe von Freetown am 11. April 1943 der Brite Empire Whimbrel (5983 BRT/1919) aus London in ET-8881 auf 02° 31′ N–15° 55′ W zum Opfer. Lüth meldete das Fahrzeug noch unter seinem alten Namen Monasses. Ohne besondere Vorkommnisse umrundete das U-Boot das Kap der Guten Hoffnung und steuerte wie auf der ersten Fahrt wieder auf Lourenço Marques zu, wo es schließlich seit dem 11. Mai 1943 stand.

Die Zeit der großen Erfolge war für die deutschen U-Boote aber auch in diesen weitentlegenen Seeräumen zu Ende gegangen. Versenkungen ließen sich jetzt nicht mehr so mühelos erzielen. Es war nicht mehr so einfach, Einzelfahrer an der Ostküste von Südafrika aufzuspüren. Die britische Marine hatte aus den Niederlagen gelernt, so liefen z. B. nur noch schnellaufende Frachter in den gefährdeten Gebieten. Außerdem hatte man inzwischen auch für die südafrikanischen Gewässer das Konvoi-System eingeführt. Die Geleitzüge steuerten dicht unterhalb der Küste, und Flugzeuge und Geleitfahrzeuge sicherten aufmerksam die Schiffe.

Kapitänleutnant Lüth näherte sich jetzt dem Leuchtturm von Monte Belo vor Lourenço Marques, um hier die längs der Küste von Norden kommenden Schiffe abzufangen. Den ersten Erfolg erzielte er am 11. Mai 1943. In den frühen Morgenstunden feuerte U-181 um 04.08 Uhr zwei Torpedos auf den 5232 BRT großen britischen Dampfer Tinhow (1913) aus Glasgow, der aus der Delagoa Bucht kam. Nach zehn Minuten ging dieser in KP-4777 auf 25° 15′ S–33° 30′ O nach dem Treffer unter. Von den Schiffbrüchigen konnte Lüth den Namen des Fahrzeuges erfahren.

U-181 hielt in den darauffolgenden Tagen vergeblich nach weiteren Fahrzeugen Ausschau, doch wurden nur neutrale Portugiesen ausgemacht. Flugzeuge drückten das U-Boot ständig unter Wasser. Am 18. Mai 1943 empfing Wolfgang Lüth vom BdU einen Funkspruch, in dem ihm mitgeteilt wurde, daß wegen der U-Boot-Gefahr keine Dampfer mehr aus Lourenço Marques auslaufen würden.

U-181 steuerte daraufhin 200 sm nach Nordosten, um nochmals vor Kap Correntes auf Beute zu lauern sowie innerhalb eines 40-sm-Streifens von der Küste entfernt. Am 21. Mai 1943 funkte Großadmiral Dönitz, daß jetzt wieder täglich ein Schiff nach Lourenço Marques ein- oder ausliefe. Lüth nahm sofort Kurs auf sein altes Jagdgebiet. Anderntags verfolgte U-181 einen Dampfer, der sich jedoch als Portugiese herausstellte. An diesem Tag erhielt der Kommandant von U-181 auch eine Warnung vom BdU, besonders des Nachts auf Flugzeuge zu achten, da diese mit Hilfe von Radar die über Wasser laufenden U-Boote orteten. Dönitz machte seine Kommandanten in diesen vom Atlantik weit entfernt liegenden Operationsgebieten gerade zu der Zeit auf diese Gefahr aufmerksam, als der U-Boot-Krieg hoch oben im Norden im Mai 1943 unter großen Verlusten aufgegeben werden mußte.

Am 27. Mai 1943 hielt U-181 das neutrale schwedische Motorschiff Sicilia (1633 BRT/1934) aus Göteborg an und versenkte es morgens nach Verlassen der Besatzung in KP-3578 auf 24° 31′ S–35° 12′ O durch einen Torpedofangschuß.

Die anderen hier operierenden deutschen U-Boote verzeichneten in der Zwischenzeit gleichfalls gute Ergebnisse. Gegen Ende des Monats Mai suchte U-181 vergeblich einen Konvoi zu finden, den U-196 mit Nordkurs bei Kap Correntes gemeldet hatte. Es lief dann wieder nach Süden ab und verfolgte am 4. Juni 1943 einen größeren Passagierdampfer, kam aber nicht zum Schuß.

Am 7. Juni 1943 torpedierte U-181 vor Lourenço Marques in den frühen Morgenstunden in KP-53 . . (29° . . ′ S–34° . . ′ O) das uralte südafrikanische Küstenmotorschiff Harrier (193 BRT/1892) aus Kapstadt. In der Annahme, einen mindestens 1000 BRT großen Frachter vor sich zu haben, hatte Lüth für das Schiff einen wertvollen Torpedo geopfert. Die Harrier hatte Sprengstoff geladen und flog nach dem Treffer unter einer gewaltigen Explosion in die Luft.

Kapitänleutant Lüth mußte jetzt daran denken, Brennstoff zu ergänzen, wenn er die Fernunternehmung fortsetzen wollte. Er verließ daher am 10. Juni 1943 sein Operationsgebiet vor Lourenço Marques und nahm Kurs auf die 600 sm im Süden liegende Insel Mauritius, in dessen Nähe der deutsche Tanker Charlotte Schliemann stand. Dieser hatte alles Notwendige zur Versorgung der im Indischen Ozean operierenden deutschen U-Boote an Bord.

Am 21. Juni 1943 stieß U-181 südlich von Mauritius (auf der Höhe von Durban) auf den wartenden Tanker, der gleichzeitig noch U-177, U-178, U-196, U-197 und U-198 versorgte. Um die Brennstoffübernahme nicht zu gefährden, durften währenddessen im Umkreis von 200 sm keine Schiffe von den U-Booten angegriffen werden, ausgenommen große Truppentransporter. Natürlich war absolute Funkstille zu wahren und die U-Boote, die gerade nicht Brennstoff usw. übernahmen, überwachten das Seegebiet, um sich vor unliebsamen Überraschungen zu sichern.

Die hier im Indischen Ozean kreuzenden U-Boote hatten bis jetzt keine allzu großen Erfolge errungen, alle zusammen schickten sie ungefähr 60 000 BRT feindlichen Schiffsraums auf den Meeresgrund. Dieses geringe Ergebnis war einmal auf die ständig

wachsende und wirkungsvollere Abwehr des Gegners zurückzuführen und zum anderen aber auch auf die abnehmende Bedeutung des Gebietes um Kapstadt.
Die Kommandanten der versammelten U-Boote besprachen eingehend ihre Sorgen und Probleme. Korvettenkapitän Wolfgang Lüth (seit dem 1. April 1943) bemängelte vor allen Dingen die Qualität der übernommenen Verpflegung und daß die Charlotte Schliemann seiner Meinung nach nicht besonders gut für ihre Aufgabe ausgerüstet worden sei.
Großadmiral Dönitz wurde über die neue Lage unterrichtet und entschied, daß die Boote jetzt weiter draußen im Indischen Ozean ihr Glück versuchen sollten. U-181 erhielt den Befehl, vor Mauritius Handelskrieg zu führen.
Es hatte inzwischen genügend Brennstoff übernommen, um bis ungefähr Mitte Oktober 1943 in See bleiben zu können. Wolfgang Lüth mußte sich allerdings zu seinem Leidwesen mit der vom Tanker Charlotte Schliemann übernommenen Verpflegung zufriedengeben, was ihm kein Vergnügen bereitete.
Am 26. Juni 1943 verließ er den Treffpunkt und nahm nun Kurs auf Mauritius, wo er seit dem 1. Juli 1943 vor dem Hafen Port Louis lauerte. Gegen Mittag dieses Tages bemerkte Lüth dort drei Schiffe, die er jedoch nicht angreifen konnte. Währenddessen fing man einen Funkspruch von U-511 auf, das am 27. Juni 1943 in der Nähe des Operationsgebietes von U-181 einen Dampfer versenkt hatte. Lüth befürchtete deshalb, daß hierdurch sein Verbleiben im Gebiet von Mauritius unnötig aufs Spiel gesetzt werden würde. Doch am folgenden Tag lief endlich der erste Frachter aus. Korvettenkapitän Lüth beschloß, diesen erst auf hoher See anzugreifen, um seine Anwesenheit nicht vorzeitig zu verraten. Ein Kriegsschiff näherte sich, U-181 brach die Verfolgung ab und tauchte. Man mußte sich in der Nacht – am 2. Juli 1943 um 23.15 Uhr – mit dem britischen Frachter Hoihow (2798 BRT/1933) aus London in KG-5937 (19° 30′ S–55° 30′ O) begnügen. Der Kommandant von U-181 nahm nach diesem Erfolg nochmals Kurs auf Port Louis, als ihn am 3. Juli 1943 ein Flugzeug unter Wasser drückte.
Am gleichen Tag sichtete man zwei Kriegsschiffe, und das größere Kriegsschiff, wahrscheinlich ein Kreuzer, wurde vergeblich bis Madagaskar verfolgt, ohne zum Schuß zu kommen. Am 6. Juli 1943 hinderte die schwere See das U-Boot daran, einen ca. 1000 BRT großen Dampfer mit dem Geschütz niederzukämpfen. Nachdem auch zwei Torpedos ihr Ziel verfehlt hatten, brach Lüth die Verfolgung ab. Vier Tage später kreuzte er mit seinem Boot vor Tamatave an der Ostküste von Madagaskar und wartete drei Tage ohne Erfolg auf das nächste Opfer, um schließlich nach Südosten abzulaufen.
Endlich hatte U-181 am 15. Juli 1943 wieder Glück: Am Nachmittag wurde der moderne Brite Empire Lake (2852 BRT/1941) aus West Hartlepool in KF-9169 auf 21° 27′ S–51° 47′ O versenkt sowie 24 Stunden später der brandneue Brite Fort Franklin, über den sich gegen 12.00 Uhr auf 22° 36′ S–51° 22′ O (KF-9759) nach zwei Torpedotreffern die Fluten schlossen. Nach zwei Tagen entdeckte U-181 ein 15 kn laufendes Fahrzeug, auf das Lüth aber nicht zum Angriff ansetzen konnte. Ebensowenig fand er einen nach Indien marschierenden Geleitzug, der von Kapstadt ausgelaufen sein sollte.

Am 23. Juli 1943 stand das U-Boot ca. 300 sm östlich von Fort Dauphin (Madagaskar), und von hier steuerte Lüth zuerst nach Westen und dann wieder nach Osten mit Kurs auf Mauritius. Im Hafen von St. Denis lag jedoch kein Schiff, so daß sich Lüth am Abend des 2. August 1943 Port Louis näherte. Der Scheinwerfer eines Zerstörers erfaßte U-181, das sofort auf größere Tiefe tauchte. Das Kriegsschiff warf aber keine Wasserbomben, so daß man dem Verfolger ungeschoren entkam.
Am 4. August 1943 schickte das U-Boot mit vier Torpedos den britischen Dampfer Dalfram (4558 BRT/1930) aus Newcastle in KG-8555 auf 20° 53′ S–56° 43′ O zwischen Fort Dauphin und Mauritius auf den Meeresgrund. Anschließend folgte am 7. August 1943 morgens der Brite Umvuma o (4419 BRT/1914) aus London in KG-5878 auf 20° 18′ S–57° 14′ O. Da Korvettenkapitän Lüth wußte, daß der Gegner jetzt auf seine Anwesenheit reagieren würde, lief er mit Kurs auf Madagaskar ab und vernichtete schließlich am 11. August 1943 als letztes Schiff auf dieser Unternehmung in KR-2213 (23° . . ′ S–53° 11′ O) das 10 528 BRT große, in Glasgow beheimatete britische Kühlschiff Clan Macarthur (Baujahr 1936), das wichtige Versorgungsgüter nach Mauritius bringen wollte. Der Dampfer explodierte unter Wasser mit einer derartigen Gewalt, daß das 700 m entfernt laufende U-Boot heftig durcheinander geschüttelt wurde.
Die deutschen U-Boote hatten während der zweiten Phase ihrer Operation, also nach dem Treffen mit der Charlotte Schliemann, größere Erfolge erzielt und vernichteten insgesamt 22 Schiffe mit 130 136 BRT, doch wurde auch die britische Abwehr von Tag zu Tag spürbarer. Diesen Gegenmaßnahmen fiel schon in den nächsten Tagen ein U-Boot zum Opfer.
Korvettenkapitän Wolfgang Lüth meldete nach diesen glänzenden Erfolgen, nach Frankreich zurücklaufen zu wollen, zumal er jetzt nur noch über einen Torpedo verfügte.
Am 15. August 1943 stand U-181 ca. 100 sm südlich von Fort Dauphin, als er von Großadmiral Dönitz den Befehl erhielt, sich zwei Tage später mit U-197 zu treffen, und zwar ca. 240 sm westlich von seinem augenblicklichen Standort. Auf dem Marsch dorthin feuerte Lüth den letzten noch verbliebenen Torpedo auf einen ca. 3000 BRT großen Dampfer, der aber nicht traf. Er meldete den Fehlschuß an U-197, worauf die Engländer ihn einpeilen konnten. Am Abend des 17. August 1943 fing Lüth einen Funkspruch von U-197 auf, das die Versenkung eines Dampfers meldete. Außerdem funkten an diesem Tag und am 18. August 1943 alle U-Boote untereinander und mit dem BdU, der ein weiteres Treffen der Boote vereinbarte. Es blieb nicht aus, daß diese sträfliche Nachlässigkeit seitens der U-Boote Folgen hatte. Sie wurden vom Gegner eingepeilt und Gegenmaßnahmen eingeleitet, um sie nach Möglichkeit auszuschalten.
Am 19. August 1943 begegneten sich U-181 und U-197 ungefähr 100 sm südlich von Kap St. Marie. Der Kommandant von U-197, Korvettenkapitän Bartels (Crew 35), beabsichtigte, in diesem Seegebiet zu operieren, da Lüth hier mehrere Schiffe ausgemacht hatte. Er wollte sich deshalb mit U-196 ca. 280 sm im Südwesten treffen, wo er auch am 20. August 1943 auf U-196 stieß. Korvettenkapitän Kentrat (Crew 28), Kommandant dieses Bootes, übermittelte Lüth einen neuen Kode und bot ihm fünf

Torpedos, Brennstoff und Verpflegung an. Dieser lehnte dies jedoch ab, denn er wollte nach Hause, und außerdem hätte man wegen der Übernahme das schlechte Wetter abwarten müssen.
Beide U-Boote standen noch auf ihrem Treffpunkt, als gegen Mittag U-181 einen Funkspruch von Bartels auffing, daß sein Boot durch Flugzeugangriff beschädigt worden wäre.
Die Engländer hatten am vorhergehenden Tag den Funkverkehr von Lüth eingepeilt und mit drei Catalina-Flugbooten das betreffende Seegebiet systematisch abgesucht und hierbei auch U-197 entdeckt. Nach einem langen und erbitterten Gefecht ging U-197 am 20. August 1943 südlich von Madagaskar durch die vereinten Angriffe von zwei Flugbooten verloren.
Lüth unternahm indessen trotz der dringenden Hilferufe von U-197 nichts, das weit nördlich von ihm stand. Er glaubte vielmehr, doch nicht mehr rechtzeitig einzutreffen, um seinem bedrängten Kameraden helfen zu können. Obwohl ihn auch der Kommandant von U-196 zur Kursänderung aufforderte, lief Wolfgang Lüth ab, um nach Frankreich zurückzukehren. Als Großadmiral Dönitz durch einen Funkspruch von der Beschädigung von U-197 erfuhr, befahl er U-181 und Kentrat auf U-196, daß sie ohne Rücksicht auf ihren Brennstoffvorrat das hart bedrängte U-Boot suchen sollten. Lüth brach jedoch am 24. August 1943 die Suche einfach ab und setzte seinen Rückmarsch fort. Am 14. Oktober 1943 lief U-181 wieder in Bordeaux ein. Der Leitende Ingenieur von U-181, Oberleutnant (Ing.) der Reserve Carl-August Landfermann (Crew 34), erhielt am 27. Oktober 1943 das *Ritterkreuz des Eisernen Kreuzes.*
Es bedurfte eines sehr energischen Einsatzes einiger recht erfolgreicher U-Boot-Kommandanten, um seinerzeit die erste Ritterkreuz-Verleihung an einen U-Boot-LI durchzusetzen (21. Oktober 1940: Oberleutnant [Ing.] Gerd Suhren).
Mit insgesamt 205 Seetagen war damit die zweitlängste Feindfahrt eines deutschen U-Bootes im Zweiten Weltkrieg zu Ende gegangen. Das Ergebnis der letzten Unternehmung von U-181 unter Lüth waren zehn vernichtete Schiffe mit insgesamt 45 331 BRT.
Für seine bisherigen Fahrten und Erfolge auf den U-Booten U-9, U-138, U-43 und U-181 erhielt Korvettenkapitän Wolfgang Lüth als 7. Offizier der deutschen Wehrmacht und als erster Offizier der Kriegsmarine am 11. August 1943 das *Eichenlaub mit Schwertern und Brillanten zum Ritterkreuz des Eisernen Kreuzes.*
Mit dem Ende dieser Fernunternehmung, mit der Korvettenkapitän Wolfgang Lüth zum zweiterfolgreichsten deutschen U-Boot-Kommandanten des Zweiten Weltkrieges wurde, mußte er auch einen Schlußstrich unter seine Tätigkeit als U-Boot-Kommandant setzen. Seine diesbezüglichen Erfahrungen, vor allem in der Menschenführung der U-Boot-Besatzungen, waren zu wertvoll, um sie nicht von der Führung auszuwerten. Wolfgang Lüth holte sich in freier Jagd in großräumigen Seegebieten – ähnlich wie unsere U-Boote während des Ersten Weltkrieges und genauso wie viele italienische U-Boot-Kommandanten (die deutscherseits ziemlich überheblich behandelt wurden) – seine überragenden Erfolge. Stellvertretend soll an dieser Stelle an das italienische U-Boot Leonardo da Vinci unter Capitano di Corvetta Gianfranco Gaz-

zana-Priaroggia (Eintritt in die Marine 1932) erinnert werden: Das Boot konnte 1943 auf seiner letzten Operation sechs Schiffe mit zusammen 58 973 BRT versenken, ein bemerkenswertes Ergebnis, da im Frühjahr 1943 die durchschnittlichen Versenkungserfolge deutscher Boote (mit Ausnahme einer U-515-Operation) unter den Zahlen der Leonardo da Vinci lagen.

Wolfgang Lüth wurde zunächst vom Februar bis Juli 1944 Flottillenchef der 22. Unterseeboot-Flottille (Schulflottille) in Gotenhafen. In dieser Zeit hielt er u. a. auf einer Tagung des Führerkorps der Kriegsmarine einen längeren Vortrag über seine Erfahrungen als U-Boot-Kommandant und über die Behandlung seiner Besatzungsmitglieder. Hierbei ging es ihm vor allem um die Frage, wie das enge Zusammenleben auf einem U-Boot während einer Fernunternehmung psychologisch zu lösen sei.

Am 1. April 1944 wurde Wolfgang Lüth zum Fregattenkapitän befördert. Im Anschluß an seine Tätigkeit als Flottillenchef war er Kommandeur der 1. Abteilung der Marine-Schule Mürwik und bis zu seinem tragischen Tod jüngster Kommandeur dieser berühmten Schule.

Zuvor erhielt Lüth am 1. September 1944 mit 31 (!) Jahren seine Beförderung zum Kapitän zur See. Diese Ernennung bewies das große Vertrauen, das man in ihn setzte, denn das Kommando über diese Schule führte normalerweise ein Offizier im Admiralsrang. Es darf hier jedoch nicht unerwähnt bleiben, daß während seiner Kommandeurzeit Flensburg-Mürwik zu einer berühmt-berüchtigten Drillanstalt wurde.

Inzwischen ging in den ersten Monaten des Jahres 1945 der Zweite Weltkrieg für Deutschland rasch seinem Ende entgegen. Hitler hatte in seinem Testament Großadmiral Dönitz zu seinem Nachfolger als Reichskanzler ernannt. Die letzten Reste der sogenannten Reichsregierung, mit Großadmiral Dönitz an der Spitze, flohen vor den vorrückenden sowjetischen Truppen in Richtung Westen und schlugen ihr letztes Quartier in der Marine-Schule Mürwik auf. Am 3. Mai 1945 traf Großadmiral Dönitz mit seinem Stab hier ein und ließ sich im Kommandeurhaus, wo Wolfgang Lüth mit seiner Familie wohnte, nieder.

Nach der bedingungslosen Kapitulation der deutschen Wehrmacht am 7. Mai 1945 respektierten eigenartigerweise die britischen Truppen immer noch die kleine Enklave von Mürwik. Den Befehl über dieses Gebiet führte Kapitän zur See Wolfgang Lüth, und überall hingen die auf seine Veranlassung angebrachten Hinweisschilder: »Warnung! Wer diesen Raum betritt, ohne durch das Haupttor zu gehen, auf den wird ohne Anruf geschossen! – Der Kommandeur«. Außerdem gab Lüth noch eine besondere Wachanweisung heraus, die zu seinem Tod führen sollte. In dieser hieß es u. a.: »Der Posten hat nur einmal nach der Parole zu fragen. Bekommt er nach einmaliger Frage keine Antwort, so ist rücksichtslos von der Schußwaffe Gebrauch zu machen.«

Diese Anweisung war äußerst streng gehalten, da man sich vor allen Dingen gegen die ehemaligen Fremdarbeiter schützen wollte, die gerne die Marine-Schule geplündert hätten. Dann kam der tragische 13. Mai 1945: Es war ein milder Tag, in der Nacht wehte jedoch von der See her ein unangenehmer Wind, und man konnte die Hand nicht vor den Augen sehen. Um 24.00 Uhr sollte der 18jährige Matrose Matthias Gott-

lob von U-2519 den Posten an den Sportplätzen ablösen, wo auch der Weg zum Kommandeurhaus entlangführte.
Im Heulen des Windes hörte Gottlob ein Geräusch und blieb stehen. Er horchte angestrengt in die Nacht und rief dreimal »Halt«, aber er erhielt keine Antwort und schoß auf die im Dunkeln überhaupt nicht auszumachende Gestalt. Es war jetzt 00.30 Uhr (14. Mai 1945). Die Posten von der Straßenwache hatten den Schuß gehört und kamen sofort herbeigelaufen. Sie erkannten in dem am Boden liegenden Offizier ihren Kommandanten, Kapitän zur See Wolfgang Lüth. Sanitäter brachten ihn auf einer Bahre in das Revier, aber der Arzt konnte nur noch seinen Tod feststellen.
Gottlob wurde dann von Korvettenkapitän Cremer (Crew 32), dem Kommandeur des Wachbatallions Dönitz, verhört, und dieser erklärte, auf dreißig Meter Entfernung geschossen zu haben, nachdem er die undeutliche Gestalt dreimal angerufen habe und der Mann aus dem Wäldchen heraustretend weitergegangen sei. Wolfgang Lüth mußte auf dem Weg zur Sportschule – er hatte sich kurz vorher noch mit anderen Offizieren unterhalten – bei dem Heulen des Windes sicher die Anrufe überhört haben, obwohl er doch eigentlich wissen mußte, daß hier die Posten auf und ab gingen. Bestimmt wollte Lüth sie in dieser Nacht kontrollieren, wie er es so oft getan hatte.
Der Matrose Gottlob wurde am Morgen von Marineoffizieren verhört, aber freigesprochen, da er nur den Standortbefehl ausgeführt hatte.
Großadmiral Dönitz ordnete für Kapitän zur See Lüth ein Staatsbegräbnis mit allen militärischen Ehren an, und die Engländer gaben hierzu sogar ihre Erlaubnis. Die Trauerfeier fand am 16. Mai 1945 morgens in der Aula der Marine-Schule statt. Sechs mit dem *Ritterkreuz des Eisernen Kreuzes* ausgezeichnete U-Boot-Offiziere hielten die Ehrenwache am Sarg des toten Kommandeurs. Großadmiral Dönitz hielt die Ansprache, und Fähnriche trugen den Sarg aus der Aula auf einen Lastwagen der Wehrmacht. Auf dem Friedhof der Gemeinde Adelby bei Flensburg wurde Wolfgang Lüth zur letzten Ruhe gebettet.

S. M. U-53 in Amerika
Kapitänleutnant Hans Rose

Als das Handels-U-Boot DEUTSCHLAND am 24. August 1916 von der ersten Amerikareise nach Deutschland zurückkehrte, berichtete der mit einer Engländerin verheiratete Kapitän Paul König, daß beim Auslaufen des Handels-U-Bootes aus dem amerikanischen Hafen englische Kreuzer an der Hoheitsgrenze gewartet hätten, um das unbewaffnete Handelsfahrzeug abzufangen. Nach Rückkehr von U-DEUTSCHLAND sollte noch im gleichen Monat das zweite Handels-U-Boot der Deutschen Ozean-Reederei in Bremen, die BREMEN, unter Führung von Kapitän Schwartzkopff zur ersten Überfahrt bereit sein. Der Admiralstab nahm an, daß sich der gleiche Vorgang beim Verlassen des amerikanischen Bestimmungshafens wiederholen würde. Aus diesen Gründen räumte man einem in amerikanischen Gewässern überraschend auftretenden Kriegs-U-Boot gute Angriffs- und Erfolgsaussichten ein. Dieser Plan des Admiralstabs fand das lebhafte Interesse des Kaisers.
Das »Seekriegswerk« berichtet hierüber:
»Es wurde erwogen, ob es technisch möglich wäre, den Vorrat eines großen U-Boots an Brennstoff und an sonstigen Betriebsmitteln so zu erhöhen, daß dem Boot ohne zu großes Wagnis das Zurücklegen der ungewöhnlichen Strecke, welche hin und zurück rund 8000 sm betrug, zugemutet werden könnte. Eine Ergänzung der Ausrüstung in gewissen Grenzen durfte in neutralem Hafen völkerrechtlich beansprucht werden. Aber bei den gespannten Beziehungen zu den Vereinigten Staaten erschien es mindestens fraglich, ob nicht Schwierigkeiten entstehen würden. Außerdem lag bei militärischer Betrachtungsweise der Gedanke nahe, durch kurzes Einlaufen des U-Boots, ohne eine Unterstützung zu verlangen, und durch einige Kriegshandlungen im Anschluß daran, Amerika vor Augen zu führen, daß die Leistungsfähigkeit der deutschen U-Boote dazu ausreichte, mit ihnen nötigenfalls vor der amerikanischen Ostküste zu erscheinen und auch dort die Schiffahrt zu bedrohen. Daraus ergab sich die Bedingung, daß das zu bestimmende U-Boot den ganzen Marsch ohne Brennstoffergänzung auszuführen hatte. Durch Einrichtung mehrerer Tauchtanks als Bunker ließ sich der Treibölvorrat eines großen U-Bootes auf mehr als das Doppelte des normalen Bunkerinhalts bringen. In gleichem Maße konnten alle anderen Betriebsstoffe erhöht werden. Den bewährten Dieselmaschinen der Maschinenfabrik Augsburg-Nürnberg war eine genügende Ausdauer zuzutrauen. An der Seefähigkeit der U-Boote bestand kein Zweifel. Von technischer Seite wurde daher die militärische Frage bejaht, wenngleich alle beteiligten Stellen sich darüber klar waren, daß es sich um eine Probe äußerster

Materialbeanspruchung handelte, an die bei der Konstruktion der in Betracht kommenden U-Boote, die noch aus der Vorkriegszeit stammte, in keiner Weise gedacht worden war ...«

Für die Durchführung der Aufgabe wurde das Boot des Kapitänleutnant Hans Rose ausgewählt: U-53: Auftrag: 23. August 1914; Stapellauf: 1. Februar 1916 bei der Krupp-Germaniawerft (Bau-Nr. 235) in Kiel; Indienststellung: 22. April 1916; Größe 715/902 t; Geschwindigkeit: 17,1/9,1 kn; Bewaffnung: 2 Bug- und 2 Heck-Torpedorohre (8–10 Torpedos), zwei 8,8-cm-Kanonen, danach eine 10,5-cm-Kanone, bzw. zusätzlich eine 8,8-cm-Kanone; Besatzung: ca. 36 Mann. Das Unterseeboot stand seit Ende Mai 1916 bei der 2. U-Halb-Flottille im Fronteinsatz; die Maschinenanlage war somit gut durchgearbeitet und noch unverbraucht. Das technische Personal sollte so weit verstärkt werden, daß es auf dem Marsch in drei Wachen gehen konnte. Darüber hinaus sah der Admiralstab für die Aufnahme des heimkehrenden U-53 zur rechten Zeit ein anderes U-Boot vor, das zwischen den Hebriden und den Faröer stehen sollte.

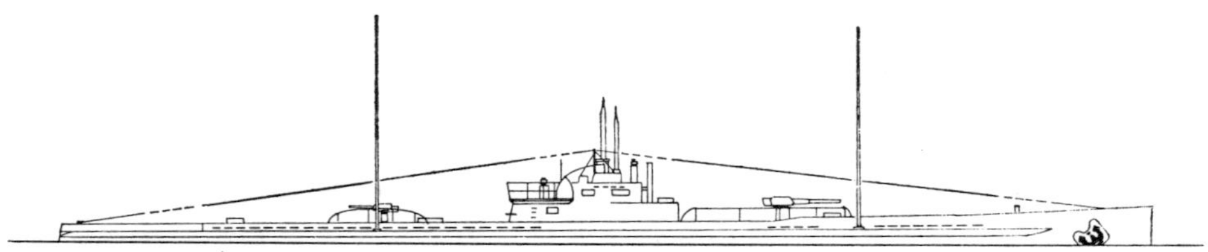

S. M. U-53

Der am 15. April 1885 in Berlin-Charlottenburg geborene Hans Rose (Crew 03) war im April 1915 zur U-Boot-Waffe gekommen, hatte das Kommando des alten Bootes U-2 übernommen und war schließlich Lehrer an der U-Boot-Schule geworden. Am 22. April 1916 stellte er um 08.00 Uhr das Krupp-Germania-Boot U-53 in Kiel in Dienst. Mit diesem Boot verblieb er – ein seltener Fall – ununterbrochen bis zum Juli 1918 bei der Hochseeflotte (2. U-Flottille).

Kapitänleutnant Rose führte zunächst von Juni bis August 1916 mehrere Flottenoperationen durch und vernichtete hierbei als erste Einheit am 11. Juli 1916 um 03.00 Uhr bei Lindenes im Überwassertorpedoangriff den britischen Dampfer Calypso (2876 BRT). Nach Beendigung der berühmten Flottenoperation – der fünften Feindfahrt des U-Bootes – vom 17. bis 22. August 1916 wurde das Verhalten von U-53 als Fühlunghalter des öfteren an hervorragender Stelle erwähnt und als außergewöhnliche Leistung des Kommandanten gewürdigt. Das Boot war ab 19. August 1916 mehrfach mit den Sicherungsstreitkräften des Admirals Beatty in Berührung gekommen. Über diese Fahrt schrieb Kapitän zur See a. D. Rose im September 1952:

»Wie Sie ersehen, war die Fahrt im August 1916 besonders wichtig. Sie hätte, wenn der Flottenchef meinen Standortangaben – die genau stimmten – mehr getraut hätte als denen des Luftschiffs, zu einem Flottenkampf von welthistorischer Bedeutung führen können, denn beide Gegner wollten den Kampf ...«

Am letzten Sonntag im August 1916 – U-53 kehrte soeben von einer Flottenoperation zurück – wurde Rose zum Führer der U-Boote, Fregattenkapitän Bauer, befohlen und von dem Plan der Amerikafahrt unterrichtet. Innerhalb von zehn Tagen konnten die geheimen technischen Vorbereitungen zum Abschluß gebracht werden. Zwei der sechs Tauchtanks baute man zu Treibölbunkern um, so daß U-53 nunmehr das Doppelte der bisherigen Ölmenge mitnehmen konnte (ausreichend für eine Fahrtstrecke von 9000 Seemeilen bei 8 Knoten über Wasser). Zur Erhöhung des Trinkwasservorrats wurden die Torpedotanks, aus denen die Ausstoßrohre vor einem Schuß geflutet wurden, mit Süßwasser statt mit Salzwasser gefüllt. Ebenso wurden zwei der vier Reglertanks umgebaut. Der Trink- und Waschwasservorrat konnte so auf 7000 Liter erhöht werden.

Diese Vorbereitungen wurden für eine angebliche Fahrt in das Nordmeer mit anschließender Verlegung in das Mittelmeer getroffen; nur der Kommandant wußte von der großen Fahrt über den Nordatlantik. Nach Beendigung der Arbeiten wurde Rose auf das Flottenflaggschiff FRIEDRICH DER GROSSE befohlen, wo er von einem höheren Stabsoffizier des Admiralstabs in Berlin im Beisein des Stabschefs der Flotte, Kapitän zur See Adolf von Trotha (Crew 86), eigenhändig den Einsatzbefehl erhielt:

Der Chef des Admiralstabes der Marine B. 23667 2. — Berlin, den 11. September 1916

Operationsbefehl

1. Nach dem Eintreffen des Handels-U-Bootes BREMEN, welches etwa am 15. September in New London zu erwarten ist, werden voraussichtlich feindliche Seestreitkräfte die östlichen Zugänge zum Long Island Sund bewachen. Sie sollen diese Streitkräfte aufsuchen und angreifen, sofern sie außerhalb der amerikanischen Hoheitsgewässer (3-sm-Grenze) und außerhalb einer Linie getroffen werden, die von Montauk Point Leuchtturm-Ostecke von Long Island nach Block Island-Südost Leuchtturm nach Gay Head Leuchtturm läuft.
   In diesem Gebiet, welches die Amerikaner als Inland Waters bezeichnen, beanspruchen sie Hoheitsrechte.
2. Nach Erledigung der Aufgabe zu 1. sollen Sie Newport-Rode Island anlaufen, um den amerikanischen Marinebehörden Gelegenheit zu geben, das Boot zu besuchen, und um etwa gerettete Gefangene, die nicht mitgenommen werden können, internieren zu lassen.
   Newport ist spätestens nach einigen Stunden wieder zu verlassen, damit die Behörden nicht Zeit finden, das Boot unter Vorwänden festzuhalten. Das Ergänzen von Vorräten soll, wenn irgend möglich unterbleiben, Frischproviant vielleicht ausgenommen.
3. Wenn Sie keine feindlichen Streitkräfte antreffen oder diese sich nur innerhalb der unter 1. angegebenen Grenzen aufhalten, sollen Sie Newport ebenfalls wie unter 2. angegeben, anlaufen, unter Beobachtung der notwendigen Vorsicht dem Feind gegenüber, von dem nicht mit Sicherheit angenommen werden kann, daß er die amerikanische Neutralität überhaupt achtet und insbesondere, daß er sie auch

außerhalb der 3-sm-Grenze bis zu der unter 1. angegebenen Grenzlinie anerkennt.

4. Nach Erledigung der Aufgabe zu 1. und 2., oder wenn diese aufgegeben werden müssen, darf Handelskrieg nach Prisenordnung geführt werden, soweit dies ohne Gefährdung des Bootes möglich ist.
5. Nachrichtenübermittlung erfolgt über Nauen nach anliegendem Befehl.
6. Für die Heimreise ist eine Aufnahmestellung südlich der Far Öer Inseln vorgesehen. Nähere Angaben hierüber macht der FdU.
7. Für den Fall, daß das Boot in einem neutralen Hafen auflegen muß, gelten die Bestimmungen der Geh. Samml. Nr. 65.
8. In der Anlage ist ein Auszug aus diesem Befehl beigefügt, den Sie nötigenfalls den amerikanischen Behörden gegenüber benutzen können, so z. B. um diesen zu beweisen, daß das Boot die für die Heimkehr notwendigen Vorräte an Bord hat.

Auf Allerhöchsten Befehl
gez. von Holtzendorff
Admiral
gef.

Abschrift

Anlage zu B. 23667 2. Berlin, den 11. September 1916

Ganz geheim!

Nachrichtenübermittelung aus der Heimat erfolgt über Nauen. Wellenlänge 4800m. Sendezeit 11 Uhr nachmittags M.E.Z.; hierbei ist zu beachten, daß zunächst der Heeresbericht, dann Telegramme mit dem Anruf Fi, fa, if oder af, danach Telegramme mit dem Anruf umi, kho und kmu und erst im Anschluß an diese die für U-53 bestimmten Signale gegeben werden. Schlüsselung der Telegramme erfolgt nach F.V.B. und »Geheim-Umsatz-Tafel zum Signalbuch der K.M. und F.V.B.«; Schlüsselwort hierfür »Amerika«.

Äußere Kennzeichnung: vierstellige Buchstabengruppen mit der einleitenden Gruppe *yg*.

Jedes Telegramm wird an 3 aufeinanderfolgenden Tagen wiederholt.

Abschrift

Führer der U-Boote
Gg. B. Nr. 466 0.

Wilhelmshaven, den 12. 9. 1916

Ganz geheim!
O-Sache
Zusatzbefehl für U-53

1. Vom 10.–24. Oktober wird sich ein U-Boot zur Aufnahme von U-53 zwischen Faröer und Hebriden aufhalten und durch F.T. in Verbindung mit ihm zu treten suchen.
2. Dieses U-Boot hat *dauernd* auf *Empfang* geschaltet und *sendet* zu den Zeiten gem. Ms. F.T.-Bestimmungen Gg. 4011 F. vom 28.3.16. Ziffer 5.

Kapitänleutnant Hans Rose

(15. 4. 1885–6. 12. 1969)
Eintritt in die Kaiserliche Marine: 1903
(Crew 03)

Fregattenkapitän z. V. Hans Rose: »So habe ich mich stets auf die innerlichste Mitarbeit aller Männer meiner Besatzung verlassen können. Es hat, so glaube ich sagen zu können, uns alle ein unzerreißbares Band gegenseitigen Vertrauens umschlungen. Ich habe den Männern immer zu verstehen gegeben, daß ich mich auf sie verließe, und sie haben ihrerseits sich auf mich verlassen. Wir sind eine große Familie gewesen . . . Die Autorität kommt nicht von selbst, sie hängt nicht an den goldenen Tressen . . .«

Aquarell von Professor Claus Bergen:
S.M. U-53 wurde unter Kapitänleutnant Hans Rose auf dem Rückmarsch von der 10. Operation (10. April bis 1. Mai 1917) am 30. April 1917 in der nördlichen Nordsee auf kürzeste Entfernung erfolglos von dem englischen U-Boot H.M.S. J-6 mit Torpedos angegriffen.

3. F.T. Namen für das aufnehmende U-Boot = »unbekanntes U-Boot« gem. Ms. F.T.-Bestimmungen Ziffer 10b (Deckblatt 4).
4. Ist die etwa erforderliche Hilfeleistung nicht in See, sondern nur in einer geschützten Bucht möglich, so wird der südliche Teil des Kvannesund (Faröer) empfohlen.

gez. Bauer

An Hochseestreitkräfte
U-53
2. U-Halbflottille
Admiralstab
Zusatz zu 1.: Wegen des verspäteten Auslaufens von U-53 hat der Kommandant U-53 mündlich Mitteilung bekommen, daß das U-Boot zur Aufnahme vom 13.–27.10. seine Stellung innehaben wird.

Darüber hinaus erhielt Kapitänleutnant Rose auf dem Flottenflaggschiff die mündliche Weisung: Der Admiralstab wünscht, daß Sie drüben nicht vor dem 5. Oktober sichtbar werden. Ihr Erscheinen vor der amerikanischen Küste und der eventuelle Angriff auf britische Kriegsschiffe soll mit dem Einmarsch unserer Truppen in Rumänien zusammenfallen, der für Anfang Oktober vorgesehen ist ... Dieser Hinweis bedeutete einen politischen Schachzug, um den Gegnern Deutschlands vor Augen zu führen, daß deutsche Unterseeboote in der Lage waren, den Handelskrieg bis an die amerikanische Ostküste auszuweiten.
Infolge stürmischer See scheiterte der erste Auslaufversuch des U-Bootes am Freitag, dem 15. September. Zwei Tage später verließ U-53 um 07.00 Uhr endgültig den Helgoländer U-Boot-Hafen bei herrlichem Sonnenschein, jedoch ohne das sonst übliche Abschiedszeremoniell. Selbst der Flottillenchef war beim Ablegen nicht anwesend. Das unter Führung von Kapitänleutnant Kraushaar (Crew 00) stehende Marineluftschiff L-17 begleitete eine Zeitlang das nach Norden fahrende U-53. Wegen einer Orkanwarnung mußte das Luftschiff nachmittags indessen in Richtung Elbmündung auf Gegenkurs gehen. Bei stürmischem Wetter in der Nordsee und im Atlantik gingen schwere Brecher über U-53 und erschwerten erheblich das Vorwärtskommen. Der vermehrte Ölvorrat belastete das U-Boot so stark, daß es 40 cm tiefer lag, was naturgemäß die See-Eigenschaften beträchtlich verschlechterte. Der Kommandant schreibt über die ersten Tage:
»Alles ließ sich zunächst ganz schön an, aber schon in der Nacht fiel das Wetterglas plötzlich um 22 Millimeter, ein ungewöhnlicher Sturz in dieser Jahreszeit, und uns umheulte der Sturm. Es zeigte sich, daß das Boot, dessen Auftriebtanks zur Hälfte mit Brennstoff gefüllt waren, wie ein Plättbrett im Wasser lag und alles über sich wegrollen ließ. So verloren der Obersteuermann Schroeter und ich – wir standen allein auf dem Turm und hatten uns mit Stahltauen am Boot festgebunden – plötzlich den Boden unter den Füßen und schwammen ›im Grünen‹. Wir mußten geduldig warten, bis der Sturm verrauscht war. – Die nächste Nacht dagegen war wunderschön. Die See war glatt wie ein Spiegel, ein goldner Streifen von kleinen Leuchttieren bildete sich zu beiden Seiten des Bugs, sprudelte an der Bordwand entlang und vereinigte sich im

Schraubenwasser unseres lautlos dahingleitenden Bootes zu schäumenden, gleißenden Wirbeln. Die Sterne spiegelten sich wie leuchtende Punkte im Meere. Aber bald wechselte das Wetter. Tonnenweise kamen in der Höhe der Shetland-Inseln die Brecher über das Boot und rollten über den Turm, die Wache mit hellen Sturzseen überschüttend. Wir kamen gegen den Nordwind bald keinen Schritt mehr vorwärts. Da gingen wir einfach unter Wasser und arbeiteten uns in blauer Tiefe nach Norden, bis wir nach langwieriger Fahrt die Nordspitze der Shetland-Inseln gewonnen hatten (Anmerkung der Verfasser: U-53 erreichte sie am 20. September 1916) und in den Atlantischen Ozean hineinsteuern konnten. Die erste Etappe war erreicht. Sobald freies Fahrwasser vor uns lag, gab ich der Besatzung den Reisebefehl bekannt. Die Männer rissen die Augen auf, und kaum hatte ich sie wegtreten lassen, als in allen Räumen eine Unterhaltung anhob wie in einem Mädchenpensionat. – Der wichtigste Mann an Bord, sofern der Kommandant sich diese Bedeutung nicht anmaßt, ist der Koch. Seine Person wuchs ins Gigantische, als sich herausstellte, daß er Nordamerika kannte ...«

In der Nordsee verzeichnete man Windstärken von 6–7; nach dem Runden der Shetlands bis zum 24. September wechselndes Wetter, häufig Wind in Stärken zwischen 6–7, zeitweise 9–10 bei anhaltend hoher Dünung. Am 24. September 1916 bemerkte Rose im Kriegstagebuch:

»Das Reiseziel muß spätestens 20 Tage nach Abfahrt erreicht sein (7. 10.). Wenn von jetzt ab das Wetter sich bessert, so kann es bei täglicher Fahrt von 185 sm noch gelingen. Sollte aber eine neue Verzögerung eintreten, so muß die Unternehmung abgebrochen werden ...« Und weiter berichtet der Kommandant:

»Wenn das Boot bei schlechtem Wetter mit gewaltiger Wucht in die See hineinstampfte, dann ächzten die Achsen und das Getriebe der vorderen Tiefenruder, die wie flache Riesenhände das Meer schlugen, daß es einem angst und bange wurde. Stundenlang saßen der Oberingenieur Möller (Anmerkung der Verfasser: Crew 03) und ich dann im Bugraum, jeden Augenblick eine verhängnisvolle Katastrophe erwartend. Es gab da kein anderes Mittel zur Beruhigung als Vertrauen zum Material, und dazu waren wir ja Gott sei Dank berechtigt ...«

Am 27. September 1916 konnte die Funkstation Nauen auf eine Entfernung von 2000 Seemeilen nicht mehr empfangen werden, statt dessen die Stationen Poldhu (1200 Seemeilen) und der Eiffelturm in 1400 Seemeilen. Am 28. September 1916 wandelte man, da ein Teil des Öls verbraucht war, einige der Außentanks wieder in Tauchtanks (III Bb/IV Stb.) um, was die Bewegungen erleichterte. U-53 nahm weniger Wasser über und machte endlich mehr Fahrt. Zweimal mußte das U-Boot am 1. Oktober 1916 (10.30/14.00 Uhr) vor Dampfern tauchen, um unbemerkt zu bleiben. An diesem Tage – 14 Tage nach dem Inseegehen – konnte die Freiwache ab 15.30 Uhr zum ersten Male das Oberdeck betreten.

Die Besatzung besserte die Sturmschäden aus: Die Antenne mußte neu gezogen und sämtliche Gerätschaften und Leitungen außerhalb des Druckkörpers überholt werden. Aber bereits 24 Stunden später mußte U-53 bei Windstärke NNW-7 und hoher und steiler See ab 20.00 Uhr vorübergehend beidrehen.

Bei einem plötzlichen Tauchmanöver vor einem Dampfer hätte es beinahe ein Unglück gegeben. Hierüber berichtet der Kommandant:
»Ein Mann hatte aus Unachtsamkeit einen Auspuffschieber offen gelassen, so daß eine der Dieselmaschinen voll Wasser lief und wir starke Schlagseite beim Tauchen bekamen. Die Lage war äußerst kritisch. Mit Preßluft brachten wir das Boot schleunigst an die Oberfläche. Das gab nachher ein heiliges Donnerwetter. Nach Beseitigung des Schadens wurde gleich wieder getaucht und alles ging gut. Abends, als ich mein Wurstbrot aß, stand plötzlich der Schuldige hinter mir, und als ich mich umdrehte, bat er mit Tränen in den Augen um Entschuldigung für sein Versehen und gelobte, daß es nie wieder vorkommen sollte. Und es ist nie wieder vorgekommen, weder auf dieser Fahrt noch auf vielen anderen, die bis zum Kriegsende folgten. Nun waren wir drüben. Der erste Gruß der Neuen Welt war ein herrliches Nordlicht, das stundenlang über der Insel Neufundland flammte. Lodernde Strahlenbänder glühten im Westen auf, um grün, rot, violett und golden zuckend nach Sekunden im Osten zu verglimmen. Am nächsten Morgen meldeten mir die Offiziere, daß im ganzen acht Leute dienstunfähig seien; sie erbrachen sich, hatten heftige Kopfschmerzen und konnten die Glieder kaum rühren. Sollten die Anstrengungen der Fahrt doch über die menschliche Kraft hinausgehen? Sollten die Nerven, die der U-Boot-Mann nicht kennen darf, ihren Dienst versagen? Müssen wir uns etwa in Amerika internieren lassen, weil wir einfach nicht mehr können? Dann würden wir gerade das Gegenteil von dem beweisen, was wir durch unsere Fahrt zeigen wollen. Da holte ich mir den Koch: ›Wandt, was ist hier los, was können wir hier machen?‹ – ›Das hat nichts zu sagen, das ist die Neufundlandkrankheit, wir verordnen einen steifen Grog.‹ – Gesagt, getan. Ich habe zwar nie sonst von einer Neufundlandkrankheit gehört, aber nach zwei Tagen war alles wieder gesund. Nun, auch bei Grippe soll der Grog ja Wunder wirken. Und schließlich kann er auch ohne Grippe niemals schaden ...«
Ab 3. Oktober 1916 besserte sich das Wetter; nach dem Ausblasen einiger Tanks kam das U-Boot gegen Mittag wieder annähernd auf die normale Schwimmlinie. Jetzt waren sechs Siebentel des Hinwegs zurückgelegt. Die Besatzung holte Bürsten, Besen, Scheuertücher, Pinsel und Farbtöpfe heraus und brachte – ohne Befehl – U-53 in einen vorbildlichen Paradezustand. Ein Heizer schnitt allen Männern die Haare, eine für die Beteiligten sehr unangenehme Prozedur. Funkmaat Wacker bekam bei der Annäherung an die amerikanische Küste sehr viel zu tun. Er überbrachte dem Kommandanten einen Funkspruch: »Deutsches Handels-Unterseeboot-Bremen von den Alliierten vernichtet. – Ein zweites Boot unter demselben Namen befindet sich auf der Fahrt über den Ozean«. Die Meldung war unkontrollierbar. Deshalb unternahm Rose nichts, das Unterseeboot behielt Kurs und Fahrt bei. Wann würde man die amerikanische Küste erreichen? Das hing von den Berechnungen sowie von der Tüchtigkeit des Obersteuermanns Schroeter ab. Am 6. Oktober 1916 kam er um Mitternacht auf den Turm und meldete dem Kommandanten, daß in etwa 30 Minuten das Feuer des Sankaty-Leuchtturms in Sicht kommen müsse. Kapitänleutnant Rose blickte auf die Uhr und wartete. Es war genau 00.15 Uhr, als der Wachoffizier rief: »Licht in 223° voraus!« Mit großer Freude wurde die Nachricht vom Erreichen der amerikanischen Ost-

küste aufgenommen. Kapitänleutnant Rose sprach dem Obersteuermann zu dieser hervorragenden navigatorischen Leistung seine volle Anerkennung aus. U-53 ankerte auf 23 Meter Wassertiefe und wartete mit geladenen Geschützen. Vormittags nahm U-53 erneut Fahrt auf und suchte vergebens einige Buchten ab, die als Ankerplätze englischer Kreuzer dienen konnten. Schließlich nahm das Unterseeboot Kurs auf Newport. Innerhalb amerikanischer Hoheitsgewässer entdeckte man am 7. Oktober 1916 plötzlich ein Sehrohr – langsam tauchte ein amerikanisches Unterseeboot auf und drehte schließlich bei. Rasch näherte sich U-53. Der Kommandant, Kapitänleutnant Rose, griff zum Megaphon und rief hinüber: »Ich grüße den amerikanischen Kameraden und folge Ihnen im Kielwasser!« Als ein »Okay« von dem amerikanischen Kommandanten herübertönte, folgte U-53 haarscharf im Kielwasser des vorauslaufenden Bootes. (Amerikanisches U-Boot D-2 [SS-18 = Grayling], Stapellauf: 16. Juni 1909, Indienststellung unter Lt. O. Hill am 23. November 1909. Aus der Flottenliste gestrichen: 1922.) Nach Beendigung des Zweiten Weltkrieges sollte Kapitän zur See a. D. Rose in Düsseldorf im Jahre 1946 wiederum mit dem ehemaligen amerikanischen U-Boot-Kommandanten S. Wolff – nunmehr bei der alliierten Kontrollkommission der USA – zusammentreffen. Inmitten amerikanischer Zerstörer ging U-53 am 7. Oktober 1916 um 15.00 Uhr im Hafen von Newport bei herrlichem Sonnenschein vor Anker. Nach wenigen Minuten machte eine Barkasse mit einem Komplimentär-Offizier (dem Adjutanten des Stationschefs) längsseits U-53 fest. Kapitänleutnant Rose erzählt weiter:

»Ich ging sofort an Land, um dem Stationschef meinen Besuch zu machen. Admiral Knight empfing mich in seinem Dienstzimmer in dem weiträumigen Stationsgebäude. Er begann die Unterredung mit den Worten: ›Wo ist U-Bremen?‹ Ich zuckte die Achseln und dachte: Also die arme U-Bremen ist nicht angekommen. Wo mag sie stekken? – Die Unterhaltung war förmlich: ›Wollen Sie interniert werden?‹ – ›Nein.‹ – ›Wollen Sie Kranke ausschiffen?‹ – ›Nein, meine Besatzung ist vollkommen gesund.‹ – ›Dann wollen Sie wohl Reparaturen an Ihrem Boot ausführen?‹ – ›Nein, das Boot ist tadellos in Ordnung.‹ – ›So, ja – was wollen Sie denn eigentlich hier?‹ – ›Ich möchte Ihnen lediglich meinen Besuch machen, Herr Admiral.‹ – Längere Pause. – ›Wollen Sie Wasser, Lebensmittel oder Brennstoff ergänzen?‹ – ›Nein, ich danke, ich bin mit allem versehen.‹ – ›Aha, das ist nur gut, denn ich dürfte Ihnen auch nichts geben.‹ – ›Warum nicht, Herr Admiral? Nach den internationalen Gesetzen wären Sie dazu verpflichtet, wenn ich Sie darum bäte.‹ – Betretenes Schweigen. – Ich machte meine Verbeugung und brach auf. Offenbar wußte Admiral Knight nicht recht, was er mit mir anfangen sollte und scheute die Verantwortung. Admiral Gleaves auf dem Kreuzer Birmingham war sehr viel freundlicher. Er erkundigte sich nach allen Einzelheiten der Reise und fragte mich nach seinen Freunden in der deutschen Marine. Ich unterhielt mich gut mit ihm und fuhr bald auf mein Boot zurück. Hier hatte sich inzwischen eine größere Zahl von Marineoffizieren eingefunden, die durch das Boot hindurchgeführt und, soweit möglich, bewirtet wurden. Auf den unglaublichsten Untersätzen drängelten sich die Neugierigen um unser Fahrzeug. Schließlich konnte ich nicht verhindern, daß eine Schar von Damen das Boot stürmte. Das war das allgemeine Signal zum Angriff. Nach einigen Sekunden konnte sich niemand mehr an Deck bewegen. Alles stand in qualvoll fürchterlicher Enge, von allen Seiten durch redende, gestikulierende und nach Luft schnappende Leiber gepreßt. Da kam unerwartet Admiral Gleaves mit Frau und Tochter längsseits, um meinen Besuch zu erwidern. Ich machte mir das Vergnügen, die Herrschaften durch das Boot zu führen. Alles wurde mit viel Interesse und seitens des Admirals mit großer Sachkenntnis betrachtet. Dann ließen wir uns an meinem Schreibtisch und auf meiner Koje gemütlich nieder, und ich bewirtete die Damen und den Admiral mit einem Glase Sekt und Kuchen, den ich aus Europa noch herübergerettet hatte. Das niedliche Fräulein Gleaves steckte die Kuchen auch zu meinem Entzücken in ihr reizendes Mündchen, während die Mutter sie, echt amerikanisch, als ›remembrance for ever‹ in ihrer Handtasche verschwinden ließ. Als der Admiral mit seinen Damen von Bord war, wurde die Sache kitzlig. Der Stationschef schickte einen Offizier mit der Bitte, den Verkehr mit dem Lande zu unterbrechen. Er benutzte den Vorwand, daß der Hafenarzt den Verkehr noch nicht freigegeben hätte. Ich entgegnete: ›Sie irren, der Hafenarzt war an Bord, die Quarantäne ist aufgehoben.‹ – Verlegenes Schweigen. – ›Ja, ja – aber der Stationschef wünscht trotzdem die Unterbrechung des Verkehrs‹. –

Mir war dieses Verhalten ein deutliches Zeichen dafür, was von der ›Neutralität‹ der amerikanischen Regierung zu halten war. Offenbar war inzwischen Weisung aus Washington gekommen. Da der Zweck unseres Besuches erfüllt war und gewaltsame Internierung unbedingt vermieden werden mußte, so lichteten wir Anker (Anmerkung der Verfasser: am 7. Oktober 1916 um 17.30 Uhr) und verließen unter dem Hurra der amerikanischen Torpedoboots-Besatzungen, dem Jubel der von Bord Vertriebenen und unter endlosem Winken und Mützeschwenken schleunigst den Hafen. So sind wir genau zweieinhalb Stunden in Amerika gewesen, und davon war ich eine Viertelstunde an Land. Ein hübsches Hausboot geleitete uns hinaus. Es fuhr etwa 10 Meter neben uns her. Es war Nacht geworden und strahlender Vollmondschein. Scherzworte und Grüße wurden gewechselt. Ich ließ die Besatzung auf Tauchstation antreten. ›Lebt wohl, auf Wiedersehen. – Alarm.‹ Nach 40 Sekunden war von unserem Boot nichts mehr zu sehen. Nur eine von unseren schönen Rettungsbojen mit der Bezeichnung ›S. M. U-53‹ hatten wir auf dem Turm vergessen. Sie schwamm einsam im Mondlicht und ist von den Amerikanern als willkommene Beute – als ›remembrance for ever‹ – aufgefischt worden. Wir änderten unter Wasser, abgeschlossen von allen menschlichen Lebewesen, unseren Kurs und waren beim Auftauchen nach zehn Minuten wieder allein. Als ich nach dem Abendbrot durchs Boot ging, um mich nach den Erlebnissen und Eindrücken der einzelnen Leute zu erkundigen, fand ich alles in tiefem Schlummer. Was der Ozean in drei langen mühseligen Wochen nicht vermocht hatte, das hatten die Amerikaner in wenigen Stunden geschafft: Die Leute waren restlos ermattet. –

Wir trudelten die Nacht über nach dem Nantucket-Feuerschiff, das Westwärtssteuern bis vor die Einfahrt nach New York erlaubte uns der Mangel an Brennstoff nicht mehr. U-Bremen war also die Überfahrt nicht geglückt, obwohl das Schiff eigens für diese Reise gebaut war und das Dreifache unserer Größe besaß. An der Schwelle des Erfolges war das Schiff mit seiner ganzen Besatzung gesunken, verschollen und bald auch vergessen. Wie anders hätte sich der gestrige und heutige Tag für uns gestaltet, wenn dem Schiff eine glückhaftere Fahrt beschieden gewesen wäre! Wir Menschen haben das Wollen, aber das Vollbringen hängt von höherer Fügung ab. – Noch harrte im heimlichen Dämmerlicht die Welt dem Morgen entgegen, da sahen wir vor uns das Licht vom Nantucket-Feuerschiff, und neue Aufgaben riefen uns zur Tat ...«

Am 8. Oktober 1916 begann für Rose bei ruhigem, sehr sichtigem Wetter der zweite Teil seiner Aufgabe: Handelskrieg beim Nantucket-Feuerschiff. Bei fast wolkenlosem Himmel und glatter See kam U-53 zu seinen ersten Erfolgen, die wir aus dem KTB, in der knappen und nüchternen Sprache des Kommandanten, entnehmen:

»05.35 Uhr: Nantucket-Feuerschiff 2 Seemeilen Backbord querab. Amerikanischen Dampfer Kansas durch Schuß vor den Bug angehalten ... Befehl gegeben, die Papiere an Bord zu bringen. Nach anfänglichen Schwierigkeiten sendet der Dampfer ein Boot. Papiere ergeben als Bestimmungsort Genua, Zwischenhafen Boston, Ladung hauptsächlich Soda – keine Bannware.

06.15 Uhr: Dampfer entlassen ... Mit südlichem Kurs auf die allgemeine Dampferstraße zugehalten. Angriff auf größeren Passagierdampfer wegen der Schwierigkeit des Leutebergens aufgegeben.

06.53 Uhr: Britischer Dampfer Strathdene aus Glasgow, 4321 BRT, durch mehrere Schüsse und Signale ›Bringen Sie Ihre Papiere‹ angehalten. Erst nach dem 6. Schuß dreht der Dampfer auf und stoppt.

07.09 Uhr: Signal ›Verlassen Sie das Schiff‹, weil Dampfer deutlich als Brite erkannt wird ... Den Booten Kurs und Entfernung nach Nantucket-Feuerschiff gegeben. Sie segeln dorthin ab ...

07.43 Uhr: Torpedotreffer in achteren Laderaum mit 3 Meter Tiefeneinstellung. Dampfer sackt achtern tiefer, ohne zu sinken. Auf einen anderen Dampfer zugedreht.

08.03 Uhr: Norwegischen Dampfer Chr. Knudsen, 3936 BRT, durch Signal angehalten. Kapitän kommt mit Papieren. Dampfer ist der Aufbringung verfallen, da mit Gasöl nach London bestimmt. Kapitän bekommt Befehl, mir zum Dampfer Strathdene zu folgen, dort in der Nähe das Schiff zu verlassen und auf meine Rückkehr zu warten ... Dampfer Strathdene durch Granatfeuer versenkt.

09.52 Uhr: Chr. Knudsen ist bis auf etwa 4 Seemeilen Abstand gefolgt, die Besatzung hat das Schiff verlassen. Torpedotreffer achtern, 4 Meter Tiefeneinstellung. Der Dampfer sinkt nicht. Artilleriefeuer eröffnet. Erfolg ist vollkommen negativ, da durch jedes Schußloch das spezifisch schwere Öl herausläuft und der Dampfer Auftrieb gewinnt.

10.45 Uhr: Chr. Knudsen durch zweiten Torpedotreffer versenkt, weil ein dritter Dampfer von Osten herannaht.

11.30 Uhr: Britischer Dampfer West Point, 3847 BRT, durch Schüsse vor den Bug und Flaggensignal: ›Verlassen Sie das Schiff‹ angehalten; Dampfer gibt dauernd FT-Signale, die kräftig gestört werden.

11.40 Uhr: Durch zwei Schüsse in die Back FT-Verkehr zum Verstummen gebracht. Besatzung verläßt in 2 Booten das Schiff. Vor dem Herangehen durch einige Schüsse in

den Schiffskörper die Sicherheit geschaffen, daß Dampfer keine verborgenen Geschütze trägt . . . Dampfer mit Sprengpatronen versenkt.
12.35 Uhr: Prüfungstauchen. Der Besatzung bekanntgegeben, daß nach Ablieferung der Dampferbesatzungen am Nantucket-Feuerschiff die Heimreise angetreten werden soll . . .
14.45 Uhr: Am Nantucket-Feuerschiff macht ein von New York kommender Tankdampfer offenbar infolge Warnung kehrt, fährt in Richtung New York zurück.
15.05 Uhr: Größerer Dampfer mit Ostkurs bei Nantucket-Feuerschiff.
15.39 Uhr: Die Boote mit Besatzung der West Point losgeworfen, da sie das Feuerschiff gut ausmachen können und günstigen – halben – Segelwind haben. Abstand vom Feuerschiff etwa 4 Seemeilen.
15.40 Uhr: Norwegischen Dampfer Kapama ex Gesto ex Bifrost durch Schuß und Flaggensignal angehalten. Kapitän kommt mit Papieren, Dampfer wird entlassen, da nach norwegischen Hafen bestimmt. Ladung hauptsächlich Getreide.
16.15 Uhr: Nach den Booten des Dampfers Chr. Knudsen gesucht. Sie kommen westlich des Feuerschiffs in Sicht . . . Im Laufe des Tages hat ein ungeheuer reger FT-Verkehr eingesetzt . . .
16.55 Uhr: Holländischen Dampfer Blommersdijk 4835 BRT angehalten. Er setzt an mehreren Stellen Flagge, bekommt Signalbefehl: ›Bringen Sie Ihre Papiere‹.
17.15 Uhr: Bevor er diesem Befehl nachkommen kann, wird ein Zerstörer gesichtet, getaucht. Der Zerstörer gehört der Marine der Vereinigten Staaten an, steuert zum Nantucket-Feuerschiff.
17.30 Uhr: Aufgetaucht. Von Newport her naht mit unregelmäßigen Abständen eine größere Zahl Zerstörer. Der zuerst angekommene nimmt beim Nantucket-Feuerschiff anscheinend die Besatzungen der vormittags versenkten Dampfer über. Den Dampfer Blommersdijk nochmals zum Beibringen der Papiere aufgefordert; er setzt ein Boot aus.
17.40 Uhr: Noch bevor das Boot längsseits ist, naht ein Dampfer von Osten her. Um dessen Annäherung zu verhindern, wird er auf 60 Hektometer durch einige Schüsse vor den Bug . . . zum Stoppen gebracht. Dampfer . . . hat Passagiere an Bord. Amerikanische Zerstörer legen sich in seine unmittelbare Nähe. Inzwischen kommt das Boot von Blommersdijk. Seine Papiere werden durchgesehen. Er ist vollständig beladen mit . . . Bannware; seine Bestimmungsorte liegen in Holland. In keinem der Schiffspapiere ist die Rede vom Anlaufen Kirkwalls. Auch verschleiert der an Bord gesandte Offizier diese Absicht. Nur aus dem amerikanischen Certifikat ist zu erkennen, daß Blommersdijk vor der Erreichung des holländischen Bestimmungshafens Kirkwall anlaufen soll. Mithin treten die Bestimmungen der Prisenordnung lfd. Nr. 38 und die Zusatzbestimmungen lfd. Nr. 30 vom 24. Juli 1916 in Kraft. Außerdem bleibt die Frage offen, ob der Dampfer gemäß lfd. Nr. 36 trotz Bescheinigung des holländischen Generalkonsuls in New York der Beschlagnahme unterliegt. In Erwägung aller Umstände gewinne ich die Überzeugung, daß die Aufbringung von dem Schärfegrad meiner Auffassung abhängig ist, da die Bestimmungen sowohl Freilassen wie Aufbringung gestatten. Unter gewöhnlichen Umständen hätte ich mich zu der milderen

Auffassung entschlossen. Hier aber lagen die Verhältnisse so, daß ich, um die amerikanischen Gefühle zu schonen, den Passagierdampfer, dessen Staatsangehörigkeit ich wegen der zunehmenden Dunkelheit noch nicht einmal hatte feststellen können, nach Einsicht der Papiere ungehindert durchlassen wollte. Ich mußte nun ernstlich besorgen, bei allen Beteiligten den Eindruck zu erwecken, als ob die Anwesenheit der amerikanischen Zerstörer mich zur schwächlichen Nachgiebigkeit und zum Verzichten auf mein Recht veranlaßte. Ich entschloß mich daher zur Schärfe und heißte etwa 500 Meter neben Blommersdijk liegend, das Signal ›Verlassen Sie das Schiff‹. Die Vorbereitungen waren auf Blommersdijk schon in weitgehendem Maße ... getroffen worden.

17.45 Uhr: Inzwischen hatten sich auf engem Seeraum außer den beiden Dampfern und U-53 16 amerikanische Zerstörer angefunden, so daß mit großer Vorsicht manövriert werden mußte. Als das Boot des Blommersdijk, das den Offizier mit den Papieren gebracht hatte, von mir zum Dampfer zurückgeschleppt wurde, kam U-53 dem amerikanischen Zerstörer 53 so nahe, daß mit beiden Maschinen zurückschlagen mußte, um Zusammenstoß zu vermeiden, wir kamen etwa 50 m voneinander klar ... Nun fuhr ich zu dem Passagierdampfer, um dessen Papiere einzusehen; oder auch, um ihn, falls er noch kein Boot ausgesetzt hätte, ohne weiteres in Rücksicht auf die Passagiere zu entlassen. Ich hatte bereits Befehl zu dem Signal ›You can proceed‹ gegeben, als ich erkannte, daß der Dampfer bereits verlassen war und alle Insassen von den amerikanischen Zerstörern aufgenommen waren. Die Zerstörer tasteten das Schiff zeitweise mit Scheinwerfern ab und gaben mir dadurch die Gelegenheit, an seinem Heck die britische Flagge und den Namen Stephano-Liverpool auszumachen. (3449 BRT nach Lloyds Register.) Nachdem ich zwischen dem Dampfer und den Zerstörern hindurchgefahren war, lief ich zu Blommersdijk zurück, den die Besatzung inzwischen verlassen hatte ... Ein Zerstörer, der in großer Nähe des Dampfers lag, wurde durch Morsespruch gebeten, sich etwas zu entfernen, damit das Schiff versenkt werden könne. Er kam dieser Bitte sofort nach.

19.50 Uhr: Torpedotreffer mit 4 Meter Tiefeneinstellung im Laderaum IV. Dampfer sackt achtern merklich tiefer, ohne zu sinken.

20.20 Uhr: Dampfer durch zweiten Torpedotreffer in Laderaum III zum langsamen Sinken gebracht.

21.00 Uhr: Dampfer gesunken, die Back ragt noch aus dem Wasser. Amerikanische Zerstörer gehen in die Nähe der Wrackstelle. Allmählich verziehen sich alle Zerstörer in Richtung Newport bis auf zwei, die U-53 zu dem Passagierdampfer folgen. Prisenkommando an Bord gesandt, Sprengpatronen angebracht und angeschlagen. Dampfer sinkt nicht. Artilleriefeuer eröffnet, ohne sichtbaren Erfolg.

22.30 Uhr: Dampfer mit dem letzten an Bord befindlichen Torpedo versenkt, nach Osten abgelaufen, die beiden Zerstörer entfernen sich nach Westen. Rückmarsch angetreten. Im Laufe der Nacht vergeblich versucht, FT-Meldung über das Geschehene an den Deutschen Botschafter in Washington zu erstatten ...«

Soweit die Ausführungen aus dem Kriegstagebuch.

Während der Rückfahrt wechselte das Wetter, im allgemeinen war es jedoch nicht un-

günstig. Zeitweise briste es bis zur Windstärke 9 auf. Es traten keinerlei weitere Ereignisse ein. Einen englischen Hilfskreuzer konnte U-53 nicht angreifen, da es keine Torpedos mehr an Bord hatte. Am 21. Oktober 1916 stellte das Funkpersonal auf 750 Seemeilen eine Verbindung mit dem Kreuzer ARCONA her. Nördlich der Hebriden traf U-53 verabredungsgemäß mit U-55 unter Führung von Kapitänleutnant Werner (Crew 05) zusammen, das sich dort in der befohlenen Aufnahmestellung befand. Der Beistand war aber unnötig. Nach einer Reisedauer von 41 Tagen und 8 Stunden traf U-53 am 28. Oktober 1916 mit einem Erfolg von 5 vernichteten Handelsfahrzeugen mit zusammen 20 388 BRT von seiner 7. Feindfahrt in Helgoland ein.
Aus dem Schlußbericht des Kommandanten, der mit dem *Ritterkreuz des Hohenzollerschen Hausordens mit Schwertern* ausgezeichnet wurde, entnehmen wir: »Militärische Aufgabe nur zum Teil erfüllt, feindliche Seestreitkräfte nicht angetroffen, längeres Suchen nach ihnen mit Rücksicht auf den Brennstoffvorrat nicht angängig. Das für den Handelskrieg gewählte Seegebiet war denkbar günstig, da mehrere Handelsstraßen am Nantucket-Feuerschiff zusammentreffen. Als Zufall ist es zu betrachten, daß U-53 nur unbewaffneten Dampfern begegnet ist. Das Bergen der Besatzungen der versenkten Schiffe machte bei dem vortrefflichen Wetter keine Schwierigkeiten. Weitere Führung des Handelskrieges über den 8. Oktober hinaus war des Treibölbestandes wegen nicht möglich. Auch Lebensmittel gingen zur Neige sowie die Leistungsfähigkeit der Besatzung. Jegliche Ergänzung von Vorräten wurde in Newport unterlassen, auch die von Lebensmitteln. Der Entschluß, am gleichen Tage wieder auszulaufen, war dem amerikanischen Admiral sogleich mitgeteilt worden.
Dauer der Fahrt: 41 Tage, 8 Stunden
Zurückgelegter Weg: 7550 Seemeilen
Bestand an Treiböl nach Rückkehr: 15 cbm.
Die Maschinen haben dauernd gut gearbeitet.«
Das »Seekriegswerk« berichtet abschließend zur Atlantik-Überquerung des deutschen Unterseebootes: »Was die Ausdauer von Personal und Material anbetrifft, war damit die größte bis dahin von U-Booten erzielte Leistung vollbracht worden. Nicht zuletzt hing das Gelingen des Unternehmens von dem Durchhalten des Betriebes der Maschinen ab. Das Verdienst daran gebührt neben den Konstrukteuren dem Leitenden Ingenieur von U-53, Marine-Oberingenieur Henning Möller. Der Eindruck des Auftretens von U-53 an der amerikanischen Küste war in den Vereinigten Staaten ein geteilter. Das bewiesene Können deutscher U-Boote wurde in einer Art sportlicher Auffassung bewundert. In Kreisen der amerikanischen Regierung jedoch, welche in jener Zeit auf ein deutsch-amerikanisches Zusammengehen zur Einleitung von Friedensschritten eingestellt war, wurden Bedenken geäußert, daß eine Wiederholung solcher militärischer Vorgänge störend wirken würde.«
In den Vereinigten Staaten von Nordamerika wollten die zuständigen Marinekreise an die doppelte Ozeanüberquerung eines deutschen Kriegs-U-Bootes zunächst nicht glauben. Bei der Beratung des Marineetats im Kongreß gaben Fachleute im Februar 1917 die Erklärung ab, daß U-53 offenbar ein unentdeckt gebliebenes Versorgungsschiff bei sich gehabt hätte. Demgegenüber stellte die Marinebehörde fest, daß die

höchste Zeitleistung der damaligen amerikanischen U-Boote nur zehn Tage betrug. Im März 1958 unterquerte das amerikanische Atom-U-Boot Skate unter Führung von Commander Calvert (vgl. J. Calvert: »Surface at the Pole. The extraordinary voyages of the USS Skate«; New York 1960. Deutsche Ausgabe: »Aufgetaucht am Pol.« Hamburg 1961) den Atlantik von den USA nach England (3161 Seemeilen, davon 2828 Seemeilen unter Wasser) in 203 Stunden. Auf der Rückfahrt erreichte die Skate im gleichen Monat in 173 Stunden die amerikanische Ostküste.

Als Kapitänleutnant Rose am 30. August 1917 von seiner 12. Feindfahrt nach einem Erfolg von sieben vernichteten Einheiten mit zusammen 45 187 BRT – darunter zwei größere Einheiten, die er aus einem gut gesicherten Großkonvoi herausschießen konnte – zurückkehrte, erhielt er das Bild des Kaisers mit eigenhändiger Unterschrift. Auf der nächsten Operation holte sich der U-Boot-Kommandant in zähen Kämpfen aus verschiedenen Konvois fünf weitere Opfer mit zusammen 16 325 BRT.

Während der 15. Feindfahrt (19. November bis 12. Dezember 1917) schoß er u. a. bei Lizard das Spitzenschiff eines Konvois heraus. Südlich der Scilly-Inseln vernichtete er am 6. Dezember 1917 den amerikanischen Zerstörer Jacob Jones (1265 t), nahm an der Untergangsstelle zwei Mann der Besatzung auf und benachrichtigte anschließend die englische Funkstation von Landsend von dem Vorfall und bat darum, man möge Überlebende retten. Auf dieser Fahrt wurden zusätzlich 6 Dampfer mit 13 906 BRT vernichtet und drei weitere Handelsschiffe mit zusammen 16 603 BRT torpediert. Nach dem Einlaufen erhielt Rose durch A. K. O. vom 20. Dezember 1917 als 14. U-Boot-Kommandant den Orden *pour le mérite.*

Auf der nachfolgenden Operation brachte Rose weitere sieben Einheiten von zusammen 16 392 BRT zur Strecke. Während der nächsten Feindfahrt jagte U-53 im Westteil des Ärmelkanals 37 Stunden lang trotz stärkster Abwehr einen Großkonvoi, versenkte daraus einen 6230 BRT großen Dampfer und torpedierte zwei weitere Einheiten mit zusammen 18 315 BRT. Auf der 17. und letzten Operation plante Kapitänleutnant Rose, selbständig für kurze Zeit in das Mittelmeer einzudringen, mußte jedoch infolge Motorschadens den Plan aufgeben. Nach seiner Rückkehr übergab er im Juli 1918 U-53 an seinen Nachfolger, Kapitänleutnant von Schrader (Crew 06. Am 19. Juli 1945 endete Admiral von Schrader [Admiral der norwegischen Westküste] durch Freitod. Vermutlich wäre er vor ein alliiertes Militärgericht gestellt worden.)

Auf 17 Feindfahrten hatte der erfolgreichste U-Boot-Kommandant der Hochseeflotte in der Zeit von Juni 1916 bis Juli 1918 insgesamt 79 Handelsschiffe mit zusammen 213 987 BRT und einen Zerstörer sowie neun weitere Handelsschiffe mit zusammen 50 075 BRT beschädigt. Kapitänleutnant Rose war somit der fünfterfolgreichste U-Boot-Kommandant des Ersten Weltkrieges.

Als Admiralstabsoffizier im Stabe des Befehlshabers der U-Boote (Kommodore Michelsen) erlebte Kapitänleutnant Rose im November 1918 den Zusammenbruch. Während des Zweiten Weltkrieges wurde er nochmals kurzfristig bei der U-Boot-Waffe eingesetzt, indessen am 31. Juli 1943 als Kapitän zur See z. V. entlassen.

Hans Rose verstarb am 6. Dezember 1969 und wurde in Essen auf dem Südwestfriedhof in Abwesenheit der Bundesmarine (!) zu Grabe getragen.

Der Mann, der die LUSITANIA versenkte
Kapitänleutnant Walther Schwieger

Ende April 1915 erschien in verschiedenen New Yorker Tageszeitungen eine sensationelle Warnung. Unmittelbar in der Nähe einer Anzeige der bekannten englischen CUNARD-Linie hatte sie der deutsche Botschafter in Washington, Graf Bernstorff, veröffentlichen lassen. Jeder, der die Ankündigung der britischen Reederei über die Abfahrt des 30 396 BRT großen Passagierdampfers LUSITANIA (sie war in den Jahren 1907/09 zeitweilig Inhaberin des »Blauen Bandes«) von New York nach Liverpool las, konnte die Warnung des deutschen Botschafters nicht übersehen. Der Text dieser Anzeige lautete:

»Reisende, die sich zur Fahrt über den Atlantischen Ozean einzuschiffen beabsichtigen, werden daran erinnert, daß zwischen Deutschland und Großbritannien Kriegszustand besteht; daß die Kriegszone die an die britischen Inseln stoßenden Gewässer einschließt; daß gemäß der von der deutschen Regierung ausgegebenen Bekanntmachung Schiffe, welche die Flagge Großbritanniens oder einer seiner Verbündeten führen, der Zerstörung in diesen Gewässern ausgesetzt sind, und daß Reisende, die in der Kriegszone auf Schiffen Großbritanniens oder seiner Verbündeten fahren, das auf eigene Gefahr tun. – Kaiserlich-Deutsche Botschaft, Washington, D. C., April ... 1915.«

Öffentlich warnte somit die deutsche Regierung – eine außergewöhnliche Maßnahme – Passagiere, die von den USA in die europäische Kriegszone einreisen wollten. Gleichzeitig wurden hierdurch die Erfolge der eigenen U-Boot-Operationen in Frage gestellt, da somit die ROYAL NAVY vorbereitende Abwehrmaßnahmen treffen konnte. Am Tage der Abfahrt des CUNARD-Liners stellte man darüber hinaus allen prominenten Passagieren, deren Namen aus den Passagierlisten ersichtlich waren, Telegramme zu, in denen diese Leute persönlich in eindringlicher Form davor gewarnt wurden, mit diesem Schiff in das Kriegsgebiet zu fahren. All diese Vorsichtsmaßnahmen wurden nicht ernstgenommen, im Gegenteil, man belächelte die deutschen Warnungen! So soll Kapitän Turner, der die LUSITANIA führte, gesagt haben: »Das Schiff hat eine viel zu große Geschwindigkeit«, 21 Knoten während des Krieges, da 6 Kessel stillgelegt wurden, »als daß ihm eine Gefahr durch Unterseeboote drohen könnte.« Mit dieser Meinung stand er nicht allein. Ähnlich äußerte sich der New Yorker Vertreter der CUNARD-Linie, Ch. P. Summer. Darüber hinaus glossierte die gesamte französische, englische sowie die »neutrale« amerikanische Presse die Warnung des Grafen Bernstorff. Die LUSITANIA hatte eine Länge über alles von 239,9 m, eine größte Breite von

26,7 m; einen Tiefgang von 10,4 m; Maschinenleistung: 76 000 PSw; Antriebsart: vier Satz Dampfturbinen, 24 Kessel, vier Schrauben; normale Geschwindigkeit: 26 Knoten. Während sie mit 702 Besatzungsangehörigen und 1257 Passagieren, darunter rund 120 Amerikanern, bereits in See war, berichtete die Zeitung »Daily Mail« in ihrer Ausgabe vom 3. Mai 1915:
»Um die deutsche Unterseebootblockade der Küsten von Großbritannien und Irland muß es sehr schlecht bestellt sein, wenn ihr Vorhandensein dem Publikum dieses Landes durch eine Zeitungsanzeige nahegebracht werden muß . . .«
Die »Temps« schrieb: »Die deutschen Drohungen sind nicht sehr zu fürchten. Deutschland will einfach, da es seine Unterseebootblockade kläglich mißlingen sieht, Eindruck auf die Passagiere selbst machen, die begreiflicherweise dem Gefühl der Furcht zugänglich sein können. Das neue Mittel, das die Deutschen anwenden, wird nicht mehr Erfolg haben als die früheren. Die Herrschaft über die Meere gehört den Alliierten. Man müßte sie ihnen nicht durch Drohungen, sondern durch Taten nehmen . . .«

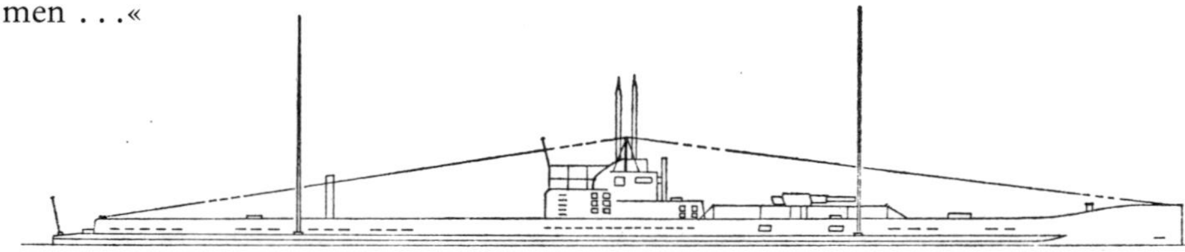

S. M. U-20

Das deutsche Unterseeboot U-20 (Auftrag: 25. November 1910; Stapellauf: 18. Dezember 1912 bei der Kaiserlichen Werft in Danzig; Indienststellung: 5. August 1913; Größe: 650/837 t; Geschwindigkeit: 15,4/9,5 kn; Bewaffnung: 2 Bug- und 2 Heck-Torpedorohre [6 bis 9 Torpedos], eine 8,8-cm-Kanone; Besatzung: ca. 35 Mann) lief am 30. April 1915 unter Führung von Kapitänleutnant Walther Schwieger um 07.00 Uhr von der Ems zur 15. Feindfahrt aus, der siebenten des zweiten Kommandanten, um in den Gewässern südwestlich vor Irland zu kreuzen und große englische Truppentransporter an der Einfahrt von Liverpool abzufangen. Was oft und immer wieder behauptet wird, U-20 hätte die Aufgabe gehabt, die Lusitania zu vernichten, ist unwahr. Das »Seekriegswerk« berichtet über die Operationsaufgabe:
»Am 30. April verließ U-20, Kapitänleutnant Schwieger, die Ems mit folgendem am 25. April vom F. d. U. für U-20 und U-27 ausgegebenen Befehl, der zugleich . . . an demselben Tage durch Funkspruch an das bereits ausgelaufene U-30 übermittelt worden war: ›Große englische Truppentransporte zu erwarten, ausgehend von Liverpool, Bristol-Kanal, Dartmouth. Zur kräftigen Schädigung der Transporte sollen baldmöglichst U-20 und U-27 entsandt werden. Stationen auf schnellstem Wege um Schottland aufsuchen, innehalten, solange Vorräte gestatten. U-30 hat Befehl, nach Dartmouth zu gehen. Boote sollen angreifen: Transporter, Handelsschiffe, Kriegsschiffe.‹ U-20 war darauf von der 3. U-Halbflottille (Kapitänleutnant Gayer) die Liverpool-Bucht als Wartestellung zugewiesen worden.«
Walther Schwieger wurde am 7. April 1885 in Berlin geboren und trat im Jahre 1903 als

Seekadett in die Kaiserliche Marine ein. Zu diesem Einstellungsjahrgang (Crew 03) gehörten u. a. Hans Rose, Otto Hersing, Lothar von Arnauld (alle *Pour le mérite*-Träger) und Feldkirchner. Bereits vor dem Kriege hatte Schwieger bei der U-Boot-Waffe gedient. Er wurde am 19. September 1914 zum Kapitänleutnant befördert, führte von April 1912 bis Dezember 1914 das alte Petroleum-Boot U-14 und übernahm von Kapitänleutnant Dröscher (Crew 02) im Dezember 1914 mit U-20 ein modernes U-Boot der ersten M.A.N.-Diesel-Reihe (U-19 bis U-22). Dröscher hatte mit U-20 im Oktober 1914 erstmalig ein Unterseeboot westlich um Irland und England herumgeführt, wobei er als nautische Unterlage einen Schulatlas benutzte. Auf den ersten sechs Feindfahrten konnte Kapitänleutnant Schwieger mit diesem Boot sechs Einheiten mit zusammen 21 514 BRT zur Strecke bringen.

Am 2. Mai 1915 ging U-20 auf seiner 15. Operation durch die Fair-Insel-Enge. Dort traf man auf eine stärkere Bewachung. Aus diesem Grunde mußte das U-Boot 50 Seemeilen unter Wasser zurücklegen. Am folgenden Tage stand Schwieger nördlich der Hebriden. Vom 5. bis 7. Mai 1915 operierte U-20 an der irischen Südküste auf dem Dampferweg. Hier herrschte wiederholt dicker Nebel, strichweise klarte es indessen auf. Die Wetterverhältnisse bei schwachem Wind und mäßiger Dünung waren ausgesprochen ideal. Am 5. Mai konnte U-20 den englischen Segler Earl of Lathom (132 BRT) anhalten und um 17.50 Uhr durch Granaten versenken. Ein im Überwasserangriff geschossener Torpedo auf einen plötzlich aus dem Nebel auftauchenden verdächtigen Dampfer mit norwegischen Abzeichen verfehlte um 21.10 Uhr sein Ziel. Am folgenden Tage versuchte Kapitänleutnant Schwieger vergebens, einen Dampfer ohne Flagge zu stoppen. Als das Fahrzeug abdrehte, nahm man unverzüglich die Verfolgung auf. Der Dampfer – es war der Engländer Candidate (5858 BRT) – stoppte erst nach mehreren Granattreffern und setzte schließlich seine Rettungsboote aus, deren Besatzungen von einem Fischdampfer aufgenommen wurden. Nach einem Torpedofangschuß versank das Fahrzeug in den Fluten. Anschließend gelang es dem U-Boot, im Unterwasserangriff den englischen Dampfer Centurion (5945 BRT) zu torpedieren. Auch dieses Schiff sank nach einem Torpedofangschuß. Danach folgte ein großer Passagierdampfer der White-Star-Linie. Wegen des zu großen Abstandes war ein Torpedoschuß nicht möglich. Schwieger faßte nunmehr den Entschluß, nicht nach Liverpool vorzustoßen, da bei dem erneut einsetzenden Nebel die beabsichtigte Tätigkeit in der Irischen See bei der größeren Enge und der zu erwartenden Bewachung nicht mehr erfolgversprechend schien und auch der Treibölvorrat und die drei restlichen Bronzetorpedos kaum noch eine erfolgreiche Tätigkeit zuließen. In den frühen Morgenstunden des schicksalsschweren 7. Mai 1915 fuhr U-20 bei dichtem Nebel und rauher See auf 24 m Tiefe nordwärts. Um 06.00 Uhr tauchte U-20 bei schwachem Nordwind, zeitweilig guter Sicht und Sonnenschein auf. Indessen ließ der Nebel nicht nach. Aus diesem Grunde beschloß Schwieger, den Rückmarsch anzutreten, um bei günstigem Wetter noch von außen in den Nord-Kanal der Irischen See vorzustoßen. Gegen 11.00 Uhr klarte es jedoch auf, das U-Boot wurde aber durch einen Bewacher erneut unter Wasser gedrückt. Während des Ablaufens hörte die Besatzung gegen Mittag Schraubengeräusche über dem Boot. Für einen Zerstörer waren diese Geräusche zu stark. Beim Rundblick durch das Sehrohr entdeckte der Kommandant einen Kreuzer der Pelorus-Klasse, der mit hoher Geschwindigkeit, für das U-Boot unerreichbar, in Richtung Queenstown, außer Sicht kam. Als der Nebel sich weiter lichtete, tauchte U-20 um 13.45 Uhr bei sehr guter Sicht und schönem Wetter auf, um den Rückmarsch mit 3/5 der Treibölmenge fortzusetzen.

Kurz danach – die Uhr zeigte auf 14.20 Uhr – wurden in westlicher Richtung, genau recht voraus, Schornsteine und Masten scheinbar von mehreren Schiffen gesichtet. Wenig später konnte man jedoch einen riesigen Vierschornsteindampfer, dessen Kurs von etwa Süd-Süd-West die irische Südküste ansteuerte, ausmachen. (Die Lusitania wurde zuerst von dem wachfreien U-Obermaschinisten Friedrich Sellmer gesichtet.) Er kreuzte den Kurs von U-20 und steuerte Galley Head an. U-20 nahm eine Kursänderung vor, in der Hoffnung, daß der Dampfer an der irischen Küste entlanglaufen würde, und tauchte schließlich. Das Erwartete traf ein. Die Lusitania, es war der Riesendampfer der Cunard-Linie, drehte um 14.35 Uhr nach Steuerbord und nahm Kurs in Richtung auf Queenstown. Dadurch kam der Riese auf Schußentfernung an das getaucht lauernde U-20 heran. Mit höchster Fahrtstufe versuchte nunmehr U-20 eine vorliche Schußposition zu erreichen.

Die Eintragungen des Kommandanten, Kapitänleutnant Schwieger, in das Kriegstagebuch (KTB) seines Bootes U-20 lauteten:

1.45 pm. Sichtigkeit sehr groß, sehr schönes Wetter. -- Deshalb ausgeblasen, Marsch fortgesetzt; ein Warten auf der Höhe von Queenstown erscheint nicht lohnend.

2.20 pm. Recht voraus werden 4 Schornsteine und 2 Masten eines Dampfers mit Kurs senkrecht zu uns (er steuerte von SSW kommend Galley Head an) sichtbar. Schiff wird als großer Passagierdampfer ausgemacht.

2.25 pm. Auf 11 m gegangen und mit hoher Fahrt auf konvergierenden Kurs zum Dampfer gegangen, in der Hoffnung, daß er Kurs nach St.B. längs der irischen Küste, ändern wird.

2.35 pm. Der Dampfer dreht St.B., nimmt Kurs auf Queenstown und ermöglicht so eine Annäherung zum Schuß. Bis 3 h pm. Hohe Fahrt gelaufen, um eine vorliche Stellung zu bekommen.

3.10 pm. Reiner Bugschuß auf 700 m (G-Torpedo 3 m Tiefeneinstellung), Schneidungswinkel 90°, geschätzte Fahrt 22 sm. Schuß trifft St.B.-Seite dicht hinter der Brücke. Es erfolgt eine außergewöhnliche große Detonation mit einer sehr starken Sprengwolke (weit über den vorderen Schornstein hinaus). Es muß zur Explosion des Torpedos noch eine zweite hinzugekommen sein (Kessel oder Kohle oder Pulver?) Die Aufbauten über dem Treffpunkt und die Brücke werden auseinander gerissen, es entsteht Feuer, der Qualm hüllt die hohe Brücke ein. Das Schiff stoppt sofort und bekommt sehr schnell große Schlagseite nach St.B., gleichzeitig vorn tiefer tauchend. Es hat den Anschein, als wollte es in kurzer Zeit kentern. Auf dem Schiff entsteht große Verwirrung; die Boote werden klar gemacht und zum Teil zu Wasser gelassen. Hierbei muß vielfach Kopflosigkeit geherrscht haben; manche

Boote voll besetzt, rauschen von oben, kommen mit dem Bug oder mit dem Heck zuerst ins Wasser und schlagen sofort voll. An der B.B.-Seite kommen wegen der Schräglage weniger Boote klar, als auf der St.B.-Seite. Das Schiff bläst ab; vorn wird der Name Lusitania in goldenen Buchstaben sichtbar. Die Schornsteine waren schwarz gemacht, Heckflagge nicht gesetzt. Es lief 20 sm.

3.25 pm. Da es den Anschein hat, als wenn der Dampfer sich nur noch kurze Zeit über Wasser halten kann, auf 24 m gegangen und nach See zu gelaufen. Auch hätte ich einen zweiten Torpedo in dies Gedränge von sich rettenden Menschen nicht schießen können.

4.15 pm. Auf 11 m gegangen und Rundblick genommen. In der Ferne achteraus, treibt eine Anzahl von Rettungsbooten; von der Lusitania ist nichts mehr zu sehen. Das Wrack muß liegen: Old Head of Kinsale Leuchtturm in 358° rw. 14 sm ab, auf 90 m Wasser (von Queenstown 27 sm ab). $\varphi = 51° 22' 6$ N und $\lambda = 8° 31'$ W. Das Land und der Leuchtturm waren sehr klar zu sehen ...

Soweit das KTB. Kapitänleutnant Schwieger berichtet später einmal seinem Freunde, Max Valentiner: »Als der Dampfer noch zwei Meilen von uns ab war, änderte er plötzlich den Kurs. Jetzt war es hoffnungslos, zu Schuß zu kommen, selbst wenn wir mit äußerster Kraft auf ihn zugelaufen wären. Gerade rief ich meinen Lotsen, einen alten, erfahrenen Dampferkapitän, ans Sehrohr, um ihn einen Blick nach dem Schiff tun zu lassen, als es wiederum den Kurs änderte, und zwar diesmal direkt auf uns zu. Es konnte gar keinen besseren Kurs laufen, wenn es die Absicht hatte, uns freiwillig ins Schußfeld der Torpedos zu kommen. Ein kurzer schneller Anlauf, und wir lagen auf Wartestellung. Meine besten Torpedos hatte ich alle verschossen und hatte nur noch zwei minderwertige, sogenannte Bronzeaale, übrig. Der Dampfer war nur einige hundert Meter entfernt, als ich den Befehl zum Losmachen gab. Der Torpedo traf, und nach der ersten, normalen Detonation erfolgte kurz hinterher eine ungeheure schwere. Der Lotse stand neben mir. Ich gab ihm den Blick nach oben frei. Er schaute durchs Sehrohr, prüfte kurz und rief dann erregt aus: ›Mein Gott, das ist ja die Lusitania!‹ Ich nahm meine Stellung am Sehrohr wieder ein. Das Schiff sank mit unglaublicher Schnelligkeit. Auf seinen Decks herrschte eine grenzenlose Panik. Überfüllte Rettungsboote flogen, von unsachlichen Händen bedient, sinnlos von der Höhe des Bootsdecks ins Wasser hinab und zerschellten. Verzweifelte Menschen rannten hilflos die langen Decks auf und ab. Frauen und Männer sprangen ins Wasser und versuchten, die kieloben treibenden Boote durch Schwimmen zu erreichen. Es war der schrecklichste Anblick, den ich je in meinem Leben gesehen hatte. Hilfe zu bringen war mir unmöglich; ich hätte doch nur eine Handvoll retten können. Außerdem mußte der Kreuzer, der uns vor kurzem passiert hatte, in der Nähe sein und die Hilferufe des Dampfers mit Bestimmtheit hören. Ich war überzeugt, daß er bald erscheinen müßte. Ich verließ den Ort des Schauderns, dessen Anblick ich nicht länger ertragen konnte, und fuhr auf zwanzig Meter Tiefe davon ...« (Von Professor Dr. Michael Freund wird im Jahre 1962 [!] die Versenkung der Lusitania in den Zweiten Weltkrieg verlegt. Vgl. hierzu »FAZ« Nr. 56/7. März 1962: »Bemerkungen zur Beurteilung der Sowjetzone«, Berichtigung in »FAZ« Nr. 57/8. März 1962; »Der Spiegel« Nr. 17/25. April 1962 S. 80 [»Personalien« – Michael Freund], Nr. 18/2. Mai 1962 S. 8; »Kristall« Nr. 11/1962 S. 8; »DSZNZ« Nr. 16/11. Mai 1962 S. 2; »Der Spiegel« Nr. 21/23. Mai 1962 S. 13 [»Panorama-Ausland«].)

Um 17.08 Uhr verfehlte ein unter Wasser abgeschossener Torpedo den englischen Dampfer Narragansett (9196 BRT). Im Laufe des Nachmittags entwickelte sich an der Südküste von Irland ein außergewöhnlich lebhafter Schiffsverkehr. Das Kriegstagebuch berichtet weiter:

5.15 pm. auf 24 m gegangen und weiter nach See zugehalten.

6.15 pm. ausgeblasen, geladen, Marsch fortgesetzt. Ringsherum sind zeitweilig 6 Rauchwolken sichtbar, die zum Teil von sehr großen Dampfer ein- und auslaufend herrühren. Es ist auffällig, daß gerade heute soviel Verkehr hier stattfindet, obwohl am Tage vorher südlich des Georgs-Kanal zwei große Dampfer versenkt worden sind. Auch, daß die Lusitania nicht durch den Nord-Kanal geschickt worden ist, bleibt unerklärlich. Das Gebiet südlich Irland, von Fastnet Rock bis zum Georgs-Kanal, in 30–50 sm Abstand von der Küste, wird stets eins der besten Gebiete für den Handelskrieg bleiben. Denn hier können die Dampfer nicht nachts fahren, wenn sie nachts durch die Irische See fahren wollen. Auch wird eine Begleitung durch Zerstörer auf See kaum stattfinden und die Gegenwirkung wird immer leichter und angenehmer zu ertragen sein, bezw. zu vermeiden sein, als in der Nähe von Häfen oder Feuerschiffen. Es empfiehlt sich aber dringend, Booten, die hier operieren sollen, nur G-Torpedos mitzugeben, da hier sehr viele große Dampfer verkehren, auf die ein Broncetorpedo nicht viel wirken kann. Denn die Schiffe haben sicher jetzt stets die Schotten und Ladeluken gut geschlossen.

8.30 pm. sehr sichtig. -- Rückmarsch fortgesetzt, in weitem Abstand von der Küste, um durch Patrouillienboote nicht aufgehalten zu werden. Der letzte Torpedo Heckrohr wird für die Rückfahrt gehalten.

Das Boot setzte den Rückmarsch fort; es ereignete sich jedoch nichts mehr. Erstmalig hatte an jenem 7. Mai 1915 ein Unterseeboot einen Passagierdampfer vernichtet. Als U-20 am 13. Mai 1915 um 11.30 Uhr in Wilhelmshaven einlief (Erfolg 5 Einheiten mit zusammen 42 331 BRT), wurde die Mannschaft von allen Seiten zu der Versenkung des riesigen Liners beglückwünscht. Auf die Frage von Korvettenkapitän Spindler (Crew 98) – seinerzeit Chef der II. U-Halbflottille (später Sachbearbeiter des hervorragenden mehrbändigen Seekriegswerkes »Der Handelskrieg mit U-Booten«) –, wie es gewesen wäre, antwortete Kapitänleutnant Schwieger: »Scheußlich! Ich habe das Sehrohr einziehen müssen!« – Aus der Abschluß-KTB-Eintragung noch einige Ausführungen:

Kapitänleutnant Walther Schwieger

(7. 4. 1885 – Gefallen 5. 9. 1917)
Eintritt in die Kaiserliche Marine: 1903
(Crew 03)

Mrs. George R. Halpern: »Hat er wenigstens das *Eiserne Kreuz I. Klasse* für die Lusitania-Versenkung erhalten? Er mußte noch zwei Jahre auf den *Pour le mérite* warten. Ich glaube, es erfordert den höchsten Grad seemännischer Tüchtigkeit, einen 25 Knoten alarmbereiten Schnelldampfer mit einem 15 Knoten laufenden Tauchboot an der nebeligen Küste zu fassen. Was ich merkwürdig finde – obgleich die ganze Welt Schwieger alle möglichen Schimpfnamen gab – ist die Tatsache, daß niemand die unglaubliche Wahnwitzigkeit Kapitän Turners erwähnt: Mitten in der Kriegszone ändert er zwanzig Minuten lang weder Kurs noch Geschwindigkeit, bis er Old Head von Kinsale peilt. Worauf wartete er um Gottes willen, anstelle eines ›Aales‹ – auf einen Frühlingsblumenstrauß? Jeder sollte Schwieger Recht widerfahren lassen.«

S.M. U-20 mit einer 8,8-cm-Kanone hinter dem Turm.
»Der Spiegel« (Nr. 17/25. 4. 1962, S. 80): »Michael Freund, 60, Professor für Wissenschaft und Geschichte der Politik an der Universität Kiel und Verfasser einer 800 Seiten starken ›Deutschen Geschichte‹, wurde von der ›Deutschen Soldaten-Zeitung‹ getadelt, weil er in der ›Frankfurter Allgemeinen‹ die Versenkung des britischen 30 000-BRT-Luxusdampfers Lusitania durch ein deutsches U-Boot (1915) in den Zweiten Weltkrieg verlegt und Adolf Hitler damit verquickt hatte.«

Allgemeines

Boot und Personal haben die Fernfahrt sehr gut durchgehalten. Obwohl während der 15tägigen Unternehmung keine Gelegenheit war, das Boot zur Ruhe auf den Grund zu legen, ist die Besatzung nicht überanstrengt worden, weil das Wetter, bis auf den Nebel, auf der ganzen Fahrt sehr günstig war. Es war nur an einem Tage soviel Seegang gegenan, daß das Boot stark stampfte und schlingerte. Die langen Strecken im Atlantik hat das Boot fast dauernd ruhig gelegen.
Der an der Südküste Irlands herrschende Nebel war fast durchweg so dick, daß jegliche Orientierung aufhörte. Er hätte die ganze Unternehmung ergebnislos machen können, wenn er noch 2 Tage angehalten hätte.
Das Boot hat 3006 sm zurückgelegt, davon 250 sm unter Wasser. Anzahl der Umdrehungen über Wasser = 4,75 Millionen mit jeder Maschine. Die Maschine hat die ganze Fahrt einwandfrei gearbeitet; lediglich die Kühlung an einem Kolben hat während der Rückfahrt teilweise ausgesetzt, sodaß die Fahrtgeschwindigkeit auf 11 sm zurückging.
Die Verbräuche an Öl und Wasser sind folgende:

1. Treiböl: aufgenommen	= 53,0 t (normal)		
	+ 13,0 t (in 2 Tauchtanks)		
	66,0	verbraucht auf der Hinfahrt	= 24,0 t
		verbraucht auf der Rückfahrt	= 23,0 t
			47,0 t
		zurückgebracht	= 19,0 t

Der auf der Hinfahrt über Erwarten große Verbrauch ist wahrscheinlich darauf zurückzuführen, daß der Inhalt der Tauchtanks gemäß Biographie mit 13 t als zu groß angenommen wird.

2. Schmieröl: mitgenommen	= 9,4 t (normal)		
	+ 1,3 t (im Trimmtank)		
	10,7 t	verbraucht auf der Hinfahrt	= 3,0 t
		verbraucht auf der Rückfahrt	= 2,7 t
			5,7 t
		zurückgebracht	= 5,0 t
3. Wasser: mitgenommen	= 4,2 t		
zurückgebracht	= 2,0 t		

Der mitgenommene Lotse, Steuermann der Reserve Lanz, hat wiederum zur vollsten Zufriedenheit seinen Dienst getan und war für die Unternehmung von großem Nutzen, da er alle englischen Schiffe kennt nach ihrer Bauart, auch sofort angeben kann, wieviel Fahrt sie gewöhnlich laufen.

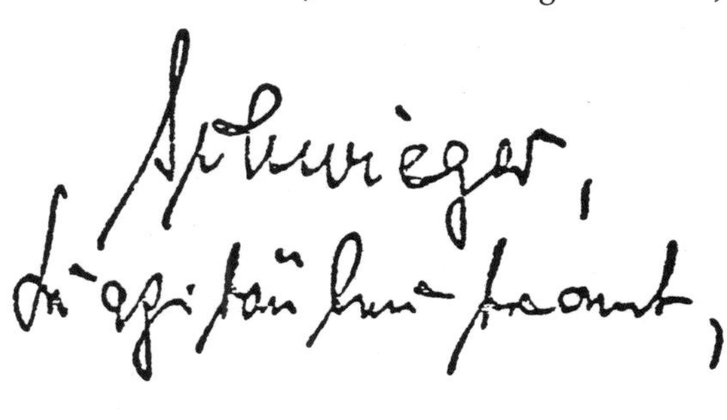

Die Leute von U-20 waren stolz auf ihren Erfolg, glaubten sie doch zunächst, einen mit Truppen und Kriegsmaterial beladenen Hilfskreuzer getroffen zu haben. Kapitänleutnant Schwieger und seine Kameraden waren der Meinung, daß zwar einige Verluste an Menschenleben entstanden sein müßten, daß sie sich aber in niedrigen Grenzen bewegten, weil sie annahmen, daß das Schiff sich lange genug über Wasser gehalten habe, bis Hilfe kam. Der U-Boot-Kommandant hatte zwar gesehen, wie das Schiff nach dem Treffer des Backbord-Bug-G-Torpedos Nr. 3820 schnell sank, aber er hätte sich nicht träumen lassen, daß es in so kurzer Zeit untergehen würde. Er hatte mit der Lusitania eines der größten britischen Handelsschiffe – ein Schwesterschiff der berühmten Mauretania, der Trägerin des »Blauen Bandes« – vernichtet.
Dann kamen die ersten Nachrichten aus dem Ausland. Reuter meldete am 7. Mai 1915 – am Tage des Untergangs – aus Queenstown: »Der Cunard-Dampfer Lusitania ist torpediert worden und gesunken.« Am 8. Mai 1915 gab Reuter aus London bekannt: »Die Torpedierung der Lusitania erfolgte gestern mittag 2 Uhr 33 Minuten, nach einer anderen Meldung 2 Uhr 15 Minuten. Das Schiff blieb noch 20 Minuten flott. Passagiere und Bemannung zählten zusammen 1900, nach einem anderen Bericht 1978, und zwar 290 Passagiere erster, 662 zweiter, 361 dritter Klasse und 665 Mann Besatzung. 20 Boote konnten zu Wasser gelassen werden. Nach einer Meldung der Admiralität wurden 500 bis 600 Überlebende in Queenstown an Land gebracht. Viele mußten ins Krankenhaus gebracht werden, mehrere starben. Auch in Kinsale ist eine Anzahl von Passagieren gerettet worden. Der Hafenadmiral von Queenstown sandte eine Anzahl kleinerer Fahrzeuge nach der Stelle, wo der Dampfer sank.«
Der deutsche Admiralstab veröffentlichte am 14. Mai 1915 – vierundzwanzig Stunden nach dem Einlaufen von U-20 – folgende Meldung: »Aus dem Bericht des Unterseebootes, das die Lusitania zum Sinken gebracht hat, ergibt sich folgender Sachverhalt: Das Boot sichtete den Dampfer, der keine Flagge führte, am 7. Mai 2 Uhr 20 Minuten mitteleuropäischer Zeit nachmittags an der Südküste Irlands bei schönem, klarem Wetter. Um 3 Uhr 10 Minuten gab es einen Torpedoschuß auf Lusitania ab, die an Steuerbordseite in Höhe der Kommandobrücke getroffen wurde. Der Detonation des Torpedos folgte unmittelbar eine weitere Explosion von ungemein starker Wirkung. Das Schiff legte sich schnell nach Steuerbord über und begann zu sinken. Die zweite Explosion muß auf eine Entzündung der im Schiff befindlichen Munitionsmenge zurückgeführt werden.«
Die Nachrichten aus aller Welt überschlugen sich. Der sensible Schwieger erschrak über die Wut der empörten Menschheit, die seine Handlung ausgelöst hatte, und war entsetzt bei dem Gedanken, daß fast die ganze Welt ihn als den Zielpunkt des Widerwillens betrachtete. Die U-Boot-Front empfand das mit Bitterkeit.
Das »Seekriegswerk« berichtet hierüber: »Von den 702 Personen der Besatzung der Lusitania ... sind 413, von den 1257 Passagieren 785 mit dem Schiff untergegangen; zusammen verloren 1198 Menschen ihr Leben. Die Versenkung der Lusitania war und ist daher von allen Eindrücken, die der U-Boot-Krieg hinterlassen hat, der tiefste. Eine Unzahl von Berichten in der Presse aller Länder, voran der angelsächsischen, sind über dieses Kriegsereignis in die Welt hinausgegangen, Stöße von Büchern sind ent-

standen, angeregt durch das menschliche Mitgefühl, das auf deutscher Seite nicht weniger empfunden wurde als auf der anderen, aber auch voll von sachlichen Unrichtigkeiten, getrübt durch Unkenntnis der militärisch-seemännischen Verhältnisse und politischen Zusammenhänge, nicht selten entstellt durch gewollte feindliche Stimmungsmache. Das Ausschöpfen des Lusitania-Falles durch die feindliche Propaganda gegen das kriegführende Deutschland ist eine Tatsache von geschichtlicher Bedeutung und von militärischem Einschlag ... Auch die leidenschaftliche Erregung, die in den Vereinigten Staaten aufwallte, als mit dem englischen Passagierschiff 120 amerikanische Staatsbürger dem deutschen U-Boot-Krieg zum Opfer gefallen waren, und alles, was sich daran knüpfte, kann hier nur gestreift werden. Die öffentliche Meinung drüben, ihr politischer Einfluß, verschiedenartig in den einzelnen Bevölkerungskreisen und Landesteilen, die Einstellung des Präsidenten Wilson, die Bemühungen der deutschen Staatsvertretung und der Deutschgesinnten, der feindlichen Propaganda entgegenzuwirken – auf alles das näher einzugehen würde nötig, um einen Begriff von den Wirkungen des U-Boot-Krieges in jenem mächtigsten der noch neutralen Länder zu geben; den Umfang eines Werkes für sich würde es jedoch ausfüllen ...«

In der ersten deutschen Mitteilung vom 11. Mai – zu diesem Zeitpunkt befand sich U-20 noch auf dem Rückmarsch – heißt es u. a.: »Der Kaiserlichen Regierung ist ferner bekannt, daß die Lusitania auf ihren letzten Reisen wiederholt große Mengen Kriegsmaterial beförderte, wie überhaupt die Cunard-Dampfer Mauretania und Lusitania infolge ihrer Schnelligkeit als besonders geschützt gegen Unterseebootangriffe betrachtet und mit Vorliebe zum Transport von Kriegsmaterial benutzt wurden. Die Lusitania hatte auf der jetzigen Reise erwiesenermaßen 5400 Kisten Munition an Bord, auch die sonstige Ladung war größtenteils Konterbande. Vor Benutzung der Lusitania war, abgesehen von allgemeiner deutscher Warnung, noch durch den Botschafter Graf Bernstorff besonders gewarnt worden. Die Warnung fand jedoch seitens Neutraler keine Beachtung, seitens der Cunard-Linie und der englischen Presse sogar frevelhafte Verhöhnung ... So trifft die Verantwortung für den von der Kaiserlichen Regierung aufs tiefste beklagten Verlust von Menschenleben ausschließlich die Königlich Großbritannische Regierung ...«

Nach beeidigter Aussage des Lusitania-Kapitäns Turner bestand die Ladung u. a. aus: a) für Liverpool 1271 Kisten Munition im Werte von 47 624 Dollar, 189 Pack Kriegsmaterial im Werte von 66 221 Dollar; b) für London 4200 Kisten Patronen und Munition im Werte von 152 400 Dollar. Diese Angaben sind in der »New York Times« vom 8. Mai 1915 veröffentlicht worden. Ferner lesen wir in dieser amerikanischen Zeitung: »Für die Kriegsmunition übernahm die britische Regierung vom Augenblick der Anbordlieferung in New York an das Risiko!«

Der Wert der Lusitania einschließlich ihrer wertvollen Ladung wurde mit 10 735 570 Dollar angegeben, d. h. sie entsprach einem damaligen Wert von etwa 43 Millionen Mark. Die Cunard-Linie hatte indessen nur eine Versicherung in Höhe von 7,5 Millionen Dollar abgeschlossen. Dieselbe amerikanische Zeitung berichtete am 4. Juni 1915 in einer Meldung aus Pittsburg weiter:

»Der Chemiker John Braun hat erklärt, daß die Lusitania 250 000 Pfund Tetrachlorid an Bord führte, das in Pittsburg hergestellt und für die französische Regierung bestellt worden war. Die deutsche Regierung muß das gewußt haben. Die Überlebenden der Lusitania hätten über erstickende Gasdämpfe geklagt. Braun ist der Ansicht, daß diese Dämpfe von dem sich verflüchtigenden Tetrachlorid herrührten, das eine teilweise Erstickung verursachte und von den Franzosen zur Herstellung von Gasbomben benutzt werden sollte.«

Auch das amerikanische Fachblatt »The Journal of Commerce« vom 18. Mai 1915 veröffentlichte eine Mitteilung, die eine vollkommene Rechtfertigung des deutschen Vorgehens darstellte. Diese Ausführung ist der auf dem Zollamt niedergelegten Ladeliste der Lusitania entnommen. Nach dieser Liste hatte die Lusitania für 200 000 Dollar Munition, für 112 000 Dollar Kupfer, Messing und Eisen und für 67 000 Dollar militärische Gegenstände an Bord. Wie die genannte Zeitung feststellen konnte, spielten unter der Ladung eine Hauptrolle Kupfer, Kupferdraht, Messingplatten und andere Metalle, die »offenbar zum Gebrauch bei der Munitionserzeugung bestimmt« waren. Außerdem steht fest, daß die Lusitania auf ihrer vorletzten Reise von Amerika nach England 600 kanadische Offiziere und Soldaten an Bord beförderte. Angesichts dieser Tatsachen kann die Lusitania nicht als völlig harmloses Handelsschiff mit harmloser Ladung dargestellt werden.

Das große politische Palaver um die Vernichtung der Lusitania setzte nunmehr ein. In einer englischen Note hieß es: »Im Hinblick auf diese Tatsache – Torpedierung der Lusitania – erheben wir feierlich gegen die Offiziere des betreffenden deutschen Unterseebootes sowie gegen die deutsche Regierung, die den Offizieren diese Tat befahl, gemeinsame Anklage wegen Mordes ...«

Aber es gab in diesem Konzert auch sachliche Stimmen und Erörterungen. So schrieb die »Tribune« u. a.:

»Wenn ein Amerikaner über ein Schlachtfeld spazierengeht, so kann man kein Mitleid mit einem solchen Menschen haben, der seiner eigenen Dummheit zum Opfer fällt, und wie man an Bord eines Schiffes eines der kriegführenden Staaten eine Seereise machen kann, ist uns in der Tat unverständlich.« Am 20. Mai 1915 erschien in »Het Vaterland« ein Bericht des Amsterdamer Soziologen Professor Dr. S. R. Steinmetz, der in elf Punkten klar und leidenschaftslos den Lusitania-Fall untersuchte und zu folgendem Ergebnis kam: »Soweit wir jetzt zu urteilen imstande sind, ist das schreckliche Schicksal der Lusitania sowohl mittelbar als unmittelbar der britischen Regierung und der britischen Kriegführung und wahrscheinlich zum Teil der Cunard-Schiffahrtsgesellschaft zur Last zu legen ...«

Im gleichen Monat schrieb die schwedische Zeitung »Göteborg Handelstidningen«: »Große Schuld an der Katastrophe der Lusitania treffe die englische Admiralität und die Cunard-Linie, weil sie trotz der deutschen Warnung so viel Fahrgäste mitgenommen haben ... Die englische Admiralität habe bei der Allgemeinheit durch die Behauptung, daß sie den Verkehr in englischen Gewässern genügend schützen könne, ein falsches Sicherheitsgefühl hervorgerufen ...«

Der schwedische Reichstagsabgeordnete und Hauptmann Ernst Liljedahl schrieb in einem Artikel in der Stockholmer Zeitung »Aftonbladet« u. a.: »Mein Gewissen kann

nicht anders, als die Schuld auf England und Amerika schieben ... England ist in seinem vollen Rechte, sich Munition zu verschaffen, aber es darf nicht mit barbarischen Mitteln geschehen. Im Kriege wie im Frieden ist es verboten, Passagiere auf Munitionstransportschiffen mitzunehmen, und da Deutschland die Torpedierung im voraus bekanntgemacht und dadurch versucht hat, viele, viele Menschenleben zu retten, so kannte England das Risiko, und es ist unbegreiflich, daß es nichtsahnende Passagiere so gefühllos behandeln konnte, wie es das getan hat.« Die »Nya Dagligt Allehanda« schrieb am 15. Mai 1915: »Jedermann in England wußte, daß der Riesendampfer der Cunard-Linie nur zum Schein ein Passagierfahrzeug war, solange der Krieg dauerte ... Die amerikanische Presse machte auch ins einzelne gehende Angaben über die Kriegsmaterialien, die auf jeder Reise mitgenommen wurden. Es herrschte also kein Zweifel darüber, daß die Lusitania – während des Krieges – ein englisches Kriegsschiff war, das fälschlich unter Handelsflagge ging und das sich sogar nicht scheute, gelegentlich die amerikanische Flagge zu gebrauchen. Ob das Schiff armiert war oder nicht, hat völkerrechtlich gar keine Bedeutung, damit befaßt sich die genannte Konvention nicht. Das feindliche Transportfahrzeug, das unbedingte Konterbande führt, ist, auch nach den von England anerkannten Gesetzen in gleichem Grade Kriegsfahrzeug wie ein Hilfskreuzer, auch wenn es keine Kanonen führt ...«
Der Spanier José Juan Cadenas schrieb in der spanischen Zeitung »A-B-C« am 15. Mai 1915: »Ich glaube, daß England diese Katastrophe herausgefordert hat. England fühlt sich bedroht und hat es nötig, daß die ganze Welt sich entrüstet gegen Deutschland erhebt. Diesen Zweck zu erreichen, hat es nicht gezögert, ein mit Passagieren beladenes Schiff zu opfern ...« Die »Tribuna« aus Rio de Janeiro schrieb am 11. Mai 1915: »Das große Unglück der Lusitania wurde schon erwartet, aber England wollte der ganzen Welt zeigen, daß die deutsche Blockade nur ein Scherz, eine Lächerlichkeit, eine germanische Anmaßung sei, und so ergriff man keine Vorsichtsmaßregel, die unbedingt notwendig gewesen wäre, nämlich diesen Dampfer von Torpedobooten begleiten zu lassen, welche die feindlichen Küsten von feindlichen Unterseebooten säubern müssen ...«
Zum Schluß sei eine Äußerung eines Mannes wiedergegeben, den seinerzeit Millionen in allen Ländern auf das Höchste verehrten und dessen hohes Amt ihn vor Verdächtigungen der Parteinahme schützt. Die Zeitung »Liberté« veröffentlichte in einem Telegramm vom 22. Juni 1915 eine Unterredung ihres Mitarbeiters Lapatié mit Papst Benedikt XV. Lapatié sagte u. a.: »Der Papst erklärte mit tiefer Bewegung, er kenne keine furchtbarere Tat als die Versenkung der Lusitania. Aber, fuhr der Papst fort, glauben Sie, daß die Blockade, welche Millionen unschuldiger Geschöpfe zum Hungertode verurteilt, etwa von menschlichen Gefühlen eingegeben ist?«
Beide – der große britische 30 396-BRT-Passagierdampfer Lusitania und das 650/837 t große deutsche Unterseeboot S. M. U-20 – waren fast gleichzeitig aus ihren Häfen ausgelaufen; die Lusitania aus New York, U-20 aus Emden. Weder Kapitän Turner von der Lusitania, noch Kapitänleutnant Schwieger von U-20 wußten etwas von der Fahrt des anderen. Der Zufall führte sie sieben Tage später, 15 Seemeilen von Old Head of Kinsale, zusammen. Schwieger hat später im Kameradenkreise immer

wieder dieses Zusammentreffen bedauert; der Anblick der hilflos mit dem Tode ringenden Menschen hatte in ihm einen nachhaltigen Eindruck hinterlassen. Heute liegt die Lusitania – das Ziel zahlreicher abenteuerlicher Bergungswünsche – noch immer in 84 Meter Wassertiefe vor der Küste Irlands.

An dieser Stelle soll an die größten Schiffskatastrophen erinnert werden. Das sowjetrussische U-Boot S-13 vernichtete unter dem Kommando von Kpt. 3. Rg. A. U. Marinesko am 30. Januar 1945 auf 55° 08′ N–17° 42′ O den 25.480 BRT großen, schlecht gesicherten Flüchtlingstransporter Wilhelm Gustloff (über 5300 Tote) sowie am 10. Februar 1945 auf 50° 09′ N–16° 37′ O den 14 660 BRT großen Flüchtlingstransporter Steuben (3000 Tote). Am 16. April 1945 vernichtete das sowjetische U-Boot L-3 (Kapitän Konovalov) nördlich von Rixhöft um 23.55 Uhr den Flüchtlingstransporter Goya (5230 BRT) durch zwei Torpedos. Bei dieser größten Schiffskatastrophe aller Zeiten fanden 5220 Menschen den Tod in den Wellen. Die Goya hatte 5385 Personen an Bord.

Auf nachfolgenden Einsätzen konnte Schwieger das »fröhliche U-Boot« U-20 zu weiteren Erfolgen führen. Während einer Ölmaschinenreparatur griff U-20 auf der 16. Feindfahrt am 9. Juli 1915 an der Südküste von Irland einen auf 6000–8000 BRT geschätzten Frachtdampfer mit einem Schornstein im Unterwasserangriff an. Der Torpedo verfehlte jedoch das Ziel. U-20 tauchte auf, mußte aber indessen die Verfolgung wegen der zu großen Geschwindigkeit des Dampfers aufgeben. Nach englischen Angaben war dieses Fahrzeug der englische Passagierdampfer Orduna (15 499 BRT), der wenige Tage zuvor – am 28. Juni 1915 – von U-24 (Kapitänleutnant Schneider) nach dem Befehl vom 6. Juni 1915, der nach der Vernichtung der Lusitania erlassen wurde, in günstiger Position nicht angegriffen werden durfte. Schwieger hatte das Schiff während der Sehrohrbeobachtung nicht als Passagierschiff angesprochen. Kapitänleutnant Schneider (Crew 01), Kommandant von U-24, der später während einer Operation auf tragische Weise ums Leben kommen sollte, vernichtete am 19. August 1915, ca. 60 Seemeilen von Kinsale, in Abwehr eines Rammversuches den auf 5000 BRT geschätzten britischen Passagierdampfer Arabic (15 801 BRT) im Unterwasserangriff. Am selben Tage wurden wehrlose überlebende Offiziere und Mannschaften des deutschen Unterseebootes U-27 (Kapitänleutnant Wegener) nach einem heimtükkischen Gefecht mit der britischen U-Boot-Falle Baralong von den Engländern getötet. Die Vernichtung der Arabic sowie die Ermordung der U-27-Besatzung lösten einen größeren Notenwechsel zwischen den beteiligten Nationen aus.

Auf der folgenden 17. Feindfahrt vernichtete U-20 am 4. September 1915 den britischen Passagierdampfer Hesperian (10 920 BRT), der als Hilfskreuzer angesprochen wurde. Das Schiff sank sehr langsam, der Untergang wurde von U-20 nicht mehr beobachtet, denn das Schiff ging erst beim Einschleppen verloren. Diese Aktion brachte dem Kommandanten beim Admiralstab in Berlin im September 1915 viel Ärger ein. Mit einem Erfolg von zehn vernichteten Einheiten mit zusammen 38 403 BRT kehrte Kapitänleutnant Schwieger am 15. September 1915 nach Emden, dem Standort der 3. U-Halbflottille, zurück.

Bis zum Ende des Jahres 1915 führte Kapitänleutnant Schwieger zwei weitere Vorstöße (Navigationserkundung für den Hilfskreuzer Möwe und Vorpostenlinie bei Lindesnes-Kristiansand) durch. In dieser Zeit legte er eine Denkschrift über den Einsatz großer Flotten-U-Boote für zwei bis drei Operationen im Mittelmeerraum vor. Nach seiner Auffassung konnten diese Boote nach den einschränkenden Befehlen bis zum März 1916 in den Mittelmeer-Gewässern wesentlich nutzbringender eingesetzt werden.

Im April 1916 war U-20 zweimal für das Casement-Unternehmen vorgesehen. Sir Roger Casement, der bekannte irische Nationalist, wurde schließlich von U-19 unter Führung von Oberleutnant zur See Raimund Weisbach (Crew 05) – er hatte auf U-20 seinerzeit als WO die Lusitania-Fahrt mitgemacht – nach Irland gebracht, indessen verraten, gefaßt und im Tower hingerichtet. Infolge von Tiefenruderschäden war U-20 für diese Aufgabe nicht mehr in Frage gekommen. Auf der 24. Operation (24. April bis 14. Mai 1916) gelang es Kapitänleutnant Schwieger am 8. Mai 1916, an der Südspitze von Irland im Unterwasserangriff den englischen Dampfer Cymric (13 370 BRT) zu torpedieren. Die Passagiere konnten sich in die Boote retten. Das Schiff erhielt zwei weitere Torpedofangschüsse und sank erst nach fünf vollen Stunden. Hesperian und Cymric, die Kapitänleutnant Schwieger ebenso wie die Lusitania mit je einem »Aal« angriff, schwammen noch verhältnismäßig lange, während die Lusitania, durch einen einzigen Torpedo getroffen, infolge der Munitionsladung bereits nach zwanzig Minuten untergegangen war.

Auf der Rückkehr von der 29. Operation – der 21. unter Führung von Kapitänleutnant Schwieger – geriet U-20 zusammen mit U-30 unter Kapitänleutnant Grünert (Crew 06) infolge Stromversetzung fünf Seemeilen nördlich von Bovbjerg (Dänemark) auf Grund. Der Versuch, am 5. November 1916 das U-Boot durch das Torpedoboot B-109 abzuschleppen, schlug fehl. Durch Selbstzerstörung – Torpedoeigensprengung – ging U-20 auf 56° 33′ N–08° 08′ O verloren.

In der Zeit von Dezember 1914 bis November 1916 hatte Kapitänleutnant Schwieger, der zweite Kommandant von U-20, auf 21 Operationen insgesamt 36 Schiffe mit zusammen 144 300 BRT vernichten können.

Fünf Monate später stellte Schwieger auf der Kaiserlichen Werft in Danzig das neue und größere U-88 für die 3. U-Flottille in Dienst. (Auftrag: 23. Juni 1915; Stapellauf: 22. Juni 1916 bei der Kaiserlichen Werft in Danzig; Indienststellung: 7. April 1917; Größe: 757/998 t; Geschwindigkeit: 15,6/8,6 kn; Bewaffnung: 2 Bug- und 2 Heck-Torpedorohre [10 bis 12 Torpedos], eine 10,5-cm-Kanone, eine 8,8-cm-Kanone; Besatzung: ca. 43 Mann.)

Am 22. Mai 1917 verließ Kapitänleutnant Schwieger Emden zur ersten Feindfahrt und kehrte am 9. Juni 1917 mit einem Erfolg von acht vernichteten Einheiten mit zusammen 34 300 BRT zurück.

Wegen Treibölmangel mußte der Kommandant die zweite Feindfahrt vorzeitig abbrechen (Erfolg: 5 Einheiten – 5283 BRT).

Inzwischen hatte Kommodore Michelsen (Crew 88), der Befehlshaber der U-Boote, Kapitänleutnant Schwieger mit folgender Begründung zum *Pour le mérite* eingereicht: »Schwieger ist ein hervorragend tüchtiger U-Boot-Kommandant. Er fand bei den

16 großen Unternehmungen, die er neben zahlreichen kleineren Aufklärungsfahrten durchführte, nie eine Aufgabe für sich zu schwer, sondern ging stets mit ebensoviel Schneid als Umsicht an ihre Durchführung. Auf fast allen Fahrten hatte er mit starker feindlicher Abwehr zu kämpfen und zögerte nie, sich und sein Boot für den Erfolg voll einzusetzen. Kühn und wagemutig im frischen Zugreifen und doch kühl abwägend, brachte er bisher 197 000 t zur Versenkung. Wenn er, seit Kriegsbeginn fahrend, sich der feindlichen Gegenwirkung und Verfolgung stets mit Erfolg entzogen hat, so ist dieses dem Umstand zuzuschreiben, daß er seine Mannschaft in jedem Dienstzweig zu Höchstleistungen zu erziehen verstand. Sein für U-Boot-Führung vorzügliches Führertalent vermochte ihn stets auftreten zu lassen, wo Erfolge zu erzielen waren. Beim Angriff auf den stark armierten Hilfskreuzer Hilary (6329 t) im Mai 1917 zeigte Schwieger besonders viel Schneid und Umsicht, so daß das Schiff trotz seines offenbar sehr guten Unterwasserschutzes mit drei Angriffen, von denen der letzte bereits in Gegenwart von feindlichen Unterstützungskräften auszuführen war, vernichtet wurde. Die von ihm in harter dreijähriger Arbeit vor dem Feind erworbene Kriegserfahrung konnte sehr nutzbringend für die U-Boot-Kriegführung um England ausgewertet werden.«
Vom Chef des Admiralstabes der Marine wurde dieser Vorschlag unterstützt: ». . . unter Hinweis darauf, daß S. M. der Kaiser diesem U-Boot-Kommandanten bei Vorlage des Berichtes über seine vorletzte Unternehmung mit Allerhöchsten Bemerkungen besonders belobten. Auch hat Kapitänleutnant Schwieger mit seiner hervorragenden Geistesgegenwart und seinem Schneid mehrere Gefechte mit U-Boot-Fallen, die sein Boot zu bestehen hatte, zu glücklichem Ausgang geführt . . .«
Am 30. Juli 1917 erhielt Kapitänleutnant Schwieger als achter U-Boot-Kommandant den *Pour le mérite.* Er trat am 5. September 1917 mit U-88 von Helgoland aus die letzte Feindfahrt an. Der Operationsbefehl lautete, Handelskrieg vor der französischen Westküste zu führen. Am Auslauftage wurden zwischen 22.32 Uhr und 23.27 Uhr von dem gleichzeitig ausgelaufenen U-54 unter Kapitänleutnant Heeseler (Crew 01) nördlich von Terschelling zwei Minendetonationen vernommen. U-88 muß ein Opfer der britischen Minensperre 56, die am 15. August 1917 auf dem Auslaufweg geworfen wurde, geworden sein. Die Version, daß U-88 am 17. September 1917 in der Biskaya ein Opfer der britischen U-Boot-Falle Stonecrop wurde, ist falsch. (Vgl. in E. Frhr. v. Spiegel: »U-Boot im Fegefeuer«. Ein Buch über den U-Boot-Krieg 1914–1918, Preetz 1963, S. 292.)
Auf 34 Operationen hatte Kapitänleutnant Schwieger mit den Booten U-14, U-20 und U-88 in der Zeit von August 1914 bis September 1917 insgesamt 49 Handelsschiffe mit zusammen 183 883 BRT vernichtet. Mit dieser Leistung steht er an 6. Stelle der erfolgreichsten U-Boot-Kommandanten des Ersten Weltkrieges (von Arnauld, Forstmann, Max Valentiner, Steinbrinck und Rose).
Am 18. Mai 1918 stellte der erfolgreichste U-Boot-Kommandant der Welt, Kapitänleutnant Lothar von Arnauld de la Perière, auf der Krupp-Germaniawerft in Kiel den U-Kreuzer Kapitänleutnant Schwieger (U-139) in Dienst. Der Amerikaner Lowell Thomas interviewte Ende der zwanziger Jahre Kapitänleutnant Zentner, der

auf U-20 unter Kapitänleutnant Schwieger als Wach-Offizier gefahren war. Thomas schreibt: »Das fröhlichste von allen U-Booten war das, das den größten Haß der Welt auf sich zog, das Boot, das die Lusitania versenkte. Es war erfüllt von frischem Lachen und einer Kameradschaft, wie man sie nur noch auf guten, alten Dreimastern kennt, bemannt mit gutmütigen, kernigen Seeleuten, die viel lieber den ehrlichen Kampf Schiff gegen Schiff gesucht hätten als die verwirrende, übermoderne, mit tödlichem Mechanismus vollgestopfte, herantastende Kampfesweise unter Wasser ... Schwieger hat nichts getan, als seine Befehle ausgeführt. Er hatte den Befehl, in der Sperrzone jedes Schiff, das er versenken konnte, zu vernichten. Er hatte einen großen Dampfer gesehen und torpedierte ihn. Jeder andere U-Boot-Offizier würde das genauso gemacht haben, wäre sogar gezwungen gewesen, es genauso zu machen ...«
Der in Braunschweig lebende Konteradmiral a. D. Werner Fürbringer (Crew 07), Verfasser des Buches: »Alarm! Tauchen!!!«, der zeitweilig unter Kapitänleutnant Schwieger auf U-20 als Wachoffizier gefahren ist, schreibt anläßlich seiner Abkommandierung über seinen ehemaligen Kommandanten u. a.:
»... Aber das Schicksal verlangt Trennung, und das einzige, was mir übrigbleibt, ist, dankbar zu sein für die Zeit, die ich unter diesem hervorragenden Kommandanten und mit diesem Prachtmenschen zusammen fahren durfte. Für mich als Wachoffizier war eine idealere Zusammenarbeit als die mit Schwieger als Kommandanten nicht vorstellbar. Seine vornehme Gesinnung, innere Ausgeglichenheit, seine Feinfühligkeit, seine klare Entschlossenheit, seine geistige Regsamkeit und nicht zuletzt sein nie versagender Humor machten jede Zusammenarbeit mit Schwieger, besonders natürlich auf Unternehmungen, zu einem wahren Erlebnis. Ich hatte mich von innen heraus so auf Schwieger eingestellt und lebte in allen meinen Vorstellungen so unmittelbar mit ihm, daß ich fast immer im voraus wußte, was er wollte, und auch schon dadurch stets mit ihm harmonierte. Das eine war mir klar, wenn ich mich jetzt auch von Schwieger trennen mußte, innerlich würde diese Trennung nicht stattfinden, und das Vorbild Schwiegers würde mir auf allen meinen künftigen Unternehmungen stets höchste Richtschnur sein. Nach kurzer Liegezeit läuft U-20 nach Wilhelmshaven zur Maschinenreparatur, und dort findet für mich der eigentliche Abschied statt. In der stillen Ecke eines Weinlokals hat Schwieger für uns vier Offiziere von U-20 ein kleines Abschiedsessen bereiten lassen; auf meinem Platz steht ein silberner Zigarettenkasten mit den Buchstaben des bekannten Flaggensignals eingraviert: DÜÖ-NUF-ÄKT-ÄPZ. Das bedeutet: ›Herzlichen Dank für treue Mitarbeit.‹ Schwieger findet in seiner kleinen Ansprache Worte für meine Tätigkeit auf U-20, daß mir die Schamröte hochsteigt, und als er dann vom Abschied spricht, weiß er ein paar markige, humorvolle Wendungen anzubringen, bevor uns weich zumute wird. Dann ... Abschied für immer. Ich habe ihn nicht wiedergesehen. Aber geschrieben habe ich ihm noch, bis ich eines Tages meinen eigenen Brief zurückbekam mit dem lakonischen Stempel: ›Vermißt!‹ Er war von einer Unternehmung nicht zurückgekommen!«
Der verstorbene Kapitän zur See Zentner (Crew 11) berichtet über Kapitänleutnant Schwieger: »Wenn Sie ein gutes und angenehmes Boot haben wollen, dann müssen Sie auch einen guten und angenehmen Kommandanten haben. Kapitänleutnant Schwieger

war einer von den wenigen U-Boot-Kommandanten, die schon vor dem Kriege bei der U-Boot-Waffe waren. Er war einer von den tüchtigsten Offizieren und in allen U-Boot-Angelegenheiten erfahren wie wenige. Beweis dafür ist, daß Großadmiral von Tirpitz ihn öfters als Sachverständigen in U-Boot-Sachen hörte ... Als der Krieg ausbrach, war Schwieger etwa 32 Jahre alt. Er war unverheiratet. Er stammte aus einer angesehenen Berliner Familie und war außerordentlich gewandt und liebenswürdig. Er war ein großer, breitschultriger Mensch von sicherem Auftreten, scharf geschnittenen Zügen, blauen Augen und blondem Haar –, alles in allem ein besonders gut und sympathisch aussehender Offizier. Er war eine Seele von Mensch gegen seine Offiziere und Leute. Sein Temperament war fröhlich und seine Sprechweise klar, gewinnend und voll von Geist und Witz. Er hatte die große Gabe, geachtet und doch beliebt zu sein, und war der allerbeste Kamerad. Die ganze Marine hat um ihn getrauert ...«

S. M. U-20-Lusitania-Dokumentation

1. Zeittafel – Englische Kommunikationsschwächen im Zusammenhang mit den U-20-Erfolgen Earl of Lathom, Candidate und Centurion.
Alle Zeitangaben in G. M. T. (= Greenwich Mean Time/Mittlere Greenwich-Zeit = M. G. Z.)

Mittwoch, den 5. Mai 1915
00.00:
01.00:
02.00: Wetter (S. M. U-20 – Kommandant: Kapitänleutnant Schwieger): Wind SO-2, Dünung SO-2. Sehr dunkel, klarer Horizont. Angriffsansatz gegen zwei entgegenkommende Fahrzeuge.
02.20: S. M. U-20: Angriffsaufgabe (Patrouillenboote?), da Schiffe erst sehr spät ausgemacht werden. Boote standen beim Inishtearagth-Leuchtturm (brannte in richtiger Kennung).
03.00:
04.00: Wetter (S. M. U-20): Dicker Nebel.
05.00:
06.00:
06.20: S. M. U-20: wegen dicken Nebels getaucht (auf 22 m gegangen): Da wir uns am Ansteuerungspunkt von SW Irland für große Dampfer befanden und ein rechtzeitiges Ausweichen ausgeschlossen war – Kurs: 120°.
07.00:
08.00:
08.25: S. M. U-20: aufgetaucht (etwas aufgeklart), Marsch fortgesetzt – Kurs: 109°.
09.00: S. M. U-20 wird angeblich wenige Seemeilen nordwestlich von Fastnet Rock kurz gesichtet.
10.00:
11.00:
12.00: Kurz nach Mittag: britischer Admiralitäts-Befehl (FT) an Kreuzer Juno: Ab-

bruch der bisherigen Geleitsicherungsaufgaben (Befehl: Rückkehr nach Queenstown) – Lusitania (Captain Turner) wird hiervon nicht unterrichtet.

12.50: Wetter (S. M. U-20): strichweise dicker Nebel. Kurs: 75° (längs der Südküste Irlands) – Fastnet Rock an Backbord querab passiert (nicht in Sicht).

13.00: S. M. U-20-Kurs: 75°.

13.30: Wetter (S. M. U-20): es klart auf. Während des Nachmittags weitere Aufklärung. Obwohl sich das U-Boot in der Hauptverkehrsstraße befand, wurde kein Fahrzeug gesichtet.

14.00: S. M. U-20: die irische Küste kommt kurz in Sicht.

15.00:

16.00:

16.50: Wetter (S. M. U-20): es wird wieder diesig. Versenkung des britischen Seglers Earl of Lathom (132 BRT) mit Granaten auf ca. 51° 31,5′ N–08° 21,5′ W (ca. 12 Seemeilen südsüdwestlich von Old Head of Kinsale). Die fünfköpfige Besatzung (keine Toten) rudert – obwohl mehrere Fischkutter sowie ein kleinerer Dampfer in der Nähe standen – auf Land zu. Ein Fischkutter nähert sich dem U-Boot (kein weiterer Angriff).

17.00:

17.50: Weitermarsch von S. M. U-20: Kurs 90°.

18.00:

19.00:

19.35: Wetter (S. M. U-20): Nebel, Dämmerung. Das U-Boot weicht einem bereits in großer Nähe aus dem Nebel herauskommenden Dampfer aus. Da für kurze Zeit Überwasserannäherung ungefährlich, zum Angriff angesetzt.

20.00:

20.10: Wetter (S. M. U-20): Schwache Dünung und Windstille. Angriff (vgl. 19.35 Uhr): Reiner Bugschuß auf höchstens 300 m. Fahrzeug – vermutlich britischer Dampfer Cayo Romano? – lag gestoppt und ging nach Sichten der Blasenbahn wieder mit der Fahrt an. S. M. U-20-Erkennung: Dampfer (ca. 3000 BRT) war Norweger mit neutralen Abzeichen (allerdings außergewöhnlich hoch angebracht, vielleicht bemalte Persennings?), setzte beim Schuß Positionslaternen und Heckflagge. U-Boot drehte nach dem Schuß hart und lief ab, um nicht in Gefahr zu geraten eventuell beschossen zu werden (kein zweiter Anlauf). Fahrzeug verschwand rasch im Nebel.

20.50: Wetter (S. M. U-20): dicker Nebel. Dunkelheit und Nebel nehmen zu, getaucht (auf 22 m), weitermarschiert, da ein Ausweichen über Wasser im Dampferweg nicht rechtzeitig möglich war. Kurs: 65°.

21.00:

22.00:

23.00:

23.30: Wetter (S. M. U-20): Wind SO-1, Dünung SO-2. Dicker Nebel. Rundblick genommen, Sichtweite ca. 30 m.

23.40: S. M. U-20: auf 24 m weitermarschiert.

Donnerstag, den 6. Mai 1915

00.00:

01.00:

02.00:

03.00:

03.40: S. M. U-20: Regler gelenzt. Rundblick genommen, Sichtweite unverändert (weiter auf 24 m gefahren).

04.00:

05.00:

06.00:

07.00:

07.40: Wetter (S. M. U-20): strichweise dicker Nebel. Da es etwas aufklart, aufgetaucht, Marsch mit gefluteten Tauchtanks fortgesetzt. Das U-Boot greift (mit Granaten/Überwasser-Torpedoangriff) auf ca. 51° 50,6′ N–06° 30,8′ W (südlich vom Coningbeg Light Vessel) den britischen Dampfer Candidate (5858 BRT) an. Drei voll besetzte Boote (keine Personalverluste) verlassen das Schiff und werden von einem Fischkutter (Patrouillenboot) in Sichtweite des U-Bootes unbehelligt aufgenommen (keine gegenseitigen Angriffsaktivitäten).

08.00:

08.30: S. M. U-20: Prisenkommando an Bord der bewaffneten (zwei MG-Stände) Candidate.

09.00:

09.30: S. M. U-20: das Prisenkommando verläßt die Candidate.

10.00:

10.25: Untergang der Candidate – S. M. U-20-Kurs: 205°.

10.30: S. M. U-20: um aus Sicht zu kommen, geht das U-Boot auf 180°.

10.40: S. M. U-20: an Backbord kommt am Horizont auf konvergierendem Kurs Dampfer in Sicht (verschwindet in einer Nebelbank). Mit höchster Fahrt über Wasser vorgehalten.

11.00: Die Meldung der Candidate-Versenkung (vgl. 07.40/10.25 Uhr) trifft bei der Britischen Admiralität ein. Admiral Coke (Admiral Queenstown) wird hiervon erst am 7. Mai (!) um 10.59 Uhr unterrichtet.

11.10: Wetter (S. M. U-20): Sichtweite zeitweise fünf Seemeilen. Schnelltauchen, da der Dampfer (vgl. 10.40 Uhr) Backbord querab aus dem Nebel herauskommt. Mit großer Fahrt zum Bugschuß vorgehalten.

11.30: S. M. U-20: Erfolgloser Unterwasseranlauf gegen den Dampfer. S. M. U-20-Erkennung: White Star-Dampfer (ca. 14 000 BRT), keine Flagge gesetzt.

11.40: Wetter (S. M. U-20): es kommt dicker Nebel auf. Da es plötzlich wieder vollkommen undurchsichtig wird, getaucht und auf 22 m weiter marschiert.

12.00: An Bord der Lusitania (Captain Turner) – kurz nach Mittag (484 Seemeilen gegenüber dem Vortag zurückgelegt) –: Eingang (und Bestätigung) der allgemeinen Admiralitäts-Warnung: To all british ships 0005 – Take Liverpool pilot at bar and avoid headlands. Pass harbours at full speed. Steer mid-channel course. Submarines off Fastnet. – Captain Turner verringert die Geschwindigkeit und läßt alle Rettungsboote ausschwenken.

12.45: Wetter (S. M. U-20): Windstille bei schwacher Dünung, Sichtweite drei Seemeilen. Das U-Boot geht auf 11 m (Sehrohrtiefe). Es klart etwas auf, an Backbord kommt ein Dampfer in Sicht.

12.50: S. M. U-20: Boot setzt zum Unterwasserangriff an.

13.00:

13.03: S. M. U-20: Boot torpediert (beschädigt) im Unterwasserangriff auf ca. 51° 47,8′ N–06° 27,5′ W (südlich vom Coningbeg Light Vessel) den britischen Dampfer Centurion (5945 BRT). Treffer unter der Brücke. Die Besatzung (keine Verluste) geht in die Boote und kann sich retten. (Seit fast zwei Wochen erste warnungslose Versenkung!)

14.00:

14.13: Wetter (S. M. U-20): dicker Nebel. Boot etwas ausgeblasen. Zweiter Torpedo (Überwasserfangschuß) gegen Centurion gefeuert, Sinken nicht mehr beobachtet (Untergang: ca. 15.30 Uhr).

14.15: Wetter (S. M. U-20): dicker Nebel. Boot geht auf 24 m und steuert 240°, um in die See hinauszuhalten (anschließend: 252°/197°). Ein weiterer Vormarsch nach Liverpool – dem eigentlichen Operationsziel – wird aufgegeben (anhaltend schlechte Wetterverhältnisse, kritische Treibstofflage, nur noch drei Torpedos für den Rückmarsch vorhanden). Kapitänleutnant Schwieger beschließt am Südeingang zum Bristol-Kanal zu bleiben: größere Angriffsgelegenheit bei geringerer Gegenwirkung.

15.00:

ca. 15.30: Untergang der Centurion (vgl. 13.03/14.12 Uhr).

16.00:

16.10: Wetter (S. M. U-20): dicker Nebel. Boot geht auf 11 m (Sehrohrtiefe), Regler gelenzt. Rundblick genommen: Sichtweite 30 m. Boot geht auf 24 m um nachts in See zu halten um am Morgen (6./7. Mai) von den Feuerschiffen abstehend die Batterien aufzuladen.

17.00:

17.30: Lusitania: Captain Turner macht in Begleitung von Staff Captain Anderson einen Inspektionsgang.

18.00:

19.00: Admiral Coke (Admiral Queenstown) überprüft die Tagesmeldungen (u. a. über die Earl of Lathom-Versenkung, vgl. 5. Mai 16.50 Uhr) und beschließt Warnung an Lusitania.

19.25: Coke-Warnung trifft bei der Britischen Admiralität ein.

19.50: Lusitania: die Coke-Warnung erreicht den Cunard-Dampfer: Submarines active off the South Coast of Ireland. Captain Turner durfte indessen nur auf Befehl der Admiralität Kursänderungen vornehmen. Es war der erste für die Lusitania direkt bestimmte FT-Spruch. Vgl. auch 12.00 Uhr: allgemeine Warnung.

20.00:
21.00:
22.00:
23.00:

Freitag, den 7. Mai 1915
00.00:
01.00:
02.00:
03.00:
04.00: S. M. U-20-Kurs: 197° vgl. 6. Mai 14.15 Uhr).
05.00: Wetter (S. M. U-20): dicker Nebel. Sonnenschein, zeitweilig etwas aufklarend, Wind N-3. Aufgetaucht und Batterien aufgeladen. Kurs: 270°.
06.00: S. M. U-20-Kurs: 270°.
07.00:
08.00: Lusitania: Captain Turner geht von 18 auf 15 Knoten (Kurs: 87°) um den Kreuzer Juno nicht zu verpassen (vgl. 5. Mai 12.00 Uhr). Captain Turner vermutete Fastnet Rock bereits passiert zu haben (Juno wurde gegen Mittag in Queenstown zurückerwartet).
09.00: S. M. U-20: da der Nebel nicht nachläßt, beschließt Kapitänleutnant Schwieger bereits jetzt den Rückmarsch anzutreten, um bei gutem Wetter von außen in den Nord-Kanal einzudringen.
09.20: Admiral Coke (Admiral Queenstown) erfährt vom Centurion-Untergang (vgl. 6. Mai 13.03/14.13 Uhr).
10.00: Wetter (S. M. U-20): es klart auf. Von Land aus kommt ein Fischdampfer (Sicherungsfahrzeug?) auf das U-Boot zu (noch weit abstehend). U-Boot wird bei Cape Clear mit westlichem Kurs gesichtet (vgl. 11.40 Uhr).
10.05: Wetter (S. M. U-20): plötzlich sehr sichtig geworden. Auf 11 m (Sehrohrtiefe) gegangen: Dampfer (macht nur geringe Fahrt) beobachtet.
10.30: Wetter (S. M. U-20): sehr sichtig. Wind NNO-1, Sonnenschein. Auf 24 m gegangen und vom Dampfer abgelaufen (Angriffsplanung). Kapitänleutnant Schwieger will um 12.00 Uhr erneut auf 11 m gehen um Rundblick zu nehmen.
10.59: Admiral Coke (Admiral Queenstown) wird über die Candidate-Versenkung unterrichtet (vgl. 6. Mai 07.40/10.25 Uhr).
11.00:
11.02: Lusitania empfängt einen (im Marine-Code verschlüsselten) FT-Spruch.
11.10: Lusitania bestätigt mit dem Tages-Codewort »Westrona« den 11.02-FT-Spruch. Die Britische Admiralität bestreitet bis zum heutigen Tage diesen FT (From Gek to MFA: Sent following mge 12 words to MFA . . .) – Captain Turner behauptet bis zu seinem Tode durch diesen FT den Befehl erhalten zu haben nach Queenstown zu gehen.
nach 11.00: Lusitania: Captain Turner geht wieder auf 18 Knoten.
11.25: Warnung der Britischen Admiralität (unter Einbeziehung der veralteten

Coke-Meldungen) u. a. auch an LUSITANIA: Submarines active in southern part of Irish Channel last heard of 20 miles South of CONINBEG LIGHT VESSEL make certain LUSITANIA gets this (Position 24 Stunden alt und somit nicht korrigiert) – FT um 11.52 Uhr von LUSITANIA bestätigt. Captain Turner hält vergeblich nach JUNO Ausschau und geht etwas näher an die Küste heran.

11.40: Warnung der Britischen Admiralität: Submarine 5 miles south of Cape Clear, proceeding west when sighted at 10.00 a. m. (Vgl. 10.00 Uhr) – S. M. U-20: das Boot wird von einem Fahrzeug überlaufen.

11.50: S. M. U-20: das U-Boot wird erneut von einem Fahrzeug mit kräftiger Maschine überlaufen. Kapitänleutnant Schwieger geht auf Sehrohrtiefe (11 m) und stellt fest, daß es sich hierbei um das 11.40-Uhr-Schiff handelt: britischer Kreuzer JUNO. S. M. U-20-Erkennung: älterer Kleiner Kreuzer (PELORUS-Klasse?) mit zwei Schornsteinen und zwei Masten.

11.52: Die LUSITANIA bestätigt die 11.25-Uhr-Warnung der Britischen Admiralität (vgl. 11.25 Uhr).

12.00: LUSITANIA-Mittagbesteck: gegenüber dem Vortage 462 Seemeilen zurückgelegt (Kurs: 67°).

12.15: S. M. U-20: das Boot setzt sich hinter Kreuzer JUNO um ihn bei Kursänderung anzugreifen. Der Kreuzer läuft hohe Fahrt sowie Zickzackkurse und kommt allmählich in Richtung Queenstown außer Sicht (vgl. auch 5. Mai 12.00 Uhr). – Die LUSITANIA nimmt Kurs auf die Küste (Kurskorrektur nach Backbord).

12.45: Wetter (S. M. U-20): Sichtigkeit sehr groß, sehr schönes Wetter. U-Boot taucht auf, um Marsch über Wasser fortzusetzen: Warten auf der Höhe von Queenstown scheint für Kapitänleutnant Schwieger nicht lohnend.

13.00:

kurz nach 13.00: LUSITANIA: die irische Südküste kommt in Sicht (Galley Head) – Kurs: 67°.

13.20: S. M. U-20 (Kurs: 272°): von der Turmwache werden Recht voraus vier Schornsteine und zwei Masten eines Dampfers mit Kurs senkrecht auf das U-Boot zu (steuerte von SSW kommend Galley Head an) ausgemacht: es war die 30 396 BRT große LUSITANIA.

13.25: S. M. U-20 (Kurs: 343°) taucht auf Sehrohrtiefe (11 m) und geht mit hoher Fahrt auf konvergierenden Kurs (266°) zur gesichteten LUSITANIA in der Hoffnung, daß sie den Kurs nach Steuerbord, längs der irischen Südküste, ändern wird.

13.35: S. M. U-20-Erkennung: LUSITANIA dreht nach Steuerbord und nimmt Kurs auf Queenstown, ermöglicht somit den Angriff des Unterseebootes (S. M. U-20-Kurs: 345°).

13.35–14.00: S. M. U-20: um vorliche Stellung zu erreichen hohe Fahrt gelaufen (Kurs: 345°).

13.40: LUSITANIA: Captain Turner nimmt eine Landpeilung: Great Crosby/Old Head of Kinsale.

13.45: Die LUSITANIA geht auf 87°.

14.00:

14.10: S. M. U-20 feuert auf 700 m Entfernung aus dem Backbord-Torpedorohr G/Torpedo Nr. 3820 (3 m Tiefeneinstellung, Schneidungswinkel 90° – laut Seekarte: 110° – geschätzte LUSITANIA-Fahrt: 22 Seemeilen): Trefferbeobachtung Steuerbordseite dicht hinter der Brücke, außergewöhnlich starke Detonation mit sehr starker Sprengwolke weit über den vorderen (1.) Schornstein hinaus. S M. U-20-Kurs: 199° (ablaufend).

ab 14.12/14: LUSITANIA-Funksprüche: Come at once – Big list – 10 miles south Old Head Kinsale . . MSU.

14.25: S. M. U-20: auf 24 m gegangen und abgelaufen: Kurs 199°.

14.28: Nach 18 Minuten: Untergang der LUSITANIA (Position laut S. M. U-20-Bordbeobachtung/Peilung: ca. 51° 22,6′ N–08° 31,0′ W; Old Head of Kinsale Leuchtturm in 358° rw., 14 Seemeilen ab, auf ca. 90 m Wassertiefe/S. M. U-20-KTB-Berichtigung laut »Shipping Casualtes«: 51° 25′ N–08° 35′ W).

15.00:

15.15: S. M. U-20: auf Sehrohrtiefe (11 m) gegangen, Rundblick genommen: In der Ferne achteraus treibende Rettungsboote.

15.20: S. M. U-20-Rundblick: Backbord voraus Dampfer mit Kurs auf Fastnet Rock in Sicht. Mit hoher Fahrt vorliche Stellung angestrebt, um zum Heckschuß zu kommen . . .

S. M. U-20-LUSITANIA-Dokumentation

2. Hinweise zur geplanten LUSITANIA-Bewaffnung

1. »The Institution of Naval Architects« (in: »Engineering« vom 29. 3. 1907, S. 409–411).
2. »The Turbine-driven Quadruple-screw Cunard Liner LUSITANIA: Profile and Deck Plans – Constructed and engined by Messrs. John Brown and Co., Limited, Sheggield and Clydebank« (in: »Engineering« vom 2. 8. 1907, Plate XXXIII, Fig. 32: Promenade Deck): vier 6″-Geschütze.
3. »The Turbine-driven Quadruple-screw Cunard Liner LUSITANIA . . .« (in: »Engineering« vom 2. 8. 1907, Plate XXXIII, Fig. 33: Shelter Deck): acht 6″-Geschütze.
4. »Government and Cunard Line Agreement; Mail and War-Service Subsidy« (in: »Engineering« vom 2. 8. 1907, S. 133–134).
5. »The Construction of the Ship« (in: »Engineering« vom 2. 8. 1907, S. 137–140): ». . . The ship had to be constructed not only to meet the conditions laid down by Lloyd's, but also to comply with the Admiralty requirements as a transport or armed cruiser . . .«
6. »The Officers and Crew« (in: »Engineering« vom 2. 8. 1907, S. 169–170): zwei Masters-at-arms.
7. »The Arming of the LUSITANIA« (in C. L. Droste/W. H. Tantum IV: »The LUSITANIA Case – Documents on the War«, Riverside/Connecticut 1972, S. 46, zitiert nach »New York Tribune« vom 19. 6. 1913/»Vital Issue« vom

12. 6. 1915): ». . . sailing up the Lower Bay with black guns bristling over her sides . . .«

8. »The Lusitania's Armament of Twelve Six-Inch Guns – By Frank Koester, Consulting Engineer« (in C. L. Droste/W. H. Tantum IV: »The Lusitania Case – Documents on the War«, Riverside/Connecticut 1972, S. 47–54, zitiert nach »The Fatherland« vom 30. 6. 1915).
9. »The Cunard Liner Lusitania: Longitudinal Elevation and Deck Plans« (in C. L. Droste/W. H. Tantum IV: »The Lusitania Case – Documents on the War«, Riverside/Connecticut 1972, S. 205, Fig. 5–6): Promenaden/B-Deck: zwei 6″-Geschütze sowie Shelter/C-Deck: acht 6″-Geschütze.
10. Christian Meurer: »Der Lusitania-Fall – Eine völkerrechtliche Studie« (Tübingen 1915, S. 30–31): zwölf 15-cm-Geschütze.
11. Konteradmiral Degouy in »Revue de Paris« (vom 15. 2. 1915, S. 785): ». . . Complétons ces indications en disant que l'Angleterre n'inscrivait que deux grands paquebots de la ligne Cunard (Lusitania et Mauretania 32 000 tonneaux, 25–26 noeuds, 12 canons de 152 m/m) sur la liste officielle de croiseurs auxiliaires, mais que des conventions étaient passées avec les principales compagnies de navigation en vue de la mise à la disposition éventuelle de l'amirauté des unités jugées utiles . . .«
12. Hans Steinuth: Lusitania (Stuttgart–Berlin o. J., ca. 1915/16, 2. Auflage, S. 24–26): ». . . Die Lusitania entspricht den Forderungen der Admiralität betreffs eines bewaffneten Hilfskreuzers und kann im Kriegsfalle mit 12 sechszölligen Geschützen und 12 leichten Schnellfeuergeschützen ausgerüstet werden . . . Ob die Lusitania auf ihrer letzten Reise tatsächlich als Hilfskreuzer fuhr, ob sie bewaffnet war, ändert nichts an der für Deutschland wesentlichen Beurteilung des Falls . . . In den Jahrbüchern der ›Navy League‹ von 1907 und 1908 heißt es bei der Besprechung der ›enormous subsidised cruisers Lusitania and Mauretania‹, daß diese Dampfer fast so stark bestückt seien wie die County-Klasse der Panzerkreuzer. Ferner finden sich in diesen Jahrbüchern und in den ›Monthly Navy Lists‹ unter den ›Royal Naval Reserve Merchant Vessels‹ die Namen Lusitania und Mauretania mit der Bemerkung: ›Von der Cunard-Linie zur Verfügung der Admiralität gehalten, gegen eine jährliche Subvention, somit ermächtigt zum Führen der blauen Flagge. Diese Flagge wurde am 23. August 1907 unter der Nummer 813 ausgehändigt‹ . . .« – Vgl. hierzu auch Fleischmann in: »Der Lusitania-Fall im Urteile von deutschen Gelehrten – Mit Abdruck der amtlichen Urkunden« (in: Sonder-Ausgabe der »Zeitschrift für Völkerrecht«, Band IX/Heft 2, Breslau 1915, S. 5).
13. ». . . Eine Propagandaschrift der Cunard-Linie selbst sagt von der Lusitania, daß sie den Anforderungen der Admiralität für einen bewaffneten Hilfskreuzer entspräche und im Kriegsfalle mit 12 sechszölligen und 12 leichten Schnellfeuergeschützen ausgerüstet werden könne . . .«

Quelle: Fleischmann in: »Der Lusitania-Fall im Urteile von deutschen Gelehrten – Mit Abdruck der amtlichen Urkunden« (in: Sonder-Ausgabe der »Zeitschrift für Völkerrecht«, Band IX/Heft 2, Breslau 1915, S. 5–6. Zitiert nach der Cunard-Broschüre: »In 4½ Tagen über den Ozean«, 1907).

14. Frank Koester: »The Lusitania's armament of twelve six-inch guns« (in: »The Fatherland – Fair play for Germany and Austria-Hungary«, Vol. II: Nr. 21/30. 6. 1915, S. 3–5).
Nachweis: Politisches Archiv des Auswärtigen Amtes (AA) in Bonn: Auswärtiges Amt – Abteilung A – Politisches Archiv des Auswärtigen Amtes – Akten Krieg 1914: Unterseebootkrieg gegen England und andere feindliche Staaten. Versenkung der Lusitania, Arabic und anderer Schiffe, auf denen sich amerikanische Bürger befanden. Stellung der Regierung der Vereinigten Staaten zur U-Boot-Kriegführung – Der Weltkrieg No. 18a: Band 7 – 28. 6. 1915–3. 7. 1915, S. 41.
15. »The Cunard Liner Lusitania: Longitudinal Elevation and Deck Plans – Constructed by Messrs. John Brown and Co., Limited, Shipbuilders and Engineers, Clydebank« (in: »Engineering« vom 14. 5. 1915, Plate XXXVI, Fig. 5: Promenade Deck): vier 6″-Geschütze (Veröffentlichung somit sieben Tage nach dem Untergang der Lusitania!).
16. »The Cunard Liner Lusitania: Deck Plans – Constructed by Messrs. John Brown and Co., Limited, Shipbuilders and Engineers, Clydebank« (in: »Engineering« vom 14. 5. 1915, Plate XXXVII, Fig. 6: Shelter Deck): acht 6″-Geschütze (Veröffentlichung somit sieben Tage nach dem Untergang der Lusitania!).
17. »A German Newspaper on ›Engineering‹ and Science« (in: »Engineering« vom 11. 6. 1915, S. 657): zwölf 6″-Geschütze.
18. »The Cunard Express Liner Mauretania – Profile and Deck Plans« (in: »The Shipbuilder«, November 1907, Plate V, Promenade Deck): vier 6″-Geschütze.
19. »The Cunard Express Liner Mauretania – Deck Plans« (in: »The Shipbuilder«, November 1907, Plate VI, Shelter Deck): acht 6″-Geschütze.
20. »The Cunard Express Liners Lusitania and Mauretania« – Ocean Liners of the Past – No. 2 in a series of reprints from »The Shipbuilder« (London 1970, nach S. 208: »The Cunard Express Liner Mauretania«: Plate V–VI/Promenade Deck–Shelter Deck): zwölf 6″-Geschütze (sowie zur Lusitania: S. 197).

S. M. U-20-Lusitania-Dokumentation

3. U-20-KTB: 6. bis 13. Mai 1915

6. V. 15.

11 h am. Reiner Bugschuß (Broncetorpedo 2½ m Tiefeneinstellung) auf 500 m. Schuß trifft Maschinenraum; Wirkung gering. Schiff taucht achtern etwas tiefer bleibt dann in dieser Stellung liegen. Deswegen wieder auf ihn zugehalten und mit Geschütz weiter beschossen (Wasserlinie am Heck). Hierbei übermalten Namen am Heck festgestellt Candidate aus Liverpool. Der Dampfer ca. 5000 t groß, keine Flagge gesetzt, geht jetzt langsam tiefer, versinkt

11.25 am. dann, den Bug hoch aus dem Wasser hebend. Wrackstelle: $\varphi = 51° 50{,}6' N$ und $\lambda = 6° 30{,}8' W$. Die 3 Boote werden von einem Fischdampfer (Patrouillienboot?), der auf das Schiff zuhält, aufgenommen.

11.30 am. Kurs 180°, um aus Sicht zu kommen.

11.40 am. B.B. querab, am Horizont kommt ein neuer Dampfer, auf konvergierendem Kurs, in Sicht. Dampfer verschwindet bald in einer Nebelbank. Mit höchster Fahrt über Wasser vorgehalten.

12.10 pm. Sichtweite vorübergehend 5 sm. -- Schnelltauchen, da der Dampfer B.B. querab aus dem Nebel herauskommt. Versucht, mit großer Fahrt weiter zum Bugschuß vorzuhalten.

12.30 pm. Anlauf auf(g)egeben, da der Dampfer auf ca. 3000 m sich schnell vorbeizieht und kein genügender Schneidungswinkel erzielt werden kann (nur 20°). Das Schiff war ein Passagierdampfer der White Star-Linie, ca. 14 000 t groß, keine Flagge gesetzt.

12.40 pm. es kommt dicker Nebel auf. -- Da es plötzlich wieder vollkommen dick wird, auf 22 m weitergefahren.

1.45 pm. Sichtweite 3 sm, Windstille, schwache Dünung. -- Auf 11 m gegangen. Es hat wieder etwas aufgeklart. An B.B. voraus kommt ein Dampfer in Sicht.

1.50 pm. Zum Angriff gefahren.

2.03 pm. Reiner Bugschuß (G-Torpedo 3 m Tiefeneinstellung) auf 300 m. Torpedo trifft am Vortopp, Schiff läuft vorn voll, bleibt dann aber in vorlastiger Stellung liegen. Die Besatzung geht sofort von Bord. Schiff war ein Engländer von ca. 6000 t, Name übermalt, keine Heckflagge, scheinbar von derselben Reederei.

3.13 pm. dicker Nebel. -- Da wieder dicker Nebel aufkommt, Boot etwas ausgeblasen und Broncetorpedo gegen die Back geschossen, um ein Sinken sicherzustellen. Bei der Explosion entweicht viel Luft zischend aus der Back. Sinken nicht mehr beobachtet, aber so gut wie sicher. Wrackstelle: $\varphi = 51° 47{,}8' N, \lambda = 6° 27{,}5' W$.

3.15 pm. dicker Nebel. -- Auf 24 m gegangen und 240° gesteuert, um in die See hinauszuhalten. Ein weiteres Vordringen nach Liverpool, dem eigentlichen Operationsgebiet, aus folgenden Gründen aufgegeben:

1. Bei dem dicken Nebel während der beiden letzten Tage der Windstille und dem Barometerstand ist nicht zu erwarten, daß es während der nächsten Tage klarer wird.
2. Bei unsichtigem Wetter ist ein rechtzeitiges Sehen der zu erwartenden starken feindlichen Bewachung im Georgs-Kanal und der Irischen See, Fischdampfer und Zerstörer, nicht möglich, daher dauernd Gefahrsituation bezw. Unterwasserfahrt.
3. Bei nicht ganz klarer Nacht ist ein Aufpassen über Wasser vor Liverpool auf auslaufende Transporter ausgeschlossen, da begleitende Zerstörer nicht rechtzeitig ausgemacht werden können, und anzunehmen ist, daß etwaige Transporter nachts Liverpool verlassen und begleitet werden.
4. Auf dem Marsch bis zum Georgs-Kanal ist der Verbrauch an Treiböl bereits so groß geworden, daß eine Rückkehr von Liverpool südlich

um Irland herum nicht mehr möglich wäre. Ich will den Rückmarsch antreten, wenn 2/5 vom Treiböl verbraucht sind, will den Marsch durch den Nordkanal, wenn irgend möglich, vermeiden wegen der Art der Bewachung, die U-20 auf der letzten Fernfahrt dort oben angetroffen hat.

5. Es stehen nur noch 3 Torpedos zur Verfügung von denen ich nach Möglichkeit zwei für den Rückmarsch aufbewahren will.
Es wird beschlossen, südlich vom Eingang zum Bristol-Kanal zu bleiben und Dampfer anzugreifen, bis 2/5 vom Treiböl verbraucht sind, zumal da hier größere Angriffsgelegenheit bei weniger Gegenwirkung anzutreffen ist, als in der Irischen See bei Liverpool.

7.10 pm. dicker Nebel. -- auf 11 m gegangen, dann Regler gelenzt, Rundblick genommen, Sichtweite 30 m. deshalb auf 24 m gegangen und die Nacht über in die See gehalten um am Morgen weit ab von den Feuerschiffen aufladen zu können.

gez. Schwieger

7. V. 15. Nord Atlantik.

6 h am. Dicker Nebel, Sonnenschein, Wind N 3. -- Ausgeblasen Kurs 270° und geladen. Ab und zu klart es etwas auf.

10 h am. Da der Nebel nicht nachläßt, beschließe ich, jetzt schon den Rückmarsch, um bei gutem Wetter von außen in den Nordkanal vorzustoßen.

11 h am. es klart auf. -- Ein Fischdampfer (Bewachungsfahrzeug?) kommt von Land auf uns zu; ist noch weit ab.

11.05 am. sehr sichtig. -- Auf 11 m gegangen, Dampfer beobachtet. Es ist plötzlich sehr sichtig geworden. Der Dampfer macht nur geringe Fahrt.

11.30 am. Wind NNO 1 Sonnenschein, sehr sichtig. -- deswegen auf 24 m gegangen und von ihm abgelaufen. Ich will um 1 uhr wieder auf 11 m gehen und Rundblick nehmen.

12.50 pm. Über das Boot hinweg läuft ein Fahrzeug mit sehr kräftiger Maschine. Als das Boot auf 11 m ist, stellt sich heraus, daß das Fahrzeug, das vor 10 Minuten über U-20 hinweggelaufen ist, ein englisches Kriegsschiff war: älterer kleiner Kreuzer (Pelorus-Klasse?), mit 2 Masten, 2 Schornsteinen.

1.15 pm. Hinter dem Kreuzer hergefahren, um ihn bei Kursänderung angreifen zu können. Der Kreuzer läuft, Hohe Fahrt und Zickzackkurse, kommt allmählich in Richtung auf Queenstown aus Sicht.

...

...

4.20 pm. Beim Rundblick, B.B. voraus ein großer Dampfer in Sicht mit Kurs auf Fastnet Rock. Mit hoher Fahrt eine vorliche Stellung erstrebt, um zum Heckschuß zu kommen.

5.08 pm. Heckwinkelschuß, 90°, auf 500 m, Abstand, geschätzter Schneidungswinkel 90°. Schußbedingungen waren sehr günstig, Fehlschuß bei richtigem Lauf des Torpedos ausgeschlossen. Torpedo trifft nicht. Da das Sehrohr nach dem Schuß für längere Zeit unterschneidet, leider nicht festgestellt, was für ein Versager vorlag. Der Torpedo verließ das Rohr richtig, und ist entweder garnicht gelaufen, oder im falschen Winkel. Falsche Einstellungen am Rohr nicht möglich, da sich der Torpedooffizier achtern befand. Der Dampfer, ein Frachtdampfer der Cunard-Linie, 1 dicker, roter Schornstein, 2 Masten, ohne Heckflagge, ca. 7000 t groß, hat wahrscheinlich vom Torpedo nichts gesehen, da er seinen Kurs durchhielt.

...

...

8. V. 15. Nord Atlantik.

10.15 am. Wind NO 5, Seegang NO 4. -- Auf 0° gegangen, längs der Westküste von Irland.

2.15 pm. Sonnenschein, sehr sichtig.

3.50 pm. Wind NO 7. Seegang NO 6. -- Einem Fischdampfer, der auf uns zuhält (ca. 60 sm ab von Land), nach See zu ausgewichen, da bei dem Seegang das Geschütz nicht zu gebrauchen ist.

9.30 pm. Kurs längs den Hebriden genommen. Kein Dampferverkehr beobachtet nördlich Irland (Nord-Kanal).

11.45 pm.–12.15 pm. Seegang NO 6. -- Prüfungstauchen; Boot steuerte auf 12 m sehr schlecht bei der beginnenden Dünung.

gez. Schwieger

9. V. 15. Nord Atlantik.

8 am. Wind ONO 4 Seegang ONO 4 klar sichtig. -- Der Wind flaut im Laufe des Tages gänzlich ab.

6.15 am. St.-Kilda-Insel St.B. voraus in Sicht.

6.30 pm. Ein großer Segler auf Gegenkurs in Sicht; auf sehr große Entfernungen sichtbar (zunächst nur Bramsegel über dem Horizont zu sehen).

8 pm. Wind O 2. -- In der Nähe des Seglers (große Dreimastbark) gegangen, der ohne Flagge und neutralen Abzeichen fuhr. Flaggensignal: »Drehen Sie bei«. Die Bark setzt die norwegische Flagge. Das Signal: »Schicken Sie ein Boot« konnte nicht gemacht werden, da – int. »F.H.« – (= alter Wimpel 5) nicht mehr an Bord. Der alte Wimpel 5 muß für U-Boote wieder angefertigt werden.

Der Kapitän der Bark Simetra aus Toedesbrand kam auf Befehl mit seinen Papieren längsseits. Da Papiere in Ordnung, Schiff entlassen. Es fuhr von Kopenhagen nach New Orleans, hatte nur Ballast an Bord.

8.20 pm. Rückmarsch fortgesetzt.

gez. Schwieger

10. V. 15. Nord Atlantik.

1.30 am. Wind ONO 3. Seegang ONO 2, klar sichtig. -- Leuchtturm Kilean More brannte in richtiger Kennung.

4.45 am. Ein großer Segler mit kreuzendem Kurs in Sicht. Auf ihn zu gehalten.

6.30 am. Der Segler war eine große Viermastbark mit Abzeichen eines Norwegers.

6.30 am. Auf alten Kurs gegangen.
3.45 pm. Wind WSW 5, Seegang WSW 4. -- Prüfungstauchen, Boot steuert gut.
8 pm. Wind N 7, grobe See aus N. –– Der Wind dreht schnell bis auf N. Es entsteht in kurzer Zeit eine schwere grobe See gegenan.
Kurs um Shetlands Inseln genommen, um die erwartete verstärkte Bewachung zwischen Orkney und Shetland Inseln zu vermeiden.
10.50 pm.–12.30 pm. Wind N 8–9, ab und zu Regenböen mit Hagel. -- Fahrzeugen mit 2 weißen Lichtern, über Wasser ausgewichen. Diese Dampfer standen in der Linie Mukle Flugga und Faröer Inseln und waren wahrscheinlich patrouillierende Fischdampfer, die auf ihrer Position auf und ab fuhren. Abstand von einander ca. 5 sm. Der Leuchtturm Mukle Flugga (Nordspitze Shetland) wurde erst um 12 h nachts (MEZ) angestellt und brannte dann bis zum Morgen in richtiger Kennung.

gez. Schwieger

11. V. 15. Nord Atlantik.
2.30 am. Auf 125° gegangen, Kurs auf Utsire-Leuchtturm genommen, um von Norwegen Horns Rev anzusteuern und so eine durch feindliche Bewachung weniger gestörte Rückfahrt durch die Nordsee zu haben.
3.30 am. Wind N 9, lange schwere Atlantiksee aus N, sichtig. -- Die Tochterkompasse versagen (der N . . . drehmotor des Mutterkompasses wird unklar). Es wird von jetzt ab aus der Centrale gesteuert. Das Boot hält sich sehr gut in der schweren See, sowohl bei See von vorn, wie von der Seite und von achtern.
5 am. Eine große Dreimastbark passiert.
10 am. Nordsee. -- ein Dampfer ca. 1500 t St.B. querab in Sicht auf parallelem Kurse.
10.15 am. Wind NNW 6. Seegang NNW 7. -- Der Dampfer dreht auf uns zu, kommt aber achteraus, da er gegen die See dampfen muß, bald achteraus. Nach Farbe und Ring des Schornsteins ein Norweger, wahrscheinlich aber ein Bewachungsdampfer, der neutrale Schiffe aufbringen soll. Er hatte keine Flagge und keine neutralen Abzeichen. Abstand von den Shetland ca. 20 sm.
07. . . pm. Utsire rechts voraus in Sicht.
09. . . pm. Wind N 4 Seegang N 4. klar sichtig. -- Utsire querab, Kurs auf Horns-Rev-Feuerschiff genommen. F.T. aufgerichtet für Reichweitenversuch.
11.50–12.10 pm. Prüfungstauchen.

gez. Schwieger

12. V. 15. Nordsee.
Wind NW 4. Seegang NW 4. -- Es brannten alle Feuer von Utsire bis Eggerö, soweit in Sichtweite.
4 am. Von 4 h am. ab werden stündlich die K.F.E. Helgoland und Arcona angerufen.

9.30 am. Da Helgoland nur noch 190 sm ab ist, wird der Funkspruch über Ergebnis der Fernfahrt abgegeben, obwohl die K.F.E. immer noch nicht antwortet.

11.30 am. S. M. S. Arkona meldet sich zum ersten Male: Abstand 200 sm. Auf Anfrage meldet Arkona, daß sie das Signal von 09.30 Abstand 230 sm mit abgenommen hat. Es wird daher nur mit Arcona verkehrt.

12 m. Drei Dänische Fischdampfer passiert.

3 pm. Sechs holländische ,, ,,

7 pm. Acht Deutsche ,, ,,

Horns-Rev-Feuerschiff nicht gesehen; ist wahrscheinlich eingezogen.

8.40 pm. Wind NW 3. -- Kurs auf Lister Tief genommen.

11.45 pm. Boot auf 21 m auf Grund gelegt, um erst bei Tagesanbruch die minenverdächtigen Gebiete bei Amrum zu passieren.

gez. Schwieger

13. V. 15. Deutsche Bucht.

4 am. Wind NW 3, Seegang NW 2, bedeckt, sichtig. -- Ausgeblasen und Marsch nach Wilhelmshaven (gemäß F.T.-Befehl) fortgesetzt.

8.10 am. Leichter Regen. -- Helgoland St.B. querab.

10 am. Weserfahrt.

11.30 am. In Werft eingelaufen.

gez. Schwieger

Der älteste Kommandant
Korvettenkapitän Viktor Schütze

Die Reichsmarine stellte am 1. April 1925 rd. 100 Marineoffizieranwärter (See- und Ingenieuroffiziere sowie Marinezahlmeister) ein: Unter ihnen befand sich der am 16. Februar 1906 als Sohn einer seeinteressierten Familie in Kiel geborene Viktor Schütze. Er wurde zunächst erst einmal in der II. Abteilung der Schiffsstammdivision der Ostsee in den kommenden drei Monaten in der 8. Kompanie infanteristisch ausgebildet. Anschließend erhielten die angehenden Seeoffiziere – die man am 16. November 1925 zu Kadetten ernannt hatte – auf dem Segelschulschiff NIOBE, es wurde seinerzeit von dem Korvettenkapitän Erwin Wassner (Crew 06: Ritter des Ordens *pour le mérite* und ehemaliger erfolgreicher U-Boot-Kommandant der U-Flottille-FLANDERN) befehligt, bis Januar 1926 eine gründliche seemännische Schulung.
Ab Herbst 1926 wurde zwischenzeitlich auf der Marinewerft in Wilhelmshaven Kreuzer HAMBURG zum Schulschiff sowie für eine mehr als einjährige Weltreise –es sollte die erste eines deutschen Kriegsschiffes nach Beendigung des Ersten Weltkrieges werden – aus- bzw. umgerüstet. Hierbei galt es, das verhältnismäßig alte Fahrzeug – es lief am 25. Juli 1903 in Stettin vom Stapel – schiffbaulich und in seiner Maschinenanlage gründlich zu überholen, die wohnlichen Einrichtungen dem veränderten Zweck anzupassen und schließlich die Ausrüstung für die geplante Aufnahme der Crew-25-Kadetten zu bewerkstelligen. Nach der Seeklarbesichtigung lag der Kreuzer unter seinem Kommandanten Fregattenkapitän Dr. h. c. Otto Groos (Crew 00) in der dritten Wilhelmshavener Einfahrt. Mit 100 Kadetten – dem Nachwuchs der Marine an Bord – legte der Kreuzer am 14. Februar 1926 gegen 11.15 Uhr zu seiner 31 436 Seemeilen langen Weltreise ab: Über Spanien, Madeira, Las Palmas, über den Atlantik, durch den Panamakanal, hinauf nach San Francisco, über die weiten Flächen des Stillen Ozeans nach Japan und China, hinunter zu den Philippinen, Java, über Ceylon durch das Rote Meer, den Suezkanal, Alexandria, Konstantinopel – türkische, griechische und spanische Häfen hierbei berührend – ging die Fahrt, die schließlich am 19. März 1927 im Ausgangshafen enden sollte. Bevor die Crew 25 anschließend auf die Marineschule Flensburg-Mürwik kommandiert wurde, sprach man die Beförderung zum Fähnrich zur See aus.
Viktor Schütze durchlief in den folgenden Jahren den seinerzeit üblichen Ausbildungsweg und erhielt hierbei einige interessante Bordkommandos.
Am 12. November 1934 stellte der inzwischen zum Oberleutnant zur See beförderte Schütze das neue Panzerschiff ADMIRAL SCHEER unter Kapitän zur See Wilhelm Mar-

schall (Crew 06: Ritter des Ordens *pour le mérite* und erfolgreicher Mittelmeer-U-Boot-Kommandant) – er sollte später als Flottenchef während des Zweiten Weltkrieges interessante Ergebnisse erzielen – mit in Dienst.

Als Deutschland im Jahre 1935 wieder U-Boote besitzen durfte, kam Viktor Schütze am Tage seiner Beförderung zum Kapitänleutnant (1. Oktober 1935) zur U-Boot-Schule (Fregattenkapitän Slevogt). Von seinen Crew-Kameraden sollten noch 16 weitere Offiziere Kommandanten von Unterseebooten werden: Büchel (U-860 †), Czygan † (U-118 †), Eckermann, Ewerth † (U-850 †), Heinz Fischer, Freiwald, Grosse † (U-53 †), H. J. Hesse † (U-442 †), E. Hoffmann † (U-165 †), Kaiser, Looff † (U-122 †), Manhardt von Mannstein † (U-753 †), Musenberg, Neumann † (U-117 †), Schuch und Wiebe.

Am 16. Januar 1936 stellte Viktor Schütze in Kiel das bei der Krupp-Germaniawerft als Baunummer 549 am 21. Dezember 1935 in Gaarden von Stapel gelaufene kleine II-B-Boot U-19 (»Einbaum«) als erster Kommandant in Dienst. Den Kiel des Bootes – Auftragserteilung am 2. Februar 1935 – streckte man am 20. Juli des gleichen Jahres. I. Wachoffizier (I. WO) war zeitweilig Leutnant zur See Otto Salman (Crew 32), Leitender Ingenieur (LI) Oberleutnant (Ing.) Alexander Sattler (Crew 02). U-19 kam zur 1. U-Flottille/U-Flottille-Weddigen unter Kapitän zur See Otto Loycke (Crew 11) – als Wachoffizier war er während des Ersten Weltkrieges an Bord des erfolgreichsten Unterseebootes der Welt (S. M. U-35 unter Kapitänleutnat von Arnauld de la Perière) – nach Kiel. Aus dieser Zeit ist uns eine kleine Episode überliefert:

Der U-19-Kommandant hatte mit »Don Roberto« – Korvettenkapitän (E) Robert Bräutigam (Crew 04) – ein Ausblasen des Bootes vom Grunde des Kieler Hafens durch das Sicherheitsboot verabredet. U-19 tauchte außerhalb des Verkehrs. Das Sicherheitsfahrzeug – damals noch ein altes Torpedoboot – legte sich seitlich heraus und parallel darüber vor Bug- und Heckanker. Dann stiegen vorn und achtern die Taucher mit Helm, Anzug und Bleischuhen über. Sie führten die schweren Anschlußschläuche mit sich, die von außen angeschlagen werden sollten. Dies alles beobachtete Schütze mit großem Interesse durch das Sehrohr. Dann begab er sich nach unten, um nicht den Augenblick zu verpassen, wo von außen die Ventile aufgemacht wurden und Luft einströmt, die das Wasser aus den Tauchtanks drückt und somit das U-Boot wieder an die Wasseroberfläche bringen sollte. Am Sehrohr war der Obersteuermann geblieben, der auf der Brücke des T-Bootes wildes Gestikulieren beobachtete, jedoch annahm, daß dies den Tauchern gälte. Man hörte im U-Boot das schwere Scharren der Bleischuhe sowie das Klopfen . . . Es war unheimlich . . . Man kombinierte, daß die Anschlußventile wohl »dicht-konserviert« seien und aufgeschlagen werden müssen (in der Hoffnung allerdings, daß nichts abbrechen würde!). Dann kam auch das Klopfen auf den Turm! Viktor Schütze ging zur Zentrale und sah nun zu seinem Schrecken, wie sich das Handrad des Turmluks wie von Geisterhand drehte (da haben anscheinend die Idioten die Ventile verwechselt!). – In den Turm gestürzt, versucht er das Handrad zurückzudrehen. Zu spät! – Es sprang auf und hinein beugte sich »Don Roberto« mit den Worten: »Mensch, Schütze! – Kommen Se bloß hoch, meine Taucher können den Kopp nicht unter Wasser kriegen!«

Im Oktober 1937 übergab Schütze U-19 an Kapitänleutnant Hans Meckel (Crew 28), um – nach einer Zwischenkommandierung zur Zerstörer-Waffe (1937/38) – im August 1938 für die U-Schule in Neustadt in Holstein (Kapitän zur See Werner Scheer) das Germania-II-B-Boot U-11 als Kommandant zu übernehmen.
Viktor Schütze ist der älteste Kommandant, über den im Rahmen dieses Werkes berichtet wird. Unter den Ritterkreuzträgern der U-Waffe gab es lediglich sieben Offiziere, die älter als er waren, indessen seine überragenden Erfolge nicht erreichen konnten: Werner Hartmann (Crew 21), Dobratz (Crew 22. Als Kapitän zur See befehligte er noch im Jahre 1945 ein Unterseeboot!), Poske (Crew 23), Neitzel (Crew 23. Er führte den erfolgreichsten Einzelangriff eines Kommandanten durch!), Kals (Crew 24), Fleige (Crew 24) und Rösing (Crew 24). Ein Crew-Kamerad von Schütze – Klaus Ewerth – stellte als erster Kommandant der zweiten deutschen U-Boot-Waffe am 29. Juni 1935 in Kiel U-1 in Dienst und führte nach Kriegsausbruch mit U-26 das einzige Schwesterboot von U-25, das Viktor Schütze im September 1939 von Oberleutnant zur See Georg-Heinz Michel (Crew 31/33) übernehmen sollte. (U-25 – Typ: IA; Auftrag: 2. Februar 1935; Kiellegung: 28. Juni 1935, Stapellauf: 14. Februar 1936 bei der Deschimag AG Weser [Bau-Nr. 903] in Bremen; Indienststellung: 6. April 1936; Größe: 862/983/1200 t; Geschwindigkeit: 17,75–18,60/8,30 kn; Bewaffnung: 4 Bug- und 2 Heck-Torpedorohre [14 Torpedos oder 42 Minen], eine 10,5-cm-Kanone und eine 2-cm-Flak; Besatzung: ca. 43–49 Mann).
Über die konstruktive Entwicklung sowie über die Realisierung, die zum Bau der beiden Boote U-25 und U-26 geführt haben, sind wir durch Eberhard Rößler »Geschichte des deutschen Ubootbaus« (München 1975, S. 130–134, 141–146, 149 bis 156) gut informiert. Jack P. Mallmann-Showell schreibt zusätzlich: »Sie basierten auf dem türkischen GÜR, das in Cadiz von dem deutschen U-Boot-Entwicklungsbüro, dem ›Ingenieurskantoor voor Scheepbouw‹ gebaut worden war. Beide Boote hatten die charakteristische Eigenschaft, daß sie schon bei geringem Seegang nahezu außer Kontrolle gerieten und deshalb außerordentlich sorgfältig gesteuert werden mußten. Besonders mußte beim Alarmtauchen aufgepaßt werden, daß das Boot auf die gewollte Tiefe einsteuerte, weil beide Boote seitlich auszuscheren oder die Tiefe zu untersteuern pflegten. Sie auf Sehrohrtiefe zu halten, bereitete weitere besondere Kopfschmerzen, weil es schwierig war, Bug oder Heck vom Durchbrechen durch die Oberfläche infolge eines zu großen Anstellwinkels abzuhalten. Selbst voll aufgetaucht gab es allerhand auszusetzen, weil die Bauart des Turmes außerordentliche Wassermengen überkommen ließ. Beide Boote wurden zur U-Boot-Schule verbannt, unter dem Gesichtspunkt, daß ›. . . Schüler, die diese Dinger beherrschen können, mit anderen Booten ebenfalls klarkommen werden‹. – Immerhin waren sie Hochsee-U-Boote, und der Mangel an Booten machte später ihre Rückkehr zu Einsatzflottillen notwendig.« – Den Typ »als nicht seetüchtig« zu bezeichnen (Mallmann-Showell, a. a. O., S. 17), ist natürlich Unsinn, da Viktor Schütze 1939/40 schließlich durch seine Erfolge das Gegenteil beweisen konnte.
Nach Ausbruch des Zweiten Weltkrieges (September 1939) wurde im Oktober /November 1939 deutscherseits ein Vorstoß mit drei Unterseebooten ins Mittelmeer ge-

plant: Hierbei kamen die beiden einzigen Typ-I-A-Boote U-25 und U-26 sowie das Typ-VII-B-Boot U-53 zu einem ergebnislosen Ansatz. Kapitänleutnant Schütze griff auf dem Ausmarsch am 31. Oktober 1939 im Marinequadrat BF-7832 den französischen Konvoi 20-K an und vernichtete um 05.25 Uhr mit Torpedo auf 43° 48′ N–09° 08′ W den 5874 BRT großen, im Jahre 1921 erbauten französischen Dampfer Baoule aus Le Havre. Seinerzeit meldete eine Agentur aus Paris, daß von der Besatzung 33 Mann – darunter der Kapitän – gerettet werden konnten. U-25 wurde allerdings bei diesem ersten Erfolg beschädigt: Das Boot – von einem Frachter unter Wasser gerammt –, verlor dabei fast die ganze obere Hälfte des Turmes. Das veranlaßte später (d. h. im Mai 1940) den letzten Kommandanten (Korvettenkapitän Beduhn), nach der Bootsübernahme als neues Turmwappen zwei Glückspilze – die ihm allerdings kein Glück bringen sollten – zu wählen. Lediglich Kapitänleutnant Ewerth stieß mit U-26 nach einer Minenverseuchung vor Gibraltar in das alte Jagdrevier der Mittelmeer-U-Boote des Ersten Weltkrieges vor, konnte indessen keine Erfolge erzielen. Erst ab 1941 sollten hier deutsche U-Boote zu einem kaum vertretbaren Einsatz kommen: Bei erschreckend hohen Eigenverlusten erzielten sie nur wenige Erfolge (bis September 1944: 142 Handelsschiffe mit 509 016 BRT). Zunächst sollte jedoch der U-26-Vorstoß die ausgedehnteste U-Boot-Operation des Zweiten Weltkrieges bleiben. Das dritte Boot, U-53 unter Kapitänleutnant Heinicke, mußte den geplanten Vorstoß vorzeitig abbrechen. U-25 kehrte unter Schütze in das stark vereiste Wilhelmshaven zurück.

Im Januar 1940 verließ das U-Boot mit gescheckten Turm (Haifischmaul und Totenkopf) unter Schütze den Jade-Hafen zur zweiten Operation. Bis zum Feuerschiff Elbe-I brach das alte Linienschiff Schleswig-Holstein eine Eisrinne. Das U-Boot sollte im Januar/Februar mit sechs anderen Einheiten (U-31, U-34, U-41 †, U-44, U-51 und U-55 †) um England sowie im Nordkanal zum Einsatz kommen. Am 17. Januar stoppte U-25 bei Muckle Flugga (Shetland-Insel) den in Penzance registrierten britischen Dampfer Polzella (Baujahr 1929) mit 4751 BRT, der von Schütze um 12.55 Uhr durch Torpedo in AF-7887 versenkt wurde. Der Kommandant blieb zunächst in diesem Gebiet und vernichtete um 14.10 Uhr in AF-7889 durch Torpedo sowie mit Unterstützung der Bordkanone den aus Trondheim stammenden norwegischen Dampfer Enid (1140 BRT/Baujahr 1924). Vierundzwanzig Stunden später griff der Kommandant in AM-3488 in der Nähe der Shetland-Inseln bei North Rona (Hebriden) um 16.25 Uhr das in Stockholm beheimatete schwedische Motorschiff Pajala (6873 BRT/Baujahr 1924) – Schütze schätzte ihn auf 5600 BRT – erfolgreich mit Torpedo an. Westlich der Scilly-Inseln stellte er am 22. Januar um 13.26 Uhr den norwegischen Dampfer Songa aus Bergen. Das 2589 BRT große, im Jahre 1921 erbaute Fahrzeug mußte seine letzte Reise – ebenfalls nach einem Torpedotreffer – antreten. Anschließend ergänzte das U-Boot seine Vorräte aus einem in Cadiz (Spanien) liegenden Tanker.

Erst am 3. Februar 1940 gelang es dem Kommandanten, der 48 Stunden zuvor zum Korvettenkapitän befördert wurde, mit dem modernen Engländer Arministan (6805 BRT/Baujahr 1937) in CG-5719 ein weiteres Opfer vor die Rohre zu bekommen: Von

einem Torpedo um 14.32 Uhr getroffen, sank der OG-16-Konvoifahrer aus London in der Tajo-Mündung auf 38° 15′ N–11° 15′ W. Anschließend trat eine größere Pause ein. Erst am 13. Februar konnte Schütze, auf dem Rückmarsch befindlich, mit dem dänischen Motortanker Chastine Maersk (5177 BRT/Baujahr 1923) aus Svendborg in AF-7953 das letzte Opfer dieser mit einem Ergebnis von 6 Abgängen mit zusammen 27 335 BRT recht erfolgreichen Unternehmung stellen: Er griff das Fahrzeug um 07.16 Uhr mit Torpedo und Artillerie an, der Däne sank schließlich auf 61° 30′ N–02° 00′ O. Mit einem Songa-Rettungsring an der Steuerbordseite des Turmes kehrte U-25 nach Wilhelmshaven zurück. Auf dieser Operation war Eitel-Friedrich Kentrat (Crew 28) – er unternahm später mit U-196 mit 225 Tagen die längste U-Boot-Feindfahrt aller Zeiten – I. WO auf U-25: »Er erlebte, wie Schütze, einer der kaltblütigsten Kommandanten . . . im Überwasser-Nachtangriff in ein Geleit einbrach und zwei Dampfer herausschoß.«
Im Zusammenhang mit der Operation-»Weserübung« (Skandinavien-Unternehmung gegen Norwegen und Dänemark) kamen im April 1940 neun U-Boot-Gruppen (Operation-»Hartmut«) unter dem B(efehlshaber)d(er)U(nterseeboote), Konteradmiral Karl Dönitz (Crew 10) zum Einsatz. Vor dem Vestfjord stand U-25 zur 1. Gruppe gehörend mit U-46, U-51, U-64 und U-65.
Am 10. April 1940 griff U-25 im Vestfjord in günstigster Position um 21.07 Uhr zwei Zerstörer der ein- bzw. auslaufenden britischen Task-F ergebnislos an. Die mit Magnetzündung geschossenen Torpedos waren Selbstzünder. U-25 meldet lakonisch: »Abends zwei Zerstörer torpediert – Wirkung nach Detonation nicht beobachtet – U-25.«
Weitere Angriffsversuche von U-25 sowie von U-48 unter Kapitänleutnant Herbert Schultze (Crew 30) schlugen ebenfalls fehl. Zusammenfassend berichtet der ehemalige Marine-P(ropaganda)K(ompanie)-Mann Dr. Harald Busch sieben Jahre nach Beendigung des Zweiten Weltkrieges über den U-25-Einsatz:
Als anläßlich der Besetzung Norwegens durch die Wehrmacht April 1940 auch das Unterseeboot des Korvettenkapitäns Viktor Schütze den Auftrag hatte, im Vestfjord britische Seestreitkräfte, mit deren Eingreifen man rechnete, aufzuhalten und möglichst auszuschalten, fand es sich plötzlich durch die Natur dieser Breiten selbst mattgesetzt. An Bord der deutschen Zerstörer unter Kommodore Bonte war nach Überwinden der für solche Fahrzeuge ungeheuer weiten Strecke Wilhelmshaven–Narvik trotz allerschwerstem winterlichen Orkan eine geringe Abteilung von Gebirgsjägern als Vorkommando in die Bucht jenes norwegischen Erzhafens eingelaufen. Sie hatte – noch ohne eigene schwere Waffen – Befehl, diesen wichtigsten Platz des äußersten Nordens im Handstreich zu besetzen und zu halten, bis Waffen und Verstärkung an Bord von Frachtern nachkämen.
Ob nun die Zerstörer den Standort des Bootes bereits passiert, ob sie den Hafen schon angelaufen hatten und das Unternehmen geglückt war, das wußte man auf dem Unterseeboot des Korvettenkapitäns Schütze noch nicht. Auf jeden Fall mußte dieses Boot auf das Erscheinen von britischen Einheiten jederzeit gefaßt sein, denn der Feind wollte in diesen Tagen Narvik und Skandinavien für sich besetzen. Durch Funk waren

die deutschen Boote unterrichtet, daß große Teile der britischen Hochseeflotte, Transporter, Frachter und auch französische Streitkräfte im Anmarsch nach Norden seien.

Die deutschen Zerstörer waren dem Briten im letzten Augenblick zuvorgekommen. In diesem kritischen Moment, da ein Funkspruch dem Boot meldete, daß die Flottille soeben Baröy passiert habe – vom Engländer war bisher nichts gesichtet worden –, setzte plötzlich undurchdringlicher weißer Flockenfall ein. Die Ausgucks auf der Brücke des lauernden Unterseebootes konnten buchstäblich nicht mehr das eigene Vorschiff ausmachen. Das Boot Schützes lag bis zur kritischen Stelle vorgeschoben in dem stillen Fjordwasser wie abgeschnitten und ausgeschaltet. Die Situation war um so unwirklicher, als man bis zu diesem Augenblick genau den gleichen Orkan, durch den die mit Landungstruppen übervollen deutschen Zerstörer sich hatten durchkämpfen müssen, abgewettert hatte. Auf einen Schlag schien plötzlich die ganze Welt ringsum versunken.

»Haben Sie jemals so was an Schnee erlebt, Bootsmann?« macht Viktor Schütze seinem Ärger wie seiner Besorgnis Luft. Der Oberfeldwebel, zur Zeit Wachleiter auf der engen U-Boot-Brücke, schüttelt den vermummten Kopf. Gleichsam als Weihnachtsmänner dick in Watte gepackt, stehen die vier Männer am Ausguck ratlos da.

»Wenn jetzt der Engländer . . . Ach was! Man darf nicht daran denken!« bemerkt der Kommandant weiter. »Wir bleiben auf jeden Fall oben.« Damit verschwindet er wieder ins Bootsinnere. Ändern kann er ja nichts. Wer zur See fährt, begibt sich nun mal in die Gewalt der Elemente.

Bei unsichtigem Wetter ist es üblich zu tauchen; der Sicherheit des Bootes wegen, daß es nicht unversehens angegriffen wird. Angegriffen ist es immer, jedem Gegner gegenüber der Schwächere und weit mehr als jedes andere Fahrzeug gefährdet. Die Stärke des Unterseebootes ist sein Nichtgesehenwerden. Heute aber kommt es darauf an, keine Minute länger als nötig blind, sondern möglichst beweglich zu bleiben. In jedem Moment kann die schneeausschüttende Bö vorübergelastet sein und der Gegner in Sicht kommen. Um keinen Preis darf er die deutschen Zerstörer in Narvik wehrlos – etwa noch beim Beölen – in der Bucht antreffen. Ehe er nachstößt und die Falle schließt, sollen sie wieder klar und aus der Enge heraus auf dem Rückmarsch sein.

Unerbittlich sinkt das weiße Geriesel in ganzen Massen um das Boot herab. Untätig stehen der Wachoffizier und seine drei Mann Ausguck auf der offenen Brücke des Bootes. Sie fluchen in sich hinein oder sind stumm ergeben, je nach Temperament. Langsam schleichen die Minuten ihrer vier Stunden dauernden Wache dahin.

Plötzlich wiegt sich das Boot.

Nanu? Mit einem Satz von seiner schmalen Koje hoch, durchs enge runde Kugelschott und die Zentrale, den senkrechten Niedergang die zwei Stockwerke durch den Turm hinauf, ist Viktor Schütze auch schon oben auf der Brücke. Den Mantel hat er gar nicht erst übergestreift.

»Da is' einer vorbei, Herr Kapitän!« meint der Wachoffizier und schluckt, um das Gefühl des Unheimlichen, unabänderlich Unbekannten wegzubringen, daß einer da so ungesehen dicht an ihnen vorüberzog.

Verfluchter Nervenkitzel! Was ist denn eigentlich? Irgendein Fahrzeug! Aber was für eines? In der Bewegung, die es im stillen Fjordwasser weithin ausbreitend hinter sich hervorrief, schlingert das Boot. In welcher Richtung lief der Unbekannte? Ein oder aus? Keinerlei Bewegung mehr im Wasser. Man hat sie nur gespürt. War das der Gegner, dem sie auflauern? Einfach alles weg. Man ist in einen dicken, flimmernden Vorhang von Schweigen eingehüllt.
Irgendein norwegisches Fahrzeug kann das Boot passiert haben. Ebensogut auch der Brite. Hört der verdammte Schneefall immer noch nicht auf? Reinster Polarwinter herrscht hier oben noch. Sie stehen wie blind in einer engen Kammer, deren Wände einem vor den tastenden Händen zurückweichen. Alles ist aufgeschluckt von dem weichen, dichten Geriesel. Als hätte man Watte in den Ohren und Milchglasbrillengläser vorm Gesicht. Der Schnee kitzelt auftauend die Nase; die Wimpern sind schwer, naß und kühl von flockigen Tropfen, die Augen wie zugeklebt. Man muß sie schmerzhaft aufreißen.
Plötzlich lauscht alles auf: War da nicht? Da wieder!
Tatsächlich: Artillerieschießen.
So ist mit dem Schneetreiben der Gegner tatsächlich durchgebrochen.
Korvettenkapitän Schütze gibt Befehl: Das Boot stößt nach, in die Narvikbucht hinein. Jetzt wird es sichtiger, jetzt, wo es zu spät ist. Der Schnee fällt weniger stark. Man kann ein paar hundert Meter weit erkennen.
Eine Weile vergeht, während der das Boot mit brummenden Dieseln durch das ruhige Fjordwasser dahinzieht. Das Aufbellen der Salven in der Ferne wird seltener. Dann verstummt es ganz. Wie mag es in Narvik stehen? Was machen unsere Zerstörer, ist die Frage der U-Boot-Männer.
Da! Schemen lösen sich aus dem Nichts. Zwei britische Zerstörer laufen mit höchster Fahrtstufe zurück. Sind die Torpedos klar? Aber man steht ungünstig zu jenen beiden. Schon preschen die grauer und bestimmter werdenden Schatten heran, werden größer, dunkler, passieren, das Boot kommt ihnen nicht mehr in den Weg. Ganz einwandfrei, dies sind Briten. Die unsern haben die englische Vorhut zurückgewiesen, denkt der Kommandant. Keine Lage zum Schießen. Schon ist der Spuk verschwunden.
Wer U-Boot fährt, kaut an einem harten Brot! Die Enttäuschung darf nicht umschmeißen. Vielleicht hat einer der Kameraden weiter draußen bessere Chance und Glück?! Viktor Schütze zuckt die Achseln.
Der Feind ist also wirklich im Vestfjord. Er hat die deutschen Sicherungen durchbrochen, hat sie im Schneetreiben überrannt. Das Wetter hat ihn begünstigt, und er hat es für sich genutzt. Narvik steht ihm offen. Zwar scheint sein erster Versuch, die deutsche Landung dort mit leichten Kräften zu liquidieren, gescheitert, aber er darf sich Zeit nehmen: Er ist da, ehe der deutsche Nachschub zur Stelle. Die deutschen Zerstörer sitzen in der Falle, sind noch nicht wieder weg; die deutschen Truppen, die sie brachten, ebenfalls. Von allem, was sie brauchen, sind sie nun abgesperrt. Mit seinen schweren Kräften, die er doch bestimmt hier oben hat, kann jetzt der Feind dies Seegebiet als einzige Verbindungstür hier herauf einfach abriegeln. Die deutschen stärkeren Einheiten sind weiter im Süden durch andere Aufgaben gebunden. Was gelten sie denn

im Vergleich zu der riesigen britischen Hochseeflotte. Zu einem offenen kräftemessenden Kampf wie seinerzeit der Skagerrakschlacht dürfen sie es niemals kommen lassen. Sie können nur hier und dort geschickt Nadelstiche versetzen, diese und jene Gelegenheit für sich nutzen. Für Korvettenkapitän Schütze gilt es nun, den Gegner wenigstens soviel wie möglich zu schwächen und von der engeren Narvikbucht abzuhalten.

Die steilen Fjordwände treten heraus. Gemäß dem für diesen Fall vorgesehenen Befehl des BdU stößt Viktor Schütze weiter in die innere Bucht vor. Er hat sich die Seekarte auf die Brücke heraufreichen lassen und prüft mit dem Obersteuermann jede Felsnase, all die verschiedenen und im Passieren dauernd wechselnden Silhouetten der Berge, späht nach jeder Bucht. Jedes Loch und alle Untiefen, von denen es hier wimmelt, prägt er sich genau ein, nimmt und notiert Peilungen, um sich später in jeder Lage schnell zurechtfinden zu können. Er fährt die ganze Bucht aufmerksam sorgfältig ab. Es sollte sein Glück werden, daß er dies schwierige Fahrwasser derart in Ruhe durchstudierte und jede Ecke, jeden Winkel besah. Schütze klopfte die ganze Bucht ab wie ein Infanterist das Gelände, in dem er sich einrichtet. So, nun kannte er sich einigermaßen aus. Ein U-Boot-Krieg so dicht unter Land in dem Gewirre von Fels und engem, vielfach untiefem Wasser ist kaum ein Seekrieg, sondern mehr ein Küstenvorfeld-Stoßtrupp-Unternehmen.

Aus Funkmeldungen geht inzwischen hervor, daß die Außenposten durch die anderen Boote überhaupt noch nicht besetzt sind. So fühlt sich Schütze mit seinem Boot als der einzige vorgeschobene Verteidiger von Narvik. Gern würde er den Ort einmal anlaufen, um Näheres über die Lage zu erfahren. Noch weiß er nicht, was die Gebirgsjäger erreichten, ob sie Waffen am Platz vorgefunden haben, die sie nun brauchen können, wie man es hoffte (aber es war nicht der Fall!). Er wagt nicht, seinen wichtigen Posten vor der Bucht auch nur für Stunden zu verlassen.

Außer fremden Zerstörergruppen fernab, die gelegentlich als Aufklärer gegen die hier vermuteten deutschen U-Boote auf Suchfahrt mit Asdic- und Horchgerät begriffen sind, wird zunächst nichts vom Feind gesichtet. Einmal kommen mehrere Zerstörer denn doch mit wechselnden Kursen und geringer Fahrt in Schützes Nähe. Sie loten. Wie Stockschläge gegen die Turmwand sind die Impulse der Suchstrahlen im getauchten Boot zu hören. Es wird, nach etwa halbstündiger Fahrt, während der es sich dem Gegner mit Schleichfahrt vergeblich zu entziehen versucht, genau überlaufen. Bei 70 m Wassertiefe an dieser Stelle geht es nahe den Klippen vorsichtshalber auf Grund. Nach drei Stunden ergebnislosen Suchens läßt der Gegner endlich ab. Kurz darauf geht das Boot auf Sehrohrtiefe. Von schweren Einheiten, die es als Ziele im Gefolge der Zerstörer vermutet, ist weder etwas zu horchen noch zu sehen.

Am späten Nachmittag dieses Tages überfliegen Feindmaschinen den Fjord. Ihr Bombenangriff auf Narvik ist gut zu hören. Man steht 12 sm entfernt. Was mögen die deutschen Zerstörer machen? Laufen sie nicht aus?

Mit dem Abend wird das Wetter regnerisch diesig. Das Boot taucht auf. Und nun kommen zwei der deutschen Zerstörer aufklärend in Sicht. Derweilen lädt Schütze für Unterwasserfahrt die stark mitgenommene Elektrobatterie durch Diesel nach. Der

Kapitän zur See Viktor Schütze

(16. 2. 1906–23. 9. 1950)
Eintritt in die Reichsmarine: 1925
(Crew 25)

Bodo Herzog: »Viktor Schütze, auch ›Stüppchen‹ genannt, war eine allgemein geschätzte Persönlichkeit, besaß sehr viel Humor und war bei seinen Untergebenen außerordentlich beliebt. Als nicht einfacher Untergebener wußte Schütze tatsächlich und objektiv oftmals mehr und besser Bescheid als seine Vorgesetzten, und so kam es nicht selten zu Spannungen. Die ihn gut kannten, bezeichnen ihn noch heute als ›Pfundskameraden‹. Kurz nachdem er eine Stelle im ältesten Montankonzern des Ruhrgebietes angetreten hatte, verstarb der prächtige Seeoffizier völlig überraschend am 23. September 1950.«

Lorient im Jahre 1941: Im Stützpunkt der 2. U-Flottille (Korvettenkapitän Heinz Fischer) spricht Korvettenkapitän Viktor Schütze an Bord seines Bootes U-103 kurz vor dem Auslaufen noch einmal zu seiner Mannschaft. – Hans-Joachim Fuchs: ». . . er verkörperte nicht in allen Punkten den Marineoffizier wie er ›im Buche steht‹, sondern war mehr persönlicher seinen Mitmenschen, sprich Soldaten, gegenüber mit all seinen ›Wehwechen‹ in der damaligen Zeit. Hatte auch äußerlich nicht das ›Zackige‹, siehe kleiner Bauch, die gute Zigarre u. a. m. (wehe, wenn bei schlechtem Wetter auf der Brücke das Ding nicht brennen bzw. qualmen wollte!) . . . ich wurde abkommandiert auf Maaten-Lehrgang/Kiel, kam anschließend auf U-167. Schütze wurde inzwischen Leiter der Ausbildung Danzig-Hela. Wir wurden mit drei Besatzungen verabschiedet. Schütze schritt die Front ab, erspäht meine Figur, vortreten, Handschlag, kurze Unterhaltung wie ergangen, alles Gute und an LI des Bootes kurzer Hinweis, was für ein ›Juwel‹ im Diesel fährt!«

Lärm ist innerhalb der widerhallenden Bergwände unangenehm deutlich zu hören. Am Mittag des folgenden Tages stehen die sichernden deutschen Zerstörer immer noch auf und ab vor der Einfahrt nach Narvik. Im Westen kommen Masten heraus. Gleichzeitig hört man Geschützfeuer. In drei Reihen über die Fjordbreite verteilt, marschiert der Feind zahlreich, aus schweren Geschützen feuernd, auf Narvik zu. Etwa zehn Zerstörer sind vorläufig zu zählen; Flugzeuge kreisen über ihnen. Anhaltender Lärm von Wasserbomben und Geschoßeinschlägen. Der Kommandant beobachtet durchs Sehrohr; er allein sieht Andeutungen von dem, was draußen geschieht. Der Gegner zackt erheblich, um den einschlagenden deutschen Geschossen zu entgehen und das Einschießen zu erschweren. Viel werden die Zerstörer Bontes kaum ausrichten können gegen diese Übermacht.

Schütze greift mit seinem Boot an. Er geht gegen de Backbordkolonne des Gegners vor. Entfernung 1200 m . . . 1000 m . . . 800 m und Lage 90 Grad: Schuß! Und noch einmal: Schuß! Dann schneidet sein Sehrohr unter.

Verflucht! Was ist los? Hat er getroffen? Nicht festzustellen bei dem allgemeinen Lärm ringsum, wenn man es nicht sieht. Das Boot hat fallende Tendenz. Erst nach mehreren Minuten steigt es wieder an, nun aber so schnell, daß, wenn es nicht die Wasseroberfläche durchbrechen soll – und das würde sein Ende herbeiführen –, der Kommandant bzw. sein Leitender Ingenieur mit harten Mitteln eingreifen muß, es wieder hinunterzubringen.

Zwischendurch gelingt ein kurzer Blick durchs Sehrohr. Ein Schlachtschiff in Lage 100 Grad auf etwa 300 m Abstand folgt den Zerstörerkolonnen, von zwei weiteren Zerstörern gesichert. Das wäre ein Ziel! Schützes Boot ist noch keineswegs wieder in der Gewalt der Tiefenruderleitung. Es kann keinen Schuß lösen und bockt in ständigem Wechsel zwischen Steigen und Fallen, seit die beiden ersten Torpedos vorn das Boot verließen und dort sein Gewicht veränderten.

Es ist kein eigentliches Frontboot, das Viktor Schütze kommandiert, sondern ein ehemaliges Versuchsboot, das, so gut es gehen wollte, zum Einsatz hergerichtet wurde. Es hapert an Ecken und Enden. Bis es so weit ist, daß man Sehrohrtiefe halten und den Unterwasserangriff weiter fahren kann, ergibt der Blick durchs Okular, daß die schwimmende Festung des Gegners inzwischen viel zu weit ab und sich bereits in einer Lage befindet, daß ein Torpedoschuß nicht mehr möglich ist. Ununterbrochen feuert sie aus den Türmen ihrer schweren und mittleren Artillerie volle Salven. Schütze folgt. Unter Wasser macht sein Boot nicht die notwendige Fahrt. Vielleicht, rechnet er, wendet das Schlachtschiff – es scheint die Warspite zu sein – und kommt dann doch noch in günstigere Schußposition? Es muß alles versucht werden.

Seit Insichtkommen dieses mächtigen Gegners ist dem Kommandanten deprimierende Gewißheit geworden, was er längst befürchtete: Die deutschen Zerstörer werden von der erdrückenden Übermacht des Gegners vernichtet. Zu dem Schlachtschiff und dem Verband, der sich da gegen Narvik schiebt, vergrößert sich seine Entfernung schnell. Das Unterseeboot, die letzte Außensicherung jenes Hafens, ist überrannt worden.

Es bleibt lediglich die Aufgabe zu versuchen, die schweren Einheiten des Gegners

noch einmal, wenn auch für Narvik zu spät, zu erwischen. Vielleicht seinen Nachschub, mit dem gerechnet werden muß, zu schädigen.
Die Luft- und Zerstörerüberwachung des Fjords, die nun einsetzt, läßt ein längeres Auftauchen am Tage nicht mehr zu. Selbst während der Nacht, die durch Schnee, Nordlicht und Mondenschein stark aufgehellt für kurze Zeit hereinsinkt, ist jede Überwasserfahrt erheblich eingeschränkt. Das Boot muß auftauchen. Nicht nur um zu durchlüften, sondern vor allem, um immer wieder die Batterie nachzuladen, mit deren Energie allein es sich unter Wasser halten und operieren kann. In dem engen Ofotfjord, in dem es steht, zwischen ragenden Bergwänden, sind die Horchmöglichkeiten für den Gegner derart gut, daß ein laufender Diesel auf mindestens 10 000 m einwandfrei bemerkt werden muß. So ist das Boot jedesmal während des Aufladens stark gefährdet.
Ist denn nicht möglich, fragt sich Schütze, bis an das feindliche Schlachtschiff heranzukommen, das sicherlich jetzt unmittelbar vor Narvik liegt? Die Entfernung bis dorthin ist so groß, und der Aufklärung des Gegners wegen könnte man sie nur unter Wasser überwinden. Bis dahin wird die U-Boot-Batterie völlig leergebraucht sein, ehe der eigentliche Angriff gegen das Schlachtschiff gefahren werden kann. Der Angriff dürfte sich wegen der starken Sicherung des Schiffes durch Zerstörer überaus kompliziert gestalten und eine Menge Strom benötigen, Aufladen ist dann nicht möglich. Das Boot ist mattgesetzt. Dauernd jagen Feindmaschinen in geringer Höhe über den Fjord. Über Wasser bis dorthin zu gelangen, unmöglich. Korvettenkapitän Schütze beschließt, im westlichen Teil des Fjords zu bleiben und dem Gegner hier aufzulauern. Er wird die winzigen versteckten Buchten, die er so genau auskundschaftete, zum Nachladen der Batterie benutzen. Dann dringt der Schall des Diesels nicht so weit. Am späten Nachmittag kommt der englische Kampfverband auslaufend in Sicht. Das Schlachtschiff der Queen-Elizabeth-Klasse – es ist tatsächlich die Warspite – und sechs Zerstörer als Sicherung. Lage 0! Genau auf den Standort des Unterseebootes zu. Das läuft mit seiner geringen Unterwassergeschwindigkeit sofort dem Verband aus dem Kurs, um angreifen zu können, gerät auch in die Sicherung hinein, aber der Gegner bemerkt es und setzt Wasserbomben, so daß das Boot vorlastig abfällt, ehe eine geeignete Schußposition erreicht wurde. Armaturen sind zerstört, Ventile gelockert und undicht, die Tiefenrudermotoren ausgefallen. »Umschalten auf Hand!« hieß es; aber dieses Boot ist ungemein schwer zu dirigieren und zumal tiefenzusteuern. Mit bloßem Oberkörper, so heiß wird ihnen dabei trotz der eisigen Kälte in der Zentrale, schuften die beiden Tiefenrudergänger an ihren ungefügen Handrädern, seit die elektrische Übertragung ausfiel und sie nicht mehr die einfachen Ruderknöpfe als Tasten bedienen können. Ihre Haut glänzt im Licht der mit Apparaturen, Handrädern, Ventilen verwirrend bespickten Zentrale. Der Schweiß rinnt herab, während die übrigen sonst ringsum in die Finger blasen und sich die Füße warm zu treten versuchen; denn elektrische Öfen hat das Boot nicht mit. Es fehlt überhaupt der überstürzten Ausrüstung wegen so allerhand.
Ringsum bellen Wasserbomben. Aus dem Jäger ist ein Gejagter geworden. Mit einer Weiterführung des Angriffs ist es vorbei.

Um der Verfolgung möglichst zu entgehen, schleicht Schütze sich in Richtung der nahegelegenen kleinen Bucht, die er als Versteck zum Aufladen der Batterie schon vorher ins Auge faßte. Deren Einfahrt ist für Zerstörer und größere Fahrzeuge unpassierbar. Wird er sie noch erreichen?

Die Detonationen ringsum brechen ab. Der Gegner scheint das Boot verloren zu haben. Im Horchgerät ist festzustellen, daß der feindliche Verband weitermarschiert. Schütze läuft blind, ohne das Sehrohr zu zeigen, die Bucht an. Mit der letzten Kraft seiner E-Maschine gelingt es, sie zu fassen. Wie aber das Boot endlich das Sehrohr vorsichtig ausfährt, erkennt Schütze, daß einer der Zerstörer, offenbar detachiert, als Nachzügler doch hinter ihm drein auf und ab patroulliert.

Schütze bringt sein Boot durch die Enge. Mehrmals erscheint der Zerstörer draußen vor dem Loch. Bei Lage 80, die Fahrt des Gegners auf 15 Meilen geschätzt, Entfernung 1500 m, fällt der Heckschuß. Doch der Feind horcht den auf ihn anlaufenden Torpedo. Er geht plötzlich mit hoher Fahrt an. Kein Treffer. Es ist eben alles gegen einen Erfolg.

Mit Einbruch der Dunkelheit manövriert Schütze rückwärts sein Boot aus der Enge. Anders geht es nicht. Er stellt fest, daß draußen immer noch der feindliche Zerstörer ist. Der weiß, wer dort in dem Loche sitzt. Nun dreht Schütze – gerade eben schafft es die fast aufgebrauchte Batterie – und geht über den Achtersteven wieder in sein Krebsgehäuse hinein, um künftig vorwärts aus ihm heraus vorstoßen zu können.

Helle Mondnacht. In aller Eile wird der Turm des Bootes, das nun aufgetaucht daliegt, weiß angestrichen. So hebt es sich kaum noch ab von dem schneebedeckten Hintergrund.

An Land werden Lichtzeichen beobachtet. Sind es Norweger, die signalisieren, oder etwa britische Landungstruppen? Verständigt man sich untereinander über das deutsche Boot? Ein unangenehmer Liegeplatz, so eingekeilt dazusitzen.

Am frühen Morgen läuft die Warspite mit fünf Zerstörern erneut Narvik an. Sie kommt an der Bucht, in der das Boot, immer noch wohlbewacht durch »seinen« Zerstörer, liegt, vorüber. Der Kommandant erkennt es und versucht aus der Bucht heraus einen Überwasserschuß. Die Gegnerlage ist nicht ungünstig. Rrrummmms! – Viel zu bald nach dem »Torpedo los!« trifft der Aal, nach kaum 800 m Lauf, der Zeit nach berechnet, auf einen dort offenbar befindlichen Unterwasserfelsen. Er detoniert viel zu früh.

Zerstörer kommen heran. Schütze legt das Boot, das sich so unliebsam bemerkbar machte, auf Grund und wartet die nächste Nacht zum Laden der Batterie ab. Laufend sind die Schraubengeräusche der Wächter vor seinem Fuchsloch zu horchen.

Derweilen spielt sich vor Narvik und in den Fjorden ringsum der heldenhafte Endkampf der deutschen Zerstörer ab; vor erdrückender Übermacht nacheinander stolzer, ehrenvoller Untergang. Sie hatten, ehe der Gegner kam und ihren Weg sperrte, für die lange Reise nicht genug ölen können. Nun zogen sie, bis zur letzten Granate angreifend und feuernd, eine Zahl von des Gegners Einheiten mit in den Tod. Ihre Aufgabe, die deutsche Landungstruppe an diesen entlegensten Punkt des Norwegenunternehmens zu führen und auszuschiffen, hatten sie trotz schwierigster Wetterlage vorbildlich erfüllt. Die an Land geretteten Besatzungen helfen jetzt den Gebirgsjägern im Endkampf so gut es geht. Irgendein artilleristischer, überhaupt ein nennenswerter Widerstand außer dem mit leichten Infanteriewaffen kann dem nachstoßenden Gegner, wenn auch er eine Landung durchführt (und er sollte es sehr bald tun), nicht mehr geleistet werden.

Der Hafen von Narvik ist nun für Deutschland gesperrt und liegt dem Feind offen da. Das große Schiffssterben setzt ein. Alle Frachter, deutsche wie neutrale, die vor Narvik zu Anker liegen, werden durch britische Torpedos, fächerweise in die Bucht hineingeschossen, wie auf dem Schießstand versenkt. Ein Totenfeld entsteht. Die Wracks ragen aus dem stillen, eisigen Fjordwasser dunkel zwischen den verschneiten Hängen heraus. Der Hafen mit dem Erzpier gerät in die Hand des mit starken Kräften gelandeten alliierten Expeditionskorps. Der deutsche Vortrupp unter Dietl, der den Hafen im Handstreich nehmen und bis zum Eintreffen von Verstärkungen und Waffen auf langsameren Frachtern halten sollte, zieht sich, völlig abgeschnitten und auf sich gestellt, entlang der wichtigen Erzbahn, die von den schwedischen Gruben hierherführt, Schritt für Schritt tapfer, zäh und verbissen kämpfend, aus dem Stadtgelände zurück. Die Bucht ist zu einer Mausefalle geworden, die der Engländer mit Leichtigkeit zu sperren vermag.

In so einer Falle sitzt auch das Unterseeboot des Korvettenkapitäns Schütze. Voller Kampfeslust, noch ungebrochen in seinem Verlangen anzugreifen, wo nur Gelegenheit und Aussicht sich bieten mochte, aber doch gefangen in diesem Loch und in seiner Handlungsfreiheit beschnitten und geschwächt. Ist erst einmal ein Seegebiet vom Gegner beherrscht, so kann auch ein Unterseeboot nur noch wenig ausrichten. Die Fjordenge, die Schützes Boot mit den anderen – die z. T. Narvik anliefen, nun aber weiter draußen operieren – zu sperren vergeblich versucht hatte, wird jetzt von britischen Zerstörern und Flugzeugen wirkungsvoll überwacht.

Der Kommandant hofft, daß sich doch noch Gelegenheit bietet, den Gegner wenigstens zu schädigen. Er lauert weiterhin in seiner Bucht. Der günstige Liegeplatz, die weiße Tarnfarbe am Turm, hindern passierende Fahrzeuge, ihn vor der verschneiten Landschaft auszumachen. Der kleine Hafen gibt günstigen Horchschutz beim Aufladen der Batterie. Unangenehm ist das Gefühl, möglicherweise durch anwohnende Norweger verraten zu werden.

In dieser Nacht wird die völlig erschöpfte Batterie nachgeladen. Das Tuckern des Diesels hallt unheimlich laut. Es glückt, ohne daß irgend etwas die Arbeit stört und unterbricht. Nur noch zwei und eine halbe Stunde lang sind hier droben im Norden jetzt die Nächte und ungewöhnlich hell über dem Schnee. Das Wetter ist still und ruhig geworden. Kaum eine Stunde vergeht, daß nicht mindestens ein Zerstörer in Sichtweite des Bootes vorüberzieht. Der Fjord ist zu tief, um sich auf Grund legen, zu eng, um bei Verfolgung einigermaßen ausweichen zu können. Der Kommandant entschließt sich im Laufe des nächsten Tages, diesen Ort lieber zu räumen und eine westlichere Position einzunehmen, die für das Abfangen von alliierten Nachschubfahrzeugen noch günstig werden kann. Hier drinnen scheint ihm die Bewachung zu dicht.

Gegen Abend dieses Tages läuft das Boot bei gutem Wetter mit klarer Sicht über Wasser aus seinem Schlupfwinkel. Es hat einen günstig erscheinenden Augenblick abgewartet; dann taucht es, um sich nicht »an der Ecke« überraschen zu lassen. Und richtig, dort steht, nein, stehen feindliche Zerstörer mit Suchfahrt auf und ab: U-Boot-Jagd!

Zehn Stunden hindurch müht sich das Boot durchzuschlüpfen. Die droben tasten immer wieder, die Fahrt stoppend, horchend und lotend, nach dem hier zu Recht vermuteten Gegner. Sie werfen Wasserbomben, und das nicht schlecht. Noch haben sie das Boot nicht aufgefaßt.

Während der Morgendämmerung sieht Schütze im Sehrohr deutlich die Verfolger. Vorsichtig schleicht er dicht unter den Felsen an die Passage heran. Die Zerstörer folgen nicht. Endlich hat er Glück. Es geht um das Eck herum. Er ist draußen.

Das Wagnis ist gelungen. Der Gegner scheute wohl den gefährlichen Weg, ihm zu folgen, falls er ihn bemerkte. Schütze ist mit seinem Boot entkommen.

Noch vierzehn Tage lang operiert das deutsche Boot im Vestfjord. Außer Flugzeugen und Zerstörern des Feindes kommt nur ein einziges Mal ein rechtes Ziel in Sicht: der große Träger Arc Royal. Er bleibt außerhalb der Reichweite des Bootes.

Desto öfter wird dieses vom Gegner aufgefaßt und verfolgt. Versuche, auf einzelne der Zerstörer zum Schuß zu kommen, schlagen fehl. Zerstörer sind nun mal ein schwieriges Wild für das Unterseeboot und eben von Natur aus dessen Verfolger.

Wieder setzt orkanartiger Sturm ein, der das unbeholfene Boot stark in seiner Operationsfähigkeit beeinträchtigt. Die Funkanlage fällt aus. Schwer angeschlagen von der Gewalt der Elemente bleibt Schütze weiter am Feind, solange der Treibstoff es zuläßt. Unbedingt will er seine restlichen Torpedos an den Mann bringen. Fast scheint, als sollte ihm das glücken. Kamerad Prien meldet draußen vor der Küste einen feindlichen Geleitzug und gibt laufend Fühlungshaltermeldungen. Schütze operiert auf diesen Verband, bekommt ihn schließlich in Sicht, aber wieder macht das Wetter ihm einen Strich durch die Rechnung. Das Boot kommt nicht zum Angriff, es kann sich bei dem herrschenden Seegang nicht auf Sehrohrtiefe halten. Es verliert die Fühlung, weil es sich in der Sturmsee, die hier außerhalb des Vestfjord in der freien See aufgelaufen ist, nur beschränkt zu bewegen vermag.

Erst nach Ablauf dieser letzten vierzehn Tage läuft das bereits aufgegebene Boot unangemeldet in Helgoland wieder ein. Es war von allen am längsten draußen geblieben. Seine Funkanlage war ausgefallen.

Diese Narvikunternehmung war die enttäuschendste, doch interessanteste und gefahrvollste von Korvettenkapitän Schützes Feindfahrten.

Als der Flottillenchef die Front der angetretenen Männer abschreitet, wird sein Gesicht ernst und bleich. War es der Widerschein der blassen, hohlen Gesichter oder das Mitgefühl für eine schwere, erfolglose Fahrt?«

Soweit der recht aufschlußreiche Bericht von Harald Busch aus dem Jahre 1952. Im Mai 1940 übergab Schütze sein Boot an Korvettenkapitän Heinz Beduhn (Crew 26), der mit U-25 am 3. August 1940 nördlich von Terschelling auf einer eigenen Minensperre (ca. 54°..′ N–05°..′ O) mit der gesamten Besatzung (49 Mann) unterging. (Schütze heiratete später die Witwe des Kommandanten.) Korvettenkapitän Viktor

Schütze hatte auf drei U-25-Operationen mit 98 Seetagen in der Zeit von Oktober 1939 bis Mai 1940 insgesamt 7 Schiffe mit zusammen 33 209 BRT auf sein Konto verbuchen können. Nichts deutete zu diesem Zeitpunkt darauf hin, daß er zu den erfolgreichsten Kommandanten beider Weltkriege gehören sollte ...
Nach einer recht knapp bemessenen Pause stellte Korvettenkapitän Viktor Schütze am 5. Juli 1940 in Bremen U-103 in Dienst (Typ IX-B; Auftrag: 24. Mai 1938; Kiellegung: 6. September 1939, Stapellauf: 12. April 1940 bei der Deschimag AG Weser [Bau-Nr. 966] in Bremen; Größe: 1051/1178/1430 t; Geschwindigkeit: 18,20/7,30 kn; Bewaffnung: 4 Bug- und 2 Heck-Torpedorohre [22 Torpedos oder 66 Minen], eine 10,5-cm-Kanone, eine 3,7-cm- und eine 2-cm-Flak; Besatzung: ca. 48–52 Mann).

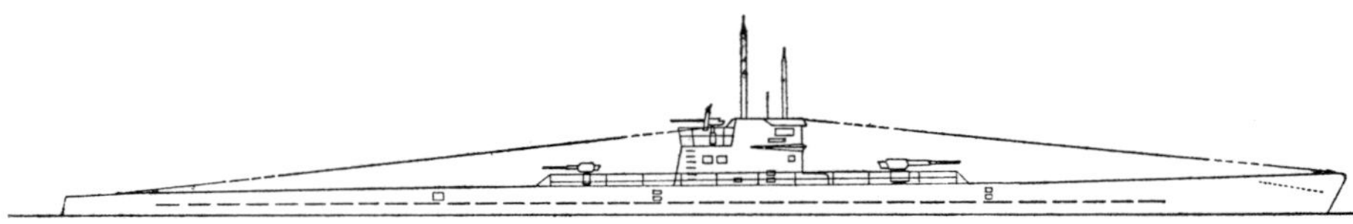

U-103

Nach einer relativ kurzen Ausbildungszeit in der Ostsee (Juli/August) verlegte das Boot nach Frankreich, um von Lorient aus – dem Stützpunkt der 2. U-Flottille – zu bedeutsamen Erfolgen unter den beiden Kommandanten Schütze und Gelhaus zu gelangen. Es gehörte schließlich zu den wenigen (erfolgreichen) Einheiten, die bis kurz vor Kriegsende ihr Dasein fristen konnten. Beim nachmittäglichen Lagevortrag des Ob(erbefehlshabers)d(er)M(arine), Großadmiral Dr. h. c. Erich Raeder (Crew 94), am 13. April 1940 vor Hitler, kam u. a. für den Raum Norwegen der Einsatz von Transport-U-Booten zur Sprache: »a) Es sind abgegangen: U-26 mit 12 t Nachschub. U-43 mit 18 t Nachschub. – b) Umbau für Transportzwecke ist befohlen für: U-29 ca. 20. 4. klar mit 20 t Stückgütern + 30 t Fliegerbenzin – U-32 ca. 20. 4. klar mit 20 t Stückgütern + 30 t Fliegerbenzin – U-A ca. 20. 4. klar mit 50 t Stückgütern + 80 t Fliegerbenzin – U-122 ca. 20. 4. klar mit 50 t Stückgütern + 80 t Fliegerbenzin. Zu klären ist noch die Frage der Entlüftung und des Zerfressens der Tanks durch Bleibenzin. Die größeren Boote können Küstenflak statt ihrer Geschütze nehmen, um sie dann abzugeben. – c) Von den noch unfertigen Booten können umgebaut werden gemäß Befehls des Führers 6: U-123, 124, 103, 104, 105, 106. Die Boote sollen Mai–September fertig werden, ihre Fertigstellung kann vorgezogen werden, da Feuerleitungsanlagen etc. einfacher gestaltet werden können. Auf meine Frage: Die Boote, die jetzt gebraucht werden, sollen nur für Pendelverkehr Drontheim–Narvik oder Bergen–Drontheim verwandt werden, entsprechend ist Aktionsradius zu bemessen.« – Zu diesen Umbaumaßnahmen sollte es jedoch nicht mehr kommen.
Im Oktober 1940 verließ Korvettenkapitän Viktor Schütze mit U-103 zum ersten Mal seinen Stützpunkt zu einer Nordatlantik-Operation. Zwischen der Rockall-Bank und dem Nordkanal kamen im September/Oktober neben U-103 zehn weitere, teilweise mit hervorragenden Kommandanten besetzte Boote gegen Geleitzüge und Einzelfahrer zum Ansatz: U-29 (Schuhart), U-31 (Prellberg), U-32 (Jenisch), U-37

(Oehrn), U-38 (Liebe), U-43 (Ambrosius), U-46 (Endrass), U-48 (Bleichrodt), U-123 (Moehle) und U-137 (Wohlfarth).
Am 6. Oktober 1940 griff Schütze westlich von Irland im Marinequadrat AL-7191 um 22.04 Uhr den in Oslo registrierten norwegischen Motortanker Nina Borthen (6123 BRT/Baujahr 1930) mit Torpedo an. Das Fahrzeug sank auf ca. 54° . .′ N–26° . .′ W. Am folgenden Tage versuchten U-37, U-38, U-48, U-103 und U-123 nach Bildung eines Aufklärungsstreifens westlich der Rockall-Bank vergeblich einen Geleitzug zu fassen: Indessen erzielte Schütze an diesem Tage mit einer Torpedosalve gute Resultate gegen drei Einzelfahrer! Um 22.11 Uhr griff er mit U-103 zunächst in AL-1762 den griechischen Dampfer Zannes Gounaris (4407 BRT/Baujahr 1907) aus Andros an, über dem sich südwestlich von Island auf 58° 11′ N–13° 57′ W die Fluten schlossen. Eine Minute später wurde der Brite Graigwen (3697 BRT/Baujahr 1926) aus Cardiff getroffen, blieb jedoch schwimmfähig und sank am folgenden Tage nach einem Fangschuß des Unterseebootes U-123 unter Kapitänleutnant Karl-Heinz Moehle (Crew 30). Vor dem Internationalen Militärgerichtshof in Nürnberg machte Korvettenkapitän a. D. Moehle im Kreuzverhör am 15. Januar 1946 recht interessante Aussagen zum U-Boot-Krieg (vgl. IMT-Bände V, VIII, XIII, XVIII, XIX, XXV und XXXV). Daß der Träger des *Ritterkreuzes des Eisernen Kreuzes* (U-123-Kommandant/Chef der 5. U-Flottille) in diesem Zusammenhang von einem unserer namhaftesten Historiker als »unwichtige Figur« diffamiert wird, muß nachdrücklich zurückgewiesen werden (Michael Salewski a. a. O., II/S. 579). Am 9. Oktober verschwand auf der gleichen Position (58° 11′ N–13° 57′ W/AL-1762) der um 22.13 Uhr getroffene griechische Dampfer Delphin (3816 BRT/Baujahr 1906) aus Chios unter der Wasseroberfläche.
Anschließend trat eine mehrtägige Ruhepause ein: Erst am 13. Oktober 1940 gelang es dem Rückmarschierer in AM-0127 um 08.46 Uhr, den aus dem Jahre 1902 stammenden kleinen estländischen Dampfer Nora (1186 BRT) aus Pärnu zu stellen. Er trat auf 57° 02′ N–13° 11′ W seine letzte Reise an. Achtundvierzig Stunden später (15. Oktober) kreuzte der in Sunderland beheimatete Brite Thistlegarth mit 4747 BRT (Baujahr 1929) den Kurs des Unterseebootes. Von einem Torpedo getroffen verschwand er um 19.33 Uhr auf 58° 43′ N–15° . .′ W (AL-3639). Mit einem Ergebnis von 5 vernichteten Einheiten mit zusammen 20 279 BRT kehrte U-103 nach Lorient zurück. – Aus dem Jahre 1943 liegen uns über diese erste Operation zusätzliche Informationen vor. Sie stammen vom U-103-L(eitenden)I(ngenieur), dem Ritterkreuzträger Kapitänleutnant (Ing.) Gerhard Bielig (Crew 34): »Verdammtes Glück hatten wir auch damals, als ich die erste Fahrt auf einem großen Boot machte. Wir mußten schnell tauchen, und als wir kaum weg waren, erlebten wir einen schweren Wassereinbruch im E-Maschinenraum. Die Lichtbogen, die der dadurch entstandene Kurzschluß hervorrief, zertrümmerten nicht nur die Schalttafeln, sondern in wenigen Augenblicken war im ganzen Boot ein solcher dicker Qualm, daß man in der Zentrale kein Schott mehr sehen konnte. Dazu fiel die Beleuchtung teilweise aus, alles tappte wie in einer dunklen Wolke umher. Aber auch da gelang es, das schadhafte Ventil doch noch dicht zu kriegen, aus den Trümmern beider Schalttafeln eine einzige brauchbar zu machen – und die Feindfahrt fortzusetzen.«

Am 10. November 1940 verließ Schütze mit U-103 seinen Stützpunkt zur zweiten Unternehmung. Mit den italienischen U-Booten Giuseppe Finzi (Dominici), Guglielmo Marconi (Chialamberto) und Maggiore Baracca (Bertarelli) sowie mit U-29 (Schuhart), U-43 (Lüth), U-47 (Prien), U-93 (Korth), U-100 (Schepke), U-104 (Jürst), U-123 (Moehle), U-137 (Wohlfarth) und U-138 (Lohmeyer) kam Korvettenkapitän Viktor Schütze westlich des Nordkanals zum besten Ergebnis aller beteiligten Einheiten! Obwohl U-47 und U-100 kurzfristig am HX-84-Konvoi Fühlung gewannen, konnten die zu weit abstehenden U-93, U-103, Giuseppe Finzi und Guglielmo Marconi nicht heranschließen. Bei der Abwehr um diesen Geleitzug konnte am 18./19. November 1940 zum ersten Male ein RAF-Sunderland-Flugboot mit einem ASV-I-Radargerät ein Unterseeboot (U-47 oder U-100) orten!
Am 20. November 1940 sichtete Schütze den OB-244-Geleitzug und griff ihn am folgenden Tage zunächst um 07.40 Uhr in AM-4241 (nordwestlich von Irland) mit einem Torpedofächer an. In 56° 30′ N–14° 10′ W sank der brandneue britische Dampfer Daydawn (4768 BRT/Baujahr 1940) aus Cardiff. Ein weiterer Torpedo traf einen auf 5000 BRT geschätzten, mit Lage 0 anlaufenden Dampfer, rutschte indessen ab, ohne zu detonieren. Zehn Minuten später – um 07.50 Uhr – wurde im gleichen Quadrat in 56° 17′ N–14° 12′ W der griechische Dampfer Victoria (6085 BRT/Baujahr 1919) aus Piräus versenkt. Anschließend drängte die britische Korvette Rhododendron U-103 durch Wasserbomben ab. Nach sechs Tagen stieß das Boot in AM-4818 westlich von Irland auf das 4393 BRT große britische Motorschiff Glenmoor (Baujahr 1928) aus London, das um 19.56 Uhr angegriffen, in 54° 35′ N–14° 31′ W unterging. Am folgenden Tage erzielte Viktor Schütze zwei weitere Ergebnisse: Zunächst traf um 08.42 Uhr in AL-6698 (54° 30′ N–15° 25′ W) ein Torpedo den griechischen Dampfer Mount Athos (3578 BRT/Baujahr 1913) aus Piräus, sowie um 20.24 Uhr in AL-6826 ein weiterer Torpedo den modernen 4940 BRT großen, in Newport registrierten britischen Dampfer St. Elwyn in 55° 30′ N–19° 30′ W.
Bis zum 13. Dezember 1940 operierten im Nordatlantik sowie westlich des Nordkanals neben U-103 drei italienische und neun deutsche Unterseeboote: Argo (Crepas), Capitano Tarantini (Jaschi), Reginaldo Giulliani (d'Elia), U-43 (Lüth), U-47 (Prien), U-52 (Salman), U-94 (Kuppisch), U-95 (Schreiber), U-99 (Kretschmer), U-101 (Mengersen), U-108 (K. Scholtz) und U-140 (Hinsch).
Am 3. Dezember 1940 kam Schütze – gemeinsam mit U-43, U-52, U-94 und U-99 – aufgrund einer B-Meldung ergebnislos gegen den SC-13-Konvoi zum Ansatz. Am folgenden Tage wurden zum ersten Male die bisherigen Ergebnisse des Kommandanten auf dieser Operation offiziell bekanntgegeben. Der O(ber)K(ommando der) W(ehrmacht)-Bericht meldete u. a.: »Die deutsche Unterseebootwaffe hatte weitere Erfolge im Handelskrieg gegen England zu verzeichnen. Ein Unterseeboot versenkte sechs bewaffnete feindliche Handelsschiffe mit 31 500 BRT. Damit hat das unter Führung von Korvettenkapitän Viktor Schütze stehende Unterseeboot insgesamt 94 500 BRT feindlichen Handelsschiffsraums versenkt.«
Das auf dem Rückmarsch befindliche U-103 konnte am 8. Dezember 1940 in AL-9612 westlich von Irland um 20.58 Uhr durch Torpedoschuß den in London beheimateten

britischen Passagierdampfer Calabria mit 9515 BRT (Baujahr 1922) in 52° 43′ N–18° 07′ W versenken. Am folgenden Tage beschloß der Brite Empire Jaguar (5186 BRT/Baujahr 1919) – ebenfalls aus London – das sehr gute Gesamtergebnis dieser Operation: Um 01.32 Uhr in AL-9646 von einem Torpedo getroffen, sank er auf 51° 34′ N–17° 35′ W. Am 10. Dezember wurde der Kommandant erneut im OKW-Bericht genannt: »Ein Unterseeboot meldet die Versenkung von zwei bewaffneten feindlichen Handelsschiffen mit zusammen 14 500 BRT. Damit erhöht sich der von Korvettenkapitän Viktor Schütze auf seiner letzten Feindfahrt erzielte Erfolg auf 45 000 BRT versenkten feindlichen Handelsschiffsraumes.« (Tatsächlich meldete der Kommandant seinerzeit die beiden am 8./9. Dezember versenkten Einheiten mit 14 515 BRT/tatsächliche Größe: 14 701 BRT.) Vierundzwanzig Stunden später erhielt Korvettenkapitän Schütze als 18. U-Boot-Kommandant das *Ritterkreuz des Eisernen Kreuzes.* Am folgenden Tage (12. Dezember 1940) erreichte U-103 mit einem recht guten Ergebnis (7 Einheiten – 38 465 BRT) Lorient ...

Am 28. Januar 1941 stellte man fünf FW-200-Condor-Fernaufklärer (I./K. G.-40) für eine großangelegte Nordatlantikluftaufklärung ab. U. a. konnten die Maschinen einen auslaufenden Geleitzug sichten und mit Erfolg angreifen. Zum Ansatz kamen in diesem Zusammenhang U-52 (Salman), U-93 (Korth), U-94 (Kuppisch), U-101 (Mengersen) und U-106 (Oesten) sowie das auf der dritten Unternehmung befindliche U-103.

Bis zum 18. Februar operierten anschließend um Irland und westlich des Nordkanals neben U-48 (H. Schultze), U-52, U-96 (Lehmann-Willenbrock), U-101, U-107 (Hessler), U-123 (Moehle) und U-103 sieben italienische Unterseeboote: Barbarigo (Ghiglieri), Dandolo (Boris), Maggiore Baracca (Bertarelli), Marcello (Teppati), Michele Bianchi (Giovannini), Morosini (Criscuolo) und Otaria (Vocaturo). Den OB-279-Konvoi – am 3. Februar von U-107 gesichtet – konnten U-52, U-96, U-103 und U-123 nicht finden. Am 13. Februar 1941 stieß Schütze in AL-3245 südlich von Island auf einen Nachzügler des HX-106-Geleitzuges, den der deutsche Flottenchef Admiral Günther Lütjens (Crew 07) am 8. Februar mit seinen beiden Schlachtkreuzern Gneisenau (Fein) und Scharnhorst (Hoffmann) östlich von Neufundland (Operation-Berlin vom 22. Januar bis 22. März 1941) wohl gesichtet, aber nicht angegriffen hatte, nachdem er feststellen mußte, daß die Schiffe durch das Schlachtschiff Ramillies gesichert wurden. Viktor Schütze traf um 16.25 Uhr mit einem Fächer den 10 516 BRT großen modernen britischen Motortanker Arthur F. Corwin (Baujahr 1938) aus London, der allerdings am gleichen Tage um 19.50 Uhr (in AL-3281 in 60° 25′ N–17° 11′ W) von U-96 unter Kapitänleutnant Lehmann-Willenbrock (Crew 31) versenkt werden konnte. Wenige Tage später stieß das U-Boot erneut auf zwei Konvoinachzügler aus dem HX-107: Am 17. Februar 1941 griff Schütze um 06.33 Uhr in AL-2299 (61° . . ′ N–18° . . ′ W) den modernen britischen Motortanker Edwy R. Brown (10 455 BRT/Baujahr 1938) aus London an. Vierundzwanzig Stunden später stieß er in AL-3488 auf das neue britische Motorschiff Seaforth (5459 BRT/Baujahr 1939) aus Liverpool, das um 21.33 Uhr getroffen in 58° 48′ N–18° 17′ W unterging. Am 19. Februar begegnete ein HX-107-Nachzügler – es war das norwegische

Motorschiff Benjamin Franklin (7034 BRT/Baujahr 1927) – nordwestlich von But of Lewis (AM-1377) dem deutschen Unterseeboot: Um 22.22 Uhr schoß der Kommandant auf den Norweger aus Oslo, der auf 58° 50′ N–16° 30′ W in den Fluten verschwand. Er war das letzte Opfer dieser relativ kurzen U-103-Operation (Erfolg: 3 Einheiten – 22 948 BRT). – An diesem Tage funkte der B(efehlshaber)d(er)U(nterseeboote): »Geleitzug – U-73, U-107, U-48, U-96, U-69, U-103 am 20. 2., 12.00 Uhr, Vorpostenstreifen von Qu.AM 2111 bis Qu.AM 2377 – Tiefe 6 sm – BdU.«
Wesentlicher Bestandteil der vierten, letzten und gleichzeitig erfolgreichsten Unternehmung von Korvettenkapitän Viktor Schütze war der zeitweilige Einsatz zwischen Kanaren und Freetown. In diesem Seegebiet kamen als zweite Welle von April bis Juni 1941 – neben U-103 – zwei italienische Schwesterboote aus La Spezia, Enrico Tazzoli (Fecia di Cossato) und Pietro Calvi (Caridi), noch sechs deutsche Einheiten zu teilweise hervorragenden Ergebnissen: U-A (Eckermann), U-38 (Liebe), U-69 (Metzler), U-105 (Schewe), U-106 (Oesten) und U-107 (Hessler). Die Einsatzdauer dieser Boote konnte durch Ergänzungen aus den Troßschiffen Nordmark (10 847 BRT/Baujahr 1938) und Egerland (9789 BRT/Baujahr 1939) erheblich verlängert werden, indessen mußten infolge Nachwirkungen der Unternehmung-Rheinübung (Bismarck-Prinz Eugen-Operation), mit dem Bismarck-Untergang und dem Verlust des damit verbundenen sehr umfangreichen Versorgungsnetzes, ursprüngliche Planungen aufgegeben werden.
U-103 hatte am 3. April 1941 Lorient verlassen. Am 25. April stieß das Boot nördlich der Kapverdischen Inseln kurz nach Mitternacht (00.38 Uhr) in EH-9356 vermutlich auf den norwegischen Dampfer Polyana (2267 BRT/Baujahr 1919) aus Oslo, der auf ca. 24° . . ′ N–27° . . ′ W getroffen unterging. Der Norweger wurde zuletzt bei der OG-60-Konvoiauflösung am 14. April gesehen und gilt seit diesem Zeitpunkt als verschollen. Am 1. Mai 1941 traf das U-Boot bei Freetown in 08° 35′ N–16° 17′ W (ET-2829) den 1494 BRT großen britischen Dampfer Samsö (Baujahr 1930) aus London, der um 18.34 Uhr sank. Zwei Tage später (3. Mai) schoß der Kommandant um 22.32 Uhr in ET-6278 einen Torpedo auf den modernen britischen Dampfer Wray Castle (4253 BRT/Baujahr 1938) aus Liverpool, der im Golf von Guinea in 06° 48′ N–13° 55′ W in den Fluten verschwand. Das neue, 5529 BRT große britische Motorschiff Surat aus London wurde von U-103 am 6. Mai auf dem Kap-Freetown-Treck um 05.15 Uhr in ET-2954 (08° 23′ N–15° 13′ W) versenkt (Einsatz der Torpedowaffe). Um 17.17 Uhr folgte im gleichen Seegebiet in ET-2485 das britische Motorschiff Dunkwa (Baujahr 1927) mit 4752 BRT aus Liverpool in 08° 43′ N–17° 13′ W. Am 9. Mai wich das Unterseeboot etwas nach Westen aus und stand in ES-1951: Korvettenkapitän Schütze schoß um 23.09 Uhr einen Torpedo auf den britischen Dampfer City of Winchester (7120 BRT/Baujahr 1917) aus Liverpool, der auf 08° 20′ N–26° 14′ W unterging. Ebenfalls nachts mußte der britische Dampfer City of Shanghai (5828 BRT/Baujahr 1917) aus Liverpool am 11. Mai um 01.48 Uhr in ES-4473 (06° 40′ N–27° 50′ W) nach Torpedo- und Artillerietreffern die letzte Reise antreten. Am 17. Mai wurde U-103 gemeinsam mit U-38 unter Kapitänleutnant Heinrich Liebe (Crew 27) und U-106 unter Kapitänleutnant Oesten

(Crew 33) aus dem Troßschiff Egerland – es ging wenig später in der Freetown-Natal-Enge am 5. Juni 1941 auf 07° 00′ N–31° 00′ W durch Selbstversenkung verloren – versorgt. Anschließend kam Schütze ab 20. Mai zu weiteren Erfolgen: An diesem Tage torpedierte er um 16.38 Uhr im Golf von Guinea in ET-6937 (06° . .′ N–12° . .′ W) den alten ägyptischen Frachter Radames (Baujahr 1903) aus Alexandria mit 3575 BRT, der nach einer anderen Quelle erst am 25. Mai (laut U-103-KTB allerdings am 20. Mai) unterging. Am 22. Mai griff U-103 um 22.52 in ET-6852 (06° 15′ N–12° 59′ W) mit Torpedo den 6857 BRT großen britischen Motortanker British Grenadier (Baujahr 1922) aus London erfolgreich an. Am 24. Mai 1941 – im hohen Norden kämpfte das deutsche Schlachtschiff Bismarck unter Kapitän zur See Lindemann (Crew 13) in Begleitung des Schweren Kreuzers Prinz Eugen unter Kapitän zur See Brinkmann (Crew 13) nach einem spektakulären Artillerieduell südlich von Island auf 63° 20′ N–31° 50′ W um 06.01 Uhr (Bordzeit) den britischen Schlachtkreuzer Hood (Kerr) nieder – griff Viktor Schütze um 03.56 Uhr (Bordzeit) in 05° 42′ N–10° 29′ W (EU-7116) den Griechen Marionga (4236 BRT/Baujahr 1912) aus Piräus mit der Torpedowaffe erfolgreich an. Vierundzwanzig Stunden später ging ebenso um 22.13 Uhr in ET-6999 der niederländische Dampfer Wangi Wangi (7789 BRT/Baujahr 1926) aus Batavia in 05° 24′ N–12° . .′ W verloren.

Am 27. Mai – an diesem Tage sank um 10.36 Uhr im Atlantik auf 48° 10′ N–16° 12′ W das neue deutsche Flottenflaggschiff Bismarck mit Admiral Lütjens an Bord – wurden die besonderen Leistungen des U-103-Kommandanten zum dritten Male in einem OKW-Bericht erwähnt: »Bei der Vernichtung feindlicher Handelsschiffe westlich von Afrika zeichnete sich das von Korvettenkapitän Schütze geführte Unterseeboot durch die Versenkung von elf Schiffen mit zusammen 56 200 BRT besonders aus.«

An diesem Tage des persönlichen Triumphes des so überaus erfolgreich operierenden und sympathischen Unterseebootkommandanten Viktor Schütze sank die Bismarck im Norden mit über 1900 Toten! Es gab einmal Zeiten des Seekrieges, wo das Niederholen (Streichen) der Flagge nach einem tapferen Gefecht keineswegs als ehrlos galt: Bei Trafalgar (21./22. Oktober 1805) suchte der französische Admiral Villeneuve nicht den Tod vor dem Feinde, sondern kam – ebenso wie die spanischen Seeoffiziere Alava (Vizeadmitral) und Cisneros (Konteradmiral) – in eine ehrenvolle Gefangenschaft. Bei vermuteter »Feigheit vor dem Feinde« ging man indessen nach wie vor kriegsgerichtlich vor, wie die standrechtliche Erschießung des britischen Admirals John Byng nach der Minorca-Aktion am 14. März 1757 auf dem Achterdeck eines Kriegsschiffes beweist. Der glorifizierende Bewertungsmaßstab im Falle Bismarck-Admiral Lütjens – sicherlich hätte sich Lütjens aufgrund zahlreicher Fehlentscheidungen bei einer Rettung kriegsgerichtlich verantworten müssen – führte in der späteren deutschen Berichterstattung im Marine-PK-Stil schließlich bei verschiedenen pressure groups zu einer unerträglichen mythologischen Dogmatisierung mit einem merkwürdig hohen pathetischen Ideologisierungsgrad: Den Flottenchef Lütjens durch die Benennung eines westdeutschen Zerstörers zum Vorbild zu stilisieren ist in diesem Zu-

sammenhang ein Skandal, ohne daß man hierbei an seine unterwürfigen Ergebenheitstelegramme im Angesicht des Todes an Hitler denken müßte!
Ursprünglich war für den 18. Juli 1941 eine weitere Ergänzung der U-Boote U-A, U-69, U-103 und U-107 durch den Versorger Lothringen (10 746 BRT/Baujahr 1940) auf dem Treffpunkt »Rot« vorgesehen: Durch den Bismarck-Untergang fielen jedoch alle Troßschiffe aus. Trotzdem konnte U-107 unter Kapitänleutnant Günter Hessler (Crew 27) mit einem Ergebnis von 14 vernichteten Schiffen mit 86 699 BRT – es war die ertragreichste Operation des Zweiten Weltkrieges (jedoch nicht beider Kriege – vgl. Kapitel Kapitänleutnant von Arnauld de la Perière) – nach Frankreich zurückkehren.
Viktor Schütze griff am 8. Juni 1941 um 12.34 Uhr in ET-2724 (08° 16′ N–16° 50′ W) mit Torpedo den modernen britischen Dampfer Elmdene aus London mit 4853 BRT (Baujahr 1939) erfolgreich an. – Zunächst einmal steuerten die zu versorgenden Unterseeboote vereinbarungsgemäß Punkt »Rot« an. Hierunter befand sich auch das kleinere, erste Typ-VII-C-U-Boot der Kriegsmarine U-69 unter der Führung von Kapitänleutnant Jost Metzler (Crew 32). Über das Zusammentreffen berichtet Metzler u. a.:
»Ein Aufleuchten ging über das Gesicht des Leitenden, als ein Funkspruch des B. d. U. U-69 beorderte, am 19. Juni den Versorgungspunkt ›Rot‹ anzulaufen, um dort mit U-103, U-107 und U-A zusammen das Troßschiff Lothringen zu treffen. Das Boot ging sofort auf eine etwas höhere Fahrtstufe, um rechtzeitig dort zu sein. Am Nachmittag des befohlenen Tages näherte sich die lachende Kuh [Anm. d. Verfasser: U-69] dem vorgesehenen Treffpunkt. Die anderen Boote waren bereits zur Stelle. Bald entspann sich ein munterer Winkverkehr.
Als die Boote sich näher kamen, entwickelte sich eine schwunghafte Unterhaltung. Das Boot von Hessler, ebenfalls auf dem Rückmarsch, benötigte dringend ein bestimmtes Spezialöl, von dem U-69 noch einen unbenutzten Vorrat an Bord hatte. Auch über die Proviantnöte sprach man sich aus. Mitten in die Wiedersehensfreude hinein kam ein Funkspruch des B. d. U. mit einer Enttäuschung für U-69. Das zur Versorgung dieser drei Boote vorgesehene Troßschiff Lothringen, die ehemalige holländische Katendrecht, ein Motortanker von 10 746 BRT, war durch den britischen Kreuzer Dunedin am 15. Juni südöstlich der Bermudas überrascht und aufgebracht worden. Sie hatte nicht einmal Zeit zur Selbstversenkung gehabt. (Anm. d. Verfasser: Funkspruch des BdU: »Troßschiff Lothringen von Kreuzer Dunedin am 15. Juni südöstlich Bermudas überrascht und aufgebracht«). Die deutschen Troßschiffe waren einer im Zusammenhang mit der Vernichtung der Bismarck von den Engländern durchgeführten Suchaktion zum Opfer gefallen. Mit einer Versorgung durch Troßschiffe war nun für die U-Boote in dieser Gegend nicht mehr zu rechnen.
Da U-A noch am besten ausgerüstet war, bekam es vom BdU Angriffsbefehl auf einen schnellfahrenden südwärtsziehenden Geleitzug. Die anderen Boote erhielten Rückmarschbefehl. Derweil nun U-A sofort seinem Geleitzug entgegeneilte, versuchten sich die anderen Boote, soweit es ging, selbst zu helfen. Während die Kameraden mit beiden Maschinen davoneilten, zog U-69, um Brennstoff zu sparen, mit nur einem

Diesel ganz langsam hinterdrein; denn Treiböl hat begreiflicherweise keiner abgeben können.
Glücklicherweise bekam der Leitende die Frischwasseranlage bald wieder klar. Doch die kurz darauf eintreffende Nachricht, daß U-A den Geleitzug nicht mehr erwischte, aber ebenfalls seinen Treibstoffvorrat bei der Verfolgung verbraucht hatte und nun auch den Rückmarsch antrat, trug nicht gerade dazu bei, die Stimmung zu heben.
Davon abgesehen, erfüllte die gerade in dieser Zeit aufgenommene Nachricht vom Kriegsbeginn mit Rußland die weiter Vorausschauenden mit ernster Sorge. Die bald eintreffenden ersten Erfolgsmeldungen vom neuen Kriegsschauplatz konnten darüber nicht hinweghelfen. Ein Gegner mehr! Die Kameraden vom Artillerieregiment 69 würden nun wohl im Osten am Feind stehen. [Anm. d. Verfasser: In der 1. Auflage des Buches – Kriegstitel »Sehrohr südwärts – Ritterkreuzträger Kapitänleutnant Jost Metzler erzählt – Niedergeschrieben von Otto Mielke« (Berlin 1943, S. 231) – heißt es in diesem Zusammenhang: »Da stürzt plötzlich der wachhabende Funkmaat aus seiner Bude. ›Herr Kapitänleutnant! – Sondermeldung! – Wir befinden uns seit heute fünf Uhr morgens im Kriegszustand mit der Sowjetunion!‹ – Mit einem Satz bin ich aus der Koje. ›Was? – Krieg mit den Bolschewisten?‹ – Heiliges Kanonenrohr! – Jetzt gibt es aber im Osten Senge! – Na, dann man zu. – Für uns bleibt allerdings nichts davon zum Klopfen übrig, denn Sowjetdampfer habe ich auf dem Atlantik noch nicht gesehen.« – Ein typisches Beispiel, in welcher Form derartige Erinnerungen nachträglich manipuliert werden!]
Die Lage des Bootes, das kaum noch Treibstoff hatte, war keineswegs rosig ...«
Für U-103 sollte es zu einem tragischen Zusammentreffen kommen: Als 13. (!) und letztes Opfer dieser überragenden Operation trat am 29. Juni nach einem kurz nach Mitternacht (00.51 Uhr) gefeuerten Torpedo in DG-9541 der verbündete italienische Blockadebrecher Ernani (6619 BRT/Baujahr 1910) aus Genua westlich von Las Palmas seine letzte Reise an. Das Schiff war als holländisches Fahrzeug Enggano getarnt auf dem Wege von Teneriffa nach Bordeaux und wurde irrtümlich von U-103 versenkt. Am 7. Juli 1941 sichtete das italienische Boot Luigi Torelli unter Korvettenkapitän de Giacomo einen auslaufenden Konvoi, auf den neben U-103 noch die italienischen Unterseeboote Leonardo Da Vinci (Calda), Maggiore Baracca (Viani) und Morosini (Fraternale) ergebnislos angesetzt wurden.
Am 12. Juli 1941 machte U-103 unter Korvettenkapitän Viktor Schütze mit einem überragenden Ergebnis von 13 vernichteten Handelsfahrzeugen mit zusammen 65 172 BRT – es war die dritterfolgreichste Operation beider Kriege – in seinem Stützpunkt Lorient fest: Schütze hatte mit diesem Boot auf nur vier Unternehmungen mit insgesamt 196 Seetagen 28 Einheiten mit 146 864 BRT versenken können sowie zwei weitere Schiffe mit 14 213 BRT beschädigt. Mit seinen beiden Booten (U-25 und U-103) konnte er somit auf sieben Operationen (294 Seetage) 35 Einheiten mit 180 073 BRT der feindlichen Versorgung als Totalabgänge entziehen.
Vierundzwanzig Stunden nach dem Einlaufen meldete der OKW-Bericht u. a.: »Korvettenkapitän Schütze hat bisher insgesamt 37 Schiffe versenkt und damit als siebenter Unterseebootskommandant über 200 000 BRT vernichtet«.

Bei Rückkehr des Bootes nach Lorient wurde die Besatzung von Marine- und Heeresangehörigen lebhaft begrüßt. Hierbei waren besonders Soldaten des Infanterie-Regimentes 317 (317er) beteiligt, worüber wir einige Ausführungen des damaligen Verbindungsoffiziers zur Marine (Oberleutnant der Reserve H. Klatte) vorliegen haben: »Nach Beendigung des Frankreichfeldzuges im Jahre 1940 erhielt die 211. Inf.-Div., die sich zu jener Zeit in der Normandie aufhielt, am 22. Juli 1940 den Befehl, nach der Bretagne zu verlegen und im Raume Lorient–Auray–Vannes den Schutz der Atlantikküste zu übernehmen. Das IR. 317 bekam wohl den interessantesten Abschnitt dieses Küstenstreifens, nämlich den Kriegshafen Lorient selbst und dessen Umgebung einschließlich die vorgelagerte Isle de Groix zugewiesen. Ende Juli 1940 war der neue Einsatzraum im Fußmarsch erreicht. Das Rgts.-Geschäftszimmer wurde in der Musikschule Lorient eingerichtet; der engere Stab etablierte sich im kleinen Seebad Larmor Plage unweit von Lorient. Das I/317 hatte seinen Sitz in Pleumeur, das II/317 in Port Louis auf dem linken Ufer des Blavet und das III/317 in Hennebont. Die 9/317 wurde auf die Isle de Groix detachiert. Die Aufgabe des Regiments bestand vornehmlich in der Küstensicherung und in der Bewachung von Marine-Anlagen.
Mit dem Eintreffen des Regiments und der Übernahme seiner Aufgaben war auch die Marinewerft Lorient aufnahmebereit für Schiffsreparaturen und -ausrüstungen geworden. Entsprechend des Auftrages nahm das Regiment sofort Verbindung zu den verschiedenen Marinedienststellen auf. Neben dem dienstlichen Verkehr entwickelte sich ein kameradschaftliches Miteinander, insbesondere zur U-Boot-Waffe ... Es sollte ein sehr gutes und ersprießliches Zusammenwirken werden.
Die Monate August 1940 bis April 1941 waren für alle Rgts.-Angehörigen eine hochinteressante Zeit. Die wenigsten ›Landratten‹ hatten bisher einen Seehafen mit seinem Betrieb erlebt. Hier wurden sie mitten hineingestellt in das Treiben eines Front-Kriegshafens. Die U-Boote kamen mit großen Erfolgen, mitunter stark zerzaust, von Feindfahrt zurück, oder aber sie gingen mit höchster Bereitschaft in See. An all diesem Geschehen nahmen die Feldgrauen der 211. ID. begrüßend oder verabschiedend teil.
Welche berühmten U-Boote, Kommandanten und Besatzungen, haben die 317er nicht kennengelernt? Einige seien nur stellvertretend genannt: U-37 mit Kptlt. Oehrn als Kommandant, der zu jener Zeit als A 1 in den BdU-Stab versetzt wurde; U-38, Kommandant Kptlt. Liebe; U-47, mit dem berühmten Kptlt. Prien; U-99, Kptlt. Kretschmer; U-100, Kptlt. Schepke; U-101, Kptlt. Frauenheim, später Kptlt. Mengersen; U-103, Korv.-Kpt. Schütze, der spätere U-Flottillenchef in Lorient, und viele andere.
Der Rgts.-Musikzug war beauftragt, die einlaufenden U-Boote mit klingendem Spiel willkommen zu heißen und in See gehende U-Boot von der Pier aus mit ihren Weisen zu erfreuen. Kam ein U-Boot von Feindfahrt, dessen Kommandant oder ein anderer Besatzungsangehöriger das Ritterkreuz des Eisernen Kreuzes verliehen erhalten hatte, so trat zum Rgts.-Musikzug noch eine ›Ehrenkompanie‹ zur Begrüßung an. Natürlich war alles vom Regiment, was sich dienstfrei machen konnte, bei solchen Gelegenheiten am Kai oder an der Hulk Isère, an der die U-Boote meist festmachten, versammelt. Es gehörte sozusagen zum guten Ton ...«

Korvettenkapitän Schütze übergab das Boot an Kapitänleutnant Werner Winter (Crew 30), der von August 1941 bis Juli 1942 mit 15 vernichteten Einheiten mit zusammen 79 302 BRT zu weiteren bedeutsamen Erfolgen kommen sollte. Bis Januar 1944 übernahm Kapitänleutnant Gustav-Adolf Janssen (Crew 36) – nach dem Zweiten Weltkrieg zeitweilig (ab 1. April 1965) Kommandeur der U-Boote in der BRD – U-103 (Erfolge: 1 Einheit – 5026 BRT). Anschließend zog man das vierterfolgreichste Unterseeboot des Zweiten Weltkrieges nach U-48 (H. Schulze/Bleichrodt), U-99 (Kretschmer) und U-124 (W. Schulz/J. Mohr) aus dem Fronteinsatz. Auf elf Operationen (625 Seetage) erzielte es von September 1940 bis Januar 1944 unter drei Kommandanten (Schütze/Winter/Janssen) mit 44 untergegangenen Handelsfahrzeugen mit zusammen 231 192 BRT ein hervorragendes Ergebnis.
Zwei Tage nach dem Einlaufen – am 14. Juli 1941 – erhielt Schütze als 7. U-Boot-Kommandant (und 23. Offizier der Wehrmacht) das *Eichenlaub zum Ritterkreuz des Eisernen Kreuzes.* Während Kretschmer, Lüth und Topp – vom Sündenfall der U-Boot-Waffe Albrecht Brandi (Crew 35) zu schweigen – mit noch höheren Stufen des *Eisernen Kreuzes* ausgezeichnet werden sollten, verblieb es im Falle Viktor Schütze beim *Eichenlaub*, das ihm – vermutlich noch im Juli 1941 – von Hitler im Führerhauptquartier persönlich überreicht wurde.
Abschließend muß noch ein Kuriosum angeführt werden: Schütze gehörte zu den ganz wenigen Kommandanten, die zweimal denselben Kapitän eines von ihm versenkten Handelsschiffes als Gefangenen an Bord seines Unterseebootes begrüßen konnte.
Die bisherigen Erfahrungen des so überaus erfolgreichen Kommandanten Schütze sollten anschließend innerhalb größerer Verbände umgesetzt werden: Von Oktober 1941 bis Januar 1943 führte er in Lorient seine 2. U-Flottille als Chef.
Von März 1943 bis April 1945 war er in Gotenhafen F(ührer) d(er) U(nterseeboote) – Ausbildung (Fregattenkapitän: 1. Juli 1943/Kapitän zur See: 1. März 1944). Hierbei unterstanden ihm acht Flottillen: 18. U-Flottille in Hela (Franzius), 19. U-Flottille in Pillau/Kiel (Metzler), 20. U-Flottille in Pillau (Mengersen), 23. U-Flottille in Danzig (von Bülow), 24. U-Flottille in Danzig/Memel/Drontheim/Gotenhafen/Eckernförde (Merten/Jasper/Merten), 25. U-Flottille in Danzig/Drontheim/Memel/Libau/Gotenhafen/Travemünde (Jasper/Neitzel/Gysae/W. Schulz), 26. U-Flottille in Pillau/Warnemünde (Merten/Brümmer-Patzig/E. Bauer) und 27. U-Flottille in Gotenhafen (Topp/E. Bauer).
In diesem Zusammenhang muß auf eine merkwürdige Schlußfolgerung des damaligen Korvettenkapitäns Rudolf Kabath (Crew 38) aus dem Jahre 1962 aufmerksam gemacht werden. In einer Studie über den Verlust der Bremerhaven am 31. Oktober 1944 nördlich von Hela behauptet der Lehrer für Seekriegsgeschichte an der Marine-Schule in Flensburg-Mürwik u. a.: »Die Sonderstellung der U-Boot-Waffe blieb auch noch in einer Zeit bestehen, als die Voraussetzungen dafür nicht mehr gegeben waren. So konnte es geschehen, daß eine Dienststelle der U-Bootwaffe die Lehre, die aus dem Fall Bremerhaven zu ziehen war, unbeachtet ließ, obwohl sie an diesem Vorgang nicht unbeteiligt geblieben war. Am 30. 1. 1945 setzte der FdU-Ausbildung den Dampfer Wilhelm Gustloff mit fast 5000 Menschen an Bord von Gotenhafen aus

nach Westen in Marsch, ohne mehr als ein kleines Torpedoboot als Geleit mitzugeben und ohne die zuständigen Sicherungs-Divisionen auch nur rechtzeitig in Kenntnis zu setzen, geschweige denn planungsmäßig zu beteiligen. So befindet sich im Kriegstagebuch der 10. Sicherungs-Division zum Untergang des Schiffes die lakonische Feststellung: ›Es ist also bei der Sicherungs-Division der Untergang des Schiffes früher bekannt geworden als seine Inmarschsetzung und sein Aufenthalt im eigenen Seegebiet.‹« – Hierauf meldete sich Konteradmiral a. D. Ernst Kratzenberg (Crew 14), seinerzeit Chef des Stabes des Kommandierenden Admirals der U-Boote, zu Wort: »Diese Sonderstellung hatte jedoch die U-Boot-Waffe im Ostseeraum organisatorisch nur insoweit, als es die U-Boot-Ausbildung betraf.

In dem vom Verfasser geschilderten Fall des Dampfers Wilhelm Gustloff handelt es sich aber um eine reine Transportfahrt eines Wohnschiffs der ULD mit Familienangehörigen des ULD-Stammpersonals und anderen Flüchtlingen an Bord nach Westen, für die bezüglich des Geleitdienstes und aller damit zusammenhängenden Fragen in diesem Seeraum der Admiral der östlichen Ostsee und die ihm unterstellten Dienststellen allein zuständig waren.

Aus diesem Grunde hatte der Kommandierende Admiral der U-Boote in Kiel, Admiral von Friedeburg, den FdU-Ausbildung, Kapitän zur See Schütze, in Gotenhafen beauftragt, die Überführung der in Frage kommenden Schiffe seines Bereichs im Einvernehmen mit dem Admiral der östlichen Ostsee nach dessen Weisungen zu organisieren.

Diese Regelung war selbstverständlich auch für die Wohnschiffe der ULD maßgebend. Dementsprechend sollten die Dampfer Wilhelm Gustloff und Hansa am 30. Januar nach dem verabredeten Sammelplatz bei Hela auslaufen und von dort mit dem zuständigen Geleit den Marsch nach Westen antreten.

Wilhelm Gustloff traf planmäßig auf dem Sammelplatz ein, während das Auslaufen von Hansa sich durch einen Maschinenschaden und die zusätzliche Anbordnahme des Admirals der östlichen Ostsee verzögerte.

Da die Geleitgestellung durch die zuständige Sicherungsdivision aufgrund einer Besprechung am Vormittag des 30. zumindest für diesen Tag wegen Fahrzeugmangels weitgehend in Frage gestellt war, hatte Kapitän zur See Schütze vorsorglich das Torpedoboot Löwe und das Fangboot TF-19 bereitgestellt, die, bis dahin zum Geleitzugsverband der U-Boot-Ausbildung gehörig, im Rahmen des letzten Abschnitts der gefechtsmäßigen Ausbildung der Neubau-U-Boote (Geleitzugangriff) im U-Boot-Sicherungsdienst am Geleit bis an die Grenze gefechtsmäßiger Verhältnisse ausgebildet waren.

Erst als abzusehen war, daß mit dem rechtzeitigen Eintreffen von Hansa und dem zuständigen Geleit nicht mehr gerechnet werden konnte, griff Kapitän zur See Schütze selbständig ein und ordnete das Weiterlaufen der Wilhelm Gustloff im Geleit von Löwe und TF-19 nach Westen an. Er glaubte, diesen eindeutigen Verstoß gegen die für den Geleitdienst erlassenen Befehle in Anbetracht der sehr ernsten und schwierigen Gesamtlage im Raum Gotenhafen verantworten zu müssen, weil er das Warten auf dem Sammelplatz – schon allein wegen der Luftgefahr – für das mit Menschen bis an

die Grenze des Möglichen beladene Schiff für gefährlicher hielt, als den möglichst baldigen Weitermarsch des relativ schnellen Schiffes nach Westen ...
Der Vorwurf des Verfassers des Aufsatzes, das Geleit der Wilhelm Gustloff betreffend, – ›ohne mehr als ein kleines Torpedoboot als Geleit mitzugeben‹ – ist ... unberechtigt ...«
Das Kriegsende – Mai 1945 – erlebte Kapitän zur See Schütze in Flensburg-Kappeln. Viele Unterlagen wurden von ihm in jenen Tagen in Neustadt – darunter zahlreiche dienstliche Dokumente – vernichtet. Es war aus diesem Grunde für die Verfasser sehr schwierig, das Persönlichkeitsbild dieses hervorragenden Seeoffiziers abschließend zu würdigen.
Bei der Bewertung seiner Tätigkeit im Rahmen der U-Boot-Waffe fällt optisch die außergewöhnlich geringe Differenz zwischen gemeldeter und tatsächlich versenkter Tonnage auf. Von allen zehn Kommandanten dieses Werkes hat er neben Kretschmer (19 Monate) mit knapp 24 Monaten die kürzeste Frontzeit, war indessen mit 33 Jahren der dienstälteste Kommandant und gab mit 35 Jahren – wie Max Valentiner – die Kommandoführung seines Frontbootes ab.
Kommen wir nunmehr zu einer abschließenden Beurteilung. Hierbei muß zunächst festgestellt werden, daß der Name von Viktor Schütze sowie seine vorzüglichen Leistungen in den meisten Erinnerungswerken diskret verschwiegen wird – warum vermag man eigentlich nicht recht zu ergründen, obwohl einige nachfolgenden Äußerungen zwischen den Zeilen recht aufschlußreich sind.
Um durch einige Aussagen das Bild sowie die Persönlichkeit ein wenig aufzuhellen und der Vergessenheit zu entreißen, wurden insgesamt 38 Personen (Offiziere und Mannschaftsdienstgrade) angesprochen. Es antworteten nicht: Kapitän zur See a. D. Ernst Bauer, sein ehemaliger LI (und Ritterkreuzträger), Kapitänleutnant (Ing.) a. D. Gerhard Bielig, Korvettenkapitän a. D. Heinrich Bleichrodt, Fregattenkapitän a. D. Paul Büchel, Kapitänleutnant a. D. Harald Gelhaus, Flt.-Arzt a. D. Dr. med. dent. Erich Hilsenitz, Kapitän zur See a. D. Fritz Poske, Korvettenkapitän a. D. Georg Schewe, Hans Schmitteckert, Konteradmiral Horst von Schroeter und Korvettenkapitän a. D. Hans Witt. Durch verspätete Beantwortungen konnten Aussagen von Korvettenkapitän a. D. Reinhard Hardegen, Wilhelm Marks, Heinrich Neumann und Konteradmiral a. D. Hans-Rudolf Rösing nicht mehr einbezogen werden.
Nunmehr folgen die den Verfassern vorliegenden Äußerungen über Viktor Schütze. Zunächst drei aus dem Crew-25-Bereich:
Fregattenkapitän a. D. Hans Eckermann: »Wir waren zwar Crewkameraden und darüber hinaus als Marinejungs (sogenannte Admiralsgören) noch besonders befreundet ... Schütze bot in seinem kraftvollen und ausgeprägten Charakter ein so geschlossenes und in jede Richtung ausstrahlendes Bild, daß sich m. E. eine Differenzierung ›als Offizier‹, ›als Mensch‹ usw. verbietet. Er war eben immer wieder ›Viktor Schütze‹, der vorzügliche Offizier und Mensch!
Es ist sicherlich richtig, seinen Humor, seinen Frohsinn und seine Lebensbejahung an die Spitze seiner Eigenschaften zu stellen. Er besaß übrigens die bemerkenswerte Fähigkeit, bei allen Ereignissen sofort die komische Seite zu sehen. In der Crew war er als

bewährter Spaßmacher besonders geschätzt. Die Tendenz, ihn auf diese Rolle festzulegen, war ihm aber gar nicht so lieb, da er im Grunde ein durchaus ernster Mensch war. Auch der Gebrauch seines noch aus frühester Jugendzeit im Elternhaus stammenden Spitznamens ›Stöpcke‹ in der Marine war ihm gar nicht angenehm und er hat mehrfach gebeten, ihn im dienstlichen Bereich nicht zu verwenden. Er wurde daraufhin von seinen Freunden einfach ›Stö‹ genannt ... Offiziere wie Schütze gestalteten ... den täglichen Dienst so, daß schnell ein gegenseitiges Vertrauensverhältnis entstand und seine Kenntnis seiner Auffassung, die dann die Grundlage eines reibungslosen Dienstbetriebes wurde. Bei Diskussionen konnte Schütze übrigens gelegentlich bewußt unsachlich sein, um seinen Diskussionspartner herauszufordern, oder um Eiferern den Wind aus den Segeln zu nehmen. Daß Schütze seinerseits seine Auffassung auch nach oben konsequent vertreten hat, nehme ich als selbstverständlich an ... Ich wollte ... auf keinen Fall mit Gemeinplätzen oder nachträglichen Ausdeutungen aufwarten ...«

Vizeadmiral a. D. Heinrich Gerlach: »... Ich kenne Schütze ... nur als Mann und Crewkameraden. Hier kann ich nur das Beste von ihm sagen: er war in jeder Hinsicht ein Vorbild und von uns allen ausnahmslos hoch geschätzt ...«

Annemarie Wittig (Witwe des Crew-Ältesten Fregattenkapitän a. D. Heinrich Wittig): »... Sicher hätte mein Mann Ihnen sehr helfen können, da er mit Viktor Schütze sehr befreundet war ...«

Es folgen Stellungnahmen von Vorgesetzten und Untergebenen über Kapitän zur See a. D. Viktor Schütze:

Kapitänleutnant a. D. Klaus Bargsten (Crew 35 und Ritterkreuzträger der U-Boot-Waffe): »... er war nur kurze Zeit mein Flottillenchef ... wir haben ihn alle als einen besonders kameradschaftlichen und liebenswürdigen Vorgesetzten angesehen. Er war ein allseits beliebter und angesehener Vorgesetzter ...«

Kapitän zur See a. D. Heinrich Beucke (Crew 22): »Ich kenne Sch(ütze), wie man sich in der kleinen Reichsmarine eben kannte. Sch(ütze) trat 3 Jahre nach mir in die Marine ein. Ich lernte ihn kennen, als er 1929 oder 30 als überzähliger Leutnant auf die I. Torpedobootsflottille (in Swinemünde) kommandiert wurde. Er machte damals schon den Eindruck einer ›gestandenen‹ Persönlichkeit, hatte ausgesprochnen Sinn für Humor und erhielt den Beinamen ›Forstrat‹, weil er meiner Erinnerung nach einen grünen Hut trug und etwas behäbig wirkte (was er aber nicht war) ... Ich kann ... sagen, daß Sch(ütze) einen sehr guten Ruf genoß und sehr beliebt war ...«

Hans-Joachim Fuchs (Laufbahn-II), der bis zur Kommandierung zum Maaten-Lehrgang auf U-103 unter Schütze fuhr: »... es ist sehr schwer, nach so langer Zeit über einen Menschen Auskunft zu geben, selbst wenn wichtige Momente im Leben damit verbunden sind und entscheidende Situationen als Mensch und Soldat durchgestanden werden mußten ... Zum Thema Kommandant Viktor Schütze kann ich wie folgt heute Stellung nehmen: er verkörperte nicht in allen Punkten den Marineoffizier wie er ›im Buche steht‹, sondern war mehr persönlicher seinen Mitmenschen, sprich Soldaten gegenüber mit all seinen ›Wehwechen‹ in der damaligen Zeit. Hatte auch äußerlich nicht das ›Zackige‹, siehe kleiner Bauch, die gute Zigarre u. a. m. (wehe wenn bei schlechtem Wetter auf der Brücke das Ding nicht brennen bzw. qualmen wollte!). In schwierigen Situationen war er die Ruhe selbst (LI nicht immer!), hatte bei Südfahrt z. B. achteres WC benutzt (vorne war ja fast immer dicht!), unheimliche Hitze. An Kommandant von Brücke, Dampfer in Sicht, Diesel gehen Große Fahrt. Kommandant wetzt nur mit kurzem Polohemdchen bekleidet durch Diesel und Zentrale auf Brücke, Hose wurde später nachgereicht –.

Oder: ich wurde abkommandiert auf Maaten-Lehrgang/Kiel, kam anschließend auf U-167. Schütze wurde inzwischen Leiter der Ausbildung Danzig-Hela. Wir wurden mit 3 Besatzungen verabschiedet. Schütze schritt die Front ab, erspäht meine Figur, vortreten, Handschlag, kurzer Hinweis, was für ein ›Juwel‹ im Diesel fährt! . . .«

Konteradmiral a. D. Eberhard Godt (Crew 18): » Mich aus Resten meiner Erinnerungen zu Schützes Wesen zu äußern, lehne ich ab, obwohl ich ihn höher als viele andere schätzte u(nd) besser als viele andere kannte, war er doch schon 1932/34 als WO bei mir auf G-10 . . .«

Kapitän zur See a. D. Gustav-Adolf Janssen (Crew 36): ». . . Natürlich kannte ich ihn recht gut. Er war mein Flottillenchef bei der 2. UFl(ottille) und auf U-103 war ich sein Nachfolger, hinter Kapt. Winter. Aber ich war fast 10 Jahre jünger als er, was damals in der Marine-Hierarchie eine große Rolle spielte. Ich habe ihn als nur positiven Offizier und Menschen in Erinnerung. Wenngleich er als Vorgesetzter ›streng‹ war, so war er kein ›Kommißkopp‹. Eher ›Neverminds-Gast‹ mit viel Humor, der selbst viel lachte und eigentlich immer eine gute Laune hatte. Wir mochten ihn alle sehr gern. Vor allem in geselliger Runde war er immer fröhlich und zum Scherzen bereit.

Als Vorgesetzter war er korrekt und gerecht, und wenn er den Untergebenen persönlich schätzte, sehr kameradschaftlich, was teils jovial wirkte. Mich mochte er gerne, ich kann mich keines harten Wortes entsinnen.

Daß er als Untergebener ›nicht einfach‹ gewesen sei . . . kann ich nicht beurteilen . . . Hervorstechendes Merkmal war sicher seine Ruhe, die durch sein ›gewichtiges Äußeres‹ noch unterstrichen wurde . . .«

Kapitän zur See a. D. Harald Jeppener-Haltenhoff (Crew 33): ». . . danke für die Überlassung der Beilage ›Kapitän zur See Viktor Schütze zu seinem 20. Todestag‹. Das im letzten Absatz der Beilage über Schütze Ausgesagte trifft zu [Anmerkung der Verfasser: vgl. Betextung zum oberen Schütze-Foto]. Ich könnte sein Persönlichkeitsbild in so knappen Worten kaum besser umreißen. Wenn darin auch Spannungen erwähnt werden, weshalb sollte es solche nicht auch einmal gegeben haben? . . . Von 1940–45 war ich Offz.-Personalreferent der U-Waffe, muß mich daher auch heute noch außerdienstlicher Stellungnahmen enthalten.

Nach der Kapitulation war Schütze – unter brit(ischer) Besatzungsmacht – für 3 Monate mein Dienstvorgesetzter. Damals erhielt ich den Auftrag, eine geeignete Such- u(nd) Tauchgruppe aufzustellen; damit die in der Flensburger Förde versenkten U-Boote zu suchen, die Fundorte zu bezeichnen und einzumessen, dabei auch die U-Boots-Nummer nach Möglichkeit festzustellen. Ich kann nur sagen, daß die s. Zt. an mich erteilten Befehle und Weisungen sehr gründlich durchdacht und realisierbar waren. Es hat zwischen uns ein gutes, vertrauensvolles Arbeitsverhältnis bestanden. Damals, in der bestimmt nicht einfachen Lage, habe ich Kapt. Schütze als besonnenen Marineoffizier mit überdurchschnittlichem Können, Herz und Durchsetzungsvermögen besonders schätzengelernt ...«

Kapitän zur See a. D. Karl-Friedrich Merten (Crew 26 und Eichenlaubträger der U-Boot-Waffe): »... wir hausten in unserer Junggesellenzeit in Kiel 31–32 zusammen mit anderen in der damals Ahlmannschen Villa in der Moltkestraße 86. Im Krieg fuhren wir beide als Kommandanten in der II. U-Flottille in Lorient, dann wurde er dort mein Flottillenchef und später mein FdU-Ausbildung in der östlichen Ostsee, wo ich die ihm unterstellte 24. U-Flottille in Memel kommandierte ...«

Korvettenkapitän a. D. Jürgen Oesten (Crew 33 und Ritterkreuzträger der U-Boot-Waffe): »... über Viktor Schütze kann ich nicht mehr sagen als das, was Sie schon wissen. Wir waren zusammen als Kommandanten, er auf U-103, ich auf U-106 und später zusammen Flottillenchef, er 2. ... ich 9. ...«

Fregattenkapitän a. D. Hans Pauckstadt (Crew 26): »... Schütze hatte sehr viel Humor, war sehr beliebt bei seinen Untergebenen, aber kein ganz einfacher Untergebener. Er wußte tatsächlich und objektiv – Marinekind aus interessierter Familie – oftmals mehr und besser Bescheid als seine Vorgesetzten, und so kam es nicht selten zu Spannungen. So kenne ich ihn. Vielleicht kennen andere ihn anders. Jedenfalls war er ein Pfundskamerad...«

Fregattenkapitän a. D. Helmut Pich (Crew 34): »... Die Idee ... von Ihnen, das Bild dieses hervorragenden Mannes der Nachwelt zu erhalten, ist richtig und verdient Anerkennung ...«

Korvettenkapitän (Ing.) a. D. Wilhelm Sattler (Crew 30): »... ich habe Kapitän zur See Viktor Schütze nur in den Jahren 1936/37 kennengelernt. Anfang 1936 stellte ich als L. I. mit dem Kommandanten Viktor Schütze U-19 in Dienst. Das Boot habe ich zum 30. 9. 1937 abgegeben, Schütze habe ich später nie wieder getroffen.

In dieser Aufbauzeit, in der wir praktisch für den Aufbau der U-Boot-Waffe alles wieder neu erarbeiten mußten, war Schütze ein angenehmer und gerechter Vorgesetzter, der, genau wie wir alle, von der neuen Waffe begeistert war. Es wäre falsch, in diesem Zusammenhang mehr über Schütze sagen zu wollen, und ich muß mich daher auf das Gesagte beschränken.«

Kapitän zur See a. D. Klaus Scholtz (Crew 27 und Eichenlaubträger der U-Boot-Waffe): »... Ich ... kann Ihnen ... leider kein ausführliches Bild über Viktor Schütze vermitteln, da sich unsere Wege in der Marine immer nur kurze Zeit gekreuzt haben ...

Sch(ütze) war ein tüchtiger, pflichtbewußter Marineoffizier, der ohne übertriebene Strammheit seinen Dienst gewissenhaft ausführte. Äußerlich eher etwas behäbig wirkend, war er in seinen Entschlüssen bestimmt und folgerichtig, genau abwägend und kritisch. Als Seemann ging ihm Sicherheit vor forschen aber riskanten Manövern ... Als Mensch sympathisch, humorvoll und mit einer Begabung, die das Richtige erkannte und tat. Ohne Dünkel und Vorurteil, bildete er sich sein Urteil selbst und hielt auch daran fest, wenn die Konsequenzen für ihn unbequem waren. Er war ein Kame-

rad im guten Sinne des Wortes, der für seine Freunde Verständnis zeigte mit Wärme gepaart. Für die Jugend von heute käme er als Leitbild gut in Frage ...
Ich habe Sch(ütze) als Vorgesetzten 1942 als Flottillenchef der 2. U-Flottille bei meinen kurzen Hafenliegezeiten als Kmdt. U-108 erlebt. Er war, obwohl nur wenig älter als ich, ein energischer, aber auch taktvoller Vorgesetzter. Er besaß vor allem aufgrund seiner Dienst- und Fronterfahrung jede Voraussetzung für einen Vorgesetzten in dieser Stellung. Seinen Untergebenen brachte er Vertrauen und viel Verständnis entgegen und überzeugte sie durch seine Persönlichkeit. Er verlangte nichts, was er sich nicht auch selbst abverlangt hätte. In der nicht immer leichten außerdienstlichen Beeinflussung der kriegsmäßig bedingt etwas turbulenten Sitten in den Offiziers- und Unteroffiziersmessen verstand er sich durchzusetzen und Auswüchse zu unterdrücken, ohne daß Härten und Strafen erforderlich wurden. Sch(ütze) besaß gute Führungseigenschaften ...
Als Untergebener vertrat er seinen Standpunkt, wo es erforderlich war. Er war kein ›Jawohl-Sager‹, aber zuverlässig und unbedingt loyal ... Wo nötig, und ein kurzer Befehl nicht ausreichte, war er durchaus überzeugend und gab die notwendigen Hinweise, damit man die Situation und den Grund des Befehls erkennen konnte. Der Untergebene wußte von Sch(ütze), daß er Befehle nicht weitergab, sondern auch darüber nachgedacht hatte. Wenn er über einen Befehl von oben eine grundsätzlich andere Auffassung hatte, gab er das den Vorgesetzten zu erkennen und vertrat seinen Standpunkt eindeutig, aber taktvoll. War der Befehl dann unausweichlich, widersetzte er sich ihm nicht und vertrat ihn auch gegenüber Untergebenen trotz seiner anderen Ansicht«
Korvettenkapitän a. D. Wilhelm Schulz (Crew 32/33 und Ritterkreuzträger der U-Boot-Waffe): »... So sehr ich es persönlich begrüße, daß verdiente Seeoffiziere der alten Generation in der Literatur mit ihren Taten gewürdigt werden, so bitte ich Sie, doch Verständnis dafür zu haben, daß ich mich ... nicht äußern möchte ...«
Kapitän zur See a. D. Jürgen Wattenberg (Crew 21): »... Dank ... für das überlassene Lebensbild unseres Viktor Schütze, mit dessen letztem Absatz meine Erinnerungen an diesen hervorragenden Seeoffizier und guten Kameraden voll übereinstimmen [Anmerkung der Verfasser: vgl. Betextung zum oberen Schütze-Foto] ... ich nahm als Kommandantenschüler an seiner letzten Feindfahrt teil ... Auf U-103 stand alles hinter ihm, Besatzung und Boot waren top-fit, d. h. klar für Höchstanforderungen und Höchstleistungen. So manches humorvolle Wort und manche nette Geschichte, die er an Bord von sich gab, sind meiner Erinnerung leider entfallen.
Aber aus den beiden beigefügten Fotos ersehen Sie zwei typische Gesichter: Das eine mit der nie erlöschenden Zigarre, wenn er auf der Brücke war, und das andere mit dem ihm eigenen strahlenden Lachen, als ich ihm nach Rückkehr von meiner 2. Feindfahrt unser gekapertes Bordschwein ›Douglas‹ überreichte, über dessen Schicksal der gleichfalls beigefügte Artikel von Hans Kreis Ihnen sicherlich ein Schmunzeln entlokken wird ...«
Über einen nach den USA ausgewanderten Freund, der Brasilianer geworden war, kam Viktor Schütze 1950 über die alte Handelsgesellschaft Franz Haniel in Duis-

burg-Ruhrort mit der traditionsreichen Gutehoffnungshütte (GHH) in Oberhausen, dem ältesten Montanwerk des Ruhrgebietes (Oberhausen =»Wiege der Ruhrindustrie«) in Berührung. In der GHH-Hauptverwaltung trat er als Leiter der Volkswirtschaftlichen Abteilung die Nachfolge von Dr. Martin Blank an, der als FDP-Bundestags-Abgeordneter beurlaubt wurde. Viktor Schütze erkrankte jedoch nach kurzer Zeit plötzlich und starb überraschend am 23. September 1950 in der Frankfurter Universitätsklinik.

Kapitän zur See Viktor Schütze gehört absolut und uneingeschränkt zu den herausragenden Persönlichkeiten dieses Werkes, dessen man sich stets im positiven Sinne erinnern wird.

Das Boot der »Roten Teufel«
Konteradmiral a. D. Erich Topp

Korvettenkapitän Erich Topp, der vierterfolgreichste U-Boot-Kommandant des Zweiten Weltkrieges, wurde am 27. Juli 1914 in Hannover geboren. Nach dem Schulbesuch (in Hannover und Celle) trat er als aktiver Seeoffizieranwärter im Jahre 1934 (Crew 34) in die Reichsmarine – seit 1935 Kriegsmarine – ein. Nach der üblichen Grundausbildung in Stralsund bis zum 31. Juli 1934 erfolgte anschließend die seemännische Ausbildung auf dem Segelschulschiff GORCH FOCK. Diese dauerte bis zum 30. Oktober 1934. Dann kam Erich Topp auf den Leichten Kreuzer KARLSRUHE, der vom 1. November 1934 bis 15. Juni 1935 eine Auslandsreise unternahm und hierbei Südamerika, Mittelamerika, die Vereinigten Staaten und Spanien anlief. Nach Kiel zurückgekehrt mußte Topp auf der Marineschule in Flensburg-Mürwik bis 1936 die »Schulbank« drücken. In den Jahren 1936–1938 folgten nun verschiedene Kommandos: Teilnahme an Waffenkursen, Adjutant auf dem Leichten Kreuzer KARLSRUHE und Ausbildungs-Offizier bei der MLA in Kiel-Friedrichsort.
Am 1. April 1937 wurde Erich Topp zum Leutnant zur See befördert. Im Jahre 1938 kam er zur U-Boot-Waffe, und nach der entsprechenden Schulung fuhr Topp als Wachoffizier (Oberleutnant zur See seit dem 1. April 1938) auf U-46 unter dem Kommandanten Kapitänleutnant Herbert Sohler. Auf diesem Boot blieb er bis Mai 1940, ehe er sein eigenes Boot erhielt. U-46 machte in dieser Zeit insgesamt vier Feindfahrten. (Fahrten vom 20. August 1939 bis 15. September 1939; 7. Oktober 1939 bis 7. November 1939; 19. Dezember 1939 bis 10. Januar 1940 und 11. März 1940 bis 23. April 1940.) Im Oktober 1939 unternahm man den Versuch, eine Gruppenoperation mit U-Booten im Nordatlantik durchzuführen, wobei der taktische Führer, Korvettenkapitän Werner Hartmann auf U-37, die U-Boote auf Konvois ansetzen und deren Angriffe leiten sollte. Für diese Operation waren neun U-Boote vorgesehen, aber nur sechs verließen ihre Stützpunkte, drei Boote gingen durch Minen und britische Geleitfahrzeuge verloren. Am 17. Oktober 1939 waren es schließlich nur noch U-37, U-48 und U-46 mit Erich Topp als Wachoffizier an Bord, die den Konvoi HG-3 angriffen. Drei Schiffe fielen ihnen zum Opfer, und U-46 konnte den britischen Dampfer CITY OF MANDALAY mit 7028 BRT versenken.
Erich Topp erlebte auf U-46 die Mißerfolge der deutschen U-Boote während der Besetzung Norwegens im April 1940. Zusammen mit U-25 unter Korvettenkapitän Viktor Schütze, U-51, U-64 und U-65 gehörte U-46 zur Gruppe-1 (Vestfjord), die gemäß dem Operationsbefehl »Hartmut« am 9. April 1940 vor dem norwegischen Hafen

Narvik lag. Bekanntlich wurden hier zehn deutsche Zerstörer, welche Truppen und Kriegsmaterial in Narvik gelandet hatten, vor ihrem verzögerten Rückmarsch vn englischen Zerstörern überrascht und in mehreren Gefechten nach tapferer Gegenwehr vollständig vernichtet. Die in den Fjorden lauernden deutschen U-Boote konnten das Eindringen der britischen Kriegsschiffe in den Vestfjord und damit den Vorstoß nach Narvik nicht verhindern und die deutschen Einheiten in ihrem Abwehrkampf unterstützen.

U-46 lag nach dem ersten Angriff der britischen Zerstörer auf Narvik am 11. April 1940 dort im Hafen. Der Kommandant des U-Bootes besprach mit dem Chef der 4. Zerstörer-Flottille, wie die U-Boote den hart bedrängten Schiffen helfen könnten. Kapitänleutnant Sohler mußte allerdings darauf hinweisen, daß durch die kurzen und hellen Nächte in diesen Breitengraden ein U-Boot-Einsatz fast unmöglich wäre. Die Boote konnten infolgedessen ihre Akkumulatoren nur für kurze Zeit aufladen. Außerdem waren die britischen Zerstörer äußerst wachsam und drückten die U-Boote ständig unter Wasser.

Kam ein Boot jedoch zum Angriff und somit zum Schuß, dann detonierten die Torpedos entweder nicht oder zu früh. Abgesehen von diesen Faktoren begünstigte das Wetter in den nach Narvik führenden Fjorden ein Operieren der U-Boote überhaupt nicht. Es war nahezu unmöglich, die gegnerischen Schiffe ausfindig zu machen. So hatte z. B. in der Nacht vom 9./10. April 1940 kein U-Boot die eindringenden englischen Zerstörer gesichtet. U-Boote eigneten sich nicht zum Kampf in den engen und gefährlichen Fjorden Norwegens. Erich Topp hatte sich hierüber auch seine Gedanken gemacht, die er seinem Tagebuch anvertraute:

»U-Boote sind für einen solchen Zweck nicht geeignet. Das U-Boot ist als Handelszerstörer gedacht, und es braucht, um wirksam zu werden, weite Seeräume. Wohl kann es als Einzelkämpfer überraschend im Küstenvorfeld eingesetzt werden. Es widerspricht aber seiner Natur, in einem engen Fjord zu operieren. Jahreszeitlich bedingt, kann es hier in diesen Breiten sehr kurzen Nächten begegnen und gar keinen Nächten, wenn die Mitternachtssonne aufgegangen ist. Die Situationen lassen einem U-Boot nicht die erforderliche Zeit, um die Batterien aufzuladen. Die Fjorde haben unangenehm günstige Horchbedingungen für die gegnerische Abwehr. Sie sind navigatorisch ein Problem, und die Vermessungswerte der Tiefendimensionen sind unzureichend. Die Karten zeigen mehr oder weniger nur die handelsüblichen Schiffahrtswege in genauer Tiefenwertung an, nicht jedoch die Randgebiete und die kleinen Nebenfjorde, in die ein U-Boot aber ausweichen muß.«

Die Einheiten der 1. U-Boot-Gruppe erhielten den Befehl, weiter in den Vestfjord vorzustoßen, um besonders die Durchfahrten nach Narvik besser im Auge behalten zu können. Aber auch eine Verlegung von weiteren U-Booten in dieses Gebiet konnte das Unheil nicht mehr abwenden.

Am 12. April 1940 übernahm U-46 im Hafen von Narvik von dem Zerstörer Hans Lüdemann noch Brennstoff und Proviant. Im Anschluß daran nahm das U-Boot eine neue Position ein. Am 14. April 1940 stieß U-46 auf das britische Schlachtschiff Warspite und mehrere Zerstörer, die aus allen Rohren auf Narvik feuerten, das die deut-

schen Truppen besetzt hielten. Kapitänleutnant Sohler setzte auf die Warspite zum Torpedoangriff an, geriet aber dabei auf einen Unterwasserfelsen und brach die Aktion ab. Am Nachmittag machte U-46 das mächtige Schlachtschiff nochmals aus, aber das U-Boot befand sich in auswegloser Lage, so daß kein Torpedo losgemacht werden konnte. Am anderen Tag wurde für U-46 die Situation kritisch. Britische Zerstörer hatten das U-Boot erfaßt und warfen ununterbrochen Wasserbomben. Es bestand keine Möglichkeit, die erschöpften Batterien aufzuladen. Erst am 16. April abends konnte man daran denken, wieder aufzutauchen, um sich aus diesem gefährlichen Seegebiet zu entfernen.
Am Tage darauf kam für U-46 endlich der Befehl, nach Deutschland zurückzulaufen. Boot und Besatzung waren in diesen Tagen bis zur äußersten Grenze der Belastung unterworfen, und man hätte dieser nicht mehr lange standhalten können. Eine Entlastung für die Marine und das Heer brachte dieser Einsatz nicht. Es bedeutete nur einen geringen Trost, daß es den anderen U-Booten auch nicht anders ergangen war. Auf dem Heimmarsch griff U-46 am 19. April 1940 einen feindlichen Zerstörer an, der aber das über Wasser ablaufende U-Boot entdeckte und unter Wasser drückte. Es handelte sich um französische Einheiten, die einen Materialtransporter auf dem Weg nach Namsos sicherten. Am vorhergehenden Tag war bereits ein Angriff auf einen Kreuzer fehlgeschlagen. Zum Glück richteten die jetzt geworfenen Wasserbomben keinen großen Schaden an. Ohne weitere Zwischenfälle erreichte U-46 den Hafen von Kiel.
Im Juni dieses Jahres erhielt Oberleutnant zur See Erich Topp sein eigenes Boot: U-57. Es handelte sich um eine Einheit vom Typ II-C, die man am 17. Juni 1937 in Auftrag gegeben hatte. Die Kiellegung erfolgte am 14. September 1937 und am 3. September 1938 der Stapellauf bei Deutsche Werke in Kiel. Die Indienststellung fand am 29. Dezember 1938 statt.
U-57 war ein »Einbaum« von 291/435 t Wasserverdrängung. Die Geschwindigkeit betrug 12/7,0 kn. Die Bewaffnung bestand aus drei Bugtorpedorohren (sechs Torpedos) und zwei 2-cm-Flak. Die Besatzung belief sich auf ungefähr 25 Mann.
Erich Topp unternahm mit U-57 insgesamt drei Feindfahrten mit 34 Seetagen. (Vom 12. Juli 1940 bis 20. Juli 1940; 27. Juli 1940 bis 7. August 1940 und 16. August 1940 bis 1. September 1940.) Das Boot hatte am Turm als Wappen das Zeichen des Roten Teufels mit einer brennenden Fackel in der Hand. Übernommen wurde dieses Emblem vom früheren Kommandanten, Kapitänleutnant Claus Korth (Crew 32).
Am 12. Juli 1940 lief U-57 unter seinem neuen Kommandanten Erich Topp von Kiel zur ersten Unternehmung aus.
Ohne besondere Vorkommnisse erreichte U-57 Bergen in Norwegen, um Brennstoff für die weitere Operation zu übernehmen. Von diesem Stützpunkt aus machten auch noch weitere II-C-Boote die Leinen los – U-56, U-61 und U-62 – um im Seegebiet zwischen North Minch (zwischen den Hebriden und Nordostengland) und im Nordkanal Handelskrieg gegen Einzelfahrer und Konvois zu führen.
Auf dem Hinmarsch griff ein gegnerisches U-Boot U-57 an, aber es gelang rechtzeitig,

der tödlichen Gefahr auszuweichen. Später sichtete man erneut ein aufgetaucht fahrendes feindliches U-Boot: beide Einheiten tauchten.
Bei schlechtem Wetter steuerte U-57 durch die Fair-Passage – zwischen den Shetland- und Orkney-Inseln – in den Nordatlantik. In der Nähe der Fair-Insel konnte U-57 auch bereits den ersten Erfolg buchen. Auf ca. 500 m Entfernung machte Erich Topp am 17. Juli 1940 um 04.10 Uhr auf den 1960 BRT großen schwedischen Dampfer O. A. BRODIN (Baujahr 1921) aus Stockholm einen Torpedo los, der aber, wie so oft in den ersten Kriegsmonaten, nicht detonierte. Der zweite Aal brachte endlich den mit Grubenholz und Ölfässern beladenen Dampfer zum Stoppen. Nach 45 Minuten ging er schließlich im Marinequadrat AN-1368 auf 59° 22′ N–03° 40′ W unter.
Anschließend nahm U-57 Kurs auf Cape French, um den Schiffsverkehr zwischen North Minch und Schottland im Nordosten Englands zu überwachen. Noch am gleichen Abend stieß man auf den britischen Frachter MANIPUR (8652 BRT/Baujahr 1920) aus Liverpool, der um 22.22 Uhr von Torpedos getroffen auf 58° 41′ N–05° 14′ W (AM-3662) in den Fluten verschwand.
Drei Tage später lag das U-Boot wieder im Stützpunkt von Bergen. Erich Topp hatte auf seiner ersten Feindfahrt mit einem »Einbaum« zwei Schiffe mit zusammen 10 612 BRT versenkt, ein guter Erfolg, wenn man berücksichtigt, daß auch er mit Torpedoversagern zu kämpfen hatte.
Von Bergen liefen jetzt außer Erich Topp mit seinem Boot noch U-56 und U-59 aus, um im Nordkanal zu operieren. Torpedoversager vereitelten jedoch nahezu jeden Erfolg. U-57 griff mehrere Schiffe ohne Ergebnis an. Am 3. August 1940 gelang es dann, den alten schwedischen Dampfer ATOS (2161 BRT/1902) aus Helsingborg in AM-5364 (56° . . ′ N–07° . . ′ W) zu vernichten.
Durch die langen erfolglosen Jagden bzw. Verfolgungen hatte U-57 nahezu den Brennstoff verbraucht und mußte deshalb zurückkehren, außerdem waren alle Torpedos verschossen. Dieses Mal ging es jedoch nach Lorient in Frankreich, das inzwischen zu einem deutschen U-Boot-Stützpunkt eingerichtet wurde. Von hier machte U-57 nach einer Woche Werftliegezeit erneut Kurs auf den Nordkanal. Am 24. August 1940 sichtete Oberleutnant zur See Erich Topp den britischen Konvoi OB-202, und in einem zähen Angriff konnte er an diesem Tag aus dem Geleitzug zwei Dampfer um 00.42 Uhr in AM-5392 herausschießen und versenken:
Den britischen Dampfer CUMBERLAND (10 939 BRT/1919) aus London auf 55° 43′ N–07° 33′ W sowie den britischen Dampfer SAINT DUNSTAN (5681 BRT/1919) aus Liverpool.
Gleichzeitig wurde – ebenfalls in AM-5392 – der neue britische Dampfer HAVILDAR (5407 BRT/1940) aus London auf 55° 39′ N–07° 18′ W von einem Torpedo getroffen, ging aber nicht unter.
Am 25. August 1940 schickte U-57 noch den 7468 BRT großen britischen Motortanker PECTEN (1927) aus London um 19.48 Uhr in AM-5313 – 23 Seemeilen nördlich von Butt of Lewis (Hebriden) auf 56° 22′ N–07° 55′ W mit Torpedos auf den Meeresgrund.
Erich Topp hatte bis jetzt Glück bei seinen Angriffen, nunmehr sollte er von einer

Pechsträhne verfolgt werden. Bei einem Angriff auf einen Geleitzug mußte U-57 tauchen, dabei drangen drei Tonnen Wasser in das Bootsinnere, da die Entlüftung-II dichtschlug, denn die Entlüftung-I war zu spät geöffnet worden. Die englischen Sicherungsstreitkräfte griffen außerdem das auf Grund liegende U-Boot mit Wasserbomben an und beschädigten es schwer. U-57 mußte daraufhin nach Bergen zurückkehren, um Brennstoff zu ergänzen. Von hier marschierte Topp nach Kiel, um sein schwer beschädigtes Boot in die Werft zu überführen, denn in Frankreich war dies noch nicht möglich.
Am 3. September 1940 stand U-57 vor der Elbmündung, um durch den Kaiser-Wilhelm-Kanal nach Kiel zu laufen. Als sich die Schleuse von Brunsbüttelkoog öffnete, kam aus dieser der norwegische Frachter Rona heraus und fuhr mit seinem Bug direkt auf das wartende U-Boot zu. Der Kommandant reagierte zwar blitzschnell und befahl: »Äußerste Kraft zurück«, aber es war bereits zu spät. Die Rona rammte in diesem Augenblick das U-Boot, als Topp den Befehl gab: »Alle Mann aus dem Boot! – Überspringen!«. In weniger als 15 Sekunden verschwand U-57 in die Tiefe. Doch nur wenigen gelang es, das Deck des Dampfers zu erreichen. Die meisten trieben in der Dunkelheit ab. Sechs Besatzungsmitglieder fanden den Tod. Erich Topp traf keine Schuld an dem Unglück. Seine alte Besatzung drückte den Wunsch aus, mit ihm auf einem neuen Boot fahren zu dürfen, was Topp auch gerne versprach.
Oberleutnant zur See Topp erhielt ein neues Boot vom Typ VII-C, und zwar U-552. Am 4. Dezember 1940 stellte er es in Dienst, wobei das alte Wappen – die Roten Teufel – wiederum am Turm angebracht wurde.
U-552 war am 28. November 1940 bei der Blohm & Voss-Werft in Hamburg vom Stapel gelaufen und verdrängte 769/1070 t. Die Geschwindigkeit betrug 17/7,6 kn. Die Bewaffnung bestand aus fünf Torpedorohren – vier Bug- und ein Heckrohr – mit insgesamt 14 Torpedos sowie einem 8,8-cm-Geschütz, einer 3,7-cm- und zwei 2-cm-Flak. Die Besatzungsstärke belief sich auf ungefähr 44 Mann.

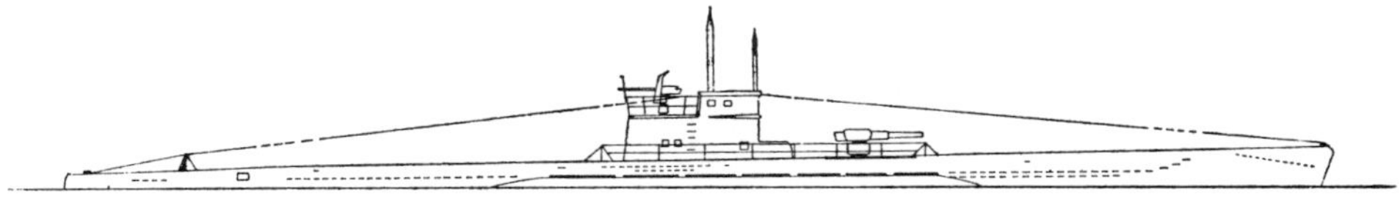

U-552

Mit U-552 unternahm Erich Topp insgesamt zehn Fahrten mit 291 Seetagen, und als Rotes-Teufel-Boot erlangte es während des Krieges große Berühmtheit.
Auf der ersten Operation vom 16. Februar 1941 bis 16. März 1941 kam Topp sogleich gegen einen Geleitzug zum Einsatz. Eine Focke-Wulf-Condor (FW-200) der I./K. G. 40 hatte am 22. Februar 1941 westlich von Irland den Konvoi OB-288 gesichtet und angegriffen. Ein Vorpostenstreifen mit U-69, U-73, U-96, U-97, U-107 und U-552 sowie zwei italienischen U-Booten wurde auf ihn angesetzt, aber U-552 hatte kein Glück.
Anschließend machte Topp am 23. Februar 1941 im Nordatlantik den britischen Ge-

leitzug OB-289 aus. Er hielt Fühlung, so daß noch U-95, U-97 und U-108 heranschließen konnten. U-552 griff auch zweimal an, aber Torpedoversager vereitelten einen Erfolg. Dagegen gelang es U-97, drei Schiffe aus dem Verband zu versenken und ein weiteres zu torpedieren. Erich Topp hielt weiterhin bis zum 25. Februar 1941 Fühlung, um U-95 heranzuführen, inzwischen hatte sich der Konvoi bereits aufgelöst.
Über die erfolglosen Angriffe von U-552 heißt es bei Harald Busch: »So war der U-Boot-Krieg«: »Die Enttäuschung ist hart und niederschmetternd. Die Torpedos waren bei 15 Grad minus übernommen worden. Ist das der Grund des Versagens? Das zäh und geschickt durchgeführte Unternehmen des Unterwasserangriffs war umsonst. Obendrein folgten die unvermeidlichen Wasserbomben. Man hat zweifellos die laufenden Torpedos gehorcht.«
Erich Topp hat wenig später wieder Pech. Bei Busch heißt es hierüber: »In der Abenddämmerung erscheint aus der Richtung des verschwundenen Geleites ein riesenhaftes Schiff. Es zackt ohne erkennbares System. Immer größer wächst es heraus. Topp läuft, so gut es geht, zum Angriff und schießt auf geschätzte 1500 Meter Entfernung einen Dreierfächer. Es ist dunkel geworden.
Alle drei Torpedos gehen vorbei.
Diese mußten vorbeigehen, wenn sie noch so gut und einwandfrei gelaufen wären. Jetzt, wo der Riese querab vorüberrauscht und man seine Formen deutlich und voll ausmachen kann, erkennt der Kommandant bestürzt: Es ist die – Ile de France! 43 000 BRT! Eine einmalige Chance, und man hat sich verschätzt, hat sie nicht früh genug erkannt. Für derartig groß hat Topp das spitz zukommende Schiff nicht gehalten. Mindestens 4000 m betrug die Entfernung im Augenblick des Schusses. Schnell den vierten preßluftgetriebenen Torpedo, der noch im Rohr liegt, entsprechend einstellen lassen und hinterdrein. Er bringt nichts.
Diese Unternehmung mit so viel Hoffnung begonnen, bleibt wie verhext.«
Erst am 1. März 1941 schoß Topp um 23.56 Uhr in AM-2175 auf 59° 44′ N–11° 16′ W den 12 062 BRT großen britischen Tanker Cadillac (1917) aus Newcastle aus einem Konvoi und schickte ihn auf den Meeresgrund: »Ein Doppelschuß reißt den 12 000 Tonnen schweren Tanker Cadillac als rotglühend aufblowende Wolke in die Höhe. Der Himmel verdüstert sich, schwarz von dem Ölbrand. Noch am nächsten Tag wird der Rauchpilz von einem anderen Boot auf 100 sm Entfernung, fast 200 km, über der Kimm beobachtet und gemeldet.«
Dann folgte die Operation gegen den Konvoi OB-292 in der Zeit vom 2. bis 5. März 1941. Wiederum hatte eine Focke-Wulf-Condor (FW-200) den Konvoi entdeckt und angegriffen. Ein Vorpostenstreifen mit U-47, U-70, U-95, U-99, U-108 und U-552 sowie einem italienischen U-Boot wurde aufgestellt, aber drei weitere FW-200 fanden die Schiffe nicht wieder. Erst am 4. März 1941 machte eine andere Maschine den Geleitzug nochmals aus, aber jetzt umgingen die Briten einen zweiten Vorpostenstreifen mit U-A, U-47, U-70, U-95, U-99, U-108 sowie U-552 und einem italienischen Boot. Als letztes Schiff auf dieser Feindfahrt fiel U-552 am 10. März 1941 um 20.52 Uhr südlich von Island (AM-2529) durch Torpedo und Artillerie der 687 BRT große Fischdampfer Reykjaborg (1927) aus Reykjavik zum Opfer.

Auf der zweiten Unternehmung (7. April 1941 bis 6. Mai 1941) fand U-552 sowie die anderen eingesetzten U-Boote in den Gewässern südwestlich von Island nicht genügend Ziele; außerdem sichtete man keine Geleitzüge. In der U-Boot-Führung glaubte man daher, daß die Engländer die deutschen U-Boot-Streifen erkannt hätten, und sie verlegte die Boote ab 18. April 1941 südlich von Island. Zu diesem neuen Vorpostenstreifen gehörten U-65, U-95, U-96, U-123 und Topp mit U-552 und schließlich zusätzlich westlich von Irland je drei deutsche und italienische Boote.
Endlich machte U-123 am 28. April 1941 den Konvoi HX-121 aus, auf welchen sofort U-65, U-95, U-96 und U-552 zulaufen. Obwohl die Sicherungsfahrzeuge das Fühlung haltende U-123 abdrängten, kam U-96 heran und am Abend Erich Topp mit U-552.
Es gelang ihm, um 16.15 Uhr, den britischen Motortanker Capulet (8190 BRT/1932) aus Liverpool in AL-3415 zu torpedieren. Dieser geriet zwar in Brand, sank aber nicht. Erst am 2. Mai vernichtete ihn U-201 um 21.14 Uhr durch einen Torpedofangschuß, bzw. durch 8,8-cm-Granaten in AL-3133 auf 60° 16′ N–16° 10′ W.
Bereits am 27. April 1941 hatte Erich Topp den britischen Hilfs-U-Jäger (Trawler) Commander Horton (227 BRT/1915) – der U-Boot-Kommandant hatte ihn auf 700 BRT geschätzt – in AE-8816 (62° . . ′ N–16° . . ′ W) um 02.10 Uhr versenkt, sowie um 16.12 Uhr auf 62° 05′ N–16° 20′ W (AL-3236) das britische Motorschiff Beacon Grange (10 160 BRT/1938) aus London. Der Konvoi umging aber jetzt die deutsche U-Boot-Aufstellung und setzte ungehindert seine Fahrt fort.
Als letztes Opfer auf dieser Operation versenkte U-552 am 1. Mai 1941 kurz nach Mitternacht (00.27 Uhr) noch den in Hamilton auf den Bermuda-Inseln registrierten britischen Passagierdampfer Nerissa (5583 BRT/1926) in AM-5162 (57° 57′ N–10° 08′ W).
Auf der dritten Feindfahrt vom 2. Juni 1941 bis 3. Juli 1941 mit U-552 operierte Erich Topp hauptsächlich im Nordkanal. Unter verhältnismäßig schwierigen Bedingungen konnte das Boot drei Einzelfahrer mit zusammen 24 401 BRT zur Strecke bringen: 10. Juni 1941 um 10.55 Uhr: britischer Dampfer Ainderby (4860 BRT/1925) aus West Hartlepool in AM-4386 auf 55° 30′ N–12° 10′ W; 12. Juni 1941 um 04.14 Uhr: britisches Motorschiff Chinese Prince (8593 BRT/1926) aus London in AM-4243 auf 56° 12′ N–14° 18′ W; 18. Juni 1941 um 03.28 Uhr: britischer Dampfer Norfolk (10 948 BRT/1918) aus London in AM-2912 auf 57° 17′ N–11° 14′ W.
Hierüber schreibt Harald Busch: »Sieben bis zehn Alarme täglich vor allzuschnellen Feindmaschinen, Landmaschinen hier an der Küste, die wesentlich schneller sind als die – damals – zur Seeaufklärung verwendeten Typen des Briten oder die schwerfälligen Sunderland-Flugboote, die man weiter draußen trifft und vor denen sozusagen bequem wegzutauchen ist. Alarme und außerordentlich was aufs Dach . . .«
Mit seinen drei letzten Aalen setzte sich der Kommandant nach Westen zu, vom Nordkanal weg, ab. Da traf man auf einen Einzelfahrer.
»Eine tolle Geschichte war das«, berichtet Topp. »Ich sah ihn in einem Orkan. Auf etwa 3000 Meter. Verlor ihn. Fand ihn wieder. Und beide konnten wir uns bei diesem Wetter einfach nichts tun . . .«

»Dreitausend Tonnen möchte er haben«, meint Topp. »Nicht allzuviel; aber immerhin. Ich hielt mich daran fest. Wir verloren ihn wiederum und setzten uns nach Osten ab. Nach einem ganzen Tag kam er wieder an. Und nun begann die Sache unseren Ehrgeiz zu wecken. Hinterher! Des Nachts verlor ich ihn erneut. Eine ganze Weile hielten wir Fühlung nach Peilung im Horchgerät, indem wir zwischendurch immer wieder tauchten und horchten. Wir liefen ihm nach; zu sehen war nichts. Schließlich hatte auch das Gerät kein Ergebnis mehr. Wieder aufgetaucht, jetzt ohne Hoffnung, den Burschen noch einmal zu bekommen. Ich ließ ab.
Eine halbe Stunde darauf kommt er unvorhergesehen und unerwartet abermals an. Er hatte sich aus irgendeinem Grund aufgehalten und verzögert. Bei dem herrschenden hellen Nordlicht war ein Überwassernachtangriff leider unmöglich. Ich lief also nach vorn, tauchte und griff unter Wasser an. Aal Numero I wird ›Toter Mann‹. Der Dampfer läuft unbehelligt an mir vorbei. Also sacken lassen, auftauchen, neues Vorsetzmanöver, tauchen und neuer Anlauf. Aal Numero II wird Kreisläufer und geht achtern übers eigene Boot weg. Ein fatales Gefühl! Deutlich wird er im Heckraum gehört. Wider Erwarten ging es glatt. Als wir im Horchgerät seinen Kurs verfolgten, hatten wir damit gerechnet, uns selbst torpediert zu haben.
Nun war der letzte Torpedo übrig. Ich setzte mich über Wasser noch einmal vor. Zum dritten Mal in dieser Nacht: Tauchen, Angriff und Schuß. Aal Numero III detonierte nicht.
Der Bumms des Aufpralls beim Gegner war deutlich zu hören. Mehr auch nicht. Der Dampfer warf daraufhin Nebelbomben und verschwand«.
Dieser Angriff fand am 27. Juni 1941 um 03.10 Uhr in AK-2816 statt, als Topp von großem Pech verfolgt wurde. Er hatte zwar kein großes Glück auf dieser Unternehmung, aber am 20. Juni 1941 empfing er einen Funkspruch, daß man ihm für seine bisherigen Erfolge das *Ritterkreuz des Eisernen Kreuzes* verliehen hatte.
Erneut im Atlantik – 4. Unternehmung vom 18. bis 26. August 1941 – operierte U-552 zusammen mit anderen Booten abermals gegen Konvois. Mitte August 1941 standen in diesem Seegebiet insgesamt acht Boote einschließlich U-552. Eine Focke-Wulf-Condor (FW-200) hatte den Konvoi OG-71 gesichtet, und U-201 konnte Fühlung halten. Topp stieß trotz aller Bemühungen nicht auf den gemeldeten Geleitzug. U-564 hatte während der Schlacht um diesen Konvoi am 23. August 1941 in den Morgenstunden um 03.35 Uhr den norwegischen Dampfer Spind (2129 BRT/1917) aus Farsund in CG-2772 torpediert, den Erich Topp wenige Stunden später mit einem Torpedofangschuß zum Sinken bringen wollte. Der Aal detonierte jedoch nicht, so daß U-552 daraufhin den Frachter um 06.48 Uhr in CG-5114 auf 40° 43′ N–11° 39′ W mit der Artillerie vernichtete.
U-552 bekam anschließend Motorschaden und kehrte daher vorzeitig zum Stützpunkt zurück, wo die erforderlichen Reparaturen vorgenommen werden mußten.
Die folgende Unternehmung von Erich Topp (5. Operation vom 4. September 1941 bis 5. Oktober 1941) stand wiederum im Zeichen erbitterter Geleitzugschlachten. Am 9. September 1941 hatte U-85 den Konvoi SC-42 gesichtet. In zäher Verfolgung versenkten die herbeigerufenen U-Boote mehrere Frachter, erlitten aber selber Verlu-

ste, da die Sicherungsfahrzeuge ihr Handwerk verstanden. Am 14. September 1941 operierten gegen den angeschlagenen Geleitzug noch U-373, U-433, U-572, U-575 und auch U-552. Die Sicht war jedoch so schlecht, daß man den Konvoi nicht mehr fand. Topp sah zwar noch einige Bewacher, aber keine Frachter. Die Schlacht um den SC-42 wurde daraufhin abgebrochen.

Im Anschluß daran folgte der Kampf um den Konvoi SC-44. Die U-Boot-Gruppe Brandenburg wurde südostwärts von Grönland (bei Kap Farewell) aufgestellt. Am 18. und 19. September 1941 wurden auf diesen die U-Boote U-69, U-74, U-94, U-372, U-373, U-562, U-572 und gleichfalls Topp mit U-552 angesetzt. Bereits am 18. September 1941 sichtete U-74 den Konvoi. Dieser setzte sich aus 66 Schiffen zusammen sowie aus einem Zerstörer und vier Korvetten als Sicherung. Nordlichter behinderten jedoch den Funkverkehr der U-Boote, um ihre Operationen aufeinander abstimmen und um die Fühlungshaltermeldungen auffangen zu können. Aus diesem Grunde kamen nur U-74, U-94, U-373, U-562 und Erich Topp heran. In der Nacht zum 19. September 1941 konnten sie zum ersten Mal angreifen, um in der darauffolgenden Nacht einen Frachter und eine Korvette zu versenken.

U-552 schob sich in der schweren See immer näher an die Schiffsansammlung heran. Schließlich war es soweit. Beim ersten Angriff feuerte Topp zwei Torpedos auf zwei Dampfer, die nur als Schatten auszumachen waren. Aber beide Aale verfehlten ihr Ziel. Dann machte der Kommandant von U-552 nochmals zwei Torpedos los und ein Dampfer wurde anscheinend getroffen, denn von der Brücke des U-Bootes beobachtete man, wie das havarierte Schiff mit einem anderen Frachter kollidierte. Außerdem gingen die Besatzungen beider Fahrzeuge in die Rettungsboote. Versenkt wurden bei diesem ersten Angriff um 01.38 Uhr in AD-7583 auf 61° 34′ N–35° 11′ W der Tankdampfer T. J. Williams (8212 BRT/1921) aus Panama, sowie um 01.51 Uhr auf 61° 36′ N–35° 07′ W (AD-7583) der Dampfer Pink Star (4150 BRT/1926), ebenfalls in Panama beheimatet.

U-552 drehte nach diesem Erfolg ab, um Torpedos nachzuladen. Beim zweiten Anlauf torpedierte Topp um 03.27 Uhr in AD-7583 (61° 30′ N–35° 00′ W) den norwegischen Motortanker Barbro (6325 BRT/1934) aus Oslo, der nach zwei Treffern ausbrannte, aber nicht unterging. Auch ein Fangschuß von U-69 zeigte um 04.30 Uhr kein Ergebnis.

Der SC-44 wurde ebenfalls von anderen U-Booten angegriffen, die aber keine Erfolge mehr erzielten, so daß die Operation abgebrochen wurde.

Anschließend kreuzte Topp noch südlich der Färör-Inseln, aber es ließ sich kein Schiff sehen. Ohne Torpedos kehrte U-552 zum Stützpunkt zurück.

Große Erfolge brachte die nächste Feindfahrt vom 25. Oktober 1941 bis 26. November 1941 von U-552 nicht. Die in den Atlantik auslaufenden U-Boote erhielten am 30. Oktober 1941 den Befehl, als Gruppe Stosstrupp östlich der Neufundlandbank zu operieren. Es handelte sich um U-96, U-133, U-567, U-571, U-577 und schließlich U-552 unter Kapitänleutnant (ab 1. September 1941) Erich Topp. Auf dem Marsch in sein Operationsgebiet sichtete Topp am 31. Oktober 1941 gegen 04.00 Uhr den britischen Konvoi HX-156, der westlich von Irland nach England steuerte. Die 44 Frachter

aller Nationalitäten wurden von einer US-Escort Group mit fünf Zerstörern gesichert. U-552 setzte sich in Angriffsposition, fand aber keine Lücke, um durch die Sicherungsfahrzeuge an die wertvollen Frachter heranzukommen. Erich Topp versuchte also zunächst einmal, die Bewacher auszuschalten und feuerte zwei Torpedos auf einen Zerstörer – die US Reuben James – der innerhalb kurzer Zeit unterging.
Die Vereinigten Staaten von Nordamerika befanden sich zu dieser Zeit noch nicht im Krieg, aber US-Kriegsschiffe sicherten teilweise britische Konvois und beteiligten sich an der Suche nach deutschen U-Booten, die sie auch angriffen. Natürlich konnte Kapitänleutnant Topp nicht wissen, daß ihm ein US-Zerstörer vor die Rohre lief. Die Reuben James war ein älterer Vierschornstein-Zerstörer, von denen die USA insgesamt 50 Einheiten an Großbritannien übergeben hatte. Eine Verwechslung war unter diesen Umständen nicht ausgeschlossen.
Die Reuben James lief ca. 1800 m an Backbord des Konvois HX-156. Man hatte auf dem Kriegsschiff in der Nähe Funksignale eines unbekannten U-Bootes gehört und wollte abdrehen, um der Sache nachzugehen. In diesem Augenblick – 05.39 Uhr (US-Bordzeit) – explodierte an Backbord in Höhe des ersten Schornsteins ein Torpedo von U-552. Das vordere Munitionsmagazin der Reuben James detonierte wahrscheinlich und riß sie bis zum achteren vierten Schornstein auseinander. Das Achterschiff schwamm noch ca. fünf Minuten auf dem Wasser, versank dann aber unter heftigen Wasserbombenexplosionen. Durch den Untergang – der erste amerikanische Kriegsschiffverlust im Zweiten Weltkrieg – fanden 115 Mann in AK-9922 (51° 59′ N–27° 05′ W) den Tod, nur 45 wurden gerettet. Es ist Unsinn zu behaupten, daß der um 08.34 Uhr (U-552-Bordzeit) gefahrene Angriff von Erich Topp auf die Reuben James (1215 ts, 35 kn, vier 10,2 cm, 6 Torpedorohre) absichtlich erfolgte.
Außer Topp stand noch sein Freund Kapitänleutnant Engelbert Endrass (Crew 35) mit U-567 am Geleitzug. Beide Boote hielten Fühlung, aber zwei Angriffe schlugen fehl. Die US-Zerstörer drängten U-552 und U-567 ab, und am 3. November 1941 gaben die U-Boote es auf, nochmals an den HX-156 heranzukommen.
Anschließend gehörte U-552 ab 5. November 1941 zur Gruppe Störtebeker mit U-69, U-77, U-96, U-98, U-201, U-373, U-567 und U-572, die gegen den Konvoi OS-11 angesetzt wurde. Mehrere Maschinen der Luftwaffe flogen Aufklärung, entdeckten aber nichts. Inzwischen stießen zu der U-Boot-Gruppe noch U-332 und U-402, aber bis zum 18. November 1941 hatte man den Geleitzug immer noch nicht gefunden, so daß die Suche abgebrochen wurde. Am folgenden Tag löste man die Gruppe in drei andere auf, und U-552 wurde mit U-96, U-332 und U-402 als Gruppe Benecke gegen einen OG-Konvoi aufgestellt. Zu dieser Zeit hatte sich aber im Mittelmeer die militärische Lage für die Achsenmächte sosehr verschlechtert, daß zur Entlastung der in Nordafrika kämpfenden deutschen und italienischen Truppen die im Atlantik stehenden U-Boote entweder ins Mittelmeer oder in das Gebiet westlich von Gibraltar geschickt wurden.
U-552 kehrte nach erfolgloser Suche – außerdem waren alle Torpedos verschossen –, nach St. Nazaire zurück, um am 26. Dezember 1941 Kurs auf die amerikanische Ostküste zu nehmen.

Kapitänleutnant Erich Topp

(* 2. 7. 1914)
Eintritt in die Reichsmarine: 1934
(Crew 34)

Dr. Harald Busch: »Erich Topp, dieser U-Boot-Kommandant von höchsten Gnaden, verstand es, jeden seiner Männer über sich selbst hinauszuheben. Manch einer, der sonst nicht viel taugen mochte, war auf Feindfahrt unter diesem Kommandanten ein tadelloser Seemann und Soldat . . . Jeder, der auf diesem Boot fuhr, bis hinauf zum Kommandanten, trug, wenn das auch immer wieder von oben verboten wurde, den Teufel als Zeichen, aus Messingblech gesägt und rot bemalt, an seiner Bordmütze.«

U-552 unter Kapitänleutnant Erich Topp in der Schleuse von St. Nazaire, dem Stützpunkt der 7. U-Flottille unter Kapitänleutnant Herbert Sohler.

Am 11. Dezember 1941 erklärte Deutschland den Vereinigten Staaten von Nordamerika den Krieg, und für den deutschen U-Boot-Einsatz ergaben sich in den nordamerikanischen Gewässern und in der Karibik große Chancen. Großadmiral Dönitz schreibt hierüber in seinem Buch: »Zehn Jahre und zwanzig Tage«: »Die ergiebigen amerikanischen Seegebiete blieben jedoch nach wie vor Hauptkampfraum. Zwei Monate Kriegführung in diesem Raum waren bereits vergangen. Wir konnten nicht übersehen, wie lange die Vereinigten Staaten noch brauchen würden, bis ihre Abwehr stark und erfahren genug war, die besonders großen augenblicklichen Erfolge der U-Boote zu verhindern. Von Mitte März bis Ende April 1942 standen für den so aussichtsreichen Kampf nur 6 bis 8 U-Boote zur Verfügung. Die Abstellung von U-Booten zur Sicherung Norwegens Mitte Februar wirkte sich aus.
Die U-Boot-Führung entsandte die wenigen Boote, die für den Westatlantik einsatzbereit wurden, in den unmittelbaren Nahbereich der amerikanischen Ostküste. Dieses verkehrsdichteste Gebiet mußte ausgenutzt werden, solange es noch möglich war. Die Boote operierten unter Land, von New York beginnend nach Süden. Sie stellten bald die Nachtstrecken des Verkehrs fest. Als für sie besonders günstig erwies sich das Cap Hatteras. Die Schiffahrt bewegte sich, um den U-Boot-Angriffen zu entgehen, auf flachem Wasser so nahe der Küste wie möglich. Trotzdem griffen die U-Boote an. Hierbei operierten sie nachts auf Wassertiefen zwischen acht und zehn Meter, also Tiefen, auf denen sie vor feindlichen Abwehrfahrzeugen oder Flugzeugen nicht mehr tauchen konnten. So versenkte U-123 (Kapitänleutnant Hardegen) nordöstlich Savannah auf flachem Wasser mehrere Tanker. Die Erfolge aller eingesetzten Boote waren außerordentlich. Hardegen vernichtete 11 Schiffe, U-124 (Kapitänleutnant Mohr) 9 Schiffe, U-552 (Kapitänleutnant Topp), U-203 (Kapitänleutnant Mützelburg) und U-160 (Kapitänleutnant Lassen) je 5 bis 6 Schiffe. Diese Kommandanten erfaßten die taktische Gesamtsituation schnell und trugen, um ihre Gunst auszunutzen, ein hohes Risiko. So wuchs eine neue Reihe von ›Assen‹ der U-Boot-Kommandanten heran.«
Kapitänleutnant Erich Topp mit U-552 bildete zusammen mit 12 Booten vom Typ VII-C, die Gruppe Ziethen, die einzeln im Seegebiet der New Foundland Bank bis südlich von Nova Scotia operierten.
Der Kommandant von U-552 hatte den Befehl, zunächst vor Ponta del Gada auf den Azoren den Schiffsverkehr zu überwachen. Er drang in den Hafen ein, aber außer einem Zerstörer, der ungünstig lag, fand man keine Ziele. Nach zwei Tagen Aufenthalt erhielt Topp jedoch Befehl, nach Kanada zu laufen. Auf dem Hinmarsch geriet U-552 in einen schweren Sturm, der dem Boot viel zu schaffen machte. Dann kam U-552 in den Labradorstrom, ständig war es jetzt mit einer Eisschicht bedeckt, wobei der Sturm anhielt. Um sich von der Eisschicht zu befreien, mußte das Boot schließlich tauchen.
Am 15. Januar 1942 kam der erste Dampfer in Sicht. Es herrschte Seegang 5. Trotzdem ging Erich Topp zum Angriff über. Die ersten beiden gefeuerten Torpedos liefen vorbei. Schließlich stoppte um 01.38 Uhr ein dritter, in BB-6673 gefeuerter Aal den aus Cardiff stammenden Briten Dayrose (4113 BRT/1928). Der zweite Torpedo (also der vierte) zeigte endlich eine Wirkung. Die Dayrose brach auseinander und sank in der Nähe von Kap Race auf 46° 32′ N–53° 00′ W.

Anschließend steuerte Topp St. Jones an. Erfolgsaussichten ergaben sich keine, zumal das Angriffssehrohr ausgefallen war. Er versuchte, vor der Einfahrt zu kreuzen, aber auch dies mußte schließlich aufgegeben werden. Der Kommandant beschloß nun, draußen auf See zu warten und auf einen Erfolg zu hoffen. Doch diese Unternehmung brachte für Topp nicht viel ein. Das Wetter machte u. a. alle Chancen zunichte. Dies zeigte besonders folgender Angriff vor St. Jones:

»Nachmittags läuft ein Dampfer, von einem Vierschornsteinzerstörer gesichert, aus, biegt aber gleich der Küste entlang nach Süden ab; die Entfernung ist für einen Schuß zu weit. Eine Stunde darauf erscheint ein Tanker von etwa 5000 Tonnen, der sich sehr in Küstennähe hält. Das wäre etwas! denkt Topp, der ihn durchs Sehrohr beobachtet. Er macht auffällig geringe Fahrt. Etwa angeschossen? Drei Zerstörer geleiten ihn. Einer wird plötzlich spitz, kommt schnell näher – Topp zieht das Sehrohr ein. Die Peilung des Gegners im eigenen Horchgerät wandert aus. Sofort wird das Sehrohr vorsichtig wieder ausgefahren: Der Tanker hat abgezackt und geht auf die Einfahrt zu. Selbst mit günstigen Unterlagen hätte es keinen Sinn zu schießen. Die Zerstörer horchen bei ihrer geringen Schleichfahrt bestimmt den Torpedo rechtzeitig und weichen aus. Das Boot selbst aber hat nur 30 m unter dem Kiel: Es wäre glatter Selbstmord, ohne Aussicht auf Erfolg. Topp geht vor dem inzwischen näher kommenden Zerstörer auf 20 m und zeigt das Heck.

Mit Dunkelwerden taucht das Boot auf. Der Tanker mit den drei Zerstörern ist inzwischen eingelaufen: den vor drei Stunden ausgelaufenen Dampfer jetzt über Wasser zu verfolgen hätte wenig Sinn. Topp stellt sich südlich von St. Jones unterhalb der Küste auf. Fast ist es wolkenlos geworden, gute Sicht; nur geringer Seegang von Südsüdwesten. Unter Land kommt Nebel auf.

Gegen 11 Uhr zwei Schatten dicht unter der Küste in Kiellinie hintereinander, Kurs Süd. Ein Zerstörer, dem ein Dampfer folgt. Topp setzt sich nach Backbord seitlich heraus und dampft die Fahrt des Gegners aus, um sichere Unterlagen für den Angriff zu bekommen. Die zwei laufen 9 Meilen.

Von achtern kommt ein weiterer Zerstörer auf und übernimmt die Sicherung des Frachters nach der Seeseite hin; an Steuerbordseite hat er Land. Topp kann nur von See her, von Backbordseite angreifen. Die Wassertiefe beträgt hier 30 m. Unangenehm wenig.

Leichter Schneefall setzt ein. Jetzt wäre es Zeit! Topp läuft an; er will je einen Schuß auf den vorderen Zerstörer und auf den Dampfer anbringen. Der Angriff mißlingt, denn der Zerstörer an Backbordseite drängt das Boot ab.

Fünfzehn Minuten später ein zweiter Angriffsversuch. Vielleicht glückt es besser, einen Schuß auf den Zerstörer an Backbordseite und zwei weitere, weit, auf den Dampfer anzubringen, überlegt der Kommandant. Der Anlauf beginnt. Ein schnell sich nähernder spitzer Schatten von vorn zwingt wiederum zum Abdrehen. Verdammter Mist!

Der Schatten entpuppt sich als ein Dampfer auf Gegenkurs, ohne Sicherung.

Also auf den zuerst! Die anderen werden sich wieder einholen lassen. Um keine Zeit zu verlieren, verzichtet Topp darauf, die Geschwindigkeit des Gegners genau auszu-

dampfen. Es muß auch so gehen! denkt er. Immerhin so an die 3000 Tonnen mag der Bursche haben; er macht nur geringe Fahrt.
01.04 Uhr Schuß aus Rohr III auf 800 geschätzte Meter Entfernung.
Fehlschuß. Nanu?
Kurz vor dem Schuß kam ein Zerstörer von achtern auf. Topp zeigt schmale Silhouette und läuft mit Große Fahrt ab.
Drüben blitzt es auf: Der Zerstörer hat das deutsche Boot gesehen und morst es an: ›Anton, Anton?‹
Im nächsten Augenblick müßte es vor dem heranbrausenden in den Keller, wo man sich doch nicht auszuweisen versteht auf die Frage. Wäre es bloß nicht so widerlich flach hier!
Da dreht, unerklärlicherweise, der Verfolger ab. Glaubt er, sich getäuscht zu haben? Sofort staffelt Topp wiederum heran.
01.45 Uhr zweiter Angriff auf den Frachter, auf 600 m, Rohr IV, mit etwas geringer angenommener Gegnerfahrt.
Fehlschuß. Völlig unerklärlich. Im Augenblick des Schusses scheint der Dampfer seine Fahrt noch mehr zu verlangsamen; er wandert nur geringfügig aus. Da – nach sieben Minuten eine heftige Detonation. Enddetonierer! Nun merken sie alle, daß es hier nicht geheuer ist. Trotzdem! denkt Topp, der Kerl soll herunter.
02.10 Uhr dritter Angriff. Rohr II, und die Geschwindigkeit des Frachters noch geringer angenommen.
Fehlschuß. Was ist denn nur? Auch dieser Torpedo wird Enddetonierer und macht einen Heidenlärm.
›Geschütz klar!‹ Jetzt soll denn doch – – ganz egal was kommt. Die Bedienungsmannschaft springt ans Kanon – verflucht! ist das Oberdeck glatt – und reißt an dem Verschluß. Völlig vereist die ganze Waffe. Ein Versuch, die dicke Schicht loszuklopfen, bleibt ergebnislos. Wütend enttäuscht dreht Topp 02.45 Uhr ab, da der Dampfer inzwischen vor St. Jones angekommen ist, und läuft nach Süden ab.«
So ging es ständig weiter und weiter: Mißerfolg häufte sich an Mißerfolg. Erst am 18. Januar 1942 konnte nach mehreren Anläufen und Fehlschüssen der alte amerikanische Dampfer FRANCES SALMAN (2609 BRT/1919) aus Houston (Texas) in BB-6679 (New Foundland) versenkt werden. Bisher wurde angenommen, daß U-552 den Griechen DIMITRIOS G. THERMIOTIS versenkt hätte, der zum gleichen Zeitpunkt eine SOS-Meldung funkte, die Topp (und auch das in der Nähe stehende U-86) auffing und auf seine Torpedierung der FRANCES SALMAN bezog. Erich Topp hatte aber tatsächlich die FRANCES SALMAN vernichtet, die am 17. Januar 1942 aus St. Jones ausgelaufen war und Kurs auf Corner Brook in New Foundland genommen hatte. Seit dem 21. Januar 1942 wird sie als überfällig angesehen. Vom Treffer bis zum Untergang vergingen kaum mehr als acht Minuten: »02.42 Uhr vierter Angriff. Bei Seegang 4 bis 5 und Wind Nordnordwest in Stärke 6.
Rohr III mit fester Seite, auf 400 m.
Treffer im Achterschiff. Na endlich! Eine hohe Rauch- und Wassersäule springt und schwillt empor. Die Boote gehen zu Wasser. Das Schiff sinkt schnell. SOS funkt es

und sackt. Nach kaum zehn Minuten steht nur das Vorschiff um etwa 20 Meter steil heraus, taucht auf und nieder. Die See ist hier 80 m tief.«

Kapitänleutnant Topp meldete an den Befehlshaber der U-Boote (BdU) Admiral Karl Dönitz die bisherigen geringen Erfolge, die in diesem Seeraum bis jetzt von ihm erzielt wurden: »Erbitte Befehle. Noch zwei Oberdecktorpedos. Umladen wegen Vereisung und Wetterlage nicht möglich.«

U-552 durfte daraufhin nach Frankreich zurücklaufen. Auf dem Marsch nach dort begegneten Topp noch mehrere Frachter. Aber der Sturm verhinderte einen Angriff mit dem 8,8-cm-Geschütz.

Am 27. Januar 1942 machte U-552 in seinem Stützpunkt wieder fest. Am 7. März 1942 nahm U-552 erneut Kurs auf die amerikanische Ostküste: es war die achte Unternehmung des Bootes.

Am 21. März 1942 empfing Topp einen Funkspruch, daß vor Halifax (Kanada) ein Konvoi zusammengestellt würde. Er wollte auch sofort auf diesen operieren, aber da die Schiffe anscheinend zu hohe Fahrt liefen, nahm der Kommandant von U-552 von seinem Vorhaben wieder Abstand. Die Verfolgung eines zweiten Geleitzuges brach U-552 ebenfalls wieder ab, da grobe See herrschte und auch in diesem Fall die Frachter zu schnell für das U-Boot waren.

Schließlich erreichte Topp sein Operationsgebiet vor Philadelphia. Am Morgen des 25. März 1942 verfolgte U-552 den von Philadelphia nach Curaçao laufenden, modernen niederländischen Motortanker OCANA (6256 BRT/1938) aus Willemstad (Niederländisch-Westindien). Über den folgenden Angriff um 04.13 Uhr und die Torpedierung auf 42° 36′ N–65° 30′ W (CB-1363) heißt es: »In der Morgendämmerung kommt ein Tanker in Sicht. Die See ist spiegelglatt. In Sichtgrenze hängt sich das Boot an. Der Feind, berechnet man bald, läuft 10 Meilen Fahrt, Generalkurs 340°. Den ganzen Tag über wird die Fühlung gehalten, ohne daß etwas passiert. Für einen Unterwasserangriff zackt der Feind zu stark.

Um 03.00 Uhr beginnt die Dämmerung, aber für den Überwasserangriff bleibt es zu hell. Er müßte auf zu große Entfernung angesetzt werden, denn keine Wolke steht am Himmel, und der Mond strahlt zauberhaft, aber verräterisch herab auf das blanke, gleißende Wasser. 04.19 Uhr taucht das Boot, klar zum Angriff. Der Gegner ist im Sehrohr gut auszumachen. Der Anlauf beginnt.

Kurz nach dem Tauchen hat der Gegner gestoppt. Bei 1000 m geht er mit seiner Fahrt hoch und dreht sofort hart auf den Angreifer zu. ›Schnell auf 20 Meter!‹ befiehlt der U-Boot-Kommandant. Der Tanker überläuft haargenau das Boot und mit hoher Fahrt weiter.

Topp läßt auftauchen und setzt sich erneut zum Angriff vor. Der Tanker zackt nicht mehr so stark.

Nach einer Stunde steht das Boot günstig. Der Kommandant versucht es mit einem Überwasserangriff. Er läuft an, aber der Schatten kommt nach einem Zack plötzlich mit spitzer Lage auf das Boot zu, stoppt bei 3000 m Entfernung – Topp läuft weiter an – und nun müßte er doch langsam wiederum zacken? Er dreht, gestoppt, genauestens mit, immer in spitzer Lage zum Boot.

Topp läuft ab. In diesem Augenblick geht der Tanker mit der Fahrt endlich wieder an, den alten Kurs. Hat er das Boot doch nicht gesehen?
06.40 Uhr taucht das Boot zu einem neuen Unterwasserangriff. Der Gegner ist gut zu sehen. Er kommt spitz auf das Boot zu, das gleich auf den vorbeiziehenden schießen kann. Da stoppt der Tanker, dreht mit, immer auf das gegen ihn langsam unter Wasser anlaufende Boot, und schließlich geht er mit hoher Fahrt darauf zu. Topp muß das Sehrohr einziehen und tiefer tauchen. Der Angriff ist vertan, und wiederum überläuft der Tanker das Boot.
Topp ist ratlos. Was soll diese Teufelei? Ist denn alles verhext? Der Kommandant ist nicht so veranlagt, daß er jedes Manöver auf sein angreifendes Boot bezöge. Die wiederholte Gegenaktion des Tankers aber macht ihn stutzig. Er kann einfach nicht umhin, anzunehmen, daß der Gegner ihn feststellt. Die später bekannt gewordene Entwicklung der Abwehrwaffen bestätigte diese Vermutung. Doch jetzt ist keine Zeit, zu kombinieren. Es gilt, ihm nachzusetzen, soll er nicht entwischen. Die Beute ist lohnend.
Das Boot taucht auf. 07.00 Uhr. Topp hängt sich dem Schatten an, läuft auf und wartet, bis der Mond verschwindet. Das Wetter meint es endlich gut und wird unsichtig. Zum vierten Mal gegen diesen sonderbaren Burschen ...
Topp läßt das Boot, nachdem er es in vorliche Stellung gebracht, mit schmaler Silhouette zum Gegner schußbereit einfach liegen; so wird es am wenigsten gesehen. Endlich wird die Lage des Tankers breiter. Also!
Da zackt der Gegner im letzten Moment heran!
›Beide Diesel AK zurück!‹ brüllt der Kommandant ins Luk. Der Tanker ist schon viel zu nahe. Zum Tauchen ist es zu spät, und – faßt er uns?
So gerade eben, um ganze fünf Meter Zwischenraum, kommt das Boot vom Heck des Tankers frei. Statt Ruder Backbord zu drehen – er hätte es mit dem herumschwingenden Achterschiff zweifellos erwischt und zerschlagen – hat der Gegner Hart Steuerbord gelegt. So fix schaltete der Kapitän doch nicht, als er merkte, daß er das Boot mit seinem Bug nicht zu rammen vermochte.
Das Boot kommt frei – das Geschütz des Dampfers ist nicht bemannt. Erst jetzt wird gefunkt: ›SSS Ocana followed by submarine SSS.‹ Topp schlägt sich ab, dreht hart hinter dem Heck des Gegners zum neuen Angriff an und schießt: Treffer Mitte! Das vollbeladene Schiff geht sofort in Flammen auf und brennt über alles ...
Das Schiff sinkt merklich tiefer. Das Öl preßt unter dem zunehmenden Wasserdruck überall heraus und lodert wie aus riesigen Düsen. Das deutsche Boot liegt nahebei, aber der Tanker scheint genug zu haben mit dem einen Torpedo. Es heißt für U-552 sparsam umgehen mit den kostbaren Aalen; sie sollen mehr bringen als auf der letzten Reise.
Topp wartet den Untergang der Ocana nicht ab; denn hier muß man bereits mit Flugzeugen rechnen. Er läuft nach Westen ab und weicht dabei vor mehreren Fischern mit gesetzten Laternen aus. Um 12 Uhr wird vor einem Motorsegler getaucht. Immer noch brennt in der Ferne der Tanker. Tagelang geistert er durch das Funkgeschehen im Äther durch. Sie haben ihn offenbar nicht mehr abzuschleppen vermocht, so viel

sie sich mühten, das kostbare holländische Schiff wenigstens als Wrack zu bergen.« Die Ocana war doch nicht so leicht auf den Meeresgrund zu schicken, denn sie mußte am 15. April 1942 durch den kanadischen Minensucher Burlington durch Artilleriefeuer versenkt werden.

Bis zum nächsten Erfolg am 3. April 1942 hatte Kapitänleutnant Topp eine Reihe von Fehlschüssen auf mehrere Dampfer zu verzeichnen: »... Ein 5000-Tonnen-Frachter zieht in allzu großer Entfernung ruhig seine Bahn nach Norden. Also wieder auf Grund.

Eine Stunde später, Sehrohrtiefe: Ein Dampfer von 6000 BRT mit Kurs 30 Grad. Topp setzte den Angriff an. Er muß die Werte schätzen. Entfernung 2500 m, Schnelligkeit des Gegners vielleicht 6,5 sm, errechnet aus der Zahl der Schraubenumdrehungen, die man horcht. Nach 30 Minuten fällt der Schuß. Fehlschuß. Unbehelligt zieht der Dampfer vorbei.

Zwanzig Minuten – noch ist er in Sicht – und erneut Schraubengeräusch. Zwei Tanker mit Südkurs; ein dritter entgegengesetzt. Alle drei werden im Sehrohr sichtbar. Am günstigsten läuft der eine. Also auf ihn, obgleich er leer ist. Die See ist glatt und von einer ruhigen Dünung durchpulst.

Rohr II –.

Kurz vor dem ›Los‹ wird das Sehrohr (es ist das große vordere, denn das andere ist seit Beginn der Reise ja unbrauchbar) überspült; es schneidet unter. Wie es freikommt, ist die Lage des Tankers bereits 100 bis 110°. Trotzdem soll der Schuß fallen;

›– Los!‹

Topp zählt die Sekunden ... Es ereignet sich nichts. War es doch zu spät?

Ein Flugzeug erscheint im Sehrohr. Auf Tiefe! Das heißt: schon bei 18 Metern berührt das Boot Grund. Der Gegner hat es nicht bemerkt.

Zwei Aale vorbei! Das ist bitter! Topp fragt sich, ob er die Unterlagen falsch geschätzt, oder ob etwa bei der geringen Wassertiefe die Torpedos infolge der Dünung Grund berührten und abgelenkt wurden? Jedenfalls gingen sie vorbei. Er läßt das Boot auf Grund liegen.

Um 23.00 Uhr wieder Schraubengeräusche. Der Blick durchs Sehrohr offenbart einen mittelgroßen Tanker von etwa 5000 Tonnen auf ziemlich flachem Wasser, der Kurs Nord fährt. Man hört ihn laufend sein Electrolot bedienen. Topp versucht ihn anzugreifen, muß es aber aufgeben; die Entfernung bleibt zu weit, etwa 3000 Meter. Mit lediglich geschätzten Unterlagen wäre ein Schuß zu ungewiß. So geht das Boot wieder zur 20-Meter-Linie zurück und auf Grund.

Nachtsüber sind im Sehrohr zehn Dampfer zu sehen; gehorcht, ohne daß sie in Sichtweite kommen, werden neun weitere dazu. Dieses Gebiet scheint zur Zeit erstaunlich stark befahren zu werden. Wie soll man diesen Burschen beikommen? Es bleibt zu hell und die Flugüberwachung zu stark, das Wasser viel zu flach; man kann ja kaum mehr als bis zu Sehrohrtiefe tauchen ...

Topp versucht es auf Biegen und Brechen, zum Schuß zu kommen.

Um 03.20 Uhr taucht er auf eine Geräuschmeldung hin einfach auf und stößt über Wasser in Richtung der Peilung vor. Ohne Ergebnis ...

Um 03.44 Uhr muß er das Boot ergebnislos wieder auf Grund legen.
Um 08.00 Uhr wiederum Schraubengeräusch, das sich zu nähern scheint, 80 Umdrehungen in der Minute. Es ist jetzt 08.45 Uhr und wolkenlose Vollmondnacht; die See liegt weithin spiegelglatt da wie ein Teich. Da wird nicht viel zu machen sein.
Zwei Dampfer kommen in Sicht und ein Zerstörerschatten. Topp taucht, um sie sich im Sehrohr einmal näher anzusehen. Das Horchgerät ergibt, daß sich einer der Dampfer von dem Geleit trennt und nach Osten absondert. Auf den!
U-552 taucht und folgt mit Große Fahrt. Es ist jetzt 09.58 Uhr. Vor ihm der Schatten, der in der Ferne eben noch auszumachen ist. Als nach einer Stunde das Boot noch nicht aufgeholt hat, bricht Topp die Verfolgung fluchend ab: der Gegner ist zu schnell ...
Um 12.15 Uhr muß vor einem Schatten getaucht werden. Ein Dampfer von etwa 4000 Tonnen Größe kommt mit Lage 0 auf das Boot zu.
›Auf Gefechtsstationen!‹ Klar zum Angriff. Topp dreht zum Heckschuß ab, der 12.45 Uhr aus Rohr V fällt; auf 600 m Abstand.
Vorbei. Fehlschuß. Wie ist das nur möglich? Topp legt das Boot enttäuscht auf Grund und prüft erst einmal – aber ergebnislos die Schußunterlagen durch. Der Mißerfolg bleibt ungeklärt.«
An diesem Tage (3. April 1942) griff U-552 in den frühen Morgenstunden (03.40 Uhr) den betagten US-Dampfer David H. Atwater (2438 BRT/1919) aus Fall River (Massachusetts) mit dem 8,8-cm-Geschütz an. Durch insgesamt 93 Schuß wurde der 23 Jahre alte Kohlefrachter in CA-5714 auf 37° 57′ N–75° 10′ W so schwer beschädigt, daß er schließlich unterging: »Ein mittelgroßer Dampfer, der offenbar aufgeregt mit geringer Fahrt noch vor der Dämmerung sich die Küste entlang schlängelt, Kurs Nord. Die Lage ist bereits 110°. Den könnte man vielleicht noch erwischen, urteilt Topp. Er läßt mit Langsame Fahrt unter Wasser das Boot ihm nachlaufen und will versuchen, mit Dunkelwerden aufzutauchen und kräftig nachzustoßen. Diesen könnte man vielleicht mit Artillerie versenken, wenn alles gut und schnell genug geht, daß kein Bewacher dazwischenkommt ...
Eine Stunde folgt das Boot dem Frachter, dann gerät ein Zerstörer ins Horchgerät, steuerbord querab. Er wandert langsam achteraus und hat wohl nichts gemerkt. Topp kann weiter Fühlung halten ...
Kaum ist der gefährliche Gegner genügend weit entfernt, so läßt der Kommandant auftauchen. Der Dampfer ist nicht mehr zu sehen, aber Topp nimmt die Verfolgung auf. Die Nacht ist hell. Zehn Minuten, und der Schatten kommt in Sicht, der wohl gerade in die nächste Bucht laufen will.
Topp läßt tauchen, um festzustellen, ob auch keine Zerstörer in der Nähe sind. Die Luft scheint rein. Auf und ihm nach. Geschütz besetzen! Das Boot läuft dem Dampfer von achtern auf. 03.10 Uhr beginnt der Feuerüberfall.
Der Gegner funkt sofort: Es ist der mit Kohle beladene David H. Atwater, 2438 Tonnen groß, geht aus seinem Hilferuf hervor.
Nach 93 Schuß aus der 8,8 läßt Topp das Feuer einstellen, denn der Frachter brennt und sinkt. Das Boot läuft mit hoher Fahrt ab, dem tieferen Wasser zu.«
In dem amerikanischen Werk von S. E. Morison ›History of United States Naval Ope-

rations in World War II‹ (Vol. I: ›The Battle of the Atlantic 1939–1943‹) heißt es, daß der Besatzung des Dampfers keine Gelegenheit gegeben worden war, ihr Schiff vorher zu verlassen, so daß durch das Artilleriefeuer von U-552 nur drei Mann von 27 Besatzungsmitgliedern das Inferno überlebten. Obwohl zwei US-Frachter der David H. Atwater zu Hilfe eilten, konnten sie niemanden mehr retten.
U-552 stand jetzt vor Kap Hatteras und lief auf Wimble Shoal zu. Am 5. April 1942 konnte Kapitänleutnant Topp endlich einen der wertvollen Tankdampfer um 04.47 Uhr auf 36° 08′ N–75° 32′ W (CA-7652) knacken. Es war der in Wilmington (Delaware) registrierte Amerikaner Byron T. Benson (7953 BRT/1922), der in ein Flammenmeer eingehüllt wurde: »Nach einer Minute Laufzeit – schon will man auf der U-Boot-Brücke nach all dem Mißgeschick der letzten Zeit mit diesen Aalen nervös werden – erfolgt drüben eine mächtige Detonation: Hunderte von Metern hoch blafft eine Feuereruption empor, und im Augenblick ist das ganze Schiff ein einziges Feuermeer. Da jaulen schon Leuchtgranaten heran. Das Boot wird, durch den Brand deutlich angestrahlt, beschossen von dem eigentlichen Bewacher, der weiter vorlich, wahrscheinlich bei dem zweiten Tanker, steht. Der Wind weht günstig; er treibt den dichten Qualm des Brandes zwischen Boot und Feuer, so daß der Feind offenbar das Ziel aus dem Auge verliert. Der Himmel verdunkelt sich. Von dem Zerstörer, den man vorhin überholte, ist nichts zu sehen. Topp dreht mit hoher Fahrt ab nach Osten zu, um tieferes Wasser zu gewinnen. Der Tanker wurde auf nur 15 m über dem Grund torpediert und bekommt jetzt starke Schlagseite. Das brennende Öl bedeckt achteraus einen Sektor von etwa 40°. Schauerlich zuckt der verdüsterte Himmel von dem flammenden lekkenden Brand.
Nach zwei Stunden erlischt urplötzlich der Feuerherd, während das Öl auf dem Wasser weiter brennt und schwelt: Der Tanker ist gesunken . . .«
Das nächste Fahrzeug, der in London beheimatete Motortanker British Splendour (7138 BRT/1931) fiel den Torpedos von U-552 am 7. April 1942 um 04.17 Uhr in CA-7969 auf 35° 07′ N–75° 19′ W zum Opfer. Der Tanker unter Kapitän John Hall sollte 10 000 Tonnen Benzin nach England bringen, wurde im Backbord-Maschinenraum getroffen und ging innerhalb kurzer Zeit unter. Am gleichen Tag versenkte Topp um 10.52 Uhr in CA-7991 (35° 08′ N–75° 22′ W) den 44 Jahre alten norwegischen Walfänger (Mutterschiff) Lancing (7866 BRT/1898) aus Larvik. Dieser befand sich auf dem Weg von Curaçao nach New York und wurde 15 Meilen vor Diamond Shoal von einem Torpedo getroffen und versank brennend in den Fluten. Am 9. April 1942 war es erneut ein Tanker: der Amerikaner Atlas (7137 BRT/1916) aus New York, unterwegs von Houston (Texas) nach Sewaren in New Jersey. Zwei Torpedos von U-552 trafen gegen 09.38 Uhr die Atlas mittschiffs, und 25 Meilen vor Point Lookout ging der Tanker auf 34° 27′ N–76° 16′ W (DC-1163) unter: ». . . Topp taucht auf, und ein großer Tanker, voll beladen, 8 bis 9000 Tonnen groß, steht genau querab. 08.22 Uhr . . .
Vorsichtig bringt sich Topp in Angriffsposition. Sehen denn die dort drüben nicht das wie magisch erhellte, ringsum aufleuchtende Boot, die schimmernde Kielwasserschleppe? Mit bloßem Auge erkennt man die funkelnde Bugsee drüben am Feind.

Der Angriff erfolgt 09.38 Uhr bei eben herauskommendem Mond. Wie ein Silberpfeil schießt der Torpedo aus Rohr V deutlich sichtbar zum Ziel, dem auf Parallelkurs zum Boot laufenden Gegner in die Flanke.
Detonation. Eine hohe Qualm- und Wasserwolke schwillt auf. Aber brennen will der Tanker sonderbarerweise nicht. Er marschiert weiter.
Seine FT ist anscheinend ausgefallen; es wird kein Funkverkehr aufgefangen. Er versucht durch Scheinwerfer Verbindung mit Land zu bekommen.
Ob Einschüchtern hilft? Topp läuft verschiedentlich an. Der Tanker, der das Boot jetzt ohne Zweifel sieht, dreht jedesmal mit, um auszuweichen. Endlich stoppt der Gegner. Hastig steigt die Besatzung aus. Es ist ja auch nicht gerade gemütlich, ein feindliches Unterseeboot neben sich herlaufen zu sehen, wenn man auf lauter Brennstoff sitzt . . .
Da trifft der zweite Aal, und nun zündet das Öl . . .
Der Brand breitet sich mehr und mehr und immer geschwinder aus, erfaßt die Rettungsboote, die allzu lange bei dem getroffenen Schiff zögerten und in denen jetzt mitten durch die brennende See die fremden Seeleute hastig um ihr Leben pullen und zu entkommen suchen; ein schauerliches Bild.
Nur mit knapper Not vermag Topp das eigene Boot vor dem brennend schnell sich verbreiternden Öl davonzubringen. Unheimlich huschen die grünen Flammen hinter ihm drein über die dunkle, schwarze See. Vor dem höllischen, magischen Feuerherd in der Ferne sieht er noch lange silhouettenhaft die fremden Männer in ihren Booten sich verzweifelt mühen. Dann ist es zu Ende. Mit erwachender Helligkeit legt man das Boot um 12.00 Uhr in der Nähe der Lookout-Tonne auf Grund.
Zwei volle Tage und noch eine Nacht hindurch brannten Schiff und See. Es war wie ein Fanal mit riesiger schwarzer Fackel in unerhöhte Höhen, weithin sichtbar.«
Am 10. April 1942 erzielte Kapitänleutnant Erich Topp den letzten Erfolg auf dieser Operation. In den Morgenstunden sichtete man wiederum einen großen Tanker, und um 06.27 Uhr machte U-552 auf 800 m Entfernung einen Torpedo los. Der Amerikaner Tamaulipas (6943 BRT/1919) aus Wilmington (Delaware) wurde genau mittschiffs getroffen und brannte sofort lichterloh. Topp mußte jedoch abdrehen, da Bewacher ihn entdeckt hatten und sein Boot unter Feuer nahmen. Der Tanker sank auf flachem Wasser in DC-1246 auf 34° 25′ N–76° 00′ W in unmittelbarer Nähe der Küste, war aber ein Totalverlust, da er nicht mehr geborgen werden konnte.
Noch am gleichen Tag trat Topp den Rückmarsch nach St. Nazaire an, und am 27. April 1942 traf er in Frankreich ein. Es war seine erfolgreichste Feindfahrt, mit sieben versenkten Schiffen, mit insgesamt 45 731 BRT. Hierfür wurde ihm am 11. April 1942 das *Eichenlaub zum Ritterkreuz des Eisernen Kreuzes* verliehen.
Wenig später – 9. Unternehmung vom 9. Juni 1942 bis 19. Juni 1942 – wurde U 552 zusammen mit U-84, U-89, U-132, U-134, U-437, U-571 und U-575 am 14. Juni 1942 auf den Geleitzug HG-84 angesetzt.
Agenten hatten das Auslaufen am 9. Juni 1942 (an diesem Tag hatte Topp St. Nazaire verlassen) aus Gibraltar gemeldet.
Der Konvoi bestand aus 20 Handelsschiffen, die die berühmte 36th Escourt Group

unter Commander F. J. Walker sicherte. Es handelte sich um die kampferprobte Sloop Stork sowie den Korvetten Marigold, Convolvulus und Gardenia. Geleitzug-Kommodore war H. T. Hudson auf dem Motorschiff Pelayo. Im Geleitzug fuhr auch noch die Empire Morn, die als Katapultschiff eine Jagdmaschine vom Typ Hurricane an Bord hatte, um die lästigen deutschen Luftaufklärer zu verjagen oder nach Möglichkeit abzuschießen. Die Piloten dieser Jagdflugzeuge konnten aber nicht wieder auf ihrem Katapultträger landen, sondern nur auf dem Wasser, um dann von den anderen Fahrzeugen aufgefischt zu werden. Die Maschine ging damit wohl verloren, aber so lange noch nicht genügend Geleitträger für die Konvois zur Verfügung standen, behalf sich die englische U-Boot-Abwehr mit diesem Verfahren.
Zunächst steuerte Commander Walker mit seinen Schützlingen nach Norden, um am 12. Juni 1942 drei weitere Schiffe, die aus Lissabon kamen, aufzunehmen.
Inzwischen flog das I/K.G. 40 Luftaufklärung, und eine Focke-Wulf-Condor (FW-200) fand den Konvoi am 11. Juni 1942 – wahrscheinlich die drei Frachter aus Lissabon. Am Nachmittag des 14. Juni 1942 hatte eine weitere Focke-Wulf die Schiffe ausgemacht und führte Topp sowie zwei weitere Boote heran: U-89 und U-132.
Walker versuchte währenddessen, die den Konvoi ständig beschattenden FW-200-Maschinen zu verjagen und ließ die Hurricane aufsteigen. Sie verfolgte auch eine der viermotorigen Maschinen, die aber entkommen konnte. Die Hurricane selber mußte im Atlantik notlanden.
Dann peilte die Copeland, das Rettungsschiff des Geleitzuges, den Funkspruch eines der heranschließenden U-Boote, ein. Walker beschloß sogleich, die Jagd aufzunehmen und lief mit der Stork und der Gardenia auf die Stelle zu, wo das U-Boot seiner Meinung nach stehen mußte. Bald darauf machten die beiden Sicherungsfahrzeuge auch ein über Wasser laufendes U-Boot aus. Es wurde unter Wasser gedrückt und mit Wasserbomben eingedeckt. U-552 mußte gleichfalls vor den Kriegsschiffen abdrehen, aber U-437 hielt weiterhin Fühlung, und Erich Topp konnte am Abend des 14. Juni 1942 erneut heranschließen. Begünstigt wurde er hierbei insofern, als Stork mit Walker wieder zum Konvoi zurückkehrte, während die Gardenia immer noch Wasserbomben warf. Als Walker das eingepeilte U-Boot jagte, verließ auch Marigold den Konvoi und verfolgte ein weiteres U-Boot. Somit blieb nur noch die Convolvulus bei den Handelsschiffen, denn man rechnete erst mit Einbruch der Dunkelheit mit einem Angriff des Wolfsrudels. Aber man hatte nicht mit Kapitänleutnant Erich Topp gerechnet.
Stork stand gegen Mitternacht (15. Juni 1942) wieder achtern vom HG-84. Commander Walker beurteilte die Lage günstig. An Backbord drückte die Gardenia ein U-Boot unter Wasser; ein weiteres verfolgte Marigold. Von der Convolvulus war ein anderes Boot Steuerbord voraus gejagt worden. Jetzt fehlte nur noch Marigold, die aber gegen 01.00 Uhr wieder ihre Position Steuerbord querab einnehmen würde. Sie erschien jedoch nicht, dafür aber U-552: »Topp sucht sich die offenbar größten der Frachter aus, läuft an und schießt – durch zwei herausgestaffelte Korvetten gezwungen – auf größere Entfernung, als er eigentlich möchte, nacheinander Rohr I bis IV inner-

halb Minuten; und dann, nach völligem Wenden des Bootes, sieben Minuten später, auch noch Rohr V aus dem Heck.
Inzwischen gehen die Treffer drüben hoch, trotz der Entfernung von über 3000 m, einer nach dem anderen. Ein Frachter von etwa 4000 BRT sinkt, wie genau zu beobachten, mit starker Schlagseite, sofort; ein zweiter beginnt nach der Detonation zu brennen. Der Aal aus Rohr III wird allerdings ein Kreisläufer, schade. Der aus Rohr IV packt dafür einen Tanker an, der wohl das größte Fahrzeug von allen im Geleit ist, 5 bis 6000 Tonnen, trifft ihn vorn, der Bug sackt schnell tiefer. Im Schein der jetzt aufblendenden Leuchtschirme sieht Topp, wie bereits die Back des Schiffes überspült wird. Also auch der hat genug.
Sämtliche Fahrzeuge schießen Raketen. Es ist ein tolles Feuerwerk, während das Boot immer noch dreht, um den letzten, den 5. Torpedo anzubringen. An Fallschirmen stehen die Leuchtsätze hell brennend über der wilden Szene und lassen das Kampffeld fast taghell erscheinen. In makabrer Farbe strömt und dünt die See im Widerschein schwarzbraun und golden rot, während in völliger Verwirrung alles durcheinander rast. Das fünfte Ziel, auf das der Kommandant endlich abgekommen ist, hat inzwischen gestoppt. Während Topp vor zwei heranbrausenden Korvetten mit Höchstfahrt abläuft, erkennt er, daß der Aal vorbeigegangen sein muß. Sichtlich stieß er vor dem Frachter durch. Es gelingt dem Boot trotz der Helle der bewegten, überall schimmernden See, sich unaufgefunden in genügend dunkle Entfernung abzusetzen.«
Durch die Torpedos von U-552 um 00.58/00.59 Uhr in BE-8839 auf 43° 18′ N–17° 38′ W getroffen, gingen drei Schiffe verloren: als erstes Fahrzeug flog das Flaggschiff des Kommodore, die Pelayo (1346 BRT/1927) ein Motorschiff aus Liverpool, in die Luft. Innerhalb weniger Sekunden war von dem Frachter nichts mehr zu sehen. Im gleichen Augenblick hatten zwei Aale die Etrib (1943 BRT/1919) ebenfalls aus Liverpool, getroffen, zusätzlich ging der in Oslo beheimatete norwegische Motortanker Slemdal (7374 BRT/1931) in Flammen auf. Beide Fahrzeuge sanken in kurzen Zeitabständen. Walker ließ Leuchtraketen feuern, um die über Wasser laufenden U-Boote – es war aber nur U-552 – zu entdecken. Aber man sah nichts auf den britischen Kriegsschiffen. Auch die Suche nach dem Wolfsrudel blieb ohne Ergebnis. Commander Walker war der Meinung, daß mehrere U-Boote angegriffen hätten!
U-552 hatte sich nach dem ersten so erfolgreichen Anlauf wieder herangepirscht, als ihn Stork entdeckte. Topp drehte sofort mit AK ab, während Walker annahm, daß das U-Boot getaucht wäre. Die Stork warf deshalb zehn Wasserbomben auf die angebliche Tauchstelle. Dann lief die Sloop wieder zum Konvoi zurück.
Gegen 04.30 Uhr stand Käpitänleutnant Erich Topp wieder am Geleitzug: »Schon vor dem ersten Angriff dieser Nacht hat der Kommandant die Reservetorpedos klar zum Nachladen an die Schienen hängen lassen. Bereits um 04.00 Uhr werden ihm alle Rohre wieder klar zum Schuß gemeldet ...
Der Zerstörer sichert an Steuerbordseite des Geleitzuges. Trotzdem setzt Topp wiederum von dieser Seite den Angriff an, noch in Sicht des Gegners, nach dem gleichen Prinzip wie vorhin: möglichst viele Torpedos hintereinander auf verschiedene Ziele, alle mit gleichen Schußunterlagen aus dem langsam drehenden Boot.

04.32 Uhr Rohr I los! Auf zwei sich überlappende Frachter. Aber der Aal wird Kreisläufer, Rohr II auf einen weitern Frachter. Rohr III auf zwei ebenfalls sich überlappende Schatten, von denen der zweite in der nächsten Kolonne fährt, 45 Sekunden nach Rohr I. Und dann eine Minute später Rohr IV auf einen Frachter aus verhältnismäßig spitzer Lage heraus; aber der Zerstörer kommt gerade bedrohlich näher, und es ist keine weitere Zeit mehr zu verlieren. Topp dreht jetzt härter ab zum Schuß aus Rohr V.

Inzwischen gehen die Treffer hoch: Der zweite Torpedo detoniert mit hoher schwarzer Explosionswolke; der dritte unter nur geringem Feuerschein, zeitlich wenig früher erst als der aus Rohr IV, dessen Ziel schnell nach dem Treffer Schlagseite bekommt. Der dritte hat also den Frachter der zweiten Kolonne getroffen.

Wie vorhin setzt der Leuchtzauber ein, ehe es soweit ist, daß auch das Heckrohr, und zwar mit festem Schußwinkel 180°, gelöst werden kann. Und wieder geht dieser Schuß, der die Gefahr für das Boot durch die Verzögerung, die er verursacht, fehl. Der Gegner kommt, ehe dieser Aal treffen kann, zum Überlegen, und da er richtig kalkuliert und Fahrtänderung macht, gehen die auf seine bisherige Geschwindigkeit berechneten Torpedos vorbei. Topp sagt sich, daß es zweckmäßiger ist, bei diesen Mehrfachschüssen auf Rohr V überhaupt zu verzichten. Jetzt rennt er mit voller Geschwindigkeit ab und zeigt dem Gegner wieder die schmale Silhouette. Der scheint ihn trotz der Helligkeit ringsum nicht zu sehen. Blendet das Leuchten etwa mehr, als es nutzt? Bald erreicht der Schein nicht mehr das deutsche Boot, das mit AK dahinprescht. Topp kann erneut die Fühlung am Gegner aufrechterhalten.«

Bei diesem Angriff (15. Juni 1942 um 04.33 Uhr in BE-8589) flog der in der Mitte des Konvois laufende britische Frachter Thurso (2436 BRT/1919) aus Hull in 43° 41′ N–18° 12′ W in die Luft, ein glühender Feuerball stieg hierbei in den Himmel. Dann wurde es wieder dunkel, bis die zweite Detonation erfolgte: Die City of Oxford (2759 BRT/1926) aus Liverpool war auf 43° 42′ N–18° 12′ W von einem Torpedo getroffen worden, der in einem der Laderäume explodierte. Die anderen Schiffe mußten aus der Kolonne ausscheren, um nicht mit dem Wrack zu kollidieren, bevor dieses unterging.

Terence Robertson schreibt in seinem Buch: »Jagd auf die Wölfe« über diesen brillanten Angriff: »Das Chaos erreichte seinen Höhepunkt, als alle Schiffe des Verbandes wild und ohne jede Überlegung ›Schneeflocken‹ zu feuern begannen. Nun war jede Kolonne so hell beleuchtet, daß ein Angreifer Zeit genug zur Auswahl des richtigen Zieles hatte. Walker raste vor Zorn und hätte vor Entsetzen fast einen Tanz aufgeführt, als eins der letzten Schiffe plötzlich Maschinengewehrfeuer mit Leuchtspurmunition auf ihn selbst eröffnete. Um Haaresbreite wäre die Brücke von Stork getroffen worden. Dann strichen die Garben über das Deck des in der Nähe befindlichen Schiffes der Nebenkolonne. Dies glaubte aus der Luft angegriffen zu werden, worauf es mit allen verfügbaren Waffen auf den am hellsten leuchtenden Stern am Himmel schoß.

Das alles war zuviel des Guten. Auf Walkers Befehl dampften alle Sicherungsfahrzeuge Höchstfahrt rund um den Geleitzug, hielten sich aber außerhalb der Leucht-

weite der ›Schneeflocken‹, in der Hoffnung, ein aufgetauchtes U-Boot zu erwischen, das auf sie lauerte.«
Kapitänleutnant Topp wollte nach dem zweiten Anlauf nochmals zum Angriff andrehen, aber die Sicherungsfahrzeuge paßten jetzt höllisch auf. Auch änderten die Schiffe ihren Kurs, so daß die Entfernung für einen Schuß zu groß wurde.
In der Nacht zum 16. Juni 1942 vertrieben die Sicherungsfahrzeuge die lauernden Boote U-71, U-84, U-575 sowie Topp mit U-552. Admiral Dönitz funkte inzwischen an das Wolfsrudel: »An Gruppe Endrass. Falls Erfolge vorliegen, sind diese umgehend und laufend zu melden.« Topp funkte daraufhin zurück: »5 Frachter, 1 Tanker torpediert. 1 Kreis-, 1 Oberflächenläufer, 2 Fehlschüsse.«
Als Antwort erhielt er darauf die Bestätigung: »Bravo, Topp.« Am 15. Juni 1942 versuchten die Boote U-71, U-84 und U-575 an den Geleitzug heranzukommen. An diesem Tag übernahm aber eine viermotorige Liberator die Luftsicherung und drängte die U-Boote ab.
U-552 setzte nochmals zum Schuß an, wurde aber wahrscheinlich von der Stork entdeckt. Das Boot tauchte, jedoch die zehn geworfenen Wasserbomben beschädigten es derartig, daß einer der Tauchbunker einen Riß abbekommen hatte und eine Ölspur auf dem Wasser zurückblieb. Notdürftig konnte der Schaden behoben werden, und Topp setzte trotzdem wiederum dem Konvoi nach. Aber Admiral Dönitz brach am 16. Juni 1942 die Operation ab. Topp nahm Kurs auf St. Nazaire, wo er nach einer neuntägigen Feindfahrt mit einem Erfolg von fünf versenkten Schiffen mit zusammen 15 858 BRT eintraf.
Über die verlorene Geleitzugschlacht schrieb Walker: »Ich weiß, daß die Rettungsarbeiten Sache Copelands waren, bin mir aber immer noch nicht sicher, ob es nun richtig oder falsch gewesen ist, Marigold zur Unterstützung abzuteilen. Denn nur aus diesem Grund stand das Schiff um 04.30 Uhr nicht auf Position. Aber gerade dort, also von Steuerbord querab, erfolgte der zweite Angriff. So gut wie sicher hätte sie die Angreifer mit ihrem Radar gefunden. Anderseits hätte Copeland für die Anbordnahme der Überlebenden längere Zeit benötigt und wäre dabei soweit achteraus gesackt, daß der Feind sie sehr wahrscheinlich versenkt hätte . . .«.
Im Juli 1942 lief Topp zu seiner letzten Feindfahrt mit U-552 aus (10. Unternehmung vom 4. Juli 1942 bis 13. August 1942). Auf der Nordatlantikroute hatte Admiral Dönitz wieder mit der Operation gegen britische Konvois begonnen. Hierzu wurde die Gruppe Wolf mit U-43, U-71, U-86, U-90, U-379, U-454, U-552, U-597, U-607 und U-704 gebildet. Südlich von Island entdeckte U-71 am 13. Juli 1942 einen ON-Konvoi, im tobenden Sturm suchte Topp nach den Schiffen. Am Abend machte man auch einen älteren Zerstörer aus, aber die Fühlungshaltermeldungen von U-71 waren unsicher, so daß außer Topp nur noch U-704 aufschließen konnte, aber von den aufmerksamen Sicherungsfahrzeugen immer wieder abgedrängt wurden.
Endlich empfing Kapitänleutnant Erich Topp den Funkspruch von Admiral Dönitz an alle Boote der Gruppe Wolf: »An Gruppe Wolf. Falls U-71 ostwärtigen Geleitzug gemeldet hat, Meldung wiederholen und darauf operieren, andernfalls auf Position im Vorpostenstreifen zurückkehren.« U-552 brach daraufhin die Verfolgung sofort ab,

und alle Boote kämmten das fragliche Seegebiet in einer Harke langsam nach Südosten ab, um doch noch einen Konvoi zu finden. Ein Waffeneinsatz kam bei diesem Wetter indessen nicht in Frage, denn Nebel und Regen behinderten jegliches erfolgreiches Operieren. Der Sturm nahm mehr und mehr an Gewalt zu. Am 23. Juli 1942 wurde den U-Booten mitgeteilt, daß der vom B-Dienst erkannte britische Geleitzug ON-113 mit Ostkurs in den Vorpostenstreifen hineinlaufen müßte. Am Abend des gleichen Tages sichtete U-552 bereits einen Bewacher, verlor dann jedoch die weitere Fühlung. Am folgenden Tag fand ihn Topp erneut und setzte Fühlungshaltermeldungen ab. Achtern vom ON-113, der aus 33 Schiffen bestand und von einer kanadischen Escort Group gesichert wurde, verfolgte Topp die gewaltige Schiffsansammlung. Gegen Abend lief er näher heran, um von der Backbordseite des Konvois seine Torpedos zu feuern. Das Wetter war sehr schlecht. Es regnete so stark, daß man nicht einmal mehr das Vorschiff von U-552 sehen konnte. Kurz vor 04.00 Uhr (25. Juli 1942) hatte Topp es aber geschafft: »Das Boot schiebt sich zwischen die Steuerbord- und die mittlere Kolonne der feindlichen Frachter ein. Nach beiden Seiten bleiben etwa 800 m Abstand. Die nur geringe Sicht wird jetzt, da der Feind gefunden, dem Boot zum Verbündeten.

Angriff auf einen Tanker. Das Schiff ist wachsam, bemerkt den angreifenden Feind, dreht hart ab und verschwindet lautlos in der unsichtigen Dunkelheit . . . Sofort statt dessen Angriff auf einen großen Frachter mit Pfahlmast und Maschine achtern, mindestens 9000 Tonnen groß, in der Steuerbordkolonne. Die Fahrtschätzung kann nur ungenau geschehen; denn zum Ausdampfen bleibt keine Zeit. Deshalb Doppelschuß Rohr I und Rohr II.

Nach 48 Sekunden Laufzeit kurze Feuererscheinung: Treffer achtern . . . Mündungsfeuer blitzt an verschiedenen Stellen der Dunkelheit auf, Leuchtschirme blenden fahl in diesiger Höhe der regenfeuchten Luft, in allen Sektoren . . .

U-552 dreht ab und läuft jetzt zwischen der mittleren und der Backbordkolonne auf . . . Wieder zieht der Geleitzug, durch die Detonation des Treffers aufgebracht, einen vollen Kreis. Topp mit. Endlich liegt alles wieder auf normalem Kurs. Erneut dreht U-552 an. Auf den nächsten Dampfer, etwa 8000 BRT. Rohr III und IV.

Treffer! Mittschiffs! Kessel und Maschinenraum. Hohe schwarze und weiße Rauchwolke. Anscheinend Kesselexplosion. Genügt. Bei dieser See hält sich kein Havarist. Die Detonation lockt das gleiche Feuerwerk hervor wie die des ersten Treffers. Topp fühlt sich auf der Brücke noch recht wohl zwischen den Kolonnen. Derweilen wird im Bugraum seines Bootes eifrig nachgeladen. Bei der geringen Sicht erkennt man draußen gleichzeitig immer nur ein bis zwei Schiffe. Und da ist ja der schöne Tanker wieder, der große von vorhin«.

Bei diesem Angriff (25. Juli 1942, 03.52 Uhr) hatte U-552 den 8093 BRT großen, brandneuen britischen Motortanker British Merit (1942) aus London in BC-3829 (49° 03′ N–40° 36′ W) torpedieren können, während der britische Dampfer Broompark (5136 BRT/1939) aus Greenock – um 04.09 Uhr angegriffen – im gleichen Marinequadrat auf 49° 02′ N–40° 26′ W in den Fluten verschwand.

Topp beabsichtigte nun, einen weiteren Frachter durch Torpedoschuß zu erledigen,

als ein schon vorher erkannter Tanker plötzlich mit einem 15-cm-Geschütz auf U-552 aus bedrohlicher Nähe das Feuer eröffnete. U-552 ging sofort in die Tiefe. Als das U-Boot wieder nach oben kam, tobte ein Orkan, und gegen die gewaltige See war U-552 machtlos. Die Fühlung zum ON-113 ging somit verloren. Großadmiral Dönitz schreibt über den Kampf gegen diesen Konvoi: »Am 22. Juli wurde im Nordatlantik ein Westkurs steuernder Geleitzug von einem U-Boot gesichtet, das in einem engen Vorpostenstreifen von 9 U-Booten stand. Sehr bald waren auch die anderen Boote der Gruppe am Geleitzug. Die Erfolgsaussichten schienen günstig, die Wetterlage war gut. Ein plötzlich einsetzender zyklonartiger Sturm mit sehr hoher See machte jedoch die Waffenverwendung der U-Boote unmöglich.
U-552 (Kapitänleutnant Topp) konnte noch zwei Schiffe versenken; weitere Angriffe aber blieben aus. Die Lage am Geleitzug, der südlich Grönlands stand und etwa 1500 sm von meiner Befehlsstelle in Paris entfernt war, schien mir für meinen Entschluß, ob es Aussicht habe, die Operation fortzusetzen oder ob ich sie abbrechen sollte, nicht genügend geklärt zu sein. Ich führte daher mit Kapitänleutnant Topp, dem erfahrensten unter den dort kämpfenden Kommandanten, von meiner Befehlsstelle aus ein Funkschlüsselgespräch. Es mag hier angeführt werden, um zu zeigen, wie sehr diese Gespräche ein Mittel waren, die Klarheit über die Verhältnisse weit draußen im Atlantik, die die Führung brauchte, am Ort des Kampfes zu schaffen: ›. . . BdU: Wie ist die Wetterlage? Was können die Boote auf dem General-Kurs 215° laufen?‹
›Hier Topp. West-Süd-West 8, See 7, Zyclone, Sicht etwa 400 m, eine Maschine langsame Fahrt.‹
›Wie war die Abwehr? Und wodurch wurde die Geleitzugbekämpfung anderweitig schwierig . . .?‹
›Starke Sicherung, Angriff erschwert durch plötzliches Einsetzen des Unwetters, das Geleitzug geschickt benutzte zu Kursänderungen bis 360°. Dadurch Verlust Fühlung vieler Boote.‹
›Was halten Sie von der Aussicht, noch irgend etwas von dem Geleitzug zu erfassen, z. B. abgesprengte Einzeldampfer?‹
›Geleit selbst im Unwetter tadellose Formation, bei diesem Wetter bzw. durchschnittlich schlechter Wetterlage in diesem Gebiet, halte Möglichkeit, Fühlung zu bekommen, für äußerst gering.‹
›Was glauben Sie, daß die Boote auf Kurs Süd laufen können und nehmen Sie an, daß dieser Kurs an den mutmaßlichen Standort des Geleitzuges näher heran führe? Auf Kurs Süd oder etwas mehr?‹
›Annahme Kursänderung nach Süd-West in der Morgendämmerung wie am Vortage.‹
›Gut, Topp, jedenfalls sind Ihre beiden Dampfer an Hand des Wetters mit Sicherheit weg.‹
Ich brach daraufhin die Operation ab. Das Ergebnis war gering.«
Kapitänleutnant Topp sichtete wohl in zäher Verfolgung noch mehrere Schiffe, aber das Wetter machte ihm stets einen Strich durch die Rechnung.
Die anderen Boote konnten nur noch ein Schiff torpedieren bzw. versenken. Am 26. Juli 1942 hatte man den Konvoi aus dem Auge verloren; am folgenden Tag wurde

ON-113 ergebnislos gesucht. Daraufhin löste sich die U-Boot-Gruppe Wolf auf und lief zur Brennstoffergänzung zum U-Tanker U-461: »Es war ein herrlich schöner Tag. An dieser Stelle des weiten Weltmeeres, an der so gut wie keinerlei Luftgefahr damals bestand, war alles an Oberdeck. Vom U-Tanker kam im Schlauchboot der Friseur an Bord. Die Haare wurden geschnitten. So sah man doch wenigstens wieder einmal etwas menschlicher und soldatischer aus. Den Bart ließen die meisten stehen.
Einen Tag brachte man so beisammen in rechter Urlaubsstimmung zu. Nachts war die Übernahme beendet. Das Boot machte seinen Trimmversuch, dann ging es mit der Dunkelheit aufs neue gegen den Feind.«
U-552 lief auf den Geleitzug ON-115 zu, den U-210 im Nordatlantik gesichtet hatte. ON-115 mit 41 Schiffen wurde von einer kanadischen Escort Group mit den Zerstörern Saguenay, Skeena und Hamilton sowie den Korvetten Agassiz, Wetaskiwin und Sackville gesichert, die während des Angriffs der U-Boote hart zurückschlug. Am 30. Juli 1942 konnten die Sicherungsfahrzeuge die Boote U-164, U-210, U-217, U-511 und U-552 abdrängen, die immer wieder heranschlossen und Fühlung hielten. U-588 wurde dabei von zwei Sicherungsfahrzeugen versenkt.
Am 1. August 1942 wurde der Vorpostenstreifen Pirat mit U-164, U-210, U-217, U-511 und U-553 aufgestellt, zu dem am folgenden Tage U-43, U-71, U-454, U-597, U-607, U-704 und schließlich U-552 stießen. Am Abend des 2. August 1942 gewann Topp Fühlung an ON-115 und funkte Fühlungshaltermeldungen, so daß U-71, U-217, U-553, U-597 und U-704 herankommen konnten.
In der Nacht zum 3. August 1942 hatte Topp es wiederum geschafft. Nach harter Verfolgung war U-552 schußbereit: »Topp dreht zum Angriff an, da werden die Schatten spitz und kommen nun in Dwarslinie mit Kurs 240 Grad auf das Boot los. Topp muß abdrehen, läuft nun vor dem ganzen Geleitzug her, dessen Fahrzeuge sich, als habe einer auf dem Exerzierplatz ›Reihe rechts‹ gerufen, zur Kiellinie ordnen. Topp läßt sich heransacken bis auf 500 m, dann dreht er und schießt seinen ganzen Satz heraus. Den bisher gesammelten Erfahrungen entsprechend kommt es darauf an, die Situation zu nutzen, ehe sie ungünstiger wird und ein Zerstörer drängt.
Der Schuß aus Rohr V, aus reichlich spitzer Lage heraus geschossen, geht fehl. Die übrigen Torpedos treffen. Zwei Dampfer sinken sofort; der eine, ein Frachter oder Tanker, etwa 8000 Tonnen, der etwas weiter abgesetzt fuhr, nach kurzer Stichflamme im achtern liegenden Maschinenraum und schwarzer Rauchsäule. Andere Dampfer schieben sich davor, aber sein Zustand war durchaus gewiß. Der andere, ein Frachter gleicher Größe, nach Treffer Mitte im Maschinenraum: Er geht über alles, Schrauben und Ruder hoch herausragend, auf Tiefe.«
Ganz so viel Glück hatte Topp indessen an diesem 3. August 1942 nicht bei diesem Anlauf. Durch seinen Angriff um 03.05 Uhr (BC-5775) beschädigte er auf 45° 45′ N–47° 17′ W den britischen Motortanker G. S. Walden (10 627 BRT/1935) aus London, der nach dem Treffer im Wasser liegenblieb, aber später die Fahrt fortsetzte. Der moderne belgische Frachter Belgian Soldier (7167 BRT/1941) aus Antwerpen sackte mit dem Vorschiff weg, und wurde von U-607 am anderen Tage in BC-5746 (45° 52′ N–47° 13′ W) durch einen Fangschuß versenkt.

Kapitänleutnant Erich Topp ließ nach dem ersten Angriff die Torpedos nachladen, um sich dann erneut dem Konvoi zu nähern. Nachdem mehrere Stunden vergangen waren, feuerte U-552 fünf Torpedos auf die in 1500 m Entfernung laufenden Frachter, aber keiner traf die ausgesuchten Ziele. U-552 verfügte jetzt über keine Torpedos mehr und lief deshalb nach St. Nazaire zurück, wo das U-Boot am 13. August 1942 eintraf. Der Geleitzug ON-115 verlor nur noch durch U-553 ein Schiff, während die Angriffe der anderen U-Boote erfolglos blieben. Dagegen wurde U-588 von den Kriegsschiffen vernichtet. Admiral Dönitz ließ am 3. August 1942 den an sich erfolglosen Kampf abbrechen.

Kapitänleutnant Erich Topps Feindfahrten mit U-552 gingen damit zu Ende: Er steht an vierter Stelle der erfolgreichsten U-Boot-Kommandanten des Zweiten Weltkrieges. Mit U-57 und U-552 hatte er auf 13 Feindfahrten insgesamt 32 Handelsschiffe mit zusammen 177 919 BRT sowie einen Zerstörer versenkt.

Nachdem Erich Topp am 11. April 1942 das *Eichenlaub* verliehen worden war, erhielt er am 17. August 1942 das *Eichenlaub mit Schwertern zum Ritterkreuz des Eisernen Kreuzes.* Am 12. August 1942 erfolgte seine Beförderung zum Korvettenkapitän. Ab September 1942 übernahm Erich Topp die 27. U-Flottille in Gotenhafen. Diesem Verband unterstand die taktische Ausbildung der U-Boote in der Ostsee.

Im Juli 1944 wurde Korvettenkapitän Topp abgelöst und kam einen Monat später zur Erprobungsgruppe für die neuen XXI-U-Boote. Für diese neuen Unterwassereinheiten mußte eine vollkommen neue Taktik für die Bekämpfung der alliierten Geleitzüge ausgearbeitet werden. Zuständig für die XXI-Boote war seit dem 1. Dezember 1944 Fregattenkapitän Erich Topp. Bei den XXI-Unterseebooten handelte es sich um Elektro-Boote, die man im Gegensatz zu den bisher im Zweiten Weltkrieg eingesetzten U-Booten bereits als reine Unterseeboote bezeichnen konnte. Sie waren ohne Zweifel die modernsten Unterseeboote des Zweiten Weltkrieges.

Mit dem Vordringen der sowjetischen Armeen Ende 1944/Anfang 1945 nach Ostdeutschland wurde auch die Danziger Bucht gefährdet, so daß die Erprobungskommandos nach Horten in Norwegen verlegt werden mußten. Erich Topp übernahm im März 1945 noch U-3010 (Typ XXI) als Kommandant und führte dieses brandneue Boot bis April 1945. Am 22. April 1945 erhielt er das nahezu frontklare Boot U-2513 ebenfalls vom XXI-Typ, und aufgrund seiner Erfahrungen als Erprobungsleiter für diesen Typ glaubte er, noch einmal zu einer Feindfahrt auslaufen zu können.

Sogleich ließ Fregattenkapitän Erich Topp das Boot ausrüsten und meldete sich bei Großadmiral Dönitz ab. Am 1. Mai 1945 nahm U-2513 Kurs auf Horten. Durch den Großen Belt lief das Boot, und stand dann im Skagerrak, ohne von alliierten Flugzeugen und Kriegsschiffen entdeckt zu werden. In Norwegen angelangt (3. Mai 1945), beabsichtigte Topp, sein Boot so schnell wie möglich einsatzklar zu bekommen. Der Krieg ging aber seinem Ende entgegen, und Deutschland kapitulierte am 7. Mai 1945. Der Kommandant von U-2513 wollte daraufhin sein Boot versenken, was jedoch von Großadmiral Dönitz für alle Einheiten der Kriegsmarine verboten wurde. Am 8. Mai 1945 holte Fregattenkapitän Erich Topp die Flagge nieder und lief in tiefere Gewässer. Alle Torpedos wurden versenkt, die Geräte und Geheimpapiere vernichtet. Am 12. Mai

1945 mußten die hier liegenden deutschen U-Boote einen großen Teil der Besatzungen abgeben, aber doch jederzeit fahrklar sein. Am 27. Mai 1945 machten die ersten U-Boote die Leinen los und liefen befehlsgemäß nach England zur Auslieferung. Vierundzwanzig Stunden später besetzten die Engländer U-2513: Erich Topp mußte sein U-Boot verlassen. Am 26. August 1945 betrat er wieder deutschen Boden.
Zielstrebig ging er daran, wie viele andere, sich eine neue Existenz aufzubauen. Zunächst mußte er sich 1945/1946 als einfacher Matrose auf einem Heringslogger sein Brot verdienen. Noch im Jahre 1946 begann Erich Topp das Studium der Architektur an der Technischen Hochschule in Hannover, das bis 1950 dauerte. Er schloß die akademische Ausbildung mit dem Diplom-Ingenieur ab. Anschließend arbeitete Topp noch bis 1952 an der gleichen Hochschule als wissenschaftlicher Assistent.
Bis zum Jahre 1958 war Topp als Architekt tätig und schuf sich in dieser Eigenschaft einen Namen.
Inzwischen hatte sich die politische und militärische Lage der Welt durch die Spannungen zwischen den Vereinigten Staaten von Nordamerika und der Sowjetunion verändert. Die Bundesrepublik Deutschland wurde wiederaufgerüstet. Hierbei entstand auch eine Bundesmarine aus dem Nichts, und Erich Topp meldete sich erneut und trat 1958 als Fregattenkapitän in die Marine ein.
Bis Ende des Jahres 1961 – ab 28. Dezember 1959 Kapitän zur See – war Erich Topp Chef des Stabes beim deutschen militärischen Beauftragten beim Military Committee der Nato in Washington/USA.
Dann befehligte Topp bis zum Herbst 1963 als Kommandeur die amphibischen Streitkräfte der Bundesmarine; außerdem war er gleichzeitig Beauftragter für den Wiederaufbau der U-Boot-Waffe in Wilhelmshaven.
Weitere Kommandos folgten: Chef des Stabes Flotte in Flensburg (Herbst 1963–Mitte 1965); Leiter der Unterabteilung »Führung« im Führungsstab der Marine im Bundesministerium für Verteidigung (Mitte 1965 bis Ende 1966). Am 8. November 1965 wurde Erich Topp zum Flottillenadmiral befördert, und von 1967 bis Ende 1969 nahm er den Posten des stellvertretenden Inspekteurs der Marine im Bundesverteidigungsministerium wahr. In der Zwischenzeit erfolgte seine Beförderung zum Konteradmiral (21. Dezember 1966). Mit diesem Dienstgrad nahm er seinen Abschied und ist seitdem Technischer Berater bei den Howaldtswerke Deutsche Werft A. G. und Mitglied des Beirates der Architekten und Ingenieure GmbH »Integral« in Düsseldorf-Mettmann. Heute lebt Konteradmiral a. D. Erich Topp in Oberwinter.

Biographien der zehn erfolgreichsten U-Boot-Kommandanten der Welt

Lothar Eugen Georg von Arnauld de la Perière wurde am 18. März 1886 in Posen als Sohn des Geheimen Rechnungsrevisors (am Rechnungshof in Potsdam) Eugen von Arnauld de la Perière und seiner Ehefrau Bertha, geb. Müller, geboren. Seine Erziehung erhielt er in den Kadettenhäusern Wahlstatt (1896–1901) und Groß-Lichterfelde (1901–1903).

1. 4. 1903	Eintritt in die Kaiserliche Marine (Crew 03) – Seekadett.
1. 4. 1903–1903	Marineschule in Kiel – Erste infanteristische Ausbildung.
1903–1904	Inspektion des Bildungswesens der Marine in Kiel (Vizeadmiral von Arnim) – Segelschulschiff STEIN (Fregattenkapitän von Dombrowski) – Ausbildungsreise nach Westindien.
15. 4. 1904	Beförderung zum Fähnrich zur See.
1904–1905	Marineschule in Kiel (Kapitän zur See Bachem).
1905–Herbst 1905	Spezialkurse: Torpedo- und Artilleriewaffe.
Herbst 1905–1906	Linienschiff KURFÜRST FRIEDRICH WILHELM (Kapitän zur See von Levetzow) – Flaggschiff des II. Admirals (Konteradmiral von Holtzendorff) – 1906: Schlachtflotte/II. Geschwader (Vizeadmiral Fischel).
28. 9. 1906	Beförderung zum Leutnant zur See.
Winter 1906	Leutnant zur See von Arnauld erhält den *Kronenorden IV. Klasse* für einen Rettungsversuch unter schwierigen Verhältnissen: Kaum einen Monat Offizier, war er bei schwerer See einem über Bord gefallenen Mann nachgesprungen, der ihm jedoch unter den Händen ertrank. Leutnant zur See von Arnauld wurde im letzten Augenblick halberstarrt gerettet.
1907–1908	Schulschiff STEIN (Kapitän zur See Meurer) – Mittelmeerreise (u. a. mit Boehm, Witzell, von Abendroth) – Außerdienststellung.
1908–1909	Probefahrtskommando Linienschiffe SCHLESIEN und SCHLESWIG-HOLSTEIN (Kapitän zur See von Holleben).
1909–Herbst 1909	Kompanie-Offizier bei der 4. Torpedoboot-Reservehalbflottille (Kapitänleutnant von Stosch) – V-156 (Kapitänleutnant von Stosch) – II. Torpedoboot-Division (Fregattenkapitän bzw. Kapitän zur See Langemak) in Wilhelmshaven – Zugleich V-155 (Kapitänleutnant Goltz) der 2. Torpedoboot-Halbflottille (Kapitänleutnant Schuur/V-151) der II. Schul-Flottille (Korvettenkapitän Eberius/V-161).
27. 3. 1909	Beförderung zum Oberleutnant zur See.
Herbst 1909–1910	Wilhelmshaven: Kompanie-Offizier bei der 8. Torpedoboot-Reservehalbflottille (Kapitänleutnant von Stosch/V-156) der II. Torpedoboot-Division (Kapitän zur See Langemak) – II. Schul-Flottille – Zugleich V-155 (Kapitänleutnant Goltz) der 7. Torpedoboot-Halbflottille (Kapitänleutnant Schuur/V-151) der IV. Torpedoboot-Flottille (Korvettenkapitän Eberius/V-161) – Zeitweilig V-161.
1910	Fischereischutzboot (T-Boot) D-8 – Zeitweilig an der englischen Küste stationiert.

1910–1911	Wilhelmshaven: II. Torpedoboot-Division.
1911–Herbst 1913	Torpedo-Offizier (TO) auf dem Kleinen Kreuzer Emden (Fregattenkapitän Vollerthun/Fregattenkapitän von Restorff) – Kreuzergeschwader (Konteradmiral/Vizeadmiral von Krosigk/Konteradmiral Graf Spee) – Flaggschiff: Großer Kreuzer Scharnhorst – Ostasiatische Station.
Herbst 1913–1913	Wilhelmshaven: Zur Verfügung der II. Marine-Inspektion (Kapitän zur See Alberts).
1913–6. 1914	Berlin: Adjutant des Chefs des Admiralstabes der Marine (Admiral von Pohl).
Juli 1914	Aufenthalt in England (Sprachstudien).
8. 1914–3. 1915	Nach Ausbruch des Ersten Weltkrieges freiwillige Meldung (wie sein Bruder Friedrich von Arnauld/Crew 05) zur Marineluftwaffe – Berlin: Adjutant des Chefs des Admiralstabes der Marine (Admiral von Pohl).
16. 12. 1914	Beförderung zum Kapitänleutnant.
1. 4. 1915–10. 1915	Eckernförde: U-Boot-Schule (Kommandantenkursus) – U-1 und U-3 – Da ein Boot noch nicht frei wurde (erneut) für eineinhalb Monate als Adjutant (Amiral Bachmann) ins Große Hauptquartier.
10. 1915–11. 1915	Zur Information zur III. U-Halbflottille (Kapitänleutnant Gayer).
18. 11. 1915–17. 3. 1918	Kommandant U-35 (U-Flottille-Pola/FdU-Mittelmeer) – *Erfolgreichstes Unterseeboot der Welt* (1914/18 und 1939/45!!): 224 Einheiten – 535 900 BRT – Von Arnauld-Erfolge auf 15 Operationen: 189 versenkte Handelsfahrzeuge mit zusammen 446 708 BRT sowie zwei Kanonenboote (Kriegsschiffe) mit zusammen 2500 t.
Zeittafel U-35:	
17. 11. 1915–18. 11. 1915	Verlegung Cattaro–Pola (Werftliegezeit).
Kommandantenwechsel	Korvettenkapitän Kophamel Kapitänleutnant von Arnauld de la Perière.
5. 1. 1916– 5. 1. 1916	Verlegung Pola–Brioni.
6. 1. 1916/ 7. 1. 1916	Tauchübungen bei Brioni.
7. 1. 1916– 7. 1. 1916	Verlegung Brioni–Pola.
11. 1. 1916	Verlegung Pola–Brioni.
11. 1. 1916–25. 1. 1916	Operation (Brioni–Cattaro).
28. 1. 1916–12. 2. 1916	Reparaturarbeiten in Cattaro.
15. 2. 1916	Übungsfahrt in der Bucht von Cattaro.
16. 2. 1916–18. 2. 1916	Operation (Cattaro–Brindisi–Cattaro).
19. 2. 1916	Prüfungstauchen in der Bucht von Cattaro.
20. 2. 1916– 4. 3. 1916	Operation (Cattaro–Cattaro).
6. 3. 1916–15. 3. 1916	Instandsetzungsarbeiten in Cattaro.
18. 3. 1916	Übungstauchen in der Bucht von Cattaro.
20. 3. 1916– 8. 4. 1916	Operation (Cattaro–Cattaro).
12. 4. 1916–13. 4. 1916	Verlegung Cattaro–Sebenico.
13. 4. 1916–14. 4. 1916	Verlegung Sebenico–Pola.
15. 4. 1916– 1. 6. 1916	Werftliegezeit in Pola.
2. 6. 1916– 2. 6. 1916	Verlegung Pola–Brioni.
3. 6. 1916 / 4. 6. 1916	Tauchübungen bei der Insel Brioni.
5. 6. 1916	Verlegung Brioni–Pola.
5. 6. 1916– 6. 1916	Verlegung Pola–Brioni.
6. 6. 1916–21. 6. 1916	Operation (Insel Brioni–Cartagena).
22. 6. 1916– 2. 7. 1916	Operation (Cartagena–Cattaro: bei Rose in der äußersten Bucht).
3. 7. 1916	Von Rose nach Cattaro verholt.
4. 7. 1916–20. 7. 1916	Instandsetzungsarbeiten in Cattaro.
24. 7. 1916–26. 7. 1916	Tauchübungen in der Bucht von Cattaro.
26. 7. 1916–20. 8. 1916	Operation (Cattaro–Cattaro).
21. 8. 1916–14. 9. 1916	Instandsetzungsarbeiten in Cattaro.
12. 9. 1916/13. 9. 1916	Tauchübungen in der Bucht von Cattaro.
14. 9. 1916– 9. 10. 1916	Operation (Cattaro–Cattaro).
10. 10. 1916–12. 10. 1916	Instandsetzungsarbeiten in Cattaro.

12. 10. 1916–13. 10. 1916	Verlegung Bocche di Cattaro–Zara.
14. 10. 1916	Verlegung Zara–Pola.
15. 10. 1916–21. 12. 1916	Werftliegezeit in Pola.
22. 12. 1916/23. 12. 1916	Trimm- und Krängungsversuche im Hafen von Pola.
23. 12. 1916	Verlegung Pola–Brioni.
24. 12. 1916 26. 12. 1916–31. 12. 1916	Erprobungen und Übungstauchen bei Brioni und im Kanal von Saseno.
1. 1. 1917–13. 1. 1917	Operation (Brioni–Cattaro).
14. 1. 1917–30. 1. 1917	Überholungsarbeiten und Erprobungen in Cattaro.
5. 2. 1917	Tauchübungen in der Bucht von Cattaro.
6. 2. 1917–27. 2. 1917	Operation (Cattaro–Cattaro).
27. 2. 1917–30. 3. 1917	Instandsetzungsarbeiten, Erprobungen, Dockliegezeit und Tauchübungen (Cattaro).
31. 3. 1917– 6. 5. 1917	Operation (Cattaro–Cattaro).
8. 5. 1917– 9. 5. 1917	Verlegung Cattaro–Spalato/Trau.
9. 5. 1917–10. 5. 1917	Verlegung Spalato/Trau–Pola.
11. 5. 1917– 4. 8. 1917	Werftliegezeit in Pola.
4. 8. 1917	Verlegung Pola–Brioni.
5. 8. 1917	Verlegung Brioni–Pola.
7. 8. 1917–12. 8. 1917	Operation (Pola–Pola).
14. 8. 1917–26. 9. 1917	Werftliegezeit in Pola.
28. 9. 1917	Verlegung Pola–Brioni.
30. 9. 1917	Verlegung Brioni–Pola.
2. 10. 1917– 6. 11. 1917	Operation (Pola–Cattaro).
6. 11. 1917– 6. 12. 1917	Instandsetzungsarbeiten in Cattaro.
8. 12. 1917–31. 12. 1917	Operation (Cattaro–Cattaro).
1. 1. 1918–29. 1. 1918	Instandsetzungsarbeiten in Cattaro.
30. 1. 1918	Prüfungstauchen in der Bucht von Cattaro.
2. 2. 1918– 5. 2. 1918	Wartestellung in der inneren Bucht von Cattaro (K. u. K. Matrosenrevolte ...).
6. 2. 1918– 8. 2. 1918	Instandsetzungsarbeiten in Cattaro.
10. 2. 1918–13. 3. 1918	Operation (Kumbor/Cattaro–Cattaro).
15. 3. 1918– 3. 1918	Verlegung Cattaro–Pola.
Kommandantenwechsel	Kapitänleutnant von Arnauld de la Perière Kapitänleutnant von Voigt.
11. 10. 1916	Als dritter U-Boot-Kommandant der U-Flottille-Pola wird Kapitänleutnant von Arnauld mit dem Orden *pour le mérite* ausgezeichnet. (Mittelmeer- und Atlantik-Fernfahrten) – Als einziger Kommandant der Welt (beider Kriege!) kehrte er viermal mit einem Ergebnis von über 50 000 BRT zurück:
6. 6. 1916– 3. 7. 1916	1. Westliches Mittelmeer: 40 Einheiten – 56 818 BRT.
26. 7. 1916–20. 8. 1916	2. Westliches Mittelmeer: 54 Einheiten – 90 350 BRT.
14. 9. 1916– 9. 10. 1916	3. Westliches Mittelmeer: 21 Einheiten – 66 602 BRT.
31. 3. 1917– 6. 5. 1917	4. Mittelmeer–Atlantik: 23 Einheiten – 67 989 BRT.
18. 5. 1918–14. 11. 1918	Kommandant U-Kreuzer U-139/U-Kapitänleutnant Schwieger (U-Kreuzer-Verband Kiel) – Erfolge auf einer Atlantik-Operation (infolge Waffenstillstand Abbruch/Rückruf): 5 Einheiten – 7008 BRT – Gesamterfolge auf 16 Operationen: 194 Einheiten – 453 716 BRT/2 Einheiten – 2500 t = *erfolgreichster Unterseeboot-Kommandant der Welt 1914/18 und 1939/45!*
1. 2. 1919– 10. 1920	Kommandeur des Sturmbataillons von-Arnauld-de-la-Perière – III. Marine-Brigade von Loewenfeld – 1. Kompanieführer der 1. Maschinengewehr-Scharfschützenkompanie = Maschi-Schaschüko: Kapitänleutnant H. J. von Mellenthin/2. Kompanieführer: Kapitänleutnant Steinbauer (ex U-35-WO) – Einsatz: Berlin/Oberschlesien/Ruhrgebiet – Nach Beendigung der Kämpfe Auflösung des Verbandes in Stralsund – Übernahme als Ausbildungsabteilung der Schiffsstamm-Division in Stralsund.
1920–1924	Stralsund: Kommandeur der II. Abteilung der Schiffsstamm-Division der Ostsee – Unterstand der Schiffsstamm-Division der Ostsee in Kiel (Kapitän

	zur See Kaulhausen) – 1922–1924: Zum Wehrkreiskommando II Stettin kommandiert.
12. 5. 1921	Stralsund (Sarnowstraße 45): Vermählung mit Martha, geb. Kaubes (verw. Heintze von Krenski).
1. 4. 1922	Beförderung zum Korvettenkapitän.
1924–Herbst 1925	Navigations-Offizier (NO) auf dem Linienschiff Hannover.
Herbst 1925–1926	NO auf dem Linienschiff Elsass (Kapitän zur See Brutzer) – Seestreitkräfte der Ostsee (BSO: Konteradmiral Wieting – Flaggschiff: Kreuzer Nymphe/Fregattenkapitän Kleine).
1926–1928	Wilhelmshaven: I. Admiralstabs-Offizier (I. Asto) beim Chef der Marine-Station Nordsee (Vizeadmiral Bauer) – 1. Adjutant/Personalreferent 1925/29: Kapitänleutnant/Korvettenkapitän Lütjens.
1. 11. 1928	Beförderung zum Fregattenkapitän.
1928–1930	Kommandant des Leichten (Kadetten-Ausbildungs-/Schul-)Kreuzers Emden (I. O.: Korvettenkapitän Walther Faber) – Inspektion des Bildungswesens der Marine (Inspekteur: Konteradmiral Foerster) in Kiel – Standort des Kreuzers: Wilhelmshaven – Kadetten-Ausbildung.
5. 12. 1928–13. 12. 1929	Weltreise (Crew 28-Kadetten) – Aufgrund eines während dieser Fahrt vorgekommenen Zwischenfalles (Setzen eines roten Putzlappens in Abwesenheit des Kommandanten) wird nach Rückkehr der Emden ein Untersuchungsausschuß zur näheren Aufklärung eingesetzt.
13. 1. 1930–13. 5. 1930	Emden-Ausbildungsreise.
1930–1931	Vorsitzender des Erprobungsausschusses für Schiffsneubauten (Mitglied u. a. Fregattenkapitän Ing. Fechter) in Wilhelmshaven – Zur Verfügung des Stationschefs der Nordsee.
1. 10. 1930	Beförderung zum Kapitän zur See.
30. 9. 1931	Verabschiedet aufgrund des oben genannten Zwischenfalles. Die Reichsmarine hatte eigenartigerweise keine weitere Verwendung mehr für ihn! (Ab 1931 nicht mehr in der Rangliste geführt.)
1932–11. 1938	In türkischen Diensten – Lehrer an der türkischen Marine-Akademie in den Fächern Strategie, Taktik und Kriegsgeschichte – Ausbildungskommando der Flotte.
25. 1. 1937	Beförderung zum char. Konteradmiral a. D.
19. 8. 1939	Beförderung zum char. Vizeadmiral a. D.
1. 9. 1939	Als z. V.-Offizier zur Kriegsmarine eingezogen.
9. 1939– 3. 1940	Marinebevollmächtigter Danzig.
5. 1940– 6. 1940	Marinebefehlshaber Belgien–Niederlande.
1. 6. 1940	Patent als Konteradmiral z. V.
6. 1940–12. 1940	Marinebefehlshaber Bretagne.
12. 1940– 2. 1941	Marinebefehlshaber Westfrankreich.
1. 2. 1941	Beförderung zum Vizeadmiral z. V.
24. 2. 1941	Auf dem Wege zur Übernahme des Kommandos als Admiral Südost stürzt Vizeadmiral von Arnauld de la Perière bei Le Bourget (Flugplatz von Paris) ab – Trauerhaus: Witwe Martha von Arnauld de la Perière (geb. Kaubes) in Potsdam-Babelsberg 2, Stubenrauchstraße 25 – Beisetzung in Gegenwart des O(berbefehlshaber)d(er Kriegs)M(arine) Großadmiral Dr. h. c. Erich Raeder in Berlin auf dem Invalidenfriedhof (Grabstätte ca. 1972/73 von DDR-Behörden zerstört).
5. 11. 1941–20. 11. 1941	Zusammenfassung von vier VII-C-U-Booten unter der Gruppenbezeichnung Arnauld: Verlegung von U-81 (Guggenberger), U-205 (Reschke), U-433 (Ey) und U-565 (Jespen) von Westfrankreich zum Mittelmeer (Gibraltar-Passage: 11.–16. 11. 1941) – Angriffe gegen die britische Force-H.
Orden und Ehrenzeichen	*Pour le mérite* *Eisernes Kreuz II. und I. Klasse* *Ritterkreuz des Königlichen Hausordens von Hohenzollern mit Schwertern* *Königlicher Kronen-Orden IV. Klasse* *U-Boots-Kriegsabzeichen*

Dienstauszeichnungskreuz
Hamburgisches Hanseaten-Kreuz
Ritterkreuz des österreichisch-ungarischen Leopold-Ordens mit Kriegsdekoration
Orden der Eisernen Krone III. Klasse mit Kriegsdekoration
K. u. K. Militär-Verdienstkreuz III. Klasse mit Kriegsdekoration
Silberne Liakat-Medaille mit Schwertern
Eiserner Halbmond.

Quellen:
Herzog, Bodo/Schomaekers, Günter *Ritter der Tiefe – Graue Wölfe – Die erfolgreichsten U-Boot-Kommandanten der Welt des Ersten und Zweiten Weltkrieges.* München–Wels 1965, S. 43–59, 504–511.

Ergänzungen:
Alman, Karl (d. i. Kurowski, Franz) *Ritter der sieben Meere – Chronik eines Opfergangs – Ritterkreuzträger der U-Boots-Waffe.* Rastatt 1963, S. 12.
Antier, Jean-Jacques *Histoire mondiale du Sous-Marin.* Paris 1968, S. 124, 166–167.
von Arnauld de la Perière, Lothar *U-35 auf Jagd.* Spannende Geschichten: Nr. 43. Gütersloh o. J.
Barkhausen, Hans *Findbücher zu Beständen des Bundesarchivs – Band 8: Filmbestände Verleihkopien von Dokumentar- und Kulturfilmen sowie Wochenschauen 1900–1945.* Koblenz 1971, S. 4 (Nr. 41: Der magische Gürtel – Kaperfahrt des U-Bootes 35 im Mittelmeer 1917).
Beissell von Gymnich/de Terra, Erwin *Originelle Begegnung* in: »MOH« Nr. 2/15. 2. 1958, S. 30, Nr. 3/15. 3. 1958, S. 40.
Bothe, F. *Aus meiner Bücherkiste* in: »MOV« Nr. 10/15. 5. 1928, S. 205–207, insbes. S. 207.
Bräckow, Werner *Die Geschichte des deutschen Marine-Ingenieuroffizierskorps.* Oldenburg–Hamburg 1974, S. 129.
Brennecke, Fritz *Die Reichsmarine im Jahre 1928* in: »MOV« Nr. 2/15. 1. 1929, S. 23–26, insbes. S. 25.
Brown, Anthony Cave *Die unsichtbare Front – Entschieden Geheimdienste den Zweiten Weltkrieg?* München 1976, S. 147–148, 773.
Bundesarchiv/Militärarchiv Freiburg i. Br. *S. M. U-35-Kriegstagebuch (KTB):* Band 1 (12. 1. 1915 bis 15. 4. 1915): U-15/61576, Band 2 (16. 4. 1915–18. 11. 1915): U-16/61577, Band 3 (18. 11. 1915 bis 26. 7. 1916): U-16/61578, Band 4 (26. 7. 1916–31. 7. 1917): U-16/61579, Band 5 (1. 8. 1917 bis 9. 10. 1918): U-16/61580. *S. M. U-139-Kriegstagebuch (KTB):* Band 1 (18. 5. 1918 bis 14. 11. 1918): U-36/61703.
Bywater, Hector *Englische Marine-Spionage.* Leipzig 1935.
Chambard, Claude *Les Sous-Marins.* Paris 1968, S. 96–97, 120–123, 174–183, 206–209.
Emanuel *Dem Kommandanten von U-35* in: »Simplicissimus« Nr. 31/31. 10. 1916, S. 389.
Fechter, Hans *In der Alarmkoje von U-35.* Berlin–Wien 1918.
Fricke, Enrique C. *Ehrung ausländischer Nationalhelden durch unsere Kriegsmarine* in: »MOV« Nr. 22/15. 12. 1935, S. 367.
Glasmacher, Theo *U-Bootkameradschaft Walter Forstmann Düsseldorf* in: »Schaltung – Küste« Nr. 52/Dezember 1973, S. 746–749, insbes. S. 746.
Grant, Robert M. *U-Boats Destroyed – The Effect of Anti-Submarine Warfare 1914–1918.* London 1964, S. 105.
Grant, Robert M. *U-Boat Intelligence 1914–1918.* London 1969, S. 142–143, 153, 155–156, 158–159.
Gray, Edwin *The Killing Time – The U-Boat War 1914–1918.* New York 1972, S. 96, 130–131, 208–211, 214, 216–217, 219, 223, 225–227, 238–240, 265.
Grieshammer, Hans-Ludwig *Schiffsglocken* in: »MOV« Nr. 10/1. 10. 1967, S. 431.
Herzog, Bodo *S. M. U-35/S. M. U-139/Lothar von Arnauld de la Perière-Dokumentation.*
Herzog, Bodo *S. M. Unterseeboot-35 – Das erfolgreichste Unterseeboot der Welt.* SOS – Schicksale deutscher Schiffe: Nr. 191. München 1960.
Herzog, Bodo *60 Jahre deutsche U-Boote 1906–1966.* München 1968, S. 25, 69, 107, 119–120, 144–152, 165–168.
Herzog, Bodo *Die deutsche Kriegsmarine im Kampf 1939–1945 – Eine Dokumentation in Bildern.* Dorheim 1969, S. 36.

Herzog, Bodo *U-Boote im Einsatz – U-Boats in Action – 1939–1945 – Eine Bilddokumentation.* Dorheim 1970, S. 49, 53, 60, 77.

Herzog, Bodo *Lothar von Arnauld de la Perière – Zum 75. Geburtstag und 20. Todestag des erfolgreichsten U-Boot-Kommandanten der Welt* in: »Leinen Los!« Nr. 3/1961, S. 104–105.

Herzog, Bodo *Lothar von Arnauld de la Perière – Zum Gedächtnis des erfolgreichsten U-Boot-Kommandanten der Welt* in: »DSZNZ« Nr. 16/4. 8. 1961, S. 10.

Herzog, Bodo *Eine ganz unglaubliche Geschichte – Zur Erinnerung an den erfolgreichsten U-Boot-Kommandanten der Welt: Kplt. Lothar von Arnauld de la Perière* in: »Der deutsche Soldat – Der Frontsoldat erzählt . . .« Nr. 8/1961, S. 247–248.

Herzog, Bodo *Lothar von Arnauld de la Perière – Biographie über den erfolgreichsten U-Boot-Kommandanten der Welt* in: »Schaltung – Küste« Nr. 17/April 1965, S. 125–129.

Herzog Bodo *Vizeadmiral Lothar von Arnauld de la Perière der erfolgreichste U-Boot-Kommandant der Welt – Zu seinem 25. Todestag* in: »Deutsches Soldatenjahrbuch 1966 – 14. Deutscher Soldatenkalender«. München 1966, S. 11.

Herzog, Bodo *Canaris wird am 1. Oktober 1916 aus Spanien abgeholt – Dramatische Stunden vor Cartagena* in: »Die Nachhut« Nr. 21–22/8. 1. 1973, S. 21–24.

Herzog, Bodo *Zum 80. Geburtstag von Fregattenkapitän Hans-Joachim von Mellenthin* in: »Schaltung – Küste« Nr. 28/Juni 1967, S. 343–344, insbes. S. 344.

Herzog, Bodo/Saville, Allison W. *Top submarines in two worlds wars* in: »United States Naval Institute Proceedings« No. 9/September 1961, S. 90–99.

Höhne, Heinz *Canaris – Patriot im Zwielicht.* München 1976, S. 45, 51–52, 55, 62, 574.

Jacobsen/Pies *Erwin Ettel – Nachruf* in: »MOV« Nr. 10/1971, S. 50.

Jung, Hermann A. K. *Krieg unter Wasser – Der Opfertod der Fünftausend.* Oldenburg–Berlin 1939, S. 81, 134, 136.

Klabunde, Emil *Offener Brief an Herrn Alboldt!* in: »MOV« Nr. 8/15. 4. 1929, S. 176–178, insbes. S. 177.

von Langsdorff, Werner *U-Boote am Feind,* Gütersloh 1937 (126.–150. Tausend); S. 45–52: Hans Fechter: *Kriegsfahrt zu den Senussi;* S. 53–77: Lothar von Arnauld de la Perière: *Aus drei Jahren U-Boot-Krieg*; S. 77–80: August Haiungs: *Auf U-35*; S. 285–292: Erwin de Terra: *Nachtgefecht;* S. 319–322: Sigismund Prinz von Preußen: *U-Boot-Fahrer im Mittelmeer*; S. 340–347: Emil Ruf: *Bis zum bitteren Ende*; S. 311–313: Josef Eichenberger: *Auf Kreuzerfahrt.* Ferner S. 5, 15–16, 32, 359–363, 365–366.

MOV *Die Schiffsglocke von U-35* in: »MOV« Nr. 2/15. 1. 1930, S. 37–38.

Mecke, Carl Conrad *Das Drama vor Kap Trafalgar am 9. November 1918* in: »MOV« Nr. 21/1. 11. 1929, S. 484–486, insbes. S. 484.

von Müller, Georg Alexander *Regierte der Kaiser? – Kriegstagebücher, Aufzeichnungen und Briefe des Chefs des Marine-Kabinetts Admiral Georg Alexander von Müller 1914–1918 – Mit einem Vorwort von Sven von Müller herausgegeben von Walter Görlitz.* Göttingen–Berlin–Frankfurt am Main 1959 (2. Auflage), S. 323 (332–333).

Neuerburg, Otto K. W. *Heinz Ziemer – Nachruf* in: »MOV« Nr. 1/1973, S. 3.

Oberstadt *Ein deutsches U-Boot in Cartagena* in: »Mitteilungen der Unterseeboots-Kameradschaft« Nr. 9/15. 9. 1927, S. 76–78.

Peillard, Léonce *Die Schlacht im Atlantik – Erster Teil: Die Zeit der Kriegsmarine 1939–1942 – Zweiter Teil: Der Sieg der Jäger 1942–1945.* Wien–Berlin 1974, S. 103, 542 (6).

Pradeau/Ziemer, Hans *L'Embuscade manquée – Der mißglückte Hinterhalt – Gewidmet Herrn Vizeadmiral von Arnauld de la Periére, ehemals Kommandant U-35* in: »MOH« Nr. 2/1. 2. 1962, S. 30.

Raeder, Erich *Lothar von Arnauld de la Periére – Nachruf* in: »MOH« Nr. 4/1. 3. 1941, S. 46 (Nr. 5/15. 3. 1941, S. 61).

Röhr, Albert *Deutsche Marinechronik.* Oldenburg–Hamburg 1974, S. 188.

Ronneberger, Friedrich *Weltreisebilder vom Kreuzer* Emden *1928–1929.* Berlin 1930.

Sanders-Bremen, Friedrich *Der Heldenkampf unserer U-Boote.* Berlin (1917/18), S. 28–29, 76, 100–101, 180–181.

Salewski, Michael *Die deutsche Seekriegsleitung 1935–1945 – Band I: 1935–1941.* Frankfurt am Main 1970, S. 223, 333.

Seeger, W. *Grabschändungen* in: »DNZuSZ« Nr. 15/12. 4. 1968.

Spindler, Arno *Der Handelskrieg mit U-Booten – III. Band: Oktober 1915 bis Januar 1917/IV. Band: Februar bis Dezember 1917/V. Band: Januar bis November 1918.* Berlin 1934/1941 – Nachdruck Hamburg 1964/Frankfurt am Main 1966: III/S. 10, 37–38, 41, 157–159, 161–164, 166–168, 339; IV/S. 16, 162–164, 341–342, 467–470; V/S. 1, 150, 155–156, 232, 259, 261–262.

Stahl, Friedrich-Christian *Lothar Eugen von Arnauld de la Perière* in: »Neue Deutsche Biographie« (NDB): Band 1. Berlin 1953, S. 356–357.

de Terra, Erwin/Herzog, Bodo *U-35 – Das erfolgreichste U-Boot des Ersten Weltkrieges* in: »MOH-Nachrichten« Nr. 4/15. 4. 1958, S. 48–50; Nr. 7/15. 7. 1958, S. 111–112; Nr. 8/15. 8. 1958, S. 131.

Thomas, Lowell *Ritter der Tiefe*. Deutsch von E. Frhr. von Spiegel. Gütersloh 1930 (91.–110. Tausend), S. 123–133, 144, 148–168, 189–193, 278–279, 288, 329–338. Englische Erstausgabe: Raiders Of The Deep. Deutscher Erstdruck in: »Hamburger Fremdenblatt« (1930). US-Neuauflage: »Raiders Of The Deep« (The Award Books Military Library: New York 1964).

Unterleitner, A. *Kurs Ost* in: Karl Neureuther/Claus Bergen: »Wir leben noch! – Deutsche Seehelden im U-Bootkampf – 26 Erlebnisse von Angehörigen der U-Bootkameradschaft München«. Stuttgart–Berlin–Leipzig 1930, S. 189–199.

Volz, Robert *Reichshandbuch der deutschen Gesellschaft – Das Handbuch der Persönlichkeiten in Wort und Bild – I. Band.* Berlin 1931, S. 35.

Weyher, Kurt *In Memoriam Admiral Karlgeorg Schuster* in: »MOV« Nr. 10/1973, S. 215.

Winckler, Josef *U-35* in: Fritz-Otto Busch: »U-Boots-Taten«. Berlin 1934, S. 52–53.

xxx *Arnauld de la Perière . . . Wir bringen . . .* in: »Kladderadatsch« Nr. 44/29. 10. 1916.

xxx *Die letzte Parade der III. Marine-Brigade am Skagerraktage, 1920* in: »Mittschiffs – Recht so!« Nr. 4/Juli 1920, S. 97–99, insbes. S. 99.

xxx *Bericht über die 14. Mitgliederversammlung des M. O. V.* in: »MOV« Nr. 4/15. 2. 1929, S. 72–79, insbes. S. 79.

xxx *Kommunisten und Reichswehr* in: »MOV« Nr. 4/15. 2. 1930, S. 80–81.

xxx *Admiral (Ing.) a. D. Hans Fechter †* in: »MOH« Nr. 2/15. 2. 1956, S. 16.

xxx *Das Invalidenhaus in Berlin – Der Invalidenfriedhof/Zwei Erinnerungsstätten an Friedrich d. Großen* in: »MOH« Nr. 9/1. 9. 1961, Nr. 10/1. 10. 1961, S. 192–194.

xxx *. . . Besatzungsangehörige des U-Kreuzers U-139 . . .* in: »Schaltung – Küste« Nr. 1/Februar 1962, S. 7.

xxx *Unterseeboot U-35 – Schicksale deutscher Kriegsschiffe* in: »Der Landser – Großband«: Nr. 343 (Rückseite).

xxx *Unterseeboot U-139 – Schicksale deutscher Kriegsschiffe* in: »Der Landser – Großband« Nr. 345 (Rückseite).

xxx *Schiffsglocke gesucht* (Augusto de Castilho) in: »MOV« Nr. 10/1971, S. 51.

Walter Forstmann wurde am 9. März 1883 als Sohn des Sanitätsrates Dr. med. Gustav Forstmann (1844–1924) in Essen-Werden (Ruhr) geboren.

7. 4. 1900	Eintritt als Seekadett in die Kaiserliche Marine (Crew 00) – Infanteristische Ausbildung.
10. 5. 1900– 1. 4. 1901	Seemännische Grundausbildung auf dem Segelschulschiff Moltke. Besuch von Kopenhagen, Stockholm, Plymouth, Gibraltar, Neapel, Konstantinopel, Smyrna, Famagusta (Zypern), Athen, Cadiz, Portsmouth.
19. 4. 1901	Fähnrich zur See.
2. 4. 1901–31. 3. 1902	Zur Marineschule in Kiel kommandiert.
1. 4. 1902–30. 9. 1902	Spezialkurse: Artillerie- und Torpedo-Waffe und bei der Infanterie.
1. 10. 1902–30. 9. 1903	Kommando auf dem Linienschiff Kaiser Wilhelm der Grosse.
27. 9. 1903	Zum Leutnant zur See befördert.
1. 10. 1903–30. 9. 1904	Wachoffizier (WO) auf dem Kleinen Kreuzer Ariadne.
1. 10. 1904–10. 10. 1905	1. Matrosen-Division (Kiel) – Probefahrten Linienschiff Preussen.
11. 10. 1905–29. 11. 1906	Wachoffizier auf dem Kleinen Kreuzer Sperber, stationiert an der westafrikanischen Küste. Hinfahrt nach Kamerun (Duala) auf Eleonore Woermann, Rückkehr auf Lucie Woermann. Besuch aller westafrikanischen Häfen von Dakar bis Kapstadt.

30. 3. 1906	Beförderung zum Oberleutnant zur See.
30. 11. 1906–31. 3. 1907	Wachoffizier auf verschiedenen Schulbooten der Ostsee-Schul-Flottille.
1. 4. 1907–30. 9. 1908	Wachoffizier auf dem Hochsee-Torpedoboot G-136.
1. 10. 1908–30. 9. 1909	I. Offizier der III. Reserve-Halb-Flottille und Kommandant des Torpedo-Bootes D-8. Für Rettung eines über Bord gefallenen Torpedo-Matrosen mit der *Rettungsmedaille am Bande* ausgezeichnet (Verleihung: 25. 8. 1908).
1. 10. 1903–30. 4. 1910	I. Offizier auf Hebeschiff Vulcan – Ausbildung als Taucher und U-Boot-Kommandant.
1. 5. 1910–30. 9. 1913	Kommandant von U-11.
1912	Erhält den *Roten Adlerorden IV. Klasse* – Teilnahme am Kaiser-Manöver. Verfaßt eine geheime, nicht veröffentlichte Denkschrift »Verwendung unserer Hochsee-U-Boote in einem Kriege gegen England im Jahre 1912«.
10. 4. 1911	Beförderung zum Kapitänleutnant.
1. 10. 1913–30. 6. 1914	Zur Marine-Akademie in Kiel kommandiert – Zur Verfügung des Flottenchefs.
1. 7. 1914–26. 7. 1914	Während der Akademieferien in den Stab des »Führers der Torpedoboote« (FdT), Konteradmiral Maas, auf den Kleinen Kreuzer Cöln kommandiert. Teilnahme an den Manövern der Hochseeflotte.
27. 7. 1914– 5. 8. 1914	Bei der Mobilmachung Chef der Hafen-Flottille von Helgoland – Kommandant des Tenders Helga.
6. 8. 1914 – Januar 1915	Kommandant von U-12 (2. U-Halb-Flottille). Nach drei Nordsee-Vorstößen Kanal-Operation, hierbei Vernichtung des britischen Kanonenbootes Niger am 11. November 1914 vor der Stadt Deal. Als erstes U-Boot läuft U-12 am 12. November 1914 Zeebrügge in Flandern an. Von Dezember 1914 bis Januar 1915 19 weitere Operationen (z. T. Kurzvorstöße mit täglicher Rückkehr nach Zeebrügge). Keine Erfolge im Handelskrieg.
6. Januar 1915	Reichweitenversuche mit einem am Oberdeck aufgesetzten Wasserflugzeug (Oberleutnant zur See Friedrich von Arnauld de la Perière).
13. 1. 1915–21. 10. 1917	Kommandant von U-39 (2. U-Halb-Flottille; U-Flottille-Pola). Nach 4 Nordsee-Operationen Verlegung ins Mittelmeer. Auf insgesamt 18 Feindfahrten vernichtet Kapitänleutnant Forstmann 146 Handelsschiffe mit zusammen 384 304 BRT. Zweimal kehrt er mit einem überdurchschnittlichen Ergebnis zurück (22 Einheiten – 53 016 BRT; 21 Einheiten – 62 628 BRT). Er war der Lehrmeister des späteren Befehlshabers der U-Boote im Zweiten Weltkrieg, Großadmiral Dönitz. Dieser fuhr von Februar bis Dezember 1917 als WO auf U-39.
12. 8. 1916	Kapitänleutnant Walter Forstmann als vierter U-Boot-Kommandant mit dem Orden *pour le mérite* ausgezeichnet – *Zweiterfolgreichster U-Boot-Kommandant der Welt!* Mit den Booten U-12 und U-39 vernichtet Kapitänleutnant Forstmann auf 47 Operationen 146 Handelsschiffe mit zusammen 384 304 BRT sowie ein Kanonenboot mit 820 t.
8. 11. 1917	Im Neuen Palais zu Potsdam – mit Kapitänleutnant von Mellenthin – vom Kaiser und der Kaiserin empfangen, Bild mit Widmung – Neben zahlreichen hohen und höchsten Auszeichnungen erhält Kapitänleutnant Forstmann das *Ritterkreuz des Kgl. Hohenzollernschen Hausordens mit Schwertern* sowie das *Ritterkreuz des österreichisch-ungarischen Leopold-Ordens mit Kriegsdekoration.*
1. 12. 1917–30. 12. 1917	Zur Unterseeboot-Inspektion (UI) kommandiert.
1. 1. 1918–20. 11. 1918	Chef der 3. U-Flottille in Wilhelmshaven.
21. 11. 1918–31. 3. 1919	Zur Verfügung der Marinestation der Nordsee.
31. 3. 1919	Verabschiedet mit dem Charakter als Korvettenkapitän – Italien verlangt die Auslieferung wegen verübter Grausamkeit – Freispruch im Verfahren vor dem Reichsgericht in Leipzig.
1919	Studium der Volkswirtschaft – 1920: Übernahme der Leitung der Wohnungsverwaltung, der Wirtschaftsbetriebe und sozialen Anlagen der August Thyssen-Hütte A.G. in Duisburg–Hamborn – 1924: Die Wohnungsfrage in der Nachkriegszeit, mit besonderer Berücksichtigung der Wohnungs- und

	Siedlungsverhältnisse der Hamborner Berg- und Hüttenarbeiter – Ein Beitrag zur Frage der Neubelebung der Bautätigkeit (Dissertation Würzburg 1924 – Prädikat »cum laude«).
1921	Prokurist, Sozialdezernent und Direktor (1924) bei der August Thyssen-Hütte – 1933–1950: Vorstandsmitglied (1951–1953 Mitglied des Aufsichtsrates) von vier großen Wohnungsgenossenschaften der Ruhrstahlwerke – 1929–1933: Stadtverordneter, Fraktionsführer der Deutschen Volkspartei in Duisburg; als 50jähriger erwirbt er das *Goldene Turn- und Sportabzeichen.*
20. 8. 1939	Als Ritter des Ordens *pour le mérite* erhält Dr. rer. pol. Forstmann am Tannenberg-Tag den Charakter eines Fregattenkapitäns.
24. 8. 1939–15. 3. 1940	Zum Rüstungskommando Osnabrück kommandiert. Leiter der Abteilung Marine.
16. 3. 1940– 9. 4. 1940	Zum Oberkommando der Wehrmacht (OKW) in Berlin kommandiert – Vorbereitung zur Besetzung Dänemarks – OKW/WiRü-Amt, Leiter der Verbindungsstelle Kopenhagen.
10. 4. 1940	Landung in Korsör im Stabe des Generals Röttger (Befehlshaber der Landungstruppen).
15. 4. 1940	Zum Korvettenkapitän befördert.
11. 4. 1940– 8. 5. 1945	Chef des Wehrwirtschaftsstabes bzw. des Rüstungsstabes Dänemark in Kopenhagen (zugeteilt Stab Höh. Kdo. XXI).
7. 4. 1941	Beförderung zum Fregattenkapitän.
1. 7. 1942	Zum Kapitän zur See befördert.
9. 5. 1945– 1. 7. 1945	Englische Gefangenschaft in Malente–Gremsmühlen.
3. 8. 1945	Entlassen.
1948	Vorstandsmitglied des Jugendheimstättenwerkes e. V.
1952	*Bundesverdienstkreuz I. Klasse.*
1954	Aufsichtsratsmitglied der Rheinischen Wohnstätten AG in Duisburg.
1951–1955	Berater der Wohnungsgesellschaft in allen Angelegenheiten der Kleinsiedlungen.
ab 1956	Maßgeblich am Aufbau der 30 Pestalozzi-Dörfer beteiligt – Ehrung durch 1. Graf-Moltke-Siedlung in Dortmund-Marten: *Siedlervater-Forstmann* – Verstärkte Öffentlichkeitsarbeit: Zahlreiche Veröffentlichungen über das Wohnungswesen, für Presse und Informationsstellen bei aktuellen Anlässen – Vize-Präsident des Deutschen Siedlerbundes e. V., Vorsitzender des Vorstandes Jugendheimstättenwerkes e. V. Pestalozzidorf-Vereinigung – Mitglied des Vorstandes des Deutschen Volksheimstättenwerkes – Mitglied des Aufsichtsrats der Rheinischen Wohnstätten AG. – Ehrenmitglied der Fördergesellschaft des Instituts für Siedlungs- und Wohnungswesen der Westfälischen Wilhelms-Universität zu Münster e. V., des Deutschen Siedlerbundes e. V., der Deutschen Gartenbaugesellschaft e. V.
1958	50 Bergarbeiterfamilien geben ihrer Selbsthilfe-Kleinsiedlung in Dortmund-Marten den Namen *Walter-Forstmann-Siedlung.*
3. 9. 1960	*Großes Bundesverdienstkreuz* zum 25jährigen Bestehen des Deutschen Siedlerbundes.
1968	Dr. h. c. und korrespondierendes Mitglied der römischen Accademia Tiberina.
12. 3. 1972	Professor h. c. der Universität des Mittelmeeres in Rom.
2. 11. 1973	Verstorben.

Quellen:

Herzog, Bodo/Schomaekers, Günter *Ritter der Tiefe – Graue Wölfe – Die erfolgreichsten U-Boot-Kommandanten der Welt des Ersten und Zweiten Weltkrieges.* München–Wels 1965, S. 60–87.

Ergänzungen:

Adamheit, Herbert *Wohngemeinschaft und Nachbarschaft* in: »Ruf und Echo« Nr. 10/1962, S. 4–5.

Alman, Karl (d. i. Kurowski, Franz) *Ritter der sieben Meere – Chronik eines Opfergangs – Ritterkreuzträger der U-Boot-Waffe.* Rastatt 1963, S. 12.

Brandt-Mannesmann, Ruthilt *Max Mannesmann – Reinhard Mannesmann/Dokumente aus dem Leben der Erfinder.* Remscheid 1964, S. 160.

Chambard, Claude *Les Sous-Marins.* Paris 1968, S. 121, 173.

Chatterton, E. Keble *Q-Ships and their Story.* London 1972, S. 7.

Ettel, Erwin *Das UB-49-Treffen in Hamburg* in: »Schaltung – Küste« Nr. 29/August 1967, S. 359–360, insbes. S. 359.

Farago, Ladislas *The Tenth Fleet.* New York 1962, S. 28.

Forstmann, Gustav/Maßner, Hanns-Joachim *Eine Kindheit in Werden – Erinnerungen aus meiner Jugend von Sanitätsrat Dr. Gustav Forstmann * 2. 4. 1844 in Werden, † 28. 6. 1924 in Bad Godesberg* in: »Beiträge zur Geschichte von Stadt und Stift Essen«: 88. Heft. Essen 1973, S. 5–58.

Forstmann, Walter *Verwendung unserer Hochsee-U-Boote in einem Kriege gegen England im Jahre 1912.* (Ganz Geheim! – Unveröffentlichte Marine-Akademie-Arbeit 1911/12).

Forstmann, Walter *Mit dem U-Boot ins Mittelmeer (I–IV)* in: »Kölnische Zeitung« Nr. 312/25. 3. 1916, S. 1, Nr. 314/26. 3. 1916, S. 1, Nr. 318/27. 3. 1916, S. 1, Nr. 320/28. 3. 1916, S. 1.

Forstmann, Walter *U-39 auf Jagd im Mittelmeer.* Berlin–Wien 1918.

Forstmann, Walter *Die Mannesmänner in Marokko* in: »Deutsche Bergwerks-Zeitung« Nr. 297/19. 12. 1936.

Forstmann, Walter *Die gesellschaftspolitische, sozialpädagogische und volkswirtschaftliche Bedeutung der baulichen Selbsthilfe* in: »Der Siedler« Nr. 7/1965, S. 178–179.

Forstmann, Walter *Feststellungen beim Bundeswettbewerb »Die besten Kleinsiedlungen 1966«* in: »Der Siedler« Nr. 11/1966, S. 267–269 (sowie S. 265–266: Unser Titelbild).

Forstmann, Walter *Was lehrt uns der »Erste Große Jugendwettbewerb« des D. S. B.?* in: »Der Siedler« Nr. 1/1967, S. 1–3 (S. 4: Über die Öffentlichkeitswirkung).

Forstmann, Walter *Redekunst als Lehrangebot für alle Disziplinen* in: »MOV« Nr. 2/1971, S. 39.

Forstmann, Walter/Herzog, Bodo *Vorwort* in Bodo Herzog/Günter Schomaekers: »Ritter der Tiefe – Graue Wölfe – Die erfolgreichsten U-Boot-Kommandanten der Welt des Ersten und Zweiten Weltkrieges« (München–Wels 1965), S. 20–28.

Freyer, Paul Herbert *Der Tod auf allen Meeren – Ein Tatsachenbericht zur Geschichte des faschistischen U-Boot-Krieges.* Berlin (1970), S. 20.

F. *DSB-Tagungen in Kehl* in: »Der Siedler« Nr. 8/1965, S. 202–203.

F. *Landesverbands-Veranstaltungen* in: »Der Siedler« Nr. 8/1965, S. 203–204.

Glasmacher, Theo *U-Boot-Kameradschaft Walter Forstmann Düsseldorf* in: »Schaltung – Küste« Nr. 52/Dezember 1973, S. 746–749.

Glattes, Gerhard *Kapitän zur See a. D. Dr. Walter Forstmann (00) 80 Jahre alt* in: »MOH« Nr. 4/1. 4. 1963, S. 72–73.

Glattes, Gerhard *Zum Gedenken an Walter Forstmann † – Kapitän zur See a. D., Professor h. c., Dr. rer. pol., Dr. h. c. (Crew 1900)* in: »MOV« Nr. 11–12/1973, S. 257.

Grant, Robert M. *U-Boat Intelligence.* London 1969, S. 141, 143.

Gray, Edwin *The Killing Time – The U-Boat War 1914–18.* New York 1972, S. 94, 109, 130, 175, 214, 220.

M., G. *Geldtransporte durch U-Boote* in: »Rundschau der Geldzeichensammler«: Februar 1955.

Herzog, Bodo *Konteradmiral a. D. Arno Spindler 85 Jahre alt* in: »Marine-Rundschau« Nr. 3/1965, S. 177–180, insbes. S. 178.

Herzog, Bodo *Kapitän zur See a. D. Dr. rer. pol., Dr. h. c. Walter Forstmann 85 Jahre* in: »Marine-Rundschau« Nr. 2/1968, S. 151–152.

Herzog, Bodo *U-Boote im Einsatz – U-Boats in Action – 1939–1945 – Eine Bilddokumentation.* Dorheim 1970, S. 49, 52, 171.

Herzog, Bodo *Wiedersehen nach 55 Jahren* in: »Deutsches Soldatenjahrbuch – 19. Deutscher Soldatenkalender«. München 1971, S. 262.

Herzog, Bodo *Kapitän zur See a. D. Dr. rer. pol., Dr. h. c. Walter Forstmann – Professor honoris causa der Universität des Mittelmeeres in Rom* in: »Marine-Rundschau« Nr. 5/1972, S. 316–317.

–hmf– *Landesverband Schleswig-Holstein eröffnete eine Mütterschule* in: »Der Siedler« Nr. 5/1963, S. 87.

Jeschke, Hubert *U-Boottaktik – Zur deutschen U-Boottaktik 1900–1945.* Freiburg 1972, S. 19, 23–24, 115.

Layman, R. D. *U-Boat with Wings* in: »United States Naval Institute Proceedings« Nr. 4/1968, S. 54–59.

Löhr, Adam/Glasmacher, Theo *U-Bootkameradschaft Walter Forstmann Düsseldorf* in: »Schaltung – Küste« Nr. 52/Dezember 1973, S. 746–749.
Moraht, Robert *Die Enthüllung des ungarischen Marine-Ehrenmales am 10. Oktober 1937* in: »MOH« Nr. 21/1. 11. 1937, S. 329–332, insbes. S. 329.
Möller, Hanns *Berühmte U-Boot-Kommandanten – was sie heute sind* in: »Die Wochenschau«, 4. 8. 1935.
Möller, Hanns *Geschichte der Ritter des Ordens pour le mérite im Weltkrieg (I. Band).* Berlin 1935, S. 314–316 (insbes. S. 315).
von Mohl, Hans *Walter Forstmann – Nachruf* in: »MOV« Nr. 11–12/1973, S. 68.
Niemöller, Martin *Vom U-Boot zur Kanzel.* Berlin 1934 (insbes. S. 52, 56).
Röhr, Albert *Deutsche Marinechronik.* Oldenburg–Hamburg 1974, S. 168.
Sanders-Bremen, Friedrich *Der Heldenkampf unserer U-Boote.* Berlin (1917/18), S. 52, 76, 89–92, 99–100, 143, 182–184.
von Schleinitz (Frhr.) *Der Außen- und Kleinkrieg zur See und seine Bedeutung für Deutschland (U-Boot-Einsatz als Waffe zur Unterbindung der britischen Lebensmittelzufuhr)* in: »Deutsche Revue«: August 1908, S. 132–149.
Spindler, Arno *Der Handelskrieg mit U-Booten – II. Band: Februar bis September 1915/III. Band: Oktober 1915 bis Januar 1917/IV. Band: Februar bis Dezember 1917/V. Band: Januar bis November 1918.* Berlin 1933/1934/1941 – Nachdruck Hamburg 1964/Frankfurt am Main 1966: II/S. 3, 10, 13, 38, 79–82, 113–115, 183, 199–201, 203–204, 206–207; III/S. 10, 22–23, 31–33, 42, 155–156, 159–161, 324–325, 335–336, 340; IV/S. 17, 165–166, 344–346, 470; V/S. 27–28, 35–36.
von Tirpitz, Alfred *Erinnerungen.* Leipzig 1919, S. 515.
Vandrey, Max *Niemöller und Dönitz waren seine Wachoffiziere – Offizier und Wirtschaftler – Kapitän zur See Dr. rer. pol. Walter Forstmann, Essen-Bredeney, wird am 9. März 80 Jahre alt / Erfolgreichster lebender U-Boot-Kommandant der Welt* in: »Essener Stadt-Anzeiger« Nr. 10/8. 3. 1963.

xxx *Plädoyer für die »Grüne Charte« – Gärtner um des Menschen willen – Dr. W. Forstmann sprach . . .* in: »Münsterischer Stadtanzeiger«: 30. 1. 1964.
xxx *Submarine officer's threat* in: »The Times« Nr. 40.850/10. 5. 1915, S. 5.
xxx *Kameradschaft der Unterseeboot-Fahrer* in: »MOV« Nr. 8/14. 4. 1926, S. 168.
xxx *Auf Tauchstationen* in: »MOV« Nr. 10/1. 6. 1933, S. 142.
xxx *Korrespondenz Walter Forstmann mit Karl Dönitz* (1943/1957).
xxx *Ordensritter bei Heuss* in: »Die Welt«: 25. 11. 1955.
xxx *Dank an Dr. Walter Forstmann* in: »Der Siedler« Nr. 5/1963, S. 86.
xxx *Richtstrauß auf »Wilhelm-Gisbertz«-Siedlung – Freude im Besseringer »Reichertsgrund« . . .* in: »Saarbrücker Zeitung«: 4. 5. 1964.
xxx *Leistungsbeweis der Selbsthilfe* in: »Der Siedler« Nr. 7/1965, S. 179.
xxx *Landesverbands-Ausschußsitzung in Kehl* in: »Der Siedler – Aus Baden-Württemberg« Nr. 8/1965.
xxx *Siedler wollen nicht ins Hochhaus, sondern ins Grüne – Arbeitstagung des Deutschen Siedlerbundes im Saalbau* in: »Westdeutsche Allgemeine Zeitung« (Essen) Nr. 200/28. 8. 1965.
xxx *Zu ihrem 13. Ordenskapitel des Ordens pour le mérite . . .* in: »Soldat und Technik« Nr. 10/1967, S. 558.
xxx *Walter Forstmann Ehrenmitglied* in: »Leinen Los!« Nr. 2/1968, S. 14.
xxx *Der Städtebau und die Freizeit des arbeitenden Menschen – DSB-Bundesarbeitstagung in Dortmund* in: »Der Siedler-Berater« Nr. 4/1969, insbes. S. 1, 19–23.
xxx *Dem Siedlerbund sind »grüne Witwen« fremd – Ein Essener Sozialpädagoge hält die Freizeitgärtner für sehr ausgeglichene Zeitgenossen* in: »Die Welt am Sonntag«: 5. 10. 1969.
xxx *Dr. Dr. h. c. Walter Forstmann (86)* in: »Gemeinnütziges Wohnungswesen« Nr. 11/1969.
xxx *Im Scheinwerfer . . .* in: »MOV« Nr. 4/1972, S. 88.
xxx *Auch der Bundespräsident . . .* in: »MOV« Nr. 4/1973, S. 102.
xxx *Heinemann gratulierte als erster dem »Siedlervater« – Dr. Walter Forstmann wurde 90 Jahre alt* in: »Westdeutsche Allgemeine Zeitung« Nr. 59/10. 3. 1973.
xxx *Tausende danken ihm als dem »Siedlervater« – Dr. Walter Forstmann 90 Jahre alt gestorben* in: »Westdeutsche Allgemeine Zeitung« (Essen): 6. 11. 1973.
xxx *Der »Siedlervater« in Essen gestorben* in: »Westdeutsche Allgemeine Zeitung« Nr. 257/6. 11. 1973, S. 3.
xxx *Ehrenwache hielten sechs Offiziere der Bundesmarine . . .* in: »Westdeutsche Allgemeine Zeitung« (Essen) Nr. 260/9. 11. 1973.

Max Valentiner wurde am 15. Dezember 1883 als Sohn des Geheimen Konsistorialrates (Dompropstes) Theodor Valentiner und seiner Ehefrau Antonie, geb. Helwag, in Tondern geboren.

1. 4. 1902	Seekadett in der Kaiserlichen Marine, Schulschiff Moltke.
1903–1906	Marineschule – Spezialkurse – Großer Kreuzer Hansa.
29. 9. 1905	Leutnant zur See.
1907	Linienschiff Braunschweig.
30. 3. 1908	Oberleutnant zur See.
1908–1910	Kompanieführer in der I. Matrosen-Artillerie-Abteilung in Kiel-Friedrichsort.
1911	Bergungsoffizier des Unterseeboot-Hebeschiffes Vulcan.
17. 1. 1911	Oberleutnant zur See Valentiner steigt bei einer Tauchpanne des Bootes U-3 (Fischer) im Kieler Hafen durch das Torpedorohr in das gesunkene Boot, um Leute zu retten. Staatssekretär von Tirpitz teilt den Namen des Bergungsoffiziers im Reichstag mit. Der Kaiser verleiht Valentiner den *Kronen-Orden am Bande der Rettungsmedaille*. Als U-Boot-Kommandant »versenkt« er bei einer Flottenübung zwei Linienschiffe.
22. 3. 1914	Kapitänleutnant.
1. 4.–August 1914	Kommandanten-Lehrer an der U-Boot-Schule.
ab August 1914	Nach Ausbruch des Ersten Weltkrieges Kommandant des Bootes U-3 (Ostsee-Einsätze, keine Erfolge).
15. 12. 1914–15. 9. 1917	Kommandant des Bootes U-38 (2. U-Halb-Flottille, U-Flottille-Pola, Mittelmeer-Division) – Kapitänleutnant Valentiner führt vom 4. bis 28. August 1915 *die erfolgreichste Feindfahrt in den Gewässern um England durch* (30 Einheiten – 71 389 BRT). Darüber hinaus kehrte er dreimal mit überdurchschnittlichen Ergebnissen zurück: 14 Einheiten – 47 460 BRT; 24 Einheiten – 50 113 BRT; 13 Einheiten – 31 710 BRT.
Mai 1916	Hochzeit in Koblenz. Valentiner hatte seine Braut im Sommer 1913 bei einer Wanderung mit Otto Weddigen im Riesengebirge kennengelernt.
26. 12. 1916	Kapitänleutnant Max Valentiner erhält – nach der Madeira-Operation – als 6. U-Boot-Kommandant den *Pour le mérite*. (Weitere Auszeichnungen: *Ritterkreuz des Hohenzollernschen Hausordens*, Ehrenbürger der Stadt Sonderburg.)
1917	Autor des Buches *300 000 Tonnen versenkt! Meine U-Boots-Fahrten* (Ullstein).
2. 10. 1917	Kommandant des U-Kreuzers-157.
1. 12. 1917–15. 4. 1918	139tägige erfolgreiche Fern-Operation zur westafrikanischen Küste (7 Einheiten – 10 333 BRT).
Juni 1918	Lehrer an der U-Boot-Schule. Kapitänleutnant Valentiner soll einen der neuesten U-Kreuzer in Dienst stellen.
22. 11. 1919	Verabschiedung. Kapitänleutnant Valentiner hatte bereits vor dem Kriege hervorragenden Anteil an der Entwicklung des Taucher-, Rettungs- und Bergungswesens der U-Boot-Waffe. Während des Krieges führt er u. a. den Sehrohrfahrstuhl sowie die Schnellentlüftung (Verkürzung der Tauchzeit von fünf auf eine Minute) aufgrund seiner Kriegserfahrungen mit U-3 in der Ostsee ein. Gesamterfolge: Mit den Booten U-3, U-38, U-157 vernichtete Valentiner auf 24 Operationen 141 Handelsschiffe mit 299 326 BRT sowie ein Kriegsschiff mit 627 t. Valentiners jüngerer Bruder Otto fiel als Wachoffizier eines Flandern-U-Bootes auf seiner dritten Feindfahrt; sein Vetter, Oberleutnant zur See Hans Valentiner – er war bereits zum *Pour le mérite* eingegeben – als Kommandant des Bootes UB-56 am 19. Dezember 1917.
21. 1. 1920	Verleihung des Charakters eines Korvettenkapitäns.

	Nach seiner Verabschiedung in verschiedenen Stellungen tätig, selbständig und als Angestellter.
1931	Verfasser des Buches: *Der Schrecken der Meere. – Meine U-Boot-Abenteuer.*
1934	Verfasser des Buches: *U-38 – Wikingerfahrten eines deutschen U-Bootes.*
Jan. 1940–Dez. 1944	Gruppenleiter U.A.K. (Unterseebootsabnahmekommando) Kiel–Danzig.
1. Januar 1941	Kapitän zur See z. V.
Dez. 1944–Jan. 1945	Zur Verfügung Marine-Oberkommando (M.O.K.) Ost.
Januar–März 1945	Gruppenleiter U.A.K. (Unterseebootsabnahmekommando) Kiel–Danzig.
31. 3. 1945	Verabschiedet.
19. 6. 1949	Verstorben.

QUELLEN:
Herzog, Bodo/Schomaekers, Günter *Ritter der Tiefe – Graue Wölfe – Die erfolgreichsten U-Boot-Kommandanten des Ersten und Zweiten Weltkrieges.* München–Wels 1965, S. 88–107.

ERGÄNZUNGEN:
Alman, Karl (d. i. Kurowski, Franz) *Ritter der sieben Meere – Chronik eines Opfergangs – Ritterkreuzträger der U-Boots-Waffe.* Rastatt 1963, S. 12.
Auswärtiges Amt *Der* BARALONG*-Fall.* Berlin 1916 (insbes. S. 46–49, 52, 56–59).
Bundesarchiv/Militärarchiv Freiburg i. Br. *S. M. U-38-Kriegstagebuch (KTB):* Band 1 (15. 12. 1914 bis 7. 12. 1915): U-17/61583.
Chambard, Claude *Les Sous-Marins.* Paris 1968, S. 83, 87, 96, 120, 134.
Grant, Robert M. *U-Boat Intelligence 1914–1918.* London 1969, S. 140, 142–143, 147–148, 150.
Grant, Robert M. *U-Boats Destroyed – The Effect of Anti-Submarine Warfare 1914–1918.* London 1964, S. 119.
Gray, Edwin *The Killing Time – The U-Boat War 1914–1918.* New York 1972, S. 13, 109–110, 130, 132, 209, 214, 237–238.
Herzog, Bodo *Konteradmiral a. D. Arno Spindler 85 Jahre alt* in: »Marine-Rundschau« Nr. 3/1965, S. 177–180, insbes. S. 178.
Herzog, Bodo *In memoriam: Kapitän zur See Max Valentiner – Zu seinem 20. Todestag* in: »Deutsches Soldatenjahrbuch 1969 – 17. Deutscher Soldatenkalender«. München 1968, S. 229–230.
Herzog, Bodo *U-Boote im Einsatz – U-Boats in Action – 1939–1945 – Eine Bilddokumentation.* Dorheim 1970, S. 49.
Jeschke, Hubert *U-Boottaktik – Zur deutschen U-Boottaktik 1900–1945.* Freiburg 1972, S. 32, 87–88.
Jung, Hermann A. K. *Krieg unter Wasser – Der Opfertod der Fünftausend.* Oldenburg–Berlin 1939, S. 126.
Möller, Hanns *Geschichte der Ritter des Ordens pour le mérite im Weltkrieg (II. Band).* Berlin 1935, S. 449–451 (insbes. S. 450).
Röhr, Albert *Deutsche Marinechronik.* Oldenburg–Hamburg 1974, S. 188.
Sanders-Bremen, Friedrich *Der Heldenkampf unserer U-Boote.* Berlin (1917/18), S. 40, 48–50, 76, 190–191.
Spindler, Arno *Der Handelskrieg mit U-Booten – II. Band: Februar bis September 1915/III. Band: Oktober 1915 bis Januar 1917/IV. Band: Februar bis Dezember 1917/V. Band: Januar bis November 1918.* Berlin 1933/1934/1941 – Nachdruck Hamburg 1964/Frankfurt am Main 1966: II/S. 10, 77–79, 128–129, 255–259; III/S. 10–11, 26–30, 40, 157, 164–165, 177, 334–335, 341; IV/S. 17, 19, 164–165, 344, 494; V/S. 232, 234, 243–245.
Spindler, Arno *Der Handelskrieg . . .* a. a. O. II/S. 251.
Valentiner, Max *300 000 Tonnen versenkt! – Meine U-Boots-Fahrten.* Berlin–Wien 1917.
Valentiner, Max *Der Schrecken der Meere – Meine U-Boot-Abenteuer.* Zürich–Leipzig–Wien 1931.
Valentiner, Max *U-38 – Wikingerfahrten eines deutschen U-Bootes.* Berlin 1934.

xxx *Unterseeboot U-38 – Schicksale deutscher Kriegsschiffe* in: »Der Landser«: Nr. 818 (Rückseite).

Otto Kretschmer wurde am 1. Mai 1912 als Sohn eines Lehrers in Heidau (Kreis Liegnitz) geboren.

1. 4. 1930	Eintritt in die Reichsmarine (Crew 30).
1. 4. 1930–30. 6. 1930	Stralsund: II. Schiffsstammdivision der Ostsee – Seeoffiziersanwärter.
1. 7. 1930– 9. 10. 1930	Segelschulschiff Niobe (Korvettenkapitän Kümpel) – Ausbildungsfahrt nach Schweden.
9. 10. 1930	Ernennung zum Seekadetten.
10. 10. 1930– 4. 1. 1932	Kleiner Kreuzer Emden (Fregattenkapitän/Kapitän zur See Witthoeft).
1. 12. 1930– 7. 12. 1931	Emden-Weltreise: Kreta–Ägypten–Indien–Ceylon–Thailand–Philippinen–China–Japan–Niederländisch-Indien–Süd- und Westafrika–Spanien.
1. 1. 1932	Beförderung zum Fähnrich zur See.
5. 1. 1932–31. 3. 1932	Stralsund: II. Schiffsstammdivision der Ostsee.
1. 4. 1932–21. 6. 1932	Flensburg: Marineschule Mürwik (Kapitän zur See Wolf von Trotha).
22. 6. 1932–28. 3. 1933	Flensburg: Marineschule Mürwik (Kapitän zur See Wolf von Trotha) und Vermessungsschiff Meteor (Korvettenkapitän Kurze).
29. 3. 1933–22. 4. 1933	Sperr-Abteilung.
23. 4. 1933–28. 6. 1933	Schiffsartillerieschule.
29. 6. 1933–18. 8. 1933	Torpedo- und Nachrichtenschule.
19. 8. 1933–31. 8. 1933	Küstenartillerieschule.
1. 9. 1933– 1. 10. 1933	Torpedo- und Nachrichtenschule.
2. 10. 1933– 4. 3. 1934	Panzerschiff Deutschland.
	BÜ-Fähnrich – Seeoffiziershauptprüfung.
5. 3. 1934–10. 3. 1934	Warnemünde: Marinenachrichtenoffizier.
11. 3. 1934–19. 3. 1934	Panzerschiff Deutschland.
20. 3. 1934–26. 9. 1934	II. BÜ-Offizier auf dem Leichten Kreuzer Köln (Fregattenkapitän Fuchs) – Teilnahme an der Erprobungsfahrt des Kreuzers im Atlantik (Besuch von Madeira vom 16.–17. Juni 1934 sowie von Lissabon vom 22.–25. Juni 1934).
1. 4. 1934	Beförderung zum Oberfähnrich zur See.
27. 9. 1934–21. 12. 1934	Flensburg: Torpedoschule Mürwik.
1. 10. 1934	Beförderung zum Leutnant zur See.
22. 12. 1934–10. 3. 1935	II. Torpedo-Offizier auf dem Leichten Kreuzer Köln.
11. 3. 1935–30. 3. 1935	Zum Lehrgang kommandiert.
31. 3. 1935–26. 9. 1935	II. Torpedo-Offizier auf dem Leichten Kreuzer Köln.
27. 9. 1935–25. 1. 1936	Wilhelmshaven: I. Schiffsstammabteilung der Nordsee (Fregattenkapitän Guilleaume).
26. 1. 1936–30. 4. 1936	Neustadt in Holstein: U-Boot-Schule.
1. 5. 1936– 2. 10. 1936	Zur Verfügung Führer der Unterseeboote/FdU (Kapitän zur See Dönitz).
1. 6. 1936	Beförderung zum Oberleutnant zur See.
3. 10. 1936–18. 10. 1936	U-Flottille-Saltzwedel (Fregattenkapitän Scheer).
19. 10. 1936– 3. 11. 1936	Kiel: Baubelehrung für U-Boote auf der Krupp-Germaniawerft in Kiel-Gaarden.
4. 11. 1936– 8. 11. 1936	U-Flottille-Saltzwedel (Fregattenkapitän Scheer).
9. 11. 1936–30. 11. 1936	Schiffsartillerieschule.
1. 12. 1936–30. 9. 1937	U-Flottille-Saltzwedel (Fregattenkapitän Scheer) – Wachoffizier (WO) auf U-35 (Kapitänleutnant Ewerth) – Azorenfahrt und Einsatz während des spanischen Bürgerkrieges.
1. 10. 1937– 1. 4. 1940	U-Flottille-Weddigen – Kommandant U-23 – Erfolge auf 9 Feindfahrten mit zusammen 91 Seetagen: 6 Einheiten – 21 024 BRT sowie 1 Zerstörer mit 1375 t.
1. 6. 1939	Beförderung zum Kapitänleutnant.
2. 4. 1940–17. 4. 1940	Baubelehrungsgruppe U-Boote Ost.
18. 4. 1940–17. 3. 1941	7. U-Flottille – Kommandant U-99 – Erfolge auf 7 Feindfahrten mit 127 Seetagen: 35 Einheiten – 217 744 BRT.
4. 8. 1940	*Ritterkreuz des Eisernen Kreuzes.*
4. 11. 1940	*Eichenlaub zum Ritterkreuz des Eisernen Kreuzes.*

13. 11. 1940	Berlin: Hitler überreicht ihm persönlich das *Eichenlaub.*
1. 3. 1941	Beförderung zum Korvettenkapitän.
17. 3. 1941	Vernichtung von U-99 – Gesamterfolge mit U-23 und U-99 auf 16 Operationen mit 218 Seetagen: 41 Einheiten – 238 768 BRT/1 Zerstörer 1375 t.
17. 3. 1941–31. 12. 1947	Britische Kriegsgefangenschaft in England und Kanada.
26. 12. 1941	*Eichenlaub mit Schwertern zum Ritterkreuz des Eisernen Kreuzes.*
1. 9. 1944	Beförderung zum Fregattenkapitän.
ab 1948	Nach der Entlassung aus der Gefangenschaft zunächst Dolmetscherprüfung und juristisches Studium in Kiel.
1. 4. 1953	Leiter der wehrpolitischen Abteilung der Arbeitsgemeinschaft demokratischer Kreise in Bonn.
28. 11. 1953	Erster Präsident des (neugegründeten) Deutschen Marine-Bund (DMB).
1. 12. 1955	Eintritt in die westdeutsche Marine (Bundesmarine) – Zunächst Prüfgruppenleiter in der Annahmeorganisation.
1. 1. 1957	Kommandeur des 1. Geleitgeschwaders.
1. 3. 1958	Admiralstabsoffizier beim Kommando der Flotte.
1. 11. 1958	Kommandeur der amphibischen Streitkräfte – zugleich Kommandeur der U-Boote.
12. 12. 1958	Beförderung zum Kapitän zur See.
1. 1. 1962	Leiter des Referates Operation im Führungsstab der Marine im Bundesministerium der Verteidigung.
1963	Chef des Stabes beim Befehlshaber der Seestreitkräfte der Nordsee.
6. 1965	Kretschmer löst als Flottillenadmiral den dänischen Kapitän Wesche als Chef des NATO-Stabes beim NATO-Kommando zur Verfügung der Ostseezugänge ab.
15. 12. 1965	Flottillenadmiral (bisher temporary rank).
1966	Aus der Bundesmarine entlassen.

Quellen:

Herzog, Bodo/Schomaekers, Günter *Ritter der Tiefe – Graue Wölfe – Die erfolgreichsten U-Boot-Kommandanten der Welt des Ersten und Zweiten Weltkrieges.* München–Wels 1965, S. 108–125.

Ergänzungen:

Adams, H. H./Lundeberg, Ph. K./Rohwer, Jürgen *Der U-Boot-Krieg: Die Schlacht im Atlantik (1939–1945)* in Elmar B. Potter/Chester W. Nimitz/Jürgen Rohwer: »Seemacht – Eine Seekriegsgeschichte von der Antike bis zur Gegenwart«. München 1974, S. 521–550, insbes. S. 526, 528.

Alman, Karl (d. i. Kurowski, Franz) *Angriff, ran, versenken – Die U-Bootschlacht im Atlantik.* Rastatt 1965, S. 54–59, 65–69, 84–86, 90–95, 97, 100–107, 141, 325.

Alman, Karl (d. i. Kurowski, Franz) *Ritter der sieben Meere – Chronik eines Opfergangs – Ritterkreuzträger der U-Boots-Waffe.* Rastatt 1963, S. 20, 55–57, 81–82, 104–105, 180–181, 190, 239–240, 253, 289, 291.

Bekker, Cajus (d. i. Berenbrok, Hans-Dieter) *Verdammte See – Ein Kriegstagebuch der deutschen Marine.* Oldenburg–Hamburg 1971, S. 179, 182, 184–185, 191–193.

Bekker, Cajus (d. i. Berenbrok, Hans-Dieter) *Das große Bildbuch der deutschen Kriegsmarine 1939–1945.* Oldenburg–Hamburg 1972, S. 77.

Boberach, Heinz *Meldungen aus dem Reich – Auswahl aus den geheimen Lageberichten des Sicherheitsdienstes der SS 1939–1944.* Neuwied–Berlin 1965, S. 154.

Buchmann, Hans *Das Marine-Ehrenmal Laboe ist ein Werk der treuen Kameradschaft* in: »Leinen Los!« Nr. 6/1966, S. 16–18.

Cartier, Raymond *Der Zweite Weltkrieg (2 Bände).* München (1975), S. 274.

Chambard, Claude *Les Sous-Marins.* Paris 1968, S. 268–269, 272–273, 275, 292–295, 588.

Dönitz, Karl *Zehn Jahre und zwanzig Tage.* Frankfurt am Main–Bonn 1963, S. 104–106, 166–170, 212.

Farago, Ladislas *The Tenth Fleet.* New York 1962, S. 15, 37, 247, 269.

Fleischer, F./Michael, J. *Aspekte der antikommunistischen Verhetzung der Bundesmarine und ihre Konsequenzen* in: »Marinewesen« Nr. 10/1966, S. 1155–1169, insbes. S. 1168.

Frank, Walter *Kiel war vor 75 Jahren die Wiege des Marinebundes* in: »Leinen Los!« Nr. 6/1966, S. 15–16.

Freyer, Paul Herbert *Der Tod auf allen Meeren – Ein Tatsachenbericht zur Geschichte des faschistischen U-Boot-Krieges.* Berlin (1970), S. 129–130, 136–142, 144, 182, 186, 263, 331–333.

Glattes, Gerhard *Kapitän zur See a. D. Dr. Walter Forstmann (00) 80 Jahre alt* in: »MOH« Nr. 4/1. 4. 1963, S. 72–73.

Herzog, Bodo *Die deutsche Kriegsmarine im Kampf 1939–1945 – Eine Dokumentation in Bildern.* Dorheim 1969, S. 35–36, 74–75, 88–89, 100, 236.

Herzog, Bodo *U-Boote im Einsatz – U-Boats in Action – 1939–1945 – Eine Bilddokumentation.* Dorheim 1970, S. 49, 76–77, 82–83, 85, 91, 127.

Jeschke, Hubert *U-Boottaktik – Zur deutschen U-Boottaktik 1900–1945.* Freiburg 1972, S. 74.

Köppler, Helmut/Dähnicke, Helmut *Die Zenkers waren immer dabei . . .* in: »Deutscher Marinekalender 1968« S. 92–101, insbes. S. 98–99.

Kreis, Hans *Kapitänleutnant Kretschmer wieder daheim – So ging die* Forfar *in die Tiefe* in: »National-Zeitung« Nr. 351/18. 12. 1940, S. 5.

Kretschmer, Otto *An Admiral a. D. Hermann Bauer/An Großadmiral Raeder* in: »Leinen Los!« Nr. 8/1955, S. 130; Nr. 11/1955, S. 178.

Kretschmer, Otto *Vorwort* in Bodo Herzog/Günter Schomaekers: »Ritter der Tiefe – Graue Wölfe – Die erfolgreichsten U-Boot-Kommandanten der Welt des Ersten und Zweiten Weltkrieges« (München–Wels 1965), S. 29.

Macintyre, Donald *U-Boat Killer.* London 1956.

Mallmann-Showell, Jack P. *U-Boote gegen England – Kampf und Untergang der deutschen U-Boot-Waffe 1939–1945.* Stuttgart 1974, S. 147, 170, 181–182.

Mason, David *U-Boat the secret menace.* New York 1968, S. 50.

Michael, Achim *Die paramilitärischen Marineorganisationen der BRD* in: »Marinekalender der DDR 1974« S. 102–113, insbes. S. 105, 107, 111.

Mordal, Jacques *25 Jahrhunderte Seekrieg.* München 1963, S. 366–368.

Navy Times *They fought under the Sea – The Saga of the Submarine.* Harrisburg–Washington 1962, S. 109.

Peillard, Léonce *Geschichte des U-Boot-Krieges 1939–1945.* Wien–Berlin o. J., S. 24, 78–79, 83, 93, 99.

Peillard, Léonce *Die Schlacht im Atlantik – Erster Teil: Die Zeit der Kriegsmarine 1939–1942 – Zweiter Teil: Der Sieg der Jäger 1942–1945.* Wien–Berlin o. J., S.108–116, 119–122, 169–173, 324–325, 542, 545.

von der Porten, Edward P. *Die deutsche Kriegsmarine im 2. Weltkrieg.* Stuttgart 1975, S. 86, 206, 215–216.

Range, Clemens *Die Ritterkreuzträger der Kriegsmarine.* Stuttgart 1974, S. 23.

Rohwer, Jürgen *Geleitzugschlachten im März 1943 – Führungsprobleme im Höhepunkt der Schlacht im Atlantik.* Stuttgart 1975, S. 37, 158, 307.

Rohwer, Jürgen *Die U-Boot-Erfolge der Achsenmächte 1939–1945.* München 1968, S. 4, 8–9, 11, 14–15, 22–24, 28–29, 33–35, 37–38, 45–46.

Rohwer, Jürgen/Hümmelchen, Gerhard *Chronik des Seekrieges 1939–1945.* Oldenburg–Hamburg 1968, S. 20, 26, 29–30, 32, 54–55, 63, 69, 71–72, 74, 78–79, 81, 86, 106–109.

Rohwer, Jürgen/Hümmelchen, Gerhard *Chronology of the War at Sea 1939–1945 – Volume One: 1939–1942/Volume Two: 1943–1945.* London 1972/1974, S. 8, 13, 17–19, 38, 45, 51, 53, 55, 59–61, 66, 83–85.

Robertson, Terence *The Golden Horseshoe – The Story Of Germany's Most Successful U-Boat Commander.* London 1957.

Robertson, Terence *Der Wolf im Atlantik – Die Kriegserlebnisse Otto Kretschmers, des erfolgreichsten U-Boot-Kommandanten im Zweiten Weltkrieg.* Wels–München 1962 (3. Auflage).

Waters, John M. *Blutiger Winter – Höhepunkt und Ende der großen Geleitzugschlachten im Atlantik Winter 1942/43.* München–Wels 1970, S. 7, 15–16, 25, 39, 70–71, 81, 87, 241, 252.

xxx *Kapitänleutnant Kretschmer versenkte über 250 000 BRT* in: »Völkischer Beobachter« Nr. 352/17. 12. 1940, S. 1.

xxx *Eine Richtigstellung* in: »MOH« Nr. 7/15. 7. 1956, S. 76.

xxx *U-99* in: »Schaltung – Küste« Nr. 32/Mai 1968, S. 412.

xxx *The Encyclopedia of Sea Warfare from the first ironclads to the present day.* London–New York–Sydney–Toronto 1975, S. 94, 96–98.

Kapitänleutnant Otto Steinbrinck

Otto Steinbrinck wurde am 19. Dezember 1888 als Sohn des Geheimrates Professor Dr. Carl Steinbrinck in Lippstadt/Westfalen (Ehrenbürger) geboren.

3. 4. 1907	Seekadett in der Kaiserlichen Marine (Crew 07) – Während einer Mittelmeerfahrt seemännische Grundausbildung auf dem Schulschiff Freya.
21. 4. 1908?	Beförderung zum Fähnrich zur See (Prüfung mit »Allerhöchster Belobigung«) – Besuch der Marineschule in Kiel (I. Inspektion).
Ostern–Herbst 1909	Teilnahme an verschiedenen Spezialkursen – u. a. bei der Artillerie- und Torpedowaffe in Sonderburg und Flensburg-Mürwik.
ab Herbst 1909	Kreuzer Bremen – Ost- und südamerikanische Stationen/Kanada.
28. 9. 1910?	Beförderung zum Leutnant zur See.
1911–1912	Kiel: I. Matrosen-Division – Anschließend: Kommandierung zum Lehrgeschwader.
Ostern 1912–Herbst 1914	Spezialausbildung bei der Torpedobootswaffe – Anschließend Wachoffizier (WO) auf Unterseebooten: U-6, U-15 und U-8.
27. 9. 1913?	Beförderung zum Oberleutnant zur See.
8. 1914	Nach Ausbruch des Ersten Weltkrieges Kommandant U-6 (zeitweilig).
bis Dezember 1914	Zeitweilig WO auf dem Flandern-Torpedoboot S-122.
Januar 1915	Erneut U-6-Kommandant.
15. 3. 1915–12. 1. 1916	U-Flottille-Flandern/Marinekorps: Kommandant UB-10 – Erfolge auf 17 Operationen: 27 Einheiten – 13 379 BRT.
16. 2. 1916–27. 10. 1916	U-Flottille-Flandern/Marinekorps: Kommandant UB-18 – Erfolge auf 14 Operationen (plus zahlreiche Stichfahrten): 64 Einheiten – 74 781 BRT sowie britisches U-Boot E-22.
29. 3. 1916	Zum einjährigen Bestehen der U-Flottille-Flandern wird Oberleutnant zur See Steinbrinck als jüngster Seeoffizier und als dritter U-Boot-Kommandant – nach Kapitänleutnant Otto Weddigen und Kapitänleutnant Otto Hersing – mit dem Orden *pour le mérite* ausgezeichnet – Erfolge zum Zeitpunkt der *Pour le mérite*-Verleihung: 33 Einheiten – 34 073 BRT – 1915 hatte Steinbrinck als erster Seeoffizier den *Kgl. Hausorden von Hohenzollern mit Schwertern* erhalten.
10. 11. 1916–31. 7. 1917	U-Flottille-Flandern/Marinekorps: Kommandant UC-65 – Erfolge auf 8 Operationen: 94 Einheiten – 99 803 BRT sowie britischer Minenkreuzer Ariadne.
26. 4. 1917	Beförderung zum Kapitänleutnant.
19. 5. 1917	Vermählung mit Lola Vogelsang.
1. 8. 1917–1. 1918	U-Flottille-Flandern/Marinekorps: Kommandant UB-57 – Erfolge auf 5 Operationen: 17 Einheiten – 43 651 BRT – Auf über 50 (!) Operationen (Torpedo- und Mineneinsätze) konnte Kapitänleutnant Otto Steinbrinck 202 Handelsfahrzeuge mit zusammen 231 614 BRT, einen Kreuzer sowie ein U-Boot versenken. An Zahl der Operationen und der versenkten Schiffe steht er somit weit an der Spitze aller U-Boot-Kommandanten der Welt. *Er war der fünfterfolgreichste Kommandant der Welt und der erfolgreichste U-Boot-Kommandant in den Gewässern um England.* (Er führte die erfolgreichsten Feindfahrten sowohl eines UB- wie eines UC-Bootes durch.)
Januar 1918–Oktober 1918	Ablösung infolge totaler körperlicher Erschöpfung.
ab April 1918	I. Admiralstabsoffizier beim Führer der U-Boote-Flandern/FdU-Flandern Korvettenkapitän Bartenbach.
Oktober 1918–Nov. 1918	Dienst bei der U-Bootsinspektion (UI) – Anschließend: Waffenstillstandskommission – England verlangt seine Auslieferung »wegen verübter Grausamkeit« – Sonstige Kriegsauszeichnungen: *EK I/EK II – Sächsischer Albrechts-Orden – Sächsischer Heinrichs-Orden.*
6. 11. 1919	Als Kapitänleutnant verabschiedet.
1919/20	Wissenschaftlicher Hilfsarbeiter.
ab 1920	Syndikus/Stellvertretender Geschäftsführer des Vereins Deutscher Eisen- und Stahlindustrieller.

1920–22	(Nebenamtlicher) Geschäftsführer sämtlicher Außenhandelsstellen im Rahmen der Außenhandelskontrolle – Mitglied des Nationalen Clubs.
1921–23	Geschäftsführer des Vereins Deutscher Eisen- und Stahlindustrieller (Handels-, Zoll- und Verkehrspolitik).
1923	Während der Rheinland-Besetzung Verhaftung durch die Franzosen als Spion (Freilassung nach sechs Wochen).
1923–Dezember 1939	Tätigkeit im Flick-Konzern: Zunächst Sekretariat F. Moeller bei der Linke-Hofmann-Lauchhammer AG – Prokurist (Linke-Hofmann-Lauchhammer) und in der Mitteldeutsche Stahlwerke AG.
1923–40	Sonstige wichtige Funktionen – Aufsichtsratsvorsitzer: Linke-Hofmann-Werke AG (Breslau) – Waggon- und Maschinenfabrik AG (Bautzen) – Stellvertretender Aufsichtsratsvorsitzer: AG für Waggonwerke in Liquidation (Berlin), früher Linke-Hofmann-Busch Werke AG – Anhaltische Kohlenwerke AG (Berlin) – Werschen-Weißenfelser Braunkohlen AG (Halle) – Aufsichtsrat: Hapener Bergbau AG (Dortmund) – Siegener Eisenindustrie AG (Düsseldorf).
ab 1925	Im Privatsekretariat von Friedrich Flick: Erster Mitarbeiter.
1927–März 1939	Vorstand Mitteldeutsche Stahlwerke (Mittelstahl/Riesa-Berlin).
ab 1928	Vorstand Aktiengesellschaft Charlottenhütte.
1930–März 1939	Vorstand Eisenwerk-Gesellschaft Maximilianshütte GmbH (Gruppe Maxhütte/Sulzbach-Rosenberg).
ab 1932	Mitglied des »Freundeskreis Reichsführer SS« (Himmler).
1. 5. 1933	NSDAP-Mitglied: Parteinummer 2 638 206.
31. 5. 1933	SS-Mitglied: Nr. 63 084 (Eintritt als SS-Standartenführer).
ab 1934	Beirat (seit Gründung) der Wirtschaftsgruppe Eisenschaffende Industrie.
20. 4. 1935	SS-Oberführer.
ab 1937	Nach Gründung Generalbevollmächtigter der (Konzernspitze) Friedrich Flick KG (FF).
April 1938	Wehrwirtschaftsführer.
30. 1. 1939	SS-Brigadeführer (Stab des Reichsführers SS) – SS-Auszeichnungen: *Totenkopfring – Ehrendegen – Julleuchter.*
Dezember 1939	Treuhänder des Thyssen-Vermögens.
26. 3. 1940	Aufsichtsrat Vereinigte Stahlwerke (August Thyssen) – Später: Stellvertretender Vorsitzer der Vereinigte Stahlwerke.
Mai 1940–August 1943	Reaktivierung (Kriegsmarine).
Mai 1940–Juli 1942	Generalbeauftragter der Eisen- und Stahlindustrie in Luxemburg, Belgien, Nordfrankreich und Longwy.
1940–45	Sonstige wichtige Funktionen – Stellvertretender Aufsichtsratsvorsitzer: August-Thyssen-Hütte AG (ATH/Duisburg–Hamborn) – Bochumer Verein für Gußstahlfabrikation AG (Bochum) – Dortmund-Hörder Hüttenverein AG (Dortmund) – Gelsenkirchener Bergwerks AG (GBAG/Essen) – Rheinisch-Westfälische Industrie-Beteiligungs-AG (Mülheim/Ruhr) – Vereinigte Stahlwerke AG (Düsseldorf) – Aufsichtsrat: Braunkohle Benzin AG (Berlin) – Deutsche Edelstahlwerke AG (Krefeld) – Deutsche Eisenwerke AG (Mülheim/Ruhr) – Deutsche Reichsbahn (Berlin) – Rheinisch-Westfälische Elektrizitätswerk AG (RWE/Essen) – Rheinisch-Westfälisches Kohlensyndikat (Essen).
ab April 1941	Präsidium (seit Gründung) der RVK.
1. 9. 1942	Fregattenkapitän z. V.
1942–ca. September 1944	BEKO-West: Bevollmächtigter für Kohle in Frankreich, Holland, Belgien, Luxemburg und Elsaß-Lothringen (bis zur Räumung der westlichen Besatzungsgebiete durch deutsche Truppen).
Dezember 1944–April 1945	Verbindungsmann zwischen der (Ruhr-)Industrie und der Heeresgruppe-B (Feldmarschall Model).
April 1945	Rückkehr nach Lippstadt.
August 1945	Verhaftung/Internierung: Durchleuchtung der Vereinigte Stahlwerke.
Februar 1947	Anklage im Nürnberger Flick-Prozeß (Fall 5) wegen »Verbrechen gegen die

Menschlichkeit«: Sklavenarbeit – Plünderung – Arisierung – Mitgliedschaft des Freundeskreis des Reichsführers – Ehrenmitgliedschaft der SS.

22. 12. 1947 Freispruch zu Punkt 1–3 der Anklage – Punkt 4–5: Fünf Jahre Gefängnis.

16. 8. 1949 Infolge harter Haftbedingungen (nach einer Operation) in Landsberg verstorben – Beisetzung in Lippstadt.

Quellen:

Herzog, Bodo/Schomaekers, Günter *Ritter der Tiefe – Graue Wölfe – Die erfolgreichsten U-Boot-Kommandanten der Welt des Ersten und Zweiten Weltkrieges.* München–Wels 1965, S. 126–151.

Ergänzungen:

Alman, Karl (d. i. Kurowski, Franz) *Ritter der sieben Meere – Chronik eines Opfergangs – Ritterkreuzträger der U-Boot-Waffe.* Rastatt 1963, S. 12.

Alman, Karl (d. i. Kurowski, Franz) *Angriff, ran, versenken – Die U-Bootschlacht im Atlantik.* Rastatt 1965, S. 246–247.

Antier, Jean-Jacques *Histoire mondiale du Sous-Marin.* Paris 1968, S. 145.

Bader, Roman *Bayernwache in der Irischen See* in: Karl Neureuther/Claus Bergen: »Wir leben noch!« Stuttgart–Berlin–Leipzig 1930, S. 84–92.

Bauer, Hermann *Als Führer der U-Boote im Weltkriege – Der Eintritt der U-Boot-Waffe in die Seekriegführung.* Leipzig 1941 (insbes. S. 332).

Bloem, Walter *Auf der flandrischen U-Boot-Basis* in: »Die Woche« Nr. 39/29. 9. 1917, S. 1321–1324.

Bundesarchiv/Militärarchiv Freiburg i. Br. *S. M. UB-18-Kriegstagebuch (KTB):* Band 1 (12. 2. 1916 bis 9. 1. 1917): U-44/61758. *S. M. UC-65-Kriegstagebuch (KTB):* Band 1 (10. 11. 1916 bis 3. 11. 1917): U-73/61986.

Busch, Fritz Otto *U-Boot-Taten.* Berlin 1934, S. 69–78.

Czichon, Eberhard *Wer verhalf Hitler zur Macht? – Zum Anteil der deutschen Industrie an der Zerstörung der Weimarer Republik (Stimmen zur Zeit: 5).* Köln 1967, S. 13, 19, 29–31, 33, 41, 62.

Drobisch, Klaus *Die Ausbeutung ausländischer Arbeitskräfte im Flick-Konzern während des Zweiten Weltkrieges.* Phil. Dissertation, Berlin 1964.

Drobisch, Klaus *Der Freundeskreis Himmler* in: »Der deutsche Imperialismus und der Zweite Weltkrieg« – Band IV. Berlin 1961, S. 101 ff.

Forsbach, Hans Die imperialistische Rolle der Konzerne im faschistischen Deutschland. Ök. Dissertation, Leipzig 1948, S. 79–80, 119.

von Forstner, Georg Günther *Die Marine in Flandern* in: Fritz Otto Busch/Georg Günther Freiherr von Forstner: »Krieg auf sieben Ozeanen – II. Band – Unsere Marine im Weltkrieg«. Berlin 1935, S. 438–492, insbes. S. 442–447, 456, 459, 463–464, 470–480, 483–486, 488.

Grant, Robert M. *U-Boat Intelligence 1914–1918.* London 1969, S. 24, 92, 94–95.

Gray, Edwin *The Killing Time – The U-Boat War 1914–18.* New York 1972, S. 139, 147–149.

Gröner, Erich *Schiffsverluste* in: »Marine-Rundschau« Nr. 6/1963, S. 353–358, insbes. S. 357–358.

Groos, Otto *Der Krieg in der Nordsee – 4. Band: Von Anfang Februar bis Ende Dezember 1915.* Berlin 1924, S. 121–122.

Groos, Otto *Der Krieg in der Nordsee – 5. Band: Von Januar bis Juni 1916.* Berlin 1925, S. 130, 142, 150.

Heinrichsbauer, August *Schwerindustrie und Politik.* Essen–Kettwig 1948, S. 54–55.

Herzog, Bodo *Kapitänleutnant Otto Steinbrinck – Die Geschichte des erfolgreichsten U-Boot-Kommandanten in den Gewässern um England.* Krefeld 1963.

Herzog, Bodo *In Memoriam: Otto Steinbrinck* in: »MOH-Nachrichten« Nr. 8/1960, S. 139.

Herzog, Bodo *Claus Bergen – Geboren am 18. April 1885 – Gestorben am 4. Oktober 1964* in: »Schaltung – Küste« Nr. 15/November 1964, S. 86–88, insbes. S. 87.

Herzog, Bodo *U-Boote im Einsatz – U-Boats in Action – 1939–1945 – Eine Bilddokumentation.* Dorheim 1970, S. 49.

Jeschke, Hubert *U-Boottaktik – Zur deutschen U-Boottaktik 1900–1945.* Freiburg 1972, S. 24–25, 91, 115.

Koene *Ehrenhalle des ehemaligen Kaiserlichen Marinekorps zu Leffinghe in Flandern* in: »MOV-Nachrichten aus Luv und Lee« Nr. 20/15. 10. 1936, S. 340–341.

Lochner, Louis P. *Die Mächtigen und der Tyrann – Tycoons and Tyrant – Die deutsche Industrie von Hitler bis Adenauer.* Darmstadt 1955, S. 128, 131, 289.

Masters, David *I. D. – New Tales of the Submarine War.* London 1940, S. 202–203.

Ogger, Günter *Friedrich Flick der Große.* Bern–München–Wien 1971 (S. 408: Index).
Pritzkoleit, Kurt *Männer – Mächte – Monopole – Hinter den Türen der westdeutschen Wirtschaft.* Düsseldorf 1963, S. 402.
Rehder, Jacob *U-Bootsfallen.* München 1935.
Riedel, Matthias *Eisen und Kohle für das Dritte Reich – Paul Pleigers Stellung in der NS-Wirtschaft.* Göttingen–Frankfurt–Zürich 1973, S. 32, 58, 89, 98, 193, 200, 205, 221, 277–279, 284, 343, 357.
Röhr, Albert *Deutsche Marinechronik.* Oldenburg–Hamburg 1974, S. 134, 137.
Sanders-Bremen, Friedrich *Der Heldenkampf unserer U-Boote.* Berlin (1917/18), S. 50, 144, 190.
Spindler, Arno *Der Handelskrieg mit U-Booten* – II. Band: Februar bis September 1915/III. Band: Oktober 1915 bis Januar 1917/IV. Band: Februar bis Dezember 1917. Berlin 1933/1934/1941 – Nachdruck Hamburg 1964: II/S. 11, 65–66, 139–140, 149–150, 157–158, 214–215; III/S. 6–7, 83–84, 123–124, 127, 219, 222–226, 285; IV/S. 14–15, 145–148, 324–327, 449–451.
Spindler, Arno *Der Handelskrieg* . . . a. a. O. II/S. 69; III/S. 229–230.
Steinbrinck, Otto *Zum letzten Male mit UC-65 im Englischen Kanal* in: Eberhard von Mantey: »Auf See unbesiegt – 30 Einzeldarstellungen aus dem Seekrieg« – 1. Band. München 1921, S. 189–208.
Steinbrinck, Otto *Pech und Glück* in: Werner von Langsdorff: »U-Boote am Feind« (Gütersloh 1937), S. 250–253.
Thomas, Lowell *Ritter der Tiefe.* Gütersloh 1930 (91.–110. Tausend), S. 223–225.
Thieleke, Karl-Heinz *Die »Arisierungen« des Flick-Konzerns – Eine Studie zur Geschichte des staatsmonopolistischen Kapitalismus.* WiSo-Dissertation, Berlin 1963.
Thieleke, Karl-Heinz *Fall 5 – Anklageplädoyer, ausgewählte Dokumente, Urteil des Flick-Prozesses mit einer Studie über die »Arisierungen« des Flick-Konzerns – Eingeleitet von Klaus Drobisch.* Berlin 1965 (insbes. S. 454–456).
Vogelsang, Reinhard *Der Freundeskreis Himmler.* Göttingen–Zürich–Frankfurt/Main 1972.

xxx *Illustrierte Geschichte des Weltkrieges 1914/19.* Stuttgart–Berlin–Leipzig–Wien (9 Bände), Band VI/S. 248; VII/S. 199; VIII/S. 135.
xxx *U-Bootsmesse Flandern* in: »MOV« Nr. 7/15. 4. 1935, S. 110–111.
xxx *Mit seinen Direktoren* . . . in: »stern« Nr. 5/23. 1. 1975, S. 15.
xxx *Korrespondenz mit Admiral a. D. Werner Fuchs.*
xxx *Korrespondenz/Befragung Frau Lola Steinbrinck.*

Wolfgang August Eugen Lüth wurde am 15. Oktober 1913 als Sohn des Kaufmanns August Lüth und seiner Ehefrau Elfriede, geb. Schredler, in Riga (Rußland) geboren.

8. 1920 – 8. 1922	Riga – Privatunterricht/Erziehung im elterlichen Hause.
8. 1922 – 8. 1927	Besuch der Grundschule in Riga.
8. 1927 – 6. 1931	Riga – Besuch des naturwissenschaftlichen Gymnasiums (Reifezeugnis).
8. 1931 – 1. 1933	Riga – 3 Semester Jura (Herder-Institut).
1. 4. 1933	Eintritt in die Reichsmarine (Crew 33).
15. 4. 1933	Stralsund: Tag der Vereidigung (2. 8. 1934) – Matrose.
1. 4. 1933 – 29. 6. 1933	Stralsund-Dänholm: II. S.D.O. – Infanteristische Ausbildung.
30. 6. 1933 – 23. 9. 1933	Segelschulschiff Gorch Fock.
23. 9. 1933	Ernennung zum Seekadetten.
24. 9. 1933 – 27. 6. 1934	Leichter Kreuzer Karlsruhe (Fregattenkapitän Wilhelm Freiherr Harsdorf von Endendorf).
14. 10. 1933 – 20. 6. 1934	Karlsruhe-Weltreise: Syrakus–Port Said–Aden–Trincomali–Kalkutta–Padang–Surabaja–Brisbane–Apia–Honolulu–Tacoma–San Diego–Amapala–Balbao–San Domingo–Boston–Caraminal – (Passage der Linie Dover–Calais: Ausreise 16. 10. 1933/Heimreise 11. 6. 1934) – Hierzu ein wenig bekannter Vorfall, der ein merkwürdiges Licht auf die angeblich unpolitische Reichsmarine wirft: Der Schulkreuzer Karlsruhe trat mit einem Haken-

kreuz-Heckwappen seine Auslandsreise an, obwohl in der Wehrmacht das Hakenkreuz (»Vogel«) offiziell erst am 12. bzw. 17. 2. 1934 (!) eingeführt wurde – Belege zum Karlsruhe-Hakenkreuz (vor Einführung als Wehrmachtswappen) vgl. (Auswahl) Hans Fuchs: »Heimkehr ins Dritte Reich – Reisebriefe vom Kreuzer Köln« (Dresden 1934, S. 176); »Kreuzer Karlsruhe als erstes deutsches Kriegsschiff mit dem Hoheitszeichen« (in »Die Kriegsmarine« Nr. 11/November 1933, S. 25); »Das nationalsozialistische Hoheitsabzeichen am Heck der deutschen Kriegsschiffe« (in »Deutschland zur See« Nr. 11/1. 11. 1933, S. 172); »Das Hoheitsabzeichen in der deutschen Flotte. Unser Bild zeigt das Heck des Kreuzers Karlsruhe« (in »Köhler's Illustrierter Deutscher Flotten-Kalender für 1935: 33. Jahrgang«; Minden in Westfalen, S. 31); Klaus-Jürgen Müller: »Das Heer und Hitler – Armee und nationalsozialistisches Regime 1933–1940« (Stuttgart 1969/S. 68/Anm. 169) sowie höchst aufschlußreicher Hinweis bei Jost Dülffer: »Weimar, Hitler und die Marine – Reichspolitik und Flottenbau 1920–1939« (Düsseldorf 1973 S. 249/Anm. 73): »Außergewöhnlich war auch, daß Raeder Hitler am 25. 8. 1933 bat, dem Kreuzer Karlsruhe ein Bild zu widmen, ›um die enge Verbundenheit der Wehrmacht mit dem neuen Deutschland vor aller Welt augenfällig zu betonen‹.« (Vgl. ferner bei Dülffer, S. 289.) Die (Hakenkreuz-)Reichskriegsflagge (ab 7. 11. 1935) wehte 114 Monate an Bord deutscher Kriegsschiffe. Die Marine hatte indessen über ihre Freikorps (1919/20) – zunächst unabhängig von der NS-Bewegung – eine besonders harmonische (und wohl die längste!) Bindung an das Hakenkreuz: Vgl. (Auswahl) »Mittschiffs – Recht so! – Nachrichten für das aktive und ehemals aktive Seeoffizierkorps« (Nr. 6/1920, S. 160; Nr. 7/1920, S. 182–183); Gabriele Krüger »Die Brigade Ehrhardt« (Hamburg 1971, S. 34, 58, 61, 72, 130); Francis L. Carsten »Reichswehr und Politik 1918–1933« (Köln–Berlin 1964, S. 111); Erwin Könnemann/Hans-Joachim Krusch »Aktionseinheit contra Kapp-Putsch« (Berlin 1972, S. 11, 81, 171) sowie (für den Zeitraum nach der Kapitulation Mai 1945!) das Dönitz-Tagebuch in Percy Ernst Schramm »Die Niederlage 1945 – Aus dem Kriegstagebuch des Oberkommandos der Wehrmacht« (München 1962: dtv-Dokumente Nr. 80–81, S. 418–449), S. 437 (10. 5. 1945), 440–441 (12. Mai), 445 (14. Mai), 446 (15. Mai), 449 (17. Mai).

1. 4. 1934	Seekadett/Gefreiter.
28. 6. 1934–11. 7. 1934	Flensburg: Marineschule Mürwik.
1. 7. 1934	Beförderung zum Fähnrich zur See.
12. 7. 1934–18. 4. 1935	Flensburg: Marineschule Mürwik – Seeoffizier-Hauptlehrgang.
1. 10. 1934	Obermaat.
24. 10. 1934–30. 10. 1934	Flottentender Nordsee: Navigationsbelehrungsfahrt.
4. 2. 1935–13. 2. 1935	Flottentender Nordsee: Navigationsbelehrungsfahrt.
19. 4. 1935–12. 5. 1935	Kiel-Wik: Fähnrich-Sperrlehrgang.
13. 5. 1935–14. 6. 1935	II.S.S.O.: Zugführerlehrgang.
15. 6. 1935–30. 6. 1935	KAS: Fähnrich-Fla-MW-Lehrgang.
1. 7. 1935– 6. 7. 1935	Kiel-Wik: KAS – Fähnrich-UA-Lehrgang.
7. 7. 1935–29. 7. 1935	Flensburg: Marine-Nachrichtenschule Mürwik – Fähnrich-Nachrichten-Lehrgang.
30. 7. 1935–18. 9. 1935	Flensburg: Torpedoschule Mürwik – Fähnrich-Torpedolehrgang.
19. 9. 1935– 7. 12. 1935	Kiel-Wik: Schiffs-Artillerie-Schule (SAS) – Fähnrich-Artillerielehrgang.
8. 12. 1935–19. 1. 1936	Leichter Kreuzer Königsberg (Fregattenkapitän/Kapitän zur See Paul) – Praktische Bordausbildung.
20. 1. 1936–24. 1. 1936	Luftschutzlehrgang.
25. 1. 1936–24. 2. 1936	Leichter Kreuzer Königsberg (Fregattenkapitän/Kapitän zur See Paul) – Praktische Bordausbildung.
25. 2. 1936–21. 3. 1936	4/KAS: Fla-MW-Lehrgang.
22. 3. 1936–31. 1. 1937	Leichter Kreuzer Königsberg (Fregattenkapitän/Kapitän zur See Paul) – Praktische Bordausbildung.

1. 6. 1936	Beförderung zum Oberfähnrich zur See.
1. 10. 1936	Beförderung zum Leutnant zur See.
1. 2. 1937–29. 8. 1937	Meldung zur U-Boot-Waffe – Neustadt in Holstein: U-Boot-Schule.
30. 8. 1937– 4. 10. 1937	2. U-Flottille (zur Verfügung).
5. 10. 1937–14. 12. 1937	T.S.: T.B.-Lehrgang.
15. 12. 1937–27. 3. 1938	7.S.ST.A. (Schiffs-Stamm-Abteilung).
15. 12. 1937–28. 2. 1938	1. S.St. Regiment (1. Schiffs-Stamm-Regiment).
8. 3. 1938–27. 3. 1938	Kiel: Station Ostsee – Zur Dienstleistung.
28. 3. 1938–12. 6. 1938	Neustadt in Holstein: U-Boot-Schule.
8. 6. 1938–11. 6. 1938	T.S.: T.B.-Lehrgang.
1. 6. 1938	Beförderung zum Oberleutnant zur See.
13. 6. 1938– 2. 7. 1938	Führer der Unterseeboote/FdU (Dönitz) – Zur Verfügung – U.7.0.-Zusatzlehrgang.
3. 7. 1938–23. 10. 1938	2.U-Flottille – U-27 (Kapitänleutnant J. Franz): II. Wachoffizier (II. WO) – Passage der Linie Dover–Calais: 1. 8. 1938/10. 8. 1938–30. 8. 1938/21. 10. 1938 – Spanien-Einsatz.
24. 10. 1938–15. 10. 1939	U-Flottille-Hundius – U-38 (Kapitänleutnant Liebe): I. WO.
16. 10. 1939–14. 11. 1939	Neustadt in Holstein: U-Boot-Schule.
15. 11. 1939–20. 10. 1940	1. U-Flottille.
12. 1939	U-13-i. V.-Kommandant.
12. 1939–10. 6. 1940	Kommandant U-9.
16. 1. 1940–22. 1. 1940	1. U-9-Feindfahrt – Gebiet: Kinnaird–Heade – Erfolge: 2 Einheiten – 2367 BRT.
6. 2. 1940–12. 2. 1940	2. U-9-Feindfahrt – Minenoperation im Firth of Forth – Erfolge: 1 Einheit – 1213 BRT/1 Minenerfolg mit 5995 BRT.
3. 3. 1940– 6. 3. 1940	3. U-9-Feindfahrt – Besetzung von U-Jagdpositionen.
14. 3. 1940–19. 3. 1940	4. U-9-Feindfahrt – Gebiet: Nordsee nordwestlich des deutschen Minenwarngebietes.
4. 4. 1940–24. 4. 1940	5. U-9-Feindfahrt – Unternehmen »Weserübung« (Deutsche Besetzung von Dänemark/Norwegen) – U-9 gehörte zur 3. U-Gruppe: Operation vor Bergen.
14. 4. 1940–15. 4. 1940	Kurzaufenthalt (zur Ergänzung) in Bergen – Bis 22. 4. 1940: Operation vor Aalesund – 20. 4. 1940: Angriff auf polnischen Zerstörer vom Typ Grom (Frühdetonierer).
5. 5. 1940–15. 5. 1940	6. U-9-Feindfahrt – Gebiet: Schelde-Mündung – Erfolge: 2 Einheiten – 3838 BRT/1 U-Boot mit 552 ts.
15. 5. 1940–16. 5. 1940	Kurzaufenthalt (Ergänzung/Versorgung) in Wilhelmshaven.
16. 5. 1940–27. 5. 1940	7. U-9-Feindfahrt – Gebiet: Vor Antwerpen – Cross-Sand – West-Hinder-Feuerschiff – Erfolge: 1 Einheit – 3256 BRT. Gesamterfolge mit U-9 auf 7 Operationen mit zusammen 57 Seetagen: 7 Einheiten – 16 669 BRT/1 U-Boot 552 ts.
11. 6. 1940–26. 6. 1940	Kommando U-Boote Ostsee.
27. 6. 1940–20. 10. 1940	1. U-Flottille – Kommandant U-138.
10. 9. 1940–25. 9. 1940	1. U-138-Feindfahrt – Gebiet: North Minches – Nordkanal – Erfolge: 4 Einheiten – 34 644 BRT.
8. 10. 1940–20. 10. 1940	2. U-138-Feindfahrt – Gebiet: North Minches – Nordkanal – Erfolge: 1 Einheit – 5327 BRT. Gesamterfolge mit U-138 auf 2 Operationen mit zusammen 29 Seetagen: 5 Einheiten – 39 971 BRT.
21. 10. 1940–11. 4. 1942	2. U-Flottille – Kommandant U-43.
24. 10. 1940	*Ritterkreuz des Eisernen Kreuzes.*
9. 11. 1940–10. 11. 1940	1. U-43-Operation – Wilhelmshaven ausgelaufen/Abbruch mit Zwischenaufenthalt in Lorient.
17. 11. 1940–18. 12. 1940	2. U-43-Feindfahrt – Erfolge: 2 Einheiten – 19 360 BRT – Rückkehr nach Lorient. Dort soff U-43 an der Pier ab (T-Luk nicht vorschriftsmäßig geschlossen). Nach Bergung Werftliegezeit bis Mai 1941.
1. 1. 1941	Beförderung zum Kapitänleutnant.
13. 5. 1941– 1. 7. 1941	3. U-43-Feindfahrt – U. a.: 19.–22. 5. 1941 Kampf gegen den HX-126 süd-

	östlich von Grönland (keine Erfolge) – Gruppenaufstellung im westlichen Atlantik für das Schlachtschiff Bismarck (Operation »Rheinübung«) – Anschließend Gruppe-»Kurfürst«-Boot im Nordatlantik – Erfolge: 2 Einheiten – 7529 BRT.
2. 8. 1941–23. 9. 1941	4. U-43-Feindfahrt – Gebiet: Gruppenaufstellung westlich von Irland/Anschließend: südlich und südwestlich von Island – 9.–12. 9. 1941 Kampf gegen den SC-42.
10. 11. 1941–16. 12. 1941	5. U-43-Feindfahrt – Mit der Gruppe »Steuben« nach Neufundland/23. 11. 1941: Verlegung nach Gibraltar – Erfolge: 2 Einheiten – 10 437 BRT.
30. 12. 1941–22. 1. 1942	6. U-43-Feindfahrt – Überführungsmarsch nach Kiel (ab 15. 1. 1942) – Erfolge: 3 Einheiten – 17 469 BRT – Gesamterfolge mit U-43 auf 6 Operationen mit zusammen 192 Seetagen: 9 Einheiten – 54 795 BRT.
12. 4. 1942– 8. 5. 1942	KLAU Nord.
9. 5. 1942–14. 1. 1944	4. U-Flottille – 10. U-Flottille – 12. U-Flottille.
9. 5. 1942–31. 10. 1943	Kommandant U-181 (128 Seetage).
12. 9. 1942–18. 1. 1943	1. U-181-Feindfahrt (128 Seetage) – Gebiet: Südafrika – Indischer Ozean – Erfolge: 12 Einheiten – 58 381 BRT.
17. 1. 1943	*Eichenlaub zum Ritterkreuz des Eisernen Kreuzes.*
23. 3. 1943–14. 10. 1943	2. U-181-Feindfahrt (205 Seetage!) – Gebiet: Südafrika – Indischer Ozean – Erfolge: 10 Einheiten – 45 331 BRT – Gesamterfolge mit U-181 auf 2 Operationen mit zusammen 333 Seetagen: 22 Einheiten – 103 712 BRT. Gesamterfolge auf 17 Operationen mit zusammen 609 Seetagen (Boote: U-9/U-138/U-43/U-181): 43 Einheiten – 215 147 BRT sowie 1 U-Boot mit 552 ts.
1. 4. 1943	Beförderung zum Korvettenkapitän.
15. 4. 1943	*Eichenlaub mit Schwertern zum Ritterkreuz des Eisernen Kreuzes.*
11. 8. 1943	*Träger des Eichenlaubs mit Schwertern und Brillanten zum Ritterkreuz des Eisernen Kreuzes* (als 1. Offizier der Kriegsmarine und 7. Offizier der Wehrmacht).
15. 1. 1944–16. 7. 1944	Chef der 22. U-(Schul-)Flottille.
17. 1. 1944–17. 9. 1944	Flensburg-Mürwik: Abteilungs-Kommandeur der Marinekriegsschule I (I. Abteilung der Marineschule Mürwik).
1. 8. 1944	Beförderung zum Fregattenkapitän (gem. MPA I – 8030 vom 15. 9. 1944).
1. 9. 1944	Beförderung zum Kapitän zur See (O.T.B. Nr. 120/44).
18. 9. 1944–14. 5. 1945	Flensburg: Kommandeur der Marineschule Mürwik.
14. 5. 1945	Kapitän zur See Wolfgang Lüth wird irrtümlich von einem Wachtposten erschossen.
16. 5. 1945	Trauerfeier (Staatsbegräbnis) in der Aula der Marineschule Mürwik – Beisetzung auf dem Friedhof Adelby.

Quellen:

Herzog, Bodo/Schomaekers, Günter *Ritter der Tiefe – Graue Wölfe – Die erfolgreichsten U-Boot-Kommandanten der Welt des Ersten und Zweiten Weltkrieges.* München–Wels 1965, S. 152–172.

Ergänzungen:

Alman, Karl (d. i. Kurowski, Franz) *Ritter der sieben Meere – Chronik eines Opfergangs – Ritterkreuzträger der U-Boots-Waffe.* Rastatt 1963, S. 191–200, 289–290, 293–294.

Bekker, Cajus (d. i. Berenbrok, Hans-Dieter) *Das große Bildbuch der deutschen Kriegsmarine 1939–1945.* Oldenburg–Hamburg 1972, S. 152.

Elfrath, Ulrich/Herzog, Bodo *Schlachtschiff* Bismarck – *Ein Bericht in Bildern und Dokumenten.* Friedberg 3/Dorheim 1975, S. 74, 106.

Fechter, Helmut/Schomaekers, Günter *Der Seekrieg 1939/45 in Karten – Band I: Nordsee–Atlantik.* Preetz 1967, S. 11, 13, 70–73, 103.

Freyer, Paul Herbert *Der Tod auf allen Meeren – Ein Tatsachenbericht zur Geschichte des faschistischen U-Boot-Krieges.* Berlin (1970), S. 276, 321.

Gordon, Arthur *The Day the* ASTRAL *vanished* in: »United States Naval Institute Proceedings«, Nr. 10/1965, S. 76–83.

Herzog, Bodo *Gestern und heute – Die alte und die neue U-Boot-Waffe* in: »Schaltung – Küste« Nr. 28/Juni 1967, S. 347–348.

Herzog, Bodo *Die deutsche Kriegsmarine im Kampf 1939–1945 – Eine Dokumentation in Bildern.* Dorheim 1969, S. 176, 227, 238.

Herzog, Bodo *U-Boote im Einsatz – U-Boats in Action – 1939–1945 – Eine Bilddokumentation.* Dorheim 1970, S. 49, 73, 112, 182, 192–193.

Hiehle, Joachim *Die letzten Portepee-Fähnriche der Kriegsmarine* in: »MOH« Nr. 6/15. 6. 1957, S. 84–85.

Lüth, Wolfgang/Korth, Claus *Boot greift wieder an! – Ritterkreuzträger erzählen.* Berlin 1944.

Oliver, Edward F. *Overdue-Presámed Lost* in: »United States Naval Institute Proceedings«, Nr. 3/1961, S. 98–105.

Peillard, Léonce *Geschichte des U-Boot-Krieges 1939–1945.* Wien–Berlin o. J., S. 83.

Range, Clemens *Die Ritterkreuzträger der Kriegsmarine.* Stuttgart 1974, S. 22.

Rohwer, Jürgen *Lebensläufe berühmter U-Boote – Das deutsche U-Boot U-181* in: »Leinen Los!« Nr. 9/1957, S. 258.

Rohwer, Jürgen *Die U-Boot-Erfolge der Achsenmächte 1939–1945.* München 1968, S. 10, 13, 17–18, 29, 32, 38–39, 55, 57, 72–73, 162, 265–266, 268–270.

Rohwer, Jürgen/Hümmelchen, Gerhard *Chronik des Seekrieges 1939–1945.* Oldenburg–Hamburg 1968, S. 14, 30, 32–33, 36, 40, 43, 45, 71–72, 78, 86, 126, 129–130, 133, 150, 152, 161–162, 187, 212, 299, 318, 343, 346.

Rohwer, Jürgen/Hümmelchen, Gerhard *Chronology of the War at Sea 1939–1945 – Volume One: 1939–1942/Volume Two: 1943–1945.* London 1972/1974, S. 18–19, 21–22, 26, 29–30, 53, 58–59, 65–66, 100, 104, 108, 122–123, 130–131, 151, 178, 272, 291–292, 312, 315.

Ruge, Friedrich/Rohwer, Jürgen *Der Kampf im Küstenvorfeld (1939–1944)* in: Elmar B. Potter/Chester W. Nimitz/Jürgen Rohwer: »Seemacht – Eine Seekriegsgeschichte von der Antike bis zur Gegenwart«. München 1974, S. 551–571, insbes. S. 556.

Schomaekers, Günter *Kapitän z. S. Wolfgang Lüth – Zu seinem 50. Geburtstag* in: »Deutsches Soldatenjahrbuch 1963 – 11. Deutscher Soldatenkalender«. München 1962.

Sprang, Herbert *Lüth und seine Unteroffiziere!* in: »Die Kriegsmarine« Nr. 1/Januar 1944, S. 6–7.

Waters, John M. *Blutiger Winter – Höhepunkt und Ende der großen Geleitzugschlachten im Atlantik – Winter 1942/43.* München–Wels 1970, S. 71.

Wuppermann, Siegfried *Wolfgang Lüth als Vorbild unvergessen – Erster Brillantenträger in der Kriegsmarine* in: »MOH« Nr. 10/1. 10. 1963, S. 180–181, Nr. 11/1. 11. 1963, S. 203.

xxx *Es erhielt die Schwerter . . .* in: »Die Kriegsmarine« Nr. 11/Juni 1943, S. 2.

xxx *Er erhielt das Eichenlaub mit Schwertern und Brillanten . . .* in: »Die Kriegsmarine« Nr. 17/September 1943, S. 2.

xxx *Korvettenkapitän Wolfgang Lüth . . .* in: »Die Kriegsmarine« Nr. 23/Dezember 1943, S. 1.

xxx *Das Vorbild der U-Boot-Männer* in: »Münchner Neueste Nachrichten« Nr. 328/6. 12. 1944, S. 1.

xxx *Kapitän zur See Wolfgang Lüth zum Gedenken* in: »Der deutsche Soldat« Nr. 1/1958, S. 2.

xxx *U-9/U-181?* in: »Schaltung – Küste« Nr. 30/Dezember 1967, S. 370; Nr. 41/März 1971, S. 577.

Kapitänleutnant Hans Rose

Hans Rose wurde am 15. April 1885 als Sohn des Generaldirektors Dr. Heinrich Rose und seiner Ehefrau Lili, geb. Kroseberg, in Berlin-Charlottenburg geboren. Ab 1891 besuchte er eine Privatschule in Berlin und ab 1896 das Kaiserin-Augusta-Gymnasium in Berlin Charlottenburg. Die Ferien verbrachte der junge Rose in der Geburtsstadt seiner Eltern – Hameln – oder in den bayrischen und Tiroler Bergen. Im Frühjahr 1903 bestand er das Abiturientenexamen.

April 1903	Eintritt als Seekadett in die Kaiserliche Marine (Crew 03). Auslandsreise mit der alten Fregatte STEIN nach Rußland, Norwegen, England, Spanien und West-Indien. Danach weitere Ausbildung in der Heimat.
1904–1905	Marine-Schule – Spezialkurse.
28. 9. 1906	Beförderung zum Leutnant zur See.
1906	Linienschiff HESSEN.
Frühjahr 1907	Auf das neu in Dienst gestellte Seekadetten- und Schiffsjungen-Schulschiff FREYA kommandiert, auf dem er eine Reise nach Norwegen, Island, Irland, Madeira und in das Mittelmeer macht.
Frühjahr 1908	Kompanie-Offizier II.-Werft-Division (Wilhelmshaven).
15. 7. 1908	Beförderung zum Oberleutnant zur See.
Herbst 1908	An Bord des Linienschiffes WETTIN kommandiert, Adjutant des Kommandanten, des späteren Chefs der osmanischen Flotte, Vizeadmiral Souchon; dann Wachoffizier bis zum Frühjahr 1911.
1911	Schul-Schiff WÜRTTEMBERG – II. Marine-Inspektion – Lehrer an der Torpedoschule in Neuwik – II. Werft-Division.
1911/1912	Mehrmonatiger Aufenthalt in Grenoble und Paris.
April 1912	I. Wachoffizier auf der Stationsjacht LORELEY in Konstantinopel. Von dort aus mehrere Reisen zu Häfen des Schwarzen und Mittelländischen Meeres.
Sommer 1913	Nach Rückkehr in die Heimat Dienst auf G-174 – Kommandant des Torpedobootes S-15 (XIII. T-Halbflottille).
Januar 1914	Zugleich Kompanie-Offizier (II. T-Division).
14. 7. 1914	Beförderung zum Kapitänleutnant.
August 1914	Nach Ausbruch des Krieges auf S-15 Vorpostendienst und Vorstöße gegen die englische Küste.
April 1915	Ausbildung bei der U-Boot-Waffe (U-Schule).
11. 5. 1915	Kommandant des Schulbootes U-2.
Januar 1916	Lehrer an der U-Boot-Schule.
22. 4. 1916	Kapitänleutnant Hans Rose stellt U-53 für die 2. U-Flottille in Dienst.
von Juni–Juli 1916	Vier Operationen.
17. 8. 1916–22. 8. 1916	Flotten-Operation. Hierbei mehrfach mit Sicherungsstreitkräften des englischen Admirals Beatty in Berührung gekommen. Das zähe Festhalten des Bootes als Fühlungshalter wird des öfteren an hervorragender Stelle erwähnt und als außergewöhnliche Leistung des U-Boot-Kommandanten gewürdigt (vgl. »Seekriegswerk: Der Krieg in der Nordsee«, Band VI/S. 45 ff.).
17. 9. 1916–28. 10. 1916	7. Operation: Fahrt zur amerikanischen Ostküste.
1. 10. 1916	US-Kriegshafen Newport angelaufen, nach zweieinhalb Stunden verläßt U-53 den Hafen, ohne Ergänzungen vorgenommen zu haben. Dauer der Fahrt: 41 Tage 8 Stunden. Zurückgelegter Weg: 7550 Seemeilen. Treibölbestand: 15 cbm. Erfolg: 5 Einheiten – 20 388 BRT. Kapitänleutnant Rose mit dem *Ritterkreuz des Hohenzollernschen Hausordens mit Schwertern* ausgezeichnet.
Januar 1917–Juli 1918	Auf elf weiteren Operationen vernichtet Rose mit U-53, teilweise gegen stark gesicherte Konvois, u. a. die britischen Dampfer ULTONIA (10 402 BRT) und DEVONIAN (10 435 BRT) und den amerikanischen Zerstörer JACOB JONES. Während der 11. Feindfahrt (18. Juni–13. Juli 1917) befindet sich der bekannte Marinemaler Claus Bergen an Bord. Nach der 12. Operation

	(12. August–30. August 1917; Erfolg: 7 Einheiten – 45 187 BRT) erhält Rose ein Bild des Kaisers mit eigenhändiger Unterschrift.
20. 12. 1917	Als 14. U-Boot-Kommandant mit dem Orden *pour le mérite* ausgezeichnet.
Juni 1916–Juli 1918	*Gesamterfolg:* Auf 17 Feindfahrten vernichtet Kapitänleutnant Hans Rose mit U-53 insgesamt 79 Handelsschiffe mit zusammen 213 987 BRT, einen Zerstörer (1265 t) und torpediert neun weitere Handelsschiffe mit insgesamt 50 075 BRT. Fünfterfolgreichster U-Boot-Kommandant des Ersten Weltkrieges, erfolgreichster der Hochseeflotte.
August–November 1918	Admiralstabs-Offizier im Stabe des Befehlshabers der U-Boote (BdU), Kommodore Michelsen.
am 24. 11. 1918	Unter Verleihung des Charakters als Korvettenkapitän aus dem aktiven Marinedienst ausgeschieden.
1923	Beim Ruhreinbruch durch Belgier zeitweilig gefangengenommen. Tätigkeit in der Industrie (Wohnsitz Essen).
August–September 1939	Als Fregattenkapitän z. V. Rüstungsinspekteur in Münster.
Oktober 1939	Wehrwirtschaftskommando Krakau.
Nov. 1939–Jan. 1940	Zur Information zum Befehlshaber der U-Boote (Admiral Karl Dönitz) kommandiert.
Februar–Mai 1940	Kommandeur der U-Bootausbildungsabteilung.
Mai–Juni 1940	Chef des Stabes im Stab des Admirals norwegische Nordküste.
Juli 1940–Juni 1943	Seekommandant von Drontheim.
1. Juli 1942	Kapitän zur See z. V.
31. Juli 1943	Verabschiedet.
	Wohnsitz in Essen, seit Januar 1949 in Winterberg (Sauerland), Hubertushof. Verfasser des Buches: »Auftauchen! Kriegsfahrten von U-53« (Essen 1943).
1961	Reise nach Nordamerika.
6. 12. 1969	Verstorben.

Quellen:

Herzog, Bodo/Schomaekers, Günter *Ritter der Tiefe – Graue Wölfe – Die erfolgreichsten U-Boot-Kommandanten der Welt des Ersten und Zweiten Weltkrieges.* München–Wels 1965, S. 173–188.

Ergänzungen:

Alman, Karl (d. i. Kurowski, Franz) *Angriff, ran, versenken – Die U-Bootschlacht im Atlantik.* Rastatt 1965, S. 88.

Boehm, Hermann *Nachrufe – Hans Rose* in: »MOV« Nr. 1/1970, S. 5.

Bundesarchiv/Militärarchiv Freiburg i. Br. *S. M. U-53-Kriegstagebuch (KTB):* Band 1 (22. 4. 1916 bis 31. 5. 1917): U-22/61612.

Chambard, Claude *Les Sous-Marins.* Paris 1968, S. 131–133, 139, 576.

Grant, Robert M. *U-Boat Intelligence 1914–1918.* London 1969, S. 11, 21, 25, 32, 34, 37, 41–42, 45, 52–53, 55–56, 79–80, 101–102, 120–121.

Grant, Robert M. *U-Boats Destroyed – The Effect of Anti-Submarine Warfare 1914–1918.* London 1964, S. 39, 43–44, 47, 61, 68, 99, 172.

Gray, Edwin *The Killing Time – The U-Boat War 1914–18.* New York 1972, S. 158–159, 163–165, 176, 207, 225, 264.

Herzog, Bodo *Claus Bergen – Geboren am 18. April 1885 – Gestorben am 4. Oktober 1964* in: »Schaltung – Küste« Nr. 15/November 1964, S. 86–88.

Herzog, Bodo *In Memoriam Claus Bergen (geboren 18. April 1885 – gestorben 4. Oktober 1964)* in: »Leinen Los!« Nr. 1/1965, S. 32.

Herzog, Bodo *In memoriam Claus Bergen* in: »Marine-Rundschau« Nr. 6/1964, S. 362–364.

Herzog, Bodo *Claus Bergen – Leben und Werk des großen Marinemalers* in: »Köhlers Flotten-Kalender 1966«, S. 203–207.

Herzog, Bodo *U-Boote im Einsatz – U-Boats in Action – 1939–1945 – Eine Bilddokumentation.* Dorheim 1970, S. 49.

Jeschke, Hubert *U-Boottaktik – Zur deutschen U-Boottaktik 1900–1945.* Freiburg 1972, S. 18, 48–53, 115.
Jung, Hermann A. K. *Krieg unter Wasser – Der Opfertod der Fünftausend.* Oldenburg–Berlin 1939, S. 105–107, 109, 111, 129–130, 134.
Marineoffizier Messe Essen *Messemitteilung: Anfang Januar 1970 (Rose †).*
Masters, David *I. D. – New Tales of the Submarine War.* London 1940, S. 150–151.
Möller-Witten, Hanns *Pour le mérite-Ritter in Baden-Baden – Noch 31 dieser Tapfersten der Tapferen leben* in: »DNZSZ« Nr. 26/25. 6. 1965, S. 11.
Navy Times *They fought under the Sea – The Saga of the Submarine.* Harrisburg–Washington 1962, S. 56.
Neureuther, Karl/Bergen, Claus *Wir leben noch! – Deutsche Seehelden im U-Bootkampf – 26 Erlebnisse von Angehörigen der U-Bootkameradschaft München.* Stuttgart–Berlin–Leipzig 1930, S. 11–73.
Richter, M. *John Bull* in: »Kladderadatsch« Nr. 43/22. 10. 1916.
Röhr, Albert *Deutsche Marinechronik.* Oldenburg–Hamburg 1974, S. 138, 173, 188–189.
Rose, Hans *Eine Fahrt ins Weltmeer/Roses Fahrt ins Weltmeer* in: »MOH« Nr. 13/31. 3. 1921, S. 195–200, Nr. 14/7. 4. 1921, S. 210–215.
Rose, Hans *Kriegsverbrecher* in: »MOH« Nr. 25/23. 6. 1921, S. 382–383.
Rose, Hans *Zeitgemäße Erinnerungen eines U-Boot-Kommandanten zu den Leipziger Prozessen* in: »MOH« Nr. 28/14. 7. 1921, S. 432–433.
Rose, Hans *Eine eigenartige Versenkung* in: »MOV« Nr. 7/31. 3. 1926, S. 129–130.
Rose, Hans *Frühstück im Industriegebiet* in: »MOV« Nr. 11/1. 6. 1928, S. 244, Nr. 12/15. 6. 1928, S. 267, Nr. 22/15. 11. 1928, S. 485.
Rose, Hans *Zum Gedächtnis (Kapitän Paul König)* in: »MOV« Nr. 18/1. 10. 1933, S. 253–254 (Nr. 17/15. 9. 1933, S. 240–241).
Rose, Hans *Dem Teufel von der Schippe gesprungen* in: Fritz-Otto Busch: »U-Boots-Taten«. Berlin 1934, S. 90–93.
Rose, Hans *U-53 fährt nach Amerika* in: Werner von Langsdorff: »U-Boote am Feind« (Gütersloh 1937), S. 158–185.
Rose, Hans *Auftauchen! – Kriegsfahrten von U-53.* Essen 1939.
Rose, Hans *Hermann Bauer, Admiral a. D., Zur Zusammenarbeit . . .* in: »MOH« Nr. 12/15. 12. 1956, S. 152.
Sanders-Bremen, Friedrich *Der Heldenkampf unserer U-Boote.* Berlin (1917/18), S. 29, 31–33, 149, 188–190.
Schmidhammer, Arpad *U-53 in Amerika* in: »Jugend« Nr. 43/1916, S. 905.
Schmidt-Hamburg, R. *Unerwartete Gäste . . .* in: »Illustrierte Zeitung« Nr. 3.827/1916, S. 618.
Schumann, Alfred *Leutnant (Ing.) a. D. Hans Bode – Nachruf* in: »MOV« Nr. 12/1974, S. 70.
Spindler, Arno *Der Handelskrieg mit U-Booten – III. Band: Oktober 1915 bis Januar 1917/IV. Band: Februar bis Dezember 1917/V. Band: Januar bis November 1918.* Berlin 1934/1941 – Nachdruck Hamburg 1964/Frankfurt am Main 1966: III/S. 4, 217, 237–242, 270–271; IV/S. 8, 63–64, 245–246, 405–407; V/S. 10–12, 282–283.
Trier, Walter *Am Kai von Newport* in: »Lustige Blätter« Nr. 44/1916, S. 9.

xxx *Feldgrauer Besuch beim Führer von U-53, Kapitänleutnant Rose* in: »Die Woche« Nr. 43/21. 10. 1916, S. 1507.
xxx *Die Besatzung . . .* in: »Die Woche« Nr. 46/11. 11. 1916, S. 1615.
xxx *Ausscheiden von Kapitän Rose aus der M. O. H.* in: »MOH« Nr. 43/30. 10. 1919, S. 628.
xxx *Korvettenkapitän a. D. Hans Rose . . .* in: »MOH« Nr. 30/29. 7. 1920, S. 694.
xxx *Korvettenkapitän a. D. Hans Rose wieder frei!* in: »MOV« Nr. 14/11. 7. 1923, S. 175–176.
xxx *Für eine Viertelstunde mit U-53 nach Amerika – Kapitän Rose war vor 50 Jahren der erste* in: »Ruhrwacht« Nr. 215/16. 9. 1966.
xxx *Mit dem U-Boot in 40 Tagen über den Atlantik . . .* in: »Soldat und Technik« Nr. 11/1966, S. 611.
xxx *Kapitän zur See a. D. Hans Rose!* in: »Marine« Nr. 2/1970, S. 15 (S. 20).
xxx *The Encyclopedia of Sea Warfare from the first ironclads to the present day.* London–New York–Sydney–Toronto 1975, S. 66.
xxx *Korrespondenz/Befragung Kapitän zur See a. D. Hans Rose.*

Walther Schwieger wurde als Sohn des Professors Dr. phil. Paul Schwieger (1850 bis 1904) und seiner Ehefrau Clara, geb. Reinke (1861–1927), am 7. April 1885 in Berlin geboren und trat im Jahre 1903 als Seekadett in die Kaiserliche Marine ein. Er diente bereits vor Ausbruch des Krieges bei der U-Boot-Waffe und wurde häufig von Großadmiral von Tirpitz als Sachverständiger in U-Boot-Fragen herangezogen.

1903	Ausbildung auf dem Schulschiff STOSCH.
15. 4. 1904	Beförderung zum Fähnrich zur See – Marineschule.
1905	Spezialkurse.
1906	Linienschiff BRAUNSCHWEIG.
28. 9. 1906	Zum Leutnant zur See befördert.
1907–1908	Kompanieoffizier bzw. Wach-Offizier bei der Torpedobootswaffe (S-105, G-110).
10. 11. 1908	Zum Oberleutnant zur See befördert.
1909–1910	Kleiner Kreuzer STETTIN.
1911	Zur U-Boot-Waffe kommandiert.
25. 4. 1912–Dez. 1914	Erster Kommandant des U-Bootes U-14 (2. U-Halbflottille). – Flagg-Leutnant und Kompanieoffizier in der Unterseebootsabteilung. Nach Ausbruch des Weltkrieges 4 Flottenoperationen (keine Erfolge).
19. 9. 1914	Zum Kapitänleutnant befördert.
Dez. 1914–5. 11. 1916	Kommandant des Bootes U-20 (3. U-Halb- bzw. 3. U-Flottille). Er vernichtet auf 21 Operationen 21 Handelsschiffe mit zusammen 144 300 BRT, darunter die LUSITANIA (30 396 BRT), HESPERIAN (10 920 BRT) und CYMRIC (13 370 BRT).
5. 11. 1916	Selbstsprengung des Bootes nach Stromversetzung an der dänischen Küste bei Bovbjerg.
7. 4. 1917–5. 9. 1917	Kommandant des Bootes U-88 (3. U-Flottille). Erfolge auf drei Operationen: 13 Einheiten mit zusammen 39 583 BRT.
30. 7. 1917	Als 8. U-Boot-Kommandant mit dem Orden *pour le mérite* ausgezeichnet.
5. 9. 1917	Von Helgoland zur dritten und letzten Operation ausgelaufen. U-88 geht vermutlich am selben Tage auf der englischen Minensperre 56 verloren. Gesamterfolg: Auf 34 Operationen vernichtet Kapitänleutnant Schwieger 49 Handelsschiffe mit zusammen 183 883 BRT. Mit dieser Leistung steht er an 6. Stelle der erfolgreichsten U-Boot-Kommandanten des Ersten Weltkrieges.
18. 5. 1918	Indienststellung des U-Kreuzers-139 auf den Namen KAPITÄNLEUTNANT SCHWIEGER. Kommandant wird Kapitänleutnant von Arnauld de la Perière, ein Crew-Kamerad Kapitänleutnant Schwiegers.
1976	Rückkehr der S. M. U-20-Schiffsglocke nach Deutschland.

QUELLEN:

Herzog, Bodo/Schomaekers, Günter *Ritter der Tiefe – Graue Wölfe – Die erfolgreichsten U-Boot-Kommandanten des Ersten und Zweiten Weltkrieges.* München–Wels 1965, S. 230–245.
sowie
Herzog, Bodo *S. M. U-20/S. M. U-88/*LUSITANIA*/Walther Schwieger-Dokumentation.*

ERGÄNZUNGEN:

Adams, H. H./Clark, E. H./Müller, K. H. *Der Handelskrieg* in: Elmar B. Potter/Chester W. Nimitz/Jürgen Rohwer: »Seemacht – Eine Seekriegsgeschichte von der Antike bis zur Gegenwart«. München 1974, S. 426–444, insbes. S. 428, 435.

Antier, Jean-Jacques *Histoire mondiale du Sous-Marin.* Paris 1968, S. 114–116.

Batsch, Ernst LUSITANIA *– 7. Mai 1915 – Ein Gedenkwort zu Deutschlands Kampf um die Freiheit der Meere* in: »MOV« Nr. 8/1. 5. 1935, S. 115–117.

Beck, James M. *The Case of the* Lusitania. Boston 1916.
Bieber, Horst *Kein Fall Churchill* in: »Die Zeit« Nr. 38/13. 9. 1974.
Boljahn, O. *U-Boots-Taten – Erzählungen für die deutsche Jugend.* Leipzig o. J., S. 105–117.
Boulton, Harold *The Torpedoing of the* Lusitania in: »Evening Standard« vom 27. 7. 1936.
Boy-Ed, Karl *Wilson und der U-Boots-Krieg* in: »MOV« Nr. 5/3. 3. 1926, S. 85–88, insbes. S. 86–87.
Brandt, Gustav *Im »Weisen Haus« in Washington* in: »Kladderadatsch« Nr. 22/30. 5. 1915, S. 13.
Brandt, Gustav *In der Gummizelle der Weltgeschichte* in: »Kladderadatsch« Nr. 32/8. 8. 1915 (Titelseite).
Brandt, Gustav *Auf dem Meer* in: »Kladderadatsch« Nr. 33/15. 8. 1915, S. 1.
Brandt, Gustav *Der bombenfrohe Humanitöter* in: »Kladderadatsch« Nr. 38/19. 9. 1915, S. 13.
Bundesarchiv/Militärarchiv Freiburg i. Br. *S. M. U-14-Kriegstagebuch (KTB):* Band 1 (30. 1. 1914 bis 14. 11. 1914): *BA/MA 61.518. S. M. U-20-Kriegstagebuch (KTB):* Band 1 (2. 8. 1914 bis 31. 12. 1914): *BA/MA 61.532,* Band 2 (26. 1. 1915 bis 7. 2. 1915): *BA/MA 61.533,* Band 3 (18. 3. 1915 bis 31. 8. 1915): *BA/MA 61.534,* Band 4 (29. 8. 1915 bis 15. 8. 1916): *BA/MA 61.535,* Band 5 (16. 8. 1916 bis 5. 11. 1916): *BA/MA 61.536. S. M. U-88-Kriegstagebuch (KTB):* Band 1 (7. 4. 1917 bis 25. 10. 1917): *BA/MA 61.671.*
Busch, Fritz Otto *Flaggen und Fahnen im Museum für Meereskunde in Berlin* in: »MOV« Nr. 17/1. 9. 1931, S. 352–354, insbes. S. 354.
Caliban Lusitania in: »Oberhausener Volkszeitung« Nr. 108/11. 5. 1915, S. 3; »Neue Oberhausener Zeitung« Nr. 110/12. 5. 1915, S. 1.
Chambard, Claude *Les Sous-Marins.* Paris 1968, S. 68–75, 86, 124–125.
Chatterton, E. Keble *Q-Ships and their Story.* London 1972, S. 13, 31–32, 132, 140, 242–245.
Chidsey, Donald Barr *The Day They Sank The* Lusitania. New York, 1967.
de Courcy Ireland, John *The Saga and The Easter Rising.* Dublin 1966.
Croix, R. *Le tragique et mystérieux torpillage du* Lusitania in: »Historia« (37) Nr. 222/1965.
Cross, Wilbur *Challengers of the Deep – The Story of Submarines.* New York 1959, S. 76–81.
Diez, Julius *Der Gott des Profits* in: »Jugend« Nr. 33/1915, S. 643.
Doerries, Reinhard R. *Washington–Berlin 1908–1917* – Die Tätigkeit des Botschafters Johann Heinrich Graf von Bernstorff in Washington vor dem Eintritt der Vereinigten Staaten von Amerika in den Ersten Weltkrieg. Düsseldorf 1975, S. 47, 58, 61, 63, 77, 86, 90–91, 99, 105–106, 116, 119–135, 139–142, 148–152, 160–161, 187–188, 196, 262, 275–276, 282, 286.
Droste, C. L./Tantum IV, W. H. *The* Lusitania *Case – Documents on the War.* Riverside/USA 1972.
Dg. *Kriegstragödie – Der Fall* Lusitania in: »Süddeutsche Zeitung« Nr. 209/11. 9. 1974, S. 9.
Ellis, Frederick D. *The Tragedy of the* Lusitania. Washington 1915.
Erdmann, Karl Dietrich *Kurt Riezler – Tagebücher, Aufsätze, Dokumente.* Göttingen 1972, S. 276–280, 284, 288, 296–299.
ey., a. Lusitania in: »Kladderadatsch« Nr. 21/23. 5. 1915, S. 7.
Fröhner *Ernst Wählisch – Nachruf* in: »MOV« Nr. 6–7/1971, S. 35–36.
Freyer, Paul Herbert *Der Tod auf allen Meeren – Ein Tatsachenbericht zur Geschichte des faschistischen U-Boot-Krieges.* Berlin (1970), S. 18–19, 47.
Fürbringer, Werner *Alarm! Tauchen!! – U-Boot in Kampf und Sturm.* Berlin 1933, S. 16–44, 132–133, 232.
Garvens, Oskar *Na also!* in: »Kladderadatsch« Nr. 11/März 1937, S. 4.
Grant, Robert M. *U-Boats destroyed – The Effect of Anti-Submarine Warfare 1914–1918.* London 1964, S. 22, 24, 37, 51, 66, 136, 152–153, 161, 167.
Grant, Robert M. *U-Boat Intelligence 1914–1918.* London 1969, S. 21, 23, 26, 28, 38, 40, 73, 75–76, 132, 184–185.
Gray, Edwin *The Killing Time – The U-Boat War 1914–18.* New York 1972, S. 13–23, 45, 63–64, 71, 79, 86, 91–113, 146–147, 166–169, 197, 205, 225.
Greene, Clay M. Venetia – *Avenger of the* Lusitania. San Diego 1919.
Gulbransson, Olaf *Eine Begegnung im Himmel* in: »Simplicissimus« Nr. 6/11. 5. 1915, S. 62.
Haig, Margaret (Viscountess Rhondda) *This was my World.* London 1933 (XVI: May 7th, 1915: S. 239–260).
Herzog, Bodo *Kptlt. Schwieger, der Mann, der die* Lusitania *vernichtete* in: »DSZNZ« Nr. 11/23. 3. 1962, S. 2, Nr. 12/30. 3. 1962, S. 2, Nr. 13/6. 4. 1962, S. 2, Nr. 14/13. 4. 1962, S. 2.
Herzog, Bodo *U-Boote im Einsatz – U-Boats in Action – 1939–1945 – Eine Bilddokumentation.* Dorheim 1970, S. 49.

Herzog, Bodo *Nichts Neues um Cunard Liner* Lusitania in: »Marine-Rundschau« Nr. 9–12/1973, S. 621–624.

Herzog, Bodo *Vor 60 Jahren – Der Untergang der* Lusitania in: »Deutsches Soldatenjahrbuch 1975 – 23. Deutscher Soldatenkalender«. München 1974, S. 17.

Historicus, Junior *The* Lusitania *Case – Was Bryan's Resignation Justified?* New York 1915.

Hochstetter Lusitania – *Also sprach England/Also sprach Deutschland* in: »Lustige Blätter« Nr. 21/1915, S. 4.

Hoehling, A. A./Hoehling, Mary *The last voyage of the* Lusitania. New York 1956 (2. Auflage).

Hollweg, Carl *Amerikanisches über die alte deutsche Flotte* in: »MOV« Nr. 13/25. 6. 1924, S. 199–201, insbes. S. 200.

Jeschke, Hubert *U-Boottaktik – Zur deutschen U-Boottaktik 1900–1945*. Freiburg 1972, S. 14, 28.

Johann, Ernst *Dokumentarspiel im Fernsehen – Ließ Winston Churchill die* Lusitania *versenken?* in: »Frankfurter Allgemeine Zeitung« Nr. 210/11. 9. 1974, S. 27.

Johnson, Arthur *Englischer Handelsdreadnought* in: »Kladderadatsch« Nr. 21/23. 5. 1915, S. 1.

Johnson, Arthur *Die deutsche Antwortnote* in: »Kladderadatsch« Nr. 30/25. 7. 1915, S. 1.

Johnson, Arthur *Der »Diktator«* in: »Kladderadatsch« Nr. 32/8. 8. 1915, S. 3.

Jones, Parry *On Board the* Lusitania from: »In Town Tonight«: 1937 (XVI/S. 201–207).

Jung, Hermann A. K. *Krieg unter Wasser – Der Opfertod der Fünftausend*. Oldenburg–Berlin 1939, S. 124.

Krain, Willibald *Die* Lusitania *und Uncle Sam* in: »Kladderadatsch« Nr. 21/23. 5. 1915, S. 3.

Krain, Willibald *Der amerikanische Zeitungsleser* in:» Kladderadatsch« Nr. 31/1. 8. 1915, S. 1.

Krain, Willibald *Die Verstimmung beim amerikanisch-deutschen Notenaustausch* in: »Der wahre Jacob« Nr. 759/20. 8. 1915, S. 8762.

Kraska, A. *System* Lusitania in: »Ulk« Nr. 21/21. 5. 1915, S. 6.

Krüger, A. *Business* in: »Der wahre Jacob« Nr. 753/28. 5. 1915, S. 8683.

Lauriat Jr., Charles E. *The* Lusitania's *last voyage*. Boston–New York 1915.

Lindhoff, H. M. *Die Hebung der* Lusitania in: »Kladderadatsch« Nr. 32/13. 8. 1922, S. 3.

Lohmann/Tillessen *Für Kaiser und Reich fielen . . .* in: »MOV« Nr. 50–52/20. 12. 1922, S. 557–559, insbes. S. 558.

Lützow, Friedrich *Der* Lusitania*-Fall* in: »Süddeutsche Monatshefte«: März 1921, S. 391–404.

Lützow, Friedrich *Der* Lusitania*-Fall – Ein Epilog* in: »Marine-Rundschau« Nr. 8–9/1923, S. 254–260.

Marshall, Logan/Parker, Gilbert/Thompson, Vance/Gibbs, Philip *Horrors and atrocities of the great war – Including the Tragic Destruction of the* Lusitania. L. T. Meyers 1915.

Masters, David *I. D. – New Tales of the Submarine War*. London 1940, S. 23–24, 178–187.

Mersey, Lord *Shipping Casualties (Loss of Steamship* Lusitania*)*. London 1915.

Mersey, Lord *The Sinking of the* Lusitania in: Charles Horne/Walter F. Austin: »Source Records of the Great War« (Band III). National Alumni Press 1923, S. 188–195.

Mielke, Otto *Das Ende der Ozeanriesen – Die Schicksalsstunden der Passagierdampfer* Lusitania *und* Laconia. Schicksale deutscher Schiffe Nr. 9/1976.

Möller, Hanns *Geschichte der Ritter des Ordens pour le mérite im Weltkrieg (II. Band)*. Berlin 1935, S. 320–321 (insbes. S. 321).

Navy Times *They fought under the Sea – The Saga of the Submarine*. Harrisburg–Washington 1962, S. 48–52, 82.

Partridge, Bernard *A Matter of Routine* in: »Punch«: 17. 11. 1915, S. 411.

Partridge, Bernard *Job's Discomforter* in: »Punch«: 16. 2. 1916, S. 121.

Pemsel, Helmut/Fechter, Helmut *Von Salamis bis Okinawa – Eine Chronik zur Seekriegsgeschichte*. München 1975, S. 214.

Reventlow, Graf Ernst zu Lusitania in: »Das größere Deutschland« Nr. 15/10. 4. 1915, S. 678–686.

Rieth, Paul *Ultima ratio* in: »Jugend« Nr. 22/1915, S. 421.

Ringelnatz, Joachim *Als Mariner im Krieg*. Leck/Schleswig 1965, S. 100.

Röhr, Albert *Zur fünfzigsten Wiederkehr der Eröffnung des Museums für Meereskunde in Berlin* in: »MOH« Nr. 12/15. 12. 1956, S. 145–147, insbes. S. 146.

Röhr, Albert *Deutsche Marinechronik*. Oldenburg–Hamburg 1974, S. 120, 122, 137, 187.

Sanders-Bremen, Friedrich *Der Heldenkampf unserer U-Boote*. Berlin ca. 1917/18, S. 22, 30.

Schaberschul *Seekrieg in Abschnitten* in: »Lustige Blätter« Nr. 38/1915, S. 9.

Scherb, Liesa/Scherb, Karl *Lutz Scherb/Klaus Scherb* in: »MOH« Nr. 10/1. 6. 1940.

Scherb, Liesa/Braune, Friedrich *Karl Scherb – Korvettenkapitän* in: »MOH« Nr. 10/15. 10. 1943, S. 134.

Schulz, Wilhelm Lusitania in: »Simplicissimus« Nr. 8/25. 5. 1915, S. 93.
Schwieger, Walter *U-20 versenkt die* Lusitania in: Werner von Langsdorff: »U-Boote am Feind« (Gütersloh 1937/126.–150. Tausend), S. 38–40.
Selow-Serman, K. E. *U-Boot-Abenteuer im Sperrgebiet.* Berlin 1917, S. 19–31.
Shaw, Frank H. *Famous Shipwrecks.* London 1930 (VII: The Lusitania: The Ship that Won a War: S. 174–202).
Simpson, Colin Lusitania. London 1972 (deutsch: »Die Lusitania«; Frankfurt am Main 1973 – Deutsch: Hermann Stiehl/Maritime Fachberatung: Bodo Herzog).
Simsa, Paul *Marine intern – Entwicklung und Fehlentwicklung der deutschen Marine 1888–1939.* Stuttgart 1972, S. 225–226.
Spindler, Arno *Der Handelskrieg mit U-Booten – I. Band: Vorgeschichte/II. Band: Februar bis September 1915/III. Band: Oktober 1915 bis Januar 1917/IV. Band: Februar bis Dezember 1917.* Berlin 1932/1933/1934/1941 – Nachdruck Hamburg 1964: I/S. 63–66; II/S. 10, 31–32, 86–105, 115–116, 159–194, 261–262; III/S. 5, 115–116, 214, 217, 248–249; IV/S. 10, 91–92, 273–274, 539.
Spindler, Arno *Der Eintritt der Vereinigten Staaten in den Weltkrieg* in: »Berliner Monatshefte« Nr. 4/April 1937, S. 283–321.
Spindler, Arno *Der* Lusitania*-Fall* in: »Berliner Monatshefte« Nr. 5/Mai 1935 (Sonderdruck).
Stegemann, Bernd *Colin Simpson: Die* Lusitania in: »Militärgeschichtliche Mitteilungen« Nr. 1/1974, S. 240–243.
Steinuth, Hans Lusitania. Stuttgart–Berlin o. J. (ca. 1915/16, 2. Auflage).
Stern, Ernst *Ums blaue Band* in: »Lustige Blätter« Nr. 46/1907, S. 7.
Stosch, Gustav von *Herr Gustav Luppe, Kapitän zur See a. D., und die deutsch-feindliche Zeitung »Daily Express«* in: »MOV« Nr. 8/15. 4. 1930, S. 178–180, insbes. S. 179, Nr. 9/1. 5. 1930, S. 201, Nr. 12/15. 6. 1930, S. 280–281, insbes. S. 281.
s *Auch ein Protest* in: »Kladderadatsch« Nr. 21/23. 5. 1915, S. 14.
Thomas, Lowell *Ritter der Tiefe.* Gütersloh 1930 (91.–110. Tausend), S. 75, 87–88, 94–95, 97.
Townsend, E. H. *Britannia to America* in: »Punch«: 12. 5. 1915, S. 361.
Townsend, E. H. *Words – and Deeds* in: »Punch«: 18. 8. 1915, S. 142.
Trier, Walther *Gegen den Neutralen* in: »Lustige Blätter« Nr. 26/1915, S. 6.
Trier, Walhter *Der »Diktator«* in: »Lustige Blätter« Nr. 32/1915.
Trier, Walther *Veränderte U-Boot-Taktik, nach Wünschen des Herrn Wilson* in: »Lustige Blätter« Nr. 34/1915, S. 5.
Wellner, W. A. *Das auserwählte Volk* in: »Lustige Blätter« Nr. 40/1915, S. 5.
Wiedemann, Karl *Sir Roger Casements letzte Fahrt* in: Karl Neureuther/Claus Bergen: »Wir leben noch! – Deutsche Seehelden im U-Bootkampf – 26 Erlebnisse von Angehörigen der U-Bootkameradschaft München.« Stuttgart–Berlin–Leipzig 1930, S. 106–108, insbes. S. 106.
Wilke, Erich *Das tapfere Albion* in: »Jugend« Nr. 21/1915, S. 404.
Wilke, Erich *Der britische Torpedoschutz* in: »Jugend« Nr. 3/1916.
Ziemer, Heinz *Duschke* in: »Schaltung – Küste« Nr. 49/Februar 1973, S. 693–695, insbes. S. 694.
Zentner, Rudolf *Nöte und Abenteuer als W. O./U-20, Kapitänleutnant Schwieger † und Sir Roger Casement* in: Friedrich Sanders-Bremen: »Der Heldenkampf unserer U-Boote« (Berlin ca. 1917/18, S. 22–27/S. 49–51).

xxx *Der* Lusitania*-Fall im Urteile von deutschen Gelehrten – Mit Abdruck der amtlichen Urkunden* in: »Zeitschrift für Völkerrecht« Nr. 2/1915 (Sonderdruck).
xxx *An Omen of 1908* in: »Punch«: 19. 5. 1915, S. 400.
xxx *Ein goldenes Herz* in: »Ulk« Nr. 21/21. 5. 1915, S. 1.
xxx *Das gefährliche Kind* in: »Kladderadatsch« Nr. 21/23. 5. 1915, S. 5.
xxx *Die Pulverkiste* in: »Lustige Blätter« Nr. 21/1915, S. 3.
xxx *Schicksal* in: »Der wahre Jacob« Nr. 753/28. 5. 1915, S. 8685.
xxx *Die Torpedierung der* Lusitania in: »Die Wochenschau« Nr. 23/5. 6. 1915, S. 710–711.
xxx *The Old Man of the Sea* in: »Punch«: 21. 7. 1915, S. 63.
xxx *By Way of a Change* in: »Punch«: 4. 8. 1915, S. 103.
xxx *Wilson* in: »Ulk« Nr. 32/6. 8. 1915, S. 7.
xxx *Amerikanische Politik* in: »Der wahre Jacob« Nr. 759/20. 8. 1915, S. 8761.
xxx *Die »geharnischte« Note* in: »Ulk« Nr. 44/29. 10. 1915, S. 5.
xxx *May 7* in: »Punch«: 3. 5. 1916, S. 291.

xxx *U-Boot-Brevier – Ein Buch von unseren Helden zur See.* Berlin 1917, S. 77.
xxx *Möglichkeit der Hebung der* Lusitania in: »MOH« Nr. 43/30. 10. 1919, S. 636.
xxx *Ermordung eines deutschen U-Boots-Kommandanten in Paraguay* in: »MOV« Nr. 3/19. 1. 1922, S. 42.
xxx *Gedenktage – 7. 5. 1915* in: »MOV« Nr. 9/15. 5. 1933, S. 127 (vgl. H. Schoenfeld in »Der Türmer«: Mai 1923).
xxx Lusitania-*Fall* in: »MOV« Nr. 23/15. 12. 1933, S. 337.
xxx *Skagerraktag 1935* in: »MOV« Nr. 11/15. 6. 1935, S. 172.
xxx *The Cunard Express Liners* Lusitania *and* Mauretania. London 1970.
xxx *The Encyclopedia of Sea Warfare from the first ironclads to the present day.* London–New York–Sydney–Toronto 1975, S. 51, 55, 66.
xxx *Das Haus am Eaton Place: Der »böse« Deutsche.* II. Fernseh-Programm (ZDF): 2. 10. 1976, 19.30 bis 20.15 Uhr.
xxx *Korrespondenz Prof. Dr. Henry Ashby Turner Jr.;* Yale University/Department of History; New Haven/USA.
xxx *Korrespondenz Oberarchivrat Dr. Fleischer;* Bundesarchiv/Militärarchiv; Freiburg i. Br.
xxx *Korrespondenz Oberarchivrat Dr. Gert Sandhofer;* Bundesarchiv/Militärarchiv; Freiburg i. Br.
xxx *Korrespondenz Captain USN (ret.) Paul B. Ryan;* Institute of American History/Stanford University; Stanford/USA.
xxx *Korrespondenz Otto Rikowski; Hamburg (S. M. U-20).*
xxx *Korrespondenz/Befragung Dr. Ilse Costas;* Berlin.
xxx *Korrespondenz/Befragung Rainer Wagner;* Süddeutscher Rundfunk Stuttgart/Fernsehen: Kultur–Gesellschaft; Stuttgart.
xxx *Korrespondenz/Befragung/Akteneinsicht;* Politisches Archiv des Auswärtigen Amtes (AA); Bonn.
xxx *Korrespondenz Mrs. George R. Halpern †;* Ridgefield/USA.
xxx *Korrespondenz/Befragung Korvettenkapitän a. D. Friedrich Selmer †;* Strande bei Kiel (S. M. U-20).
xxx *Korrespondenz/Befragung Kapitän zur See (Ing.) a. D. Ernst Wählisch †;* Kiel (S. M. U-20/S. M. U-88).
xxx *Korrespondenz/Befragung Konteradmiral a. D. Arno Spindler †;* Hamburg.
xxx *Korrespondenz/Befragung Kapitän zur See a. D. Professor h. c., Dr. rer. pol., Dr. h. c. Walter Forstmann †;* Essen-Bredeney.
xxx *Befragung Hermann Lepper;* Lünen (S. M. U-20).
xxx *Korrespondenz Konteradmiral a. D. Werner Fürbringer;* Braunschweig (S. M. U-20).
xxx *Korrespondenz Frau Annelott Weisbach;* Hamburg-Volksdorf.
xxx *Korrespondenz Dr. John de Courcy Ireland;* Dublin/Eire.
xxx *Korrespondenz/Befragung Ulrich Nocken;* Universität von Berkeley; Berkeley/USA.
xxx *Korrespondenz/Befragung Carlos Leschhorn;* Port au Prince/Haiti (S. M. U-20).
xxx *Korrespondenz/Befragung von Korvettenkapitän d. R.; Botschaftsrat Otto-Ulrich Blum;* Bern/Schweiz.
xxx *Korrespondenz/Befragung Klaus Dietmann;* Kiel.
xxx *Korrespondenz/Befragung Dr. Michael Wolffsohn;* Berlin.

Viktor Schütze wurde am 16. Februar 1906 als Sohn des Oberleutnants zur See Ferdinand Adolf Arnold Schütze (Crew 99) und seiner Ehefrau Eleonore Marie Dorothee Margarete, geb. Mattfeldt, in Kiel (Niemannsweg 34) geboren.

1. 4. 1925	Eintritt in die Reichsmarine (Crew 25).
1. 4. 1925–31. 7. 1925	Stralsund: II. Abteilung der Schiffsstammdivision der Ostsee: 8. Kompanie.
1. 8. 1925–18. 1. 1926	Ausbildung auf dem Segelschulschiff Niobe (Korvettenkapitän Wassner).
16. 11. 1925	Ernennung zum Seekadetten.
19. 1. 1926–26. 3. 1927	Kreuzer Hamburg (Fregattenkapitän Groos).

14. 2. 1926–19. 3. 1927	Einjährige Ausbildungsreise – Erste Weltreise (31 436 sm) eines deutschen Kriegsschiffes nach dem Ersten Weltkrieg.
27. 3. 1927–29. 6. 1927	Flensburg: Marineschule Mürwik.
1. 4. 1927	Beförderung zum Fähnrich zur See.
30. 6. 1927– 6. 7. 1927	Tender Nordsee.
7. 7. 1927–23. 10. 1927	Flensburg: Marineschule Mürwik.
24. 10. 1927–29. 10. 1927	Vermessungsschiff Meteor (Fregattenkapitän Spieß?).
30. 10. 1927– 1. 4. 1928	Flensburg: Marineschule Mürwik.
2. 4. 1928– 8. 7. 1928	Torpedo- und Nachrichtenschule.
9. 7. 1928– 4. 8. 1928	Sperrversuchskommando.
5. 8. 1928–28. 10. 1928	Stralsund: II. Schiffsstammdivision.
29. 10. 1928– 3. 2. 1929	Schiffsartillerieschule.
4. 2. 1929–27. 9. 1929	Linienschiff Hessen (Kapitän zur See Feige).
1. 6. 1929	Beförderung zum Oberfähnrich zur See.
28. 9. 1929–22. 9. 1930	1. Torpedobootshalbflottille.
1. 10. 1929	Beförderung zum Leutnant zur See.
23. 9. 1930–25. 9. 1932	I. Marineausbildungsabteilung.
1. 7. 1931	Beförderung zum Oberleutnant zur See.
26. 9. 1932–27. 9. 1934	1. Torpedobootshalbflottille: G-10 (Godt).
28. 9. 1934–11. 11. 1934	Linienschiff Hessen (Kapitän zur See Boehm).
12. 11. 1934–30. 9. 1935	Panzerschiff Admiral Scheer (Kapitän zur See Marschall).
1. 10. 1935–20. 12. 1935	Neustadt in Holstein: U-Boot-Schule.
1. 10. 1935	Beförderung zum Kapitänleutnant.
21. 12. 1935– 1. 10. 1937	U-Flottille-Weddigen – Kommandant U-19 (I. WO: Leutnant zur See Salmann/LI: Oberleutnant [Ing.] Sattler).
2. 10. 1937–12. 8. 1938	3. Zerstörer-Division.
13. 8. 1938– 4. 9. 1939	U-Boot-Schule – Kommandant U-11.
5. 9. 1939–12. 8. 1941	U-Flottille-Saltzwedel/2. U-Flottille – Kommandant U-25.
1. 2. 1940	Beförderung zum Korvettenkapitän (RDA: 1. 8. 1939).
10. 1939– 5. 1940	3 Feindfahrten mit 98 Seetagen – Erfolge: 7 Einheiten – 33 209 BRT.
5. 7. 1940– 8. 1941	2. U-Flottille.
5. 7. 1940	Indienststellung von U-103 (Kommandant).
7. 1940– 9. 1940	Ausbildung: 2. U-Flottille.
9. 1940– 7. 1941	4 Feindfahrten mit 196 Seetagen – Erfolge: 28 Einheiten – 146 864 BRT.
10. 12. 1940	*Ritterkreuz des Eisernen Kreuzes.*
14. 7. 1941	*Eichenlaub zum Ritterkreuz des Eisernen Kreuzes* – Gesamterfolge mit U-25 und U-103 auf 7 Operationen mit zusammen 294 Seetagen: 35 Einheiten – 180 073 BRT.
13. 8. 1941– 6. 2. 1942	Chef der 2. U-Flottille in Lorient.

Boote und Kommandanten der 2. U-Flottille (Chef: Fregattenkapitän Viktor Schütze im Lorient) – Kursive Namen = Ritterkreuzträger.

U-38	Schuch
U-43	*Lüth*/Schwantke
U-66	*Zapp*/Markworth
U-67	Pfeffer/*Müller-Stöckheim*
U-68	*Merten*/Lauzemis
U-103	*Winter*/Janssen
U-105	*Schewe*/Schuch/Nissen
U-106	*Oesten/Rasch*
U-107	*Hessler/Gelhaus*
U-108	*K. Scholtz*/Hilsenitz/Wolfram
U-109	*Bleichrodt*
U-111+	Kleinschmidt †
U-116+	von Schmidt/Grimme †
U-117+	Neumann †
U-123	*Hardegen/von Schroeter*
U-124	*W. Schulz/J. Mohr*
U-125	*Kuhnke/Folkers*
U-126	*E. Bauer*
U-127+	Hansmann †
U-128	*Heyse*
U-129	*Clausen/Witt*
U-130	*Kals*
U-131+	Baumann
U-153+	Reichmann †
U-154	Kölle/Schuch
U-156	Hartenstein
U-157+	Henne †
U-161	*Witt/Achilles*
U-162+	Wattenberg
U-168	Pich
U-173+	Beucke/Schweichel †
U-183	H. Schäfer
U-184+	Dankschat †
U-501+	Förster
U-502+	von Rosenstiel †
U-503+	Gericke †
U-504	*Poske*/Luis
U-505	Loewe/Zschech
U-507+	Schacht †
U-518	Wissmann
U-519+	Eppen †
U-520+	Schwartzkopff †
U-521+	*Bargsten*
U-522+	*Schneider* †
U-534	Nollau
UD-3	Kölle

3. 1943–4. 1945	Gotenhafen – Führer der Unterseeboote-Ausbildung (FdU-Ausb.).
1. 7. 1943	Beförderung zum Fregattenkapitän.
1. 3. 1944	Beförderung zum Kapitän zur See.
Mai 1945	Flensburg-Kappeln: Marine-Bereichskommandant.
1950	Leiter der Volkswirtschaftlichen Abteilung der Gutehoffnungshütte (GHH) in Oberhausen-Rheinland.
23. 9. 1950	Verstorben.

QUELLEN:

Adams, H. H./Lundeberg, Ph. K./Rohwer, Jürgen *Der U-Boot-Krieg: Die Schlacht im Atlantik (1939–1945)* in: Elmar B. Potter/Chester W. Nimitz/Jürgen Rohwer: »Seemacht – Eine Seekriegsgeschichte von der Antike bis zur Gegenwart«. München 1974, S. 521–550, insbes. S. 526.

Alman, Karl (d. i. Kurowski, Franz) *Ritter der sieben Meere – Chronik eines Opfergangs – Ritterkreuzträger der U-Boots-Waffe.* Rastatt 1963, S. 100, 108, 202, 274, 284, 289, 292, 298.

Alman, Karl (d. i. Kurowski, Franz) *Angriff, ran, versenken – Die U-Bootschlacht im Atlantik.* Rastatt 1965, S. 86, 119, 122.

Bekker, Cajus (d. i. Berenbrok, Hans Dieter) *Verdammte See – Ein Kriegstagebuch der deutschen Marine.* Oldenburg–Hamburg 1971, S. 112, 119, 124–125.

Brennecke, Jochen *Bolzen – Heiteres und Besinnliches aus Marine und christlicher Seefahrt.* Herford/Westfalen 1966, S. 97–100.

Gasaway, E. Blanchard *Grey Wolf, Grey Sea.* New York 1972 (2. Auflage), S. 20–21, 191.

Herzog, Bodo *Kapitän zur See Viktor Schütze – Zu seinem 20. Todestag* in: »Deutsches Soldatenjahrbuch 1970 – 18. Deutscher Soldatenkalender«. München 1969, S. 187.

Herzog, Bodo *Die deutsche Kriegsmarine im Kampf 1939–1945 – Eine Dokumentation in Bildern.* Dorheim 1969, S. 101, 125–126, 236.

Herzog, Bodo *U-Boote im Einsatz – U-Boats in Action – 1939–1945 – Eine Bilddokumentation.* Dorheim 1970, S. 9, 49, 70, 83, 101, 103.

Historisches Archiv der Gutehoffnungshütte (GHH-AV): Nr. 400101400/115.

Hubatsch, Walther *»Weserübung« – Die deutsche Besetzung von Dänemark und Norwegen 1940 – Nach amtlichen Unterlagen dargestellt, mit einem Anhang: Dokumente zum Norwegenfeldzug 1940.* Göttingen–Berlin–Frankfurt 1960 (2. Auflage), S. 95, 247, 372.

Kabath, Rudolf *Der Fall* BREMERHAVEN in: »Marine-Rundschau« Nr. 4/1962, S. 193–213, insbes. S. 194, 201, 204–207, 211 (vgl. Nr. 5/1962, S. 333–334).

Klatte, H. *Die 317er und die U-Bootmänner* in: »Schaltung – Küste« Nr. 29/August 1967, S. 349–351, insbes. S. 349.

Kratzenberg, Ernst *Meinungsaustausch* in: »Marine-Rundschau« Nr. 5/1962, S. 333–334 (vgl. Nr. 4/1962, S. 193–213).

Mallmann-Showell, Jack P. *U-Boote gegen England – Kampf und Untergang der deutschen U-Boot-Waffe 1939–1945.* Stuttgart 1974, S. 10, 17, 37, 84, 90, 114, 182.

Metzler, Jost/Heinsius, Paul *Die lachende Kuh – Die einem spannenden Abenteuer gleichenden Erlebnisberichte der Besatzung von U-69 währen des Zweiten Weltkrieges.* Ravensburg 1954, S. 152–154, 167.

Peillard, Léonce *Geschichte des U-Boot-Krieges 1939–1945.* Wien–Berlin o. J., S. 98.

Peillard, Léonce *Die Schlacht im Atlantik – Erster Teil: Die Zeit der Kriegsmarine 1939–1942 – Zweiter Teil: Der Sieg der Jäger 1942–1945.* Wien–Berlin o. J., S. 99–100, 138, 184.

Range, Clemens *Die Ritterkreuzträger der Kriegsmarine.* Stuttgart 1974, S. 46.

Rohwer, Jürgen *»Wider die Fälscher der Geschichte des Zweiten Weltkrieges« – Eine »Battle of the pips« im Eismeer* in: »Marine-Rundschau« Nr. 5/1961, S. 266–274, insbes. S. 268/Anm. 4 (vgl. auch »Soldat und Technik« Nr. 11/1963, S. 609–613).

Rohwer, Jürgen *Die Erfolge der deutschen U-Boote in der Nordsee und im Atlantik in der ersten Phase des U-Bootkrieges vom September 1939 bis Mitte Mai 1940* in: »Marine-Rundschau« Nr. 1/1966, S. 29–30, insbes. S. 29.

Rohwer, Jürgen *U-Boot-Unfälle von 1900–1966* in: »Marine-Rundschau« Nr. 5/1966, S. 276–282, insbes. S. 280.

Rohwer, Jürgen *Die U-Boot-Erfolge der Achsenmächte 1939–1945.* München 1968, S. 5, 10–13, 17, 31–32, 36–38, 42–43, 50–53, 55, 58.

Rohwer, Jürgen/Hümmelchen, Gerhard *Chronik des Seekrieges 1939–1945.* Oldenburg–Hamburg 1968, S. 21, 30, 36, 38–39, 74, 84, 96, 99, 120, 139–140.

Rohwer, Jürgen/Hümmelchen, Gerhard *Chronology of the War at Sea 1939–1945 – Volume One: 1939–1942/Volume Two: 1943–1945.* London 1972/1974, S. 9, 18, 22, 24–25, 35, 47, 55, 64–66, 77, 95, 113–114.

Wagner, Gerhard *Lagevorträge des Oberbefehlshabers der Kriegsmarine vor Hitler 1939–1945 – Im Auftrage des Arbeitskreises für Wehrforschung.* München 1972, S. 94.

Wamers, Otto *Wiedersehensfeier der letzten Besatzung von U-3013* in: »Schaltung – Küste« Nr. 13/Juli 1964, S. 67–68.

Wamers, Otto *Bericht über Bootstreffen der U-Boote U-103, U-107 und U-3013* in: »Schaltung – Küste« Nr. 47/Oktober 1972, S. 663–664.

Wamers, Otto *7. Treffen nach dem Kriege* in: »Schaltung – Küste« Nr. 55/September 1974, S. 804–805.

xxx *Korvettenkapitän Viktor Schütze (Sie tragen das Ritterkreuz des Eisernen Kreuzes)* in: »Die Kriegsmarine« Nr. 2/2. Januar-Heft 1941, S. 2 (Nr. 16/2. April-Heft 1941, S. 2).

xxx *Eichenlaub zum Ritterkreuz für tapfere Offiziere* in: »Völkischer Beobachter« Nr. 197/16. 7. 1941, S. 1 (Nr. 198/17. 7. 1941, S. 1).

xxx *Der Führer überreichte Korvettenkapitän Schütze . . .* in: »Völkischer Beobachter« Nr. 214/2. 8. 1941, S. 3.

xxx *Haifischmaul mit Totenkopf – Die Glückspilze* in: »Schaltung – Küste« Nr. 11/März 1964, S. 39a.

xxx *Bootszeichen U-103* in: »Schaltung – Küste« Nr. 30/Dezember 1967, S. 383.

xxx *Korrespondenz/Befragung: Frau Anne Schütze.*

xxx *Korrespondenz mit: Frau Annemarie Wittig.*
Kapitänleutnant a. D. Klaus Bargsten.
Kapitän zur See a. D. Heinrich Beucke.
Klaus Dietmann.
Fregattenkapitän a. D. Hans Eckermann.
Hans-Joachim Fuchs.
Vizeadmiral a. D. Heinrich Gerlach.
Konteradmiral a. D. Eberhard Godt.
Kapitän zur See a. D. Gustav-Adolf Janssen.
Kapitän zur See a. D. Harald Jeppener-Haltenhoff.
Kapitän zur See (Ing.) a. D. Helmut Karbe.
Kapitän zur See a. D. Karl-Friedrich Merten.
Korvettenkapitän a. D. Jürgen Oesten.
Fregattenkapitän a. D. Hans Pauckstadt.
Fregattenkapitän a. D. Helmuth Picht.
Korvettenkapitän (Ing.) a. D. Wilhelm Sattler.
Korvettenkapitän a. D. Werner von Schmidt.
Korvettenkapitän a. D. Wilhelm Schulz.
Fregattenkapitän d. R. Otto Wamers.
Kapitän zur See a. D. Jürgen Wattenberg.

Erich Topp wurde am 2. Juli 1914 als Sohn des Ingenieurs Johannes Topp in Hannover geboren.

1. 4. 1934	Eintritt in die Reichsmarine (Crew 34).
8. 4. 1934–13. 6. 1934	Stralsund: II. Schiffsstammabteilung der Ostsee.
14. 6. 1934–26. 9. 1934	Segelschulschiff Gorch Fock.
27. 9. 1934–29. 6. 1935	Kreuzer Karlsruhe (Fregattenkapitän Dönitz) – Auslandsreise.
30. 6. 1935–29. 6. 1936	Flensburg: Marineschule Mürwik.
1. 7. 1935	Beförderung zum Fähnrich zur See.
16. 10. 1936–31. 3. 1937	Kreuzer Karlsruhe (Fregattenkapitän/Kapitän zur See Siemens): Adjutant.
1. 4. 1937–17. 4. 1937	u. a. Waffenkurse.
1. 4. 1937	Beförderung zum Leutnant zur See.

18. 4. 1937– 4. 10. 1937	Kreuzer Karlsruhe (Fregattenkapitän/Kapitän zur See Siemens).
5. 10. 1937– 1. 6. 1938	Neustadt in Holstein: U-Boot-Schule.
2. 6. 1938–25. 9. 1938	Kiel-Friedrichsort: Marineunteroffizierlehrabteilung.
2. 6. 1938–12. 6. 1938	Segelyacht Asla.
18. 6. 1938–25. 6. 1938	Seefahrtskreuzer (Segelyacht).
27. 7. 1938–25. 9. 1938	Seefahrtskreuzer (Segelyacht).
26. 9. 1938– 1. 11. 1938	U-Flottille-Wegener/7. U-Flottille.
2. 11. 1938–30. 4. 1940	WO (Wachoffizier) auf U-46 (Sohler).
1. 4. 1939	Beförderung zum Oberleutnant zur See.
1. 5. 1940– 4. 6. 1940	1. U-Ausbildungsflottille.
5. 6. 1940–15. 9. 1940	1. U-Flottille: Kommandant U-57 – 3 Operationen mit 34 Seetagen – Erfolge: 6 Einheiten – 36 861 BRT.
16. 9. 1940– 3. 11. 1940	1. U-Flottille (zur Verfügung).
4. 11. 1940– 3. 12. 1940	Baubelehrung: U-Boot-Gruppe Nordsee.
4. 12. 1940–10. 9. 1942	7. U-Flottille: Kommandant U-552.
4. 12. 1940	Indienststellung U-552 – 10 Feindfahrten mit zusammen 291 Seetagen – Erfolge: 26 Einheiten – 141 058 BRT/1 Zerstörer mit 1215 ts – Gesamterfolge mit U-57 und U-552 mit zusammen 325 Seetagen: 32 Einheiten – 177 919 BRT/ 1 Zerstörer mit 1215 ts.
20. 6. 1941	*Ritterkreuz des Eisernen Kreuzes.*
1. 9. 1941	Beförderung zum Kapitänleutnant.
11. 4. 1942	*Eichenlaub zum Ritterkreuz des Eisernen Kreuzes.*
1. 8. 1942	Beförderung zum Korvettenkapitän.
17. 8. 1942	*Eichenlaub mit Schwertern zum Ritterkreuz des Eisernen Kreuzes.*
11. 9. 1942–13. 11. 1942	7. U-Flottille (zur Verfügung).
14. 11. 1942–7. 1944	Chef der 27. U-Flottille.
8. 1944–1. 1945	Leiter der Erprobungsgruppe U-Boote.
1. 12. 1944	Beförderung zum Fregattenkapitän.
3. 1945–4. 1945	Kommandant U-3010 (Typ XXI).
4. 1945–5. 1945	Kommandant U-2513 (Typ XXI).
17. 8. 1945	Aus der Kriegsgefangenschaft entlassen – Architekturstudium.
3. 3. 1958	Eintritt in die westdeutsche Marine (Bundesmarine) als Fregattenkapitän – Verschiedene Kommandos: Führungsstab Marine – Deutscher militärischer Vertreter im MC/Nato Washington.
1. 11. 1959	Beförderung zum Kapitän zur See.
1. 12. 1961	Kommandeur der amphibischen Streitkräfte.
1964	Chef des Stabes beim Kommando der Flotte.
15. 11. 1965	Beförderung zum Flottillenadmiral.
15. 11. 1965–30. 9. 1966	Als Flottillenadmiral Unterabteilungsleiter im Bundesverteidigungsministerium (Führungsstab der Marine).
1. 10. 1966	Stellvertretender Inspekteur der Marine.
21. 12. 1966	Beförderung zum Konteradmiral.
31. 12. 1969	Aus der Bundesmarine entlassen.

Quellen:

Herzog, Bodo/Schomaekers, Günter *Ritter der Tiefe – Graue Wölfe – Die erfolgreichsten U-Boot-Kommandanten der Welt des Ersten und Zweiten Weltkrieges.* München–Wels 1965, S. 208–221.

Ergänzungen:

Adams, H. H./Rohwer, Jürgen *Überwasser-Operationen im Atlantik (1939–1943)* in: Elmar B. Potter/Chester W. Nimitz/Jürgen Rohwer: »Seemacht – Eine Seekriegsgeschichte von der Antike bis zur Gegenwart«. München 1974, S. 486–520, insbes. S. 516.

Adams, H. H./Lundeberg, Ph. M./Rohwer, Jürgen *Der U-Boot-Krieg: Die Schlacht im Atlantik (1939–1945)* in: Elmar B. Potter/Chester W. Nimitz/Jürgen Rohwer: »Seemacht – Eine Seekriegsgeschichte von der Antike bis zur Gegenwart«. München 1974, S. 521–550, insbes. S. 532.

Alman, Karl (d. i. Kurowski, Franz) *Ritter der sieben Meere – Chronik eines Opfergangs – Ritterkreuzträger der U-Boots-Waffe.* Rastatt 1963, S. 255–270, 134, 207, 226–227, 244, 289–290.
Alman, Karl (d. i. Kurowski, Franz) *Angriff, ran, versenken – Die U-Bootschlacht im Atlantik.* Rastatt 1965, S. 47–51, 93, 124, 129, 157–158, 169–172, 193–194, 219–223, 241–249, 324.
Bekker, Cajus (d. i. Berenbrok, Hans Dieter) *Das große Bildbuch der deutschen Kriegsmarine 1939–1945.* Oldenburg–Hamburg 1972, S. 124.
Elfrath, Ulrich/Herzog, Bodo *Schlachtschiff* Bismarck *– Ein Bericht in Bildern und Dokumenten.* Friedberg 3/Dorheim 1975, S. 74, 106.
Freyer, Paul Herbert *Der Tod auf allen Meeren – Ein Tatsachenbericht zur Geschichte des faschistischen U-Boot-Krieges.* Berlin (1970), S. 120, 158–159, 163–165, 333.
Herzog, Bodo *Kapitänleutnant Engelbert Endraß* in: »Schaltung – Küste« Nr. 30/Dezember 1967, S. 374–380.
Herzog, Bodo *U-Boote im Einsatz – U-Boats in Action – 1939–1945 – Eine Bilddokumentation.* Dorheim 1970, S. 49, 93, 116, 141–142, 157.
Klauenberg *Erich Topp – Träger des Eichenlaubes mit Schwertern zum Ritterkreuz des Eisernen Kreuzes und der »Westindienfahrer«* in: »Die Kriegsmarine« Nr. 8/September 1942, S. 11.
Korth, Claus *Die Entstehung des Roten Teufels auf U-93 und U-57* in: »Schaltung – Küste« Nr. 14/September 1964, S. 84.
Korth, Claus *Nachträge auf den Gedenktafeln des U-Bootehrenmals Möltenort* in: »Schaltung – Küste« Nr. 57/Februar 1975, S. 839–840, insbes. S. 840
Peillard, Léonce *Geschichte des U-Boot-Krieges 1939–1945.* Wien–Berlin o. J., S. 96.
Peillard, Léonce *Die Schlacht im Atlantik – Erster Teil: Die Zeit der Kriegsmarine 1939–1942 – Zweiter Teil: Der Sieg der Jäger 1942–1945.* Wien–Berlin o. J., S. 184, 204–205, 241–242, 252, 261–262, 282, 288, 547.
Range, Clemens *Die Ritterkreuzträger der Kriegsmarine.* München 1974, S. 24.
Rohwer, Jürgen *Die U-Boot-Erfolge der Achsenmächte 1939–1945.* München 1968, S. 23–24, 26, 45, 50, 56–58, 63, 66, 71, 74, 87–89, 103, 111–112.
Rohwer, Jürgen/Hümmelchen, Gerhard *Chronik des Seekrieges 1939–1945.* Oldenburg–Hamburg 1968, S. 61, 63, 67, 104–105, 107, 116–117, 130, 154, 162, 167, 181, 186, 211, 228, 252–253, 262–263, 266.
Rohwer, Jürgen/Hümmelchen, Gerhard *Chronology of the War at Sea 1939–1945 – Volume One: 1939–1942/Volume Two: 1943–1945.* London 1972/1974, S. 44, 46, 48–49, 81–82, 91–92, 104, 125, 131, 135, 147, 151, 177, 201, 226, 234, 238.
Rohwer, Jürgen *Geleitzugschlachten im März 1943 – Führungsprobleme im Höhepunkt der Schlacht im Atlantik.* Stuttgart 1975, S. 43.
Schwich, Heinrich *Fackelzug von brennenden Tankern – Kapitänleutnant Topp erzählt von seiner Eichenlaubfahrt* in: »Völkischer Beobachter« Nr. 125/5. 5. 1942, S. 1.
Thomer, Egbert *Das Tor zur Ostsee kann nur amphibisch verteidigt werden . . .* in: »MOH-Nachrichten« Nr. 8–9/1. 8. 1963, S. 152.
Topp, Erich *Indienststellung von U-1* in: »Leinen Los!« Nr. 5/1962, S. 161–162.

xxx *Topp wurde Kommandeur* in: »Leinen Los!« Nr. 2/1962, S. 53.
xxx *Konteradmiral Erich Topp* in: »Leinen Los!« Nr. 2/1967, S. 18.
xxx *U-57/U-552* in: »Schaltung – Küste« Nr. 33/Dezember 1968, S. 426; Nr. 41/März 1971, S. 578.

ANLAGE 1 Die Erfolge der deutschen U-Boote 1914–1918 im Handelskrieg

	Amtliche Kriegsdepeschen	Britische Admiralität	A. Laurens
August		9– 24 261	14– 18 789
September		5– 8 854	13– 9 013
Oktober		11– 17 789	14– 17 041
November		7– 9 786	14– 8 930
Dezember		13– 20 412	13– 19 504
1914		45– 81 102	68– 73 277
Januar		16– 28 078	16– 27 517
Februar		16– 33 801	16– 31 035
März		27– 73 294	26– 70 367
April		29– 51 460	41– 55 091
Mai		37– 112 469	67– 118 944
Juni		58– 118 091	120– 125 854
Juli		55– 105 145	96– 109 483
August		74– 181 691	113– 185 053
September	144 977	56– 151 271	62– 152 445
Oktober		30– 88 145	31– 84 159
November		55– 153 277	59– 152 785
Dezember	130 000	40– 121 951	39– 121 147
1915		493– 1 218 673	686– 1 233 880
Januar		19– 64 451	24– 52 836
Februar		40– 107 857	45– 93 609
März	207 000	55– 169 863	61– 164 865
April	225 000	81– 191 872	81– 178 427
Mai	118 500	58– 122 592	61– 125 387
Juni	101 000	64– 111 719	64– 115 258
Juli	103 000	51– 110 084	91– 110 640
August	170 779	121– 158 405	134– 159 439
September	182 000	126– 224 876	177– 228 654
Oktober	306 500	185– 351 764	184– 319 298
November	408 500	151– 326 003	166– 403 559
Dezember	415 500	174– 291 636	190– 301 638
1916		1125– 2 231 122	1278– 2 253 610
Januar	439 500	162– 331 466	195– 326 885
Februar	781 000	224– 497 095	276– 504 368
März	885 000	267– 553 189	349– 547 419
April	1 091 000	372– 867 834	445– 874 576
Mai	869 000	285– 589 603	336– 587 715
Juni	1 016 000	286– 674 458	342– 686 577
Juli	811 000	224– 545 021	255– 550 143
August	808 000	186– 509 142	206– 505 090
September	672 000	158– 338 242	190– 343 958
Oktober	674 000	159– 448 923	170– 446 680
November	607 000	126– 289 095	136– 288 031
Dezember	702 000	160– 382 060	166– 383 241
1917	9 355 500	2609– 6 026 128	3066– 6 044 683

R. Castex	A. Michelsen	A. Spindler		B. Herzog	
56 953	21 002				
97 220	9 887				
89 891	25 061	1–	866	1–	866
17 897	12 004	2–	2 084	2–	2 084
42 803	32 429				
304 764	100 383	3–	2 950	3–	2 950
48 901	30 597	7–	17 126	7–	17 153
56 894	37 253	9–	22 784	9–	22 784
80 363	102 516	29–	84 284	27–	76 971
57 638	56 578	30–	43 868	28–	38 868
119 633	139 324	56–	127 134	55–	126 834
128 177	137 155	112–	120 624	108–	111 324
109 483	121 496	91–	100 941	91–	100 941
185 242	196 792	109–	181 225	112–	185 651
152 427	186 789	65–	143 988	63–	143 766
84 159	124 597	39–	86 064	39–	86 911
152 785	222 272	63–	167 593	61–	157 385
121 147	141 088	38–	107 739	40–	120 443
1 296 849	1 496 457	648–	1 203 370	640–	1 189 031
88 505	72 738	25–	49 610	25–	49 702
116 745	155 448	44–	95 090	43–	95 683
164 965	236 986	69–	160 536	69–	172 268
191 175	254 239	83–	187 307	83–	187 325
125 387	134 489	63–	119 381	63–	119 380
116 638	118 465	63–	93 193	64–	93 128
117 473	125 152	95–	110 728	96–	117 176
159 439	185 814	133–	163 145	133–	163 317
229 616	277 741	172–	231 573	171–	232 578
320 974	412 671	185–	341 363	182–	334 472
303 559	427 617	180–	326 689	179–	326 533
356 061	421 172	197–	307 847	193–	302 858
2 290 537	2 822 532	1309–	2 186 462	1301–	2 194 420
351 491	436 123		328 391	202–	335 106
540 344	771 398		520 412	291–	499 430
578 253	800 911		563 497	355–	548 817
874 576	1 175 652		860 334	458–	841 118
591 318	781 994		616 316	357–	590 729
695 444	1 042 081		696 725	352–	669 218
550 874	811 920		555 514	262–	534 799
506 695	788 435		472 372	207–	477 338
351 105	605 747		353 602	209–	344 789
455 096	672 295		466 542	179–	445 140
288 558	566 647		302 599	136–	272 341
398 996	740 340		411 766	162–	379 198
6 182 750	9 193 543		6 148 070	3170–	5 938 023

Anlage 1

	Amtliche Kriegsdepeschen	Britische Admiralität	A. Laurens
Januar	632 000	123– 302 088	147– 304 427
Februar	680 000	115– 318 174	127– 309 182
März	689 000	169– 344 814	180– 347 011
April	652 000	112– 273 355	119– 274 466
Mai	614 000	112– 294 019	147– 296 507
Juni	521 000	101– 252 637	104– 251 872
Juli	550 000	95– 259 901	110– 259 475
August	420 000	104– 278 876	156– 283 935
September	410 000	79– 186 600	105– 190 387
Oktober		52– 112 427	69– 115 966
November			11– 5 926
Dezember			
1918	5 168 000	1062– 2 622 891	1275– 2 639 154
Endsumme		5334–12 179 916	6373–12 244 604

Vgl. Bodo Herzog: »60 Jahre deutsche U-Boote 1906–1966« (München 1968), S. 112–113 sowie S. 108 bis 111, 114–119 (mit Quellenhinweisen).

Anmerkung: Obwohl die Riezler-Aufzeichnungen ausführlich auf die Problematik des U-Boot-Krieges 1914/18 eingehen, unterblieben vom Herausgeber unverständlicherweise vergleichende Hinweise über die U-Boot-Erfolge (Vermutungen/Prognosen sowie tatsächliche Ergebnisse) im Handelskrieg. Die Kommentierung zum U-Krieg genügt dementsprechend nicht unter Berücksichtigung möglicher Erkenntnisse des Herausgebers sowie des von Riezler angedeuteten Rahmens. Vgl. Kurt Riezler »Tagebücher, Aufsätze, Dokumente – Eingeleitet und herausgegeben von Karl Dietrich Erdmann« (Göttingen 1972).

R. Castex	A. Michelsen	A. Spindler	B. Herzog
304 427	606 706	160– 295 630	155– 285 593
309 182	588 412	138– 335 202	134– 310 288
346 971	738 043	190– 368 746	181– 343 145
278 804	653 819	134– 300 069	125– 276 835
296 707	560 521	139– 296 558	139– 292 521
251 872	432 560	110– 268 505	108– 244 785
259 475	525 135	113– 280 820	110– 278 466
284 348	451 751	154– 310 180	157– 276 551
190 387	371 331	91– 171 972	92– 185 878
115 966	185 295	73– 116 237	75– 117 110
10 797		3– 10 233	4– 13 106
2 648 936	5 113 573	1305– 2 754 152	1280– 2 624 278
12 723 836	18 726 488	12 295 004	6394–11 948 702

Anlage 2 Der erfolgreichste Monat des Ersten Weltkrieges – April 1917

Von insgesamt 107 U-Booten kamen in dem erfolgreichsten Monat beider Weltkriege (April 1917) in 133 Operationen 87 Boote zu Erfolgen:

Sie vernichteten 458 Handelsfahrzeuge mit zusammen 841 118 BRT

Bootszugang April 1917: 5 U-Boote
Bootsabgänge April 1917: 1 U-Boot (UC-30, evtl. noch UB-39)

Die Operationsdauer und -gebiete für den Zeitraum April 1917 sind – ebenso wie die Erfolge der einzelnen Boote – tabellarisch aufgeschlüsselt, die Minenaufgaben (Ö) jeweils gekennzeichnet. Fünf U-Boote befanden sich auf Verlegungsmärschen, nur ein einziges Boot (U-35) stand während des ganzen Monats in See. Die Relation – Bootsbestand am 1. 4. 1917, Zugang (5), Abgang (1) und Operationseinsatz bzw. -erfolge (107 bzw. 87 Boote) war somit außergewöhnlich günstig:

		Bestand	in See	Erfolgsanteile
Flotte	(= H)	54	53	1/2
Flandern	(= F)	33	32	1/4 plus K/Ko
Pola	(= P)	25	20	1/4 plus K/Ko
Kurland	(= K)	5	1	
Konstantinopel	(Ko)	3	1	
		120	107	

U 21	K	Hersing	H	19. 4. bis 18. 5.	Irland		4– 7 761
U 22	O	Scherb	H	5. 4. bis 6. 4.	Eismeer		Kein Erfolg
U 24	K	W. Remy	H	12. 3. bis 10. 4.	Irland/Atlantik		Kein Erfolg
U 30	K	Grünert	H	5. 4. bis 18. 4.	England–Norwegen		12– 13 642
U 32	K	Hartwig	P	8. 4. bis 24. 4.	Nordafrika		5– 14 250
U 33	K	Siess	P	12. 4. bis 7. 5.	Nordafrika		10– 23 629
U 34	K	Klasing	P	3. 3. bis 4. 4.	westl. Mittelmeer		Kein Erfolg
			P	30. 4. bis 26. 5.	westl. Mittelmeer		Kein Erfolg
U 35	K	von Arnauld de la Perière	P	31. 3. bis 6. 5.	westl. Mittelmeer		23– 67 989
U 43	KK	Jürst	H	8. 4. bis 4. 5.	Irland/Atlantik		10– 31 414
U 44	K	Wagenführ	H	23. 4. bis 7. 5.	Irland		1– 2 551
U 45	K	Sittenfeld	H	19. 4. bis 21. 5.	Eismeer		1– 1 672
U 46	K	Hillebrand	H	12. 3. bis 11. 4.	Irland/Biscaya		4– 12 359
U 49	K	Hartmann	H	29. 4. bis 25. 5.	Irland/Kanal		Kein Erfolg
U 50	K	Berger	H	8. 4. bis 1. 5.	Irland		7– 25 357
U 52	K	H. Walther	P/H	22. 3. bis 27. 4.	Mittelmeer–Deutschland		13– 33 400
U 53	K	Rose	H	10. 4. bis 1. 5.	Irland		10– 24 449
U 54	K	Frhr. von Bothmer	H	8. 3. bis 3. 4.	Irland		3– 2 745
U 55	K	Werner	H	30. 3. bis 23. 4.	Irland/Kanal		8– 22 723
U 57	K	Georg	H	20. 3. bis 9. 4.	Irland		1– 181
U 58	K	Wippern	H	21. 4. bis 11. 5.	Irland/Atlantik		6– 14 562
U 59	K	Frhr. von Fircks	H	18. 3. bis 11. 4.	Irland/Kanal		4– 3 254
					plus U 59/U 60-Erfolg		1– 9 309
U 60	K	Schuster	H	26. 3. bis 26. 4.	Irland		7– 23 245
U 61	K	Dieckmann	H	11. 4. bis 2. 5.	Irland/Kanal		8– 17 899
U 62	K	E. Hashagen	H	21. 4. bis 18. 5.	Irland		3– 7 079
U 63	K	O. Schultze	P	13. 3. bis 8. 4.	östl. Mittelmeer		} 10– 15 533
			P	26. 4. bis 17. 5.	Golf von Genua		
U 65	K	von Fischel	P	28. 3. bis 19. 4.	westl. Mittelmeer		10– 13 903
U 66	K	von Bothmer	H	13. 3. bis 11. 4.	Irland		1– 6 117
U 67	K	Nieland	H	5. 4. bis 7. 5.	Irland/Kanal		4– 15 223
U 69	K	Wilhelms	H	13. 4. bis 6. 5.	Irland		4– 15 180
U 70	K	Wünsche	H	15. 4. bis 5. 5.	Irland		10– 23 530
U 75	K	Beitzen	H	28. 3. bis 22. 4.	Eismeer	Ö	1– 1 273
U 78	K	Dröscher	H	2. 2. bis 22. 2.	Irland	Ö	} 6– 6 588
			H	30. 3. bis 19. 4.			
U 79	K	Rohrbeck	H	1. 4. bis 21. 4.	Irland	Ö	Kein Erfolg
U 81	K	R. Weisbach	H	17. 4. bis 1. 5.	Irland		8– 19 449
U 82	K	H. Adam	H	17. 4. bis 9. 5.	Irland		3– 9 955
U 84	K	W. Roehr	H	5. 4. bis 27. 4.	Scillies		5– 21 395
U 86	K	Crüsemann	H	20. 3. bis 19. 4.	Irland		5– 10 863
U 93	K	Frhr. von Spiegel	H	13. 4. bis 11. 5.	Irland/Kanal		} 10– 24 837
	O	Ziegner					

Von 38 Flotten-U-Booten kamen in 41 Operationen 33 Boote zu Erfolgen — 218–543 316

UB 10	O	von Rohrscheidt	F	4. bis 4.	von Flandern aus		2– 1 253
UB 12	O	Steindorff	F	4. bis 4.	von Flandern aus	Ö	2– 2 058
UB 16	O	Thielmann	F	4. bis 4.	von Flandern aus		1– 107
UB 18	O	Lafrenz	F	28. 4. bis 3. 5.	Kanal		Kein Erfolg
UB 20	O	H. Glimpf	F	29. 3. bis 3. 4.	In den Hoofden		} 1– 1 266
			F	8. 4. bis 11. 4.	In den Hoofden		
			F	30. 4. bis 8. 5.	In den Hoofden		
UB 21	O	F. Walther	H	25. 3. bis 1. 4.	Brt. Ostküste		} 1– 1 620
			H	26. 4. bis 9. 5.	Brt. Ostküste		

UB 22	O	Putzier	H	18. 3. bis 1. 4.	Brt. Ostküste		} 2– 260
	O	Wacker	H	26. 4. bis 9. 5.	Brt. Ostküste		
UB 23	O	Niemer	F	29. 3. bis 4. 4.	In den Hoofden		} 3– 4 651
			F	11. 4. bis 20. 4.	In den Hoofden		
			F	29. 4. bis 6. 5.	In den Hoofden		
UB 31	O	Bieber	F	5. 4. bis 12. 4.	In den Hoofden		} 2– 14 216
			F	22. 4. bis 3. 5.	Kanal		
UB 32	O	Viebeg	F	28. 3. bis 7. 4.	Kanal		} 11– 26 590
			F	22. 4. bis 2. 5.	Kanal		
UB 34	O	Schaafhausen	H	16. 4. bis 28. 4.	Brt. Ostküste		1– 1 420
UB 35	K	R. Gebeschus	H	30. 3. bis 12. 4.	Brt. Ostküste		8– 4 724
UB 36	O	von Keyserlingk	F	24. 3. bis 5. 4.	Kanal		} 4– 432
			F	14. 4. bis 17. 4.	Kanal		
UB 38	O	W. Amberger	F	8. 4. bis 16. 4.	Kanal		} 5– 2 466
			F	25. 4. bis 7. 5.	Kanal		
UB 39	O	Küstner	F	28. 3. bis 10. 4.	Kanal		} 5– 3 055
			F	23. 4. bis ?	Kanal		
UB 40	O	Howaldt	F	14. 4. bis 21. 4.	Kanal		} 4– 11 109
			F	30. 4. bis 5. 5.	Kanal		
UB 41	O	G. Krause	H	15. 4. bis 23. 4.	Brt. Ostküste		1– 1 124
UB 42	K	Wernicke	Ko	28. 3. bis 30. 4.	Cypern–östl. Mittelmeer		3– 251
UB 43	K	von Mellenthin	P	20. 3. bis 7. 4.	zw. Malta–Kreta		} 1– 4 070
	O	Obermüller	P	26. 4. bis 12. 5.	Malta–Port Said		
UB 47	O	Wendlandt	P	4. 4. bis 26. 4.	Cerigo		3– 9 996

Von 20 UB-Booten kamen in 33 Operationen 19 Boote zu Erfolgen 60– 90 668

UC 1	O	Warzecha	F	4. bis 4.	von Flandern aus	Ö	Kein Erfolg
UC 4	O	Reimarus	F	4. bis 4.	von Flandern aus	Ö	Kein Erfolg
UC 6	O	von Zerboni di Sposetti	F	4. bis 4.	von Flandern aus	Ö	Kein Erfolg
UC 11	O	von Ditfurth	F	4. bis 4.	von Flandern aus	Ö	1– 246
UC 14	O	Pilzecker	F	4. bis 4.	von Flandern aus	Ö	1– 218
UC 16	O	von Werner	F	14. 4. bis 22. 4.	Kanal	Ö	Kein Erfolg
UC 20	O	F. Becker	P	29. 3. bis 27. 4.	Nordafrika		5– 1 167
UC 21	O	Saltzwedel	F	16. 4. bis 28. 4.	Kanal	Ö	11– 19 274
UC 22	O	von Heimburg	P	30. 3. bis 10. 4.	Nordafrika	Ö	3– 68
UC 24	K	Willich	P	11. 4. bis 1. 5.	Sizilien	Ö	Kein Erfolg
UC 25	K	Feldkirchner	H/P	21. 3. bis 15. 4.	Deutschland–Mittelmeer	Ö	3– 1 331
UC 26	O	Graf von	F	7. 4. bis 20. 4.	Kanal	Ö	} 7– 12 070
		Schmettow	F	30. 4. bis 9. 5.	Le Havre	Ö	
UC 27	K	G. Schulz	H/P	3. 4. bis 30. 4.	Deutschland–Mittelmeer	Ö	7– 5 329
UC 29	O	Rosenow	H	22. 4. bis 4. 5.	Brt. Ostküste	Ö	4– 3 909
UC 30	K	Stenzler	H	30. 3. bis 21. 4.	Irland		2– 4 785
UC 31	K	von Schrader	H	1. 4. bis 18. 4.	Brt. Ostküste	Ö	10– 5 411
UC 33	K	Schelle	H	7. 4. bis 25. 4.	Irland	Ö	4– 4 565
UC 34	O	Sprenger	P	28. 3. bis 15. 4.	östl. Mittelmeer	Ö	4– 9 464
UC 35	K	von Voigt	P	25. 3. bis 18. 4.	Korsika	Ö	1– 9 239
UC 36	O	Buch	F	18. 4. bis 2. 5.	Kanal	Ö	6– 11 144
UC 37	O	Launburg	P	22. 3. bis 7. 4.	Nordafrika	Ö	} 7– 18 251
			P	26. 4. bis 9. 5.	Nordafrika	Ö	
UC 38	O	Klatt	P	21. 3. bis 13. 4.	Sizilien	Ö	5– 4 437
UC 40	O	Deuerlich	H	30. 3. bis 6. 4.	Brt. Ostküste	Ö	2– 2 160
UC 41	K	Bernis	H	11. 4. bis 25. 4.	Brt. Ostküste	Ö	12– 4 248
UC 42	K	Tornow	H	25. 3. bis 3. 4.	Brt. Ostküste	Ö	Kein Erfolg
UC 44	K	Tebbenjohanns	H	13. 4. bis 25. 4.	Brt. Ostküste	Ö	11– 5 953
UC 45	K	Aust	H	10. 4. bis 21. 4.	Brt. Ostküste	Ö	3– 4 916

UC 47	O	Hundius	F	14. 4. bis 28. 4.	Kanal	Ö	10– 9 072
UC 48	O	Ramien	F	26. 4. bis 10. 5.	Kanal/Irland	Ö	Kein Erfolg
UC 49	K	Petri	H	25. 3. bis 5. 4.	Brt. Ostküste	Ö	Kein Erfolg
UC 50	K	Seuffer	H	16. 4. bis 28. 4.	Brt. Ostküste	Ö	7– 2 413
UC 51	K	W. Schröder	H	14. 4. bis 18. 4.	Nordsee		2– 741
UC 55	K	Neureuther	H	15. 4. bis 30. 4.	Brt. Ostküste	Ö	2– 1 358
UC 61	O	G. Gerth	F	28. 4. bis 15. 5.	Kanal	Ö	3– 2 298
UC 62	O	M. Schmitz	F	31. 3. bis 6. 4.	In den Hoofden		Kein Erfolg
			F	14. 4. bis 20. 4.	In den Hoofden		Kein Erfolg
			F	30. 4. bis 6. 5.	In den Hoofden		Kein Erfolg
UC 63	O	von Heydebreck	F	4. bis 27. 4.	Verlegung nach Flandern		1– 186
UC 65	O/K	Steinbrinck	F	18. 3. bis 1. 4.	Kanal/Irland	Ö	6– 6 732
			F	25. 4. bis 12. 5.	Kanal/Irland	Ö	
UC 66	O	Pustkuchen	F	15. 4. bis 3. 5.	Kanal/Irland	Ö	3– 4 312
UC 67	O	K. Neumann	P	18. 4. bis 2. 5.	Nordafrika	Ö	3– 11 071
UC 69	K	Wassner	F	24. 3. bis 6. 4.	Kanal	Ö	Kein Erfolg
			F	25. 4. bis 11. 5.	Kanal	Ö	Kein Erfolg
UC 70	O	W. Fürbringer	F	15. 4. bis 2. 5.	Kanal	Ö	2– 1 779
UC 71	O	H. Valentiner	F	28. 3. bis 13. 4.	Kanal	Ö	11– 18 191
	O	Thielmann	F	30. 4. bis 7. 5.	In den Hoofden		
UC 72	O	E. Voigt	F	22. 3. bis 3. 4.	Kanal	Ö	8– 3 747
			F	25. 4. bis 9. 5.	Kanal	Ö	
UC 73	K	Schapler	H/P	24. 4. bis 6. 6.	Deutschland–Mittelmeer		Kein Erfolg
UC 74	K	Marschall	P	11. 4. bis 4. 5.	Ägäis–Syrien	Ö	2– 12 284
UC 75	O	Lohs	H	22. 3. bis 4. 4.	Brt. Ostküste	Ö	Kein Erfolg
			H	28. 4. bis 18. 5.	Irland	Ö	Kein Erfolg
UC 76	O	Barten	H	9. 4. bis 21. 4.	Brt. Ostküste	Ö	11– 4 765
UC 77	K	R. von Rabenau	H	21. 3. bis 1. 4.	Brt. Ostküste	Ö	Kein Erfolg
			H	29. 4. bis 10. 5.	Brt. Ostküste	Ö	Kein Erfolg
UC 79	K	Haeker	K	20. 4. bis 2. 5.	Kattegat-Skagerrak		Kein Erfolg

Von 49 UC-Booten kamen in 59 Operationen 35 Boote zu Erfolgen 180–207 134

Quelle: Bodo Herzog: »60 Jahre deutsche U-Boote 1906–1966« (München 1968), S. 116–118.

Anlage 3 Die Erfolge der deutschen U-Boote 1939–1945 im Handelskrieg

	1939				1940			
	OKW-Berichte		Tatsächl. Erfolge		OKW-Berichte		Tatsächl. Erfolge	
Monat	Einheiten	BRT	Einheiten	BRT	Einheiten	BRT	Einheiten	BRT
Januar							58	178 884
Februar							49	185 950
März							23	66 246
April							6	30 927
Mai							15	63 407
Juni							63	355 431
Juli							38	194 922
August						503 000	54	283 386
September			48	178 644			52	265 737
Oktober			34	168 140			61	344 684
November			28	74 623			34	173 995
Dezember			37	100 413			39	229 501
			147	521 820			492	2 373 070

Die Erfolge der deutschen U-Boote 1939–1945 im Handelskrieg

	1941				1942			
	OKW-Berichte		Tatsächl. Erfolge		OKW-Berichte		Tatsächl. Erfolge	
Monat	Einheiten	BRT	Einheiten	BRT	Einheiten	BRT	Einheiten	BRT
Januar			17	98 702	56	367 000	49	276 173
Februar			42	207 649	66	448 400	70	411 560
März		325 000	43	236 113	91	584 900	84	446 044
April			46	260 414	76	538 000	72	394 760
Mai		215 000	63	349 620	140	767 400	125	584 788
Juni		417 450	60	305 734	132	755 300	131	616 904
Juli			17	61 471	92	613 400	93	454 535
August			22	67 638	106	667 184	105	517 295
September		452 000	54	208 822	126	769 200	97	472 653
Oktober		255 200	39	182 412	111	720 575	91	585 359
November			19	91 628	149	955 200	118	743 321
Dezember	23	115 700	23	101 687	77	431 300	59	315 673
			445	2 171 890	1222	7 617 859	1094	5 819 065

	1943				1944			
	OKW-Berichte		Tatsächl. Erfolge		OKW-Berichte		Tatsächl. Erfolge	
Monat	Einheiten	BRT	Einheiten	BRT	Einheiten	BRT	Einheiten	BRT
Januar	63	408 000	42	218 449			11	74 816
Februar	82	545 000	68	380 835			20	75 027
März	138	851 600	105	590 234			17	99 497
April		415 000	48	276 517			10	61 807
Mai	65	380 000	44	225 772			4	24 424
Juni		107 000	20	86 807			11	51 684
Juli		351 243	46	245 178	20	109 000	16	76 199
August			17	88 957	38	215 500	18	98 876
September			19	106 820	17	84 000	7	43 368
Oktober			24	82 199		17 000	1	6 131
November			9	30 726	6	33 500	4	18 026
Dezember			9	63 038		151 600	12	72 051
			451	2 395 532			131	701 906

	1945			
	OKW-Berichte		Tatsächl. Erfolge	
Monat	Einheiten	BRT	Einheiten	BRT
Januar		165 000	15	80 844
Februar	35	217 800	17	72 592
März	34	259 000	16	67 386
April	29	159 200	19	103 489
Mai			4	8 370
			71	332 681

Vgl. Bodo Herzog: »60 Jahre deutsche U-Boote 1906–1966« (München 1968), S. 239–240 (mit Quellenhinweisen).

Anlage 4 Der erfolgreichste Monat des Zweiten Weltkrieges: November 1942

U-9	II-B		Schmidt-Weichert	Schwarzes Meer	
U-24	II-B		Schöler	Schwarzes Meer	
U-43	IX-A		Schwantke	Atlantik	1– 9 132
U-66	IX-C		Markworth	Atlantik	
U-67	IX-C		Müller-Stöckheim	Atlantik	3–16 053
U-68	IX-C		Merten	Indischer Ozean	1– 8 034
U-69	VII-C		Gräf	Atlantik	
U-71	VII-C		Rodler von Roithberg	Atlantik	
U-73	VII-B		Deckert	Mittelmeer	
U-77	VII-C		O. Hartmann	Mittelmeer	
U-81	VII-C		Guggenberger	Mittelmeer	2– 8 499
U-83	VII-B		Wörishoffer	Mittelmeer	
U-84	VII-B		Uphoff	Atlantik	1– 7 459
U-86	VII-B		Schug	Atlantik	
U-87	VII-B		Berger	Atlantik	
U-89	VII-C		Lohmann	Atlantik	2– 9 958
U-91	VII-C		Walkerling	Atlantik	
U-92	VII-C		Oelrich	Atlantik	1– 7 662
U-98†	VII-C		Eichmann †	Atlantik	
U-103	IX-B		Janssen	Atlantik	
U-105	IX-B		Nissen	Atlantik	
U-106	IX-B		Rasch	Atlantik	
U-107	IX-B		Gelhaus	Atlantik	
U-108	IX-B		Wolfram	Atlantik	
U-109	IX-B		Bleichrodt	Atlantik	
U-117	X-B	KE	H. W. Neumann	Atlantik	
U-118	X-B		Czygan	Atlantik	
U-124	IX-B		J. Mohr	Atlantik	
U-125	IX-C		Folkers	Atlantik	
U-126	IX-C		Bauer	Atlantik	3–14 536
U-128	IX-C		Heyse	Atlantik	3–15 571
U-129	IX-C		Witt	Atlantik	2–14 622
U-130	IX-C		Kals	Atlantik	3–34 407
U-132†	VII-C		Vogelsang †	Atlantik	2–11 886
U-134	VII-C		Schendel	Atlantik	1– 4 827
U-135	VII-C		Praetorius? / Schütt?	Atlantik	
U-154	IX-C		Schuch	Atlantik	3–17 936
U-155	IX-C		Piening	Atlantik	1–11 279
U-156	IX-C		Hartenstein	Atlantik	
U-159	IX-C		H. Witte	Indischer Ozean	2– 7 752
U-160	IX-C		Lassen	Atlantik	7–44 135
U-161	IX-C		Achilles	Atlantik	2–11 287
U-163	IX-C		Engelmann	Atlantik	3–15 011
U-164	IX-C		Fechner	Atlantik	
U-172	IX-C		Emmermann	Atlantik/Ind. Ozean	3–16 960
U-173†	IX-C		Schweichel †	Atlantik	1– 9 359
U-174	IX-C		Thilo	Atlantik	2–15 781
U-176	IX-C		Dierksen	Atlantik	1– 5 922
U-177	IX-D-2		Gysae	Indischer Ozean	5–36 330
U-178	IX-D-2		Ibbeken	Indischer Ozean	5–26 978
U-181	IX-D-2		Lüth	Indischer Ozean	11–54 053
U-183	IX-C		H. Schäfer	Atlantik	
U-184†	IX-C		Dankschat †	Atlantik	1– 3 192
U-185	IX-C		Maus	Atlantik	
U-203	VII-C		Kottmann	Atlantik	

U-205	VII-C		Bürgel	Mittelmeer	
U-209	VII-C		Brodda	Eismeer	
U-211	VII-C		Hause	Atlantik	
U-212	VII-C	KE	Vogler	Atlantik	
U-217	VII-D		Reichenbach Klinke	Atlantik	
U-218	VII-D		R. Becker	Atlantik	
U-221	VII-C		Trojer	Atlantik	
U-224	VII-C		Kosbadt	Atlantik	1– 5 614
U-254	VII-C		Gilardone	Atlantik	
U-259 †	VII-C	KE	Köpke †	Mittelmeer	
U-260	VII-C		Purkhold	Atlantik	
U-262	VII-C		Franke	Atlantik	1– 7 178
U-263	VII-C		Nölke	Atlantik	2–12 376
U-264	VII-C		Looks	Atlantik	1– 6 696
U-301	VII-C	KE	Körner	Atlantik	
U-331 †	VII-C		Freiherr von Tiesenhausen	Mittelmeer	1– 9 135
U-332	VII-C		J. Liebe	Atlantik	
U-333	VII-C		Schwaff	Atlantik	
U-354	VII-C		Herbschleb	Eismeer	1– 7 176
U-356	VII-C		Wallas? / Ruppelt?	Atlantik	
U-373	VII-C		Loeser	Atlantik	
U-375	VII-C		Könenkamp	Mittelmeer	
U-376	VII-C		Marks	Eismeer	
U-378	VII-C		Mäder	Eismeer	
U-380	VII-C		Röther	Mittelmeer	1–11 069
U-381	VII-C	KE	Graf von Pückler und Limpurg	Atlantik	
U-383	VII-C	KE	Kremser	Atlantik	
U-402	VII-C		S. Freiherr von Forstner	Atlantik	3–15 270
U-405	VII-C		Hopman	Atlantik	
U-407	VII-C		Brüller	Mittelmeer	1–19 627
U-408 †	VII-C	KE	von Hymmen †	Eismeer	
U-409	VII-C		Massmann	Atlantik	
U-411 †	VII-C		Spindlegger †	Atlantik	
U-413	VII-C		Poel	Atlantik	1–20 107
U-431	VII-C		Dommes	Mittelmeer	
U-432	VII-C		H. O. Schultze	Atlantik	
U-435	VII-C		Strelow	Atlantik	
U-436	VII-C		Seibicke	Atlantik	
U-437	VII-C		W. K. Schulz	Atlantik	
U-438	VII-C		Franzius	Atlantik	1– 4 558
U-439	VII-C		Sporn	Atlantik	
U-440	VII-C	KE	H. Geissler	Atlantik	
U-441	VII-C		K. Hartmann	Atlantik	
U-442	VII-C		Hesse	Atlantik	1– 6 690
U-443	VII-C		von Puttkamer	Mittelmeer	
U-445	VII-C	KE	Fenn	Atlantik	
U-454	VII-C		Hackländer	Atlantik	
U-455	VII-C		Giessler	Atlantik	
U-458	VII-C		Diggins	Mittelmeer	
U-459	XIV	KE/V	von Wilamowitz-Möllendorf	Atlantik	
U-460	XIV	KE/V	Schnoor	Atlantik	
U-461	XIV	KE/V	Stiebler	Atlantik	
U-462	XIV	KE/V	Vowe	Atlantik	
U-463	XIV	KE/V	Wolfbauer	Atlantik	
U-465	VII-C	KE	H. Wolf	Atlantik	
U-504	IX-C		Poske	Indischer Ozean	1– 5 187
U-505	IX-C		Zschech	Atlantik	1– 7 173

U-506	IX-C		Würdemann	Atlantik	
U-507	IX-C		Schacht	Atlantik	
U-508	IX-C		Staats	Atlantik	5–29 903
U-509	IX-C		W. Witte	Atlantik	
U-510	IX-C		Neitzel	Atlantik	
U-511	IX-C		Steinhoff	Atlantik	
U-513	IX-C		Rüggeberg	Atlantik	
U-514	IX-C		Auffermann	Atlantik	
U-515	IX-C		Henke	Atlantik	
U-516	IX-C		Wiebe	Atlantik	
U-517 †	IX-C		Hartwig	Atlantik	
U-518	IX-C		Wissmann	Atlantik	4–29 748
U-519	IX-C	KE	Eppen	Atlantik	
U-521	IX-C		Bargsten	Atlantik	2–12 351
U-522	IX-C		Schneider	Atlantik	4–20 077
U-524	IX-C		Freiherr von Steinaecker	Atlantik	
U-552	VII-C		Popp	Atlantik	
U-553	VII-C		K. Thurmann	Atlantik	
U-561	VII-C		H. Schomburg	Mittelmeer	
U-563	VII-C		von Hartmann	Atlantik	
U-564	VII-C		Fiedler	Atlantik	
U-565	VII-C		Franken	Mittelmeer	
U-566	VII-C		Remus	Atlantik	1–4 252
U-569	VII-C		Hinsch	Atlantik	
U-571	VII-C		Möhlmann	Atlantik	
U-572	VII-C		Hirsacker	Atlantik	
U-575	VII-C		G. Heydemann	Atlantik	
U-586	VII-C		von der Esch	Eismeer	1– 6 640
U-590	VII-C		Müller-Edzards	Atlantik	
U-593	VII-C		Kelbling	Mittelmeer	
U-595 †	VII-C		Quaet-Faslem	Mittelmeer	1– 5 332
U-596	VII-C		Jahn	Mittelmeer	
U-600	VII-C		Zurmühlen	Atlantik	
U-601	VII-C		Grau	Eismeer	1– 3 974
U-602	VII-C	KE	P. Schüler	Mittelmeer	
U-603	VII-C		Bertelsmann	Atlantik	
U-604	VII-C		Höltring	Atlantik	
U-605 †	VII-C		H. V. Schütze †	Mittelmeer	
U-606	VII-C		Döhler	Atlantik	
U-608	VII-C		Struckmeier	Atlantik	1– 5 621
U-609	VII-C		Rudloff	Atlantik	
U-610	VII-C		Freiherr von Freyberg-Eisenberg-Allmendingen	Atlantik	
U-611	VII-C	KE	von Jacobs	Atlantik	
U-613	VII-C		Köppe	Atlantik	1– 4 252
U-615	VII-C		Kapitzky	Atlantik	
U-617	VII-C		Brandi	Mittelmeer	
U-618	VII-C		Baberg	Atlantik	
U-620	VII-C		Stein	Atlantik	
U-621	VII-C		Schünemann	Atlantik	
U-623	VII-C	KE	H. Schröder	Atlantik	
U-624	VII-C		Graf von Soden-Fraunhofen	Atlantik	2–10 076
U-625	VII-C		Benker	Eismeer	3–18 751
U-626	VII-C	KE	Bade	Atlantik	
U-628	VII-C		Hasenschar	Atlantik	
U-653	VII-C		Feiler	Atlantik	
U-659	VII-C		H. Stock	Atlantik	

U-660 †	VII-C	Baur †	Mittelmeer	
U-662	VII-C	H. E. Müller	Atlantik	
U-663	VII-C	Schmid	Atlantik	1– 5 170
U-664	VII-C	Graef	Atlantik	
U-704	VII-C	Kessler	Atlantik	
U-706	VII-C	von Zitzewitz	Atlantik	
U-752	VII-C	K. E. Schroeter	Atlantik	
U-753	VII-C	Manhardt von Mannstein	Atlantik	
U-755	VII-C	Göing	Mittelmeer	
U-758	VII-C	Manseck	Atlantik	
UD-3	ex holl. Ubt	Rigele	Atlantik	1– 5 041
UD-5	ex holl. Ubt	Mahn	Atlantik	
				117–737 665

KE = Keine Erfolge (gesamte Frontzeit)
KE/V = Versorger (keine Erfolge möglich)

180 Unterseeboote = 2 Typ II-B
5 Typ VII-B
110 Typ VII-C
2 Typ VII-D
1 Typ IX-A
7 Typ IX-B
41 Typ IX-C
3 Typ IX-D-2
2 Typ X-B
5 Typ XIV
2 holl. Bte

mit rd. 10 000 Mann Besatzung!

... davon Erfolge = 55 U-Boote: 26 Typ VII
28 Typ IX
1 holl. Bt

117–737 665 BRT = Atlantik 79–504 162 BRT
Indischer Ozean 26–143 300 BRT
Mittelmeer 6– 53 662 BRT
Eismeer 6– 36 541 BRT

Bootszugang November 1942: 24
Bootsabgang November 1942: 13 (446 Tote) U-272 = Heimatunfall (28 †)

Erfolgszusammenstellung nach Jürgen Rohwer: »Die U-Boot-Erfolge der Achsenmächte 1939–1945« – Herausgegeben von der Bibliothek für Zeitgeschichte: Band 1 (München 1968), S. 132–139, 201, 237–239, 265–266.

Die besten Erfolge wurden von Typ-IX-Booten erzielt:

U-181 11–54 053 BRT gegen Einzelfahrer!
U-160 7–44 135 BRT
U-177 5–36 330 BRT gegen Einzelfahrer!
U-130 3–34 407 BRT
U-508 5–29 903 BRT gegen Einzelfahrer!
U-518 4–29 748 BRT

ANLAGE 5 Die erfolgreichsten U-Boot-Operationen gegen die Handelsschiffahrt während des Zweiten Weltkrieges 1939/45 – Ergebnisse über 50 000 BRT versenkten Handelsschiffsraumes

	Boot	Typ	Kommandant	geboren am	Erfolg	davon gegen Einzelfahrer	gegen Konvois	Jahr
1.	U-107	IX-B	Hessler	14. 6. 1909	14– 86 699	14– 86 699		1941
2.	U-105	IX-B	Schewe	24. 11. 1909	12– 71 450	6– 38 331	6– 33 119	1941
3.	U-103	IX-B	Schütze	14. 2. 1906	13– 65 172	12– 62 905	1– 2 267	1941
4.	U-159*	IX-C	H. Witte*	6. 4. 1915	11– 63 730	11– 63 730		1942
5.	U-158	IX-C	Rostin	8. 10. 1907	12– 62 536	12– 62 536		1942
6.	U-99†	VII-B	Kretschmer	1. 5. 1912	7– 61 711		7– 61 711	1941
7.	U-172	IX-C	Emmermann	6. 3. 1915	8– 60 048	8– 60 048		1942
8.	LEONARDO DA VINCI †	MARCONI	Gazzana†	30. 8. 1912	6– 58 972	6– 58 972		1943
9.	U-515	IX-C	Henke	13. 5. 1908	10– 58 456	3– 15 201	7– 43 255	1943
10.	U-181	IX-D-2	Lüth	15. 10. 1912	12– 58 381	12– 58 381		1942
11.	U-68*	IX-C	Merten*	15. 8. 1905	9– 56 330	9– 56 330		1942
12.	U-123	IX-B	Hardegen	18. 3. 1913	9– 53 173	9– 53 173		1942
13.	U-124	IX-B	W. Schulz	10. 3. 1906	11– 52 397	7– 29 138	4– 23 259	1941
14.	U-130	IX-C	Kals	2. 8. 1905	7– 51 528	7– 51 528		1942
15.	U-47	VII-B	Prien	16. 1. 1908	8– 51 483	7– 45 649	1– 5 834	1940
16.	U-68*	IX-C	Merten*	15. 8. 1905	7– 50 898	7– 50 898		1942
17.	U-159*	IX-C	H. Witte*	6. 4. 1915	10– 50 354	8– 41 179	2– 9 175	1942
18.	U-100	VII-B	Schepke	8. 3. 1912	7– 50 340		7– 50 340	1940
19.	U-508	IX-C	Staats	13. 3. 1916	9– 50 265	9– 50 265		1942
					182–1 113 923	147–884 963	35–228 960	

* = zweimalige Erfolge!

Nur in drei (!) Fällen konnten deutsche U-Boote 1939/45 in Geleitzugkämpfen (sogenannte »Rudel«-Taktik) Ergebnisse über 100 000 BRT versenkten Handelsschiffsraumes erzielen

Zeit	Konvoi/bzw. Konvoi-Paar	Handelsschiffe (plus Sicherung)	Angesetzte U-Boote	U-Boote, die Totalerfolge erzielten	U-Boot-Verluste	Versenkte Tonnage Anzahl der Schiffe	BRT
Oktober 1940	SC-7/HX-79	79	12	11	–	32	154 661
Juli 1942	PQ-17	40	11	9	–	16	102 296*
März 1943	SC-122/HX-229	89	44	13	1	22	146 596

* zuvor durch Flugzeuge beschädigt: 9 Dampfer

Das Fazit der zusammengefaßten Top-Operationen (Ergebnisse über 50 000 BRT):

Vor Jahren verwies einer der Verfasser bereits unwidersprochen auf den Unsinn der »Rudel«-Taktik: »Das Verhältnis der im Atlantik sowie im Nordmeer an Geleitzügen operierenden Unterseeboote stand bei einem Verlust von über 200 Booten (ideale Abwehrergebnisse der U-Jagd) in keinem Verhältnis zu den tatsächlichen Erfolgen ...

Mit anderen Worten: Nicht die propagandistisch hochgespielte Gruppen- oder Rudel-Taktik brachte die größten Erfolge, sondern – ähnlich wie im Ersten Weltkrieg – der Einsatz gegen Einzelfahrer«[1]. – Zusätzlich muß man allerdings berücksichtigen, daß ein von Rio de Janeiro nach Madagaskar verkehrender und von einem U-Boot versenkter Dampfer mit einer Ladung alter Schrauben nicht den gleichen Stellenwert eines Nachschubfrachters – für England oder Murmansk – mit Lebensmitteln oder Kriegsmaterial an Bord beanspruchen kann. Nach dem Erscheinen der grundlegenden Arbeit von Jürgen Rohwer[2], dürfte sich diese Theorie des Verfassers Herzog, daß der Haupterfolgsanteil des U-Tonnagekrieges gegen Einzelfahrer erzielt werden konnte, bestätigen[3]. In diesem Zusammenhang ist abschließend die jüngste, völlig unkritische Untersuchung über die deutsche U-Boot-Taktik – sie stammt von einem ehemaligen U-Boot-Kommandanten – nur als apologetische Auftragsarbeit des Militärgeschichtlichen Forschungsamtes erwähnenswert[4].

Anmerkungen:

1. Bodo Herzog: »U-Boote im Einsatz – U-Boats in Action – 1939–1945 – Eine Bilddokumentation« (Dorheim o. J., 1970, S. 127).
2. Jürgen Rohwer: »Die U-Boot-Erfolge der Achsenmächte 1939–1945« – Herausgegeben von der Bibliothek für Zeitgeschichte/Dokumentationen der Bibliothek für Zeitgeschichte: Band 1 (München 1968).
3. Man sollte das Rohwer-Zahlenmaterial (vgl. Anmerkung 2) mit den modernen Mitteln der Datenverarbeitung hierauf untersuchen. Vgl. Bodo Herzog/Werner Horstmann: »Der Computer als Hilfsmittel des Historikers?« (in »Tradition – Zeitschrift für Firmengeschichte und Unternehmerbiographie« Nr. 2/März–April 1972, S. 84–100).
4. Hubert Jeschke: »U-Boottaktik – Zur deutschen U-Boottaktik 1900–1945«, Herausgegeben vom Militärgeschichtlichen Forschungsamt/Einzelschriften zur militärischen Geschichte des Zweiten Weltkrieges: Band 9 (Freiburg 1972).

Zum Thema Geleitzüge/Einzelfahrer vgl. zusätzlich Reinhold Gadow »Handelskrieg und Geleitzüge« (in »Die Kriegsmarine« Nr. 20/20. 10. 1939, S. 14); Fritz Otto Busch »Von Geleitzügen, Blockade, Bannwaren und Prisen« (das. Nr. 24/20. 12. 1939, S. 8–9); Werner Lohe »Das Geleitzugssystem – Englands letzte Hoffnung« (das. Nr. 16/August 1942, S. 3–5); Willi Brüninghaus »Geleitzugkatastrophen« (das. Nr. 20/Oktober 1942, S. 3–4), ders. »Geleitzug oder Einzelfahrer?« (das. Nr. 8/April 1943, S. 3–4); K. von Philippoff »Die Taktik der Geleitzüge« (das. Nr. 12/Juni 1943, S. 3–5); H. G. Obst »Wo bleiben die Murmansk-Geleitzüge?« (das. Nr. 22/November 1943, S. 3); Friedrich Lützow »Das Handelsschiff im Geleitzug« (in »MOV-Nachrichten« Nr. 9/15. 5. 1934, S. 129–130); Paul Wülfing von Ditten »Die amerikanischen Waffen- und Truppentransporte im Weltkrieg« (in »Marine-Rundschau« Nr. 11–12/1929, S. 497–509, 548–558); Kuhnt »Geleitzugskampf heute – U-Boot-Taktik und -Abwehr im vierten Kriegsjahr« (in »Das Reich« Nr. 27/4. 7. 1943); Adrian Wells/Horst-Günther Tolmein »U-Bootkrieg I: Rudeltaktik – II: Die Wolfsrudel – III: Der Paukenschlag – IV: U-Boot-Dämmerung« (in »Das Dritte Reich – II. Weltkrieg« Nr. 30/S. 150–155, Nr. 31/S. 202–206, 212–213, Nr. 38/S. 488–499, Nr. 46/S. 268–275); Walter Görlitz »U-Boot-Rudel gegen Atlantik-Geleitzüge« (das. Nr. 38/S. 487); Alfred von Glasenapp »Die englischen Geleitzüge im Weltkriege« (in »Marine Rundschau« Nr. 8/1938, Nr. 9/1938); Maurice Guierre »La victoire des convois« (Paris 1954); Friedrich Lützow »Der Geleitzug – eine Illusion?« (in »Das Reich« Nr. 26/17. 11. 1940, S. 3–4); Joseph Goebbels »Der Tonnagekrieg« (das. Nr. 25/21. 6. 1942, S. 1–2); DSW.: »Schleichende Krankheit – Die Tonnagesorge unserer Gegner« (in ». . . gegen Engelland« Nr. 188/28. 8. 1943, S. 2); Josef März »Der Bluff mit den Notfrachtern« (das. Nr. 206/18. 9. 1943, S. 1–2); K. von Philippoff »Lebensadern auf den Weltmeeren« (in »Die Kriegsmarine« Nr. 10/1943, S. 3–4); Rudolf Krohme »Die Fieberkurve der Tonnageschwindsucht« (das. Nr. 14/1943, S. 3–4); Otto Dietrich »Die Tonnageschlacht« (in »Völkischer Beobachter« Nr. 302/29. 10. 1942, S. 3); Erich Glodschey »Die Gezeiten des U-Boot-Krieges« (in »Völkischer Beobachter« Nr. 124/4. 5. 1943, S. 2), ders. »Tropfen um Tropfen – Das veränderte Gesicht des Seekrieges« (das. Nr. 126/6. 5. 1943, S. 1–2), ders. »Torpedo-Knotenpunkt und Todesloch – Die feindlichen Lufthoffnungen im Unterseebootkrieg« (das. Nr. 128/8. 5. 1943,

S. 6), ders. »Flugzeugträger und Geleitzugschlachten . . .« (das. Nr. 132/12. 5. 1943, S. 6), ders. »Weit über 100 Geleitkriegsschiffe seit Jahresbeginn versenkt . . .« (das. Nr. 128/7. 5. 1944, S. 1), ders. »Die Zwangsjacke des Geleitzugssystems . . .« (das. Nr. 311/15. 11. 1944, S. 2); Rudolf Krohne »U-Boot-Strategie« (das. Nr. 149/29. 5. 1943, S. 2); B.r. »Schiffsraum, Seeverbindungen, U-Bootkrieg . . .« (in »Frankfurter Zeitung« Nr. 437–438/28. 8. 1942, S. 1); H. Jung »Sklaven der Convoys – Die Erlebnisse des französischen Matrosen Jean Perret auf seinen Fahrten in britischen Geleitzügen« (Düsseldorf 1941); »Die Geleitzüge nach Murmansk« (in »Information für die Truppe« Nr. 12/1963, S. 835–842); »Schiffe im Geleitzug« (in »Frankfurter Zeitung« Nr. 57/1. 2. 1940, S. 2); Friedrich Lützow »Frachtraumkrieg und Gesamtkriegführung« (in »Reichsoffizierblatt« Nr. 9/1943); Hugo von Waldeyer-Hartz »Geleitzüge und Neutrale« (in »Wir und die Welt« Nr. 4/1940); F. H. Hinrichs »Die militärische Sicherung von Nachschub über See im letzten Krieg« (in »Truppenpraxis« Nr. 2/1962, S. 149–153); K. Zemanek »Bewaffnete Handelsschiffe« (in »Wörterbuch des Völkerrechts« – Band 1; Berlin 1960, S. 762–764); H. H. Ambrosius »Die völkerrechtliche Verantwortung für neutrale Schiffsverluste im Seekrieg« (in »Marine-Rundschau« Nr. 1/1943), ders. »Die Militarisierung von feindlichen Handelsschiffen« (das. Nr. 5/1941, S. 269–271); Schowalter »Einsatz von Handelsschiffen in Kriegen« (in »Volk und Wehr« Nr. 11/1940); Nöldeke »Bewaffnete Handelsschiffe« (in »Das U-Boot« Nr. 1/1. 1. 1917, S. 19–23), ders. »Die Bewaffnung neutraler Handelsschiffe« (das. Nr. 5/1. 5. 1917, S. 303–307); »Über Geleitzüge« (das. Nr. 8/1.8. 1917, S. 478–480); »Gesteigerte Schiffsraumnot durch die Geleitzüge« (das. S. 480–482); Ewin Borchard »Armed Merchantmen« (in »The American Journal of International Law«: Band 34/1940, S. 107–112); Grau »Handelsschiffe im Kriege« (in »Wörterbuch des Völkerrechts und der Diplomatie«: I/S. 503 ff.); L. Oppenheim »Die Stellung des Kauffahrteischiffes im Seekrieg« (in »Zeitschrift für Völkerrecht und Bundesstaatsrecht«: Band 8/1914, S. 154 ff.); Werner Plaga »Das bewaffnete Handelsschiff« (Dissertation Hamburg 1938); Rolf Stoedter »Flottengeleit im Seekrieg – Untersuchungen zur seekriegsrechtlichen Stellung feindlicher Geleitzüge« (Hamburg 1936); I. Higgins »Defensively Armed Merchant Ships and Submarine Warfare« (London 1917); Smith »The destruction of Merchant Ships under International Law« (London 1917); Wilson »Armed Merchant Vessels and Submarines« (in »The American Journal«: Band 24/1930 S. 3 ff.); Albert Gleaves »A History of the Transport Service« (New York 1921); Kenelm Creighton »Convoy Commodore« (London 1956); Peter Gretton »Convoy Escort Commander« (London 1964); Murray George Harris »Lifelines of victory« (New York 1942); Emory Scott Land »Winning the War with Ships – Land, sea and airmostly land« (New York 1958); William G. Schofield »Eastward the Convoys« (Chicago 1965); Brian Betham Schofield/L. F. Martyn »The Rescue Ships« (Edinburgh 1968); William Norden Medlicott »The economic Blockade« (2 Bände: London 1952/1959); Richard M. Leighton »U.S. Merchant Shipping and the British import crisis« (in »Command Decisions«; Washington 1960, S. 199–224); Elmar B. Potter/Chester W. Nimitz/Jürgen Rohwer »Seemacht – Eine Seekriegsgeschichte von der Antike bis zur Gegenwart« (München 1974, S. 1142–1143, 1146: Konvoi-Verkehr/Murmansk-Konvois usw.); Brian Betham Schofield »The Russian Convoys« (London 1964).

ANLAGE 6 In den Jahren 1940 bis 1942 veröffentlichten die O(ber)K(ommando der)W(ehrmacht)-Berichte in nur acht Fällen zusammengefaßte Erfolge einzelner Kommandanten, die über der 200 000-BRT-Grenze lagen

	OKW-Bericht vom	Kommandant	U-Boote	Veröffentlichte Erfolge	Tatsächliche Erfolge zu diesem Zeitpunkt	Differenz
1.	25. 4. 1941	Kretschmer	U-23/U-99	313 611 BRT	263 682 BRT	– 49 929 BRT
2.	25. 4. 1941	Schepke	U-3/U-100	233 971 BRT	160 697 BRT	– 73 274 BRT
3.	11. 4. 1942	Topp	U-57/U-552	208 000 BRT	163 250 BRT	– 44 750 BRT
4.	20. 10. 1940	Prien	U-47	202 000 BRT	136 141 BRT	– 65 859 BRT
5.	12. 6. 1941	Schütze	U-25/U-103	über 200 000 BRT	212 036 BRT	+ 12 036 BRT
6.	9. 6. 1941	Liebe	U-38	über 200 000 BRT	168 506 BRT	– 31 494 BRT
7.	9. 6. 1941	Endrass	U-46/U-567	über 200 000 BRT	124 927 BRT	– 75 073 BRT
8.	12. 6. 1941	H. Schultze	U-48	über 200 000 BRT	183 432 BRT	– 16 568 BRT
						– 356 947 BRT
						+ 12 036 BRT

1. In dem apologetischen »tiefgründigen« und »sachkundigen Report« (Verlagswerbung) von Clemens Range: »Die Ritterkreuzträger der Kriegsmarine« (Motorbuch Verlag Stuttgart 1974), werden hemmungslos zur Mythologisierung weiterer Legenden NS-Propagandazahlen aus dem Zweiten Weltkrieg unkritisch verbreitet. Im Falle Kretschmer (S. 23): »52 feindliche Handelsschiffe und Transporter sowie 3 Zerstörer und 3 Hilfskreuzer mit zusammen 314 000 BRT.«
2. Range a.a.O. S. 45: »42 feindliche Handels- und Kriegsschiffe(n) mit 237 000 BRT« (Schepke).
3. Range a.a.O. S. 24: 39 – 243 000 BRT (Topp).
4. Range a.a.O. S. 43: 32 – 213 000 BRT (Prien).
6. Range a.a.O. S. 39: »über 200 000 BRT« (Liebe).
7. Range a.a.O. S. 30: »31 Handelsschiffe mit mindestens 206 000 BRT« (Endrass).
8. Range a.a.O. S. 47: »29 Schiffe mit 205 000 BRT« (H Schultze).

Eigenartig erscheinen die Angaben im Falle des U-Boot-Kommandanten Brandi (Vgl. Herzog/Schomaekers a.a.O. I. Auflage S. 38, 82, 165, 215–216 . . . Anscheinend von Range nicht zur Kenntnis genommen) auf S. 22: ». . . zahlreiche überaus erfolgreiche Operationen . . . Dabei versenkte er 20 Transportschiffe mit 115 000 BRT sowie 3 Kreuzer und 12 Zerstörer des Gegners.« – Der Träger des Eichenlaubs mit Schwertern und Brillanten zum Ritterkreuz des Eisernen Kreuzes Fregattenkapitän Albrecht Brandi (Crew 35) versenkte lediglich 9 Handelsfahrzeuge mit zusammen 26 689 BRT sowie drei Kriegsschiffe mit 5000 t. Einige weitere Range-»Stilblüten«: S. 26 (Bleichrodt) 30–203 000 BRT (tatsächlich: 27–159 677 BRT), S. 30 (Emmermann) 31–191 000 BRT (tatsächlich: 26–152 779 BRT/27–152 904 BRT), S. 30 (Endrass) 33–206 000 BRT (tatsächlich: 21–127 007 BRT/22–130 331 BRT), S. 32 (Gysae): 23–153 000 BRT (tatsächlich: 24–139 413 BRT), S. 32 (Hardegen): 29–193 000 BRT (tatsächlich: 23–128 472 BRT), S. 33 (Hartmann): 27–152 000 BRT (tatsächlich: 24–115 616 BRT), S. 33 (Henke): 25–162 000 BRT (tatsächlich: 22–140 196 BRT), S. 38 (H. G. Lange): 6–29 000 BRT sowie 9 Zerstörer und 1 Fregatte (tatsächlich: 2–14 376 BRT sowie 1 Kriegsschiff mit 925 t), S. 38 (Lassen): 29–205 000 BRT (tatsächlich: 26–156 082 BRT), S. 39 (Liebe): 33– über 200 000 BRT (tatsächlich: 31–168 506 BRT), S. 41 (Mohr): 32–189 000 BRT (tatsächlich: 27–132 731 BRT), S. 45 (Schnee) 28–190 000 BRT (tatsächlich: 23–95 085 BRT), S. 45 (Schepke): 42–237 000 BRT (tatsächlich: 38–160 697 BRT), S. 46 (K. Scholtz): 29–168 000 BRT (tatsächlich: 24–132 417 BRT), S. 48 (R. Thomsen): 6–40 000 BRT, 1 Flugzeugträger, 2 Fregatten und 1 Zerstörer (tatsächlich: 1–7176 BRT), S. 62 (Brasack): Mindestens 3 feindliche Truppentransporter (tatsächlich: Keine Erfolge), S. 73 (Fenski): ». . . nahm . . . an der größten Geleitzugschlacht der Geschichte teil . . .« (stimmt nicht, da Fenski fast ausschließlich im Mittelmeer eingesetzt wurde), S. 75 (Fleige): ». . . erzielte hervorragende Versenkungs-Erfolge« (tatsächlich: 2–5691 BRT), S. 87 (Hechler): »mehrere Schiffe« (tatsächlich: 1–4637 BRT/1–1825 t), S. 89 (Hess): ». . . führte er Angriffe . . . erfolgreich durch. . .« (tatsächlich: Keine Erfolge), S. 113 (Lehmann): ». . . erfolgreiche(n) Feindfahrten . . .« (tatsächlich: 1–1603 BRT/1–1295 t), S. 119 (Marbach): ». . . große Versenkungserfolge . . .« (tatsächlich: 1–1927 BRT), S. 141 (Pulst): ». . . mehrere für den

Feind verlustreiche Unternehmungen durch ...« (tatsächlich: 1–7176 BRT), S. 150 (Schaar): »... versenkt mehrere feindliche Schiffe ...« (tatsächlich: 2–7353 BRT), S. 157 (Schroeteler): »... erhebliche Versenkungserfolge ...« (tatsächlich: 1 Kriegsschiff mit 335 t), S. 162 (Sieder): »... mindestens 7 Feindschiffe(n) ...« (tatsächlich: Keine Erfolge), S. 165 (Stuckmann): »Erzielte große Versenkungserfolge ...« (tatsächlich: 1–2938 BRT/1–1490 t).

Anlage 7 Deutsche U-Boot-Operationen mit einem Ergebnis von über 50 000 BRT

I	S.M.U-35	von Arnauld de la Perière	54–90 350 BRT	
II	U-107	Hessler	14–86 699 BRT	
II	U-105	Schewe	12–71 450 BRT	
I	S.M.U-38	M. Valentiner	30–71 389 BRT	
I	S.M.U-35	von Arnauld de la Perière	23–67 989 BRT	
I	S.M.U-35	von Arnauld de la Perière	21–66 602 BRT	
II	U-103	Schütze	13–65 172 BRT	
II	U-159	Witte	11–63 730 BRT	
I	S.M.U-39	Forstmann	21–62 628 BRT	
II	U-158	Rostin	12–62 536 BRT	
II	U-99	Kretschmer	7–61 711 BRT	
I	S.M.U-73	Siess	3–60 867 BRT	Ö-Operation
II	U-172	Emmermann	8–60 048 BRT	
II	U-515	Henke	10–58 456 BRT	
II	U-181	Lüth	12–58 381 BRT	
I	S.M.U-35	von Arnauld de la Perière	40–56 818 BRT	
II	U-68	Merten	9–56 330 BRT	
I	S.M.U-33	Gansser	16–53 788 BRT	
I	S.M.U-Kreuzer-155	Eckelmann	19–53 306 BRT	
II	U-123	Hardegen	9–53 173 BRT	
I	S.M.U-Kreuzer-151	von Nostitz und Jänkendorf	24–53 095 BRT	
I	S.M.U-39	Forstmann	22–53 016 BRT	
II	U-124	W. Schulz	11–52 397 BRT	
II	U-130	Kals	7–51 528 BRT	
II	U-47	Prien	8–51 483 BRT	
II	U-68	Merten	7–50 898 BRT	
II	U-159	Witte	10–50 354 BRT	
II	U-100	Schepke	7–50 340 BRT	
II	U-508	Staats	9–50 265 BRT	
I	S.M.U-38	M. Valentiner	24–50 113 BRT	
I	S.M.U-Kreuzer-155	Eckelmann	16–50 080 BRT	

Allgemeine Quellen

Die nachfolgende Zusammenstellung ergänzt bewußt die Allgemeinen Quellen der 1. Auflage (S. 527–544) sowie die Quellen zu den einzelnen Kapiteln (S. 59, 85–87, 107, 124–125, 151, 171–172, 187–188, 207, 221, 229, 245, 259, 287–289, 315–317, 329, 350–351, 372–374, 391, 396–397, 419–420, 442–443, 461–462, 467). – Beide Verfasser bereiten eine Bibliographie über die deutsche U-Boot-Waffe vor.

Nach dem Zweiten Weltkrieg überschlugen sich zunächst Marine-Apologeten (meistens waren es ehemalige Marine-Propaganda-Kompanie-Leute, die »alles genau wußten«), um in verklärender Form den Kriegsmarine-Komplex – ein fester Bestandteil des »Dritten Reiches« – aus der Nachbarschaft von Kriegsverbrechen, Antisemitismus, Konzentrationslagern, Nationalsozialismus (Faschismus), Fremdarbeitereinsatz etc. zu manövrieren. Ihre Literatur oder Tatsachendarstellungen im Landser-Heft-Niveau erzielte zeitweilig hohe Auflagen. Mit der Rückführung bedeutender Archivbestände setzte allmählich ein beruhigender Wandel ein. In diesem Zusammenhang – sowie zeitlich etwas früher – müssen positive Ansätze und Arbeiten von Walter Baum, Hans Herlin, Wilhelm Deist, Michael Salewski, Volker R. Berghahn, Jost Dülffer, Paul Simsa, Werner Rahn, Klaus-Volker Giessler u. a. eingeordnet werden. Darüber hinaus stießen die Veröffentlichungen von Jens Rehn (d. i. Otto Luther), Wolfgang Ott, Herbert A. Werner und Lothar-Günther Buchheim auf beträchtliches Interesse . . .

Absolon, Rudolf *Die Wehrmacht im Dritten Reich* (Band I–III). Boppard am Rhein 1969/1971/1975.

Aigner, Dietrich *Das Ringen um England – Das deutsch-britische Verhältnis – Die öffentliche Meinung 1933–1939 – Tragödie zweier Völker.* München–Esslingen 1969.

Bekker, Cajus (d. i. Berenbrok, Hans Dieter) *Verdammte See – Ein Kriegstagebuch der deutschen Marine.* Oldenburg–Hamburg 1971.

Bekker, Cajus (d. i. Berenbrok, Hans Dieter) *Die verschaukelten Helden* in: »stern« Nr. 46–49/ 7. 11.–28. 11. 1971 (Leserbriefe: Nr. 52/19. 12. 1971, S. 7).

Bekker, Cajus (d. i. Berenbrok, Hans Dieter) *Verrat im Atlantik – Dönitz: Greift in Rudeln an! – Die Nacht, in der die Boote starben – In jedem Boot saß ein Verräter – U-223 fährt durch die Hölle – Sie funkten sich ins eigene Grab* in: »Bild am Sonntag« Nr. 26/30. 6. 1974, S. 24–27, Nr. 27/7. 7. 1974, S. 33–34, Nr. 28/14. 7. 1974, S. 24–25, Nr. 29/21. 7. 1974, S. 33–34, Nr. 30/28. 7. 1974, S. 34–35, Nr. 31/4. 8. 1974, S. 34.

Berghahn, Volker R. *Der Tirpitz-Plan – Genesis und Verfall einer innenpolitischen Krisenstrategie unter Wilhelm II.* Düsseldorf 1971.

Berghahn, Volker R. *Zu den Zielen des deutschen Flottenbaus unter Wilhelm II.* in: »Historische Zeitschrift« Nr. 210/1: Februar 1970, S. 34–100.

Berghahn, Volker R./Deist, Wilhelm *Kaiserliche Marine und Kriegsausbruch 1914 – Neue Dokumente zur Juli-Krise* in: »Militärgeschichtliche Mitteilungen« Nr. 1/1970, S. 37–58.

Bernhardt, W. *Die deutsche Aufrüstung 1934–1939 – Militärische und politische Konzeptionen und ihre Einschätzung durch die Alliierten.* Frankfurt am Main 1969.
Bidlingmaier, Gerhard *Die strategischen und operativen Überlegungen der Marine 1937–1942* in: »Wehrwissenschaftliche Rundschau« (13) 1963, S. 312–331.
Bird, K. W. *Officers and Republic – The German Navy and Politics.* Dissertation Duke University Durham N. C. 1971.
Blumenschein, Ulrich/Buchheim, Lothar-Günther *Die Story der stählernen Särge* in: »stern« Nr. 40/23. 9. 1976, S. 24–34.
Boberach, Heinz *Meldungen aus dem Reich – Auswahl aus den geheimen Lageberichten des Sicherheitsdienstes der SS 1939–1944.* Neuwied–Berlin 1965.
Boelcke, Willi A. *Deutschlands Rüstung im Zweiten Weltkrieg – Hitlers Konferenzen mit Albert Speer 1942–1945.* Frankfurt am Main 1969.
Bräckow, Werner *Die Geschichte des deutschen Marine-Ingenieuroffizierskorps.* Oldenburg–Hamburg 1974.
Breit, Gotthard *Das Staats- und Gesellschaftsbild deutscher Generale beider Weltkriege im Spiegel ihrer Memoiren.* Boppard am Rhein 1973 (Dissertation).
Brown, Anthony Cave *Die unsichtbare Front – Entschieden Geheimdienste den Zweiten Weltkrieg?* München 1976.
Buchheim, Lothar-Günther *U-Boote gegen USA* in: »Das Reich« Nr. 15/12. 4. 1942, S. 6–7.
Buchheim, Lothar-Günther *Jäger im Weltmeer.* Berlin 1943.
Buchheim, Lothar-Günther *Das Boot* – Roman. München 1973 – Vgl. Heinz-Eugen Eberbach in »Marine-Rundschau« Nr. 9–12/1973, S. 660–662; Adalbert Schnee in »Schaltung – Küste« Nr. 51/1973, S. 734–735 (Nr. 56/1974, S. 826–827), ders. in »MOV« Nr. 10/1973; Buchheim/Sohler/Lund/Ruge/Jablonsky/Salewski in »Marineforum« Nr. 5/1974, S. 156–159; Steen/Brennecke/Maurer in Nr. 6–7/1974, S. 217–218; Buchheim/Marineforum-Redaktion in Nr. 8–9/1974, S. 246.
Buchheim, Lothar-Günther *U-Boot-Krieg.* München 1976.
Buchheim, Lothar-Günther *Die Story von den stählernen Särgen.* Feldafing i. V.
Bundesarchiv-Militärarchiv Freiburg i. Br. (BA/MA) *II M 112–116: U-Bootangelegenheiten, OKM Box 4: PG 34077–34079 (Winterarbeiten), OKM Box 11: PG 34466 (Flottenkommando: Winterarbeiten von Offizieren 1922–1931), OKM Box 20: PG 48903 (RWM/ML Akten betr. Spanien 1922–1931), BA/MA: II M 113/1/PG 31153 (ML/BU).*
Campbell, Gordon *Wir jagen deutsche U-Boote.* Gütersloh 1937.
Carsten, Francis L. *Reichswehr und Politik – 1918–1933.* Köln–Berlin 1964.
Czisnik, Ulrich (sowie Werner Rahm/Siegfried Breyer) *Die Unruhen in der Marine 1917/18* in: »Marine-Rundschau« Nr. 11/1970, S. 641–664 (Nr. 3/1971, S. 188–190, Nr. 4/1971, S. 255–256).
Deist, Wilhelm *Die Politik der Seekriegsleitung und die Rebellion der Flotte Ende Oktober 1918* in: »Vierteljahrsblätter für Zeitgeschichte« (14) 1966, S. 341–368.
Deist, Wilhelm *Militär und Innenpolitik im Weltkrieg 1914–1918. Erster Teil – Band 1/II – Zweiter Teil – Band 1/II.* Düsseldorf 1970, insbes. 1/II S. 121–124 – 2/II S. 768–769.
Deist, Wilhelm *Die Unruhen in der Marine 1917/18* in: »Marine-Rundschau« Nr. 6/1971, S. 325–343.
Deist, Wilhelm *Flottenpolitik und Flottenpropaganda – Das Nachrichtenbureau des Reichsmarineamtes 1897–1914.* Stuttgart 1976.
Dönitz, Karl *10 Jahre und 20 Tage.* München 1975 (5. Auflage).
Dönitz, Karl *Mein wechselvolles Leben.* Göttingen–Zürich–Berlin–Frankfurt 1968.
Dönitz, Karl *Deutsche Strategie zur See im Zweiten Weltkrieg – Die Antworten des Großadmirals auf 40 Fragen.* Frankfurt am Main 1970.
Drascher, Wahrhold *Zur Soziologie des deutschen Seeoffizierkorps* in: »MOH« Nr. 3/1. 3. 1963, S. 43–46, Nr. 4/1. 4. 1963, S. 67–69, Nr. 5/1. 5. 1963, S. 91.
Dülffer, Jost *Marinegeschichte in Deutschland* in: »Neue Politische Literatur« (17) 1972, S. 101–110.
Dülffer, Jost *Das deutsch-englische Flottenabkommen vom 18. Juni 1935* in: »Marine-Rundschau« Nr. 11/1972, S. 641–659.
Dülffer, Jost *Determinanten der deutschen Marine-Entwicklung in der Zwischenkriegszeit (1920–1939)* in: »Marine-Rundschau« Nr. 1/1975, S. 8–19.
Dülffer, Jost *Weimar, Hitler und die Marine – Reichspolitik und Flottenbau 1920–1939 – Mit einem Anhang von Jürgen Rohwer.* Düsseldorf 1973 (Dissertation).
Eichholtz, Dietrich *Geschichte der deutschen Kriegswirtschaft 1939–1945 – Band I: 1939–1941.* Berlin 1969.

Forstmeier, Friedrich *Die amtliche Militärgeschichtsschreibung der Gegenwart* in: »Marineforum« Nr. 8/1975, S. 212–215.
Forstmeier, Friedrich/Volkmann, Hans-Erich *Wirtschaft und Rüstung am Vorabend des Zweiten Weltkrieges.* Düsseldorf 1975.
Forstmeier, Friedrich/Volkmann, Hans-Erich *Kriegswirtschaft und Rüstung 1939–1945.* Düsseldorf 1976.
Gemzell, Carl-Axel *Raeder, Hitler und Skandinavien – Der Kampf für einen maritimen Operationsplan.* Lund–Frankfurt/Main 1965.
Gemzell, Carl-Axel *Organization, Conflict and Innovation: A Study of German Naval Strategic Planning 1888–1940.* Lund 1973.
Gießler, Helmuth *Die Revolutionierung des Seekrieges durch Funkmeß – Eine Analyse über Einsatz und Anwendung auf deutscher Seite* in: »Marine-Rundschau« Nr. 3/1968, S. 181–191, Nr. 6/1968, S. 412–426, Nr. 3/1969, S. 222–224.
Gießler, Klaus-Volker *Die Institution des Marineattachés im Kaiserreich.* Boppard am Rhein 1976.
Görlitz, Walter *Karl Dönitz – Der Großadmiral.* Göttingen–Zürich–Frankfurt am Main 1972.
Gretton, Peter *Convoy Escort Commander.* London 1964.
Gröner, Erich *Die Schiffe der deutschen Kriegsmarine und Luftwaffe 1939–45 und ihr Verbleib.* München 1972 (7. Auflage).
Gröner, Erich *Die deutschen Kriegsschiffe 1815–1945 (Band I/II).* München 1966/1968.
Groos, Otto *Grundzüge der Seestrategie* in: »Militärwissenschaftliche Rundschau« Nr. 3/1937.
Haffner, Sebastian *Die sieben Todsünden des Deutschen Reiches – Grundfehler deutscher Politik nach Bismarck damals und auch heute.* Hamburg 1966 (4. Auflage).
Hansen, Ernst Willi *Wirtschaftliche Mobilmachungsvorbereitungen in der Weimarer Republik – Ein Beitrag zur Analyse der Beziehungen zwischen Militär und Industrie in Deutschland 1923–1932.* Boppard am Rhein 1977 (Dissertation).
Haraszti, Eva *Treaty-Breakers or Realpolitiker – The Anglo-German Naval Agreement of June 1935.* Boppard am Rhein 1974 (Dissertation).
Herlin, Hans *Verdammter Atlantik – Schicksale deutscher U-Boot-Fahrer.* Hamburg 1959 (Heyne-Buch Nr. 833–835; München 1971).
Herwig, Holger H. *Admirals versus generals – The war aims of the Imperial German Navy, 1914–1918* in: »Central Europeen History«: Vol. 5/1972, S. 208–233.
Herwig, Holger H. *The German naval Officer Corps – A social and political history 1890–1918.* Oxford 1973.
Herwig, Holger H. *From Kaiser to Führer: The Political Road of a German Admiral, 1923–33* in: »Journal of Contemporary History« Nr. 2/1974, S. 107–120.
Herzog, Bodo *U-Boote im Einsatz – U-Boats in Action – 1939–1945 – Eine Dilddokumentation.* Dorheim 1970.
Herzog, Bodo *Zum 60jährigen Jubiläum der deutschen U-Boot-Waffe* in: »Schaltung – Küste« Nr. 25/Dezember 1966, S. 269–272.
Herzog, Bodo *Erlebnisberichte* in Bodo Herzog: »60 Jahre deutsche U-Boote 1906–1966« (München 1968), S. 24–33.
Herzog, Bodo *Zum 80. Geburtstag von Fregattenkapitän Hans-Joachim von Mellenthin* in: »Schaltung – Küste« Nr. 28/Juni 1967, S. 343–344.
Herzog, Bodo *Kapitänleutnant Schepke – Zu seinem 30. Todestag* in: »Deutsches Soldatenjahrbuch 1971 – 19. Deutscher Soldatenkalender«. München 1970, S. 13.
Herzog, Bodo *Konteradmiral a. D. Arno Spindler 85 Jahre alt* in: »Marine-Rundschau« Nr. 3/1965, S. 177–180.
Horten, D. *Auswertung von U-Booterfahrungen im Ersten Weltkrieg – Eine Untersuchung anhand von Winterarbeiten in der Reichsmarine 1922–1933.* Ms 1972: Bibliothek der Führungsakademie der Bundeswehr.
Horn, Daniel *War, Mutiny and Revolution in the German Navy – The World War I Diary of Seaman Richard Stumpf.* New Brunswick 1968.
Horn, Daniel *The German Naval Mutinies of World War I.* New Brunswick 1969.
Hubatsch, Walther *Kriegswende 1943.* Darmstadt 1966.
Hubatsch, Walther *Die Schlußbände des Seekriegswerkes 1914–1918* in: »MOH« Nr. 3/1. 3. 1965, S. 56, Nr. 4/1. 4. 1965, S. 776–77, Nr. 5/1. 5. 1965, S. 98.
Hubatsch, Walther *Arno Spindler* † in: »Marine-Rundschau« Nr. 3/1967, S. 194–195

Huberti, Franz-Hermann *Marinegeschichte 1871–1914 – Aus Zeitschriften und Sammelbänden* in: »Marineforum« Nr. 2/1974, S. 52–55 (Nr. 8–9/1974, S. 244–245), Nr. 12/1975, S. 318–322, 324.

Junghänel, H. *Marinehaushalt und Marineausgabenpolitik von 1868 bis 1930.* Dissertation Universität Leipzig 1932.

Kaulisch, Baldur *Die Auseinandersetzung über den uneingeschränkten U-Boot-Krieg innerhalb der herrschenden Klassen im zweiten Halbjahr 1916 und seine Eröffnung im Februar 1917* in: Fritz Klein (Hrsg.): »Politik im Krieg 1914–1918« Berlin 1964.

Kautz, G. *Der Flottenaufbau und die strategischen Pläne der Marineleitung/Seekriegsleitung für den Einsatz der deutschen Flotte (1919 bis 1939) (I)* in: »Marinewesen« Nr. 2/1966, S. 218–234.

Kehrig, Manfred *Die Wiedereinführung des deutschen militärischen Attachédienstes nach dem Ersten Weltkrieg (1919–1933).* Boppard am Rhein 1966.

Kellner, K. *Der Einfluß des Basierungssystems der deutschen U-Boote auf ihre operative Entfaltung zum Kampf auf den Seeverbindungswegen der Alliierten im Zweiten Weltkrieg (I)* in: »Marinewesen« Nr. 12/1966, S. 1497–1510.

Kielmansegg, Peter Graf *Deutschland und der Erste Weltkrieg.* Frankfurt am Main 1968.

Kitchen, Martin *The German Officer Corps 1890–1914.* Oxford 1968.

Klein, Fritz/Gutsche, Willibald/Petzold, Joachim *Deutschland im Ersten Weltkrieg* – Band 1: Vorbereitung, Entfesselung und Verlauf des Krieges bis Ende 1914 – Band 2: Januar 1915 bis Oktober 1917 – Band 3: November 1917 bis November 1918. Berlin 1968/1968/1969

Klepsch, Peter/Breyer, Siegfried *Die fremden Flotten im Zweiten Weltkrieg und ihr Schicksal.* München 1968.

von Koch, N. *Die Verwendung der Funktelegraphie während des Weltkrieges, besonders vom seestrategischen Standpunkt* in: »Marine-Rundschau«: 1925, S. 69–75, 116–125.

Oberkommando der Kriegsmarine *Dienstschrift Nr. 15 Geheim! – Der Kampf der Marine gegen Versailles 1919–1935* – Bearbeitet von Kapitän zur See Schüssler (Schüssler-Denkschrift) – Herausgegeben vom Oberkommando der Kriegsmarine Berlin 1937: Marinedienstvorschrift Nr. 352 (vgl. IMT-Band XXXIV/S. 530–607: Dokument Nr. 156-C).

Krüger, Manfred *Grundzüge der imperialistischen deutschen Marineideologie.* Habilitation Rostock 1963.

Krüger, Manfred *Gedanken zur maritimen Tradition in der deutschen Geschichte* in: »Marinewesen« Nr. 9/1966, S. 1027–1032.

Kupfer, M. *Die verschiedenen Aufklärungsmittel des Seekrieges, ihre Stärken und Schwächen* in: »Marine-Rundschau« Nr. 9/1939, S. 799–806, insbes. S. 804–805 (= Marineluftstreitkräfte und U-Boote).

Lakowski, Richard/Wunderlich, Werner *Die Theorie vom atlantischen Zufuhrkrieg – Zur Entwicklung des seestrategischen Denkens in Deutschland vor dem Zweiten Weltkrieg* in: »Militärgeschichte« Nr. 1/1974, S. 15–24.

Lakowski, Richard/Wunderlich, Werner *Seekriegsplanung und Flottenrüstung des deutschen Imperialismus vor dem Zweiten Weltkrieg* in: »Militärgeschichte« Nr. 6/1974, S. 669–678.

Lehment, Joachim *Kriegsmarine und politische Führung* – Eine verfassungsrechtliche Betrachtung ihrer Rechtsbeziehungen während der letzten 100 Jahre. Dissertation Universität Kiel 1937.

Lewis, Wallace Leigh *The Survival of the German Navy 1917–1920: Officers, Sailors and Politics.* Dissertation Iowa/USA 1969.

Lundeberg, Philip K. *The German Naval Critique of the U-Boat-Campaign, 1915–1918* in: »Military Affairs« Nr. 3/1963.

Lundeberg, Philip K. *Undersea Warfare and Allied Strategy in World War I* – Part I: To 1916/Part II: 1916–1918 in: »The Smithonian Journal of History«: Vol. I/1966, S. 1–30/S. 49–72.

Malanowski, Wolfgang *Das deutsch-englische Flottenabkommen vom 18. 6. 1935 als Ausgangspunkt für Hitlers doktrinäre Bündnispolitik* in: »Wehrwissenschaftliche Rundschau« (5) 1955, S. 408–420

Marder, Arthur J. *From the Dreadnought to Scapa Flow* – The Royal Navy in the Fisher Era, 1904–1919 – Vol. I: The Road to War, 1904–1914/Vol. II: The War Years: To the Eve of Jutland/Vol. III: Jutland and After-May 1916–December 1916/Vol. IV: 1917 – Year of Crisis/Vol. V: Victory and Aftermath-January 1918–June 1919. London–New York–Toronto 1961/1965/1966/1969/1970.

Marholz, Erich *Wie es zum U-Boot-Handelskrieg kam* – Eine Erinnerung an das, was uns vor 20 Jahren bewegte in: »MOV« Nr. 3/15. 2. 1935, S. 43–44.

Marschall, Wilhelm *Marine, Nationalsozialismus und Widerstand* – Eine Entgegnung zu der gleichnamigen Abhandlung von Walter Baum – Vierteljahreshefte für Zeitgeschichte/Januarheft 1963 in: »MOH« Nr. 6/1. 6. 1963, S. 105–108, Nr. 8–9/1. 8. 1963, S. 156.

Matthiesen, Hajo *Der Minister und das U-Boot* – Deplacierte Auftritte des Kieler Kultusministers Walter Braun [U-995] in: »Die Zeit« Nr. 49/3. 12. 1971, S. 15.
Meisner, E. *Das Unterseeboot* in: Max Schwarte: »Die Technik im Weltkriege« Berlin 1920, S. 159–242.
Messerschmidt, Manfred *Die Wehrmacht im NS-Staat* – Zeit der Indoktrination. Hamburg 1969.
Messerschmidt, Manfred *Holger H. Herwig: The German Naval Officer Corps (Rezension)* in: »Militärgeschichtliche Mitteilungen« Nr. 2/1975, S. 222–223 (vgl. hierzu Friedrich Ruge in: »Marine-Rundschau« Nr. 11/1974, S. 707–708!).
Mommsen, Wolfgang J. *Max Weber und die deutsche Politik – 1890–1920.* Tübingen 1974 (2. Auflage).
Müller, Klaus-Jürgen *Das Heer und Hitler* – Armee und nationalsozialistisches Regime 1933–1940. Stuttgart 1969.
Division of Naval Intelligence *ONI 220-Ge* – German Submarine Equipment (ONI letter Op-321K1C/wjl Ser. 3647P32).
Ott, Wolfgang *Haie und kleine Fische.* Heyne Buch Nr. 5.079: München 1975 (4. Auflage).
Papp, Nicholas Gabriel *The Anglo-German Naval Agreement of 1935.* Hartford 1969.
Peillard, Léonce *Geschichte des U-Boot-Krieges 1939–1945.* Wien–Berlin 1970.
Peillard, Léonce *Die Schlacht im Atlantik* – Erster Teil: Die Zeit der Kriegsmarine 1939–1942/Zweiter Teil: Der Sieg der Jäger 1942–1945. Wien–Berlin 1974.
Persius, Lothar *Warum die Flotte versagte.* Leipzig 1925.
Persius, Lothar *Tragödie der alten Marine* in: »Die Weltbühne« Nr. 45/6. 11. 1928, S. 692–694.
Persius, Lothar *Des Kaisers Kulis* in: »Die Weltbühne« Nr. 51/17. 12. 1929, S. 909–910.
Prochnow, Günter *Deutsche Kriegsschiffe in zwei Jahrhunderten* – Band IV: Unterseeboote. Preetz/Holstein 1969.
Raabe, Bernd *Das Unterseeboot vor dem Ehrenmal* – Die Aufstellung in Kiel führte zu einer parteipolitischen Kontroverse in: »Rheinischer Merkur« Nr. 50/10. 12. 1971, S. 12.
Rahn, Werner *Reichsmarine und Landesverteidigung 1919–1928* – Konzeption und Führung der Marine in der Weimarer Republik. München 1976.
Rathenau, Walther/Pogge-von Strandmann, Hartmut *Walther Rathenau* – Tagebuch 1907–1922 – Herausgegeben und kommentiert. Düsseldorf 1967.
Rehn, Jens (d. i. Luther, Otto) *Nichts in Sicht.* Berlin-Frohnau–Neuwied am Rhein 1954.
Reuter, Frank *Funkmess* – Die Entwicklung und der Einsatz des Radar-Verfahrens in Deutschland bis zum Ende des Zweiten Weltkrieges. Opladen 1971.
Richter, D. *Die faschistische U-Boot-Kriegführung und ihr Scheitern 1943* in: »Marinewesen« Nr. 6/1962.
Ritter, Gerhard *Staatskunst und Kriegshandwerk* – Das Problem des »Militarismus« in Deutschland – III. Band: Die Tragödie der Staatskunst – Bethmann Hollweg als Kriegskanzler (1914–1917) – IV. Band: Die Herrschaft des deutschen Militarismus und die Katastrophe von 1918. München 1964/1968.
Rössler, Eberhard *Geschichte des deutschen U-Boot-Baus.* München 1975.
Rohwer, Jürgen *Die Funkführung der deutschen U-Boote im Zweiten Weltkrieg* – Teil I: Land-Peilung und Bordradar/Teil II: Funkpeilung von Bord in: »Wehrtechnik« Nr. 9/1969, S. 324–328, Nr. 10/1969, S. 360–364.
Rohwer, Jürgen *Iron Coffins* in: »MOV« Nr. 3/15. 3. 1970, S. 68, 70, Nr. 6–7/1970, S. 153.
Rosier, Jean *Rammbereit auf Position* – Ehemaliger U-Boot-Kommandant im Konflikt mit Militärhistorikern in: »Frankfurter Rundschau« Nr. 214/16. 9. 1970, S. 20.
Salewski, Michael *Die deutsche Seekriegsleitung 1935–1945* – Band I: 1935–1941/Band II: 1942–1945/ Band III: Denkschriften und Lagebetrachtungen 1938–1944. Frankfurt am Main 1970/München 1975/Frankfurt am Main 1973.
Salewski, Michael *Das Kriegstagebuch der deutschen Seekriegsleitung im Zweiten Weltkrieg* in: »Marine-Rundschau« Nr. 3/1967, S. 137–145.
Salewski, Michael (sowie Hermann Boehm/Wilhelm Marschall/Edward Wegener/Gerhard Wagner/Wilhelm Hadeler/H. E. Busch/Ulrich Czisnik/Hermann Boehm/Günther Horstmann/Edward Wegener) *Selbstverständnis und historisches Bewußtsein der deutschen Kriegsmarine* in: »Marine-Rundschau« Nr. 2/1970, S. 65–88, Nr. 5/1970, S. 289–294, Nr. 6/1970, S. 321–340, Nr. 7/1970, S. 411–412, Nr. 8/1970, S. 506–508, Nr. 9/1970, S. 573–574, Nr. 12/1970, S. 761–763, Nr. 4/1971, S. 257, Nr. 5/1971, S. 308–318).
Salewski, Michael *Von der Wirklichkeit des Krieges* – Analysen und Kontroversen zu Buchheims »Boot«. München 1976.
Sandhofer, Gert *Von der preußisch-deutschen Militärgeschichtsschreibung zur heutigen Militärgeschichte*

– Teilstreitkräfte Marine in: Ursula von Gersdorff: »Geschichte und Militärgeschichte – Wege der Forschung«. Frankfurt am Main 1974, S. 55–66.

Saville, Allison Winthrop *The Development of the German U-Boat-Arm, 1919–1935.* Dissertation: University of Washington 1963.

Schottelius, Herbert/Deist, Wilhelm *Marine und Marinepolitik im kaiserlichen Deutschland 1871–1914.* Düsseldorf 1972.

Schröder, Thomas *Literatur – Bomm-tsch-jwumm* in: »Der Spiegel« Nr. 33/13. 8. 1973, S. 97–98.

Schürer, Friedrich *Die deutschen Unterseeboote* in: »Schiffbau« Nr. 14/23. 4. 1919, S. 359–362.

Schürer, Friedrich *Deutsche Unterseeboote für Küstengewässer (B-Klasse)* in: »Schiffbau« Nr. 18/25. 6. 1919, S. 485–496.

Schuur, Heinrich/Martens, Rolf/Koehler, Wolfgang *Führungsprobleme der Marine im Zweiten Weltkrieg.* Freiburg 1973.

Schwabe, Klaus *Wissenschaft und Kriegsmoral* – Die deutschen Hochschullehrer und die politischen Grundfragen des Ersten Weltkrieges. Göttingen–Zürich–Frankfurt/Main 1969.

Simsa, Paul *Marine intern* – Entwicklung und Fehlentwicklung der deutschen Marine 1888–1939. Stuttgart 1972.

Sorge, Siegfried *Der Marineoffizier als Führer und Erzieher.* Berlin 1937.

Spindler, Arno *Der Handelskrieg mit U-Booten* – I. Band: Vorgeschichte/II. Band: Februar bis September 1915/III. Band: Oktober 1915 bis Januar 1917/IV. Band: Februar bis Dezember 1917/V. Band: Januar bis November 1918. Berlin 1932/1933/Berlin 1934/Berlin 1941 – Nachdruck Hamburg 1964/Frankfurt am Main 1966.

Stegemann, Bernd *Die Deutsche Marinepolitik 1916–1918.* Berlin 1970 (Dissertation).

Steigleder, H. *Einige Bemerkungen zum Artikel des Genossen K. K. G. Plate »Der Einsatz der deutschen U-Boot-Waffe im Ersten Weltkrieg«* (in: »Marinewesen«, Heft 5, 1962) in: »Marinewesen« Nr. 1/1963.

Steigleder, H. *Zur Rolle und Effektivität der U-Boote im Zweiten Weltkrieg* in: »Marinewesen« Nr. 11/1966, S. 1371–1283.

Stockfisch, Dieter *Der Marineoffizier als Führer und Erzieher* – Gedanken zu einem Offiziershandbuch aus der Kriegsmarine in: »Marineforum« Nr. 6/1975, S. 156–157.

Stöckel, K. *Die Entwicklung der Reichsmarine nach dem Ersten Weltkrieg (1919–1935)* – Äußerer Aufbau und innere Struktur. Phil. Dissertation Göttingen 1955.

Stürmer, Michael *Das kaiserliche Deutschland* – Politik und Gesellschaft 1870–1918. Düsseldorf 1970.

Techel, Hans *Der Bau von Unterseebooten auf der Germaniawerft.* München 1968 (3. Auflage).

Thomas, G. *Einige Aspekte des Einsatzes von U-Booten in offenen Seegebieten und geschlossenen Randmeeren während der beiden Weltkriege* in: »Marinewesen« Nr. 2/1967, S. 146–153, Nr. 3/1967, S. 278–285.

Wagner, Gerhard (Hrsg.) *Lagevorträge des Oberbefehlshabers der Kriegsmarine vor Hitler 1939–1945.* München 1972.

von Waldeyer-Hartz, Hugo *Seekrieg von morgen* in: »Wissen und Wehr« Nr. 3/1936.

Waters, John M. *Blutiger Winter* – Höhepunkt und Ende der großen Geleitzugschlachten im Atlantik Winter 1942/43. München–Wels 1970.

Watt, Donald C. *The Anglo-German Naval Agreement of 1935* – An Interim-Judgment in: »The Journal of Modern History« (28) 1956, S. 155–175.

Wells, Adrian/Tolmein, Horst-Günther *U-Boot-Krieg* I: Rudeltaktik – II: Die Wolfsrudel – III: Der Paukenschlag – IV: U-Boot-Dämmerung in: »Das Dritte Reich – II. Weltkrieg« Nr. 30/S. 150–155, Nr. 31/S. 202–206, 212–213, Nr. 38/S. 488–499, Nr. 46/S. 268–275.

Wernecke, Klaus *Der Wille zur Weltgeltung* – Außenpolitik und Öffentlichkeit im Kaiserreich am Vorabend des Ersten Weltkrieges. Düsseldorf 1970.

Werner, Herbert A. *Iron Coffins* – A personal account of the German U-Boat battles of World War II. New York–Chicago–San Francisco 1969/London 1970/deutsche Ausgabe: »Die eisernen Särge«; Hamburg 1970 – Vgl. Jürgen Rohwer in »Marine-Rundschau« Nr. 3/1970, S. 186–191, ders. in Nr. 5/1970, S. 317–318; H. Gießler in »Leinen Los!« Nr. 7/1970, S. 5; Jean Rosier in »Frankfurter Rundschau« Nr. 214/16. 9. 1970, S. 20.

Wiggershaus, Norbert Theodor *Der deutsch-englische Flottenvertrag vom 18. Juni 1935* – England und die geheime deutsche Aufrüstung 1933–1935. Dissertation Bonn 1972 (Bonn 1972).

Witt, Peter-Christian *Die Finanzpolitik des Deutschen Reiches von 1903 bis 1913* – Eine Studie zur Innenpolitik des Wilhelminischen Deutschland. Lübeck–Hamburg 1970.

Wunderlich, Werner *Das seestrategische Denken im imperialistischen Deutschland in Vorbereitung des Zweiten Weltkrieges.* Dissertation Universität Leipzig 1966 (2 Bände).

Zimmer, Gerhard *Das deutsch-englische Flottenabkommen von 1935 im Rahmen der Kriegsvorbereitungen des deutschen Imperialismus* in: »Marinewesen« 1965, S. 841 ff.

Zimmer, Gerhard *Die Marinerüstung und die Rolle der Kriegsmarine innerhalb der aggressiven Außenpolitik des faschistischen deutschen Imperialismus (1933–1938).* Dissertation Universität Berlin 1970.

xxx Ein U-Bootskommandant vor dem Reichsgericht in Leipzig freigesprochen (. . .) in: »MOH« Nr. 24/16. 6. 1921, S. 370–371 (Nr. 24/16. 6. 1921, S. 372, Nr. 25/23. 6. 1921, S. 382–383, Nr. 27/7. 7. 1921, S. 416–417, Nr. 28/14. 7. 1921, S. 431–433, Nr. 29/21. 7. 1921, S. 447, Nr. 30/28. 7. 1921, S. 461–472, Nr. 31/4. 8. 1921, S. 477–480, Nr. 32/11. 8. 1921, S. 493–497, 501, Nr. 33/18. 8. 1921, S. 509–514, 516–517, Nr. 34/25. 8. 1921, S. 525–529, Nr. 35/1. 9. 1921, S. 541–545, 551, Nr. 36/8. 9. 1921, S. 565, Nr. 37/15. 9. 1921, S. 573, 587, Nr. 38/22. 9. 1921, S. 589–593, Nr. 39/29. 9. 1921, S. 605–607, 612–614, Nr. 40/6. 10. 1921, S. 621, 628–629, Nr. 41/13. 10. 1921, S. 644, Nr. 42/20. 10. 1921, S. 661, Nr. 43/27. 10. 1921, S. 676, Nr. 44/3. 11. 1921, S. 693, Nr. 45/10. 11. 1921, S. 701–702, 707–708, Nr. 49/8. 12. 1921, S. 765, 771, Nr. 2/12. 1. 1922, S. 23–24, Nr. 3/19. 1. 1922, S. 41–42, Nr. 5/1. 2. 1922, S. 69–71, Nr. 8/14. 2. 1922, S. 118, Nr. 10/8. 3. 1922, S. 146–148, 152, Nr. 20/17. 5. 1922, S. 274, Nr. 24/14. 5. 1922, S. 329–330, Nr. 15/25. 7. 1923, S. 190–192, Nr. 6/15. 3. 1931, S. 124, Nr. 1/1971, S. 2.

xxx *Kriegsverbrecher-Prozeß gegen die U-Boot-Offiziere Dithmar – Boldt.* Berlin 1921.

xxx *Kein uneingeschränkter deutscher U-Boot-Krieg* – Erklärungen des Großadmirals Raeder in: »Kölnische Zeitung« Nr. 474/19. 9. 1939.

xxx *Fünf Jahre U-Boots-Waffe* in: »Frankfurter Zeitung« Nr. 493–494/27. 9. 1940, S. 1–2.

xxx *Ehrentag der U-Boot-Waffe* – Großadmiral Raeder zum Tage des fünfjährigen Bestehens in: »National-Zeitung« Nr. 269/27. 9. 1940.

xxx *Großadmiral Raeder warnt die Kriegstreiber in USA* – Ein Interview mit dem Vertreter der japanischen Domei-Agentur in: »Völkischer Beobachter« Nr. 147/27. 5. 1941, S. 2.

xxx *Das Eichenlaub für Großadmiral Dönitz* – Der Dank des Führers an die deutschen U-Boote – »Anerkennung der einmaligen Verdienste um die Führung des U-Boot-Krieges« in: »Völkischer Beobachter« Nr. 98/8. 4. 1943, S. 1.

xxx *Großadmiral Dönitz: Deutsche Zähigkeit ist unerschütterlich – Ungebrochene Kraft gerade der Jugend, die dem Luftterror der Anglo-Amerikaner ausgesetzt ist* in: »Völkischer Beobachter« Nr. 214/2. 8. 1943, S. 1–2.

xxx *Großadmiral Dönitz zum Heldengedenktag 1944: »In unserer Einheit sind wir unbesiegbar«* in: »Völkischer Beobachter« Nr. 74/14. 3. 1944, S. 2.

xxx *Großadmiral Dönitz: Jeden Verräter rücksichtslos vernichten!* in: »Völkischer Beobachter« Nr. 204/22. 7. 1944, S. 1.

xxx *Der Prozeß gegen die Hauptkriegsverbrecher vor dem Internationalen Militärgerichtshof Nürnberg 14. November 1945–1. Oktober 1946 (IMT).* Nürnberg 1947–1949 (42 Bände).

xxx *M.A.N.-U-Boots-Dieselmotoren aus dem Ersten Weltkrieg arbeiten seit 30 Jahren in Southend* in: »M.A.N.-Dieselmotoren-Nachrichten« Nr. 22/1950, S. 22.

xxx *Deutsche U-Boot-Akten unter Verschluß – In Whitehall sagt die britische Admiralität nur »very sorry«* in: »General-Anzeiger« Nr. 3/4. 7. 1971.